魏晋玄学论稿

汤用彤 ／撰

汤一介 等 ／导读

蓬莱阁典藏系列

上海古籍出版社

图书在版编目(CIP)数据

魏晋玄学论稿 / 汤用彤撰；汤一介等导读. —上海：
上海古籍出版社，2019.5(2024.1重印)
(蓬莱阁典藏系列)
ISBN 978-7-5325-8920-3

Ⅰ.①魏… Ⅱ.①汤… ②汤… Ⅲ.①玄学—研究—
中国—魏晋南北朝时代 Ⅳ.①B235.05

中国版本图书馆 CIP 数据核字(2018)第 144507 号

蓬莱阁典藏系列

魏晋玄学论稿

汤用彤 撰　汤一介等 导读

———————————————

上海古籍出版社　出版、发行

(上海市闵行区号景路 159 弄 1—5 号 A 座 5F　邮政编码 201101)
(1) 地址：www.guji.com.cn
(2) E-mail：guji1@guji.com.cn
(3) 易文网网址：www.ewen.co

印　刷　苏州市越洋印刷有限公司
开　本　787×1092　1/32
印　张　11.25
插　页　5
字　数　185,000
版　次　2019 年 5 月第 1 版　2024 年 1 月第 5 次印刷
ISBN 978-7-5325-8920-3/B·1063
定　价　42.00 元

如有质量问题,请与承印公司联系

出版说明

　　中国传统学术发展到晚清民国，进入一个关键的转折时期。面对"数千年未有之变局"，旧传统与新思想无时不在激荡中融汇，学术也因而别开生面。士人的眼界既开，学殖又厚，遂有一批大师级学者与经典性著作涌现。这批大师级学者在大变局中深刻反思，跳出旧传统的窠臼，拥抱新思想的精粹，故其成就者大。本社以此时期的大师级学者经典性著作具有开创性，遂延请当今著名专家为之撰写导读，希冀借助今之专家，诠释昔之大师，以引导读者理解其学术源流、文化背景等。是以本社编有"蓬莱阁丛书"，其意以为汉人将庋藏要籍的馆阁比作道家蓬莱山，后世遂称藏书阁为"蓬莱阁"，因借取而为丛书名。"蓬莱阁丛书"推出后风行海内，为无数学子涉猎学术提供了阶梯。今推出"蓬莱阁典藏系列"，萃取"蓬莱阁丛书"之精华，希望大师的经典之作与专家的精赅之论珠联璧合，继续帮助读者理解中国传统学术的发展与大师的治学风范。

目录

《魏晋玄学论稿》导读

汤一介　孙尚扬

　　《魏晋玄学论稿》是用彤先生在 1938 年至 1947 年十年中所写的八篇论文和一篇讲演记录稿合成的文集，并于 1957 年由人民出版社出版，现在已编入由河北人民出版社出版的《汤用彤全集》第四卷中。用彤先生原在抗日战争初期打算写一部《魏晋玄学》，并于 1940 年 2 月 11 日在他的一本稿本中拟定了"初稿目录"，现将"初稿目录"抄录于下：

读《人物志》

五变

言意之辨

魏晋玄学流派略论

贵无一(王弼)

贵无二(道安、张湛)

贵无三(嵇阮)

崇有(向郭)

不真空义

玄家人生学

自然与名教

自然与因果

为什么用彤先生没有写成这部他打算写的《魏晋玄学》? 这里我们想先介绍一些他的生活情况。用彤先生在写完《汉魏两晋南北朝佛教史》后,本打算接着写《隋唐佛教史》,值此之时抗日战争爆发,北大南迁。当时他把有关佛教的书籍(如《大正大藏》、《宋藏遗珍》等等)装在两个大箱中南运,而在运往昆明途中遗失。这使他没有足够的材料(虽然当时手头还有一些供讲课用的《隋唐佛教史》讲义)来完成《隋唐佛教史》的著作。在这一时期,对用彤先生说不仅因遭受"国难"而大大影响他的生活条件,而且"家难"更使他身心受到无法形容的打击。1939 年夏随他南下昆明的长子汤一雄病逝,在这种情况下用彤先生生活之困难、心境之痛苦是可想而知的。用彤先生最喜欢的是女儿一平,因一平貌憨厚而善良。不幸一平 1944 年初又病逝于昆明。在这样的情况下,用彤先生没有能完成他想写的《魏晋玄学》一书,是完全可以理解的。

当然用彤先生在不能撰写《隋唐佛教史》的情况下,改变打算写一部《魏晋玄学》也是很自然的。因为《汉魏两晋南北朝佛教史》中已涉及许多与"魏晋玄学"相关之问题,如果问题一一研究清楚,无疑对中国哲学史、思想史的研究是一大贡献。《魏晋玄学论稿》虽未包含先生打算写的全部问题,但仍可以说"魏晋玄学"中的最主要的问题已经得到圆满的解决,至少我们可以说没有认真研读过《魏晋玄学论稿》的学者,要想在"魏晋玄学"的研究上取得新成果是很困难的。

现在《汤用彤全集》出版了,其中第四卷除收入《魏晋玄学论稿》外,还收入了他在西南联大、北京大学和美国加州(伯克利)大学有关"魏晋玄学"的讲课提纲和讲演提纲以及学生的听课笔记,这些材料对我们了解和研究用彤先生关于"魏晋玄学"的方方面面无疑会有重要帮助,并且从中我们还可以看到他对"魏晋玄学"的研究在逐渐扩大范围,例如"魏晋玄学与文学理论"、"魏初名理之学"等等。为了读者阅读和了解《魏晋玄学论稿》,现在我们把《汤用彤全集》第四卷中《魏晋文学与思想》(讲演提纲)、《魏晋玄学与政治思想》(讲演提纲)和《魏晋玄学听课笔记之一》中的《贵无之学(上)》《贵无之学(中)》《贵无之学(下)》《崇有之学与向郭学说》《魏晋玄学与文学理论》等一并收入本书。

本导读将分以下问题:(一)论玄学的变迁发展之迹,(二)论汉魏之际时风,(三)论"言意之辨",(四)论圣人观念之变化,(五)论玄学与文学理论,(六)论玄学与政治思想,(七)余论等,向读者介绍《魏晋玄学论稿》。

一、论玄学的变迁发展之迹

汉末以降,中国政治混乱,国家衰颓。用彤先生在伯克利大学授课时,称汉末至隋代之前为中国的"黑暗时代",同时也是中国的"启蒙时代"。因为这一时期的精英之士如哲学家、诗人、艺术家基于逃避苦难之要求,在思想上勇于创新,在精神的自由解放中获得了"人的发现"(Discovery of Man)或人的自觉,从而使这一时期的思想获得了深刻、鲜明的哲学意蕴。因此,"汉魏之际,中国学术起甚大变化",乃学界之共识①。但此种变化之根本特点何在? 魏晋思想的发展是否有其内在的路数或逻辑? 此种演变、发展是否有迹可寻? 用彤先生之前,这些问题似未得到彻底、系统的解决。

用彤先生治学向来颇喜疏寻往古思想之脉络,而丰厚的文化思想史素养又使他坚信渐进论,即"文化学术虽异代不同,然其因革推移,悉由渐进"。就玄学而言,则"固有其特质,而其变化之始,未尝不取汲于前代前人之学说,渐靡而然,固非骤溃而至"②。此种思想渐进论使用彤钩沉绘出的魏晋思想的变迁、发展之迹,既凸显了本期思想之特质及其内在的发展理路,又注重其与前期思想间的因革损益。

自用彤先生始,学界统称魏晋思想为魏晋玄学,而玄学在他看来即是"本体之学,为本末有无之辨"③。他认为,此种玄风之渐起,其思想蜕变之迹,当求之于二事:一为名学,一为易学。名学非先秦惠施之名学,而是鉴识人物的名理之学,其作为"准玄学"为正始玄学准备了思想氛围(详见下节),而其内容则偏于人事。易学则关涉天道,如果弄清汉魏间易学之变迁,则可确知汉代宇宙学说如何演进为魏晋玄学之本体论④。

用彤对玄学本体论的兴起的发生学探究,是以王弼的大衍义为例,说明新学是如何在与旧学(汉易)的斗争、冲突中,逐渐获得其主流思想地位的。他说,汉易偏于象数,率以阴阳为家。魏晋新易则渐趋纯理,常以《老》、《庄》解《易》,新旧易学,思想不参,遂常生争论。举凡管辂对何晏之易学的轻鄙,太原王济之嫌王弼以老庄解《易》"背爻象而任心胸",颍川荀融之难王弼大衍义,均为旧学对新学之反动,或为新旧学冲突之实例。

冲突之剧,尤可见于王弼之释大衍义时对汉儒旧学的彻底摒弃。王弼在释大衍之数何以其一不用时,摈落象数而专敷玄旨,立论极精,扫除象数之支离,而对于后世之易学并有至深之影响。用彤先生以此为"中华思想史上之一大事因缘"⑤。

此大事因缘之大,在于汉儒或依筮法解大衍之数何以其一不用,此可于郑玄《易说》卷七,《易图明辨》卷一见之;或依卦爻以解其一不用,此可于《周易正义》所引荀爽之论见之。凡此,均未脱阴阳家言。汉儒京房、马融之释大衍义,则或依宇宙构成而立论,或依宇宙运动而立言。王弼之释大衍义则迥然不同,韩康伯引王弼文曰:

> 演天地之数,所赖者五十也。其用四十有九,则其一不用也。不用而用以之通,非数而数以之成,斯易之太极也。四十有九,数之极也。夫无不可以无明,必因于有,故常于有物之极,而必明其所由之宗也。⑥

用彤先生认为,王弼释大衍义之创见正在于他以蕴含新义的太极释不用之一。而在王弼看来,太极不是汉儒之元气,而是无、极、宗。此宗极又名曰道,是万理之全,是作为一大秩序的宇宙之全体。而此本体又不是在万物之外之后的另一实体,而实即蕴摄万理孕育万物之理。所以,太极(不用之一)也就是有物之极(四十有九),不可在有物(四十有九)之外,别觅本体(一);也不可认为有物或用可离体而在。此种由释大衍义而阐发的体用一如论(玄学本体论)或形上学主张体用相即不离,用者依真体而起,故体外无用,体者非于用后别为一物,故亦可言用外无体。这与汉儒的宇宙论或宇宙构成论(cosmology)自有天壤之别。后者主张万物依元气而始生,元气永存而执为实物。自宇宙构成而言,万物未形成之前,元气已先存;万物全毁之后,元气不灭,也就是说,在万有之外、之后别有实体。据此而言体用,则体用分为二截。汉儒虽常用太极解"不用之一",但其"一"与"四十九"固同为数。"一"或指元气之浑沦,或指不动之极星,"四十有九"则指十二辰或日月等等,"一"与"四十九"分为二截,绝无体用相即之意。而王弼则尽弃象数家言,用彤先生认为王弼之太极新解是"汉魏间思想革命之中心观念"[7]。

但此种思想革命又绝不可理解为"鲁莽灭裂"的骤溃。世人多以为玄学之兴源自老学、庄学之突盛,而忘忽玄学实亦儒学之蜕变。王弼解老固精,苦心独创处甚多,而其注《易》释《论语》更称绝伦。然而,王弼注《易》之绝伦似为突创,而实亦渊源有自,即远承今古学之争,而近续荆州章句之"后定"。

关于王弼与荆州之学的关系,用彤先生有精审之考察。从他的分析中,我们可见其对两汉三国经学之熟稔,及纯熟地驾驭史料、立论言简意赅的史学大家之功力。兹简述如下:汉末,中原大乱,荆州独全。刘表为牧……好名爱士,天下俊杰,群往归依,学术大盛。而儒生中最有影响者为宋衷,宋氏曾撰立五经章句,被称为"后定"。其学异于郑玄,开轻视章句之路,"守故之习薄,创新之意厚",大开"喜张异议"的荆州学风。王弼虽未必曾居荆州,但他的家世与荆州关系至深。刘表曾受学于同郡王畅。汉末王畅之孙王粲与族兄王凯避居荆州依刘表。刘表以女妻王凯;蔡邕尝赏识王粲,末年以数车之书赠王粲。王粲之二子与宋衷均死于魏讽之难。蔡氏赠王粲之书悉为王凯之子王业所有。魏文帝因王粲二子均被诛,乃以王凯之子王业嗣王粲。而王弼即王业之子,王宏之弟,亦即王粲之孙。王氏家族自王宏始,即好玄言,而其父祖两辈均与荆州之学有至深之关系。用彤先生认为:王粲、王凯及王业必均熟闻宋衷之道,"后定"之论。"则王弼之家学,上溯荆州,出于宋氏。夫宋氏重性与天道,辅嗣好玄理,其中演变应有相当之联系也。"而荆州之学的最大特点即喜张异议,并已开轻视章句之路。荆州之学对王弼之影响,即在于使其具自由之精神,因而使其在本费直之易学时,能驾轻就熟地以传解经,慧发哲思。所以,用彤先生立论曰:"王氏之创新,亦不过继东汉以来自由精神之渐展耳。"此种对汉魏之际思想变迁之迹之疏寻,完全以史实为依据,发前人所未发,且在思想旨趣上最终回到他的文化渐进论上来,其立论可谓具有不可抗拒的说服力。

用彤先生虽持渐靡而然的文化渐进论,但他同样肯定个人在哲学中的创造性的巨大作用。他认为:"王弼之伟业,固不在因缘时会,受前贤影响。而在其颖悟绝伦,于形上学深有体会。"王氏注《老》、《易》每每有迥出众流、卓然拔出之建树,均在于他对前人著述之取舍能随意所适,以合意为归,而不拘之于文字,综儒道之籍,证成一己之玄义。"其思想之自由不羁,盖因其孤怀独往,自有建树而然也。"⑧质言之,王弼之大倡玄风,使玄学蔚为大流,其思想虽渊源有自,但学者不应以承续关系之网络遮蔽王弼这位大哲的身影,其在变迁之迹中实为里程碑式的人物。此种对个人因素的充分肯定实非所谓"夸大",因为像王弼这样的大哲,不仅对于哲学问题的选择和综合起着重要的示范性的作用,而且既在他自己的学说中,亦在其继承的学说中,对于创制概念、思想体系以提供问题的解答,也起着重要的示范性的作用。

用彤先生对汉魏之际学术变迁之迹固有精妙之探究、论述,而其对玄学本身之发展及其流变之迹则有更富体系建构意味的绝伦之勾勒与分疏。

玄学大畅于正始时期,作为魏晋时期的"普通思想"或一般思潮,玄学固然在某些方面可以有跟别的时代相同的地方,如一些思想家仍未脱离汉代以元气为万物之始的宇宙构成论之窠臼,但使玄学成为玄学的仍是其新的思想成分,即关于本末有无的本体论、形上学及与此密切相关的一系列重要问题。玄学之发展虽在各期中各有特点,但用彤先生认为其路向则均沿此新思想问题而延伸。

魏晋乃罕有之乱世,哲人们一方面立言玄远,希冀在形而上的思辨王国中逃避现世之苦难,以精神之自由弥补行动之不自由甚且难全其身的困苦。另一方面,他们又难以逃避铁与血的现实关系之网,因而对何为自足或至足之人格不能不有深切之思考。用彤先生通过对其时之历史考察及对思想史资料之综合,立论以为:魏晋时代"一般思想"的中心问题是,"理想的圣人之人格究竟应该怎样?"由此而引发出"自然"与"名教"之辨。

根据魏晋名士对上述中心问题的回答之不同,用彤先生将他们区分为"温和派"与"激烈派"。此二派人物都一致推崇"自然",但对"名教"的态度则判然有别。温和派名士并不特别看重名教,但也不公开主张废弃"礼法",何晏、王弼是这派人物的代表。他们究天人之际,其道德论主人君为道配天,臣下有德为人。以"道"、"德"与"天"、"人"相匹,而主"天"、"道"不可名状,即"无"不可以说,"人"、"德"可以言说,即"有"可以言说。又主人君以"天道"或"自然"为体,以"名教"为用,圣人之治天下即以此为本。在现实生活中,这派人本出于礼教家庭,早读儒书,虽研习、注解《老子》,亦宗《周易》等儒家正经,故以自然为本,而又不非圣弃礼(名教)。

至元康年间,"激烈派"大张其军,在社会各方面均有较大之影响。这派人物以阮籍、嵇康为代表。他们反对"名教",主张越名教而任自然,其思想具有鲜明的浪漫色彩,完全表现出一种《庄子》学的精神。激烈派虽然影响甚大,却也遭到当代名士的批评。如乐广闻王澄、胡毋辅之之流以任放为达,竟至裸裎,乃笑之曰:"名教内自有乐地,何必乃尔!"用彤先生认为,乐广之论并非像一些人认为的那样是特别推崇名教,而是本于玄学,立论以为弃名教而任自然是有体无用,即隔裂体用,因而是不对的。又如裴頠之作《崇有论》虽出于"深患时俗放荡",而其立论则更富有玄学意味,其立论之旨在于说明不可去"有"以存"无",弃"用"而论"体"。质言之,他们都是从形而上或玄学家的立场来讨论名教与自然之关系的,即,他们的思想都是玄学之发展。在激烈派的言论中,我们可以听到哲人们在苦难中的低徊长吟及其对自由的吁求。而在温和派的言论中,则可见出其孤怀独往、直面现实而又追求玄远之境界的关切。

永嘉时期,以注《庄子》而名重天下的向秀、郭象在自然与名教之辨中,更承续王弼、何晏的温和派态度,他们以"寄言出意"之法,消弭《庄子》一书中诋毁孔儒,攻击名教之论中的激进思想,取消自然与名教的对立。向郭之注《庄子》,仍以圣人观念为核心而展开。郭象认为《庄子》之宗旨即是"明内圣外王之道",所谓"内圣"即是取道家之旨,顺乎自然,而"外王"则取孔儒之旨,不废名教。此种以儒道为一的温和思想主张"名教"合乎"自然",以"自然"为本为体,"名教"为末为用。用彤先生又明确指出,向郭在名教与自然关系上的立场固然承继了何晏、王弼之温和派态度,但他们在形而上学方面则以"崇有"为的,与何王之"贵无"大异其趣。由此更可见出玄学是以圣人观念或名教与自然之辨为中心问题而呈现出异计繁兴的发展态势的。

西晋末叶以后,佛教通过数百年的移植、传播,开始大行于华夏。东晋之思想家竟多为僧人。用彤先生认为,东晋佛学固然发达,然以佛学多与玄学在理论上相牵合,其专门术语多取老庄之名辞,故佛教不过是"玄学"之同调。东晋前后流行的"二谛"、"法身"诸义,亦热衷于讨论圣人的人格问题,并进而为本体论的追究。在此种形而上的探究中,佛学给与玄学很丰富的材料,很深厚的理论基础,这是不可否认的事实。而佛学与其他思想的争论,对名教与自然又行分途,即使二者再次对立起来,又发挥了重大影响。因为印度佛教原本是一种出世解脱之道,多求"内圣",而忽"外王"。此种观念之影响改变了晋末的圣人观念,使"体极"者可以"不顺化",即不循名教的思想重又抬头。

据以上分析,用彤先生将以圣人观念或自然与名教之辨为核心的魏晋玄学之发展分为四期,即:(一)正始时期,易、老思想最盛,何晏、王弼为其代表。(二)元康时期,庄学颇盛,在自然与名教问题上,激烈派的"越名教而任自然"大行其道。(三)永嘉时期,"新庄学"大盛,至少有一部分名士上承正始时期的"温和派"之态度,调和名教与自然之关系。(四)东晋时期,佛学最盛,名教与自然之关系再行分途⑨。

用彤先生对魏晋玄学发展之迹钩沉发微,不惟强调其一以贯之的特殊精神或哲人们试图解决的时代课题,更注意凸显各期思想间因革损益的渐进关系及其思想特质。就中以东晋佛学为玄学之同调,尤透露出迥出众流的新消息(后文再述)。而其对玄学发展之分期,则允为定论,至今突破这一体系框架者仍不多见。

在勾勒魏晋思想发展之迹的基础上,用彤先生对玄学之流别亦作了清晰分疏。而此种分疏同样亦将魏晋时期诸位释子的思想纳入玄学范畴之中予以考察。

用彤先生对魏晋玄学中新义迭出、异计繁兴、流派竞起的原因作了简要而精当之分析。他认为:玄学固然围绕着圣人观念或自然与名教之关系这一核心问题而玄谈本末有无之理,且大多雅尚老庄,或祖述佛家般若之学,但因解释老庄各有不同,而使玄理各异;又因般若有六家七宗之分,中士据此所立之论亦各自有异。用彤先生此种分析纯从学理着手,若从所谓物质生活条件或经济基础中寻求原因,则恐难得出令人信服之结论,因为相同的物质条件很难解释名士们何以会各立异说。由此可见,哲学思想的相对独立性常常需要论者更多地关注其内在的演变之因。用彤先生之解玄大多以此为第一要务。

用彤先生在广搜精研魏晋僧俗之著述的基础上,将玄学中最重要的流派总结为以下四种:

其一为王弼之学,佛教中与王弼之义相近者为本无宗。用彤先生认为哲学为对宇宙、人生的根本看法,以此界定为出发点,用彤立论以为王弼之学包含两方面,即形上之学以无为本,而人生之学则以反本为鹄。关于其形上之学,用彤先生认为《晋书·王衍传》所说"何晏、王弼立论,天地万物皆以无为本",最能概括其特质;又认为王、何深识宗极之贞一,至道之纯静,其思想之根本归趋在于贞一纯全之本体。王弼注《周易》曰:

> 凡动息则静,静非对动者也。语息则默,默非对语者也。然则天地虽大,富有万物,雷动风行,运化万变,寂然至无,是其本矣。

用彤先生对王弼此论的哲学阐释是:万有群变以无为本,因此万有归于一本,群变原即寂无,不可谓在本无之外,另有实在与之对立。所以,万物品类固富,变化固烈,未有不以无为本者。但这个无对之本体虽以无为名号,却不是有无之无,而是超乎言象、无名无形的道之全。

就人生之学而论,正因为万有群生皆以无为本,不能脱离此本体而别为实有,所以,人若昧于其所以成,而自居于其成,就会失去其存在的依据,失其本,丧其母,永堕于有为之域,宥于有穷之量。所以，人必须法天法道，冲而用之，本全体之用。如此方能不自居于成，不自宥于量，舍有穷之域，反乎天理之本。而反本者，即是以无为体。故王弼之人生观与其形上之学实有至深之关系。

用彤先生对王弼思想意蕴的阐释，使其哲学之意义系统呈现出一种可以让现代人深契妙悟的开放性。而用彤对王弼人生之学的阐释则尤具了解之同情或发潜德之幽光的温情。用彤先生之以王弼思想为伟业，为中华学术中之一大事因缘，且在《魏晋玄学论稿》中花大量篇幅深究王弼之思想，均说明他对王弼的形上之学及追求本体界段的人生之学有至深之体悟和相当之同情。

与对王弼思想之态度不同，用彤先生认为佛教中类似于王弼之学的本无宗则失之太偏。此宗之代表人物有释道安、竺道潜、竺法汰等，其宗名"本无"乃印度佛教中"真如"之古译。佛家多以此指本体。道安的解释是："无在元化之先，空为众形之始，故称本无。非谓虚豁之中，能生万有也。"(语见《名僧传钞》)用彤先生认为这是以本性空寂为本无。而道安之高足慧远则立论以为本无与法性同实而异名。用彤先生通过具体深入的分析，得出以下结论：本无宗人大多以格义之法，取经中事数拟配外书，释本无或真如时则尤多取证于《老子》，故释氏之本无宗，实可谓与王氏同流。但因其过于着眼于实相之崇高，而使本末对立起来。所以，僧肇讥之曰："本无者，情尚于无多，触言以宾无。"又说："此直好无之谈，岂谓顺通事实，即物之情哉？"这是分别讥斥本无宗崇无太偏和画本末为两截，因而蹈空谈玄。用彤先生对王弼执体用一如、本末相即不离的形上之学多有激赏，故对本无宗之分有无为二截不能不责其"失之太偏"。

其二为向秀、郭象之学，佛教中与之对应者有支道林之即色义。向郭之学说主要见诸《庄子注》，包括主独化的形上之学和主安分的人生之学。郭象之所谓独化说主张物各自然，无使之然者，即造物者无物，而有物各自造。如果说王弼之学为贵无，向郭之学则可谓为崇有。此种崇有论力主物之自生、自然，故以天为万物之总名，而非万物所从生之源。此论甚至认为有不能生有，故无更不能生有。郭象之注庄，以为庄老之所以屡称无者，其旨在于说明生物者无物，而自生耳。

用彤先生以比较之法，通过分析向郭之学与王弼之学的同异而见出其哲学特质。他认为向郭与王弼一样，均深感将体用分为两截之不通，此为贵无、崇有两论之相同处。但王弼之着眼点在本体，故恒谈宇宙之贞一；而向郭则着眼于自生，故多明万物之互殊。所以，王郭两人之形上学虽同样立意于体用不可分为两截，但推论却大为不同。

至于王郭二人的人生之学则大异其趣。王弼既深见于本末之不可离，故以为物象虽纷纭，运化虽万变，然寂然至无，乃为其本。万殊既归于一本，则反本抱一者，可见天地之心，复其性命之真，此种人生之学即以反本为鹄。向郭对体用不二也深有所见，故立论以为群品独化自生，而无有使之生者。万物无体，并生同得。因此，如果物能各当其分，各任其性，全其内而无待于外，则物之大小虽殊，其逍遥一也。此种人生之学以安分求逍遥为的。

用彤先生认为，在自然问题上，向郭之义与王弼之义亦大异其趣。质言之，王弼之自然，即无妄然也；而向郭之自然则为自尔、块然、掘然、突然。王氏之自然与佛教因果之论并不相违，向郭之自然之义则反之。此种不同之原因在于二者之形上学大异。

至于与郭象之义相对应的释子支道林之即色义，用彤先生认为其受向郭之影响颇深，这一点可证诸孙绰之《道贤论》，孙氏以支遁比向子期(秀)，其论盖有见而云然。支遁之即色义可以《世说新语·文学》注引支遁之《妙观章》之文为代表，其言曰：

夫色之性，不自有色。色不自有，虽色而空。故曰"色即为空，色复异空"。

对于此种即色义的哲学内涵，用彤先生充分运用其深厚的西方哲学素养，对其给予了深入的理论探析。他认为，支遁所谓色不自色，即在于明色法无有自性。所谓"不自"，意指无支持（support, or substance）。也就是说，其色虽有，而自性无有。色既不自有，则虽有色，而是假有，亦即是空。而"空"之古译即是无。此空、无被玄学中一派引为万物之本，支遁与向郭则反是，而主万象纷纭，无本无体。既然色象无体，或无自性，则非别有空。无体，故曰"色复异空"。非别有空，故曰"色即是空"。支遁既主色无体，无自性，故认为不是在色象（appearance）灭坏之后，乃发现空无之本体。所以，支遁乃立论以为"非色灭，空"（慧达《肇论疏》引支遁《即色论》语）。用彤先生认为支遁此论与向郭崇有义多有牵合之处，不同之处仅在于向郭之《庄子》注"粗称曰万物，《即色论》析言曰形色耳"。但支遁之《即色论》与向郭义的相似处在历史上却被忽视，而其差异反被夸大。《世说》载支遁通《逍遥游》，卓然标新理于二家之表，即认为支遁与向郭立义悬殊。用彤先生认为此亦不尽然。因为向郭之逍遥义分有待与无待。有待自足，芸芸众生是也；无待者至足，神人圣人是也。而支遁之新义，以为至足乃能逍遥。此论实际上是取向郭二家之说，去其有待而存其无待。支遁独许圣人以逍遥，不过是佛学理论之重视凡圣差异的表现。

其三为心无义。用肜先生认为,王弼本无之学以及向、郭与即色之说,均源远流长,是魏晋南朝的主要学说。而心无义则仅流行于晋代,所以曾以《三宗》总评魏晋南朝之学的周颙未提及此宗。但用肜先生对此一未多受注意的玄学流派却给予关注,认为它是"新颖可注意之学说"。原因乃在于玄学家们诠无释有,多偏于空形色,而不空心神,惟有支愍度立"心无义",空心而不空色,与流行的学说大相径庭,堪称异说。关于"空色义"和"色无义"与"心无义"之别,可见诸《世说·假谲》注文:

> 旧义者曰:"种智是有(原作有是),而能圆照。然则万累斯尽,谓之空无。常住不变,谓之妙有。"
> 无义者曰:"种智之体,豁如太虚。虚而能知,无而能应。居宗至极,其为无乎。"

流行之说与心无义之判别在于前者以心神为实有,后者则以心神为虚豁,但空心而不空形色。僧肇述心无义曰:"心无者,无心于万物,而万物未尝无也。"

用肜先生据史料对心无义之流行地域亦给予界定,认为此说在南方颇为风行。此种骇俗之论之所以值得重视,更有思想或学理上之原因。自汉代以降,佛家历来主张住寿成道;神明不灭,经修炼以至成佛是佛家通说。如果主张心神空无,则成佛无据。所以,即使是精于玄理的僧俗,也不敢思及心神虚豁之义。等到鸠摩罗什来华后,译中百二论,识神性空之义才大白于天下。僧肇为罗什之门人,其评心无义曰:"此得在于神静,而失在于物虚。"这一评论仍认为心无义有所得,并未全盘否定⑩。而支愍度在未知印度佛教原典的情况下,能自创心无义,亦可谓匠心独具之玄学家。

其四为僧肇之不真空义。用彤先生对此宗最为赞赏,以僧肇为"中华玄宗大师",又以其三论为"中华哲学文字最有价值之著作"⑪。其价值在于深悟有无、本末、动静之全真。如果说此前玄宗各派有所得的话,也只是各得其一偏。"学如崇有,则沉沦于耳目声色之万象,而所明者常在有物之流动。学如贵无,则流连于玄冥超绝之境,而所见者偏于本真之静一。于是一多殊途,动静分说,于真各有所见,而未尝见于全真。"惟有僧肇卓然独秀,悟发天真。在总结、批评前人之缺失的基础上,孤明先发,立论以为宜契神于有无之间,游心于动静之极,不谈真而逆俗,不顺俗而违真,知体用之一如,动静之不二,则能穷神知化,而见全牛矣。

用彤先生对僧肇之不真空义有很具体深入的分析,兹不一一赘述。而其独许僧肇之见真理之大全者，则在于僧肇"继承魏晋玄谈极盛之后，契神于有无之间，对于本无论之著无，而示以万法非无。对于向、郭、支遁之著有，而诏之以万法非有。深识诸法非有非无，乃顺第一真谛，而游于中道矣"。而其思想虽颇具谈玄者之趣味，但又鄙薄老庄，服膺佛乘，几乎突破了玄学之藩篱⑫。对这位解空第一的玄宗大师，用彤先生喜其游于中道，由此亦可见用彤先生之哲学主张盖在"极高明而道中庸"矣。

二、论汉魏之际的时风

用彤先生对玄学兴盛之起因、发展、流别如上节所言，均有"孤明先发"之研讨、分疏和探析。在探讨玄学兴起之因时，他曾着力分析汉魏之际易学的变迁，以证解易中自由精神对有无、本末之辨的催发作用（上节已详），此为其探本溯源的着眼点之一。另一方面，他又曾明言应从玄学受之于时风者，寻求汉魏之际学术变迁的理由。具体而言，即从当时颇为流行的名理之学中见其端倪。

用彤先生选择了刘劭《人物志》作为分析汉魏之际的时风及此种时风对玄学兴起之影响的范例，而其独选此书的原因则在于当时之著述存者甚少，而读此书"于当世思想之内容，学问之变迁,颇可知其涯略"。

论者多以为汉魏之际学术起甚大变化,用肜先生亦如此立论,且更具体地将此变化之分水岭确定为正始前后,亦即以公元240年为界限。这一结论自非笔者之揣度,因为用肜先生曾明言:"正始前后学风不同,谈论殊异。"而刘劭《人物志》之可贵或值得注意,正在于其为正始前学风之代表作品。

就《人物志》一书本身之大义而言,用肜先生认为其中可注意者有八。即,(一)曰品评人物由形所显观心所蕴,即据人物之外形观察其内心之蕴涵,此皆本于形名家之原理。故论声音则以气禀为根据;论情味则谓风操、风格、风韵,而尤重传神之眸子。(二)曰分别才性而详其所宜。人以其所禀之形气各殊而各有名目(形名),圣王体天设位,各有攸宜,谓之名分。为求名目与名分之相宜,乃不能不辨才性之大小与同异。(三)曰验之行为以正其名目,刘劭主都官考课之议,实即其行检之辅翼。(四)曰重人伦则尚谈论。汉代以察举取士,士人进身之路端赖言行,而以言显者尤为轻易,所以天下之士,竞趋谈辩。为识论难之名实相符,乃不能不明了言辞与义理之关系,如此才能以准则指导人伦之识鉴。(五)曰察人物失于奇尤。品藻之术仅以常士为准,而不可用于超奇之人,原因在于奇尤之人,其实质难知。(六)曰致太平必赖圣人。一者情性之理甚微而玄,惟圣人能究察此理,使甄拔之名实相符而致天下太平;二者甄别才性只可以得常士,难识超奇之士,更难识圣人,不得圣人,自难致治平。(七)曰创大业则尚英雄。聪明秀出谓之英,胆力过人谓之雄。此皆偏至之材,如果一人能兼具英雄,则可长世。(八)曰美君德则主中庸无为。

从上述用彤先生对《人物志》大义的总结和条析中,可以见出汉魏之际时风之特征,即重辩论,喜论才性,品藻人物等。而该书很早就被列入名家,其原因则在于汉魏名家与先秦惠施、公孙龙实有不同,凡循名责实,含摄量材授官、识鉴之理者均被称为名家。质言之,检形定名为当时名家学说之中心理论。所以,名家之学又被称为形名学或刑名学。

用彤先生认为,此种形名学之大盛,与政治之关系至深。汉代取士之途径为地方察举、公府征辟。而察举则以舆论为标准,这样,人物品鉴就显得极为重要。它可以使有名者入青云,无闻者委沟渠。而有名、无闻乃乡里人物臧否之结果,所以,民间清议实际上隐操士人进退之权。由是,月旦人物,流为俗尚;讲目成名,具有定格,乃成社会中不成文之法度。此种流风又直接导致两种后果,即一方面由此而士人重操行,洁身自好,而名教乃因此而可以鼓舞风气,奖励名节。另一方面,由于清议之势力大盛,士人便特重交游,党人之祸便由此而起。其流弊所及,致士人辗转提携,互相吹捧。厉行者不必知名,诈伪者得播令誉。以致有民谣讥之曰:"举秀才,不知书;举孝廉,父别居;寒素清白浊如泥;高第良将怯如鸡。"此种名实不相符的现象令一部分士人痛心疾首,乃转而求检形定名,控名责实,"汉魏间名法家言遂见流行"。汉末最重要的政论家崔寔、仲长统,分别作有《政论》、《乐志论》,前者以其重综核名实而被称作法家,其对世人徒以一面之交而决定人物之臧否颇为不满。后者立身行己,则服膺老庄。又有王符作《潜夫论》,主张考绩,以此为太平之基;徐幹作《中论》,立论以为"仲尼之所以贵者,名实之名也。贵名乃所以贵实也"。凡此均说明由于察举、清议积弊甚多,致使汉末学术界非常关注形名、名形之辨。

而最能代表汉魏之际的这种社会思潮或时风的,当推刘劭《人物志》,或换言之,《人物志》是汉代品鉴风气的结果。是书之宗旨即在以名实为归,而按当时流行之看法,凡束名实者,即可称名家言。《人物志》各篇表明刘劭品鉴名实,察人重考绩,其作都官考课之法,亦在补偏救弊。此举亦说明刘氏长于法制,这一点可证诸刘氏所作之《法论》、《律略论》。用彤先生对刘劭所代表的汉晋间流行之学说作了简要的概述,即认为"王者通天地之性,体万物之情,作为名教,建伦常,设百官,是谓名分。察人物彰其用,始于名目。以名教治天下,于是制定礼法以移风俗。礼者国家之名器(刘劭劝魏明帝制礼作乐),法者亦须本于综核名实之精神"。而名实或名形观念则为此种流行学说之中心,其为名家之言实为不疑之事实。至于纯粹之名学则在当时极为少见。

刘劭《人物志》代表汉末魏初之社会思潮,其清谈当然与正始及其后之玄风有重大差别。此种差别在于:魏初士人一方面承继东都之习尚,而好正名分,评人物,另一方面由于魏帝好法术,重典制精刑律,与士人一样以综核名实为归,因而名士所究心者多为政治人伦,其言多为"金华殿语"。虽然魏初名士论政事人物时不能不涉及一些准则、原理,但像正始名士那样高谈性理及抽象原则者,绝不可见。

见之于《人物志》的魏初清谈,在用彤先生看来并非"以虚薄为辩,而贱名检",其特点反在于以"当实为清",即以循名责实为归趣。此种清谈与其所承之汉代清议,在性质上相差不远。但它却终于演变成玄学之清谈,个中原因何在?用彤先生对此作的探讨,认为其原因有二。其一在于正始以后之学术兼接汉代道家之绪,老学的影响逐渐显著,刘劭《人物志》已采用道家之旨。其二,清谈既久,由具体人事以至抽象玄理,乃学问本身演进的必然趋势。汉代清议之根本特点是非议朝政,月旦人物。而魏初清谈在谈论实事时,更绎寻辩论、品评之原理。刘劭《人物志》虽然并不是纯论原理的哲学著作,其学亦非纯名学,但刘氏已就汉代识鉴之事转而总论其理则,其学因此被称作形名家言。而由于其所讨论的题材原理与更抽象之原理有关,便不能不谈玄理,亦即使学术转向玄远不近人事的形而上学之领域。

用彤先生固重从学术内部寻求其变迁之理由,同时亦重社会环境对学术变迁之影响。乃立论以为:自东汉党祸以还,曹氏与司马历世猜忌,名士少有全者。士大夫为远祸而不论时事、不臧否人物。因此,汉晋间学术由具体事实至抽象原理,由切近人事转向玄远理则,也是时势造成的。

《人物志》之可贵,即在于上述转变可征诸该书。刘劭论君德时本道家之言,以人君配天,据此自然可以进探天道之本真。此项学理演进之趋势,在王弼之书中最为明显。此其一。其二,《人物志》以情性为根本,且只论情性之用。学理发展之势自然要求学者进而对人性本身加以深究,才性之辩实际上顺沿了此一必然趋势。傅嘏、荀粲之善名理、尚玄远,于才性之辩卓然有述,均体现了学理的发展趋势。

在探讨魏初清谈演为正始玄学的原因时,用彤先生曾以正始学术兼接道家之绪、老学影响较著为变迁理由之一。对于这一点，用彤先生在《读〈人物志〉》一文中专辟一节，给予了详尽的分析。他认为，从《人物志》一书中，可见出魏初学术杂取儒名法道诸家之风貌大概，因而更增加了该书的史学价值。兹略述如下：

汉末魏初之清谈家固为形名家或名家，但他们以检形定名为宗而推之于制度人事，多祖述儒家固有的正名之义，宪章周孔而论名教。刘劭《人物志》之序文在分别品目、叙列人物时，自谓其学本于儒教。因此，刘氏使名儒二家相通，自不待论。刘氏又与《九州人士论》之作者虞毓一样，同主依名选士，考课核实，且同定刑律，彰显法家之精神，则其学兼名法儒三家之言亦为事实。

与此同时，道家之学亦逐渐兴盛，并最终演为正始玄风。因此，可以说正始以前名士中兼取老学者实际上是学术大变中的过渡人物。这些名士包括夏侯玄、荀粲、钟会。其中夏侯玄上接太和年间名法之绪，下开正始玄理之风。而钟会之书以道名（《道论》）而内容却为形名，原因亦在于其杂取黄老之说与名家之言。

至于何晏、王弼已是正始时期的玄学家，他们与魏初名士迥然不同，但他们虽有学术革命之功，却并非横空出世、骤溃而至的怪物。其思想仍受时代思潮之影响。何晏具有法家精神，选人各得其才,说明他也擅长魏初流行的名家之术。至于王弼,虽为一纯粹之玄学家,但他同样也论君道,辨形名,"并为名家之说"。用彤先生明确指出,王弼《老子注》并未受刘劭《人物志》之影响,但王弼所采名家理论,却多见于《人物志》。

那么,刘劭《人物志》兼取的道家之说究竟何在呢? 用彤先生认为主要有二,一为立身之道,一为人君之德。《人物志》本为鉴人序材之书,而书末却加有《释争》一篇,其核心内容即在引《老子》之说,以卑弱自持为立身之要道。这一阐释虽与该书主题关系不大,却说明刘劭对《老子》之说深为契赏。此为其一。其二,刘劭立论以为平治天下端赖圣人,因为圣人明智之极,能知人善任,垂拱而治,因而能劳聪明于求人,获安逸于任使(《人物志》序文)。用彤先生认为,此说实际上是对人君无为而治的一种解释。此后裴頠之释无为,郭象注《庄子》之解无为之治,均与刘劭之文无大差异。而最可注意者,刘劭之解同样也见于王弼《老子注》。而尚书令陈矫跪阻魏明帝至尚书门欲案行文书及明帝惭而返一事,更说明当时上下共知齐赏"无为而治"——老学之精神。刘劭对圣人之所以能知人善任、垂拱而治者亦有解释,认为根本原因乃在于圣人有中庸至德。中庸本为儒教之说,刘劭却以老子思想释之。其言曰:

凡人之质量中和最贵矣。中和之质必平淡无味,故能调成五材,变化应节。

夫中庸之德,其质无名,咸而不碱,淡而不醴,质而不缦,文而不缋,能威能怀,能辩能讷,变化无方,以达为节。

而王弼称美圣德曰:"中和质备,五材无名",其文意与《人物志》完全相同。即都认为圣德中庸,平淡无名,不偏不倚,无适无莫,因而能与万物相应,明照一切,不与一材同用好,故众材不失任。平淡而总达众材,故不以事自任。但是,刘劭、王弼所陈君德虽同,而其发挥则殊异。魏初清谈所言君德中庸,仅用之于政治,以之为知人任官之本(以《人物志》为代表),而正始玄学则以《老子》君德无名证解玄学家之形上学说(以王弼为代表),即认为君德之能守朴中庸平淡,乃在于其能法道之无形无名,因任万物之自然,并因此而可以成天功而跻于至治[13]。由此可见,正始玄学之根本旨趣乃在于建构以有无、本末之辨为核心的形上之学。而玄风之大畅,固为中华学术之巨大变化,但决非骤溃而至。王弼《老子注》虽未受刘劭《人物志》之影响,而其文意相同之处,则说明刘氏所代表的魏初清谈实为正始玄学之温床。而用彤先生对玄学之探本溯源则可谓独具慧眼,引人入胜。

三、论"言意之辨"

论者多以为中国哲学家建构其体系时,大都缺乏自觉的方法论。但据用彤先生对玄学的深入探究,上述结论至少对玄学家而言是缺乏普遍性的。

用彤先生本人治学极重方法,而研究玄学则尤重玄学家治学之眼光、方法。在探讨汉晋学术变迁之理由时,他一方面注重学理自身演变之趋势,亦重时风环境之影响,另一方面更以新方法之发现、运用为新学之依托。在他看来,如果没有新眼光、新方法,则为学只能有支离片段的言论,而不能有组织完备之新学术。

玄学的方法论即是言意之辨。玄学家们之发现并自觉使用这一方法,可以说出于玄学本身的要求。作为一种形上之学,玄学贵尚玄远,其特点是略于具体事物而究心抽象原理。玄学论天道则不拘于构成质料(cosmology),而进探本体存在(ontology);论人事则轻忽有形之粗迹,而专期神理之妙用。在玄学家们看来,具体之迹象是可说的,有名有言的;而抽象之本体,则是无名绝言而只能意会者⑭。因此,可以说,玄学家的本末有无之辨便与言意关系之分疏、辨析有密切关系,或者说,迹象本体之分乃由于言意之辨。而玄学家们所发现的新眼光新方法,就是依据言意之辨,普遍推广运用之,使之成为一切论理的准则和方法。质言之,玄学系统的建立实有依赖于言意之辨。

当然,言意之辨亦非无源之水,它的来源同样是汉魏之际源于评论人物的名理之学。彼时品藻人物者多认为才性之名理或志识之名理最为玄微,难于辨析,而圣人识鉴之要道在于瞻外形而得其神理,视之而会于无形,听之而闻于无音,然后评量人物,百无一失。《抱朴子·清鉴》认为这些都只能"存乎其人,不可力为",亦即可以意会,不能言宣,也就是"言不尽意"。晋欧阳建《言尽意论》有言曰:

世之论者以为"言不尽意",由来尚矣,至乎通才达识咸以为然。若夫蒋公之论眸子,钟、傅之言才性,莫不引此为谈证。[15]

清谈人士均喜月旦品题,在品评中渐渐悟及言不尽意,谓观眸子可以知人的蒋济,辨论才性的钟会、傅嘏,均引言不尽意作为谈证。由此可见名理之学中此说甚为流行,亦可知言不尽意实为推求名理应有之结论。关于言不尽意的本义,欧阳建《言尽意论》中曾有绍述:

　　夫天不言而四时行焉,圣人不言而鉴识存焉。形不待名而圆方已著,色不俟称而黑白已彰。然则名之于物无施者也,言之于理无为者也。

用彤先生对此申述道:名家在形名之辨中,以形为本,名由于形,而形不待名,言起于理,而理不俟言。圣人识鉴人物,更无需于言,只是意会。由此而引出言不尽意之说,并归宗于无名无形,即推及无名,通于道家。玄学中人则因精研本末体用而更有所悟,如王弼乃玄宗之始,深于体用之辨,因而上采名家言不尽意之说,加以变通,而主得意忘言。这样,名学的清谈原则便演变为玄学家的谈玄理、辨本末有无之方法。

　　言不尽意本为《周易·系辞》中语,王弼以老庄解易,援用《庄子·外物》中筌蹄之言,作《易略例·明象章》,对言意关系作了新的辨析和解释。王氏立论以为“尽意莫若象,尽象莫若言”。但“言者所以明象,得象而忘言。象者所以存意,得意而忘象”。“是故存言者非得象者也,存象者非得意者也”。反之,“忘象者乃得意者也,忘言者乃得象者也”。用彤先生认为,王弼得意忘象论是以言为象之代表,象为意之代表,二者均为得意之工具。其说以得意为贵,不执工具为目的,若滞于言象反会失去本意,因而王氏之说与此前的言不尽意论同主重意轻言也。王氏以得意忘象解易，反对滞于名言，主张忘言忘象，体悟言象所蕴含的玄理真意，如此方能使圣人之微言大义昭然若揭。王弼正是依靠这一方法，将汉易中的象数之学一举而廓清之，由此而奠定了使汉代经学转变为魏晋玄学的方法论基础。因此，用彤先生将言意之辨喻为奥卡姆的剃刀（Occam's razor），玄学家们以此利刀消除汉人繁琐经学中的芜杂。

用彤先生对言意之辨在魏晋玄学中作为方法论的重要性和流行的普遍性如此肯定，是有充分的史料证据的。因为王弼对言意关系的辨析和所唱之得意忘象，魏晋人士用之极广。举凡所谓"忘言忘象"、"寄言出意"、"忘言寻其所况"、"善会其意"、"假言"、"权教"都袭自王弼之《易略例·明象章》所言，或略有变通，而且与各期玄学家之思想的关系至为深切。用彤先生据对史料之疏寻精研，将言意之辨在玄学中的运用领域归纳为四端。兹略述如下：

第一，用于解经。汉代经学繁琐拘泥，往往支离不通，如孔子有言曰："君子而不仁者有矣夫，未有小人而仁者也。"孔安国注云："虽曰君子，犹未能备也。"此为拘泥文句，谓君子犹可不仁，这种章句之学自然令人费解。王弼则不然，其佚著《论语释疑》解之曰:"假君子以甚小人之辞,君子无不仁也。"(皇疏七)用彤先生认为这是以假言之说释《论语》中之滞义,而其余泽所及,使晋人注疏多用此法,其实质是以寄言出意之法,不拘泥于文字而会通经籍之义。此种贵尚玄远之学,虽颇乖于圣道,但因其主得意,乃使言论较为自由。魏晋名士之鄙薄章句,或其注疏之要言不烦,自抒己意,学术思想之清通简要,均因此种方法论之流行甚广。用彤先生甚至认为,学术归宗于忘言得意,实际上是玄学第一义谛之所在。

第二,用于证解、建构形上学。用彤先生认为,言意之辨与玄学宗旨深相契合,玄学所贵之虚无,无名无象;作为道之体,它超言绝象。因此,本体论的体用之辨实即方法论上的言意之辨。体用之辨与言意之辨在术语上虽有不同,但作为其根据的原则实为同贯。如,玄宗中贵无者没有不以得意忘言之说以证成其理论的。王弼以得意忘象大唱贵无玄风,为众所周知之事实,无须赘论。至于嵇康,其人宅心旷达,风格奔放,其学则与王弼大异。但其学说的骨干同样还是得意忘言。嵇康所契赏的是天地之和美,他对音乐造诣极深,与阮籍一样,嵇康的宇宙观颇具艺术美学之眼光。他的思想虽然浮杂难求其系统,但仍可概括为以下两点:其一是由名理进而论音声。其《声无哀乐论》曾引"得意"语曰:

"能反三隅者得意之言",论中又谓圣人鉴识不借言语。因为他认为心不系于所言,言或不足以证心。嵇康有言曰:"夫言非自然一定之物,五方殊俗,同事异号,举一名以为标识耳。"这是以言为心意之标识,为工具。意有定旨,而言则可因俗而殊。因此,可以认为声仅有和音,而哀乐则因人心不同而有异。用彤先生据此断言,嵇氏之意在托大同于声音,归众情于人心。"和声无象",不以哀乐异其度,犹之乎得意当无言,不因方言而异其所指也。这一结论自与言意之辨关系至深。其二,由对音声的玄学新解而探求宇宙的特性。嵇氏既立论认为声无哀乐(无名),因心之不同而"欢戚具见",则其论旨一如道体无象(无名),而万象由之并存。由此不能不由声音而推及万物之本性,而其结论则是:八音无情,纯出于律吕之节奏,而自然运行,亦全如音乐之和谐。阮籍《乐论》有言曰:"夫乐者,天地之体,万物之性也。""昔者圣人之作乐也,将以顺天地之性,体万物之生也。"此论与嵇康大同。由此可见,嵇氏也是以得意忘言之义,托始于名学而归宗于道家。

第三,用于会通儒道二家之学。玄学固为汉代繁琐经学之反动,且多祖述老庄以成玄学家之形上学,但由于三国晋初玄学家所受教育多在于家庭,而家庭之礼教未堕,因而这一时期的名士都曾精研儒经,且仍推孔子为圣人。也就是说,玄学中人并未废弃儒学,相反倒多有著述。如王弼、何晏曾注《周易》《论语》,向秀曾注《周易》,郭象曾述《论语》,此类著述在当时都是备受关注的名作。玄学家们之治儒经,其精神诚然大异于汉儒,但他们很少诽谤儒经。偶有一二人非尧舜而薄汤武(如阮籍)也是有激而发。玄学家们不但不非议儒经,反而对孔书中之令人生疑的地方巧为之说,以释人之疑。如王弼《论语释疑》就曾以自然之义为子见南子进行辩护。当然,此类辩护之实质乃是阳尊儒学而阴令道家夺儒家之席。

此类曲为辩护、慧释滞义之举固然精妙,但儒道之根本差异及儒道典籍中文句上的攻击、冲突仍为明显之事实,玄学中人乃不得不求一方法以救之。这一方法即是忘言得意。

关于前者,即儒道之根本差异可概述为:孔子重仁义,老庄尚道德;儒书言人事,道家谈玄虚。祖述老庄的玄学贵尚虚无,而孔子则未尝致言。儒学贵名教,老庄重自然。二者之冲突既全面亦深刻。玄学中人调和此种冲突的根本方法有二,其一是立论以为虚无之义固为圣人所体,但教化百姓如果不采用仁义名教,则会虽高而不能行。这是以圣人体无不得不用有(名教)之义调和儒老。其二则是以虚无为本,教化为末,本末即体用。致用须以言教(儒经),而本体(玄旨)则绝于言象。既然不能弃本体而徒言其末用,则亦不能执著言教而忘象外之意。玄学家们正是以这一方法,一则调和儒老,二则妙发哲思。如孔子有言曰:"予欲无言","天何言哉?"王弼《论语释疑》(皇疏九)解之曰:

> 夫立言垂教,将以通性,而弊至于湮。寄旨传辞,将以正邪,而势至于繁。既以道中,不可胜御,是以修本废言,则天而行化。

王弼此解,仍是以得意忘言之义,说明寄旨于言或立言垂教,本以出意。如果像汉儒之学那样使言教趋于繁琐,以至湮没本旨,则当反求其本。反本修本则须废言,则天而行化。这是释儒归老,高立玄旨。

用彤先生据此认为:玄学中人之释孔书滞义难句,根本宗旨乃在于说明,圣人之所言虽与玄学宗旨有异,但如果善于在圣人所无言处探求,则虚无实际上仍是圣人之真性,与老庄之书所述者无根本差异。玄学家们正是以这种方法,一方面解答儒经与老庄何以面目全非,另一方面又以老庄为本,儒教为末。并说明学者不应存言忘意,修末废本。此种玄论虽然调和了儒道,但实质上仍是崇道卑儒。此种倾向发展到极端,乃有荀粲之以儒经为圣人之糠秕。此说一出,便从根本上推翻了孔老之差异。但荀粲此说不过是言不尽意发展到极端而得出的结论。

关于后一种冲突,即文句上的冲突,如老庄之书绝圣弃智,而儒家著作又鄙薄诸子,其间之矛盾更为明显,甚难调解会通。《庄子》之非圣人,《法言》之鄙老庄,均为典型之例。于是有向、郭之注《庄》,李轨之注《法言》,而其方法亦均为寄言出意。

《庄子·大宗师》贵尚游方之外,而将孔子描述为只游方之内的鄙陋之人。郭象以寄言出意之法,主张读《庄》须"要其会归,遗其所寄",如此方能明了"游外者必弘内",而知《庄子》之言与孔子之学并不相悖。据此,用彤先生称郭象之解庄堪称绝伦。其表面上尊圣道,而实质上则大唱玄理,融合儒道,使赖乡夺洙泗之席,其功甚大。而东晋李轨之注扬雄《法言》,亦采同样之方法,消弭孔教与诸子间的文句之冲突。

第四,用于为名士建构人生哲学或立身行事之道。用彤先生认为,中国哲学或学说有一特点,即欲了解任何一派学说,都必须先知解其立身行己之旨趣。就玄学而言,虽然立言玄远,其流弊至于遗害国家,但玄学中人仍求玄理与其行事能保持一贯,所以,玄学决非空疏不实用之哲理也。也就是说,魏晋名士谈理,虽互有差别,但其宗旨却并不在致力于无用之言,而与人生了无关系。

用彤先生研讨魏晋名士之人生观,多从诗文见之,这种方法说明他不仅有深厚的文学素养，更显示其"诗文证史"（哲学史）的功夫。嵇康《赠秀才入军诗》云："俯仰自得，游心泰玄，嘉彼钓叟，得鱼忘筌，郢人逝矣，谁与尽言。"虞湛《赠刘琨诗》曰："谁谓言精，致在赏意，亦忘厥饵，遗其形骸，寄之深识。"凡此均表明魏晋名士宅心玄远，重神理而遗形骸，以神形分殊为立足点。学贵自然，行尚放达，一切学行均由此演出。虽然各人求高远超脱之行径有所不同，而忘筌之致，名士间实际上没有差别。

总之，魏晋名士的人生观之核心思想与其形上学一样，都是依靠言意之辨而得以建立的。名士们多主得意忘形骸，或虽在朝市而不经世务，或遁迹山林、远离尘世，或驱驰以为达，或佯狂以自适。这里的所谓得意，乃指心神之超然无累。如果真能超然物外，心神远举，也就不必数数然刻意追求忽忘形骸。所以，虽然有嵇康、阮籍之流贵得意忘形骸，而何劭则在《赠张华诗》中说："奚用遗形骸，忘筌在得鱼。"这同样也是以得意忘言之旨述其人生之学。用彤先生对魏晋玄学情有独钟，而于其方法论即言意之辨则尤有神契妙悟，晚年还认为对言意之辨的条析为"自家体贴"之出品⑯。我们认为，用彤先生对"言意之辨"在魏晋玄学中的方法论意义之分析，其价值决不仅在于指出该方法在魏晋玄学中流行的普遍性及其重要性，而更在于用彤先生把语言与意义的关系总是提升到哲学基本问题的高度上来,认为言意之辨在玄学中等同于本末体用之辨。他对玄学家们以形上的抽象本体为无名绝言(What cannot be said)而只能意会的哲学玄理是深为契赏的,而对僧肇契神于本末有无之间的思想更是玩赏有加,体悟至深。这不仅表明了他本人的哲学主张(如认为人要回到本体界段才可以见到真理),更说明他是以现代哲人对语言与意义之关系的深刻思考而达到这一认识的。

我们之所以说用彤先生的分析具有现代哲人的眼光,是因为他所契赏的玄学形上学(似应也包括他本人在内)认识到了日常语言的局限性,排除了以言象陈述形而上学的东西的可能性,而主张对形而上的本体只能以意会,不能以言宣。这些思想与维特根斯坦《逻辑哲学论》有惊人的相似之处,维氏此书之宗旨即在于"为思想的表述划定一条界线",认为"凡是不能够说的事情,就应该沉默"⑪。而用彤先生则认为对不能说的东西固不能言宣,却可以意会。用彤先生是否研读过维氏之著,我们目前尚不得而知。但我们可以说,虽然用彤先生所契赏的还是传统本体论、形上学,因而其所谓不能言宣者与维特根斯坦有重大差异,但从语言的界限或局限性来思考它与"意"的关系及与此相应的本末、体用、有无的关系,则实有深邃之现代哲学精神。

四、论圣人观念之变化

用彤先生既能会通中西，亦能学贯古今，对先秦学术、宋明理学亦有谙熟之了解，对中国学术大势尤有高屋建瓴之把握。其论中国各期圣人观念之变化曰："人皆可以为尧舜"乃先秦已有之理想。但就中国思想之变迁前后比较而言，宋学精神在于谓圣人可至、而且可学；魏晋玄谈则多谓圣人不可至不能学；隋唐则颇流行圣人可至而不能学（顿悟乃成圣）之说[18]。用彤先生的这一概述自然建立在对中国思想史资料的广搜精研的基础之上，允为精论，但他更感兴趣的则是魏晋思想中的圣人观念是如何转变而下接隋唐禅门之学的。这一探讨可以说已不复局限在魏晋玄学中了，但又始于对魏晋思想的分析，终于对中华学术变迁大势的宏观把握。他解剖的"麻雀"或范例是谢灵运的《辨宗论》。

用彤先生认为魏晋"一般思想"的核心是自然名教之辨，而对此核心问题的探讨则又是围绕着圣人观念而展开的。玄学家们或主孔子为圣人与老不及圣，立圣人有情义（王弼），或立圣人常游外以弘内义，唱内圣外王（郭象）。但王弼、郭象作为玄学领袖，在圣人是否可学可至的问题上均给予否定性解答，即认为圣人不可学不可至。王氏立论以为"圣人茂于人者神明也"，认为圣人智慧自备,非学而得;郭象则在《庄子注》中立"学圣人者学圣人之迹"之义。凡此均说明"圣人既不能学,自不可至",是魏晋时期流行的学说。其原因则在于玄学作为玄远之学,其谈玄远之与人事本源于汉儒究天人之际之学,在玄学家们的心目中,"天"(道)为"人"之所追求憧憬,在玄学中被悬为永为人们追求而又不可及的理想。

当然,玄学家们也大谈"学"的重要性。其原因则在于他们认为儒经如《论语》将《学而》置于首篇,目的在于劝教,勉励凡人。皇疏《志学章》言:"此章明孔子隐圣同凡……皆所以劝物也。"又引孙绰曰:"勉学之至言。"用彤先生认为,此论与所谓"圣人不须教也"(《中人以上章》疏),及"孔子谦以同物,自同常教"(《我非生知章》疏)都是依寄言出意之原则以解经,旨在说明经中虽常言说,其宗旨则不过在于劝教,至于圣人则决非学而能至也。皇疏还认为虽好学,而其所达到的境界亦不过庶几为圣而终不及圣。郭象则认为儒经虽明言孔子亦学,而其宗旨亦不过在于勉学,百姓虽须学,圣人固无所谓学。

用彤先生对六朝人之圣人观念的总结曾遭到冯友兰先生之质疑。后者在与用彤先生的交谈中,引《庄子·大宗师》七日九日之文,立论以为既有阶级则自须学。用彤先生不以为然,认为所谓学有阶级与圣非学至并不冲突，因为当时人们认为学固可有阶级，而圣人则卓绝居阶级之外。质言之，魏晋名士普遍相信圣人不可学亦不可至。

但彼时佛教极发达，在圣人问题上，"释氏之论，圣道虽远，积学能至"。确实，释教修持，目标本在成佛。虽然小乘的三道四果之说，大乘的十住十地之论，表明佛徒致圣之路道阻且长，但其能达到目标是没有疑问的。如果不能成佛，断绝超凡入圣之路，佛教就会失去其宗教魅力和作用。这样，在圣人是否可至以及如何可以至的两大问题上，在当时便产生学术思想中两大传统的对立，即主圣人不可学不可至的中国传统与圣人可学亦可至的印度传统之间的冲突。此种冲突之剧烈几至无法调和，常使学人徘徊歧路堕入迷惘。

谢灵运《辨宗论》的根本意即在于力图建立一种折衷之新说。用彤先生认为，谢康乐在文学方面堪称天才，在哲理方面则无太多的创造性。但其短文《辨宗论》虽不及二百字，却集中表述了儒释二教在圣人观念方面的根本不同，进而折衷以道生之论，在中国中古思想史上显示一极重要之事实。所谓道生之论成于佛教人士就一阐提成佛义展开激烈争论之时。晋末六卷《泥洹经》译出，一阐提不能成佛说便有了经籍之证明，这样便从印度传统自身中产生一种异说。竺道生却精思绝伦,孤明先发,根据法体之贞一(谢文称理归一极),力驳此说之妄伪。道生之论立论以为佛性,群生之真性,一阐提乃属群生,何得独无佛性。既具佛性,自能成佛。此说不久又得到了《涅槃》新经之证可。谢康乐之《辨宗论》在哲理上依傍道生之论,述道生之旨,指出两大传统之不同,进而折衷调和之。

用彤先生以排列组合之法,将圣人是否可学可至这个问题的解决方法分为四种:

(一)圣人不可学不可至,此乃中国传统。

(二)圣人可学可至,此乃印度传统。

(三)圣人可学不可至,此说无理不能成立。

(四)圣人不可学但能至,此为《辨宗论》述道生之新说,所谓"闭其累学"、"取其能至"是也。

所谓道生之新说,即上述一阐提能成佛、成佛之方在顿悟。梁释僧旻有言曰:"宋世贵道生,顿悟以通经",用彤先生认为道生新说的意义决不只在于通经,而更在于调和魏晋学术中两大对立之传统,从而将当时义学中的迷惘一举廓清之,故其价值甚大。

道生以顿悟为成佛之不二法门,谢康乐则立论以为得道应需慧业,即成圣者非由学至。二人均主张圣人能至而不可学。用彤先生认为，了解魏晋学人眼中的"学"字之含义，对于理解道生、康乐立说之由来至为重要。根据对史料的广搜精析，用彤先生将当时学字之义，分为四种：（一）学者乃造为。道家任自然无为无造，玄学弃智，学者即有所欲为，此为王弼、郭象等人所不取。（二）学者效也，乃由教，由外铄。这种"非复外足"，自外而来之学，玄学中人亦不取之。（三）学者渐进，累积而有成。此为主顿悟义者所不取。（四）学者由于不足，不足乃有所谓学。此为主众生本皆自足，人皆可成圣者（王弼、郭象）所不取。综此四义，自可得出"圣人不须教，佛为无学道"的结论，那么，至圣成佛的方法是什么呢？这就是竺道生的顿悟学说。而道生之顿悟义，在用彤先生看来，乃是综合中印两大传统之是而成。用彤先生认为：中国传统谓圣人不可至固非，而圣不能学则是；印度传统谓圣可至固是，而圣能学则非。道生正是去两种传统之非，取二方之是，创立顿悟之说，立论以为圣可至，但非由积学所成而在顿得自悟。也正是从道生之后，至圣成佛便为众生均可企及之人格理想。而至圣成佛在魏晋玄谈中则是不可思议的事，当然也是不可能的事。

用彤先生认为，自道生之后，玄远之学乃转一新方向，由禅宗而下接宋明之学，其间过程虽很长，但道生的顿悟新义却是这一思想变迁的关键人物。而谢康乐之《辨宗论》则明示当时学界两大传统的冲突,并指明道生之说是调和之论,"其作用不啻在宣告圣人之可至,而为伊川谓'学'乃以至圣人学说之先河"⑲。后者(程伊川)作为宋学初起时重要哲学家,在世人多言圣人可至而不能学的思想氛围中,曾作《颜子所好何学论》,而令胡安定见后大惊。胡氏所惊者,盖在"好学即在圣人"。用彤先生以道生所立、谢康乐所述之学为程伊川思想之先河,又于此中见出中华学术思想变迁之迹,自是知微见著的大家史识。

五、论玄学与文学理论

在计划撰写的《魏晋玄学》一书中,用彤先生拟专辟一章讨论玄学与文学之关系,惜乎此书未能完成。现存《魏晋玄学和文学理论》一文是据其在昆明西南联大的讲演提纲和在美国加州大学授课的讲义(英文)整理而成,该文首载于《中国哲学史研究》1980年第一期,后又收入《理学·佛学·玄学》一书中。

用彤先生从文化类型学出发,认为往昔某时代的哲学思想一般都具有特殊的方法、态度,由此而较之前代有新异之理论,而这个时代的哲学家、思想家也很少能超出其时代之思想定式。同时,此一时代各种文化活动又都无不受其时之新方法、新理论之陶铸而各发此一时代之新型。因此,用彤先生从整体文化观出发,立论以为要想研究此一时代,明了其特点,必须详悉其文化各方面,如哲学、道德、政治、文学艺术的新动向,对各方面的关系则尤其要予以注意。

就魏晋时代而言,其特有之思想与前之两汉、后之隋唐,都有鲜明的差异。其思想定式、新方法自然会影响到其他文化活动,使之各自遵循玄学新理论之演进而各有新贡献。而用彤先生《魏晋玄学和文学理论》一文的目的即在于指明"玄学与其时文学实同为此新时代之出品,而文学受玄学之影响其根本处何在"。

用彤先生将文学分为技巧与思想两方面,而思想则是文学的内容。古今人士论玄学与文学之关系者多着眼于思想方面。如檀道鸾《晋阳秋》曰:"正始中,王弼、何晏好老庄玄胜之谈,而世遂贵焉,至过江佛理尤盛";沈约《宋书·谢灵运传》曰:"在晋中兴,玄风独扇,为学穷于柱下,博物只于七篇。"又如刘勰《文心雕龙·时序》曰:"自中朝贵玄,江左称盛,因谈余气,流成文体。是以世极迍邅,而辞意夷泰,诗必柱下旨归,赋乃漆园之义疏。"凡此均是就文学之内容而论其所受玄学之影响。用彤先生之论则另有角度,他关注的是文学理论或文学批评所受玄学之影响,因为他认为魏晋文学在思想方面不仅限于命意遣辞之依傍老庄。

　　受过西方文论之系统训练的用彤先生,认为"文学理论者,即关于文之何以为文,或其诗学者何谓文学,何为文之特性",这实际上就是中国的"论文"之作,西方"文学批评"的根本理论。魏晋南北朝文风鼎盛,文学理论方面的著作也不少见。如魏文帝曹丕的《典论·论文》,陆机的《文赋》,刘勰的《文心雕龙》等都属论文之作,其对文学的基本看法与玄学也都有深切的关系。一方面,玄学对文学的影响在于文学之内容充满老庄之辞意,另一方面,即使行文不用老庄,但论文之所以为文者所据之原理也多出于玄谈。如果说玄言诗富于老庄辞趣固然是由于"溺于玄风",那么,老庄告退后,谢灵运之颐情山水,也同样是清谈在文学中的表现。刘勰《明诗》谓江左诗什"卟笑徇务之志,崇盛亡机之谈"。但当时文学的玄学化实际上不仅在其所笑所崇,即不仅在于文之内容,而同时也在于文学所据之理论。有鉴于此,用彤先生本文之兴趣自不在于摘出当时文中所引用的玄理,而在于为了进一步了解文学、玄学两者何以同具此一特殊时代之新精神,而研讨其时文学原理与玄学的关系之所在。

　　如前所述,用彤先生认为魏晋时代是思想自由解放的时代,士大夫们由经世致用转为个人之逍遥抱一或出世。其时思想之中心不在社会而在个人,不在环境而在内心,不在形质而在精神。

其时之人生观与哲理均呈现出崭新的面貌。人们普遍向往玄远，意在得道、证实相，揭开人生宇宙之秘密。其理想在与道合一，以大化为体，与天地合其德。而道、绝对、实相在他们看来又是绝言超象的。而文者，言也，既然实相绝言，则文可废矣。但凡人既未能证体，文未能废言，于是便产生一问题：文之功用何在？又，宇宙之本体为一切事物之宗极，文自亦为道之表现，于是又产生另一问题：文之性质为何？魏晋时期，对这些文学基本理论的讨论很兴盛。其原因在于其时文人学士因哲学上之问题，深感研求文章原理的必要。质言之，魏晋朝文论之所以繁荣，原因在于文人学士对当时的哲学问题有所解答，而不仅在于当时文艺制作之优劣不一，致有批评之制作。

魏晋南北朝文人所追求的文是什么样的呢？刘勰言："心生而言立，言立而文明，自然之道也。"看来其时文人所谓"文"者，都是那种能表现天地自然的充足的媒介或语言。

又，上述所说之"文"就形式而言，不仅限于辞章，而且包括音乐、绘画。就音乐而论，或以之为"自然之和"（嵇康），或以之为"常音"（陆机），或谓为"天籁"。阮籍《乐论》则曰："夫乐者，天地之体，万物之性也。合其体，得其性，则和；离其体，失其性，则乖。"这是认为如有充足之媒体，发成音乐，就可以合"天地之体"、

"万物之性",以传"天籁"。嵇康立论以为"声无哀乐",虽然,其理论仍亦系于"得意忘言"之义。正因为"声无哀乐"(无名),才可由之而"欢戚自见",正如道体无名超象,而万象由之并存一样。故八音无情,纯出于律吕之节奏,而自然运行,亦全如音乐之和谐。质言之,当时的音乐理论,大都以音乐为人类所采用"自然"、实在的一种媒介,"自然"可助音乐之力而得以彰显;美好的音乐是宇宙本体和自然之道的体现,通过此种充足的媒介,宇宙本体得以表现于外。音乐必再现宇宙之和谐,因为音乐曲调本于宇宙本体之度量。因此,如不执著于音乐之有限,忘言忘象,而通于言外,达于象表,则可"得意"。准此,便可以说其时之音乐理论实为玄学之理论、方法在音乐领域中之表现,或对此领域中哲学、美学问题之解答。

就绘画而论,彼时之画论亦根植于"得意忘言"之学说。顾长康画人数年不点目睛,以其见传神之难也。故时人之人物画原理多以为画人不在四体妍媸,端在传神写照。此种画论,在用肜先生看来已接近于精神境界、生命本体、自然之美、造化之工。但当时人物品藻多用山水字眼,以山水语言传人物之神,由此而探生命之本源,写自然之造化。于是绘画或论画者也逐渐觉悟到:既然写造化自然用人物画,而人物品藻又常拟之山水,则画山水岂不是更能写造化自然？由此而山水画大兴。用彤先生认为,绘画史中此一转向,即从人物画转到山水画可谓为宇宙意识寻觅充足的媒介或语言而另辟蹊径。而其原因则在于时人觉悟到揭示生命之源泉、宇宙之奥秘,山水画较之人物画是更好的媒介。晋人发现了此种更好的媒介,乃不但用之于画,亦用之于诗。所谓"老庄告退,而山水方滋",即此之谓也。

就文学理论本身而论,其与玄学之关系则表现在论文者对以下两个根本性的理论问题的解决之法上:一方面认为有不可言说之本体而又不能废文废言,另一方面有不可违抗之命运而又力求超越。魏文帝之《典论·论文》虽立通才、偏至说,又以文章为不朽之盛事,但对上述两大问题并未从根本上予以解决。此后之论文者多围绕这两个问题而慧发哲思,其中尤以陆机之《文赋》、刘勰之《文心雕龙》最能体现魏晋南北朝的思想特点,表现玄学与文学理论之关系。

彼时文人多认为万物万形皆以自然之道为本体或本源,且认为此本源不可言;而文又是此本源之表现,且文本身又各有所偏。那么,文人如何用语言表现其本源呢?陆机提出的解决方法是"伫中区以玄览",即要求文人以空灵之心,把握生命、造化、自然之奥秘,"笼天地于形内,挫万物于笔端"。所作之文当能"课虚无以责有,叩寂寞以求音"。也就是说,善于为文者,方能使文成为虚无、寂寞——宇宙本体之充分表现,方可成就笼天地之至文。所谓至文不能限于"有",不可囿于音,当能即"有"而超出"有",于"音"而超出音,方可得"弦外之音"、"言外之意"。最上乘之文即是"虚无之有"、"寂寞之声",即能由言得意、由末达本者,亦即不执于一偏,得无形希声之大象、大音者,方可为至文。陆机此种文学理论可见于王弼《老子指略》对无名无形之道的论述,其所用之方法均为"得意忘象"、"得象忘言"。即都认为形而上的本体是"一",无形希声,形而下的万有为"多",为宫为商,为温为凉,拘于一偏,所谓"体有万殊,物无一量",即此之谓也。而文人亦然,文体亦然,各有一偏,唯能为至文者方可得言外之意,弦外之音,体无得道。

与陆机《文赋》不同,刘勰的《文心雕龙》对文之所以为文者有更详细、深入之探讨,首篇《原道》曰:"文之为德也大矣,与天地并生者,何哉? 夫玄黄色杂,方圆体分,日月叠璧,以垂丽天之象;山川焕绮,以铺理地之形,此盖道之文也……心生而言立,言立而文明,自然之道也。旁及万品,动植皆文……夫以无识之物,郁然有彩;有心之器,其无文欤……言之文也,天地之心哉! ……"此论所说"文之为德"即文之为用,此用为体用之用。道为体,文虽非道体或天地自然之本身，但作为此体之用，文可"与天地并生"。并且，文作为用与体不离，不可或缺，"言之文也，天地之心"。

不过，用彤先生认为，刘勰对文之本质的论述已不复是"文以载道"的文学理论，而是主道因文显。文以载道与文以寄兴是对"文"之德"用"的两种理解，二者之同在于都承认"文"为生活所必需。但二者又有根本差异，前者是实用的，两汉多持此论，曹丕以文章为经国之大业仍是此种实用的文学观之余响，后来的韩愈更是大唱此论。"文以载道"的理论实质是以人与天地自然相对立，而自外于天地自然，征服天地自然。主立于中道，或主体用不离的玄学理论自然不能赞同此种文论。他们所倡导的文以寄兴，不以实用为的。其理论实质是美学的，即认为"文"是对生命和宇宙之价值的感受，是对自然的玩赏和享受，"文章之成亦因自然"（黄侃）。因此，文学当表现人与自然之合为一体的关系，且必须有深刻之感情、感悟。又，"寄兴"之本在愉情，是从文艺活动本身引出的自满自足或精神的愉悦，而决不是为达到某种实用目的的手段。从此种分析可以看出，在哲学上主体用不离，在文学上主真性情的用彤先生，对后一种文学理论契赏甚多。

既然刘勰认为文章与天地并生，而且惟有圣人能成天地之圣人，所以，他必然会主张文"必征于圣"，"必宗于经"。因为圣人中庸之极,无所不能;经则平淡中正,无所不容,各种文体,均源于六经。这一点可以说明当时的文学理论与玄学一样,有合儒道为一的倾向。

魏晋文人又都持一种大化观,以变化为不可违者。即"天道兴废,自然消息"。此种对自然的感悟和情绪,自《咏怀诗》后充塞于文人之心胸,流露于文人之笔端。他们又多持"道因文显"之论,故文因时变之论也颇为流行,所谓"质文时异","文变染乎世情,兴废系于时序",均指此之谓。

面对此种天道自然之大化,世道人生之无常,文人何以自遣?曰:文章本为遣怀,为发抒怀抱而有,故人虽遭不可违抗之命运,仍可以文自遣。《文赋》所谓"遵四时以叹逝,瞻万物而思纷……"即此种理论之表述。但问题又接踵而至:文章何以具此种功能,即何以能发抒怀抱?答案是:文本为一种精神作用之出品,可通乎自然。"在心为志,发言为诗","人禀七情,应物斯感,感物吟志,莫非自然"。人以此而能于"寸心"之中,"观古今于须臾,抚四海于一瞬",超越时空之界限,直达宇宙人生之本真。故《文心雕龙·神思》曰:"文之思也,其神远矣……"这里的所谓神(思)即生命之源,宇宙之本,不可言说而为情变之源。那么,文人又如何依有形有象之文象而通无形无象的神思之极呢?答案是:努力使文成为一种传达天地自然的充足媒介。虽然言浅而意深,言有限而意无穷,但神思可与天地自然相接。所以若能寻觅到充足的媒介,则可通过文言达到天道,而不执著文言以为天道。刘勰之论"隐秀",其主旨即在乎此:"情在词外曰隐,状溢目前曰秀",此盖谓"秀"为得意于言中,"隐"则得意于言外。此种解决之法是魏晋南北朝文学理论的核心问题,刘勰则堪称集大成者。

综上所述,魏晋南北朝的文学理论对一系列重大理论问题(如文之性质若何? 文之功用为何? 又何以具此种功能? 如何以文显道? 又如何不离有限之文言而超越时空之限制,直达人生之本真?)的解决,实际上都是以得意忘言为立论之基础的。其核心的观点则是:言象为意之代表,而非意之本身,故不能以言象为意;但言象虽然并不是意之本身,但尽意莫若言象,所以言象不可废。而体悟实相,得道得意,又须不执著于有限之言象,而须忘言忘象,以求"弦外之音","言外之意",即忘象而得意㉒。凡此,均说明当时的文学理论虽就其问题而言有具体之性质、意义,但在本质上则可谓为魏晋的一般思想或时代精神之表现。而用彤先生对当时论文者所面临的问题及其解决方法,则可谓既深有所契,又有以其系统、逻辑严明的思辨能力作丝丝入扣的层层发掘和条分缕析。此自非外行所能为者。"不通一艺莫谈美",用彤先生所谈之深入，殆非一般通文学者所能及也。

六、论玄学与政治思想

在探讨玄学生长之因时，用彤先生曾立论以为汉末以降中国之衰颓混乱，使士大夫基于逃避苦难之要求而形成思想界的自由解放之氛围；另一方面，名士少有全者的残酷现实又使士大夫们不敢评论时事、臧否人物。因此，可以说清谈者由具体事实而进探抽象原理，由切近人事而至玄远理则，乃时势所造成也[20]，但此一事实并不意味着玄学家们没有政治思想，相反，正由于政治混乱，制度崩溃，士大夫们便不能不重构其政治理想，或对制度有所检讨。而且，思想界既呈现自由解放之气象，各种学说并兴，思想家们由此而推究各种问题，政治当然也不在例外。这是当时政治残酷而政论多见的原因。为学重全体、重组织的用彤先生自然不能不对此予以关注和探讨。

1945 年，用彤先生在看到陈寅恪先生所著《陶渊明思想与清谈之关系》一文后，曾以"魏晋玄学与政治思想"为题，在昆明西南联大作过讲演，留下了一份提纲。五十年代中期，其助手任继愈据这份提纲写成了一本小册子，即《魏晋玄学中的社会政治思想略论》，1956 年由上海人民出版社印行。本书主要参考讲演提纲，并取小册子中的一些观点、材料,对用彤先生的研究予以介绍、分析。

用彤先生认为,陈寅恪先生之文,即《陶渊明思想与清谈之关系》注重的是魏晋清谈内容之演变与实际政治之间的关系[22],而用彤先生本人则更关注理论问题,即玄学与政治学说或思想[23]。

本期思想中常见的政治论题,在用彤先生看来有以下三点:其一是论个人之自处,名士或谦以自处,或卑以自持。前者之目的是在名士少有全者的残酷现实中远祸全身,后者之理论基础则是以有为无之用。名士之用藏行舍亦复如是,他们一方面认为乱世不可强为,不强为之则可避祸;另一方面又认为因顺自然方可遂性。其二则是论治世之要则,流行的观点认为此种治世之要则端赖于去争去私。盖争出于私,二者均为乱世之源。既然万物以无为本,则须返本,故治世应法天道自然之无私。《易·泰卦》王注云:"处天地之将闭,平路之将陂,世将大革,而居不失其正,动不失其应,艰而能贞,不失其义,故无咎也。"这是说,处动乱之世,人之自持或治世应不失其正,以无为本,方可免咎。其三是论行政(指用人行政)之基础。从汉代清议到魏初清谈,名士们或以品人物之法,或以才性之辨为人才之选拔提供理论基础。此项学术甚为发达,分析细密,问题深刻,推论直到本源。而其祖述《道德经》五千言,亦为明显之事实。用彤先生认为,老子之书实际上是一部论君王南面之术的政治著作。

当然,玄学政治学说中讨论最多、最深入的问题则是"政治组织存在之理由"。用彤先生认为,此前对这一问题讨论很少,而在政治大乱之际,思想自由之时,人人都感到此项问题至关重要,故关注颇多。用彤先生以其训练有素的分析精神或方法,将此项问题所包含的内容条分缕析为以下三项,即(一)政治组织为何存在,(二)其存在是否必要,(三)应否存在。

在这一讨论中,持论最激烈者为鲍敬言无君论(《抱朴子》四十八),其思想之核心是贵上古无君。其言有曰:"夫强者凌弱,则弱者服之矣。智者诈愚,则愚者事之矣。服之,则君臣之道起焉。事之,故力寡之民制焉。然则隶属役御,由乎争强弱而校智愚。"这是认为政治组织分贵贱、辨名分,分别彼我,乃争乱之起因。因此,政府有害无益,是不应有的,不具必然性的,故应取消。用彤先生认为,这是一种无政府主义思想。

不过,魏晋名士大概都认为政治组织之起因在于"自然状态(state of nature)堕落而后有名教",而且多以为是必然的,大多数人也认为政治组织是应有的。如王弼就认为"名教"是"自然"必然产生的结果。名教既然产生了,那么礼、乐、刑、政也还是不可缺少的。只要安排得宜,以自然为榜样,倒也是必需的[24]。至于稽康、阮籍则有所不同。一方面,稽康"非汤武而薄周孔";阮籍则在《大人先生传》中宣扬无君主义,其言曰:"昔者天地开辟,万物并生,大者恬其性,细者静其形……明者不以智胜,黯者不以愚败;弱者不以迫畏,强者不以力尽。盖无君而庶物定,无臣而万事理。"阮氏更认为政治和社会只能给人带来灾害,不能给人以幸福:"君立而虐兴,臣设而贼生,坐制礼法,束缚下民。"严刑重赏的统治制度更是贻害无穷:"竭天地万物之至,以奉声色无穷之欲,此非所以养百姓也。于是惧民之知其然,故重赏以喜之,严刑以威之。财匮而赏不供,刑尽而罚不行,乃始有亡国戮君溃败之祸。"㉕凡此,均在于论述名教之反动。在稽阮那里,名教与自然是对立的。用彤先生认为,这种思想之宗旨乃在于企图重新估价人类社会组织和政治机构的实际价值。但另一方面,论者不应因其对当时政治现实之失望、指摘而认为他们完全否定政治组织存在的必要性。事实上,他们向往的还是"庶物定,万事理"的社会,只有这种秩然有序的社会才不会发生"德法乖易,上陵下替,君臣不制"的混乱现象。阮籍认为,若能顺乎自然,合乎天道的功名富贵未尝不是好事,中庸的政治也还是好的。刑罚不必全废,贵贱不可易位。儒家的名教与道家的自然在实质上并不是对立不相容的㉖,故阮籍《达庄论》曰:"六经之言,分处之教也;庄周之云,致意之辞也。"

至于向秀、郭象,则直接论证名教即自然的政治思想。所谓"圣人虽在庙堂之上,然其心无异于山林中","圣人常游外以弘内,无心以顺有",等等,皆此之谓也。因此,政治机构、社会组织是合理的,必须存在的。《庄子·大宗师》郭注曰:"故天地万物,凡所有者,不可一日而相无也。一物不具,则生者无由得生。一理不至,则天年无缘得终。"上下之分也是自然的,人应各安其本分。所谓"君臣、上下、手足、外内乃天理自然,岂真人之所为哉?"即此之谓也。

总上所言,可以见出玄学家们对政治组织存在之理由的大体看法是:名教是自然之演变或堕落,名教出于自然虽或为遗憾,或为必然,但却是必要的;如能顺乎自然,免去其流弊,则亦是应存在的。

魏晋政治思想中还流行一种虚君主义或无为主义。用彤先生认为,此一思潮之来源有二,其一是孔儒天无言而四时行,人君法天的思想,其二则是对老子无为而无不为的新解释。盖君为政治活动之源,其地位最为重要。君仁则莫不仁,君子之德风,故最要紧者为君德。而君德不在乎亲躬万机,而在安排得宜,或因道得体,或能纯任天机。因君之德在中和无名,故其治世亦当无为。

此说至魏晋而大行于世,举凡法家之桓范、名家之刘劭,均或主治天下在乎法天之"化",无事而治;或主君德中和不偏,无名无为。至于玄宗大师如在朝者何晏、在野者王弼,均主张"天地万物以无本"的形上学和"无为"的政治学说;郭象则唱"君道逸,臣道劳"。四十年代,用彤先生认为郭象之无为主义的核心是"一切措施任之而已,治天下实天下自治也"⑳。

　　用彤先生对玄学中的政治思想之分析,是以名教与自然之关系为基本线索的,并认为"名教即自然"是玄学家从王何至向郭所同信之观念,当然,他们之间也有细微的差别,甚至有表面上认为二者是对立的,如嵇康之"非汤武而薄周孔",但这并不能否认他们在实质上的共同性。

七、余　论

　　(1) 论圣人有情:

　　《魏晋玄学论稿》中有三篇专门讨论王弼的思想,其一为《王弼圣人有情义释》,用彤先生认为何晏之圣人无情,乃道家之论。何晏以为圣人纯乎天道,未尝有情。故老子曰:"天道无亲。"王弼认为"圣人茂于人者神明也,同于人者五情也"。盖何晏没有真正了解圣人的人格,如果把圣人看成是在现实世界之外和一般人毫无共同之处的神人,这样就把圣人与一般人完全割裂开来,对立起来,那么圣人和一般人之间就无法沟通,也就是说把"理想境界"与"现实社会生活"、"自然"与"名教"视为两截,则有"体"而无"用"。王弼则不然,他认为圣人虽有与一般人不同的一面,"圣人茂于人者神明也"。但圣人和一般人也还有其共同的一面,"同于人者五情也"。因此圣人既能"体冲和以通无"(体),又能"应物而无累于物"(用),故"体用一如","名教"与"自然"并不矛盾。盖何晏之论性情,实仍上承汉朝以来"性善情恶"之说,而王弼论"性情"或上承先秦儒家之"性静情动"之说,而又近于庄子。老庄同反对"欲",老子主张"寡欲",庄子主张"无欲","无欲而天下足"。但庄子却认为神人(郭象注《庄子》谓:"神人即今所谓圣人也")"致命尽情"(成玄英疏谓:"穷性命之致,尽生化之情,故寄天地之间未尝不逍遥快乐"),故人之"情莫若率","率"者"率真"也。因此在《庄子》中"性情"常连用(如说"性情不离,安用礼乐"),甚至其书中有时说"性"(或"真性")实说"情",例如《马蹄》中说:"马,蹄可以践霜雪,毛可以御风寒,龁草饮水,翘足而陆,此马之真性也。"庄子之"情",当即顺自然之性而发动而见于外之情感也。庄子似已有"性静情动"之意,而合于自然之性的"情"是真性之流露也。先秦儒家(《中庸》)"性静情动"(性体情用)之说或与近年湖北出土之竹简《道始于情》有关,其中有"道始于情,情生于性",谓"人道"(人与人之关系的道理)是由于人之"情"而始有的。为什么说"道始于情"? 盖樊迟问仁,孔子曰:"爱人。"而"爱人"是基于"亲亲",《中庸》引孔子的话:"仁者,人也,亲亲为大。""仁"作为人的基本品德不是凭空产生的,它是由爱自己的亲人出发的。有了爱自己亲人的情感,才会"推己及人",才能作到"老吾老以及人之老,幼吾幼以及人之幼"。故圣人不可"无情"。用彤先生认为,何晏于体用关系未能如王弼所体会之亲切,何氏似犹未脱离汉代宇宙论及"性善情恶"之影响,而把末有本无分为两截,故"性情"、"动静"亦遂对立。王弼深知体用之不二,故不能言静而废动,故圣人虽德合天地(自然),而不能不应物而动,而其论性情,以动静为基本点。圣人既应物而动,自不能无情。

(2)关于"贵无"三派:

本书中附有用彤先生听课笔记之一中之《贵无之学》上、中、下三章,关于王弼之"贵无"前面已作较详介绍,而嵇康、阮籍之"贵无"与道安张湛之"贵无"则说之较略,现补释于此。

用彤先生认为,嵇阮之学虽未脱汉人之元气论,而据《达庄论》所说:"天地生于自然,万物生于天地。"天地为两个,自然为一个;元气为自然,分为天地,即阴阳。就此入手而分析嵇阮之"自然"的意义。用彤先生认为,"自然"或有三义:自然为元气,盖就实体说;自然为"混沌"(即玄冥)、为"法则"(秩序)、为"和谐"(天和),盖就其状态说。而"自然"之状态说,"玄冥"者,"玄"者同也,"冥"者一也,引而申之谓在本体上无分别,无生死,无动静,无利害等等,故《达庄论》中说:"至道之极,混一不分,同为一体,得失无闻。"盖太初有道,太初即自然,人生当反乎自然。此所谓"反乎自然"者,返乎太古也;然而"后世之好异者,不顾其本"。"本"即同,即"混沌",即太初之"道",而"异"则有分别,相对立。这就是说,嵇阮所贵者在于"自然"之无分别状态,此为嵇阮之"贵无"。用彤先生认为,王弼与嵇阮皆认为道(自然)无名不可分,器有名可分。但王弼认为,"无"、"有"不二,故并不因崇"道"而蔑视"器",故可不废"名教"而"任自然"。嵇阮之学未脱汉人巢臼,道器有时间上先后,故道器分为二截,既崇太古之道,乃反后天之器,故提出"越名教而任自然"之说。

就人生之境界方面说,嵇阮持逍遥放任之人生观。用彤先生认为,嵇阮之人生观之要点为:(1)超越世界之分别;(2)既超越分别,故得放任;(3)逍遥为放任之极(神游于无名之境)。嵇阮追求之人生界,是要超出主观之分别世界,而达到无分别之世界,此虽属其人生观之消极方面。如何达到无分别之世界,即谓超越分别而放任之。至人循性而动,应变而和,超分别而游放,此即阮籍所谓之大人先生也。这种放任为阮籍人生观之积极方面。放任到极点,就是要做到心无所累,"从容与道化同逌,逍遥与日月并流",此谓"逍遥"之至。故就嵇阮之人生境界方面看,则更近庄子,而主张无待之逍遥。

用彤先生认为道安、张湛之"贵无"虽与王弼之"贵无"颇多类似处,然据《名僧传钞·昙济传》引《六家七宗论》中所说,道安所谓"无"者,廓然无形无象之元气也("本无之论,由来尚矣。何者?夫冥造之前,廓然而已。至于元气陶化,则群像禀形。形虽资化,极化之本,则出于自然。自然自尔,岂有造之者哉!由此而言,无在元化之先,空为众形之始,故称本无"),元气原来之状态也。此盖以道家之意义或色彩加于汉人之宇宙论,故与王弼之"道"不离"器",体用如一,无时间之先后,有所不同。

张湛之"贵无"学说在向郭之"崇有"广泛发生影响之后,故一方面张湛和向郭一样认为"生各有性,性各有所宜"(《天瑞篇注》),且每个事物之"自性"非有所出,而为其自身之固有,"至纯至真,即我之性分,非求之于外"(《黄帝篇注》)。但他又认为,在事物之背后(或之上)还有一"生化之本"。张湛《天瑞篇注》引向秀语:"吾之生也,非吾之所生,则生自生耳。生生者岂有物哉?

（无物也，）故不生也。吾之所化，非物之所化，则化自化耳。化化者岂有物哉？无物也，故不化焉。若使生物者亦生，化物者亦化，则与物俱化，亦奚异于物？明夫不生不化者，然后能为生化之本也。"用彤先生认为，此语意欲说明"群有自生，而无不生"。"至虚"（"群有以至虚为宗"《列子序》）者即至无。既谓"群有自生自化"，"至无"无生无化也。故用彤先生认为，张湛所谓"无"与王弼、阮籍均不同。王弼所谓"无"并不是指"无有"，阮籍亦不指"不存在"（nonexistence），然张湛所谓"无"则近于 nonexistence。照他看"无"的意思中没有"有"（existence）的意思，反过来说"有"（existence）就不是"无"。可见张湛与王弼不同，似以为在"有"之外别有一"无"。总之，张湛之"贵无"宇宙观，以"无"为本体，而"群有"为现象。"无"非"有"之一，故不生；"无"非"有"之一，故无形；"无"非"有"之一，故无聚散、终始。而"群有"反是，则张湛之"贵无"亦未能以体用如一也。

2001 年 3 月 3 日完稿

---

① 引语见本书第 1 页。

② 同上,第 28 页。

③ 同上,第 70 页。

④ "准玄学"之说见本书第 232—233 页,余见本书第 77 页。

⑤ 见本书第 73—76 页。

⑥ 王弼之文见楼宇烈《王弼集校释》下册,第 547—548 页,中华书局,1987 年第 2 版。

⑦ 本书第 86 页。

⑧ 见本书中之《王弼之〈周易〉、〈论语〉新义》。

⑨ 见本书中之《魏晋思想的发展》。

⑩ 见本书中之《魏晋玄学流别略论》。

⑪ 见《汤用彤全集》第一卷,第 250 页,河北人民出版社,2000 年。

⑫ 见本书中之《魏晋玄学流别略论》。

⑬ 见本书中之《读〈人物志〉》。

⑭ 见本书中之《言意之辨》,"奥卡姆剃刀"之喻见本书第 266 页。

⑮ 以上见本书中之《言意之辨》。

⑯ 1957 年,用彤先生为《魏晋玄学论稿》撰写"小引",认为"如说本书尚有出版价值,那只是因它指出了若干可注意的资料,指出了这一时期思想史的一些突出问题(例如"言意之辨")"。见《汤用彤学术论文集》,第 194 页。

⑰ 维特根斯坦《逻辑哲学论》,引语见维氏自序,商务印书馆,1985 年版。

⑱ 见本书第 139 页。

⑲ 见本书第 147 页。

⑳ 见本书中之《魏晋玄学与文学理论》。

㉑ 见本书第 263—264 页;第 16 页。

㉒ 陈文见《金明馆丛稿初编》,第 180—205 页。

㉓ 见本书第 175 页。

㉔《魏晋玄学中的社会政治思想略论》,上海人民出版社,1956 年版。

㉕ 见《阮籍集》,第 66—67 页,上海古籍出版社,1978 年版。

㉖ 见《魏晋玄学中的社会政治思想略论》,第 30—31 页,上海人民出版社,1956 年版。

㉗ 见《国故新知》,第 21 页。

魏晋玄学论稿

汤用彤　撰

读《人物志》

　　刘邵《人物志》三卷十二篇，隋唐志均列入名家。凉刘昞为之注。唐刘知幾《史通·自序篇》及《李卫公集·穷愁志》均有称述。此外罕有论及者。宋阮逸序惜其由魏至宋，历数百载，鲜有知者。然阮乃云得书于史部，则实不知本为魏晋形名家言。其真相晦已久矣。按汉魏之际，中国学术起甚大变化。当时人著述，存者甚尠。吾人读此书，于当世思想之内容，学问之变迁，颇可知其崖略，亦可贵矣。兹分三段述所见，一述书大义，二叙变迁，三明四家（名法儒道）。

一

　　书中大义可注意者有八。

一曰品人物则由形所显观心所蕴。人物之本出于情性。情性之理玄而难察。然人禀阴阳以立性,体五行而著形。苟有形质,犹可即而求之。故识鉴人伦,相其外而知其中,察其章以推其微。就人之形容声色情味而知其才性。才性有中庸,有偏至,有依似,各有名目。故形质异而才性不同,因才性之不同,而名目亦殊。此根本为形名之辨也。汉代选士首为察举(魏因之而以九品官人),察举则重识鉴。刘邵之书,集当世识鉴之术。论形容则尚骨法。昔王充既论性命之原,遭遇之理(《论衡》第一至第十),继说骨相(第十一),谓察表候以知命,犹察斗斛以知容。其原理与刘邵所据者同也。论声则原于气禀。气合成声,声应律吕。故整饰音辞,出言如流,宫商朱紫发言成句,乃清谈名士所尚。论色则诚于中形于外。诚仁则色温柔,诚勇则色矜奋,诚智则色明达。此与形容音声,均由外章以辨其情性,本形名家之原理也。论情味则谓风操,风格,风韵。此谓为精神之征。汉魏论人,最重神味。曰神姿高彻,神理隽彻,神矜可爱,神锋太俊,精神渊箸。神之征显于目(邵曰:"征神见貌,情发于目"),蒋济作论谓观其眸子可以知人。甄别人物,论神最难。论形容,卫玠少有璧人之目,自为有目者所共赏。论神情,黄叔度汪汪如千顷之陂,自非巨眼不能识。故蒋济论眸子,而申明言不尽意之旨。盖谓眸子传神,其理微妙,可以意得,而不可以言宣也。《抱朴子》曰:"料之无惑,望形得神,圣者其将病诸。"《人物志》曰:"能知精神,则穷理尽性。"二语均有鉴于神鉴之难也。

二曰分别才性而详其所宜。凡人禀气生,性分各殊。自非圣人,材能有偏。就其禀分各有名目(此即形名)。陈群立九品,评人高下,各为辈目。傅玄品才有九。《人物志》言人流之业十有二焉。有清节家,师氏之任也。有法家,司寇之任也。有术家,三孤之任也。有国体,三公之任也。有器能,冢宰之任也。有臧否,师氏之佐也。有智意,冢宰之佐也。有伎俩,司空之佐也。有儒学,安民之任也。有文章,国史之任也。有辩给,行人之任也。有雄杰(骁雄),将帅之任也。夫圣王体天设位,序列官司,各有攸宜,谓之名分。人材禀体不同,所能亦异,则有名目。以名目之所宜,应名分(名位)之所需。合则名正,失则名乖。傅玄曰,位之不建,名理废也。此谓名分失序也。刘邵曰:"夫名非实,用之不效。"此谓名目滥杂也。圣人设官分职,位人以材,则能运用名教。袁弘著《后汉纪》,叙名教之本。其言有曰:"至治贵万物得所而不失其情。"圣人故作为名教,以平章天下。盖适性任官,治道之本。欲求其适宜,乃不能不辨大小与同异。《抱朴子·备阙篇》云:"能调和阴阳者,未必能兼百行,修简书也。能敷五迈九者,不必能全小洁,经曲碎也。"蔡邕《荐赵让书》曰:"大器之于小用,固有所不宜。"皆辨小大,与《人物志·材能篇》所论者同(持义则异)。当世之题目人物者,如曰庞士元非百里才,此言才大用小之不宜也。《昌言》云:"以同异为善恶。"《抱朴子》云:"校同异以备虚饰。"《人物志》曰:"能出于材,材不同量,材能既殊,任政亦异。"曰能识同体之善,而或失量之美。曰取同体也,则接论而相得。取异体也,虽历久而不知。皆论知人与同异之关系也(参看《论衡·答佞篇》贤佞同异)。

三曰验之行为以正其名目。夫名生于形须符其实。察人者须依其形实以检其名目。汉晋之际,固重形检,而名检行检之名亦常见。《老子》王弼注曰:"圣人不立形名以检于物。"夏侯玄《时事议》云:"互相形检,孰能相失。"《论衡·定贤篇》云:"世人之检。"傅玄曰:"圣人至明,不能一检而治百姓。"皆谓验其名实也(检本常作验)。刘邵有见于相人之难,形容动作均有伪似。故必检之行为,久而得之。如言曰:"必待居止然后识之。故居视其所安,达视其所奉,富视其所与,穷视其所为,贫视其所取,然后乃能知贤否。此又已试,非始相也。"(刘注云:"试而知之,岂相也哉?")《人物志》八观之说,均验其所为。而刘邵主都官考课之议,作七十二条及《说略》一篇,则《人物志》之辅翼也。

四曰重人伦则尚谈论。夫依言知人,世之共信。《人物志》曰:"夫国体之人,兼有三材,故谈不三日,不足以尽之。一以论道德,二以论法制,三以论策术。然后乃竭其所长,而举之不疑。"然依言知人,岂易也哉。世故多巧言乱德,似是而非者。徐幹《中论·核辨篇》评世之利口者,能屈人之口,而不能服人之心。《人物志·材理篇》谓辩有理胜,有辞胜。盖自以察举以取士,士人进身之途径端在言行,而以言显者尤易。故天下趋于谈辩。论辩以立异,动听取宠,亦犹行事以异操薪求人知(《后汉书》袁奉高不修异操,而致名当世)。则知当世修异操以要声誉者多也)。故识鉴人伦,不可不留意论难之名实相符(徐幹云:"俗士闻辩之名,不知辩之实")。刘邵志人物,而作《材理》之篇,谓建事立义,须理而定,然理多品而人异,定之实难。因是一方须明言辞与义理之关系,而后识鉴,乃有准则。故刘邵陈述论难,而名其篇曰材理也(按夏侯惠称美邵之清谈,则邵亦善于此道)。

五曰察人物常失于奇尤。形名之学在校核名实,依实立名因以取士。然奇尤之人,则实质难知。汉代于取常士则由察举,进特出则由征辟。其甄别人物分二类。王充《论衡》于常士则称为知材,于特出则号为超奇。蒋济《万机论》,谓守成则考功案第,定社稷则拔奇取异。均谓人才有常奇之分也。刘邵立论谓有二尤。

尤妙之人含精于内,外无饰姿。尤虚之人硕言瑰姿,内实乖反。前者实为超奇,后者只系常人。超奇者以内蕴不易测,常人以外异而误别。拔取奇尤,本可越序。但天下内有超奇之实者本少,外冒超奇之名者极多。故取士,与其越序,不如顺次。越序征辟则失之多,顺次察举则其失较少。依刘邵之意,品藻之术盖以常士为准,而不可用于超奇之人也。然世之论者,恒因观人有谬,名实多乖,而疑因名选士之不可用。如魏明帝曰:"选举莫取有名,名如画地作饼,不可啖也。"吏部尚书卢毓对曰:"名不足以致异人,而可以得常士。常士畏教慕善,然后有名,非所当疾也。愚臣既不足以识异人,又主者正以循名案常为职,但须有以验其后。今考绩之法废,故真伪混杂。"明帝纳其言。诏作考课法。卢毓、刘邵同属名家。毓谓选举可得常士,难识异人。循名案常,吏部之职。综核名实,当行考绩。其意与刘邵全同也。

六曰致太平必赖圣人。刘邵曰:"情性之理甚微而玄,非圣人之察,其孰能究之哉!"夫品题人物基于才性,圣人之察,乃能究其理,而甄拔乃可望名实之相符。邵又曰:"主道得而臣道序,官不易方而太平用成。"盖天地设位,圣人成能。人主设官分职,任选材能,各当其宜,则可以成天功。是则人君配天,正名分为王者之大柄。诚能以人物名实之相符,应官司名分之差别,而天下太平。

然则太平之治，固非圣王则莫能致也。魏世钟繇、王粲著论云："非圣人不能致太平。"司马朗以为伊颜之徒，虽非圣人，使得数世相承，太平可致。按刘邵曰："众人之明，能知辈士之数，而不能知第目之度。辈士之明，能知第目之度，不能识出尤之良也。出尤之人，能知圣人之教，不能究之入室之奥也。"夫圣人尤中之尤，天下众辈多而奇尤少。甄别才性，自只可以得常士。超奇之人，已不可识，而况欲得圣人乎。圣人不可识，得之又或不在其位。则胡能克明俊德，品物咸宜，而致治矣。依刘邵所信之理推之，则钟王之论为是，而司马朗之说为非也。

七曰创大业则尚英雄。英雄者，汉魏间月旦人物所有名目之一也。天下大乱，拨乱反正则需英雄。汉末豪俊并起，群欲平定天下，均以英雄自许，故王粲著有《汉末英雄传》。当时四方鼎沸，亟须定乱，故曹操曰："方今收英雄时也。"夫拨乱端仗英雄，故许子将目曹操曰："子清平之奸贼，乱世之英雄也。"(此引《后汉书》)而孟德为之大悦。盖素以创业自任也。又天下豪俊既均以英雄自许，然皆实不当名。故曹操谓刘备曰："天下英雄惟使君与操耳。"而玄德闻之大惊。盖英雄可以创业，正中操贼之忌也。刘邵《人物志》论英雄，著有专篇，亦正为其时流行之讨论。其所举之例为汉高祖，所谓能成大业者也。志曰："聪明秀出谓之英，胆力过人谓之雄。"英雄者,明胆兼备,文武茂异。若胆多则目为雄,韩信是也。明多则目为英,张良是也。此偏至之材,人臣之任也(傅巽目庞统为半英雄,亦当系谓其偏至)。若一人兼有英雄,则能长世,高祖项羽是也。然成大业者尤须明多于胆,高祖是也(参看嵇康《明胆论》)。按汉魏之际,在社会中据有位势者有二。一为名士,蔡邕、王粲、夏侯玄、何晏等是也。一为英雄,刘备、曹操等是矣。魏初名士尚多具名法之精神,其后乃多趋于道德虚无。汉魏中英雄犹有正人,否则亦具文武兼备有豪气。其后亦流为司马懿辈,专运阴谋,狼顾狗偷,品格更下。则英雄抑亦仅为虚名矣。

八曰美君德则主中庸无为。此说中糅合儒道之言,但于后述之。

二

汉末晋初,学术前后不同。此可就《人物志》推论之。本段因论汉晋之际学术之变迁。

《隋志》名家类著录之书除先秦古籍二种共三卷外,有:

《士操》一卷,魏文帝撰;

《人物志》三卷,刘邵撰。

此二书之入名家，当沿晋代目录之旧。其梁代目录所著录入名家者，《隋志》称有下列诸种：

　　《刑声论》一卷，（撰者不明）；

　　《士纬新书》十卷，姚信撰；

　　《姚氏新书》二卷，与《士纬》相似（当亦姚信撰）；

　　《九州人士论》一卷，魏司空卢毓撰；

　　《通古人论》一卷，（撰者不明）。

以上共九种二十二卷，与《广弘明集》所载梁阮孝绪《七录》名家类著录者相合（惟卷数二十三当有误字）。然则刘邵书之入名家，至少在梁代即然。《刑声论》者，疑即形声，言就形声以甄别人物也。其余诸书，从其名观之，亦不出识鉴人伦之作。至若姚信，乃吴选部尚书，而《士纬》现存佚文，如论及人性物性，称有清高之士，平议之士，品评孟子、延陵、扬雄、马援、陈仲举、李元礼、孔文举，则固品题人物之作也。《意林》引有一条曰："孔文举金性太多，木性不足，背阴向阳，雄悍孤立。"其说极似《人物志·九征篇》所载。然则魏晋名家与先秦惠施、公孙龙实有不同。

　　名学有关治道伦常，先秦已有其说，兹不具论。《汉书·艺文志》论名家而谓出于礼官。古者名位不同，礼亦异数。名学已视为研究名位名分之理。《隋志》云，名者所以正百物，叙尊卑，列贵贱，各控名而责实，无相僭滥者也。其说仍袭《汉志》。然控名责实，已摄有量材授官，识鉴之理亦在其中(晋袁弘《后汉纪》论名家亦相同)。《人物志》、《士纬新书》之列为名家，自不足异也。

现存尹文子非先秦旧籍，或即汉末形名说流行时所伪托之书(兹已不可考)。其中所论要与汉晋间之政论名理相合(《隋志》名家有尹文而无公孙龙、惠施)。据其所论，以循名责实为骨干。如曰："名以检形，形以定名；名以定事，事以检名。察其所以然，则形名之与事物无所隐其理矣。"(王伯厚《汉志考证》名家下曾略引此段)检形定名，为名家学说之中心理论。故名家之学，称为形名学(亦作刑名学)。

溯自汉代取士大别为地方察举，公府征辟。人物品鉴遂极重要。有名者入青云，无闻者委沟渠。朝廷以名为治(顾亭林语)，士风亦竞以名行相高。声名出于乡里之臧否，故民间清议乃隐操士人进退之权。于是月旦人物，流为俗尚；讲目成名(《人物志》语)，具有定格，乃成社会中不成文之法度。一方由此而士人重操行，洁身自好，而名教乃可以鼓舞风气，奖励名节。一方清议势盛，因特重交游，同类翕集而蚁附，计士频踬而胁从(崔寔语)。

党人之祸由是而起。历时既久,流弊遂生。辗转提携,互相揄扬。厉行者不必知名,诈伪者得播令誉。后汉晋文经、黄子艾恃其才智,炫耀上京。声价已定,征辟不就。士大夫坐门问疾,犹不得见。随其臧否,以为予夺。后因符融、李膺之非议,而名渐衰,惭叹逃去。黄晋二人本轻薄子,而得致高名,并一时操品题人物之权,则知东汉士人,名实未必相符也。及至汉末,名器尤滥。《抱朴子·名实篇》曰:"汉末之世,灵献之时,品藻乖滥,英逸穷滞,饕餮得志,名不准实,贾不本物,以其通者为贤,塞者为愚。"(《审举篇》亦言及此)天下人士痛名实之不讲,而形名之义见重,汉魏间名法家言遂见流行。

汉末政论家首称崔寔、仲长统。崔寔综核名实,号称法家。其《政论》亦称贤佞难别,是非倒置。并谓世人徒以一面之交,定臧否之决。仲长统作《乐志论》,立身行己,服膺老庄。然《昌言》曰:"天下之士有三可贱。慕名而不知实,一可贱。"王符《潜夫论》主张考绩,谓为太平之基。文有曰:"有号则必称于典,名理者必效于实,则官无废职,位无非人。"徐幹《中论》曰:"名者所以名实也。实立而名从之,非名立而实从之也。故长形立而名之曰长,短形立而名之曰短。非长短之名先立,而长短之形从之也。仲尼之所以贵者,名实之名也。贵名乃所以贵实也。"刘廙《政论·正名篇》曰："名不正则其事错矣。""王者必正名以督其实。""行不美则名不得称,称必实所以然,效其所以成。故实无不称于名,名无不当于实。"据此诸言,可征形名、名形之辨,为学术界所甚注意之问题。

《人物志》者,为汉代品鉴风气之结果。其所采观人之法,所分人物名目,所论问题,必均有所本。惜今不可详考。惟其书宗旨,要以名实为归。凡束名实者,可称为名家言也。(《后汉书·仲长统传》注曰:"名实,名家也。")《材能篇》曰:"或曰人材有能大而不能小,犹函牛之鼎不可以烹鸡,愚以为此非名也。"盖名必当实,若非实事,则非名也。《效难篇》曰:"名犹(疑由字)口进,而实从事退。"又曰:"名由众退,而实从事章。"(此二语似系引当时常用语)前者名胜于实,众口吹嘘,然考之事功,则其名败。后者实超于名,众所轻视,然按之事功,则真相显。二者均月旦人物普通之过失也。夫邵既注意名实,察人自重考绩,故作都官考课之法。其上疏有曰:"百官考课,王政之大较。"且核名实者,常长于法制。邵作有《法论》(《隋志》入法家),又受诏作新律十八篇,著《律略论》。按魏律以刑名为首篇,盖亦深察名实之表现也。

王者通天地之性,体万物之情,作为名教。建伦常,设百官,是谓名分。察人物彰其用,始于名目。以名教治天下,于是制定礼法以移风俗。礼者国家之名器（刘邵劝魏明帝制礼作乐），法者亦须本于综核名实之精神。凡此皆汉晋间流行之学说，以名实或名形一观念为中心。其说虽涉入儒名法三家，而且不离政治人事，然常称为形名家言。至于纯粹之名学，则所罕见。然名学既见重，故亦兼有述作。魏晋间爱俞辩以论议，采公孙龙之辞以谈微理。其后乃有鲁胜注墨辩，为刑（依孙校作形）名二篇。爱俞之言今不可知。鲁胜则仍袭汉魏名家之义。其叙曰："名者所以别同异，明是非，道义之门，政化之准绳也。"又曰："取辩于一物，而原极天下之污隆，名之至也。"又自谓采诸众集为刑（形）名二篇，略解指归云云。如其所采亦有魏晋形名之说，则是书指归，必兼及于政治人事也。

　　魏晋清谈，学凡数变。应詹上疏，称正始与元康、永嘉之风不同。戴逵作论，谓竹林与元康之狂放有别。依史观之，有正始名士（老学较盛）、元康名士（庄学最盛）、东晋名士（佛学较盛）之别。而正始如以王何为代表，则魏初之名士，固亦与正始有异也。魏初，一方承东都之习尚，而好正名分，评人物。一方因魏帝之好法术，注重典制，精刑律。盖均以综核名实为归。名士所究心者为政治人伦。著书关于朝廷社会之实事，或尚论往昔之政事人物，以为今日之龟鉴，其中不无原理。然纯粹高谈性理及抽象原则者,绝不可见。刘邵之论性情,比之于宋明诸儒;论形名,较之惠施公孙龙之书,趣旨大别。后世称魏晋风气概为清谈玄学。而论清谈者,多引干宝《晋论》。如曰:"谈者以虚薄为辩,而贱名检。"然魏曹羲,何晏、邓飏之党与也。其《至公论》曰:"谈论者以当实为清。"则谈并不主虚薄也。又曹羲之言,乃论清议臧否,而魏初论人物者固亦甚贵名检也(当实为清,本循名责实之意)。

魏初清谈,上接汉代之清议,其性质相差不远。其后乃演变而为玄学之清谈。此其原因有二:(一)正始以后之学术兼接汉代道家(非道教或道术)之绪(由严遵、扬雄、桓谭、王充、蔡邕以至于王弼),老子之学影响逐渐显著,即《人物志》已采取道家之旨(下详)。(二)谈论既久,由具体人事以至抽象玄理,乃学问演进之必然趋势。汉代清议,非议朝政,月旦当时人物。而魏初乃于论实事时,且绎寻其原理。如《人物志》,虽非纯论原理之书(故非纯名学),然已是取汉代识鉴之事,而总论其理则也。因其亦总论理则,故可称为形名家言。汉代琐碎之言论已进而几为专门之学矣。而同时因其所讨论题材原理与更抽象之原理有关,乃不得不谈玄理。所谓更抽象者,玄远而更不近人事也。

上项转变,可征诸于《人物志》一书。其可陈述者凡二点:(甲)刘邵论君德,本道家言。人君配天,自可进而对于天道加以发挥。此项趋势最显于王弼之书,待后论之。(乙)《人物志》以情性为根本,而只论情性之用。因此自须进而对于人性本身加以探讨,才性之辩是矣(按魏中正品状,品美其性,状显其才。故当时不论性情而辩才性。此盖与实际政治有关)。才性论者,魏有傅嘏、李丰、钟会、王广。嘏与会均精于识鉴(嘏评夏侯玄、何晏等事,见《魏志》本传注及《世说》。会相许允子事,见《魏志·夏侯玄传》注)。李丰曾与卢毓论才性(丰主才性异,见《魏志·毓传》)。毓本好论人物,作《九州人物论》。而丰亦称能识别人物(《魏志·夏侯玄传》注)。盖皆是与刘邵同类人物也(王广待详)。按何邵《荀粲别传》(《魏志·荀彧传》注及《世说》注)云:

太和初到京邑,与傅嘏谈。嘏善名理,而粲尚玄远。

《世说·文学篇》云:

傅嘏善言虚胜,荀粲谈尚玄远。

注引《傅子》曰:

> 嘏既达治好正,而有清理识要。如论才性,原本精微。

合观上文,嘏所善谈者名理。而才性即名理也。虚胜者,谓不关具体实事,而注重抽象原理。注故称其所谈,原本精微也。至若玄远,乃为老庄之学,更不近于政事实际,则正始以后,谈者主要之学问也。又《世说·德行篇》注引李秉(原作康,误)《家诫》,言司马文王云:

> 天下之至慎者,其惟阮嗣宗乎。每与之言,言及玄远,而未尝评论时事,臧否人物。

按自东汉党祸以还,曹氏与司马历世猜忌,名士少有全者。士大夫惧祸,乃不评论时事,臧否人物。此则由汉至晋,谈者由具体事实至抽象原理,由切近人事至玄远理则,亦时势所造成也。

综上所言,正始前后学风不同,谈论殊异。《人物志》为正始前学风之代表作品,故可贵也。其后一方因学理之自然演进,一方因时势所促成,遂趋于虚无玄远之途,而鄙薄人事。《世说·言语篇》曰:

刘尹与桓宣武共听讲《礼记》。桓云：时有入心处，便觉咫尺玄门。刘曰：此未关至极，自是金华殿之语。

魏初名士谈论，均与政治人事有关，亦金华殿语也。东晋名士听讲《礼记》，虽觉入心，而叹其未关至极。则风尚之已大有变迁，盖可窥矣。

三

《人物志》一书之价值如何，兹姑不论。但魏初学术杂取儒名法道诸家，读此书颇可见其大概。故甚具历史上之价值，兹略述于下。

汉魏名家亦曰形名家，其所谈论者为名理。王符《潜夫论》曰："有号则必称于典，名理者必效于实，则官无废职，位无废人。"此谓典制有号，相称则官无废职，人物有名，见效则位无废人。然则名理乃甄察人物之理也。傅玄曰："国典之坠，犹位丧也。位之不建，名理废也。"据此，则设位建官亦谓之名理。荀粲善谈名理，据《世说》注，似其所善谈者才性之理也，此皆名理一辞之旧义。后人于魏晋玄学家均谓长于名理，失其原义矣。按名家以检形定名为宗而推之于制度人事，儒家本有正名之义，论名教者，必宪章

周孔,故《人物志》自以为乃依圣人之训。其序曰:

> 是故仲尼不试,无所援升。犹序门人以为四科,泛论众材以辨三等。又叹中庸以殊圣人之德,尚德以劝庶几之论,训六蔽以戒偏材之失,思狂狷以通拘抗之材,疾悾悾而无信以明为(应作依,名见《九征篇》,依《全三国文》据宋本作伪)似之难保。

刘邵叙列人物首为圣人,有中庸至德。次为兼材,以德为目(伊尹、吕望又如颜子)。次为偏至之材自名。此乃三度,谓出于仲尼之三等也。此外则抗者过之,拘者不逮,谓出于孔子所言之狂狷。至若乱德之人,一至一违,称为依似,则是孔子所斥悾悾无信之人。刘邵分别品目,大较不出于此,均自谓本于儒教也(书中引儒义尚多,兹不赘)。应詹上疏谓元康时乃以玄虚弘放为夷达,以儒术清俭为鄙俗。正始之间则不然,盖魏世名分礼法本为时尚,读者并为儒书,家教犹具典型。即阮稽放达,亦似有疾而为,非以乱道(戴逵《放达为非道论》)。晋兴以后则不然矣。

名法二家均言循名责实,其关系尤密,此可于刘邵、卢毓二人见之。刘作《人物志》,卢作《九州人士论》,同主依名选士,考课核实。毓与邵同定律,于刑律均有著述。毓所举之名人有阮武。武亦为法家,亦能知人,比为郭林宗。其所作《政论》言弩有法准,故易为善,明主张法于天下以制强梁之人。其告杜恕依才性能用为言,则亦兼名法家言也。又建立纲常,尊卑有序,设官分职,位人以材,本儒教正名制礼之义。然《韩非子》曰:"术者因任而授官,循名而责实,操杀生之柄,课群臣之能,此人主之所执。"则名分卑尊择人任官,在儒家为教化,而在法家则为主术。教化所以导善,主术乃以防奸。魏晋相继,篡逆叠起,权臣执柄,君臣危之,则不得不申尊卑之防。篡杀既成,窃国者自危,尤不得不再申正名之义。曹魏父子严刑峻法,司马父子奖挹忠孝,其迹虽殊,用意则一。故不但儒名二家相通,而其实则常实为法术之运用也。又考课之法原载儒书,然其意固在综核名实,则又法家之言。故论者多讥其专在止奸,而失于立本。故卢毓刘邵立考课之法而傅嘏上疏有曰:"建官均职,清理民物,所以立本也。循名考实,纠励成规,所以治末也。"杜恕奏有曰:"世有乱人无乱法,若使法可任,则唐虞不须稷契之佐,殷周无贵伊吕之辅矣。"又曰:"今之学者师商韩而上法术,竞以儒家为迂阔,不周世用,此最风俗之流弊。"据此则考绩托言源出圣王之治,而实阴取申韩之术也。按傅嘏论才性出于名家,杜恕作《体论》乃儒家言(《隋志》),殊少法家趣味。刘邵重考课,修刑律,其学虽合儒名,而法家之精神亦甚显著也。

魏文帝重法术,明帝奖经术,形名家言通于二家亦甚流行于世。然其时道家之学亦渐盛,终成正始玄风。故正始以前名士中颇兼老氏学而可称为过渡之人物。夏侯玄少知名,士大夫中声望极重。荀粲好道家言,赞泰初为一时之杰。何晏喜玄理,谓其深而能通天下之志。玄亦复崇奉自然,在魏代玄学家泰初之地位颇高,而时亦较早。然玄亦以知人见称于世,为中护军拔用武官无非俊杰(以此为司马氏所忌)。书议时事,评九品中正,陈建官之意,最中时弊。其论古无肉刑,与李胜往复,则知亦留心于法意。故夏侯泰初者上接太和中名法之绪,下开正始玄理之风也。钟会少尝受《易》与《老子》,反复诵习,曾论《易》无互体,与王弼之意相同,史亦称其与辅嗣并知名,则会固擅长玄学。会又长于识鉴,善论才性,集傅嘏等之说而为《四本论》,此论在魏晋甚流行,故史又称会精练名理也。《魏志》本传曰:"及会死后,于会家得书二十篇,名为《道论》,而实刑(应作形)名家也。其文似会。"夫论以道名而内容为形名,其故何在,颇堪探索。

今本《尹文子》序曰:"其学本于黄老,大较刑(形)名家也。"高似孙《子略》论,亦言其杂取道法。《四库提要》云:"其书本名家者流,大旨指陈治道欲自处于虚静,而万事万物则一一综核其实。故其言出入于黄老申韩之间。"魏代名家本采纳黄老之说,《尹文子》所陈与钟会之《道论》想大体不殊。《尹文子》似是汉末名家伪托之书，兹以无确证，姑不详疏。然魏世任嘏作《道论》，其书固亦为名家，其佚文多言政治人事，而《御览》引一条曰：

> 木气人勇，金气人刚，火气人强而躁，土气人智而宽，水气人急而贼。

此论人物之理与刘邵九征之说虽不全同，但任子《道论》，固亦形名家言也。

何晏、王弼已为正始之玄学家，与魏初名士不同（晏之《道论》自与任子《道论》有殊），然犹受时代之影响。平叔具有法家精神。选人各得其才（傅咸语），则亦善名家之术。至若辅嗣著书，外崇孔教，内实道家，为一纯粹之玄学家。然其论君道，辨形名，则并为名家之说。《老子注》自未受《人物志》之影响，然其所采名家理论，颇见于刘邵之书也。

《人物志》中道家之说有二：一为立身之道，一为人君之德。其言有曰：

> 老子以无为德，以虚为道。

君子知屈之可以为伸,故含辱而不辞。知卑让之可以胜敌,故下之而不疑。

君子之求胜也,以推让为利锐,以自修为棚橹,静则闲嘿泯之玄门,动则由恭顺之通路。是以战胜而争不形,敌服而怨不搆。

《老子》曰:"夫惟不争,故天下莫能与之争。"是故君子以争途之不可由也,是以越俗乘高,独行于三等之上。何谓三等?大无功而自矜一等,有功而伐之二等,功大而不伐三等。(下略)

不伐者,伐之也。不争者,争之也。让敌者,胜之也。下众者,上之也。

卑弱自持为刘邵教人立身之要道。《人物志》本为鉴人序材之书,此义似若与题无干,而书末竟加有释争一篇,则其于《老子》之说深为契赏,可以知也。

刘邵以为平治天下必须圣人,圣人明智之极,故知人善任。知人善任则垂拱而治,故能劳聪明于求人,获安逸于任使(序文)。此人君无为而治之一解也。晋裴頠上疏有曰:

故尧舜劳于求贤,逸于使能,分业既辨,居任得人,无为而治,岂不宜哉!

裴𫖮本以善名理见称,并作《崇有论》以尊名教,与喜玄虚者不同,尚为魏初学术之余响。与其说有相似者为郭象,《庄子注》有曰:

> 夫在上者患于不能无为而代人臣之所司,使咎繇不得行其明断,后稷不得施其播殖,则群才失其任,而主上困于役矣。

郭象之说其所据虽别有妙义,而此处解无为之治与上文无异也。此解亦见于王弼《老子注》,其文曰:

> 夫天地设位,圣人成能。人谋鬼谋,百姓与能者,能者与之,资者取之,能大则大,资贵则贵,物有其宗,事有其主。如此则冕旒充目而不惧于欺,黈纩塞耳而无戚于慢,又何为劳一身之聪明以察百姓之情哉?

魏明帝至尚书门欲案行文书,尚书令陈矫跪阻曰:"此自臣职分,非陛下所宜临也。若臣不称其职,则请就黜退,陛下宜还。"帝惭而反。此具见当时此类学说当世上下共知,今世推克特它(Dictator)大权独握,百事躬亲,在下者亦不敢进以此言,即言之,在上者亦必所未喻也。

知人善任,治平之基。知人必待圣王,圣人之所以能知人善任,则因其有中庸至德。中庸本出于孔家之说,而刘邵乃以老氏学解释之。《人物志》曰:

> 凡人之质量中和最贵矣。中和之质必平淡无味,故能调成五材,变化应节。
>
> 夫中庸之德,其质无名,咸而不碱,淡而不酭,质而不缦,文而不绩,能威能怀,能辩能讷,变化无方,以达为节。
>
> 若道不平淡与一材同用好,则一材处权,而众材失任矣。
>
> 主德者聪明平淡,总达众材,而不以事自任也。

圣德中庸,平淡无名,不偏不倚,无适无莫,故能与万物相应,明照一切,不与一材同用好,故众材不失任(无名)。平淡而总达众材,故不以事自任(无为)。和洽谓魏武帝曰:"立教观俗,贵处中庸,为可继也。"亦是同意。

知人善任,名家所注意。中庸应变乃采道家之说。此不独在政治上有此综合,而其所据乃有形而上之学说也。此则见于《尹文子》。《尹文子》固形名家而参以道家。其书首曰:"大道无形,称器有名。"夫形而上者谓之道,形而下者谓之器,依宇宙说,道无名无形,而器则有名有形。就政治说,君德配天,上应天道。故君亦无名,不偏,而能知用众材,百官则有名而材各有偏至。器以道为本,臣亦君为主。此合虚无名分为一理,铸道德形名于一炉也。

刘邵仍是名家,此义仅用之于政治,王弼乃玄学家,故既用此义于解君德,而且阐明其形上学之根据。《论语》皇疏四引王弼云:

中和质备,五材无名。

此称美圣德,文意与《人物志》全同。《老子》曰:"朴散则为器,圣人用之则为官长。"王注曰:

朴,真也。真散则百行出,殊类生,若器也。圣人因其分散,故为之立官长,以善为师,不善为资,移风易俗,复使归于一也。

夫道常无名,朴散则为器(有名),圣王亦无名,但因天下百行殊类而设官分职,器源于道,臣统于君也。故三十二章注又曰:

道无形、不系、常、不可名,……朴之为物,以无为心也。亦无名,故将得道,莫若守朴。

道无形无名,圣君法天,故莫若守朴。圣德守朴则中庸平淡,可役使众材(如智勇等)而为之君(即不为人所役使)。故注又曰:

> 夫智者可以能臣也,勇者可以武使也,巧者可以事役也,力者可以重任也(百官分职)。朴之为物,愦然不偏,近于无有,故曰莫能臣也(谓君也)。

故三十八章注有曰:

> 载之以道,统之以母(无名无形)。故显之而无所尚,彰之而无所竞。用夫无名,故名以笃焉。用夫无形,故形以成焉。守母以存其子,崇本以举其末,则形名俱有而邪不生,大美配天而华不作。故母不可远,本不可失。仁义,母之所生,非可以为母。形器,匠之所成,非可以为匠也。

君德法道,中和无名,因万物之自然(故二十七章注曰:"圣人不立形名以检于物。"《后汉纪》卷三袁论首段可参看),任名分而恰如分际(故三十二章注曰:"过此以往,将争锥刀之末"),则可以成天功而跻于至治也(《列子》注引夏侯玄语,疑亦可如上解,兹不赘)。

总上所言,刘邵、王弼所陈君德虽同,而其发挥则殊异,《人物志》言君德中庸,仅用为知人任官之本,《老子注》言君德无名,乃证解其形上学说,故邵以名家见知,而弼则为玄学之秀也。

言意之辨

　　章太炎《五朝学》有云："俗士皆曰，秦汉之政踔踔异晚周，六叔（魏、晋、宋、齐、梁、陈）之俗孑尔殊于汉之东都。其言虽有类似。魏晋者俗本之汉，陂陀从迹以至，非能骤溃。"（《章氏丛书·文录》卷一）夫历史变迁，常具继续性。文化学术虽异代不同，然其因革推移，悉由渐进。魏晋教化，导源东汉。王弼为玄宗之始，然其立义实取汉代儒学阴阳家之精神，并杂以校练名理之学说，探求汉学蕴摄之原理，扩清其虚妄，而折衷之于老氏。于是汉代经学衰，而魏晋玄学起。故玄学固有其特质，而其变化之始，则未尝不取汲于前代前人之学说，渐靡而然，固非骤溃而至。今日而欲了解玄学，于其义之所本，及其变迁之迹，自不可忽略也。

　　复次，研究时代学术之不同，虽当注意其变迁之迹，而尤应识其所以变迁之理由。理由又可分为二：一则受之于时风。二则谓其治学之眼光之方法。新学术之兴起，虽因于时风环境，然无新眼光新方法，则亦只有支离片段之言论，而不能有组织完备之新学。故学术，新时代之托始，恒依赖新方法之发现。夫玄学者，谓玄远之学。学贵玄远，则略于具体事物而究心抽象原理。论天道则不拘于构成质料（Cosmology），而进探本体存在（Ontology）。论人事则轻忽有形之粗迹，而专期神理之妙用。夫具体之迹象，可道者也，有言有名者也。抽象之本体，无名绝言而以意会者也。迹象本体之分，由于言意之辨。依言意之辨，普遍推之，而使之为一切论理之准量，则实为玄学家所发现之新眼光新方法。王弼首唱得意忘言，虽以解《易》，然实则无论天道人事之任何方面，悉以之为权衡，故能建树有系统之玄学。夫汉代固尝有人祖尚老庄，鄙薄事功，而其所以终未舍弃天人灾异通经致用之说者，盖尚未发现此新眼光新方法而普遍用之也。

由此言之，则玄学统系之建立，有赖于言意之辨。但详溯其源，则言意之辨实亦起于汉魏间之名学。名理之学源于评论人物。《抱朴子·清鉴篇》曰：

区别臧否，瞻形得神，存乎其人，不可力为。自非明并日月，听闻无音者,愿加清澄,以渐进用,不可顿任。

盖人物伪似者多,辨别极难。而质美者未必优于事功,志大者而又尝识不足。前者乃才性之名理,后者为志识之名理,凡此俱甚玄微,难于辨析。而况形貌取人必失于皮相。圣人识鉴要在瞻外形而得其神理,视之而会于无形,听之而闻于无音,然后评量人物,百无一失。此自"存乎其人,不可力为";可以意会,不能言宣(此谓言不尽意)。故言意之辨盖起于识鉴。晋欧阳建《言尽意论》(《艺文类聚》十九)曰:

世之论者以为"言不尽意",由来尚矣。至乎通才达识咸以为然。若夫蒋公之论眸子,钟、傅之言才性,莫不引此为谈证。

魏晋间名家之学流行,而言不尽意则为推求名理应有之结论。时人咸喜月旦品题,自渐悟及此义。故当时通才达识咸以为然。而魏世蒋济著论谓观眸子可以知人,钟会傅嘏之辨论才性,为名理上最有名之讨论(按会嘏均《四本论》中人。又钟傅或指太傅钟繇,然繇未闻论才性),均引言不尽意以为谈证。尤可见此说源于名理之研求,而且始于魏世也。欧阳建主张言可尽意,而其论中亦述及言不尽意之义。其文曰：

> 夫天不言而四时行焉，圣人不言而鉴识存焉。形不待名而圆方已著，色不俟称而黑白已彰。然则名之于物无施者也，言之于理无为者也。

名家原理，在乎辨名形。然形名之检，以形为本，名由于形，而形不待名，言起于理，而理不俟言。然则识鉴人物，圣人自以意会，而无需于言。魏晋名家之用，本为品评人物，然辨名实之理，则引起言不尽意之说，而归宗于无名无形。夫综核名实，本属名家，而其推及无名，则通于道家。而且言意之别，名家者流因识鉴人伦而加以援用，玄学中人则因精研本末体用而更有所悟。王弼为玄宗之始，深于体用之辨，故上采言不尽意之义，加以变通，而主得意忘言。于是名学之原则遂变而为玄学家首要之方法。

案《周易》系辞云："子曰，书不尽言，言不尽意。然则圣人之意，其不可见乎。"夫易建爻象，应能尽意（参看李鼎祚《集解》引虞翻、陆绩、侯果、崔憬之注），其曰"言不尽意"者自有其说。王辅嗣以老庄解《易》，于是乃援用《庄子·外物篇》筌蹄之言，作《易略例·明象章》，而为之进一新解。文略曰，"尽意莫若象，尽象莫若言。"然"言者所以明象，得象而忘言。象者所以存意，得意而忘象"。"是故存言者非得象者也，存象者非得意者也。"然则"忘象者乃得意者也，忘言者乃得象者也"。因此言为象之代表，象为意之代表，二者均为得意之工具。吾人解《易》要当不滞于名言，忘言忘象，体会其所蕴之义，则圣人之意乃昭然可见。王弼依此方法，乃将汉易象数之学一举而廓清之，汉代经学转为魏晋玄学，其基础由此而奠定矣。

王弼之说起于言不尽意义已流行之后，二者互有异同。盖言不尽意，所贵者在意会；忘象忘言，所贵者在得意，此则两说均轻言重意也。惟如言不尽意，则言几等于无用，而王氏则犹认言象乃用以尽象意，并谓"尽象莫若言"，"尽意莫若象"，此则两说实有不同。然如言不尽意，则自可废言，故圣人无言，而以意会。王氏谓言象为工具，只用以得意，而非意之本身，故不能以工具为目的，若滞于言象则反失本意，此则两说均终主得意废言也。

王氏新解，魏晋人士用之极广，其于玄学之关系至为深切。凡所谓"忘言忘象"、"寄言出意"、"忘言寻其所况"、"善会其意"、"假言"、"权教"诸语皆承袭《易略例·明象章》所言。兹归纳群言，缕陈其大端于下：

第一，用于经籍之解释。王弼作有《论语释疑》，书已佚，大旨当系取文义难通者为之疏抉（故于《论语》十卷只有释疑三卷）。子贡曰："回也闻一以知十,赐也闻一以知二。"夫回赐优劣固为悬殊,然二、十之数,依何而定？张封溪曰："一者数之始,十者数之终。颜生体有厚识,故闻始则知终。子贡识劣,故闻始裁知至二也。"其说牵强泥于文义。而王弼曰："假数以明优劣之分,言己与颜渊十裁及二,明相去悬远也。"（皇疏三）又"子曰:'君子而不仁者有矣夫,未有小人而仁者也'"。孔安国注云:"虽曰君子,犹未能备也。"是君子犹可不仁,其义颇为费解。而王弼曰:"假君子以甚小人之辞,君子无不仁也。"（皇疏七）此均以假言之说释《论语》中之滞义。其后晋人注疏多用此法,如《论语》"子曰:'吾不复梦见周公。'"李充注曰:"圣人无想,何梦之有,盖伤周德之日衰,哀道教之不行,故寄慨于不梦。"（皇疏四）又"季子然问仲由冉求可谓大臣欤？"缪协称中正曰:"所以假言二子之不能尽谏者,以说季氏虽知贵其人而不能敬其言也。"（皇疏六）凡魏晋南朝之解经依此法者甚多,不必详述,但凡会通其义而不拘拘于文字者皆根据寄言出意之精神也。

汉代经学依于文句,故朴实说理,而不免拘泥。魏世以后,学尚玄远,虽颇乖于圣道,而因主得意,思想言论乃较为自由。汉人所习曰章句,魏晋所尚者曰"通"。章句多随文饰说,通者会通其义而不以辞害意。《左氏传》杜注曰："诗人之作各以情言,君子论之,不以文害意。故《春秋传》引《诗》不皆与今说《诗》者同,后皆仿此。"(隐公元年)不以文害意(文本《孟子》),盖亦源于寄言出意之旨,而为魏晋玄学注解之通则也。魏晋注疏恒要言不烦,自抒己意。书之大旨或备于序文,如郭象注《庄子》之序是也。学问之体要,或具分述于"品目义"(谓篇名下之解释)中,张湛《列子》篇名之注是也。二者均谓之"通",原在总论大义。至若随文作注,亦多择其证成己意处会通其旨略,未必全合于文句。故向秀观书鄙章句(颜延年《五君咏》),陶渊明好读书不求甚解,每有所会,欣然忘食(《五柳先生传》)。《世说·轻诋篇》注引《支遁传》曰:

　　遁每标举会宗,而不留心象喻,解释章句或有所漏,文字之徒多以为疑。谢安石闻而善之,曰:此九方皋之相马也,略其玄黄而取其儁逸。

沙门支道林为东晋谈玄之领袖,其所制作,群公赏为"名通",其为学风格如此,南方之习尚可知矣。《世说·文学篇》曰:

　　褚季野语孙安国云:"北人学问渊综广博。"孙答曰:"南人学问清通简要。"支道林闻之曰:"圣贤固所忘言,自中人以还,北人看书如显处视月,南人学问如牖中窥日。"

支所言固亦赞成孙、褚之理,但"显"、"牖"谓学之广、约,"日"、"月"指光之明暗,自是重南轻北,而其归宗于忘言得意,则尤见玄学第一义谛之所在也。

第二,忘象忘言不但为解释经籍之要法,亦且深契合于玄学之宗旨。玄贵虚无,虚者无象,无者无名。超言绝象,道之体也。因此本体论所谓体用之辨亦即方法上所称言意之别。二义在言谈运用虽有殊,但其所据原则实为同贯。故玄学家之贵无者,莫不用得意忘言之义以成其说。崇尚虚无者魏晋人士甚多,不能详陈。惟其最早有二系:一为王、何,一为嵇、阮。王辅嗣兼综名理,其学谨饬。汉代易学,拘拘于象数,繁乱支离,巧伪滋盛,辅嗣拈出得意忘象之义,而汉儒之学,乃落下乘,玄远之风,由此发轫。此为通常人所熟知,无须具论。

至若嵇叔夜则宅心旷达,风格奔放。其学与辅嗣大异,然得意废言之旨,固亦其说之骨干,兹请略陈之。盖王氏谨饬注重者本体之宗统,嵇氏奔放欣赏者天地之和美。嵇叔夜深有契于音乐,其宇宙观察颇具艺术之眼光(阮嗣宗亦同)。虽思想浮杂难求其统系,然概括言之,其要义有二。首则由名理进而论音声,再则由音声之新解而推求宇宙之特性。(一)名理之学本在校练名实,然其后乃因言象之讨论进而为无名之说。嵇康《声无哀乐论》本引及得意(文曰,能反三隅者得意之言),论中曾谓圣人鉴识不借言语。盖心不系于所言,言或不足以证心。

　　夫言非自然一定之物,五方殊俗,同事异号,举一名以为标识耳。

言为工具,只为心意之标识。意有定旨,而言则可因俗而殊。由此而可知声仅可有和音,而哀乐则因人心而不同。故嵇氏之意托大同于声音,归众情于人心。"和声无象",不以哀乐异其度,犹之乎得意当无言,不因方言而异其所指也。(二)夫声无哀乐(无名),故由之而"欢戚具见",亦犹之乎道体超象(无名),而万象由之并存。于是乃由声音而推及万物之本性。故八音无情,纯出于律吕之节奏,而自然运行,亦全如音乐之和谐。阮嗣宗《乐论》曰:"夫乐者,天地之体、万物之性也。""昔者圣人之作乐也,将以顺天地之性,体万物之生也。"中散之义根本与步兵相同。综上所言,嵇氏盖托始于名学而终归于道家,其论证本亦用忘言得之义也。

第三,忘言得意之义,亦用以会通儒道二家之学。汉武以来,儒家独尊,虽学风亦随时变,然基本教育固以正经为中心,其理想人格亦依儒学而特推周、孔。三国、晋初,教育在于家庭,而家庭之礼教未堕。故名士原均研儒经,仍以孔子为圣人。玄学中人于儒学不但未尝废弃,而且多有著作。王、何之于《周易》、《论语》,向秀之《易》,郭象之《论语》,固悉当代之名作也。虽其精神与汉学大殊,然于儒经甚鲜诽谤(阮嗣宗非尧舜,薄汤武,盖一时有激而发)。《论语》子见南子本孔安国所疑(《集解》三),王仲任并大加非议(《论衡·问孔篇》),然王弼祖尚老学,而于此不但不愿如仲任之问孔,而且巧为之说,以释安国之疑。文云(皇疏三):

> 案本传,孔子不得已而见南子,犹文王拘羑里,盖天命之穷会也。子路以君子宜防患辱,是以不悦也。
>
> 否泰有命,我之所屈不用于世者,乃天命厌之,言非人事所免也。重言之者,所以誓其言也。

夫天地四时犹有消息,而况人乎。此玄学家山涛引《易经》以答嵇绍之语(见《世说·政事篇》,参看《言语篇》张天锡答王中郎)。是义自非关汉代之阴阳，而指魏晋之自然。辅嗣引此以为孔书辩护，虽阳尊儒道而阴已令道家夺儒家之席矣。玄学人注经，巧为解释，大率类此，不必详举。

虽然孔子重仁义，老庄尚道德；儒书言人事，道家谈玄虚，其立足不同，趣旨大异。儒书多处如子见南子之类，虽可依道家巧为解说，而（甲）六经全豹实不易以玄学之管窥之，又（乙）儒书与诸子中亦间有互相攻击之文，亦难于解释。前者为儒道根本之差异，后者为文句上之冲突，二者均不得不求一方法以救之。此法为何？忘言得意之义是矣。

（甲）玄学贵尚虚无，而圣人（孔子）未尝致言。儒书言名教，老庄谈自然。凡老庄玄学所反复陈述者均罕见于儒经，则孔老二教，全面冲突，实难调和。魏晋人士于解决此难其说有二。其一则谓虚无之义固为圣人所体，但教化百姓如不用仁义名教，则虽高而不可行，此说见王弼答裴徽之语（《世说·文学篇》及注），郭象之《庄子注》序。然与言意之辨无关，兹可不论。其二则以虚无为本，教化为末，本末者即犹谓体用。致用须有言教（儒经），而本体（玄旨）则绝于言象。吾人不能弃体而徒言其用，故亦不能执著言教，而忘其象外之意。《论语》孔子曰："予欲无言"，又曰："天何言哉。"王弼解之（皇疏九）已用此旨：

夫立言垂教,将以通性,而弊至于湮。寄旨传辞,将以正邪,而势至于繁。既求道中,不可胜御,是以修本废言,则天而行化。

"寄旨"于言,本以出意。如言教而至于繁(如汉人之学),则当反求其本,修本者废言,则天而行化。此仍本得意忘言之义(何晏《集解》云,言益少故欲无言,旨趣与王不同)。晋人张韩(严可均谓"韩"疑"翰"误)作《不用舌论》(《艺文类聚》十七)引"天何言哉",其解释与王说亦同,原文曰:

余以留意于言,不如留意于不言。徒知无舌之通心,未尽有舌之必(疑本不字)通心也。仲尼云:"天何言哉,四时行焉。""夫子之文章可得而闻也。夫子之言性与天道不可得而闻。"(下略)

盖得意者废言,世人徒知哓哓然称赏得意,而不识废言然后得意,仲尼所云,均示废言之义,然则圣人固以言教人(儒书),而其本实在于无言也(至道虚无)。

张韩所引《论语·性与天道章》,尤为魏晋人士所尝道。《论语》"子贡曰:'夫子之文章可得而闻也,夫子之言性与天道不可得而闻也。'"按性与天道,汉儒与晋人所解悬殊,甚见学风之不同,兹姑不论。其"不可得而闻"一语,汉儒似有二解。

(一)《史记·天官书》云:

孔子论六经,纪异而说不书,至天道性命不传,传其人不待告,告非其人,虽言不著。

此则不可得闻,谓非其人则不传。

(二)桓谭上光武疏(《后汉书》本传,参看《前汉书·张禹传》)云:

观先王之记述,咸以仁义正道为本,非有奇怪虚诞之事,盖天道性命圣人所难言也。自子贡以下不得而闻,而况后世浅儒能通之乎。

此则天道性命均圣人所难言。自子贡以下,不可得而闻。上述二解虽稍殊,然其取义均与上引张韩之语根本不同。推求张氏之意,性与天道事绝言称(任昉《答示七夕诗启》语)。天本无言,自不得闻。执可闻之教,可道之道(用),而欲穷理尽性(体),则直认用为体,误指为月矣。是以留意于言,不如留意于不言,即得意忘言之旨也。

综上所陈，则立言设教虽有训人之用（儒书），而天道性命本越言象，故无言自为圣人之所体（玄学道本无言）。夫如是则圣人所言，虽与玄学之旨殊，而于圣人所无言处探求之，则虚无固仍为圣人之真性，与老庄之书所述者无异也。魏晋人士既持此说，于是乃一方解答儒书与老庄何以面目全殊，一方则以老庄为本，儒教为末。学者当不存言而忘其意，修其末而反废其本也。此虽调和孔老，而实崇道卑儒也。按魏世荀粲解释性与天道一章以儒经为糠秕，其说较上述尤为极端。《魏志》引何劭《荀粲传》云：

粲诸兄并以儒术论议，而粲独好道。常以为子贡称夫子之言性与天道不可得闻，然则六籍虽存，固圣人之糠秕。粲兄俣难曰：易亦云，圣人立象以尽意，系辞焉以尽言，则微言胡为不可得而闻见哉。粲答曰：盖理之微者，非物之象所举也。今称立象以尽意，此非通于意外者也。系辞焉以尽言，此非言乎系表者也。斯则象外之意，系表之言，固蕴而不出矣。

至道超乎象外，出乎系表。性与天道，自不可得而闻，然则六经固圣人之糟粕（详皇疏九）先王之陈述也（《庄子·天运篇》及郭

注）。苟粲之义盖本之言不尽意，与王弼说忘言得意者不同，而弼并亦无糠秕六经之意，盖粲独好道，而弼言圣人体无（圣人谓孔子，见《世说·文学篇》弼答裴徽），实阴相老庄，阳崇孔氏。表面上仍以儒家为本位，故不能如粲之攻击儒书也。夫儒经既为糠秕，则孔、老差异根本推翻。二教冲突乃浅识者之自扰。然粲此说本言不尽意义应有之结论。由此可见言意之辨，于玄学之建立关系至大也。

　　总之，玄学家主张儒经圣人，所体者虚无；道家之书，所谈者象外。圣人体无，故儒经不言性命与天道；至道超象，故老庄高唱玄之又玄。儒圣所体本即道家所唱，玄儒之间，原无差别。至若文字言说均为方便，二教典籍自应等量齐观。不过偏袒道家者则根据言不尽意之义，而言六经为糠秕，苟粲是也。未忘情儒术者则谓寄旨于辞，可以正邪，故儒经有训俗之用，王弼是矣（上引皇疏九孔子无言王弼说及《世说》王答裴徽语）。二说因所党不同，故所陈互殊。然孔子经书，不言性道。老庄典籍，专谈本体。则老庄虽不出自圣人（孔子）之口，然其地位自隐在六经以上，因此魏晋名士固颇推尊孔子，不废儒书，而其学则实扬老庄而抑孔教也（查《抱朴子·尚博篇》崇奉正经，而以诸子为"筌蹄"，其说与时人不同。盖葛洪黜浮华奖礼教，以神仙为内，儒术为外，犹是汉人之旧习,非玄学中人也)。

(乙)根本差异之调和如上述。然老庄之书绝圣弃智,而儒家著作亦鄙薄诸子。此类文句,冲突显然,甚为难通。按子书中之毁非圣人,莫明于《庄子》。儒家之轻鄙庄老则有《法言》。因是向、郭注《庄》,李轨注《法言》,均不能不于此项困难之处,设法解决,其法为何,仍为寄言出意是也。

"向子期以儒道为壹"(谢灵运《辨宗论》),郭象袭取其注,立义亦同。《庄子·大宗师》孔子自谓游方之内,而《庄子》之文所宗者固乃游方之外(子桑户等三人),其言显以孔子为陋。然郭象则会通儒道,谓游外者必弘内,文有曰:

> 是故庄子将明流统之所宗(谓游外)以释天下之可悟。若其就称仲尼之如此(若直谓孔子弘内),或则将据所见以排之(六经文字乃众人所知见),故超圣人之内迹而寄方外于数子(子桑户等)。宜忘其所寄以寻述作之大意,则夫游外弘内之道坦然自明,而《庄子》之书,故是超俗盖世之谈矣。

由此言之,读《庄子》须忘言得意,乃能了然其所言实不背于孔子之学,而可知庄子并无毁仲尼之意。按《世说·文学篇》云:向秀

"大畅玄风",而《晋书》本传曰:庄注出世而"儒墨之迹见鄙,道家之言遂盛矣"。夫玄风之畅,儒学之消沉,自不始于向秀。然向、郭之注庄,不但解庄绝伦,而其名尊圣道,实唱玄理,融合儒道,使不相违,遂使赖乡夺洙泗之席。王、何以来,其功最大。按郭注开始,即告吾人读《庄》之法,须"要其会归,遗其所寄"。可知此义与向、郭之学关系甚大,余已另有文论之(《北大四十周年纪念册》乙编上),兹不赘。

扬雄《法言》尊孔教而排诸子。《修身篇》以韩非、庄子并言。东晋李轨注(秦氏影宋本)曰:

庄周与韩非同贯,不亦甚乎。惑者甚众,敢问何谓也?曰,庄虽借喻以为通妙,而世多不解。韩诚触情以言治,而阴薄伤化。然则周之益也其利迁缓,非之损也其害交急。仁既失中,两不与耳,亦不以齐其优劣比量多少也,统斯以往,何嫌乎哉。又问曰,自此以下凡论诸子莫不连言乎庄生者,何也?答曰,妙旨非见形而不及道者之言所能统,故每遗其妙寄,而去其粗迹。一以贯之,应近而已。

《君子篇》李注亦曰:

此章有似驳庄子,庄子之言远有其旨。不统其远旨者,遂往而不反,所以辨之也。各统其所言之旨,而两忘其言,则得其意也。

李轨以为无为之本乃圣人与老子所同(《问道篇》注),而注中所陈颇袭向、郭注《庄》之义(兹不能详)。其于扬子诽议庄周,亦同用寄言之法,解释其牴牾,其事与《庄子注》全同。则李弘范虽名注儒书,实宗玄学也。

第四,言意之辨,不惟与玄理有关,而于名士之立身行事亦有影响。按玄者玄远。宅心玄远,则重神理而遗形骸。神形分殊本玄学之立足点。学贵自然,行尚放达,一切学行,无不由此演出。阮籍《答伏义书》有曰:

徒寄形躯于斯域,何精神之可察。

形骸粗迹,神之所寄。精神象外,抗志尘表。由重神之心,而持寄形之理,言意之辨,遂亦合于立身之道。卢谌《赠刘琨诗》有曰:

谁谓言精,致在赏意。不见得鱼,亦忘厥饵。遗其形骸,寄之深识。

嵇康《赠秀才入军诗》有曰：

　　俯仰自得，游心泰玄。嘉彼钓叟，得鱼忘筌。郢人逝矣，谁与尽言。

魏晋士大夫心胸，务为高远，其行径虽各有不同，而忘筌之致，名士间实无区别也。概括论之，汉人朴茂，晋人超脱。朴茂者尚实际。故汉代观人之方，根本为相法，由外貌差别推知其体内五行之不同。汉末魏初犹颇存此风（如刘劭《人物志》），其后识鉴乃渐重神气，而入于虚无难言之域。即如人物画法疑即受此项风尚之影响。抱朴子尝叹观人最难，谓精神之不易知也。顾恺之曰：“凡画人最难”（张彦远《历代名画记》卷一），当亦系同一理由。《世说·巧艺篇》云：

　　顾长康画人或数年不点目精，人问其故，顾曰：“四体妍蚩，本无关于妙处，传神写照正在阿堵中。”

数年不点目睛(《人物志》谓征神于目),具见传神之难也。四体妍媸,无关妙处(参看同书顾长康画裴楷),则以示形体之无足重轻也。汉代相人以筋骨,魏晋识鉴在神明。顾氏之画理,盖亦得意忘形学说之表现也(魏晋文学争尚隽永,《文心雕龙》推许隐秀,隽永谓甘美而义深长,情在词外曰隐,状溢目前曰秀,均可知当时文学亦用同一原理,此待另论之)。

魏晋名士谈理,虽互有差别,但其宗旨固未尝致力于无用之言,而与人生了无关系。清谈向非空论,玄学亦有其受用。彼神明之贵尚,象外之追求,固可有流弊遗害国家,然玄理与其行事仍求能一贯,非空疏不适实用之哲理也。大凡欲了解中国一派之学说,必先知其立身行己之旨趣。汉晋中学术之大变迁亦当于士大夫之行事求之。汉世以察举取士,而天下重名节。月旦品题,乃为士人之专尚。然言貌取人,多名实相乖,由之乃忽略“论形之例”而竞为“精神之谈”(《抱朴子·清鉴篇》),其时玄风适盛,乃益期神游,轻忽人事,而理论上言意之辨,大有助于实用上神形之别。世风虽有迁移,而魏晋之学固出于汉末,而在在与人生行事有密切之关系也。

魏晋名士之人生观,既在得意忘形骸。或虽在朝市而不经世务,或遁迹山林,远离尘世。或放弛以为达,或佯狂以自适。然既旨在得意，自指心神之超然无累。如心神远举，则亦不必故意忽忘形骸。读书须视玄理之所在，不必拘于文句。行事当求风神之萧朗，不必泥于形迹。夫如是则身虽在朝堂之上，心无异于在山林之中。"名教中自有乐地"，不必故意造作也（山涛言名教有乐地语，亦另含一义，兹不赘）。故嵇阮之流，虽贵"得意，忘忘形骸"（《晋书·阮籍传》），而何劭（敬祖）《赠张华诗》则曰："奚用遗形骸，忘筌在得鱼。"二者均用得意忘言之旨也。

夫依何劭之义得意者固尝抗迹尘表。而既已得意，亦不必执著，务期忘忘形骸。《广弘明集》载东晋（原作"陈"，误）张君祖（张翼，字君祖，晋东海太守，详唐窦蒙《述书赋》注，载《法书要录》卷五）《咏怀诗》云："运形不标异，澄怀恬无欲"，"何必玩幽闲，青衿表离俗"，盖得何劭之旨。夫沙门居山林，绝俗务，不但义学与玄理相通，即其行事亦名士所仰慕，故晋世佛法大行，竺法颒将遁居西山（疑为宣城之华阳山），张君祖特作诗以嘲之。而康僧渊（康原作"庾"，误）亦以诗答。康序谓君祖之诗"虽云言不尽意，盖亦几矣"。实则依忘言得意论之，牵于俗务，固未忘言；远遁西山，亦未必得意。居士若果澄怀无欲，则在朝市中，亦可以忘筌（张诗曰，"居士亦有党"，可称为明代居士派之远祖）。君祖答诗有曰：

冲心超远寄,浪怀邈独往。众妙常所晞,维摩余所赏(维摩居士未出家)。苟未体善权,与子同佛仿。悠悠诚满域,所遗在废想。

既言不尽意,则所贵者自在得意。既贵得意,而碍于形迹,则徒得至道之仿佛,外虽貌似,而内未神全。拘拘然恪守言教,而未了言教本为方便。佛家善权方便,本合于玄家得意忘形之义。故君祖言及,以嘲僧人。夫沙门康僧渊序中叹"言不尽意",而岂知君祖固善于言意之妙谛也耶(王坦之《沙门不得为高士论》意亦同,看《世说·轻诋篇》所记)。

复次,观上述四端,可知言意之辨,在玄理中其地位至为重要。魏晋佛学为玄学之支流,自亦与之有关系,今请进而论之。玄学之发达乃中国学术自然演化之结果,佛学不但只为其助因,而且其入中国本依附于中华之文化思想以扩张其势力。大凡外国学术初来时理论尚晦,本土人士仅能作支节之比附。及其流行甚久,宗义稍明,则渐可观其会通。此两种文化接触之常例,佛学初行中国亦然。其先比附,故有竺法雅之格义。及晋世教法昌明,则亦进而会通三教。于是法华权教,般若方便,涅槃维摩四依之义流行,而此诸义,盖深合于中土得意忘言之旨也。

佛教来华,在于汉之中叶。佛学始盛,约在桓灵之世。安世高于桓帝时到中夏,其学稽古,善于禅教。当其讲说,悉就经中之事数,逐条依次,口解其义。盖西方沙门,除初步知识外,始受佛学,疑均诵"毗昙"。毗昙(阿毗达磨)者即"对法",盖对于佛所说之法加以整理划一。最初之形式,如《长阿含》之《十报法经》,依数目之次序(四谛五阴等),逐项陈述。此原附于"契经"(修多罗)之中,其后分出,别立"对法",为三藏之一。"对法"亦名摩得立迦,原义即为目录,盖佛说之纲目也。故毗昙学家长于阐明法数(因称为"数学"学)。然佛学名相,本难了解,而欲中国人信受,尤不得不比附此土已有之理论。故五阴四大乃比于元气五行(见《察微王经》),而真谛俗谛乃比于常道与可道(道安之说)。两晋之间竺法雅讲经乃立格义,以经中事数拟配外书,授之门徒。此种比附条例,当系承汉末以来授经者所积累,法雅不过总其成,广而述之耳。按事数之书,其性质颇与汉人象数之学相同,而五阴四大尤与汉代之理论相通。故格义者疑精神上大体仍依附汉学。按道安乃玄学家,然其在河北时,汉代学风实甚显著,由此可以推知竺法雅之学,似亦承汉学之旧风也。

华人融合中、印之学,其方法随时代变迁,唐以后为明心见性,隋唐为判教。而晋与南朝之佛学则由比附(格义)进而为会通,其所用之方法,仍在寄言出意。佛教玄学之大师,首推西晋竺法护,法护月支人,专弘般若方等之学。般若学扫除名相,其精神与"数学"家极不相同(因此而佛教之谈玄者称曰义学以别之),而汉末佛徒安玄,学宗大乘,"常与沙门讲论道义,世谓之为都尉玄"(《祐录》十五)。疑中国般若家讲经,早已有人与数论家不同。而般若方便之义,法华权教之说,均合乎寄言出意之旨(维摩四依至罗什译文乃显,支谦所译文晦不明)。竺法护宗般若译法华,故名士推为名僧中之山涛(孙绰《道贤论》)。按《法华经》于中国宗教及文学上影响甚大,而在哲理上则虽有天台依之建立宗义,然其崇拜法华(法华忏仪),大唱圆顿止观(法华三昧),根本仍均注重宗教方面。但什公前后,法华亦备受义学沙门所尊崇。然考其故则不在宗教而在玄理。夫《法华经》本为般若实相学之羽翼。慧观《法华宗要序》(《祐录》八)引经颂曰:

是法不可示,言辞相寂灭。

此颂出于方便品,慧观特提出此文,必由罗什所指示。夫至道绝言超象,则文句亦圣人真意之糟粕耳。如此则二乘及一切教法悉为权说。夫玄学前既以得意之说混一孔老。此则依权教之义,亦可会通三教。夫道一而已矣，圣人之意，本自相同，而圣人之言则因时因地而殊。吾人绝不可泥于文字之异，而忘道体之同。故晋代人士咸信至道玄远，本源无二致。而善权救物，枝末可有短长。本一末异，同归殊途。学者要当不滞于末而忘其本，不以指为月，得鱼忘筌，得意忘言，斯乃可矣。

佛教玄理既亦主得意忘象，则自推翻安世高系之小乘毗昙，于是大乘义学因之兴盛，小乘数学由之消沉。故得意之说虽亦会通内外，而与格义比附，精神上迥然有别。格义限于事数，而忘言则超于象外。东晋佛徒释经遂与名士解儒经态度相同。均尚清通简要，融会内外，通其大义，殊不愿执著文句，以自害其意。故两晋之际有名僧人，北方首推释道安，则反对格义；南方倾倒支道林，则不留心文句。于法开"深思孤发，独见言表"。释慧远本不废儒经。然道既忘言，故读般若经而叹儒道九流皆为糠秕，其所持理由疑与荀粲之言相同。苻秦之末年，一切有部颇流行中国。然未久而鸠摩罗什来华，什公本排有部毗昙，崇尚无相空宗。故其弟子虽亦颇习有部，但极轻视事数名相。僧叡《十二门论序》（《祐录》十一）云：

正之以十二则有无兼畅，事无不尽。事尽于有无，则忘功于造化。理极于虚位，则表我于二际。然则表我在乎落筌，筌忘存乎遗寄。筌我兼忘，始可几乎实矣。

昙影《中论序》（《祐录》十一）云：

> 夫万化非无宗，而宗之者无相；虚宗非无契，而契之者无心。故至人以无心之妙慧而契彼无相之虚宗，内外并冥缘智俱寂，岂容名数于其间哉。但以悕玄之质趣必有由，非名无以领数，非数无以拟宗，故遂设名而召之，立数而辨之。然则名数之生生于累者，而可以造极而非其极，故何常之有耶？是故如来始逮真觉应物接粗启之以有（此指有部），后为大乘乃说空法，化适当时所悟不二（大乘实说，小乘乃权说，本《法华经》旨）。流至末叶象教之中，人根肤浅道识不明，遂废鱼守筌，存指忘月，睹空教便谓罪福俱泯，闻说相（谓有部）则谓之为真，是使有无交兴，生灭迭争，断常诸边，纷然竞起。

河西道朗，不闻其为罗什弟子，然要亦承受"关、河之学"，其《涅槃经序》（《祐录》八）云：

任运而动则乘虚照以御物,寄言蹄以通化。

或(惑)我生于谬想,非我起于因假,因假存于名数。故至我超名数而非无。

凡此上所引,一方受什公反对毗昙之影响,一方亦源出玄学得意忘言之说也。什公弟子中持此说最坚,用之最广,而最有关系者为竺道生。生公深得维摩四依、法华方便之真谛。伏膺般若绝言、涅槃超象之玄旨。于是悟曰:"象者理之所假,执象则迷理;教者化之所因,束教则愚化。"(《广弘明集》慧琳《道生法师诔》)轻鄙滞文之徒,全以理为依归,故净土人所崇拜,而视为接粗之迹(道生有《佛无净土论》)。报应人所欣惧,而解为方便之言(道生有《善不受报义》)。烧身为无上功德,而生公以为经文本意,乃示更有重于身之宝(看《法华经·药王本事品》生公疏)。"观音"乃大众所诵持,而生公谓圣人权引无方,故寄之于名号(看《法华经·观世音普门品》疏。按《法华》所叙述之神话奇迹,道生恒指为寄言出意,兹姑不具陈)。忽略形迹之筌蹄,而冥会本体于象外。虽未尝呵佛骂祖,全弃渐修,然其学不拘文句,直指心性,固虽上继什公亦且下接曹溪,虽居晋末宋初,而已后开唐宋之来学矣。

夫得意忘言之说,魏晋名士用之于解经,见之于行事,为玄理之骨干,而且调和孔老。及至东晋佛学大盛,此说黜格义之比附,而唱法华诸经之会通,于是一则弃汉代之风,依魏晋之学;二则推翻有部,专弘般若;三则同归殊途,会合三教。又按佛经事数密如稠林,不但毗昙书中,罗列满纸,即般若诸经,亦逐项破斥,此既中华所无,故颇不易悟,然废言落筌之方既通行当代,故通释佛典者只需取其大意,略其名相,自不害其弘旨。故晋人佛教撰述殊不以事数为意,大异于隋唐之注疏。即如僧肇,实得印度学之精髓,而文字不用名相,其面目与玄学家之论说同(参看《文心雕龙·论说篇》)。夫佛经事数,华人所难,而领会大意则时风所尚。晋代人士既变佛经之烦重,为玄学之"会通",自易为学术界所接受。然则以言说为方便,非但为当日释家之紧要条目,而佛学之大见流行盖亦系于此也。

魏晋玄学流别略论

溯自扬子云以后,汉代学士文人即间尝企慕玄远。凡抗志玄妙者,"常务道德之实,而不求当世之名。阔略杪小之礼,荡佚人间之事"(冯衍《显志赋》)。"逍遥一世之上,睥睨天地之间。不受当世之责,永保性命之期"(仲长统《昌言》)。则其所以寄迹宅心者,已与正始永嘉之人士无或异。而重玄之门,老子所游。谈玄者必上尊老子。故桓谭谓老氏其心玄远与道合。冯衍"抗玄妙之常操",而"大老聃之贵玄"。傅毅言"游心于玄妙,清思于黄老"(《七激》)。仲长统"安神闺房,思老氏之玄虚"。则贵玄言,宗老氏,魏晋之时虽称极盛,而于东汉亦已见其端矣。

然谈玄者,东汉之与魏晋,固有根本之不同。桓谭曰:"扬雄作玄书,以为玄者天也,道也。言圣贤著法作事,皆引天道以为本统。而因附属万类王政人事法度。"亦此所谓天道,虽颇排斥神仙图谶之说,而仍不免本天人感应之义,由物象之盛衰,明人事之隆污。稽察自然之理,符之于政事法度。其所游心,未超于象数。其所研求,常在乎吉凶(扬雄《太玄赋》曰:"观大易之损益兮,览老氏之倚伏。"张衡因"吉凶倚伏,幽微难明,乃作《思玄赋》")。魏晋之玄学则不然。已不复拘拘于宇宙运行之外用,进而论天地万物之本体。汉代寓天道于物理。魏晋黜天道而究本体,以寡御众,而归于玄极(王弼《易略例·明象章》);忘象得意,而游于物外(《易略例·明象章》)。于是脱离汉代宇宙之论(Cosmology or Cosmogony)而留连于存存本本之真(ontology or theory of being)。汉代之又一谈玄者曰:"玄者,无形之类,自然之根。作于太始,莫之与先。"(张衡《玄图》)此则其所谓玄,不过依时间言,万物始于精妙幽深之状,太初太素之阶。其所探究不过谈宇宙之构造,推万物之孕成。及至魏晋乃常能弃物理之寻求,进而为本体之体会。舍物象,超时空,而研究天地万物之真际。以万有为末,以虚无为本。夫虚无者,非物也。非无形之元气,在太始之时,而莫之与先也。本无末有,非谓此物与彼物,亦非前形与后形。命万有之本体曰虚无,则无物而非虚无,亦即物未有时而非虚无也。汉代偏重天地运行之物理(按扬雄、张衡之玄亦有不同,兹不详析),

魏晋贵谈有无之玄致。二者虽均尝托始于老子,然前者常不免依物象数理之消息盈虚,言天道,合人事;后者建言大道之玄远无朕,而不执著于实物,凡阴阳五行以及象数之谈,遂均废置不用。因乃进于纯玄学之讨论。汉代思想与魏晋清言之别,要在斯矣。

玄学兴起之原因,兹姑不详论。但道家老庄与佛家般若均为汉晋间谈玄者之依据。其中心问题,在辨本末有无之理。然名流竞起,新义叠出。其所据尝有殊,其著眼亦各别。嵇康《卜疑》曰:"宁如老聃之清净微妙,守玄抱一乎。将如庄周之齐物变化,洞达而放逸乎。"是则当时虽雅尚老庄,然其通释,固不必相同。谈老谈庄亦可各异。至于佛家般若性空,虽风行当代。而毗昙言有,亦复东来。童寿沙门与觉贤禅师,空义互殊,竟构仇怨(《高僧传·佛陀跋多罗传》)。而在什公前后,般若称六家七宗,或谓有十二家。则西国所传既不相同,中土立说亦各自异。详研魏晋僧俗之著述,其最重要之派别有四。兹分述之于下。

一

其一,为王辅嗣之学,释氏则有所谓本无义。其最要著作为《老子王注》。其形上之学在以无为体。其人生之学以反本为鹄。《晋书·王衍传》曰:"何晏、王弼立论,天地万物皆以无为本。"盖王、何深识宗极之贞一,至道之纯静。其着眼在贞一纯全之本体。
万象纷陈,制之者一。品物咸运,主之者静。《周易》王注曰:

> 凡动息则静,静非对动者也。语息则默,默非对语者也。然
> 则天地虽大,富有万物,雷动风行,运化万变,寂然至无,是其
> 本矣。

万有群变以无为本。是则万有归于一本。群变原即寂无。未有
非于本无之外,另有实在,与之对立。故虽万物之富,变化之烈,
未有不以无为本也。此无对之本体(Substance),号曰无,而非谓
有无之无。因其为道之全,故超乎言象,无名无形。圆方由之得
形,而此无形。白黑由此得名,而此无名(参看《列子·天瑞篇》注引
何晏《道论》)。万有群生由之以成,而非器形之所谓生。形器之生,
如此生彼,昭然二物。而宇宙之本,虽开物成务,然万物未尝对本而
各有实体。《老子》三十九章,王注曰:

> 物皆各得此一以成。既成,而舍以居成。居成,则失其母。

无对贞一之本体,为物之本原。即谓万有群生,皆各不离此本而

别为实有。惟人若昧于所以成，而自居于其成。一犯人之形，而曰人也，人也。则失其本，丧其母，永堕于有为之域，宥于有穷之量。夫自居于有穷之量者，未能全其用也。"执一家之量者，不能全家。执一国之量者，不能成国。"（《老子》四章王注）故人必法天法道，冲而用之。冲而用之，乃本体全体之用。不自居于成，不自宥于量，舍有穷之域，反乎天理之本。故反本者，即以无为体。以无为体，则能以无为用（即冲而用之）。以无为用，则无穷而无不载矣（《老子》三十八章注，《周易》复卦注）。

由上所言，王氏形上之学在以无为本，人生之学所反本为鹄。西晋释氏所谓本无宗者，义当相似，而不免失之太偏。本无宗人，有释道安、竺道潜、竺法汰。道安弟子慧远，法汰弟子道生之学亦可谓为其枝叶（道生象外之谈，并重反本，与王弼同，兹不赘。但生公之学精深，非其前辈所及）。安、潜、汰等之著作少存，难详其异同。"本无"者乃"真如"之古译。佛家因以之名本体。道安解曰："无在元化之先，空为众形之始，故称本无。非谓虚豁之中，能生万有也。"（《名僧传抄》）本无者，非谓虚豁而指诸法之本性，无名无形之本体。本体本性，绝言超象，而为言象之所资。言象之域，属于因缘。本性空寂，故称本无（道安之学，早晚不同，理论甚杂，其立说颇存汉人思想之余习，兹不详叙）。故道安高足慧远法师释本无义曰："因缘之所有者,本无之所无。本无之所无者,谓之本无。本无之与法性,同实而异名也。"(慧达《肇论疏》)然则本无义者,以真如法性为本无,因缘所生为末有。且古德尝视外书之"本末"即内典之"真俗"。故以安公本无为真谛,末有为俗谛(慧达疏)。又安曰:"世俗者可道之道。无为(真谛)者,常道。"(语见《合放光光赞略解序》)。此盖晋代所谓之格义。格义乃以经中事数拟配外书)则安公之根本义,仍自取证于《老子》。按王辅嗣之学,固以其《老子注》为骨干。而万有以无为本,又道安等与之有同信。则释氏之本无宗者,实可谓与王氏同流也。惟稽考古籍,本无宗未免过于着眼在实相之崇高,而本末遂形对立。故僧肇曰:"本无者,情尚于无多,触言以宾无。"此讥其崇无之太偏也。又评之曰:"此直好无之谈,岂谓顺通事实,即物之情哉?"此斥其画本末为两截,因而蹈空也。又南齐周颙作《三宗论》,其第二宗"空假名",虽称为于道邃缘会之说,但亦犯此病。讥之者遂名之为案芯义。盖体用对立,则空中无有,有中无空。如芯沉举体并没,芯浮举体并出,出时无没,没时无出也。又周氏谓老子属于空假名宗。盖空假名宗执著无相之体为真,而空假名。无相独真,假名纯空。独真与纯空,自不能相容,而分有无为二截。周颙以为老子仅能有知其有,无知其无。有无不相即,故属于此宗。又此宗既贵无太过，而离有。因之于有之外，别立无之宗义。周氏言虚无之学"有外张义"，故谓老子不出于此宗也。案《老子》本义如何，自为另一问题。但两晋南朝之解老者，疑多有此弊。故周颙只许老子属于第二宗也。

二

其二，为向秀、郭象之学，在释氏则有支道林之即色义。其主要著作为向、郭之《庄子注》。其形上之学主独化，其人生之学主安分。独化者，物各自然，无使之然也。世称罔两（郭注景外之微阴也）待景，景待形，形待造物。而郭象则曰：罔两非景之所制，而景非形之所使，形非无（造物）之所化。故造物者无物，而有物各自造。知有物之自造而无所待，则罔两之因景，有景必有形，皆自然而并生，俱出而俱没，岂有相资前后之差哉？万物均不为而自尔，各无待于外而同得，乃天地之正也（参看《齐物论》郭注）。盖王弼贵无，向、郭则可谓为崇有，崇有者则主物之自生、自然（见裴𫖮《崇有论》）。夫物自然而然，而不知其所以然。突然自生，而无所使之生。则万物无体，无所从生。古来号万物所从生为天，为道，为无。然向秀曰："天也者万物之总名也。"（《弘明集》罗含《更生论》）郭象曰："夫天籁者，岂复别有一物哉？即众窍比竹之属,接乎有生之类,会而共成一天耳。"(《齐物论》注)然则非生物者乃为天,而物自生耳。道者亦非别有一物也。牛之理即在筋骨。宰牛之道,直寄于技。故道可谓无所不在,而所在皆无。因曰道无能而至无。言万物得于道者,亦以明其自得耳(参看《养生主》注及《知北游》"有先天地生者"段注)。至于无,即无有也。依独化之义,有且不能生有,而况无乃能生有哉? 庄、老之所以屡称无者,正在明生物者无物,而自生耳(参看《在宥篇》注)。

王弼与向、郭均深感体用两截之不可通。故王谓万物本于无,而非对立。向、郭主万物之自生,而无别体。王既着眼在本体,故恒谈宇宙之贞一。向、郭既着眼在自生,故多明万物之互殊。二方立意相同,而推论则大异。又王弼既深见于本末之不离,故以为物象虽纷纭,运化虽万变,然寂然至无,乃为其本。万殊即归于一本,则反本抱一者,可见天地之心,复其性命之真。向、郭亦深有见于体用之不二,故言群品独化自生,而无有使之生。万物无体,并生而同得。因是若物能各当其分,各任其性,全其内而无待于外,则物之大小虽殊,其逍遥一也(参看《逍遥游》注)。王言反本抱一,故必得体之全,则物无不理。若安于有限,居于小成,则虽"穷力举重,亦不能为用"(《老子》四章注)。向、郭主安分自得,故物各以得性为至,自尽为极。若全马之性,"任其至分,而无铢毫之加"(《养生主》注),则驽马亦可足迹接乎八荒之表(参看《马蹄篇》注)。驽马之与良骥,得其性则俱济也。又王之所谓自然与向、郭义亦颇有不同。自然一语本有多义。王主万象之本体贞一。故天地之运行虽繁,而有宗统。"物无妄然,必由其理。故繁而不乱,众而不惑。"(《易略例·明彖》)故自然者,乃无妄然也。至若向、郭则重万物之性分。物各有性,性各有极。物皆各有其宗极,而无使之者。故自然者即自尔也,亦即块然、掘然、突然也。由王之义,则自然也者并不与佛家因果相违。故魏、晋佛徒尝以二者并谈,如释慧远之《明报应论》是矣。由向、郭义,则自然与因果相悖。故反佛者亦尝执自然以破因果,如范缜之《神灭论》是矣。自然与因果问题,为佛教与世学最重要争论之一。其源盖系于立义之不同,其大宗约如上之二说。亦出于王与向、郭形上学说之不同也。

支道林以通庄命家。其学疑亦深受向、郭之影响。孙绰作《道贤论》,以支遁比向子期,当有见而云然。《世说·文学篇》注引支公《妙观章》文曰:

夫色之性也,不自有色。色不自有,虽色而空。故曰"色即为空,色复异空"(《般若》经文)。

又慧达《肇论疏》引其《即色论》云：

> 吾以为"即色是空，非色灭，空"（《维摩》经文），此斯言至矣。何者？夫色之性，色不自色（三字依上段加），虽色而空，如知不自知，虽知恒寂也。

所谓色不自色者，即明色法无有自性。"不自"者，即无支持（support，or substantum）之谓。亦即谓其色虽有，而自性无有。然色即不自有，则虽有色，而是假有。假有者"虽色而非色"（《肇论》述即色义语），亦即是空。又空者古译为无。世人常以空无为本。支道林与向、郭同主万象纷纭，无本无体。夫色象既无体（即无自性），则非别有空。无体，故曰"色复异空"。非别有空，故曰"色即是空"。既主色无体，无自性，则非色象（appearance）灭坏之后，乃发见空无之本体（reality）。故曰"非色灭，空"也。僧肇《不真空论》述即色义曰：

> 夫言色者，但当色即色，岂待色色而后为色哉（唐元康疏云，此文乃肇述支公语意，并非破即色之言）。

此谓色不待色色而后为色,即是谓色不待色色之自性。色虽假有,本性空无。当此假有之色即是色(故曰当色即色),非另有色色之自性也。《知北游》郭注有曰:"明物物者无物,而物自物耳。"又曰:"既明物物者无物,又明物之不能自物,则为之者谁哉,皆忽然而自尔耳。"支公所言,与此文义均同。其不同处,仅《庄子》注粗称曰万物,《即色论》析言曰形色耳(支公有知不自知等语,但疑仅为陪衬。论既名即色,则其所论,自只关于形色)。周颙《三宗论》之第一宗为"不空假名",即支道林义:

> 不空假名者,但无性实,有假,世谛不可全无,为鼠喽栗。(《大乘玄论》卷一)

此谓法无自性,但有假名。世谛诸法虽有,而是假有。空自性,而不空假名。故如鼠喽栗,栗中肉尽,而外壳宛然犹存也。向、郭、支遁之义,盖至南朝尚为流行也。

至若《世说》载支公通《逍遥游》,卓然标新理于二家之表。似若支与向、郭立义悬殊,此则亦不尽然。盖向、郭谓万物大小虽差,而各安其性,则同为逍遥。然向、郭均言逍遥虽同,而分有待与无待。有待者必得其所待,然后逍遥。无待者则与物冥而循大变。不惟无待,而且能顺有待,而使其不失其所待(参看《世说》注引向、郭注,及《逍遥游》"乘天地之正"段郭注)。有待者,芸芸众生。无待者,圣人神人。有待者自足。无待者至足。支公新义,以为至足乃能逍遥。实就二家之说,去其有待而存其无待。郭注论逍遥,本有"至足者不亏"之言(至足本作至至,今从释文改)。支公曰,"至人乘天正于高兴,游无穷于放浪",亦不过引申至足不亏之义耳。按佛经所示圣贤凡人区画井然。支公独许圣人以逍遥,盖因更重视凡圣之限也。

三

其三,为心无义。其四为不真空义。今按玄学者辨有无之学也。僧肇居东晋末叶,品评一代学术,总举三家,一心无,二即色,三本无。周颙在南齐之世,会合众师玄义,定为三宗,一不空假名,二空假名,三假名空。不空假名与即色实为一系。空假名与本无颇有相同。是则王弼本无之学,以及向、郭与即色之说,均源远流长,为魏晋南朝主要之学说也。假名空者,上接不真空义,乃僧肇之学,自在三家之外。至若心无,仅流行于晋代,故周颙《三宗》遂未言及也。

心无义虽不行南朝,然颇行于晋代,而为新颖可注意之学说。

盖玄学家诠无释有，多偏于空形色，而不空心神。六家七宗，识含宗以三界为大梦，而神位登十地。幻化宗谓世谛诸法皆空，而心神犹真。缘会亦主色相灭坏。至若即色，则就色谈空。凡此"无义"虽殊，而均在色，故悉可称为"色无义"也。独有支愍度乃立"心无义"，空心而不空色，与流行学相径庭，故甚可异也。《世说·假谲篇》注曰：

> 旧义者曰："种智是有（原作有是），而能圆照。然则万累斯尽，谓之空无。常住不变，谓之妙有。"
>
> 无义者曰："种智之体，豁如太虚。虚而能知，无而能应。居宗至极，其为无乎。"

旧义与无义之别，在一以心神为实有，一以心神为虚豁。晋末刘遗民者，亦心无义家。其致僧肇书中有曰：

> 圣心冥寂，理极同无，不疾而疾，不徐而徐。

此即心无义也。肇答书有曰：

闻圣有知,谓之有心。闻圣无知,谓等太虚。

前者乃旧义,后者即心无义(按《高僧传》载道恒执心无义,慧远与论难反复。恒神色微动,未即有答。远曰:"不疾而速,杼柚何为?"不疾而速,疑亦道恒所引用,与刘遗民同。而远公则更就恒所引用之言,以讥其踌躇。谢朓《酬德赋》:"意搔搔以杼柚,魂营营以驰骛。"杼柚谓徘徊也)。又心无义之特点,不仅在空心,而亦在不空形色。心无各师,其心无之解释疑不全相同。而其空心不空色,则诸人所同。故肇公述曰:"心无者,无心于万物,而万物未尝无也。"

心无义颇风行南方。道恒在荆州,竺法汰大集名僧,与之辩难二日。其学为时所重视可知。《世说》载愍度与一伧道人谋救饥,而立此义。其事未必实。但由此可见心无义为骇俗之论,而颇流传一时。盖自汉以来,佛家凤主住寿成道。神明不灭,经修练以至成佛。若心神空无,则成佛无据。即精于玄理之僧俗,于心神虚豁之义,亦所未敢言。及至罗什东来,译中百二论,识神性空之义始大明(参看《祐录》僧叡《维摩序》)。故肇评心无义曰:"此得在于神静,而失在于物虚。"许其神静为得,亦可见此义不全为什公门人所鄙弃也。

四

其四，为僧肇之不真空义。夫玄学者，乃本体之学，为本末有无之辨。有无之辨，群义互殊。学如崇有，则沉沦于耳目声色之万象，而所明者常在有物之流动。学如贵无，则流连于玄冥超绝之境，而所见者偏于本真之静一。于是一多殊途，动静分说，于真各有所见，而未尝见于全真。故僧肇论学，以为宜契神于有无之间，游心于动静之极，不谈真而逆俗，不顺俗而违真，知体用之一如，动静之不二，则能穷神知化，而见全牛矣。

《不真空论》曰："夫至虚无生者，般若玄鉴之妙趣，有物之宗极者也。"般若说空（至虚无生）在扫除封惑，以显示有物之宗极。原夫宗极之至虚无生者，谓"万物之自虚"。虚者无相，实相本为无相，非言象之所可得，故物非有。自虚者不假虚而虚物，不外体而有用，故物非无。夫宗极无相，则不可计度而谓有实物。既无实物，即不可物物。故论曰："如此则非无物也。物非真物。物非物，故于何而可物。"既非无物（无物则非至虚无生，而为顽空），故曰非无。物非可物（可物则堕于名象），故曰非有。至极之体，体用一如，真俗不乖，空有不外。俗不乖真，故物非有。空不外有，故物非无。非有曰空，非无而假（不真）。空故不真，空假相即。

故非有非无,即所以显示真际之即伪即真,即体即用也。

然世之论者,未了体用之一如,实相之无相,而分割有无,于实相上着相。于是有也,无也,均执为实物,而不能即万物之自虚。故心无论曰,无者心无,而万物实有。万象咸运,岂可谓无。无者盖心如太虚,无累而能应。故必涤除万物,杜塞视听,寂寥虚豁,而后为真谛。是乃不知圣人“即万物之自虚,故物不能累其神明也”。本无论者,贵尚于无(本体 substance),而离于有。无义竞张,均在“有”外。于是无为实物,与有对立。故妄解般若经曰,非有者,无此有,非无者,无彼无。既执实物,乃分彼此。分别彼此,即堕入言象。然真谛独静于名象之外,岂曰文言之所能辨者欤。又既贵无而离有,则万有落空而独在。于是无既为真,有则纯伪。真者实有,伪者实幻。而不知佛典所言之“幻”谓如幻,而非谓实无。谓假号不真,而非谓无有。如此则非无物也,物非真物也。故曰:“譬如幻化人,非无幻化人,幻化人非真人也。”即色论者,偏于崇有,而不知言象所得之非有。故言色未尝无,而无者色色之自性。自性实无,色相实有。陈义虽与本无论相背,而其分割有无则相符。执著有无,“宰割以求通”,乃堕入名象之域。夫有也,无也,心之影响也。言也,象也,影响之所攀缘也(肇公《寄刘遗民书》语)。执著有无,则仅沉溺于影响,因乃分别言象,以为攀缘。

由此而言象之物，实有而非不真。夫言象之物既为真有，则般若经何能谓至虚无生为有物之宗极哉！因不知至虚无生非有物之宗极，故向、郭注《庄》，言至无即实无，而万物实有。是不知万物名言所得，假号不真。夫"物无当名之实，名无得物之功。……名不当实，实不当名。名实无当，万物安在"。既万物安在，则所谓众窍比竹之属，接于有生之类会者，固亦未尝为实有也（故僧肇评即色论"未领色之非色"）。肇公继承魏晋玄谈极盛之后，契神于有无之间，对于本无论之著无，而示以万法非无。对于向、郭、支遁之著有，而诏之以万法非有。深识诸法非有非无，乃顺第一真谛，而游于中道矣。

总上所陈，王弼注《老》而阐贵无之学。向、郭释《庄》而有崇有之论。皆就中华固有学术而加以发明，故影响甚广。释子立义，亦颇挹其流风。及至僧肇解空第一。虽颇具谈玄者之趣味，而其鄙薄老、庄（见《高僧传》），服膺佛乘，亦几突破玄学之藩篱矣。周彦伦《三宗论》假名空宗，谓上承肇公之学。周之言曰："世学未出于前二宗，而第三宗假名空则为佛之正说，非群情所及。"斯盖有所见而云然也。

王弼大衍义略释

西晋何邵作《王弼传》，见于《魏志·钟会传》裴注（当有节删）。《世说·文学篇》注引有弼别传，文虽小异，惟当即邵作（《艺文类聚》七十四亦引数语）。今日所知辅嗣事迹几尽在"传"中。而何敬祖盖生于魏文帝世（何与晋武帝同年，当生于青龙中），虽未必曾见弼，然于正始玄风，应所熟识。然则此"传"所记玄理必当时认为辅嗣学之特点。因此欲窥见王学之精义，不可不先于何邵所载求其明解也。

何"传"所记玄理有三事最可注意：（一）大衍义，（二）答裴徽语，（三）圣人有情说。后二项余拟另为文释之。兹姑试释其大衍义。

汉末玄风渐起，其思想蜕变之迹，当求之于二事：一为名学，一为易学。名学偏于人事,为东汉清议演为清谈之关键,余已别为文论之(《读人物志》)。易学关于天道,辅之以《太玄》,在汉末最为流行。马、郑而外,荆州宋衷,江东虞翻,北方荀爽,各不相同。今日欲知汉代宇宙学说如何演为魏晋玄学之本体论者,须先明汉魏间易学之变迁。汉代旧《易》偏于象数,率以阴阳为家。魏晋新《易》渐趋纯理,遂常以《老》、《庄》解《易》。新旧《易》学,思不相参,遂常有争论。管辂自以为久精阴阳,而鄙何晏之谈《易》。其言有曰:"若欲差次老庄而参爻象,爱微辩而兴浮藻,可谓射侯之巧非能破秋毫之妙也。"(《魏志》本传注引辂别传)此新旧《易》学冲突例之一也。何邵《王弼传》云:"太原王济好谈,病老、庄,尝云见弼《易注》,所误者多。"(误通常作悟,但王应麟《郑氏易序》引陆澄《与王俭书》作误。检《南齐书》三十九卷《陆澄传》则作悟,但玩陆王二书语气,悟必为误之讹。)王济即浑之次子,史载其善清言著有《易义》,而未闻其病老、庄,但何邵与济"相得甚欢"(见《文选》傅咸《赠何邵王济诗序》),所言必不误,则济毋亦嫌弼以老庄解《易》"背爻象而任心胸"(管辂语),为新旧《易》学冲突之又一例耶。

何《传》又云:"弼注《易》,颍川人荀融难弼大衍义,弼答其意。"按《魏志·荀彧传》注称融与王弼、钟会齐名,与弼、会论

《老》、《易》义传于世。融之学不知果如何。但融之叔祖爽有《易》注。其叔悦谓爽书据爻象承应阴阳变化之义。而虞翻谓谞（爽一名谞）之注有愈俗儒。清人类言虞氏主消息，荀氏主升降，均汉《易》也。融之叔父顗与诸兄并崇儒术，不似弟粲之好道家言（《魏志》注何邵《荀粲传》）。钟会言《易》无互体，王弼作《易略例》亦讥互体。而顗尝以难钟会易无互体见称于世（《魏志》注引《晋阳秋》），则顗固亦与弼殊义也。融之从子菘，东晋初请置郑《易》博士（《宋书·礼志》），则亦重旧《易》者。按魏晋恒家世其学，荀氏治《易》者如爽，如顗，如菘，均主旧学。然则荀融之《易》，恐亦本之汉儒，其于王弼新创之玄言加以非议，似为新旧学冲突之又一例欤。

王弼注《易》摈落象数而专敷玄旨。其推陈出新，最可于其大衍义见之。《易·大传》大衍之数五十，其用四十有九，又曰天数二十有五，地数三十，凡天地之数五十有五。此中难解之处有二：（一）为天地之数与大衍之数之关系。五十与五十五何以参差，此则汉儒或以五行释之（郑玄），或以卦爻释之（荀爽）。王弼于此如何解释，兹不详知，姑可不论。（二）大衍之数何以其一不用。王弼之说韩康伯注曾引之，此必即荀融所难之大衍义。立论极精，扫除象数之支离，而对于后世之易学并有至深之影响，诚中华思想史上之一大事因缘也。

欲知辅嗣大衍义之为创见,当先略明汉儒之解释。

(一)《周易》郑注(张惠言订本)曰:

天地之数五十有五,以五行气通,凡五行减五,大衍又减一,故四十九也。衍,演也。天一生水于北,地二生火于南,天三生木于东,地四生金于西,天五生土于中。阳无耦,阴无配,未得相成。地六成水于北,与天一并,天七成火于南,与地二并,地八成木于东,与天三并,天九成金于西,与地四并,地十成土于中,与天五并也。大衍之数五十有五,五行各气并,气并而减五,惟有五十(上言天地之数所以减五)。以五十之数不可以为七八九六卜筮之占以用之,故更减其一,故四十有九也(此释其一不用)。

此依筮法以解其一不用(参看郑氏《易说》卷七、《易图明辨》卷一)。

(二)《周易正义》引荀爽曰:

卦各有六爻,六八四十八加乾坤二用,凡有五十,乾初九潜龙勿用,故用四十九也。

又引姚信、董遇曰：

> 天地之数五十有五者其六以象六画之数,故减之而用四
> 十九。

此均依卦爻解其一不用。

（三）上述二说,与王弼学说虽迥然不同,但因其殊不相关,故不详论。然汉代最盛行之学说,则为三统历、纬书、京房、马融、虞翻等所用,均根据汉代之宇宙论,如取与王弼之玄理比较,极可表现学术变迁前后之不同。孔疏引京房曰：

> 五十者谓十日,十二辰,二十八宿也,凡五十。

《易乾凿度》曰：

> 五音六律七变,由此作焉。故大衍之数五十,所以成变化而
> 行鬼神也。日十干者五音也,辰十二者六律也,星二十八者七宿
> 也。凡五十,所以大阂物而出之者也。

京君明之解五十盖出于纬书。孔疏又引京曰：

> 其一不用者，天之生气，将欲以虚来实，故用四十九焉。

按《乾凿度》郑注曰：

> 故星经曰，天一太乙主气之神。

孔疏所引京书生气当为主气之误（天之生气疑本作天一主气或太乙主气）。

按郑注谓太乙亦即北辰之神名。然则主气亦即北辰也。以北辰解不用之一，正为马融之说，孔疏引马曰：

> 易有太极，谓北辰也。太极生两仪，两仪生日月，日月生四时，四时生五行，五行生十二月，十二月生二十四气。北辰居中不动，其余四十九，转运而用也。

马季长解五十之数虽不同，但于解"一"仍似京房。京房、马融之说虽有相似，但其所据之观点则不同。京氏盖依宇宙构成言之。

《乾凿度》云：

　　孔子曰易始于太极。

郑注曰：

　　气象未分之时，天地之所始也。

　　刘歆《钟历书》云太极元气，函三为一。三者或谓天地人（孟康），或谓太初太始太素（钱大昕说，依此则太极即太易浑沦）。但"一"必即所谓主气（即太极太易，亦即太一北辰），气象未分之浑沦是。而阴阳未分之道，亦名太一（《吕氏春秋·大乐篇》）。因此三统历云：

　　以五乘十，大衍之数也；而道据其一，其余四十九所当用也。

　　太极元气，阴阳未分之道，为万物所从生。故京房曰，天之主气欲以虚来实，盖即《乾凿度》所谓之有形（实）生于无形（虚）也。李鼎祚《周易集解》引虞翻曰："太极者，太乙也，分为天地，故生两仪也。"亦与京君明之说,原理相同。

马融之说盖依宇宙运动言之。马融《尚书》注上帝太一神,在紫微宫(《释文》)。郑玄《论语》注,北辰居中不移,而众星共之(《集解》)。太一即北辰,即指北极星。天体运行,而北辰不动,故马谓"北辰居中不动,其余四十九转运而用"。又《续汉·天文志》注引《星经》曰璇玑谓北极。王弼《易略例》云"处璇玑以观大运",盖亦引北辰居中不动之说也。

王弼虽知汉代宇宙学说,但其解《易》则扫旧说,专阐玄理。玄学与汉学差别甚大。简言之玄学盖为本体论而汉学则为宇宙论或宇宙构成论。玄学主体用一如,用者依真体而起,故体外无用。体者非于用后别为一物,故亦可言用外无体。汉学主万物依元气而始生。元气永存而执为实物。自宇宙构成言之,万物未形之前,元气已存。万物全毁之后,元气不灭。如此,则似万有之外、之后别有实体。如依此而言体用,则体用分为二截。汉儒如京房等之太极太一,本指天地未分之浑沦(即马融之北辰星,固亦本诸元气说,《御览》天部引杨泉《物理论》"星者,元气之英")。浑沦固无形无名,似玄学家所谈之体,然此则体其所体,非玄学之所谓体也。《老子》云有生于无,语亦为汉儒所常用。但玄理之所谓生,乃体用关系,而非谓此物生彼(如母生子等),此则生其所生,亦非汉学所了解之生也。汉学元气化生,固有无物而有气之时(元气在时空以内)。玄学即体即用,实不可谓无用而有空洞之体也(体超时空)。

王弼以为天地万物皆以无为本。本者宗极(魏晋人用宗极二字常相当于宋儒之本体),即其大衍义中所谓之太极(一作大极)。太极无体(邢昺《正义》引《论语释疑》),而万物由之以始以成。太极无分(亦谓无名,有名则有分),而万物则皆指事造形。无体者谓其非一物(非如有形体之物)。物皆有系有待。非物则无所系无所待。宗极冥漠,无所不穷(即万物之体故),而不随于所适(其体独立故,见《老子》二十五章注)。万物有分,于冥漠之宗极而设施形名。于是指事造形宛然如有。然用者依体而起,体外固无用。万有由无而始成,离无亦不别有群有。然则万形似多而以一为其真,万象各偏而舍全则未获具存(多一偏全诸辞均无数量之意)。夫有生于无,万物由无而有。王弼曰:"本其所由与极同体。"(《老子》六章注。《列子》注引此作"与太极同体"。)盖万有非独立之存生,依于无而乃存在。宗极既非于万物之后之外而别有实体,故曰与极同体也。

贞一之宗极又名曰道。所以名之曰道者,盖言其依理以长育亭毒万物。依理者即谓顺自然,所谓"物无妄然,必由其理"(《易略例》）也。万物各有其所本之理，故各有其性。"物皆不敢妄，然后乃各全其性"（《易》无妄卦王注）。宇宙之全体盖为一大秩序。秩序者谓万理之全。万物之生各由其理，故王弼曰："道者，无不通也，无不由也。"（邢昺《正义》引《论语释疑》）通者，由者，谓万物在秩序中各得其分位。得其分位则谓之德，此分位自道言之名之曰理（天），自德言之则名为性（人）。（何晏作《道德论》，又称王弼"可与谈天人之际"，均指此。）宇宙全体之秩序（道）为有分有名之万形之所从出，而其自身（道）则超乎形名之上。万有群生虽千变万化，固未始不由于道。道虽长育亭毒，而其自身则超于变化，盖宇宙之全如有形名，则为万物中之一物。如有变化，则失其所谓全。玄学之所以常以"无"以"静"况称本体者盖因此欤。

虽然，体用不可划为二截，有之于无，动之于静，固非对立者也。故《易》复卦王弼注曰：

复者反本之谓也。天地以本为心者也。凡动息则静，静非对动者也。语息则默，默非对语者也。然则天地虽大，富有万物，雷动风行，运化万变，寂然至无，是其本矣，故动息地中，乃天地之心见也。若其以有为心，则异类未获具存矣。

天地之心即天地之体，称心者谓其至健而用形者也。以其至健而总统万形（乾卦注），又不失大和同乎大顺，则永保无疆（看坤卦"应地无疆"注）。万象纷纭，运化无方，莫不依天地之心，而各以成形，莫不顺乎秩序而各正性命。万有由本体而得存在，而得其性（故不能以有为心）。而本体则超越形象笼罩变化（故本体寂然至无）。总之，宇宙全体为至健之秩序。万物在其中各有分位各正性命。自万有分位言之，则指事造形，宛然各别。自全体秩序言之，则离此秩序更无余物，犹之乎波涛万变而固即海水也（此类譬喻不可拘泥，因水为一物而本体则非物也。老子八章"水几于道"，王注曰："道无水有，故曰几也。"此言深可玩味）。

王弼体用一如之说，世人多引上述复卦注以阐明其义。然实则其于释大衍，言之固亦甚明晰。韩康伯引弼文曰：

> 演天地之数所赖者五十也。其用四十有九，则其一不用也。不用而用以之通，非数而数以之成，斯易之太极也（一作大极）。四十有九，数之极也，夫无不可以无明，必因于有，故常于有物之极，而必明其所由之宗也。

不用之一，斯即太极。夫太极者非于万物之外之后别有实体，而实即蕴摄万理孕育万物者耳。故太极者(不用之一)固即有物之极(四十有九)耳。吾人岂可于有物(四十有九)之外,别觅本体(一)。实则有物依体以起,而各得性分。如自其性分观之则宛然实有,而依得性分之所由观之,则了然其固为全体之一部而非真实之存在。故如弃体言用而执波涛为实物,则昧于海水。而即用显体,世人了悟大海之汪洋,本即因波涛之壮阔。是以苟若知波涛所由兴,则取一勺之水,亦可以窥见大海也。

据此则末有之极,即本无即太极也;"四十有九"亦即"不用之一"也。不过四十有九为数,而一则非数也。夫数所以数物,万形万用,固均具有名数。但太极为万用之体而非一物,故超绝象数,而"一"本非数。故曰"不用而用以之通,非数而数以之成"。万物本其所以通,本其所以成,固与太极同体(即谓体用一如),而非各为独立实体也。夫汉儒固常用太极解"不用之一"矣,然其"一"与"四十九"固同为数。"一"或指元气之浑沦,或指不动之极星,"四十有九"则谓十二辰或日月等等,"一"与"四十九"分为二截,绝无体用相即之意。按阮籍《通老论》谓道者《易》谓之太极,《春秋》谓之元,《老子》谓之道"(《御览》二)。其说似亦与王弼相同,然阮氏以万有变化为一气之盛衰,以人身为阴阳之精气。《达庄论》则仍主元气说(嵇康亦然。又按以太极、元、道三者并论,本汉人思想,见《汉书·律历志》),实未脱离汉儒之通义。其扫尽宇宙构成之旧说,而纯用体用一如之新论者,固不得不首称王弼也。

又按《晋书》卷六十八载纪瞻与顾荣在赴洛途中,论《易》太极。荣言略曰:

> 太极者盖谓混沌之时蒙昧未分(此仍汉儒旧说)……老子云:"有物混成先天地生",诚《易》之太极也,而王氏云太极天地(此应即王弼文,或出大衍义中),愚谓未当。夫两仪之谓,以体为称则是天地,以气为名则名阴阳。今若谓太极为天地,则是天地自生,无生天地者也。

顾荣出南土世家,伏膺旧学,推元气之本以释太极,遂谓天地生于太极,而太极非即天地。此则全是《周易乾凿度》也。查王弼书中天地二字用法有二。一就体言,如《老子》七十七章注"与天地合德",天地则直为本体之别名,因此则太极直为天地矣。一就用言,则为实物,如复卦注曰,天地虽大,而寂然至无为本。夫寂然至无之体并非一实物(非如元气),而其天地之用亦非离体而独立存在(非如汉人所谓之两仪)。如是则天地之与太极中间具体用之关系,即体即用,则天地即太极也。太极之与天地为体用之关系,而非实物之由此生彼也,因非有时间先后之关系,故王弼释"先天地生"为"不知其谁之子"。不知其谁之子者,谓寂然至无为天地万物之本之极也,并非谓先有混沌之太极,后乃分而为天地,如汉儒所论,顾荣所述也(参看《老子》四章王注。辅嗣谈体用,未尝就时间说。如第一章注虽用先字,但均只为逻辑之先后而非为时间之先后)。王弼太极新解为汉魏间思想革命之中心观念,顾氏依旧学评判,宜其不为他所了悟(纪瞻虽驳顾说,但亦不得王旨,文繁不俱引)。准由此观之,则荀融难弼大衍义,其争点所在亦可以推知矣。

王弼圣人有情义释

何邵《王弼传》云：

何晏以为圣人无喜怒哀乐，其论甚精，钟会等述之，弼与不同，以为："圣人茂于人者神明也，同于人者五情也。神明茂，故能体冲和以通无；五情同，故不能无哀乐以应物。然则圣人之情，应物而无累于物者也。今以其无累，便谓不复应物，失之多矣。"

弼注易，颍川人荀融难弼大衍义，弼答其意，白书以戏之曰："夫明足以寻极幽微，而不能去自然之性。颜子之量，孔父之所预在，然遇之不能无乐，丧之不能无哀。又常狭斯人，以为未能以情从理者也，而今乃知自然之不可革。是足下之量，虽已定乎胸臆之内，然而隔逾旬朔，何其相思之多乎。故知尼父之于颜子，可以无大过矣。"

上文所载辅嗣之言,第一段自出于驳何晏学说之文(此简称文),其所论当为正始名士清谈要目之一。其第二段致荀融书(此简称书),亦论及同一问题,立意亦相同,然书中自比孔父,实涉游戏。王氏论圣人有情,自以文为据,而其含义亦更重要。按诸此文,当时论者,显分二派,二方均言圣人无累于物,但何、钟等以为圣人无情,王弼以为圣人有情,并谓有情与无情之别则在应物与不应物。魏晋古籍佚者多而存者少,王弼之论只留片羽,何、钟所作又不可见,兹仅能综合汉魏间学说推寻而得其意,分别陈述于下。

第一,圣人无情乃汉魏间流行学说应有之结论,而为当时名士之通说(故王弼之说实为立异),圣人无情之说,盖出于圣德法天。此所谓天乃谓自然,而非有意志之天。夫天何言哉,圣人为人伦之至,自则天之德,圣人得时在位,则与寒暑同其变化,而未尝有心于宽猛,与四时同其推移,而未有心于喜怒。不言而民信,不怒而民威。圣人不在其位,固亦用之则行,舍之则止,与时消息,亦无哀怨。夫自汉初重黄老以来,学人中固颇有主张顺乎自然者。而汉学之中心主义所谓天人感应,亦言圣人则天之德,不过汉人之天道,究不离于有意志之天道,而未专以自然解释。故汉代虽有顺自然与法天道之说，而圣人无情一义仍未见流行。及至汉魏之间，名家渐行，老、庄渐兴（名学以形名相检为宗，而归于无形无名之天道。老、庄以虚无无为为本，行化则法乎自然），当时之显学均重自然天道。而有意志之天道观，则经桓谭、王充之斥破而渐失其势（因此当时名士如何平叔、钟士季等受当世学说之濡染而推究性情之理，自得圣人无情之结论也）。

夫内圣外王，则天行化，用舍行藏，顺乎自然，赏罚生杀，付之天理。与天地合德，与治道同体，其动止直天道之自然流行，而无休戚喜怒于其中，故圣人与自然为一，则纯理任性而无情。圣人以降，则性外有情，下焉者则纵情而不顺理，上焉者亦只能以情为理，而未尝无情，《论语》颜子"不迁怒"，《集解》曰：

> 凡人任情，喜怒违理。颜渊任道，怒不过分。迁者移也。怒当其理，不移易也。

按《集解》中文凡未注姓名，皆何晏之说（皇疏一），此段当亦平叔之言。汉代以还，于古圣贤均有公认之定评。颜不及圣，只可谓贤，平叔此言，乃论贤人（或亚圣）。过去有人引上段，以释何氏之圣人无情，实忘颜子之非圣也。推平叔之意，圣人纯乎天道，未尝有情,贤人以情当理,而未尝无情。至若众庶固亦有情,然违理而任情,为喜怒所役使而不能自拔也。

第二,由上所论,圣人象天本汉代之旧义,纯以自然释天则汉魏间益形著明之新义,合此二义而推得圣人无情之说。此说既为当世显学应有之结论,故名士多述之。何邵《传》云:"何晏主圣人无情,钟会等述之,弼与不同。"盖弼深思入微,立论精密,圣人无情本当世显达者之宗义,圣人法天,自然行化,亦弼所曾言,而其立论独异者,则必别有所见而云然。兹先解释弼义,而后推求其立义之所由。

王弼曰:"圣人茂于人者神明也,同于人者五情也。"按辅嗣之学为本体之学,而往往以政事为例证。其本体之学深有会于老子,而其政论则深受当世名家之影响。名理之学主知人善任以致太平。知人极难,常人每有偏失,圣者乃可全知。盖圣王明哲之极,平章百姓各尽其能,"能者与之,资者取之。能大则大,资贵则贵,物有其宗,事有其主"(《老子》四十九章注),而天下太平。王弼与荀融书曰:

夫明足以寻极幽微,而不能去自然之性,颜子之量,孔父之所预在,然遇之不能无乐,丧之不能无哀。

此所树义与驳圣人无情之文相同。文云"圣人茂于人者神明",书曰"明足以寻极幽微"。文云"同于人者五情",书曰"不能去自然之性"(性字本可统性情言之,此处性字即指情)。不过与荀融之书专就知人言之。贤愚寿夭,本由天赋,天道幽微,圣明乃可玄鉴。然圣人虽茂于神明,而五情亦禀之自然。故颜子贤愚之量,因孔圣之所熟知,而遇之则乐,丧之则哀,固仍不能无情也。王弼曰:"圣人茂于人者神明也。"又曰:"神明茂故能体冲和以通无。"此文盖由本体论言之,辅嗣之言本体盖为至健而顺理之全。全者无分而不变,万物由之以始以成。因其无分而不变,号之曰一,因万物由之以生,况之曰道。《老子》"昔之得一者"(三十九章),王注:"昔,始也,一,数之始而物之极也。各是一物之生,所以为主也。"凡物乃有分,分则有数,"一"者固非数(大衍义),而为物之本体(极者体也),至健而能生,取象则似君德,故曰数之始(即犹言物之始),又曰所以为主也。但"物皆各得此一以成,既成而舍(捨)以居成,居成则失其母,故皆裂发歇竭灭蹶也"。盖即天地之大,亦依体以致清宁,清不能自清,宁不能自宁,皆"有其母以存其形"。然迷者昧于本源,而清者不知其所以清,而以为自清,宁者忘其所以宁,而以为自宁,则忘其所以成,而自居于成,于是乃失其母而致裂发也。故万有群生欲得其母,全其性(所以生也),必须开扩智慧,知返本复命。返本者归于无,以无为用(亦作以无为心,失母居成者则以有为心者也),如是则得性命之常。"以无为用",即《老子》之抱一,亦即返本复命之智,即圣人茂于人之神明也(参看《老子》十章"抱一"注,十六章"知常曰明"注)。王弼曰:"圣人茂于人者神明也。""神明茂故能体冲和以通无。"盖神明茂者即能体冲和之道而返于无也。

又"圣人茂于人者神明"也者,似谓圣明独厚,非学而得,而其意则更为深厚。盖茂于神明者即王弼所谓"智慧自备,为则伪也"(《老子》二章注)。盖常人殊类分析,察察为明,其明昭著于外,以利器授人而不示人以朴(参看四十九章注)。盖常人以有为心,执有则有分,有分则违自然而伪生而起争竞(参看四十九章、五十八章注)。圣人则藏明于内(《易·明夷》王注),以无为心,以道之全为体,混成无分,非平常分析之知,故虽明并日月犹曰不知(皇疏四引王弼),大智晦其明(《易·明夷》象辞),不为不造,无固无必,顺任自然,有似蒙昧。故蒙卦王弼注有曰:"蒙之所利乃利正也。夫明莫若圣,昧莫若蒙。蒙以养正乃圣功也。然则养正以明,失其道矣。"夫圣人体自然,绝形象,其养正之明,自非囿于形器之域之知识也。

由是言之,茂于神明乃谓圣人智慧自备。自备者谓不为不造,顺任自然,而常人之知,则殊类分析,有为而伪。夫学者有为,故圣人神明,亦可谓非学而得,出乎自然(此自然意即本有)。顾圣人岂仅神明出于自然耶,其五情盖亦自然(五情者喜怒哀乐怨)。盖王弼主性出天成,而情亦自然,并非后得。故弼文曰:"圣人同于人者五情也",其书曰"不能去自然之性",又曰:"今乃知自然之不可革。"五情既亦自然而不可革,故圣人不能无情,盖可知也。

王弼曰:"五情同,故不能无哀乐以应物。"盖辅嗣之论性情也,实自动静言之。心性本静,感于物而动,则有哀乐之情,故王弼《论语释疑》曰:"夫喜惧哀乐,民之自然,应感而动,则发乎声歌。"(皇疏四)又曰:"情动于中,而形于言,情正实而后言之不作。"(皇疏七)夫感物而动为民之自然,圣自亦感物而有应,应物则有情之不同,故遇颜子而不能不乐,丧颜子而不能不哀,哀乐者心性之动,所谓情也。歌声言貌者情之现于外,所谓"形"也。圣人虽与常人同有五情,然圣人之情,应物而无累于物。无累于物者,乐而不淫,哀而不伤,亦可谓应物而不伤。夫有以无为本,动以静为基。静以制动,则情虽动也不害性之静。静以制动者,要在无妄而由其理。人之性禀诸天理,不妄则全性,故情之发也如循于正,由其理,则率性而动,虽动而不伤静者也。故王弼曰,感,

"必贞然后乃吉"。贞者正也（咸卦注）。又曰："感，应也……以刚感顺，志行其正，以斯临物，正而获吉也。"（临卦注）动而正，则约情使合于理而性能制情。动而邪，则久之必至纵情以物累其生而情乃制性。情制性则人为情之奴隶（为情所累）而放其心，日流于邪僻。性制情，则感物而动，动不违理，故行为一归于正，《易·乾卦》之言"利贞者性情也"。王弼注曰：

> 不性其情，何能久行其正（皇疏九所引何作焉），……利而正者必性情也（性情即性其情）。

性其情者谓性全能制情，性情合一而不相碍。故凡动即不违理乃利而正也。然则推此而论，情其性者自谓性纯为情所制，纵情而不顺理者也（参看程伊川《颜子所好何学论》）。至若已知抑情顺理而性情尚未统一，则自不能事事应礼，如三月不违，"日月至焉"，亦不能保其能久行其正也。

又按《易·乾卦》本言大人之德（君德），亦即圣人之德也（圣人乃能君人，本王弼义），"故利而正者必性（其）情也"一语本指圣人。圣人以还，则均不性其情也。不性其情者，则谓贤如颜回以及恶如盗跖是矣（盗跖可谓情其性）。由上所论，则圣贤与恶人之别固不在情之有无（因均感物而动），而在动之应理与否。故推论何晏、王弼之异同当如下列：

（甲）何主圣人无情，王言圣人有情。

（乙）弼文曰："今以其无累，便谓不复应物。"是何王均言圣人无累，但何之无累因圣人纯乎天理而无情（依王氏释是不应物）。王之无累则因圣人性其情，动不违理（应物）。

（丙）何论凡圣之别，圣人无情，贤人动不违理（《论语集解》所谓之颜子怒必当理）。而小人当系违理任情。王论则谓圣人性其情，有情而动不违理，颜子以下则不能动均不违理（所谓不能久行其正也）。若推论之，小人则是情其性，为情欲所累且不能自拔，而事必违理。

又王弼《与荀融书》有曰："又常狭（轻狎也）斯人（指孔子）以为未能以情从理者也，今乃知自然之不可革。"此中"以情从理"可有二解，一可解为情不违理，盖谓圣人本性其情，应以情从理，惟此解与上下语文气不合。二解为以理化情，即是无情，盖谓王弼原亦主无情（冯芝生先生说）。此解于上下文极可通。但以情从理似仍有情，而以情从理似不得比之用理化去情欲也。按王弼之文佚失颇多，兹难悬揣，而其与荀书，本为戏文，亦不必过于重视也。

由上所论，人性本静，禀受天理，圣人有感于物循理而动，则情役于理，而全生无累。然究其无累之本在乎循理，循理在乎智慧之朗照。故由王弼之义测之，则圣人茂于神明，亦即应物而无累于物之张本也。王弼在乾卦注"美乾元之德"有曰：

大明乎终始之道（此即明足以寻极幽微，亦即指圣人茂于人之神明），故六位不失其时而成，升降无常，随时而用，处则乘潜龙（退能静处），出则乘飞龙（进能制动），故曰时乘六龙也。乘变化而御大器，静专动直，不失大和（此言应物而无累），岂非正性命之情者耶（此言圣人得性之正，而全其真。情者实也，对伪而言。又如谓应物而有情，则此谓圣性应物而得其正也）。

圣人体道之全，以无为心，故大明乎终始之道。大明乎终始之道，谓无幽不照，无理不格，故能率性而动，动必应理，用行舍藏，生杀予夺，均得其宜。夫如是即所谓正其性葆其真也。

第三，上文推寻王弼义已竟，今且略论其立义之所由。

自孔子以来，世之论人性者多矣，然其注重之点常不相同，即如汉之末世，其论性者亦多矣，一论才性，则所重者性之施于社会活动者（政事），此为名家言（政论），则其论所摄，不但善恶，而智愚文武以及能与不能皆属之。二论性情,则所究者心性之源,为形上学之问题。而注重形上学(包括本体论与宇宙论)者,恒由天命以推及人事。因此而不能不论:(一)性之本为善为恶,(二)性之质为阴为阳,(三)心性之动静,(四)及天理人欲之关系。论此四者自皆须分辨性情。王弼虽曾受名家之影响,然其不论才性而辨性情者,因其为形上学家也。

中国之形上学之大宗首推儒家,儒家之言性,自孟、荀分流,最详于别善恶而兼及理欲。汉之董仲舒"始推阴阳为儒者宗",乃于善恶理欲之辨加以阴阳之说。于是汉代之论性者乃常以阴阳为其基本之概念。《春秋繁露·深察名号篇》云:

> 身之名取诸天。天两,有阴阳之施,身亦两,有贪仁之性(此性统性情言之)。天有阴阳禁,身有情欲袥,与天道一也。
>
> 身之有性情也(此性对情而言),若天之有阴阳也。言人之质而无情,犹天之阳而无其阴也。

《白虎通德论》,汉儒共有之通义也,其论性情云:

> 性情者何谓也,性者阳之施,情者阴之化也。人禀阴阳而生,

故内怀五性六情,情者静也,性者生也。

纬书汉儒之所造,《白虎通》引《钩命决》曰:

> 情生于阴,欲以时念也(《易·乾卦》正义云,随时念虑谓之情,《礼记·乐记》疏云,因性念虑谓之情)。性生于阳,以就理也。阳气者仁,阴气者贪。

《孝经援神契》曰:

> 情生于阴以计念,性生于阳以理契。

上来所言性有仁,契理,生于阳;情有利欲,为贪,生于阴。性善情恶,论主二元,为汉代最流行之学说。此说原出于儒家(孟、荀)之辨善恶,而汉代经师乃加以别阴阳也。

然古籍中论性情精微而重要者,则见于《礼记·乐记》。所谓"人生而静,天之性也,感于物而动,性之欲也"一段。此虽儒经,而因其论乐,乐感动人心,故此文乃以动静论性情,汉代之取此说者为刘向,王充《论衡》云:

刘子政曰,性生而然者也,在于身而不发。情接于物然者也,出形于外(黄晖校谓出形应作形出)。形外则谓之阳,不发则谓之阴。

此言性阴情阳与董生之说正相反,盖董生上承孟、荀之辨,重在善恶,而推以阴阳,则"善之属尽为阳,恶之属尽为阴"(《繁露·阳尊阴卑篇》),故遂言性为阳而情为阴,而刘子政于性情则以动静为基本概念,如《说苑》曰:

夫民有血气心知之性,而无哀乐喜怒之常,应感起物而动,然后心术形焉。(此文本出《乐记》)

夫刘子政既以动静论性情,而阳动阴静,故当持性阴情阳之说,自不得不与董生相反。而且既主情者性之动,则自可言性善者其动也善,性恶者其动也恶,故曰:"性情相应,性不独善,情不独恶。"(《申鉴·杂言下》引刘向说。荀悦论性情亦依动静言之,故以向言为然。)

中国形上学之大宗,儒家之外,自推道家。老学贵无主静。"人生而静","感于物而动",自合于道家之旨(上二语本亦见《文子·道原篇》)。而因此道家之论性情，亦恒自动静言之。王弼学袭老氏，故其讨论性情亦以动静为基本概念。所谓"应物"是也。王氏自动静言情性，故其说颇似刘向。刘氏反对尧舜（圣人）无情之说（见《申鉴》），并谓情不必恶，王氏皆与之同也。

汉儒上承孟、荀之辨性，多主性善情恶，推至其极则圣人纯善而无恶，则可以言无情。此圣人无情说所据理之一。刘向首驳其义，而荀悦以为然。汉魏之间自然天道观盛行，天理纯乎自然，贪欲出乎人为，推至其极则圣人道合自然，纯乎天理，则可以言无情，此圣人无情说所据理之二，必何晏、钟会之说所由兴，乃道家之论也（此外按《晋书》九四郭文曰："思由忆生，不忆故无情。"此专就心理言，则无情说所据理由之三也）。然何晏、王弼同祖老氏，而其持说相违者疑亦有故，何晏对于体用之关系未能如王弼所体会之亲切，何氏似犹未脱汉代之宇宙论，未有本无分为二截，故动静亦遂对立（何晏之学俟另文详之）。王弼主体用一如，故动非对静，而动不可废。盖言静而无动，则著无遗有，而本体遂空洞无用。夫体而无用，失其所谓体矣。辅嗣既深知体用之不二，故不能言静而废动，故圣人虽德合天地（自然），而不能不应物而动，而其论性情，以动静为基本观点。圣人既应物而动，自不能无情。平叔言圣人无情，废动言静，大乖体用一如之理，辅嗣所论天道人

事以及性情契合一贯，自较平叔为精密。何邵《王弼传》曰："其论
道附会文辞不如何晏，自然有所拔得多晏也。"盖亦有所见之评
判也。

王弼之《周易》、《论语》新义

陈寿《魏志》无王弼传，仅于《钟会传》尾附叙数语，实太简陋。然其称弼"好论儒道"，"注《易》及《老子》"，孔老并列，未言偏重，则似亦微窥辅嗣思想学问之趋向。盖世人多以玄学为老、庄之附庸，而忘其亦系儒学之蜕变。多知王弼好老，发挥道家之学，而少悉其固未尝非圣离经。其生平为学，可谓纯宗老氏，实则亦极重儒教。其解《老》虽精，然苦心创见，实不如注《易》之绝伦也。

汉魏之际，中华学术大变。然经术之变为玄谈，非若风雨之骤至，乃渐靡使之然。经术之变，上接今古文学之争。魏晋经学之伟绩，首推王弼之《易》，杜预之《左传》，均源出古学。今学本汉代经师之正宗，有古学乃见歧异。歧异既生，思想乃不囿于一方，而自由解释之风始可兴起。夫左丘明本"不传《春秋》"，而杜预割裂旧文以释经,以非经而言为经,与王肃之造伪书作圣证,其为非圣无法实有相同。然尊左氏为经,本导源刘歆,亦非后世所突创也。至若《易》本卜筮之书,自当言象。王弼黜爻象,而专附会义理,似为突创。然王氏本祖费氏《易》,世称同于古文。传至马融,荀悦言其"始生异说"。古文《易》本不同今文《易》。马氏治《易》又更异于先儒,则《易》本早有变化。而王氏之创新,亦不过继东汉以来自由精神之渐展耳。

汉代儒生多宗阴阳,魏晋经学乃杂玄谈。于孔门之性与天道,或释以阴阳,或合以玄理,同是驳杂不纯,未见其间有可轩轾也。夫性与天道为形上之学,儒经特明之者,自为《周易》。王弼之《易》注出,而儒家之形上学之新义乃成。新义之生,源于汉代经学之早生歧异。远有今古学之争,而近则有荆州章句之后定。王弼之学与荆州盖有密切之关系。汉末,中原大乱,荆州独全。刘表为牧,人民丰乐。表原为八顾之一(或称八交、八友、八俊),好名爱士,天下俊杰,群往归依。"开立学宫,博求儒士。使綦毋闿、宋忠等撰立五经章句,谓之后定"(《魏志》六注引《英雄记》)。王粲即于其时在荆州。其《荆州文学记官志》(《艺文类聚》三八)谓刘表"乃命五业从事宋衷所作文学延朋徒焉","五载之间,道化大行。耆德故老綦毋闿等,负书荷器自远而至者三百余人"。《蜀志·李譔传》"譔父仁与尹默俱游荆州,从司马徽宋衷等学。譔具传其业","著《古文易》、《尚书》、《毛诗》、《三礼》、《左氏解》、《太玄指归》。皆依准贾马,异于郑玄。与王氏(肃)殊隔,初不见其所述,而意归多同"。《魏志》王肃"从宋衷读《太玄》,而更为之解"。则子雍之学本有得于宋仲子。子雍善贾马之学,而不好郑玄,仲子之道固然也。譔、肃之学并由宋氏,故意归多同。而其时"伊洛以东,淮汉以北,郑氏一人而已,莫不宗焉"。宋衷之学,异于郑君,王肃之术,故讦康成。王粲亦疑难郑之《尚书》。则荆州之士踔跞不羁。守故之习薄,创新之意厚。刘表"后定",抹杀旧作。宋王之学,亦特立异。而王弼之《易》,不遵前人,自系当时之风尚如此也。

荆州学风,喜张异议,要无可疑。其学之内容若何,则似难言。然据《刘镇南碑》(《全三国文》五六)称表改定五经章句,"删划浮辞,芟除烦重",其精神实反今学末流之浮华,破碎之章句。又按《南齐书》所载王僧虔诫子书有曰,"荆州八袠","言家口实"。又曰,"八袠所载,共有几家"。据此不独可见荆州经学家数不少,卷袠颇多,而其内容必与玄理大有契合。故即时至南齐,清谈者犹视为必读之书也。荆州儒生之最有影响者,当推宋衷。仲子不惟治古文,且其专长似在《太玄》。王肃从读《太玄》,李譔学源宋氏,作《太玄指归》。江东虞翻读宋氏书,乃著《明杨释宋》(见《吴志》本传注)。而陆绩《述玄文》中称,荆州刘表遣梁国成奇修好江东。奇将玄经自随。陆幅写一通,精读之。后奇复来,宋仲子以其《太玄解诂》付奇,寄与张昭。陆氏因此得见仲子之书。可见荆州之学甚盛。而仲子为海内所宗仰,其《太玄》并特为天下所重。夫《太玄》为《易》之辅翼,仲子之《易》,自亦有名于世。虞翻曾见郑玄、宋衷之《易》,而谓衷小差玄。在其同时,《易》学实极盛,马融、郑玄、荀爽、王肃、虞翻、姚信、董遇、李谲均治《周易》。虞翻言"经之大者,莫过于《易》。自汉初以来,海内英才解之率少。至桓灵之际,颍川荀谞(爽)号为知《易》"(本传注)。可见汉末,孔门性道之学,大为学士所探索。因此而《周易》见重,并及《太玄》,亦当时学风之表现。而王弼之《易》,则继承荆州之风,而自有树立者也。

王弼未必曾居荆州。然其家世与荆州颇有关系。山阳刘表受学于同郡王畅。汉末畅孙粲与族兄凯避地至荆州依刘表。表以女妻凯。蔡邕尝赏识粲,末年以数车书与之。粲之二子与宋衷均死于魏讽之难(魏讽之难,实因清谈家反曹氏而起)。邕所与书悉归凯子业。魏文帝因粲子二人被诛,以凯之子业嗣粲。而王弼者乃业之子,宏之弟,亦即粲之孙也(《魏志·钟会传》注)。宏字正宗。张湛《列子注序》谓正宗与弼均好文籍。《列子》有六卷，原为王弼女婿所藏。按《列子》固非先秦原书，然必就旧文补缀成篇。王氏盖自正宗，即好玄言。而其父祖两辈与荆州有关系。粲、凯以及粲之子与业必均熟闻宋仲子之道，"后定"之论。则王弼之家学，上溯荆州，出于宋氏。夫宋氏重性与天道，辅嗣好玄理，其中演变应有相当之连系也。又按王肃从宋衷读《太玄》，而更为之解。张惠言说，王弼注《易》，祖述肃说，特去其比附爻象者。此推论若确，则由首称仲子，再传子雍，终有辅嗣，可谓一脉相传者也（蒙文通《经学抉原》页三八）。

大凡世界圣教演进，如至于繁琐失真，则常生复古之要求。耶稣新教，倡言反求圣经（return to the Bible）。佛教经量部称以庆喜（阿难）为师。均斥后世经师失教祖之原旨，而重寻求其最初之根据也。夫不囿于成说，自由之解释乃可以兴。思想自由，则离拘守经师而进入启明时代矣。汉初经学，繁于传记，略于训说。其后罢传记博士，而章句蔚起。其末流之弊，班固谓"一经说百余万言。说五字之文，至于二三万言"。故有识者尝思救其偏失，于是乃重明文证据。刘歆斥博士为信口说而背传记。许慎诉俗儒鄙夫为怪旧艺而善野言。古文之学遂乘之而起（《经学抉原》页二六、二七）。其后乃必有返寻古远传记之运动。杜元凯分《春秋》

之年使与《左氏传》相附,即此项运动之结果。而《周易》新义之兴起,亦得力于轻视章句,反求诸传。荆州"后定"盖已开轻视章句之路,而王弼新《易》之一特点,则在以传证经。盖皆自由精神之表现也。

世传王弼用费氏易。《汉书·儒林传》费直治《易》,亡章句(张惠言云:后世所传费氏易注伪托不足信),徒以彖象系辞十篇文言解说上下经。是以费氏《易》与古文同,而其学本以传解经,亦与今文家重训说章句者大异其趣。王弼用费氏《易》云者非但因其所用易文同于古文,而实亦因其沿袭其以传解经之成规也。

然细按新《易》学反求诸传之运动,其步骤可分为二:(一)则于注文解说时引传证经,经传连合,并为一谈。此费氏学之特色。魏高贵乡公谓郑康成《易》注以彖象与经文相连,乃谓郑氏于易注中,以经传合并解说也。史称康成并传费氏《易》,故其注《易》实用费氏之法。(二)则不但注解时经传合说,而且割裂传文,附入经文。其法即杜元凯用之于《春秋左氏经传集解》者。此二步骤,前者以传证经,后者以传附经(实亦即以经附传)。然前者尚只用于注解,后者乃进而改窜经文。二者深浅有别,而其主张反求古传,轻视后师章句,则相同。《易》学至此,汉人旧说乃见衰颓,魏晋新学乃可兴起也。

改窜《周易》以经附传，实颇出于王弼之手。《玉海》朱震曰："王弼以文言附乾坤二卦。"则文言传之附入经文，始于辅嗣。又《正义》云："弼意象本释经，宜相近附，故分爻之象辞，各附当爻下。"则小象传之附入经文亦始于辅嗣。又按《魏志·高贵乡公纪》，帝问《易》博士淳于俊曰："孔子作彖象，郑玄作注，今彖象不与经文相连而注连之，何也？"夫古注单行，康成注《易》，合彖象于经，为之解说。然其于《周易》本文，据高贵乡公之言，实经传未尝混合。是则以彖象附入经文，似非如世人所言出于康成。而读王弼《易略例》，首章即为明彖。其以彖说经之旨，昭然如见。或者以象象连入经文亦即出于辅嗣。而此久已流行之今本《周易》以经传相附，或即出王弼一人之手也。

今本《周易》因王弼所制定与否，兹姑不详辨。然其注《易》时用传解经之精神实甚显著。此则其明证有四：（一）王《易》相传出于费氏，费氏亡章句，而主以传解经。（二）王氏多于小象下无注，而以小象之义入爻辞中，是为以传解经之实例。（三）孔疏云："辅嗣加乾传泰传字，离为六篇。"盖今本《周易》分六卷，每卷首题周易上经（或下经）某传（乾传、泰传、噬嗑传、咸传、夬传、丰传）云云。于六卷之首，均明言某传，极见其以经附传，用传解经之意。（四）《经典释文·叙录》略云："王注上下经六卷，系辞以下不注。相承以韩康伯注续之。"是王注只及上下经。系辞以下以韩注续，乃"相承"已久之事（《南史·顾欢传》云："顾注王弼《周易二系。"此当系谓其亦续注王书也）。但辅嗣注《易》，祖述系传（读《略例》可见）。而系反无注者，必王作书原旨只在以传解经。经注已完，系辞以下，自无续注之必要矣。

弼注《易》，摈落爻象，恒为后世所重视。然其以传证经，常费匠心。古人论弼《易》者，如孙盛称其附会之辨（附会字义，参看《文心雕龙·附会篇》，不定为贬辞）。朱子亦尝称其巧。当均指此。夫弼固好《老》，然其于儒经用力甚勤。其言有曰，《易》之"微言精粹，熟习然后存义"（《论语·述而》皇疏引）。弼之于《易》亦拟熟习而解其义欤？儒家经典，《周易》而外弼曾为《论语》作《释疑》。《隋志》、《唐志》及《释文·叙录》均著录（三卷或二卷）。按正始玄宗王何均研《论语》，俱重圣人之学行，而其著作之旨不同。平叔等作《集解》，盖以晚近训解不少（《集解》叙），今须择善而从也。辅嗣作《释疑》，则因其中有难关滞义，须为之解答也。疑难者，或文义相违（如问同而答异），或言行费解（如子见南子，佛肸召子欲往），王充《论衡·问孔篇》讥之详矣。王弼于此，皆有解释，亦可谓圣门之功臣欤？尤有进者，王弼之所以好论儒道，盖主孔子之性与天道，本为玄虚之学。夫孔圣言行见之《论语》，而《论语》所载多关人事，与《老》《易》之谈天道者似不相侔。则欲发明圣道，与五千言相通而不相伐者，非对《论语》下新解不可。然则《论语释疑》之作，其重要又不专在解滞释难，而更在其附会大义使与玄理契合。此下所论，略述王弼之《易》理，而以其释《论语》用新义处附焉。

世之非毁弼《易》者，一非其援老氏入《易》。然汉代自严遵以来，兼治《老》《易》之人固多矣。即若虞仲翔之《易》，世固谓为汉《易》矣。然于乾象引自胜者强，坤象引胜人者有力，屯卦辞引善建者不拔，下系引自知者明。以《老》《庄》入《易》，不论其是否可为诟病，然在汉魏之时，此风已长，王弼用之，并非全为创举也。又世之非毁弼《易》者，亦因其师心自用，不守家法。然弼之注《易》，采取旧说颇不见少。张惠言谓弼祖述王肃，特去其比附爻象者。实则弼注除黜象数外，文义亦尝援用旧说。如观卦卦辞注即用马融之文，泰之初九全引虞氏易，革卦已日乃孚乃用宋衷之注，颐之六二全用王肃之书。凡此均足证辅嗣治《易》，多读世儒作品，于作注时，并有所取材也。

王弼之伟业，固不在因缘时会，受前贤影响。而在其颖悟绝伦，于形上学深有体会。今日取王书比较严遵以至阮籍之《老子》，马融、虞翻之《周易》。王氏之注，不但自成名家，抑且于性道之学有自然拔出之建设。因其深有所会，故于儒道经典之解释，于前人著述之取舍，均随意所适。以合意为归，而不拘拘于文字。虽用老氏之义，而系因其合于一己之卓见。虽用先儒书卷之文，而只因其可证成一己之玄义。其思想之自由不羁，盖因其孤怀独往，自有建树而然也。

《魏志》云，王弼好论儒道，实即因其以二家性道之学同主玄虚，故可并为一谈。《论语》"志于道"，王弼《释疑》曰："道者，无之称也，无不由也。况之曰道，寂然无体，不可为象。"夫汉代之天道指祸福吉凶，谓一切事象必有所由，顺之则祥，逆之则殃。此与王弼主"一物之动必有其所以然之理"，其原理固相通。然汉代言天文灾异者，以人政上应天道，如客星犯轩辕大星，则主皇后失势；貌之不恭（谓君臣不敬），则有鸡祸。其立言全囿于形器之域。汉人所谓天，所谓道，盖为有体之元气，故其天道未能出乎象外。至若王弼，则识道之无体超象，故能超具体之事象，而进于抽象之理则。夫著眼在形下之器，则以形象相比拟而一事一象。事至繁，而象亦众。夫众不能治众，治众者必由至寡之宗。器不能释器，释器者必因超象之道。王弼以为物虽繁，如能统之有宗，会之有元，则繁而不乱，众而不惑。学而失其宗统，则限于形象，落于言筌。据此说《易》，则必以乾比马，以坤为牛，其立意与轩辕配中

宫,不肃应鸡祸,固无异也。不知

义苟在健,何必马乎？类若在顺,何必牛乎？爻苟合顺,何必坤乃为牛？义苟应健,何必乾乃为马？（《略例·明象》）

夫义类者抽象之简理。马牛者具体之繁象。具体之象生于抽象之义（参看乾文言上九注）。知其义类,何必拘执于马牛。依此原则,而扫除汉人囿于形器之积习,然后玄远虚胜之谈乃有根据也。

王弼用忘象得意之原则以建立玄学。而其发现此原则实因其于体用之理深有所会。王氏之所谓本体,盖为至健之秩序。万象所通所由,而本体则无体而超象。万有事物由真实无妄之本体以始以成。形象有分,而体为无分至完之大全。事物错动,而体为用形制动之宗主。本体超越形象,而孕育万物。万物殊变,俱循至道,而各有其分位。万有之分位固因于本体之大用。然则真识形象之分位者,固亦深知天道之幽赜者也。夫《易》之为书,小之明人事之吉凶,大之则阐天道之变化。圣人观象设卦,无非表示物变之分位。依分位则能辨其吉凶之由,明其变化之理。故王弼论《易》,最重时位。变化虽繁,然如明其时位,则于万有可各见其情，而变斯尽矣。万有依其在大道中之地位，而以始以成。由其本身言，则谓为其性分（或德）。由始成言之，则谓为其所以然之理。故王氏乾卦文言注有曰："夫识物之动，则其所以然之理，皆可知也。"所谓物之动者，即天道之变化。所以然之理即谓万变在大全中之时位。明其时位，则上可悉其变化之所由，下可推人事之吉凶。夫万有咸得一以成，由道以生。故万有纷繁，运化万变，必有宗统。宗极至健，故万变而不离。统制有序，故纷繁而不乱。王氏《易略例》，首章明象，盖示万变之必有宗主，万物之必由乎道也。而品制万变，因时而易（王注之时略如时势）。于是《易》乃设卦以存时义，又于卦分爻以应时之变。故王氏《略例》乃有《明爻通变》及《明卦适变通爻》之二章。王弼之《易》，反象数，主时位，盖皆本于其本体之学也。

　　王弼注《易》，旨在发挥其一己于性道之学之真知灼见。故往往改弃旧义，另立新说。而其遗旧创新处，正为其真知所在，极可注意。乾为天，坤为地，为汉儒所奉之古义。然所谓天者，清明无形（郑玄）。地者有九等之差（宋衷）。即所谓上下覆载形气之物，而非王辅嗣所明之象外之本体也。故其乾卦注曰：

　　天也者，形之名也。健也者，用形者也。

坤卦注曰：

> 地也者，形之名也。坤也者，用地者也。

夫《易》之首卦不曰天地，而曰乾坤，则乾坤非即天地，而指能用天地之本体之德也明矣。本体至健，能孕万形。本体至顺，能循理则。本体寂静而统万变，其德则曰乾。本体贞一而顺自然（坤六二注），其德则曰坤。本体为至健之秩序，雷动风行，运化无方，俱为大用必然之流行。所谓盈虚消息为人力之所难挽。故大易所示，时有否泰。爻有变动，君子熟于天地盈虚消息之理，则可以适时应变矣。

复卦向以为一阳始生，主六日七分，当建子之月，为人君失国而还返之象（郑玄、虞翻、荀爽）。至王弼始轻历数之说，而阐明其性道之学。夫万形咸以无为体，由道而得其性。然则苟欲全其性，必当不失其本。如欲不失其本，必当以无为用。以无为用者，即本体之全体大用。故真欲全性葆真者，必当与道合一，体用具备。故复卦注曰："复者，反本之谓也。天地以本为心者也。"天地之心，即本体之大用。反本即反于无，而以无为用，又曰以无为心。若有物安于形器之域，而昧于本源，则分别彼我，争端以起。

故王氏又曰:"若其以有为心,则异类未获俱存矣。"

王弼之所谓本体,为至健之秩序。万物生成为本体之用,而咸有其必然之分位。秩序者就全体以称。分位者就一物立言。全体之秩序,即所谓道。故道也者无之称也。无不通也,无不由也。一物之分位,根据其所由之理,而各得其性。故曰:"物皆不敢妄,然后万物乃得各全其性。"(无妄卦注)夫道真实无妄,故物均不敢妄,而有其所恒有之性,所恒具之德。恒者,常也。物皆有其所恒,言其各反常道也。为显此义,王弼解无妄与恒二卦,乃大异于前修。马、郑、王肃训无妄为无所希望(虞氏云,京房及俗儒以为大旱之卦,训无望当因此)。九家易曰,无有灾妄,虞氏谓为无亡。而王弼解为物不可以妄。其言有曰,天之教命,何可犯乎,何可妄乎。夫不违犯天之教命(即道之秩序),则物有其所恒之德性。郑、虞旧义于恒卦仅训为久。王氏乃进而言所久所恒。其言曰"各得所恒,修其常道……故利有攸往"。"道得所久,则常通无咎,而利贞也。""得其所久,则不已也。""言各得其所恒,故皆能长久"。"天地万物之情见于所恒也"。此盖有悟于《老子》之所谓常。常者依全体言,即指道;依事物言,则谓其由乎道而有其本然之分位。如物全其分,即得其所恒。全其分者,即不失其本,所谓"修其常道"者也。如失其所恒,则是昧其本源,离其宗极,是即王弼所指旅卦之时也。旅旧或训军旅，此王肃说。张轨释齐斧（资斧）为黄钺斧（参看巽上九苟注），当亦承子雍之说。或训客旅。然所谓客者，举聘客为例（郑玄），亦非王弼所用之义。弼之言曰"旅者大散，物皆失其所居之时也"。然则旅之时，在人事为民失其主，在天道则为物昧其本。物昧其本，则丧其真，失其所恒，必不可久矣。

《易》之戒慎本可合于老氏卑弱之义。王弼注《易》，于此乃反复致意。于《易》之始则有曰：

> 居上不骄，在下不忧，因时而惕，不失其几，虽危而劳，可以无咎。（乾卦注）

于《易》之终亦有曰：

> 夫以柔顺文明之质，居于尊位，付与能而不自役，使武以文，御刚以柔，诚君子之光也。（未济卦注）

盖能戒慎恐惧，则斯能识谦损之德。谦尊而光，履尊以损。旧义巽为命令。王主巽顺，曰巽悌乃能命行，又曰巽顺则可以升（升卦

注）。旧义大壮为伤。王主壮盛（王肃义），曰壮，违礼则凶，凶则失壮。又曰行不违谦，不失其壮。夫老氏卑弱之术，汉初原为刑名所利用，然固亦为慎密惧祸之表现。西汉以来，蜀庄之沉冥，扬雄之守玄，冯衍之显志，刘劭之释争，其持隐退之道者，盖均出于戒慎之意。钟会生母，"特好《易》、《老子》，每读《易》孔子说鸣鹤在阴，劳谦君子，借用白茅，不出户庭之义，每使会反复读之"（《魏志》二十八注）。是亦合儒家之戒慎，与道家之卑弱为行己至要。辅嗣注《易》，盖亦如是也。

王弼会合儒道最著之处为圣人观念。此可分四事说之。（一）主儒家之圣人，（二）圣人神明知几，（三）圣人治世，（四）用行舍藏。

（一）王弼学贵虚无，然其所推尊之理想人格为孔子，而非老子。周彦伦曾言，"王何旧说皆云老不及圣"（《弘明集》周颙《重答张长史书》）。此盖汉代以来相承之定论。辅嗣、平叔未能有异言。王氏《论语释疑》、《周易注》固常以孔子为圣人（如解《论语》"子温而厉"章，《易·乾卦·文言》注仲尼旅人）。至若何劭《弼传》引其答裴徽之语，则尤见其融会儒道之用心。当时弼以好老氏虚无之旨见称。弱冠诣裴徽：

徽一见而异之。问弼曰："夫无诚万物之所资也。然圣人莫肯致言,而老子申之无已者何?"

弼曰："圣人体无,无又不可以训,故不说也。老氏是有者也,故恒言无(据《世说》疑"其"之误)所不足。"

圣人体无,老子是有,显于其人格上有所轩轾。而圣人所说在于训俗,老书所谈,乃万物所资。则阳尊儒圣,而实阴崇道术也。

(二)《书经》睿作圣,圣人之德,原重明哲。辅嗣《略例》云:"明夷务暗,丰尚光大。"二卦并举,盖以显圣德之异常。于丰则言其阐弘微细,通夫隐滞。于明夷则称其示人以朴,能"晦其明"。明寻幽微,知人善任,王者以治天下。大智若愚,不用察察为明,以导百姓于争竞。此则一方主儒圣之明哲,一方又重老学之弃智矣。

圣明知人,天下以臻治平,亦名家所常言。圣人藏明,养正以蒙,乃道家之要义。二者余均别有文论之,兹不再赘。然详研王氏所谓明寻幽微者,固不限于知人。而圣智之所以异常者,不只在其有似蒙昧。夫圣人则天之德,神与道会。天道变化,圣人神而明之,与之契合。所谓《易》之知几是也。几者谓变化之至也。至者指恰当至之时,不在事后,亦不在事先也。

圣人神知当机，不识于事之后，故无悔尤。《论语》"佛肸召"章，仲由引夫子曰"亲于其身，为不善者，君子不入也"。王氏《释疑》曰：

> 君子（原作孔子，兹照《论语》本改）机发后应，事形乃视，择地以处身，资教以全度者也，故不入乱人之邦。

事形乃视，是不能当机契合。不能契机，自不能免于悔尤。易称颜子庶几，有过则改。庶几者，殆将侪于圣明契道而稍后者也。颜子亚圣，固可称为君子，而实不及于圣人（君子与圣人有异，见《论语·述而》"圣人不得见"章，王弼曾释之）。圣人则穷神研几，可以无过（《论语》"加我数年"章王注）。盖圣智之体，与道合其变，于物极其情，直自然之流行，夫何悔尤之可有。"佛肸召"章，《释疑》于论君子之后，继而称誉圣人。其言曰：

> 圣人通远虑微，应变神化，浊乱不能污其洁，凶恶不能害其性。（下略）

又"未可与权"句，《释疑》曰：

权者道之变，变无常体，神而明之，存乎其人，不可豫设，尤至难者也。

圣人通变，随其所适，此所谓以道合其变也。知天道之权变者，即明于事物之情伪。《论语·里仁》"夫子之道忠恕而已矣"句下，王氏曰：

忠者情之尽也。恕者反情以同物者也。未有反诸其身而不得物之情，未有能全其恕而不尽理之极也。

能尽理极，契神故能即物。此所以圣人知几，于物则极其情也。

然知几者，亦非预识于前也。不但权变无常，不可豫设（此王氏文，见上引），而且圣人神与道会，应若自然。如形影声响，同时而有，不为不造。夫汉人之预言吉凶灾异者，固非圣人之徒也。《老子》云"前识者道之华"，王注于此，似斥常人所谓预言。文曰：

前识者，前人而识也。即下德之伦也。竭其聪明，以为前识，……虽德其情，奸巧弥密。

圣人之知,纯无造作。前人而识,则毁自然而自矜其智矣。盖皆大背于老氏之道,而非儒圣之所谓知几矣。(据现存本严遵《老子指归》,王氏此解疑出于君平。盖此本中前识下严注曰:"预设然也。"其《指归》有曰:"先识来事以明得失。")

(三)圣人法道,德合自然。其治世之方,殆亦可推知矣。道大无名,故君人之德,以中和为美。《释疑》曰:

> 故至和之调,五味不形,大成之乐,五声不分。中和质备,五材无名也。

中和质备,则可役偏至之材,而天下以治。自然无造,故不察察而治。《老子注》云:

> 夫以明察物,物亦竞以其明应之。以不信察物,物亦竞以不信应之。……若乃多其法网,烦其刑罚,塞其径路,攻其幽宅,则万物失其自然,百姓丧其手足。(四十九章注)

故圣人之于天下,歙歙焉心无所主。夫心无所主者,若天之至公;察察为政,则未免于私也。《释疑》称尧之德曰:

大爱无私，惠将安在？至美无偏，名将何生？故则天成化，道同自然。不私其子，而君其臣，凶者自罚，善者自功。（下略）

圣王以无名不偏之德，行至公自然之治，无毫末之私，不自有其身，百姓日用而不知，故自成大功，自致太平也。

王弼谈治，以因为主。"因而不为"，《老子注》中之所数言。然其所谓因者，非谓因袭前王，而在顺乎自然也。《周易·鼎卦》注云：

去故取新，圣贤之不可失也。

其所谓因者，因自然之理，以全民之性（亦即民自全其性）。理有大常，道有大致。修其常，顺其理，则得治之方，致治之方。虽顺道家之自然，但不必即毁儒家之名教。名教有礼法之防。然王氏注讼卦，引孔子无讼之言，而申明之曰：

无讼在于谋始，谋始在于作制。……物有其分，职不相滥，争何由兴。

师卦注云：

> 为师之始，齐师者也。齐众以律，失众则散。

是王氏固未尝毁弃分位法制也。《论语》"林放问礼之本，子曰大哉问"，王氏《释疑》曰：

> 时人弃本崇末，故大其能寻礼本意也。

考王氏所谓礼之本意，具详于《老子》三十八章注中，谓仁义礼敬均须统以自然无为。然则礼者，如能出乎自然无私，旨在以观感化人，则王道至大者也。观卦注曰：

> 统说观之为道，不以刑制使物，而以观感化物者也。神则无形者也。不见天之使四时，而四时不忒，不见圣人使百姓，而百姓自服也。

治用观感，实因民之性，以期其自化。积极方面，则任民之自然发展。消极方面，则"除其所以迷，去其所以惑"（所以二字甚重要。

见《老子》二十九章注)。故政治之用,既有利导,亦有检制。《论语》"兴于诗,立于礼,成于乐",王氏《释疑》曰:

> 言有为政之次序也。夫喜惧哀乐,民之自然,感应而动,则发乎声歌。所以陈诗采谣,以知民志风。既见其风,则损益基焉。故因俗立制,以达其礼也。矫俗检刑,民心未化。故必感以声乐,以和其神也。

然则王弼论政,虽奉自然,实未废儒教之礼乐也。引伸上文之意,则陈诗以观民风。风俗有良窳。良者任其增胜,窳者必见所以然而为之检制。然后感以乐,以和其神。然则自然之治,固非徒以放纵为事也。

(四)中国社会以士大夫为骨干。士大夫以用世为主要出路。下焉者欲以势力富贵,骄其乡里。上焉者怀璧待价,存愿救世。然得志者入青云,失意者死穷巷。况且庸庸者显赫,高才者沉沦,遇合之难,志士所悲。汉末以来,奇才云兴,而政途坎坷,名士少有全者。得行其道,未必善终。老于沟壑,反为福果。故于天道之兴废,士人之出处,尤为魏晋人士之所留意。孔子曰"知天命"。《易》曰:"天地盈虚,与时消息。"依儒家之义,时势之隆污乃归之于大运之否泰。若更加以道家之说,则天命之兴废,乃自然之推移。因是"用之则行,舍之则藏",不但合于儒家之明哲保身,亦实即道家之顺乎自然。夫圣人本德足君人,而每不逢时在位。王氏释"子见南子"以为"犹文王之拘于羑里,盖天命之穷会也"。并曰:

> 否泰有命,我之所屈不用于世者,乃天命厌之,非人事所免也。

天道自然,兴废有期(参看五十知天命句,王氏《释疑》),非人事所能改易。圣人于此,亦顺而安之云耳。

夫盈虚消息之义,清谈人士之所服膺。辅嗣为玄宗之始,于此曾三致意。然其《易》注,于系遁乃曰"遁之为义宜远小人"。于肥遁则曰"超然绝志,心无疑顾"。于观之上九"圣人不在其位"则云"高尚其志,为天下所观"。于泰之九三"时将大变"则曰"居不失其正,故能无咎"。于乾之初九"潜龙勿用"则云"不为世俗所移易"。辅嗣于君子不遇之时,而特重其行义不屈。比于山涛之告嵇绍,不亦胜之远乎。盖玄风之始,虽崇自然,而犹严名教之大防。魏讽死难,汉室随亡。何晏被诛,曹祀将屋。清谈者,原笃于君父之大节,不愿如嵇绍之靦颜事仇也。王弼虽深知否泰有命,而未尝不劝人归于正。然则其形上学,虽属道家,而其于立身行事,实仍赏儒家之风骨也。

向郭义之庄周与孔子

《庄子》向秀、郭象二注之异同，近人多有论列。郭钞向注，其例至多。《秋水》、《至乐》子期亦似实未注（《秋水篇》《释文》所引，均出于向之《庄子音》。）则《世说》所载，非全诬枉。然据今所考，向、郭所用《庄子》版本，互有不同。而子玄之注不但文字上与向注有出入，其陈义亦有时似较子期圆到。则《晋书·向秀传》所谓郭因向注"述而广之"，固是事实。而向秀作注，自成一家，时人誉为庄周不死（《世说》注），依今所知，郭氏精义，似均源出向之《隐解》。虽尝述而广之，然根本论据，恐无差异。故《世说》曰："向、郭二《庄》，其义一也。"

向、郭二《庄》，美言络绎，兹不能详，惟取其对于孔子、庄子之意见推论之。向秀称"周、孔穷神"。又言，"圣人穷理尽性"（《难嵇叔夜养生论》）。盖以孔子为圣人也。《大宗师》孔子曰："彼游方之外者也。丘游方之内者也。"郭注曰："未有极游外之致,而不冥于内者也。"又曰："圣人常游外以弘内。"则郭亦以孔子为圣人也。《庄子》郭注序文,是否亦曾窃向之文不可知,但其旨似不相违。郭序曰："庄子者可谓知本矣。"又曰,庄生"虽未体之,言则至矣"。此盖仅许其知言,为百家之冠,然而未称之为圣人也。夫《天下篇》言庄子"与造物者游",而祖尚老、庄者,乃不许其为圣人。庄子绝圣弃智,非尧舜,薄汤武,而向、郭乃持推尊孔子,且为之辩护。不亦甚可异乎?

郭序曰,《庄子》之书"明内圣外王之道"。向、郭之所以尊孔抑庄者,盖由于此。内圣外王之义,郭注论之详矣。圣人无心玄应,惟感之从。会通万物之性,而陶铸天下之化。顺万物之性分而正之,则物咸自正。因人心之所欲亡而亡之,则人心不失。泛乎若不系之舟,东西之非已也,无行而不与百姓共,故无往而不为天下之君。夫与物冥而无不顺,心无为而过于为,天下遂以不治治之(参看《逍遥游》、《齐物论》注)。故郭注曰:"无心而任乎自化者,应为帝王也。"(《应帝王》注)由此言之,则《庄子》养性之学,即治天下之术也。

然世之读《庄子》者,不知此义,而每多误解。（一）或以为尧舜一日万几,即失性命之情。而不知尧舜"虽在庙堂之上,然其心无异在山林之中。世岂识之哉?徒见其戴黄屋、佩玉玺,便谓足以缨绂其心矣。见其历山川、同民事,便谓足以憔悴其神矣"(《逍遥游》注)。岂知至足者不亏,而圣人之不以外伤内耶?(二)或贵无为之风,遂云"行不如卧"(《马蹄》注)。而不知圣人治天下,顺自然而治,固非真不治也。夫"无为之言,不可不察也。夫用天下者,亦有用之为耳。然自得此为,率性而动,故谓之无为也"(《天道》注)。(三)或闻游乎方外之叹,遂以为外天下者必离人(《人间世》注圣不离人)。不知外天下者,淡然无系,泛然从众耳。卞随、务光以及许由、巢父固不得谓之外天下也(《让王》注)。"若谓拱默乎山林之中,而得称无为者,此庄、老之谈所以见弃于当涂"也(《逍遥游》注)。由此言之,士君子固须宅心玄虚,而不必轻忽人事。《世说》载向子期举郡计入洛,文王引进问曰:"闻君有箕山之志,何以在此?"对曰:"巢、许狷介之士,不足多慕。"说者谓"向秀甘淡泊",其入洛当别有理由,兹姑不论。但依郭注观之,子期之言,亦因其平生主张如是也(向氏《难养生论》有寡情欲,抑富贵,未之敢许之言。《难养生论》与《庄子隐解》均作于子期入洛之前)。

内圣外王之义,乃向、郭解《庄》之整个看法,至为重要。且孔子贵名教，老、庄崇自然。名教所以治天下，自然所以养性命。《庄子注》之理想人格，合养性命、治天下为一事，以《逍遥游》、《齐物论》与《应帝王》为一贯。于是自然名教乃相通而不相违。谢康乐《辨宗论》云，"向子期以儒道为壹"，其关键或在此欤？（《难养生论》以富贵关之自然，则合名教自然之又一义，兹不赘。）又正心修身为治国平天下之本，黄老原亦为君人南面之术。内圣外王本为中华最流行之政治理想。孟子之对齐王，朱子之告宋帝，千古政论，奉此不坠。庄注所陈，亦非例外。虽其内圣之德不同，治国之术亦有殊，然正陛下之心乃能正天下之心，其说与儒家不异也。夫论自然名教相同，乃晋代之通说；圣王合一，乃我国道德政治之原则。向、郭所论，亦此通说此原则之表现也。

《庄注》内圣外王之说既明，则郭象谓庄生非圣人之言，乃有据。夫圣王穷神而能兼化，以不治治天下。庄子并未兼化，自亦未足以语穷神。庄子既未能化治天下，自亦未跻于不治。反之，则兼化者穷神，治天下者必已神于不治，则尧、舜、孔子其人矣。郭象对于庄子未以理想人格许之，因依其学说固有所不足也。盖庄子仅知圣知本耳，于为圣人则有所不及。圣人暗与理会，以化为体。身游乎玄冥，而德洽百姓。知圣知本者，言能与理相应，而未体道。只足以知天，而未尝能治人。故郭序评蒙叟曰，"应而非会,则虽当无用。言非物事,则虽高不行"也。

复次,郭序曰,庄子"未始藏其狂言"。盖体道者,则藏其狂言。至道唯在自得,非言之所得。狂言虽为至言,然至道何用言乎?(《知北游》注)向秀曰:"至人其动也天,其静也地。其行也水流,其湛也渊嘿。"(《列子·黄帝篇》注)郭象曰,尧舜"非修之也。万物自无为而治。若天之自高,地之自厚,日月之明,云行雨施而已"(《论语》皇疏卷七,"修己以安百姓尧舜其犹病诸"注)。故圣王"凄然似秋,暖然似春"(《大宗师》)。"暖焉若春阳之自和,故蒙泽者不谢。凄乎若秋霜之自降,故雕落者不怨"(《大宗师》郭注)。"生而非惠,则赏者自得。戮而非怒,则罚者自刑"(支遁《上哀帝书》语,支此意与向、郭同得之于《庄子》)。盖"物有自然,理有至极,循而直往,则冥然自合",无所用于言也(《齐物论》注)。天无言而四时成,尧无言而天下治。庄子言之,而天下未见其治也。故郭序评庄子又曰:"与夫寂然不动不得已而后起者,固有间矣。"圣人法天之无言,体至一之宅,而会乎必然之符(《人间世》"一宅而寓于不得已"注,又《刻意》注曰,"任理而起,吾不得已也")。既任乎必然之极,则天下自安矣(《在宥篇》"君子不得已而临莅天下"注)。若庄子者言虽至矣(郭序),而未能任自然之极。然则何能有君人之德,不得已而临天下,教泽自被于百姓哉?

郭子玄论庄子之人格，与王辅嗣评老、庄之言，实颇相同。《世说》云：

王辅嗣弱冠，诣裴徽。徽问曰："夫无者，诚万物之所资。圣人莫肯致言，而老子申之无已，何邪？"弼曰："圣人体无，无又不足以训，故言必及有。老、庄未免于有，恒训其所不足。"

此言圣人体无，于无反莫肯致言。老庄于体无则有所不足，乃申之无已，而发为狂言。郭序称，心无为者，则"言唯谨尔"（用《论语》句，本指孔子），未体化者，则"游谈于方外"（《庄子》）。王曰，言及有，乃足以训。郭曰，言非物事，虽高不行。郭说与王弼论圣人与老、庄之不同，实无有异也。又孔子固亦王辅嗣之圣人也。《论语》"子曰，予欲无言"，王弼曰："子欲无言，盖欲明本，举本统末以示物于极者也。"修本者废言，则天以行化（皇疏九）。圣人无言，亦王与向、郭之所同意。由是观之，则不肯致言，正明孔子之所以为圣。而申之无已，亦直显老、庄之未及于圣也。

复次，汉代儒家已称独尊。班固人表列孔子为圣人，与尧、舜、禹、汤、文、武相同。老子则仅在中人以上。庄子且在中人以下。圣人以儒家之理想为主，而老、庄乃不及圣人。此类品评，几为学术界之公论。及至汉末以后,中华学术渐变,祖尚老、庄。然王辅嗣仍言孔子圣而体无,老、庄未免于有。何晏曰:"鬻庄躯放玄虚,而不周于时变。"(王坦之《废庄论》)《文章叙录》云:"自儒者论以老子非圣人,绝礼弃学,晏说与圣人同。"(《世说》注)盖王、何旧说,皆以为老不及圣(《弘明集》周颙致张融书语)。庄子人格或且下于老子。但依王、何之学,孔子之所以为圣,在于体无。而老子恒言虚无,故与圣学同。留儒家孔子圣人之位,而内容则充以老、庄之学说。学术宗尚,已趋于新义。而人物评价,则仍旧说。向秀、郭象继承王、何之旨,发明外王内圣之论。内圣亦外王,而名教乃合于自然。外王必内圣,而老、庄乃为本,儒家为末矣。故依向、郭之义,圣人之名(如尧、舜等)虽仍承炎汉之旧评,圣人之实则已纯依魏晋之新学也。

虽然,考《庄子》之书,旧评之与新学似有抵牾,不可不察也。老、庄绝圣弃知,鄙薄仁义,毁弃礼乐,而不满于尧、舜、禹、汤、孔子之论,尤常见于庄生之书。然则欲阳存儒家圣人之名,而阴明道家圣人之实者,文义上殊多困难,必须加以解答。依《庄子》郭注,其解有二。一为方法之解答。一为理论之解答。

方法之解答为何? 寄言显意之义是矣。魏、晋之际,言意关系问题之讨论甚盛。其说约有三。一,言不尽意(语出《周易·系辞》)。当代之士,"通才达识,咸以为然"(欧阳建《言尽意论》,《艺文类聚》十九)。二,言尽意。欧阳坚石主之,东晋人士,如王茂弘尝道之(《世说》)。三,王辅嗣注《易》反对汉人象数之学,乃申引《庄子·外物篇》之言,称言以尽象,得象则忘言。象以尽意,得意则忘象。因言之所明者象,若已得象,应不存言。象之所表者意,若已得意,应不存象。犹蹄者所以在兔,得兔则忘蹄。筌者所以在鱼,得鱼者忘筌(《易例·明象章》)。此说介乎上二说之中。一方主"尽意莫若象,尽象莫若言"。一方主因言象者象意之代表,故"得意在忘象,得象在忘言"。因此言象非不可用,要唯能得其所表者与否。若滞于文义而不得其所表,则失之远矣。郭象注《庄》,用辅嗣之说。以为意寄于言,寄言所以出意。人宜善会文意,"忘言以寻其所况"(《逍遥游》注)。读《庄子》者最好方法,要当善会其旨归,而不滞文以害意。《庄子》辞多不经,难求其解。然齐谐志怪之言,不必深求。支遁通《逍遥游》曰:"庄子建言大道,而寄旨鹏鷃。"(由此可见,道林注《庄》亦采子玄之法)鹏鷃之状,无须曲与生说。但当录其论大道之意,乃不害其弘旨。至若书中毁圣贤之处,子玄力言均当善会其义,而不必滞于文。故曰:"夫庄子推平于天下,故每寄言以出意,乃毁仲尼,贱老聃,上掊击乎三皇,下痛病其一身也。"(《山木》注,一身谓庄子)按寄言之说郭注用以解书中不经处甚少。而用之以释绝圣弃知处则其例甚多（兹不赘述）。是此种读《庄》方法，谓因欲解答上述圣人名实问题，而子玄乃用之，固亦可也。

理论之解答为何？圣人之迹之义是矣。圣人者有内有外，有本有末。外末者圣人之迹，内本者圣人之所以迹。圣人举本统末，真体起用。废体而存用，则用非其用。忘本而逐末，则本失其真。必不可也。故曰，所以迹为"父"（《天地》注）为"真性"（《天运》注）。迹为"容"（外表也，《天地》注）为"名"（《在宥》注）。徒彰其名，仿佛其容，而忘父，忘真性，必不可也。夫圣人神于齐物，故应为帝王。《齐物论》言无心。循顺自然，玄同彼我。与物无对，任而不助。旷然无累，与物俱化，而无所不应。（一）与物俱化，则任天下之自能，而各当其分，放万物之自尔，而各反其极。所谓圣人无心，与物冥也。（二）无所不应者，因时变不一，故感应无方。无成见，无执著。务自来，而理自应。随其分，故所施无常。所谓圣人无心，随感而应也（上文多出《齐物论》注）。"物有自然，理有至极，循而直往，则冥然自合。"此谓与物冥，则随感而应也。与物冥者，与变化为一。随感应者，因物之自行。与变化为一，则无所不忘，而忘其所以迹（《大宗师》注）。因物之自行，非有心以扇仁义之风，故亦可曰圣人无迹（《让王》注）。虽然，圣人固可谓无迹矣。"顾自然之理,行则影从,言则响随。顺物而遗名迹,而名迹自立"(《德充符》注)。非为仁,而仁迹行。非为义,而义功见(《骈拇》注)。举本统末,固未尝无末。真体起用,而未尝无用。然世人则仅见其外用,而昧于内体。徒见仁义之迹,而忘其所以迹。忘其所以迹,则拘拘于圣人之名,彰扬圣人之迹,以号召天下。弊弊然伤性,哼哼然乱国。而不知其所效法追求者,仅虚影空响耳。今夫圣王以下之治天下也,乃以迹求治,而忘圣人之所以迹也。夫如是,则离体言用。离体之用,则所谓用者非用也,直死物耳,假象耳。与圣人之真性无干也。(一) 迹者死物,乃前人所遗留。时移势异,礼法宜变,礼法不适时,则已去之物,非应变之具(《胠箧》注)。由此背今向古,舍己效人,胡能随感而应耶?(参看《释文》引《胠箧》向秀注首二段,正具此意。)(二) 迹者假象,乃事功之可见者。夫与物无对,泯然与天下为一,任物之自明,付人之自得。若不任自然,而画地设禁,使人从己,则胡能与物冥耶?(《人间世》注)夫舍己效人,则逐物而丧真。使人从己,则作伪而好知。日日言法圣人,而忘圣人之所为圣人也。于是仁义之途,是非之端,纷然为大盗所利用。六经之文,古圣之名,俨然为奸雄所表章。此岂真圣人之过哉? 用之不得其人耳。《释文》引向子期《胠箧篇》注曰,"苟非其人,虽法无益",正指此也。

由上所述之义言之，庄子绝圣弃知之言，盖可解矣。庄子毁仲尼，鄙仁义，均斥常人之弃本逐末，舍己芸人者耳。其论及尧、舜、汤、武，固只寄言出义，而未尝有毁之之意也。夫尧、舜、汤、武者，非徒帝王之名，亦必有其神人之实也（《逍遥游》注，参看《在宥》注）。必须内为神人，乃外为圣人。无神人之实，而求法圣人之迹（此即不崇自然，而空谈名教），则未尝可治天下也。故郭注圣人之迹一义，固与内圣外王说一贯也。

虽然，犹有疑问也。由上所言，尧、舜有神人之实，而天下治，则自为内圣外王。至若孔子有神人之实，而不居帝王之位，则胡能为圣人乎？此难，郭注想必用素王之义以释之。《天道篇》注曰："有其道为天下所归而无其爵者，所谓素王自贵也。"夫圣人则天行化，与物无不冥（《德充符》注云，仲尼非不冥也）。虽无其爵，而能体化应务，则亦圣王也。郭子玄曰："圣人常游外以弘内，无心以顺有。故虽终日挥形，而神气无变。俯仰万机，而淡然自若。"此乃陈述内圣外王之道，而意亦指仲尼也。又此注系释孔子答子贡之言，见于《大宗师》。夫大哉孔子，固天下所宗师，而应为帝王者也。

谢灵运《辨宗论》书后

　　谢康乐具文学上之天才，而于哲理则不过依傍道生，实无任何"孤明先发"之处。惟其所著《辨宗论》(在《广弘明集》中)，虽本文不及二百字，而其中提出孔释之不同，折中以新论道士(道生)之说，则在中国中古思想史上显示一极重要之事实。似不能不加以表章，然此事牵涉颇广，今仅能略发其端耳。

　　《辨宗论》者旨在辨"求宗之悟"，宗者"体"之旧称，"求宗"犹言"证体"。此论盖在辨证体之方，易言之即成佛之道或作圣之道也。此中含有二问题：一、佛是否可成，圣是否可至；二、佛如何成，圣如何至。

　　世传程伊川作《颜子所好何学论》，胡安定见而大惊。伊川立论为安定赏识者果何在，颇难断定。但伊川意谓此学乃圣人之学,而好学即在成圣人也。夫"人皆可以为尧舜"乃先秦已有之理想。谓学以成圣似无何可惊之处。但就中国思想之变迁前后比较言之,则宋学精神在谓圣人可至,而且可学;魏晋玄谈盖多谓圣人不可至不能学;隋唐则颇流行圣人可至而不能学(顿悟乃成圣)之说。伊川作论适当宋学之初起,其时尚多言圣人可至而不能学。伊川立论反其所言,安定之惊或亦在此。而谢康乐之论成于晋亡之后,其时正为圣人是否可至、如何能学问题争辩甚烈之时,谢侯采生公之说,分别孔释,折中立言以解决此一难题,显示魏晋思想之一转变,而下接隋唐禅门之学,故论文虽简,而诏示于吾人者甚大也。

　　谓圣人不可至不能学,盖在汉代已为颇流行之说。《汉书·人表》称"生而知之者上也",而圣人则固居于上上,《白虎通》王者"虽有自然之性,必立师传焉"(《辟雍》),《论衡》载儒者立论"圣人不学自知",贤者所不及,盖"圣人卓绝与贤者殊也"(见《实知篇》)。此说与谶纬神仙有关。王充虽不信儒者所论,但亦尝言圣凡均因"初禀",又虽谓圣可学,但神则不可学,此所谓神略当道术之仙,嵇康已谓仙人"非积学所能致"(《养生论》),而读《抱朴子》已见仙人禀异气,仙人有种诸说。至若玄学则当推王弼、郭象为领袖,王辅嗣著论曰"圣人茂于人者神明也",郭子玄注《庄》曰"学

圣人者学圣人之迹"。引申二公之说,自可及圣人不可学不能至
之结论。盖玄学者玄远之学,谈玄远之与人事本出于汉代天人之
际(何平叔誉王辅嗣"可与言天人之际")。大体言之,在魏晋之学
"天"为"人"之所追求憧憬,永不过为一理想。天道盈虚消息永为
人力所不能挽(清谈人生故归结常为无可奈何而安之若命)。圣
道仰高钻坚,永为凡人之所不能及。谓圣人既不能学,自不可至,
固必为颇风行之学说也。

《辨宗论》曰:"孔氏之论,圣道既妙,虽颜殆庶。"盖谓儒家立
义凡圣绝殊,妙道弥高弥坚,凡人所不能至,即颜回大贤亦殆几为
圣人,而固非圣人也。

世言玄学出于老庄,而清谈者固未尝自外于儒教,故其说经,
常见圣人不可学且不能至之理论。《论语集解》皇疏集魏晋玄谈
之大成,其《学而第一》下疏曰:

言降圣以下皆须学成。

夫《法言》《学行》第一,《潜夫论》《赞学》居首,均明言圣人可学而
至。皇疏于《论语》开宗明义所言,依全书陈义观之,则圣固不与
于学成之列。道家本主绝圣弃智,而经玄学家之引申则谓圣人卓

绝与凡人殊类也。圣人既不可学，然《学而》乃居第一者，盖所以劝教，所以勉励凡人也。故《志学章》疏曰：

> 此章明孔子隐圣同凡……皆所以劝物也。

又引李充曰：

> 诱之形器，为教之例，在乎兹矣。

又引孙绰曰：

> 勉学之至言。

此与《中人以上章》疏曰：

> 圣人不须教也。

《我非生知章》疏曰：

孔子谦以同物,自同常教。

盖同依寄言出意之原则以解经。经中虽常言学,而意在劝教,若圣人则固非学能也。

又王辅嗣以下多主圣人知几故能无过,贤人庶几只不二过,《论语》谓颜子不迁怒不贰过,盖明示其天分仅止于大贤(亚圣),故此章皇疏曰:

云不迁怒者,此举颜回好学分满,所得之功也。

据此,颜子好学,其所得者只庶几为圣而终不及圣。观乎此类言论,则伊川著论谓颜子学为圣人,不诚为可惊之说乎?颜子既分只大贤,则《论语》载其言仰高钻坚亦因之而甚易了解。盖颜子虽好学而自知其分际,凡圣悬隔,非可强致,故晋代玄学名家孙绰曰:

夫有限之高,虽嵩岱可陵,有形之坚,虽金石可钻……绝域之高坚,未可以力致也。(参看皇疏五并引江熙之言)

《思不如学章》皇疏曰：

> 夫思而后通，习而后能者，百姓皆然也……故谓圣人亦必勤思而力学，此百姓之情也，故用其情以教之。

此盖引郭象之言，子玄之意谓经虽明言孔子亦学，但意亦在劝教，百姓虽须学，但圣人固无所谓学，此章盖亦方便立言，非谓圣人因学而至也。（附注——前年与友人冯芝生先生谈圣人不可学致乃魏晋之通说，冯先生疑之，并引《庄子·大宗师》七日九日之文，而谓既有阶级则自须学。但郭象注庄名家，据上文则因谓圣人与百姓不同〔郭氏对此整个学说为何兹不具述〕。而魏晋人注疏，亦不似现代系统论文之分析详尽。实则学有阶级与圣非学至并不冲突。盖学固可有阶级，而圣则卓绝居阶级之外也。此本为当时之一问题，《辨宗论》问答中已经提出。）《辨宗论》曰："释氏之论，圣道虽远，积学能至。"盖释教修持，目标本在成佛（或罗汉），而修持方法择灭烦恼循序渐进。小乘之三道四果，大乘之十住十地，致圣之道似道阻且长，然其能到达目标固无疑也。佛教自入中国以后本列于道术之林，汉魏间仙是否可学亦为学者聚讼之点，晋《抱朴子》论之甚详，葛洪本意则认为成仙虽有命，但亦学而能至。由汉至晋佛徒亦莫不信修练无为必能成佛也。实则如不能成佛，绝超凡入圣之路，则佛教根本失其作用。汉晋间释氏主积学至圣，文证甚多，但姑不征引。

总上所言，汉魏以来关于圣人理想之讨论有两大问题：（一）圣是否可成；（二）圣如何可以至。而在当时中国学术之两大传统立说大体不同，中国传统（谢论所谓孔氏）谓圣人不可学不可至；印度传统（谢论所谓释氏）圣人可学亦可至。学术界二说并立相违似无法调和，常使人徘徊歧路堕入迷惘，故《世说新语·文学篇》曰：

佛经以为袪练神明则圣人可致（此叙印度传统），简文云，不知便可登峰造极不？（此似据中国传统立说不同而生疑）然陶练之功尚不可诬。

两大传统因流行愈久而其间之冲突日趋明朗。学人之高识沉思者，自了然于二说之不一致，故简文发问疑之于前，康乐作论明示于后。而在此时亦正因佛经一阐提成佛义出而争论极烈。印度佛教本有立种姓义者，依此义则超凡入圣亦可谓有不可能。晋末六卷《泥洹经》出，乃明载一阐提不能成佛之说，印度传统中乃起一异说,但竺道生精思绝伦,"孤明先发",根据法体之贞一(《辨宗论》谓理归一极),力驳此说之妄伪。谓佛性乃群生之真性,一阐提乃属群生,何得独无佛性。一阐提既同具佛性自得成佛,故当东晋末叶印度传统中有一部分人士违背圣人可学可至之宗义,经道生精辟之立张,加以《涅槃》新经之明证,而印度立说乃维持其原来所立之宗义。晋末因印度传统既生波动,而整个问题(即上述之两项)益为学人所注意,竺道生大顿悟义原在求本问题之总解决。谢灵运《辨宗论》述其旨,立言简要,拈出两大传统之不同,而建树一折中之新义。关于整个问题之解决或可分为四句:

一、圣人不可学不可至,此乃中国传统。

二、圣人可学可至,此乃印度传统。

三、圣人可学不可至,此说无理不能成立。

四、圣人不可学但能至,此乃《辨宗论》述生公之新说,所谓"闭其累学"、"取其能至"是也。

梁释僧旻曰"宋世贵道生,顿悟以通经",盖一阐提成佛乃经中之滞义,生公立大顿悟本为此滞疑之解决,而且魏晋学术之二大异说亦依此而调和,则生公之可贵岂独在通经耶?抑亦在将当时义学之迷惘一举而廓清之也。

竺道生曰,成佛由于顿悟,谢康乐曰,得道应需慧业,故成圣者固不由学也。然谓圣人能至而不可学。欲知其立说之由来,亦当明了魏晋学人之所谓学果含何义。当时学字之意义,实应详加研讨,大要言之,相关之意义约有四:

一、学者乃造为。道家任自然无为无造。鹤胫虽长断之则悲,凫胫虽短续之则忧。玄学弃智,用人之聪明为其所不取。王弼曰"智慧自备为则伪也",郭象曰"任之而理自至"。夫"学"者即谓有所欲为,则圣人德合自然,应不能学,此其一。

二、"学"者效也,乃由教,由外铄。《论语集解》何晏曰"学自外入",皇疏引缪协曰"学自外来,非复内足"。夫圣人神明自茂,反身而诚。故皇疏三有曰"圣人不须教也"。《涅槃集解》引僧亮(刘宋初人)曰"无师自悟是觉义"。佛本大觉,应无所谓学。此其二。

三、学者渐进,累积而有成。孔子"志学"、"而立"之差,佛家十地四果之阶,均以示学之程序。鸠摩罗什曰"能积善果功自致成佛"。然理归一极,法本无妄,以不可妄之法,不可分之理,而谓能渐灭虚妄,由分至全者,是不通之论。是则证体成佛自须顿得,不容有阶差,自亦无所谓学,此其三。

四、学者由于不足。不自足乃有所谓学。然王弼曰物皆得一以成,则群有均不离道;郭象曰物皆适性为逍遥,则万物本不假外求。然则众生本皆自足,人皆可圣,亦不需学,此其四。

综上四者,圣人不须教,佛为无学道,则作圣成佛果何因乎?竺道生乃提出顿悟学说,其说余已别详,兹姑不赘。当时学说之二大传统依上所陈各有是非:中国传统谓圣不能至固非,而圣不能学则是。印度传统谓圣可至固是,而圣能学则非。

生公去二方之非,取二方之是,而立顿悟之说,谓圣人可至,但非由积学所成要在顿得自悟也。自此以后,成圣成佛乃不仅为一永不可至之理想,而为众生均可企及之人格。神会和尚曰:"世间不思议事为布衣登九五,出世间不思议事为立地成佛。"实则成佛之事,在魏晋玄谈几不可能,非徒不可思议也。自生公以后,超凡入圣,当下即是,不须远求,因而玄远之学乃转一新方向,由禅宗而下接宋明之学,此中虽经过久长,然生公立此新义实此变迁之大关键也。

康乐承生公之说作《辨宗论》,提示当时学说二大传统之不同,而指明新论乃二说之调和。其作用不啻在宣告圣人之可至,而为伊川谓"学"乃以至圣人学说之先河。则此论在历史上有甚重要之意义盖可知矣。

(原载《大公报》文史周刊,1946 年 10 月 23 日)

附录　魏晋思想的发展

　　在讨论魏晋思想的发展以前，首先要申明的是：这儿所谓"魏晋思想"，是就这个时代的"普通思想"或"一般思潮"来说，虽然哲学理论在此中甚关重要，但现在并不打算作专门的探讨；再，我仅仅要来讲明这个"时代思潮"发展的经过，事实上只能提出些大的结论，因为此种结论的前提或考证，牵涉太多，这中间各方面复杂的关系，不是在这短时内所能说明的，所以只得从略了。

　　讲到魏晋时代的"普通思想"，它在某些方面可以有跟别的时代相同的地方，但是本文特别注意的不是这些方面，反而却自魏晋时代不同于别的时代的地方着眼，换句话说，即在讲明魏晋时代所以成为魏晋时的思想。其他只好不谈。关于"魏晋思想的发展"，根据问题的性质，随同论证的转移，为了说明的方便，分以下三大段来讨论。

一、魏晋时代思想的成分

这个时代，各派思想同时进行不同的组合，要对于这些的面目都有清楚的认识，那是难的。好在这里只提出那主要的"潮流"来讨论，也就是选取那足以代表这"时代思想"的成分来讨论，看它们彼此消长的情势，再进一步的推论这个思潮如何生成与发展的意义。讲到魏晋时代思想特别成分，当然要涉及外来宗教的侵入，或印度佛教的流布。因此这种因素，此后在思想界发生了重大的影响。普通又多称这个时代我国思想的主潮是"玄学"。那么可以成为问题的就是：（一）玄学的产生是否受佛学的影响？（二）魏晋思想在理论上与佛学的关系如何？——或是这种外来的宗教何以能为中华人士所接受？要回答上面的两个问题，我们非得先明了魏晋时代特有思想（玄学）生成和发展不可。这样，必须等本文写到最后部分时再行答复。

魏晋时代思想界颇为复杂，表面上好像没有什么确切的"路数"，但是，我们大体上仍然可以看出其中有两个方向，或两种趋势，即一方面是守旧的，另一方面是趋新的。前者以汉代主要学说的中心思想为根据，后者便是魏晋新学。我们以下不妨简称

"旧学"与"新学"的两派。"新学"就是通常所谓玄学。当时"旧学"的人们或自称"儒道"……，其实思想皆是本于阴阳五行的"间架"，宇宙论多半是承袭汉代人的旧说；"新学"则用老庄"虚无之论"作基础，关于宇宙人生各方面另有根本上新的见解。

汉朝末年，中原大乱，上层社会的人士多有避难南来，比较偏于保守的人们大概仍留居在北方。所以"新学"最盛的地方在荆州和江东一带，至于关中、洛阳乃至燕、齐各处，仍是"旧学"占优势的地方。后来曹操一度大军南下，曾带领一部学者北归，于是荆州名士再到洛下。但是不久，因为这班人很不满意曹氏父子的"功业"，意见不投，多被摧残。此后司马氏又存心要学曹家篡夺的故技，名士更多有遇害的。但在这时节，北地"新学"已种下深根，因此"玄学"的发祥地实在北方，虽然再后因为政局的不宁和其他关系，名士接踵不断的南下，但也并不因此可以说北方根本没有"新学"了。要到西晋以后，"新学"乃特盛行江左。这样，晋朝末年的思想，南北新旧之分，真可算判然两途了。因此南朝北朝的名称，不仅是属于历史上政治的区划，也成为思想上的分野了。这种风气的影响不仅及于我国固有学术的面目，就是南北佛教因为地域的关系也一致的表现了不同的精神。最后，北朝统一中国，下开隋唐学术一统的局面，因此隋唐的学风尚是遵循北朝的旧辙,不过也受了南朝思想的洗礼,看出来影响是不小罢了。所以魏晋时代思想的成分,无论"新"、"旧"哪方面造成的后果,在我国思想史上,都是极重要的。

二、魏晋玄学之发生与长成

从上段讲来,我们可以明白魏晋时代特有的思想,即所以成为魏晋时代者,当然是前节所谓"新学"的一方面了。现在准备更进一步地来说明这种"新学"如何发生与长成的事实。我不打算从历史上实际政治的影响等去分析这个时代的背景,当作思潮发生的原因,却想专就这个"思潮"的本身来试行解剖,魏晋时代"一般思想"的中心问题为:"理想的圣人之人格究竟应该怎样?"因此而有"自然"与"名教"之辨。

汉代学者多讲所谓"天人相应"之学,其时特别注重"天道"的著作,如扬子云的《太玄》,桓谭说:"扬雄作玄书(《太玄》),以为玄者天也道也,言圣贤制法作事,皆引天道以为本统,而因附属万类王政人事法度。……"(《后汉书·张衡传》注)此外,汉以前的书,《周易》最言"天道",所以汉末谈"天道"的人们,都奉《易经》作典要,其实"魏晋玄学"早期所推重的书,又何尝不是《周易》呢? 因为那时《周易》是"正经",《老》、《庄》才不过是"诸子"罢了。

说到三国时的《易》学。按照地域思想的不同,我想大略可分三项:

(甲)江东一带,以虞翻、陆绩等人作代表。

(乙)荆州,以宋忠等为代表。

(丙)北方,以郑玄、荀融等人为代表。

就中荆州一派见解最新,江东一带也颇受这种新经义的影响,北派最旧,大多传习汉儒的"象数"。当时讲《易经》的又多同时注意《太玄》。宋忠对扬子《太玄》《法言》两书,素称名家。虞翻、陆绩辈既是《易》学专门,也都诵习《太玄》,可以为证。何晏、王弼史书推论他们是"玄宗之祖",两人皆深于《易》学,更是不用说了。相传何晏与管辂讨论过《易》学(见《三国志·管辂传》),荀融作文反对王弼的新说。按王弼是王粲的侄孙,王粲曾为刘表重视,据云并有驳斥郑康成旧说的事,王弼实际就是上承荆州一派《易》学"新经义"的大师,荀氏又属当时汉《易》的世家,由此可见这时《易》学各派相互情势的大概了。

此外,约在魏文帝的时候北方风行的思想主要的是本于"形名之学"(形名或作刑名,省称名家),即特别偏重于人事政治方面(名教)的讨论。这个"名家"的根本理论是"名实之辨",所以跟传统儒家与法家的学说,均有可以相通的地方,因为儒家讲"正名",

法家也论"综核名实",问题的性质都很接近。又按名家之学本是根源于汉代的政治思想,人君有最大的两种任务:第一是要设官分职,安排官职恰如应有之位分,使"名实相符"。第二是人君应有知人之明,量才授官,认得如何样的人能做如何样的事。这样汉代月旦人物的流风,即是对于人物的评论,叫作"名论",又叫作"名目",所有政治上施设,都系于职官名分的适宜,人物名目的得当,这是致太平的基础,此与礼乐等总称之曰"名教"。照那种政论推论下来,人君在上须是能够观照全体;臣民在下,职务应该各有其分。君主无为,臣民有为,因为人君果能设官分职,官当其分,量才授职,人尽所能,此外他便没有个人特别的任务,此即所谓"无为而无不为",如是即"垂拱而治"了。人君要能够这样,当时便说是合乎"道"或"天道",故可以说人君是"道体",并以"配天"。臣下只是各得其分,各尽所职,便谓是"器"或"形器",又可以说是"器用"。这在表示功能各有不同。《易经·系辞》说:"形而上者谓之道,形而下者谓之器。"这句话中"形上"与"形下"的分别,在当时便有如此的解说。根据前人的记载,汉末三国时学者,多作有所谓"道德论"的文章,我们参照别方面的意见,可以明了他们当时所谓"道德",跟现在一般人通常所了解的含义不相同,一方面范围较广,再则"道""德"二字尚属相对并称,不像目前连用作一辞。如王弼注《老子》据说分"道经"与"德经",可以为例。讨论的问题也就是"天人之际",如《世说·文学篇》载有这样一段故事,说:"何平叔(晏)注老子始成,诣王辅嗣(弼),见王注精奇,乃神伏曰:若斯人可与论天人之际矣,因以所注为道德二论。"这所谓"道德论"讨论的即是"天人之际",也可以同上面的解释一致,即是说人君为"道"配"天",臣下有"德"为"人","道德"两字在意义上等于"天人",故"天"、"道"不可名状,"人"、"德"可以言说。《老子》书言:"道可道,非常道;名可名,非常名。"这话固然有其形上学的解释,但是人君合乎道,百姓与能,臣民分职,各具德性,所以人君无名无为,臣民有名有为,《老子》开始的两句也可牵合于政治,形上学原可作政论的基础,即在思想上本可拉在一起。因此在理论上,当时的"形名之学",不仅是跟法家、儒家有关,且与道家相通了。所以名家后来竟变成道家。王弼的思想就是一个好例。君主与臣下的关系,如上所述,在理论上,即是"道"与"器"的对立,"天、人""道、德"的不同,乃至"常道"、"可道"、"有名"、"无名"的分别也可以这样去解释。概括地说,不就是"名教"与"自然"之辨的问题吗?因为人君的"用"在行"名教"来治理天下,而以"天道"或"自然"去配比"君德",这样,君体"自然",也就是以"自然"为"体","名教"为"用"了。我想魏晋时代道家之学兴起的主要原因,在思想的本质上大略是如此。

"名家"之学的中心思想重在"知人善任"。因为汉朝政府用人是采取"察举之制"的,社会上的"名目",即是一般人的"评论",早成为进身的阶梯、做官的捷径了。但是对于人物的批评是很难的,往往"差若毫厘,谬以千里"。因为有的看来平庸,实在有才能,也有真是"大智"倒像愚人似的。所以"相人"应该注意到他的全面,重神而不重貌,有时实在"可以意会,不得言传"。这样,当时便流行一种所谓"言意关系"的讨论,好些人并常提出不同的见解,其中"得意忘言"之说后来发生重大影响,进一步,应用这个原理评判一切,而当代思想的大问题——"自然与名教之争"也依之"裁判"了。因为体"自然"者才可以得意,拘于"名教"者实未尝忘言。王弼解《易》主张"得意",他在《略例·明象章》说:"夫象者出意者也,言者明象者也,……是故存言者非得象者也,存象者非得意者也。"王弼采取这一个新的办法,就是用"寄言出意"的理论作根据,鄙视汉代"象数之学",抛弃阴阳五行等旧说的传统,我国学术由此而发生重大的变化,王弼因此奠定魏晋"新学"(玄学)的基础。

根据以上所说,可知"新学"(玄学)的生成有两个主要因素:(一)研究《周易》《太玄》等而发展出的一种"天道观";(二)是当代偏于人事政治方面的思想，如现存刘劭《人物志》一类那时所谓"形名"派的理论，并融合三国时流行的各家之学。上述二者才是"玄学"所以成为魏晋时代特有思想的根源。而"自然"与"名教"之辨以至体用本末的关系，以及"最理想的圣人的人格应该是如何"的讨论，都成为最重要的问题，"新学"的骨干了。因为上接《周易》《太玄》的思想，下合名、法、儒、道各家，都以这个问题作线索贯串起来的，也可说"新学"之所以能成为"新学"的创造部分，就在对这问题探讨的成绩所给与过去各家学术思想一个新的组合，或构成了某种新的联系使魏晋时代的思想表现特殊的精神。"新学"人们的结论是圣人方可以治天下，所谓"圣人"者，以"自然"为体，与"道"同极，"无为而无不为"。这种"圣人"的观念，从意义上讲，便是以老庄（自然）为体，儒学（名教）为用。道家（老庄）因此风行天下，魏晋"新学"（玄学）随着长成了。

三、魏晋思想的演变

三国以来的学者，在"名教"与"自然"之辨的前提下，虽然一致推崇"自然"，但是对于"名教"的态度并不完全相同。我们此刻不妨把一派称作"温和派"，另一派名为"激烈派"。前者虽不怎样特别看重"名教"，但也并不公开主张废弃"礼法"，如王弼、何晏等人可为代表。他们本出于礼教家庭，早读儒书，所推崇而且常研习的经典是《周易》《老子》。后派则彻底反对"名教"，思想比较显着浪漫的色彩，完全表现一种《庄子》学的精神，其立言行事像阮籍、嵇康等人可为好例。西晋元康年间(291—299)，"激烈派"在社会各方面发生较大的影响，流为风尚，以后一般人多痛心那批"效颦狂生"的行径，忘本逐末，"放"而不"达"。因此对于"温和派"的精密思想体系也多误认为完全蔑弃"名教"了。其实当代名士对于"激烈派"的种种行为也有表示不满意的，例如乐广，《晋书》本传载："是时王澄、胡毋辅之等皆以任放为达，或至裸体者，广闻而笑之曰：名教内自有乐地，何必乃尔！"乐广这种感慨是说名教本合乎自然，其中自有乐地，弃名教而任自然，是有体无用，也是不对的，所以乐令公(广)的话并不是特别推崇"名教"，其思想还是本于玄学。再如裴頠，后人说他是"深患时俗放荡"，作《崇有论》"以释其弊"(详《晋书》本传)。然其理论更是玄学的，大意在说不可去"有"以存"无"，弃"用"来谈"体"。史书载称裴頠本是善谈"名理"的人，即可表示他是正统的玄学家，因为玄学的理论，原是上承魏初"名家"思想变来的。晚期戴逵作有《放达为非道论》，我想还是"温和派"思想影响下的余波。

　　向秀、郭象二人，确是这个时代杰出的人才，他俩的《庄子注》

可算玄学中第一等名作。但是他们的思想,实是上承王(弼)何(晏)等人"温和派"的态度,不过在理论的体系上,王、何"贵无",向、郭"崇有",形上学的根据方面有些两样罢了。因为向(秀)郭(象)两人也是主张"自然"同"名教"不是冲突或对立的。但是《庄子》书中好些字面上诋毁"孔儒"的话,来作反驳"名教"的口实。向、郭就是想加以矫正,给《庄子》这书一个新的解释,应用"寄言出意"的理论,从根本上去调合孔老(或儒道)两家的冲突,即是进行取消"自然"与"名教"的对立。向、郭这种用意,在他俩的《庄子注》中随处可见,我想不用特为引证了。谢灵运在《辨宗论》上有句话,说"向子期(秀)以儒道为一",指的正是。《世说·文学篇》谓:"初注《庄子》者数十家,莫能究其旨要,向秀于旧注外为解义,妙析奇致,大畅玄风。"《晋书》本传竟说他的《庄子注》出世,"儒墨之迹见鄙,道家之言遂盛"了。我想当时放任派的人,自以为有契于庄生,因而《庄子》一书几成为不经世务不守礼法者的经典;但向郭《庄子注》上承王(弼)何(晏)等人温和派的态度,对于《庄子》,主张齐一儒道,任自然而不废名教,乃当时旧解外的一种新的看法。他们这个创见,以《庄子注》中圣人观念为焦点;他们推尊孔子为圣人,发挥"自然"与"名教"不可分离的思想。郭象在他的《庄子注》中说明本书的宗旨是"明内圣外王之道","内圣"就是要顺乎"自然"，"外王"则主张不废"名教"，主张"名教"合乎"自然"，"自然"为本为体，"名教"为末为用。虽然不废名教，但"名教"为末，故《庄子注》仍是"大畅玄风"，而儒墨之治天下，有用无体。徒有其迹而忘其所以迹，故《庄子注》出而"儒墨之迹见鄙，道家之言遂盛"了。

西晋末叶以后，佛学在中国风行，东晋的思想家多属僧人，但是这种外来的印度宗教，何以能在我国如此的发达，说者理由不一。我看其中主要的原因，多半是由于前期"名士"与"名僧"的发生交涉，常有往来。他们这种关系的成立，一则双方在生活行事上彼此本有可以相投的地方，如隐居嘉遁，服用不同，不拘礼法的行径，乃至谈吐的风流，在在都有可相同的互感。再则佛教跟玄学在理论上实在也有不少可以牵强附会的地方，何况当时我国人士对于佛教尚无全面的认识，译本又多失原义，一般人难免不望文生解，当时佛学的专门术语，一派大都袭取《老》、《庄》等书上的名辞，所以佛教也不过是玄学的"同调"罢了。故晋释道安《鼻奈耶序》上说："以斯邦（中国）人《老》、《庄》教行，与方等经兼忘相似，故因风易行也。"实是当时事实的真相。说到这个时代的佛学，早期最流行的是"般若"的研究，根本的思想是"二谛义"，讲明"真谛"与"俗谛"的关系，这个分别与中国本末体用之辨相牵合；

再则"法身"的学说也颇重要,相传古《楞严经》在那时前后总计有七次到九次的翻译,大概系因为这书特别论到"法身"罢。此后到西晋末年,《涅槃经》的学说接着大为风行,还是发挥上述一贯的思想,这些"二谛""法身"诸义,讨论圣人"人格"的问题,而同时为"本体论的"追究,佛学给与玄学很丰富的材料,很深厚的理论基础。若论佛学与其他思想的争论,或"内学"与"外教"的关系,其主要问题还是"自然与名教之辨",乃至"圣"与"佛"的性质各是如何? 按印度佛教原本是一种出世解脱道,换句话说,即是"内圣"不一定要"外王"。晋朝末年因受这种外来宗教的影响,对于理想上"圣人的观念"也有改变,如慧远在《论沙门不应敬王者书》上说:"不顺化以求宗",即"体极"者可以"不顺化","自然"与"名教"之所以又行分途,佛学于此,关系也颇重要。

现在我要回到本文第一段所提出的两个问题:即:(一)玄学的产生是否受佛学的影响?(二)魏晋思想在理论上与佛学的关系如何? 我的意见是:玄学的产生与佛学无关,因为照以上所说,玄学是从中华固有学术自然的演进,从过去思想中随时演出"新义",渐成系统,玄学与印度佛教在理论上没有必然的关系,易言之,佛教非玄学生长之正因。反之,佛教倒是先受玄学的洗礼,这种外来的思想才能为我国人士所接受。不过以后佛学对于玄学的根本问题有更深一层的发挥。所以从一方面讲，魏晋时代的佛学也可说是玄学。而佛学对于玄学为推波起澜的助因是不可抹杀的。

　　总上所说，关于魏晋思想的发展，粗略分为四期：（一）正始时期，在理论上多以《周易》、《老子》为根据，用何晏、王弼作代表。（二）元康时期，在思想上多受《庄子》学的影响，"激烈派"的思想流行。（三）永嘉时期，至少一部分人士上承正始时期"温和派"的态度，而有"新庄学"，以向秀、郭象为代表。（四）东晋时期，亦可称"佛学时期"。我们回溯魏晋思潮的源头，当然要从汉末三国时荆州一派《易》学与曹魏"形名家"言的综合说起，正始以下乃至元康、永嘉以迄东晋各时期的变迁，如上面所讲的，始终代表这时代那个新的成分一方面继续发展的趋势。前后虽有不同的面目，但是在思想的本质上确有一贯的精神。魏晋时代思想之特殊性，想在乎此。

附 |

魏晋文学与思想

一、申　明

范围：文学分二方：

a. 技巧（字，辞，篇，音律）；

b. 思想方面。

b 又分为二：

① 文之内容；

② 文之根本理论。

关于文之为文之理论，即中国之所谓文论。例如《典论·论文》、《文赋》、《文心雕龙》等。

所谓魏晋思想乃玄学思想，即老庄。

沈约《谢传论》：为学穷于柱下，博物只余七篇。

现并非讨论文之理论内容。例如老庄告退而山水方滋（明诗）。支遁答谢客儿。

同样玄学——而后者或较盛。

为什么？因文学与思想之关系不专在内容，而在乎其所据之根本理论。

又，因此魏晋云者不定勘定年月，而在凡合此根本理论者，乃称为魏晋文学。

上言（1）文学与思想乃就文学根本理想立言；

（2）魏晋文学乃就有此理想者而说。

二、根本思想

时代——政治上混乱衰弱，但思想上甚自由解放。此自由解放基于人类逃避（escape）、躲闪苦难之要求。

汉末以来，signs of the Time（时代之征象）：

（1）纪纲之破坏；

（2）异族之入侵；

（3）黄巾之兴起（神仙）——与经世对比；

（4）佛教之渐盛（出世）——与入世对比；

（5）老庄之得势——与致太平对比；

（6）隐士之渐多——与处士对比。

所以汉代，通经致用，致太平盛世。变为魏晋：逍遥游放期风流得意。

于是中心，不在社会而在个人，不在环境而在内心，不在形质而在精神。

故神仙方士变为养生养神，佛道变为佛玄。河上公（严遵指归）变为王弼略例。京焦易学变为王弼易注。

因此而各方，期望一种精神境界，追求一种超世理想，新生一种入世态度。

从哲理说来，a. 向往一种玄远世界；b. 脱离尘世苦海，探得生存之秘密。

但是，既曰精神，则恍兮惚兮；既曰超世，则非耳目之所能达；既曰玄远，则非象形之域；既曰入世，则非尘心之所得。（experience，objective）（体验，对象）

此种理论以王何之学为结晶。

此境界名之曰道	真	
出世界名之曰自然	标准的善	超言绝象。
理想名之曰天	美	

Existence of Reality（存在之真实）不可说，便要探求

Existence's secret(存在之秘密)，但 Existence 本是秘密的。如探求此秘密：

（1）得道，合天，无言，化境。

无言，不须言。

（2）未得道，未出世，未入化，则仍须言。

So the Great Question(故主要问题)：

（1）Can we make it articulate(我们能否使它清晰)？

（2）How do we make it articulate(我们怎样使它清晰)？

开始看来此似 impossible(不可能)，但实在非不可能。因道虽绝言超象，但言象(世间)究竟出于道。

如滴水非海，一瓢非三千弱水；但滴水究自海，一瓢究为弱水。若得其道，则就一滴知大海，就一瓢知弱水。故看善用说话(媒介)，此有充足的(适当的)及不充足的(不适当的)，问题只在找充足的媒介说话。

现在可以从另一方讲。本来我们追求向往之理想、境界、世界，虽说超越出尘，但究竟本在此世，此世即彼世。如舍此求彼，则如骑驴觅驴。

魏晋人、中国人(异于印度人)合 Realistic、Idealistic(现实、理想)为一。其出世方法本为人格上、内心上一种变换。是"结庐在人境,而无车马喧";"神虽世表,终日域中";"身在庙堂之上,心无异在山林之中"。非"不识庐山真面目,只缘身在此山中"。

如具此心胸本领,即能发为德行,发为文章,发为天籁,发为神品的画。不过,有能代表 ideal(理想)者,有不能者;有能揭开天地者,有不能者;有能使自然 Articulate(清晰)者,有不能者。

这充足的媒介或语言是寻常的物或言,但又不是寻常的语言。寻常的语言,指示而无余,意在言内。此种语言,指示而有余,意在言外。指,月;筌,鱼;蹄,兔。

原来媒介、语言均形器之物,本来是有限的。但是当执著他是有限,他纯为形器所限。但是,as 当是无限之所现,而忘其有限,则不为形器所限,而通于超形器之域。不过须觅充足之媒介或语言,而善运用之。

此种语言或媒介物甚多,借用《文心》的一段话,所谓文者即有三:(A) 音乐;(B) 画;(C) 情文。

(A) 音乐

自然之和(嵇康),常音(陆机)——天籁 cosmic music。

故阮籍曰:"乐者天地之体,万物之性也。"

但有充足媒介,如峄阳孤桐,泗滨浮磬,而须人善用之。如,圣人之作乐也,将以顺天地之性,体万物之生也。

（B）画

音乐所以传天籁（岂限于哀乐），画亦所以传天工（岂限于形体）。

关于魏晋人物以至山水画理论变迁。

汉代观人之法——由外貌差别推知体内五行之不同。

魏晋乃专重神气。形体可知，神情难言，观人眸子可以知人。故人物画原理不在画四体妍蚩，而在传神写照。传神，已接精神境界，生命本体，自然之美，造化之工。但自来人物品藻用山水字眼。例如：李元礼如劲松下风；邴原如云中白鹤；王衍岩岩秀峙，壁立千仞；周颙巍如断山。故传人物之神向以山林语言代替，此以探生命本源，写造化自然。

后来渐觉悟。既写造化自然用人物画，而人物品藻则常拟之山水。然则何不画山水更能写造化自然。因此山水画法生焉。谢幼舆自比庾亮，谓"丘壑过之"。故顾长康画谢在岩石里，因谢胸中有丘壑。从人物画到山水画可谓为宇宙意识寻觅充足的语言。人类觉悟到发揭生命源泉、宇宙秘密，山水画比人物画为更好的媒介或语言。

所以即在此时——老庄告退，而山水方滋。因为晋人到此发现了此 better medium（更好的媒介），故不但用之于画，并用之于诗。

(C) 文

(甲) 根本理论

一方有超象(不可言)之本源或主宰,一方有不可违之命运,此本源分化而为万形。

本源为 infinite、One(无限、一体),而中正、和、冲淡——元气;

万形为 finite(有限)、多,而各有所偏。不过,虽万形所赋(五行)不同,但究有五德皆备之人,此即圣人——法天,法自然,和平中正而不偏。余子各有偏至。

(1) 故在《典论》就文体说:

但文之所以为文,即表现在此四者之中。

又,《典论》就才能说:

通才　　　偏至
　|　　　　　|
备其体　　徐陈应刘

因才气不同,而七子分驰;因有偏至,故"文人相轻"(非和平中正之道)。

（2）人生有不可违之命运（化）——五德终始。

文人忽然与万物迁化，斯乐难常。

文章——不朽之盛事，千载之功。此文人之自遣也。

（乙）从《文赋》到《文心雕龙》

（1）万物皆有本源，不可言。文乃此本源之表现。文各有所偏，伫中区以玄览——文非易（便易、容易）事，须把握生命、自然、造化，而与之接。故须笼天地（形外）于形内，挫万物于笔端。故文须课虚无以责有，叩寂寞以求音。

文并虚无寂寞之表现，而人善为文——善用此 medium（媒介），则为笼天地之至文，不能限于有，囿于音。文之最上乘，乃虚无之有，寂寞之音，非此则非至文（主情），不过形下，"体有万殊，物无一量"，文人亦然，故文体不同，而下叙十体，体各有所偏。

陆机《演连珠》有此意，刘勰更详。

《文心雕龙·原道》："文之为德也大矣，与天地并生。""人文之原，肇自太极。""言之文也，天地之心也。"此非文以载道之意，乃道因文显。

（黄侃："文章之成亦由自然。"）

标准之文，出自圣人，（宗）经是也。圣人中庸之极，中正，无所不能。经亦平淡，无所不容。

中庸,故文能宗经,体有六义:一情深而不诡,二风清而不杂,三事信而不诞,四义直而不回,五体约而不芜,六文丽而不淫。

谓不太过,而得其中也。无所不容,故各种文体均源出六经。

(2) 万物之本源为变化的,即是化,且不可违抗。

a. 天道兴废,自然消息。从咏怀诗后,充满此情绪。此关于文之内容,兹姑不论。

b. 因变化不可违,而文为道之表现,故文亦因时变而异。挚虞,"质文时异"。而刘舍人有《通变篇》、《时序篇》。"时运交移,质文代变","兴废系乎时序"。

(3) 既人生为自然之分化,而又遭不可抗之命运,则何以自遣?

a. 文章本为遣怀,发舒怀抱而有,故《文赋》"遵四时以叹逝"。

b. 文且可以遣怀,故《愍思赋》"作此赋以舒惨恻之怀"。

(4) 文何以可发舒怀抱。

因其本为一精神作用,通乎自然。故《文赋》:"函绵邈于尺素,吐滂沛乎寸心。"虽寸心,但"观古今于须臾,抚四海于一瞬"。故《文心雕龙·神思》篇,"思理为妙,神与物游"。而此神(思),本即生命之源,宇宙之本。不可言说,而为情变之源。故"神用象通,情变所孕"。

（5）因神远，象近；神一，象多；神无，象有；如何依文象以通神思之极，其方在使文成——传达自然之充足 medium（媒介）。

充足之 medium（媒介）即言有限而意无限，言浅意深，言近旨远。"文之思也，其神远矣。"故《隐秀》篇作焉。

"情在词外曰隐，状溢目前曰秀。"（《岁寒堂诗话》）

《文赋》上言，先言"课虚无以责有，叩寂寞以求音"。下言"言恢之而弥广，思按之而愈深"。由此而知，其时人用典之原则。

a. 典本贵恰当。

$\left.\begin{array}{l}\text{古，今}\\\text{物，人}\end{array}\right\}$相合。

b. 但高一点，即须意在言外。

文帝：屈原"据托譬喻，其意周旋"。

不可拘滞穿凿。

桓温："木犹如此，人何以堪。"

戴安道："德音未远，而拱木已繁。"

《枯树赋》："昔年树柳，依依汉南。今逢摇落，凄怆江潭。树犹如此，人何以堪。"

但，"昔我往矣……"（谢玄对太傅）

隽永。（申叔，"尚玄理，超隽轨"。）

魏晋玄学与政治思想

择题之由来：《陶渊明之思想与清谈之关系》。

陈寅恪先生注重魏晋清谈内容之演变与实际政治之关系。

现讲注重理论——玄学与政治学说。

一、魏晋之时代精神与其时最多、最著政治论题

（一）时代特点

1. 汉以后长期纷扰，政治混乱，制度崩坏，人民尤其知识分子对社会制度发生失望，流于"为我"、"出世"（道家）。对于政治虽实消极，但如有政论，总亦不免对制度有所检讨。

2. 因汉学已到末要变的时候（章句、象内），思想绝对自由，

各种学说并兴,由此而彻底推究各种问题,政治亦不在例外。

(二) 常见政治论题

1. 个人之自处。

(1) 谦以自处,卑以自持(刘邵),谦恭慎密,一方面避祸,一方面以无为用。

(2) 用舍行藏,一方面乱世不可强为(避祸),一方面顺为自然。

儒——出处大节;道——消息盈虚。

2. 治世之要则。

(1) 去争。一方面乱世之源,一方面分别为"有"之性,应反于无。

(2) 公私。一方面乱世之源(如禅让),一方面天道自然、无私(法天法道)。

《易·泰卦注》:"处天地之将闭,平路之将陂,时将大变,世将大革,而居不失其正,动不失其应,艰而能贞,不失其义,故无咎也。"

3. 行政之基础——用人行政。

在设官分职之得宜,知人善任之实行。

汉——名士清议。

汉末——名理、才性。

汉后——才性论——"性"之讨论。此最显学术之发达。分析细密，问题深刻，推论直到本源。故王弼《老子》实一政治书（如董子乃政治系统之作者）。

二、政治组织存在之理由

此前很少讨论政治组织之 raison d'être[①]。在大乱之际、思想自由之时，故人人都感觉到此项问题是一问题。此问题分为三：① 为何存在；② 存在是否必要；③ 应否存在。

（一）最激烈者为鲍敬言无君论。

《抱朴子》卷四十八《诘鲍》："夫强者凌弱，则弱者服之矣。智者诈愚，则愚者事之矣。服之则君臣之道起焉，事之故力寡之民制焉。然则隶属役御，由乎争强弱而校智愚。"

"贵上古无君"。无政府主义。政治组织基于机心。分别彼我（贵贱、名分），争乱因起。政府有害无益，不应有的。政治组织乃上古"自然状态"（state of nature）之堕落（因有名教），不应有的，故应取消；不必然的，故可取消。

　　(二) 魏晋名士大概均以"由自然堕落为名教"为政治组织之起因。但①多以为是必然的,②且颇多人以为是应有的。

　　阮籍二说:

　　甲、超世之大人先生。

　　"无君而庶物定,无臣而万事理。"(《达庄论》)

　　淳朴散而"君立而虐兴,臣设而贼生。坐制礼法,束缚下民。"(《大人先生传》)

　　此说"礼教之反动"——有嫉而然。

　　乙、世间(君子、细人)之道。

　　世间有阴阳盛衰。"道至而反,事极而改。反用应时,改用当务。……此天下之所以顺自然、惠生类也。"(《通易论》)

　　"尊卑有分,上下有等,谓之礼。人安其生,情意无哀,谓之乐。"礼外乐内。(《乐论》)

　　故政治组织:① 由自然之理而生;② 是必由的;③ 且是应有的(在普通范围中)。

　　大概玄学家对此问题总以为:① 名教是自然之演变,或没落,或堕落。故名教出于自然。虽为遗憾,但是必然的、必要的。② 如免去流弊,则亦为应存在的。即如孙盛(反老庄)亦曰:"圣人礼乐……不获已而制作。""岂不知叔末不得返自然之道。"

参见：佛教末法时代（人天教、三阶教）。

moral necessity[2]

王弼："圣人因其分散，故为之立官长。""始制官长，不可不立名分，以定尊卑。""过此以往，则争锥刀之末。"（政治之兴，理有固然）

metaphysical necessity[3]

故名教出乎自然。顺乎自然则名教不失其真，而可太平。否则，天下可大乱。

郭象：与人群者，不得离人。

故魏晋大多数清谈家意：① 言名教出乎自然，不全主张二者是反对的；② 认名教所以治天下，而是应有的，应存在的。

三、"虚君"主义——无为主义

此主义有二来源：① 天无言而四时行——人君法天；② "无为而无不为"之一种解释。

君乃政治权力、活动之源，故最要。

君仁莫不仁，君子之德风，故最要在君德。君德不在乎躬亲万机，而在安排得宜，或因导得体，或能纯任天机，故一方无名（中和），一方无为（inactive）。此说至魏晋而大行。

（一）法家

魏桓范《世要论》（《隋志·法家》）

"尧无事"，"而圣治"。

治天下在乎法天之"化"。（见《为君难篇》）

参见：杜恕《体论》："故善为政者，务在乎择人而已。"

傅玄："舜奉王臣，无为而化。"

夏侯玄《时事议》。

（二）名家

刘邵《人物志》。

君德中和不偏（无名）。

（三）郭象《庄子注》

得性。不舍己从人，强人从己。一切措施任之而已。治天下实天下自治也。

"与物冥"耳。

《列子注》："君非无言，言而实非言，盖非我言也。"

君无事，无为亦然。

(四) 至治之极。

无君。不知有君。

"含哺而熙，鼓腹而游。"

"尧治天下乃以为许由治之。"

(《庄子》：尧曰"夫子立而天下治"。)

"不识不知，顺帝之则。"

(陶渊明《桃花源记》、诗"秋熟靡王税"。)

"虚君"主义讲到此处亦即"无君主义"，这是老庄绝圣弃智理想之最高表现。

"名教即自然"——这是玄学王何至向郭所同信。

---

① 法语，意为"存在之理由"。

② 道德必要性。

③ 形上必然性。

贵无之学(上)
——王弼

贵无之学有三个系统。一为王、何,二为嵇、阮。王、何二人又不同。王为全新的人物,何则尚脱不了汉学之风。而最脱不了汉学的意义者为张湛、道安,此二人为其三。

一、自汉学至玄学

(一)何晏与王弼。王何二人并论,其故在何晏地位显贵,为王弼之说鼓吹,且当时玄学家不多,王、何、夏侯玄等同时倡导此风,故常并论也。然何晏实带汉人气味。何晏著《论语集解》。此非他一人之作,集前人之说而成。此书不能代表他的思想。《列子·仲尼篇注》引何晏《无名论》一段。又,《列子·天瑞篇》引其《道论》一段(相传何晏以为王弼之说与其道论相合,故称之)。

又,《晋书·王衍传》有一篇《无名论》,相传为何晏作,然颇可疑。从《无名论》可知何晏取名家说法,而以道家之意作为其形上学之根据,此与王弼同。从《道论》可知何晏尚不脱汉学窠臼。《无名论》云:"为民所誉,则有名者也。无誉,无名者也。若夫圣人,名无名,誉无誉。"汉以来,以名治天下,为舆论所称,则有名者也。有名者或文或武,而圣人则超乎文武,故名无名。"谓无名为道,无誉为大,则夫无名者,可以言有名矣。"(圣王知人授官,故有名出于无名。比之道体万有,亦然。)"无誉者,可以言有誉矣。然与夫可誉可名者,岂同用哉?此比于无所有,故皆有所有矣。"而于有所有之中,当与无所有相从,而与夫有所有者不同。君为诸臣之共同之因。诸臣互相不同,或文或武,互不同皆出于同。故曰当与无所有相从。"夫道者,惟无所有者也。自天地已来皆有所有矣。然犹谓之道者,以其能复用无所有也。"天地万物皆有所有,然皆自然运行,正如国家之治以圣人故。道究竟是如何的?汉人谓万物为五行之联合,五行出于阴阳。在阴阳未分时为太素,为元气。此从宇宙论说也。何晏道论中说,万物有黑有白,而道无黑白,却为黑白所从出。此说与汉人无大差别。道出于现象之外,现象之后,为本质。然此所谓道实为一实物,在时间中。故此种学说为科学的学说。王弼之说不同于此。王弼所说道与时间无关。道即宇宙全体。汉人与何晏之说为本质的学说，王弼之说为本体的学说。前者认为万物之性以外有本质。本质无名，而与有名为两个东西。后者则认为体用不二。

（二）王弼的大衍义。何劭《王弼传》（《三国志·钟会传注》引）为现存之最早最有价值的王弼的传记。其中载王弼与裴徽之谈话，何晏称许王弼，又何、王二人论性情之不同。其中又载荀融反对王弼之大衍义（荀融本为王弼之友）。《易传》云：“大衍之数五十，其用四十有九……天数二十有五，地数三十。”汉时经学大师马融释五十为北辰、两仪、日月、四时、五行、十二月、二十四气。北辰（天极宫）居中不动，故曰其用四十有九。马融又谓北辰即太极。郑康成则释五十为十月、十二辰、二十八宿，此说出于易纬。而四十有九者，则以天地数共五十五，去五行，又减一（为何减一，郑未明说）。荀爽则释五十为六爻、八卦为四十八，再加乾坤用九用六共五十。准初九勿用，故四十有九。姚信、董遇则以为天地数五十五，每卦六画，五十五减六为四十九，五十则未释。《易·系辞》与后来哲学最有关者为太极一观念。欲说太极，则必牵涉到大衍之数。王弼“大衍义”即以玄学家之眼光来释天地之数。“大衍义”已佚，韩康伯之注保留一部分（宋人谓韩亲受业于王弼，此可疑，然韩之注与王说近似）：“王弼曰：演天地之数所赖者五十也,其用四十有九,则其一不用也。不用而用之以通,非数而数之以成,斯易之太极也。四十有九,数之极也。夫无不可以无明,必因于有。故常于有物之极,而必明其所由之宗也。"韩康伯说:"有必始于无……取有之所极,况之太极。"无者非别,即有之所极。万有或大或小,皆可以数形容。"有"可以有数,"无"无数。盖数者所以记物。四十有九,数之极,亦有之极也。大衍之数,实只四十九,其一非数,以非"有物"故。然有无非二,有物之极与所由之宗非二。其一不用之一,非数之一,乃形上学之一,一即全,即不二。

汉学研究世界如何构成,世界是用什么材料做的。推源至太初、太始或太素,有元素焉。元素无名,实为本质。汉学为宇宙论,接近科学。汉人所谓元素,为"有体"的,为一东西。唯在其表现之万有之后。王弼之说则为本体论。此所谓体,非一东西。万有因本体而有,超乎时空,超乎数量,超乎一切名言分别,而一切时空等种种分别皆在本体之内,皆因本体而有。王弼不问世界是 what, or what is made of(什么,或由什么构成)。亚里士多德说种种科学皆讲"什么",being this or that(是这个或那个),而形上学讲 being qua being(存在之为存在)。以下分论王弼之学说。

二、道

（一）体、无体。道有众义。其一为理，其一为元气（如《淮南子》）。前者为抽象的，后者则为具体的东西。汉人以至抱朴子，二义混用。王弼所谓道，则与之不同。《论语释疑》云："道者，无之称也。无不通也，无不由也，况之曰道。寂然无体，不可为象。"无为体，此所谓寂然无体，无形体也。（旧时所谓体，皆如身体之体。至王弼始以之为本体。）本体非物，物有数有象，可以用名言去说它。非物，故非数（非四十有九之一），非象，无名。万物纷杂，本体则寂然。形容本体，拟议本体，最好之辞为道。（王弼以为"强为之名曰大"尚不妥。）道即 whole，即 order，无汉人之元气为质料义，而有为法为理义，故曰"通"，曰"由"。说元气先天地生，在时间中，而王弼所谓先天地生，无时间先后意。"不知其谁之子，故曰先天地生。"

（二）道之别一名为常。（1）常有本然义。本来如此曰常，常对奇言。对个人说，有许多事很可怪；对宇宙说，则无所谓奇，一切本来如此。人对外物不能了解，不能控制，乃以为有奇。其实无奇。（2）常有静义。《老子》二十五章注："返化终始，不失其常。"万有千变万化，皆有其理。（3）常有绝对义。"指事造形，非其常也。"(《老子》一章注)指事造形,特殊的,具体的东西有变化,全则不变。有变者为相对,不变者为绝对。就此点言,亦可说常有静义。但此谓静,为绝对的静,包括动静言。

三、自 然

《易略例·明象》:"物无妄然,必由其理。"物无妄然,即自然。此二句即"道顺自然"之确解。道即全,即 absolute(绝对者),即 order(命)。一个东西之所以有,必有所由。万物之有,必由乎道。"物皆不敢妄,然后乃各全其性。"(《周易》无妄卦注)如妄然,则失其性。性即物之如此如彼也。有出于道,亦即有生于无义。

四、道 德

汉有才性论,正始有道德论(后更衍为有无之辨,真俗二谛之争,其实为同一问题)。何晏道德论已为形上学的。王弼所谓道为自然,为常,德即指事造形。"道者物之所由也,德者物之所得也"(《老子》五十一章注)。道德论即无名有名之关系,亦即性与变之关系。王弼以道为体,万物得其一德,与汉末人异。(汉末之道德论,如尹文子[汉末?],实为一种政治学说:君主合于道[1],而臣民得其一才。)《明爻》一篇,说宗主与情伪,其关系为动的

(dynamic)。全即 totality，即 order，谓全为静，乃绝对的静，超乎动静。

五、极

即道之全也。六朝人谓之"宗极"（王弼说极说宗，亦同义）。万有皆出乎道。指事造形，具数理而有。此谓之得（佛家谓之取），在宇宙间得其一定的地位也。此即顺乎自然，即不敢妄然。对"数个理"而言，王弼说道之全。道之全即有之极，即无。个别事物皆有其一定地位，不敢妄然。但若因此"殊其己而有其心，则一体不能自全，肌骨不能相容"（《老子》三十八章注）。一切的安排与秩序即极。王弼有时又说"一极"，明不可分也，又说"大极"。

六、反　本

"复者反本之谓也。天地以本为心者也。凡动息则静，静非对动者也。语息则默，默非对语者也。然则天地虽大，富有万物，雷动风行，运化万变，寂然至无，是其本矣"。具体的事物 A、B 是相对的，二者可以互相冲突，互相排斥。故曰："若其以有为心，则异类未获俱存矣。"王弼所谓天地非道。"天者形之名也"（乾卦注）。本即无，天地以无为心。王弼之说与政治学说有密切关系。

以无为心，即大公，无私，无我。以有为心则反之。天地以无为心，万物自然运行。君主以无为心，乃合于道。若以有为心，则拘于仁义。"健者，用形者也。"健即道。具体的事物 A、B、C 等各具地位，各有其用，是谓顺性守命。然此犹是私，以有为心。反本，即以无为心，则明全体大用。此即道之自用也。具体的事物各有其得（或取），是谓德。道之自得（其实无得）为上德，或圣德。就道体言，道以无为体。就上德言，道以"无"为用（过去释为以"无为"用，误）。《老子》三十八章注："夫大之极也，其唯道乎。自此以往，岂足尊哉！故虽盛业大富而有万物，犹各得其德。虽贵以'无'为用，不能舍'无'以为体也。不能舍无以为体，则失其为大矣，所谓失道而后德也。"此所谓德实为上德或圣德。"盛德大富而有万物"，在政治上说，即君主之治天下。在形上学说，即道之全体大用。用不能舍体。以无为用，即老子所谓"冲而用之"。"执一家之量者不能成家，执一国之量者不能全国，穷力举重，不能为用……"有无穷之力，才能治天下，即为有圣德之君。A、B、C因全而有。若 A、B、C 各只顾自己，各守性命，则至多只是"良民"而已。若 A、B、C 不忘本体，与全体大用打成一片，乃成圣人。是为"与天地合其德"，"与极同体"。如此不失，不忘其体，是为反本，是为复命。四十章注："天下之物，皆以有为生。有之所始，以无为本。将欲全有，必反于无也。"十六章注："复命则得性命之常。""唯此复乃能包通万物，无所不容。"四章注："冲而用之，用乃不能穷。"问：何以普通人不能反于无？三十九章注："物各得此一以成，既成而舍以居成^②。居成则失其母，故皆裂发歇竭灭蹶也。"万有之存在由于本体，非离本体而自存。然既成，且自居于成，乃居末而忘本（居末，故忘本）。A因其在全中之地位而存在，A自居于A，乃忘本，则不能全其生（《老子》四十章注）。

七、政　论

（一）圣人。《老子》各章所说圣人大半皆指君主。在《论语释疑》中，王弼谓君子有二义：一指帝王，一指"德足君物，皆称君子，有德者之通称"。自汉以来，皆信圣人天成，王弼似亦持此见解。"圣人茂于人者，神明也。"神明天成，然王弼所说圣人之内容与儒家说不同。圣人有"则天之德"，无名，中和，与道同体，与天地合其德。圣人之治天下，分职任官，各得其当，即分职合其名分，用人合其名目。分职用人为有名，圣王无名。无名统有名，有名以无名为主。二十八章注："真散则百行出，殊类生，若器也。圣人因其分散，故为之立官长。以善为师，以不善为资，移风易俗，复使归于一也。"三十二章注："始制官长，不可不立名分以定尊卑，……任名以号物，则失治之母也。"三十八章注："夫仁义发于内，为之犹伪，况务外饰而可久乎?"二章注："自然已足，为则败也。"

（二）因。王弼所谓无为，为 natural，对人伪言。任天，或则天行化，非故意如此或如彼。帝王行事，无论为善举或刑罚，皆非矫揉造作，而顺乎自然。顺自然即顺性。物无妄然，皆由其理。顺性即因其性。一为无身。A、B 等自居于其个体或个性，则失其性，此即私。"惟无身无私乎自然"。若以自己为体，为本，则私乎自然。圣王无身，与天地合其德，是为公。圣王行事，无论善举或刑罚，皆为当然。此即亦顺自然，亦即因（参见二十九章注）。帝王之治天下，对于万物万事皆"因之"而已。无为非不作事，政治上一切活动皆应有，但帝王所行之事非造作，而是顺乎自然。王弼不攻击儒家之名教。《老子》三十八章所蔑视之礼，王弼以为是文饰之礼。《论语》云"立于礼"，《论语释疑》云："礼以敬为主。"因即顺自然，即无为而自化。要作到如此，首先圣王必须大公无私。其次，圣王以观感化人，而不以刑制使物。《周易·观卦注》云："王道之可以观者，莫盛乎宗庙……观之为道，不以刑制使物，而以观感化物者也。"宗庙祭祀实大有功用，就是刑制，只要"因"，亦应有。讼卦注云："无讼在于谋始，谋始在于作制……物有其分，职不相滥,争何由兴?"刑制名分使人各得其分,则可免争。又,因非不变。《革卦注》:"凡不合而后乃变生,变之所生,生于不合者也。"民不喜欢变革,但圣王知宇宙间本有变。不合则变,变须得当。《鼎卦注》:"革既变矣,则制器立法以成之焉。变而无制,乱可待也。法制应时,然后乃吉。贤愚有别,尊卑有序,然后乃亨。"《明卦》云:"夫时有否泰,故用有行藏。"

(三)儒道——穷通。虽然老子反对仁义、礼,要弃圣绝智,王弼则以为此是反对假的圣贤,假的仁义(何晏亦如此主张,见《世说新语·文学篇》注引《文章叙录》:"晏说与圣人同")。王弼以为自己的学说为儒的一种解释,并非反对孔子。王、何皆以为"老不及圣",然而何以性与天道等《论语》却不多说,而《老子》讲得很多?《三国志》注引《王弼传》中记裴徽问《论语》书中何以不讲无,王弼答:"圣人体无,无又不可以训,故不说也。老子是有者也,故恒言其所不足。"圣人要教人,故不说无。且就圣人自己讲,亦不必说。王弼把孔老拉在一起说,以名教为训,形上学为体,形上学为名教之根本,而名教为形上学之例证。王弼把名家说放在道家基础上。王弼既以圣人为君,何以有些圣人(如孔子)不做君主?《论语》云:"用之则行,舍之则藏。"玄学家以为孔子本有圣德,可为君主,但天地有数有命,圣人乃有穷通之分。"逢时遇世,莫若舜禹"。《论语释疑》注"子见南子":"否泰有命,我之所屈不用于世者,乃天命厌之。"王弼之说如决定论,物无妄然。宇宙有一定之消长,此命也。穷通之论,最初玄学即讨论。扬子《太玄赋》云:"观大易之损益,览老氏之倚伏。"汉人讲天道即祸福吉凶,扬子讲玄亦讲此。张衡《思玄赋》云:"吉凶倚伏,幽微难明,乃作思玄赋。"张、扬之玄与王弼之玄自然大不同。但王弼之说用舍行藏实根源此最早之玄学。汉人热心政治,认为应该做官。汉末三国人乃渐厌弃政治,以为不一定要做官,做隐士亦可。王弼穷通之论与此倾向相合。《观卦注》且以为隐遁者亦可为民所观。

八、工　夫

除佛家外,玄学很少讲工夫。就王弼之系统说,人类分二部分,臣民各得一体,具特殊之理,有特殊之功能。臣民被统治,而君主则得道之全。君主是圣人,天下自然有秩序。故王弼少讲臣民而多讲君主。君主如何治天下？这方面王弼也讲得很少。因为王弼相信:(1)圣人智慧自备(参见二章注),且圣人顺自然,不造作。"为则伪也"。圣人不需要常人之"学"。(2)圣人之智慧即明。《明夷卦注》:"藏明于内,乃得明也。"圣人之明不外露,无锋芒。《蒙卦注》:"蒙以养正,乃圣功也。"圣人有明,乃能知人,乃能善任。如此,则无为而无不为(《老子》注释"人谋鬼谋"一节可参)。此种说法,原自名家来。(3)只要圣人体无,不必讲体如何如何,只须讲儒家之名教即可。

九、性　情

(一)材料。(a)何晏说圣人无情,王弼不同意,为文辨之。此文有一段保存在《三国志》注引何劭《王弼传》。(b)同传王弼给荀融书曾说:"以情从理"。(c)《乾卦注》:"不性其情,何能久行其正?"(d)何晏《论语集解》释颜子不贰过,以颜子能以情从理也。

(二)应注意之点:(a)圣人只有几个人才合此资格,其他若颜子则为贤人。何晏说颜子以情从理,王弼说圣人以情从理,若谓二说同,则误。(b)自汉以来,性有二义:董子《春秋繁露》:"身亦两,有贪仁之性。"此性包括情言。又云:"身之有性情也,犹天之有阴阳也。"此性与情对待言。(c)性情之分别,从善恶方面言,即性情相应不相应问题。或说相应(或皆善或皆恶),或说不相应(即性恶情善,或反是)。最普通之说为性情二元,即性善情恶。然刘向则谓性情相应,性不独善情不独恶(荀悦《申鉴》甚推崇刘说)。(d)性情之定义,各派异说。与性情相关之问题如善恶、理欲等,各派皆讨论。然以立场不同,定义各异。对于性情之分别乃各异其说。① 董仲舒、班固等从阴阳说性情,性阳情阴。
② 又有从理欲说性情,性顺理而情纵欲。儒家所持之观点常如
此。③ 又有从动静说性情。情为性之动,性为情之未发。性生
而然,为阴。情为已发,形外,接物而发,为阳。刘向之性情相应
说是也。《礼·乐记》:"人生而静,天之性也,感于物而动,性之欲
也。"此为最早从动静说性情。很显然本为道家之说。(e)《复卦
注》:"动非对静者也。"动静(或体用)非二,是王弼说。

（三）《王弼传》:"圣人茂于人者,神明也;同于人者,五情也。
神明茂故能体冲(中)和以通无;五情同故不能无哀乐以应物。"此
王弼驳何晏圣人无情之说也。同传与荀融书:"明足以寻极幽微,
而不能去自然之性。颜子之量,孔父之所预在(知?)。然遇之不
能无乐,丧之不能无哀。"自然之性即情也。《论语释疑》:"喜惧哀
乐,民之自然,应感而动,则发乎声歌。"可证应物之确解即应感而
动。圣人体幽微,明穷通,颜子之寿夭,孔父皆知之,然遇之不能
无乐,丧之不能无哀。依王弼说,性善情亦善,性恶情亦恶,亦从
动静说性情也,而与何晏以情顺理之说全异(《申鉴》和王弼《明
卦》及其对乾、咸、临、大壮诸卦注释可参考)。何晏之本体论似分
二截,故其性情论说圣人无情,圣人以下者,贤人为能以理化情,
常人不能。王弼之本体论说体用不二,其性情论说圣人与常人皆

有情。唯圣人能性其情，久行其正，能随心所欲不逾矩；常人则不能。颜子三月不违仁，是贤者矣。王弼又以为："然则圣人之情应物而无累于物者也。"③答荀融书又云："又常狭斯人以为未能以情从理者也。今乃知自然之不可革。"应者感也，即《乐记》"感于物而动"之感，即《大传》"寂然不动，感而遂通"之感。寂然之体，感于物而动，即为情。情包括感情与情欲二义。圣人有情，此从动静方面说也。圣人性其情，则自然能以情从理。答荀融书所云多戏语。以情从理，非从动静言，乃从善恶言。

---

① 王弼说宗主，以道为主，犹带君主合道说之痕迹。
② 成言其终，生言其始。
③ 承上文驳何晏之语。

贵无之学(中)

——阮籍和嵇康

一、嵇康、阮籍在玄学中之地位

嵇康、阮籍与何晏、王弼不同。王何较严肃,有精密之思想系统;而嵇阮则表现了玄学的浪漫方面,其思想并不精密,却将玄学用文章与行为表达出来,故在社会上之影响,嵇阮反出王何之上,而常被认为是名士之楷模。嵇阮之为名士,与以前之名士不同。汉之名士讲名教,其精神为儒家的;嵇阮等反名教,其精神为道家的。此种转变之故,有四点可述:(一)汉学之穷,老庄乃兴;(二)魏武、魏文出身贫贱,故反对世家大族之名教;(三)曹家压迫汉末名士,荀彧抑郁而死,魏讽之诛,遭难之名士达数百,王粲、宋衷之子皆不免,因此名士乃趋消沉;(四)名士之倾向故主与目睹新朝廷之腐败,乃如嵇康所说"不须作小小卑恭"也。

阮籍为人至慎,口不言人过,但玄远放达,此皆因以故臣立足新廷,怕遭杀身之祸,故饮酒佯狂,终得免于难。嵇康为人,锋芒较显,其《家诫》中以忠义勉子弟,谓"不须作小小卑恭,当大谦裕。不须作小小廉耻,当全大让。若临朝让官,临义让生,若孔文举求代兄死,此忠臣烈士之节",而终遭钟会之忌,不免于难。嵇阮之放荡,皆有所为而为,或惧患祸,或为愤世嫉俗。其放达并非为放达而放达,亦不想得放达之高名;晋之名士,则全异其趣,而流弊多矣。

放达之士,其精神近庄子,嵇阮开其端,至西晋而达极盛。讲《老》《易》者如王何,较严正,以名教合自然。讲庄子者则较浪漫(romantic),反名教。以反名教故,乃引起很多人反对之。向秀郭象乃一反当时之风气,给《庄子》以新的解释,谓庄子亦并不反名教,则有"崇有"之学。

二、嵇康、阮籍之学说

(一)元气说。嵇康、阮籍把汉人之思想与其浪漫之趣味混成一片,并无作形上学精密之思考,而只是把元气说给以浪漫之外装。他们所讲的宇宙偏重于物理的地方多,而尚未达到本体论之地步。二人以阮籍的思想较好,他有《通老》、《通易》、《达庄》等论。《达庄论》讲宇宙之实体与郭象等之说完全不同。他说："天地生于自然，万物生于天地（按：指所看见的）。"天地为两个，自然为一个；元气为自然，分而为天地，即阴阳。自然为一体，有时变为山河大地等等，所以他说："一气盛衰，变化而不伤。""气"是恒常（con-stant），所以不能增减。"人生天地之中，体自然之形。身者，阴阳之精气也。性者，五行之正性也。情者，游魂之变欲也。神者，天地之所以驭者也"（《达庄》）。身与神有何分别，阮氏未之明也。"神"在阮氏学说中极为重要，因"神"也可以说为元气。据他看来庄子之宇宙就是元气、阴阳、五行等等，此说与王弼所说完全不同。王弼之学说，以为"有"是物质的实体（physical entity），"无"是 Logical，抽象的，并不离开"有"，不像"气"之包含一切。所以说阮籍之学乃为汉人之旧。

嵇康之《太师箴》说宇宙："浩浩太素，阳曜阴凝，二仪陶化，人伦肇兴"；《明胆论》："夫元气陶铄，众生禀焉。"宇宙为一浩浩元气，人生一切皆元气所造，元气衍而为阴阳五行，人乃或有"明（智）"或有"胆（勇）"及其他种种分别（此说并未超出形而下之学说也）。

（二）自然三义。自然为元气，盖就实体说，自然为"混沌"（"玄冥"）、为"法则"（"秩序"）、为"和谐"（"天和"），盖就其状态说。

1. 自然之第一义——混沌、玄冥。嵇康阮籍以为自然是一undifferent state(不可分状态)，如老子之"恍惚"、庄子之"混沌"一样，宇宙最初之时就是这种状态，或谓之"漂惚"、或谓之"玄冥"。这种状态，可引起人们种种想象，如西洋之浪漫主义时代。"玄冥"者，"玄"为同，"冥"为一，引而申之谓在本体上无分别、无生死、无动静、无利害；生死、动静、利害为一，那有分别，此与庄子"齐物"相同。玄冥是 primitive state(原初状态)、是自然的，非人为的，犹如未经雕刻之玉石(朴)，这种状态是最好的；社会上、政治上若有太朴之情形，是他们最理想的世界。在这世界内，无礼法之限制，精神上非常自由，诗人文学家多此想象，故嵇阮有此思想。

阮籍《达庄论》中说："自然一体，则万物经其常。……一气盛衰，变化而不伤。是以重阴雷电，非异出也；天地日月，非殊物也。故曰：自其异者视之，则肝胆楚越也；自其同者视之，则万物一体也。""别而言之，则须眉异名；合而说之，则体之一毛也。"故"至道之极，混一不分，同为一体，得失无闻"。此所谓"极"，自与王弼不同，总是"若有物焉"。太初即为自然，人生亦当返乎自然。此所谓"返乎自然"者，返乎太古也。太古人民淳朴，欲淳朴，故反世人之学。阮籍谓:"太古之论,玄古之微言","后世之好异者,不顾其本"。"本"即同,即混沌,与"异"即分别对。君臣仁义等分别,即"学",非本有。今异而古同,故须返古也。张辽叔《自然好学论》以为仁义亦自然所好。嵇康立论难之,以为"学"非自然,乃出乎抑制,应去此等抑制,让自然流露(此说颇似卢梭)。故为人应显,应坦白,而不可隐匿。嵇康《释私论》谓:"私以不言为名,公以尽言为称",人欲之私使人不坦白,情不系乎所欲乃为公。"心无措乎是非"即无著,不拘于是非,乃能公。嵇阮崇自然反名教,自然为同,名教为异,名教后天之学也。王弼与嵇阮皆认为道无名不可分,器有名可分。但王弼认为"无"、"有"不二,故并不因崇"道"而蔑视"器"。嵇阮之学未脱汉人窠臼,道器有时间上先后,故道器可分为二截,既崇太古之道,乃反后天之器。但朴素之时代一定要达到名教之时代,混沌一定要被凿,淳朴之太古即已过去,此返自然,自非本来之自然,而圣人治天下亦非废名教。阮籍《答伏义书》认为遇时则可仕,不遇时则逍遥山林,而《乐论》则以为礼、乐是一个东西,"礼定其象,乐平其心;礼治其外,乐化其内"。可见嵇阮并非绝对反礼教,而以虚饰之礼为不好。又,嵇阮并不全然反对君臣之关系,其与作《无君论》之鲍生自不相同。嵇阮愤激之言,实因有见于当时名教领袖(如何曾等)之腐败,而他们自己对君臣大节太认真之故。嵇康《家诫》即说不要作小忠小义,而要作真正之忠臣烈士。东晋人尚知竹林名士与元康名士之不同,前者有疾而然,而后者则为放达而放达也。

2. 自然之第二义——法则、秩序。汉人说元气为有法则的、有秩序的,天有三纲,地有六纪,故人亦有纲纪,元气、阴阳、五行、四时皆有法则。嵇阮之学说虽甚浪漫,然亦崇秩序与法则。就"自然"之构成说则为"元气",而其存在之形式则为有法有则的。阮籍《通老论》说:"圣人明乎天人之理,达乎自然之分","道者法自然而为化";《通易论》说:"易顺天地,序万物,方圆有正体,四时有常位","上下合洽,裁成天地之道,辅相天地之宜,以左右民,顺其理也","是故圣人以建天地之位,守尊卑之制"。阮籍从天地之法则讲到人事之法则,皆为顺自然也。但嵇康阮籍所谓法则与王弼所说者自不同,此法则是有情调的,富于感情的,有音乐性的,其说为一种对宇宙之 poetic feeling(诗意的感情)。

3. 自然之第三义——天和、和谐。嵇康、阮籍以为"自然"是一和谐之整体,其所以"和谐",盖因其为混沌无分别状,故是"和";又因其有法有则,故是"谐"。此"和谐"盖为宇宙之"天和"(Cosmic harmony)也。嵇阮均为音乐家,常以音乐之和谐说明自然之和谐。阮籍《乐论》谓:"夫乐者,天地之体,万物之性也。合其体,得其性,则合;离其体,失其性,则乖。昔者圣人之作乐也,将以顺天地之体,成万物之性也。"最好的音乐为尧舜的音乐,乃自然之表现,"八音有本体,五声有自然"。空桑之琴所以最好,乃因天地之和谐在此可以表现。云和之瑟、孤竹之管、泗滨之声皆如此也。"以此观之,知圣人之乐,和而已矣"。"和"即天地之性、自然之理,并非人之感情,可以说"天和"为超越主观的分别。此点阮籍之《乐论》虽论及,然不甚圆满。盖使人有喜怒哀乐之音乐,不是真音乐,真音乐"使人精神和平,衰气不入",此嵇康《声无哀乐》论之甚详。天地是和谐(harmony),音乐乃表现和谐(expressing the harmony),所以他说:"默然从道(按指任乎自然)……和心足于内,和气见于外。"音乐能于天地相应,所以应超乎主观之分别,完全表现客观之特性,不但哀不是音乐,即乐也不属于音乐。此较阮籍更进一步。声音完全代表天地,超乎一切主观之分别,音乐既是表现天地之特性,所以也不应有主观之分别,嵇康说:"音声之作,其犹臭味,在乎天地之间……其体自若而不变也,岂以爱憎易操、哀乐改度哉!"声音本身是自然的,所以说"声音有自然之和,而无系于人情。克谐之音,成于金石,至和之声,得于管弦也"。金石管弦都是自然的,所以应该表现自然的性质("和"),因此可以拿它作音乐之器具。嵇康又说:"声音以和平为体,而感物无常;心志以所俟为主,应感而发。然则声之与心,殊涂异轨,不相经纬,焉得染太和于欢戚,缀虚名于哀乐哉?"神游于辽阔之境,自然无哀乐之苦。

(三)逍遥放任之人生观。王弼之学说,最后归于抱一,即得乎全,也就是反本,此乃老子之学说。嵇康、阮籍之学说非自老子而来自庄子,得到庄子逍遥、齐物之理论,而用文学家之才华极力发挥之。他们虽也主张秩序,但偏于奔放,故其人生哲学主逍遥。其人生哲学之要点:(1)超越世界之分别;(2)既超越分别,故得放任;(3)逍遥为放任之极(神游于无名之境)。

(1)超越世界之分别。所谓"超越世界之分别"者,乃谓不受世间人事的限制,不为礼法所束缚。而人世之礼法,乃至内外情欲、声音颜色等一切外在的东西能剥夺人之天性。至人法天顺自然,故无是非,无喜怒哀乐之情,此所谓"无情"是真正的无情,非以情从理。"无情"则能于世界无分别。盖若有主观之分别,则伤人身体与精神,使人不能表现其天真,如阮籍《大人先生传》所说:"造音以乱声,作色以诡形,外易其貌,内隐其情,怀欲以求多,诈伪以要名。……坐制礼法,束缚下民。"嵇阮所希望者,乃在自然的状态中,有自然之流露。所谓伦常均非天真,有了伦常就使人有分别,有造作,有争斗,而不得反自然也。"无贵则贱者不怨,无富则贫者不争",而"尊贤以相高,竞能以相尚,争势以相君,宠贵以相加,驱天下以趣之,此所以上下相残也"。在此两种不同之境界中,可以看出争与不争,分别与不分别之不同。嵇阮之学说本来自庄子多,而得之于老子少。他们要超出主观的分别世界,而达到无分别之世界,此属其人生观之消极方面。

(2)放任。嵇阮之人生观在积极方面则为放任。放任就能超越分别,即谓因超越分别而放任也。不为是非情欲所累,则其性超越,至人循性而动,应变顺和,超分别而游放,此即阮籍所谓之大人先生也。故曰:"至人无宅,天地为客;至人无主,天地为所;至人无事,天地为故。无是非之别,无善恶之异,故天下被其泽,而万物所以炽。"放任即顺乎自然,有规则无规则之境界,此最和谐之境界也。能代表和谐者是音乐,音乐一方面奔放,另方面有秩序,故人至放任境界是在无规定之中自有规定,如阮籍之"应变顺和",嵇康之"和理日济,同乎大顺"。

(3)放任之极则为逍遥。受世界之束缚乃在于心,心若能放任,自无世界之累。嵇阮以为人有形神两方面,而神可以超然,所以逍遥即神游也。故至人即世界内的神仙,是神游之人,为理想之人格。阮籍有《大人先生传》,嵇康有《养生论》。他们所说的"至人"不仅心理之描写,而且相信实有这种人,如阮籍《答伏义书》中就有这样的见解："荡精举于玄区之表，据妙节于九垓之外，……从容与道化同逌，逍遥与日月并流。"此种神仙似的人物在现世界内就有，所以他说："徒寄形躯于斯域。"至人可既不脱离形躯，又不脱离世界，而精神则能不受限制，故嵇阮之人生观乃由齐物而达逍遥也。

贵无之学(下)

——道安和张湛

一、道安的贵无学说

道安、张湛皆与佛学有关,其所注意的问题均为生死问题,故可放在一起讲。

(一) 汉魏间之佛学

魏晋之佛学可分成二阶段,鸠摩罗什以前与以后不同,罗什以后之佛学为非有非无之学;罗什以前之学则为崇无,为此章所讲者。

1. 汉代道术。汉人称其学,无论黄老或方士之说皆曰道,道术有一部分曰方术。盖方术者,要在长生久视,盛于燕齐与荆楚之地。汉武帝惑于李少君,祀神求仙;楚王英惑于道士刘春,斋戒祭祀,均与长生久视有关。然汉代道术则有两特点:(1)道术皆脱离不了政治,司马谈谓道家为君人南面之术;《史记》谓邹衍等"以仁义为本",亦为政治之说。而五德终始、三统循环、封禅之说、灾异之论等等,皆与政治有关。甚至《太平经》虽为神仙家言,亦自称为政治学说,进言广嗣兴国之术。(2)方术之方有巫术(Magic)之义,如召鬼神、祠灶均是。

2. 汉代佛学。汉代佛学为道术之一种,其重要之说为"精灵起灭",即灵魂轮回也。此说有可注意者二:一点为,若要长生即须人的灵魂超脱轮回而成神,此与神仙家所言肉体飞升等甚不相同。又一点为,或与政治无大关系,盖初传之佛教在求个人解脱也。但佛教在汉代终究脱离不了道术,楚王英尚浮屠之仁祠;明帝诏书中并称"仁祠"言"与神为誓",此在当时均有政治上的意义。且亦重"方",如有汉明帝夜梦金人的故事;又如禅定(吐纳)为养生之术,以为此可升天。

3. 汉魏间反对方术之言论。汉代之学说皆为杂家,阴阳、儒、道、神仙、形名(或刑名)等揉成一团,而以阴阳五行之说为骨干。然在其中则有"净化运动"暗暗发展,严君平、扬雄、桓谭、张衡、王充、冯衍、王符等皆是。古文经学之反对今文经学亦"净化运动"之一部门。汉末反对方术之论,亦继承此"净化运动"而来。

净化之结果,阴阳和儒、道各派乃分离。道家之独立,乃有玄学之发展。阴阳五行之说(本)与神仙家言(末)自成一集团,是为道教。道教初或为民间之宗教,正如玄学为上层之学问。佛教在汉称为佛道,为汉众道之一,与方仙道、黄老道、太平道、五斗米道等平列。牟子称道有九十六种,而以佛道为最盛。佛道亦如各派发展,净化之结果乃有汉末以后"佛玄"之产生,而残留之渣滓则与神仙学说混在一起。

汉末反对方术之兴起,故有种种之原因,兹不能详论。荀悦《申鉴》、王符《潜夫论》、仲长统《昌言》皆有反对方术之言论,当与不满汉末政治昏乱有关。曹魏之时,魏文帝之《典论·论文》、陈思王之《辨道论》亦皆反对方术,亦与当时政治有关。而此种反对方术之言论,产生了两个影响:(1)普通人的长生之术,在炼丹、吐纳、辟谷等方,及反对之论出,讲养生者乃不注重身体,而注重心神,如嵇康之《养生论》是;(2)重心乃在养神、重清净无为,故为玄学廓清道路。此二方向为佛教本有者,因之佛教日趋兴盛(参见牟子《理惑论》),故反对方术之结果,等于反对汉人之方术,而助长佛教之方术,且为"佛道"进而为"佛玄"准备条件。

4. 汉魏间佛教之二系。汉魏之际,其时当新旧交替,佛教分为二系:安世高之佛学为小乘,重禅法,其再传弟子为三国时之康僧会；支谶之佛学则为大乘般若，其弟子为支亮，再传弟子为支谦。前一系为汉朝佛道最重要者，而后一系则为佛玄之开始。

安世高一系，其对于宇宙人生之学说以元气为根本，元气即五行，即五阴(后译为"五蕴")，佛教言人本为五蕴聚也。而溯自汉以后，译"蕴"为"阴"，安世高译之《阴持入经》云："积为阴貌"，仍得"蕴"之原意。汉代以来，中国阴阳五行家盛行元气之说，故汉魏佛教徒以之与"五阴"相牵合。元气之微妙在为神识。元气和，即五阴配合得好，则人心平和而身无疾。若元气不和，则人心烦乱而身有病。如何使元气和？在引导元气往正而不往邪的方面走。元气本自然发展，然外力阻碍其自然发展，是即逆天。若作种种运动使元气得自然发展，是即顺自然，即正。此种运动如八段锦，为施于身体者，但佛教之禅法更重内心，心神平静，静故明。心之动为意，乃有种种烦恼。养心神在守意，守意之法在"安般"，即如"吐纳"也。道安《安般注序》曰："安般者，出入也"，"安般寄息以成守"。故安世高译《安般守意经》，而康僧会大力提倡之(见《出三藏记集》六)。能守意，心神乃明静，心明神静则无不照无不能而成佛也。故康僧会《安般序》曰："得安般行者，厥心即明，举眼所观无幽不睹，……无遐不见，无声不闻，恍惚仿佛，存亡自由，大弥八极，细贯毛厘，制天地住寿命，猛神德坏天兵，动三千移诸刹，八不思议，非梵所测,神德无限,六行之由也。"此种学说盖即是受道家养生成神之说之影响也,故安世高一系之佛道大体上与汉之方术同。

支谶系与安世高一系不同,后者是为个人的(personal),主养生,少思寡欲、清净无为而成神。前者则不然,讲神与道合。所谓"道",即元气,即理,即天地之心。个人之神本即道,因种种后天之关系,神乃受到限制而不能与道合。"道"无名、虚,而无所不在,为万物之本体。神欲解脱种种之限制,即在认识其本体。如能认识其本体,即重新与道合一也。康僧会主养神,故重禅法;支谦主明本,故重智慧。支谦译之《大明度无极经》第一品原注有曰:"师云:菩萨心履践大道,欲为体道,心为[①]道俱,无形故空虚也。"此中所谓"体道"者,心与道俱也,亦即"与道俱成"(见阮籍《大人先生传》之意)。又此中所谓"无形故空虚"者,因"道常无形",而心神亦非可睹也。据此则支谦实深契老庄之说者也。支谶一系为泛神论(pantheism),而安世高一系则为神教。支谶译《般若经》之一种(《道行经》),盖其说甚重智慧(般若);说神与道合,故重法身。支谶又译有《首楞严经》。支谶之学实为佛玄之始。

(二) 佛玄之兴盛

支谶之说与老庄之学接近。及魏晋间,玄风大盛,佛学亦随之兴盛。而当时僧人之人格,最能合乎逍遥之理想,故为一般士大夫所仰慕。僧人居山林,不受礼法之束缚,不必讲君臣之关系,故名僧与名士常甚相投,《般若》与《老》《庄》又可互相发挥。西晋士大夫与僧人之交游与汉代大不相同,盖因乱世如麻,出家者日多,且此等出家者之中又多有研究老庄者,两晋之佛学一变为上层阶级之佛玄也(当然其时民间仍有佛道流行)。西晋有僧支孝龙者,以风姿见重于时,与名士阮瞻、庾敳并结知音之友,世人呼为"八达"。东晋初有僧支遁雅尚老庄,风好玄同,说《逍遥游》新义,为世所重,与王、谢大家时相往还。而有孙绰以七道人与七贤士相比拟,作《道贤论》(见《弘明集》卷三)。名士释子共入一流,世风之变,可知矣。时《般若经》之译最多,有支谶之《道行》,支谦再译之《明度无极》,有竺叔兰之《放光》,竺法护之《光赞》等等,均行于世。而奉《般若经》又可分为二期:一为道安时代之般若学;二为鸠摩罗什时代之般若学。

(三) 道安时代般若学之诸系

刘宋僧镜作《实相六家论》(每家分二系),昙济作《六家七宗论》,僧肇作《不真空论》内评三家,三说各异。西晋中叶(惠帝)至东晋初,般若学最盛。道安谓中国佛学之盛,在"汉之末世,晋之盛德",桓灵以前,未尝有佛学也。又说:"于十二部,毗目罗部最多,以斯邦人老庄教行,与方等经兼忘相似,故因风易行耳。"(《毗奈耶序》)十二部者,大乘十二部也,毗罗(Vaipuliya)之学为方等,而般若属于方等。道安所言,盖谓般若因老庄而易行,并未言般若影响玄学之兴起也。又言"大品出后,虽数十年,先出诸公略不综习,不解诸公何以尔。……但大品顷来东西诸讲习,无不以为业"。"东西诸讲习"谓东西两京之讲习,故《般若》大品之盛行,当在道安壮年以后也。《般若》之形上学,至少在表面上与老庄甚类似,其如"性空"颇似老庄说"道",后译为"真如"(Tathatā = thatness or suchness)甚难译,最初译为"本无"。盖魏晋初期之玄学皆崇无,号万物为末有,道体为本无,此以玄学之说附会"般若"也。"本无"者,以无为本,本即是"无"也。又《般若》说二谛,当时人即了解为真谛者讲本体之无,俗谛讲万物之有,故当时般若学之中心问题亦为本末、有无之问题。般若学之诸系,其分别也在本末、有无之争。又,心灵与物质之分,中国思想史中讨论甚少,而佛教对于心理、物理之分析皆极细密。心与物,孰为本无,孰为末有? 或说心无,或说物无,或说心物皆无。僧肇《不真空论》所谓三家,为心无、即色(物无)、本无(心物俱无)。僧镜《实相六家论》之各派,其最重要之问题为空(无、真谛)有(俗谛)之争。据元康《肇论疏》引宝唱《续法记》，谓"释僧镜作《实相六家论》，先设客问二谛一体，然后引六家义答之"。第一，以理实无有为空，凡夫谓有为有。空则真谛，有则俗谛。第二，以色性是空为空，色体是有为有。第一派似为本无，第二派似为即色。"色体"者，形体也；"色性是空"者，色无自性也。以下三、四、五家论心，第六家论色。第三，以离缘无心为空，合缘有心为有。第四，以心从缘生为空，离缘别有心体有为有。第五，以邪见所计心为空，不空因缘所生之心为有。三宗皆论心之有无问题。佛教所谓"心"，概指"六识"，然此所说"心"，不必同于佛教原意而是照中国人的方式所了解的。中国人说"心"约当于 mind 或 spirit，而颇类佛教说众缘所生之"我"。第六，以色色所依之物实空为空，世流布中假名（之物）为有。此与第二家相似实不同。昙济《六家七宗论》载本无、即色、识含、幻化、心无、缘会六家，唯本无有本无、本无异二宗，故曰七宗。心无即心空，论心也，即色、识含、幻化、缘会皆论色，本无二宗即论本无，要皆如僧肇所论者也。

（四）本无宗和道安学说

"本无"为"真如"之意译，故广义言之玄学皆可以说是讲"本无"的。其次，一切般若佛学皆可称为"本无"，如即色本无宗，幻化本无宗等。王洽《与支道林书》曰："今本无之谈，旨略例坦，然每经明之，可谓众矣。然造精之言，诚难为允，理诣其极，通之未易。岂可以通之不易，因广同异之说，遂令空有之谈，纷然大殊"云云。一切空有之谈皆可说是"本无"。但"本无"之第三意义，亦即最狭义，仍指道安与竺法深之学也。道安之学又名"性空"，竺法深之说又名"本无异"。

道安为中国佛教学史上之第一人，且在佛教之传布发展上甚关重要，甚有声望。自晋至唐，公认道安与罗什、僧肇、吉藏等同为般若之宗师。吉藏之著述中，屡言道安之学与罗什等同，其实不然。道安之著作多佚，照现存之片断看（现存有《人本欲生经注》及经序十九篇，其十八篇见《祐录》，《鼻奈耶序》一篇见《大正藏》二十四），安公痛苦悲悯之心情甚深。盖道安生于"五胡乱华"之世，有见于生死无常、世间之种种苦恼，乃皈依佛教。道安之人格甚坚贞，无丝毫浮薄名士之习气，故影响于佛教发展甚大，而其学则未必如一般人所想象也。道安生当于佛道与佛玄交替之际，早年在北方，北方盛行佛道；中年至南方，南方则有新兴之佛玄。佛道重禅定，佛玄重智慧。道安之学从禅数讲到般若，故其学可分为禅数与般若二部分。关于禅数之著作多成于早年，而关于般若者多成于中年以后。讲禅数者用格义，后悟其支离，乃极力攻击之。而实亦未脱离也,如《合放光光赞序》文之末,仍以可道、常道与二谛相比。

禅数之说(当时又称为"数学")把宇宙人生分析为许多数,如五蕴、十八界等。其中一部分乃烦恼(或欲)之分析,分析烦恼在于用禅法择灭。"数学"自安世高一系传来,道安称安世高最懂禅数。道安早年之学,盖与安世高相类,但加上若干老庄之色彩。道安说禅法即是老子所谓"损之又损"终至于"无为"(即灭)而成神,以至于"举足而大千震,挥手而日月扪"(是神通也),心如槁木死灰,外物不能伤,而"与太虚等量"。道安之说非普遍之神教,而为泛神论(pantheism),由禅法使一普通人的人格达到宇宙(cosmos)之本体。

道安至襄阳后,其学乃转变。在襄阳十五年,每年讲《放光》两次,晚年至长安亦然。但其讲般若,盖亦早年之学的自然发展也,且亦未脱早年之风格,故可谓自禅观以趣性空者也。道安说:"萧然与太虚齐量,恬然与造化俱游。"(《人本欲生经注》)此语可有很多解释,但道安之说恐不异于汉人。汉人说人为元气造成,人成道复归于元气也。道安之般若学,亦可说以此等说法为根据。据记载:本无宗谓"如来兴世,以本无弘教。故《方等》深经,皆备明五阴本无。本无之论,由来尚矣。何者? 夫冥造之前,廓然而已。至于元气陶化,则群像禀形。形虽资化,权化之本,则出于自然。自然自尔,岂有造之者哉!由此而言,无在元化之先,空为众形之始,故称本无。非谓虚豁之中,能生万有也。夫人之所滞,滞在末有,宅心本无,则斯累豁矣。夫崇本可以息末者,盖此之谓也"(《名僧传钞·昙济传》引《六家七宗论》)。故道安所谓"无"者,廓然无形无象之元气也,元气之原来状态也。"无"有两方面:一为静,即"无为";一为齐,即"无名"。齐则齐一生死,泯尔都忘;静则寂然不动。此盖以道家之意义或色彩加于汉人之宇宙论也。

道安之学名"本无",又名"性空",吉藏《中观论疏》曰:"安公明本无者,一切诸法,本性空寂,故名本无。"道安之《合放光光赞序》深述此义。道安之状般若法性,或可谓常之极,静之极欤。至常至静,故无为,故无著。故解无为曰渊默,曰泊然不动。解法身为一,为静而不缁,谓泯尔都忘,二三尽息。解如曰尔,尔者无能令不尔,所谓绵绵常存,悠然无寄也。故自安公视之,常静之极,即谓之空。空则无名无著,两忘玄莫,隤然无主。由是而据真如,游法性,冥然无名。由是而痴除而尘垢尽。除痴全慧,则无往而非妙。千行万定,莫不以成。药病双忘,辙迹齐泯。故空无之旨在灭异想,举吾心扩充而清净之,故万行正矣。此即为道安说解脱之道也。凡此常静之谈,似有会于当时之玄学;融会佛书与《老》、《庄》、《周易》,实当时之风气,道安般若学说似仍未脱此习气也。

二、张湛和《列子注》

《列子》之作者,有谓为张湛自作者,此或不确。盖《列子》原来就有,后或多零散,而由张湛加工编定,故后人以为张湛所作。张湛的思想主要都包含在他的《列子注》一书中,此书所讨论的问题亦为生死问题,与道安要求解决的问题相同。生而必有死,为人生最大之烦恼,《列子注》欲解决此生死问题,故其《序》有曰:

> 其书大略明群有以至虚为宗,万品以终灭为验;神惠以凝寂常全,想念以著物自丧;生觉与化梦等情,巨细不限一域;……然其所明往往与佛经相参,大归同于老庄。属辞引类特与《庄子》相似。

魏晋人注书,其大意在《序》及"篇目注"(品目义)中表现得最清楚,《序》为全书之大意,如欲了解其思想,必先知其《序》;"品目义"为全章(篇)之大意,由"品目义"列举大纲,以清眉目。"群有以至虚为宗,万品以终灭为验",乃其宇宙观,以不生不灭之"至

虚"为本体,以"群有"为变化。"至虚"即"无",即"以无为本"。而
"神惠以凝寂常全,想念以著物自丧"则为人生观,解脱由觉,沉溺
由迷。"生觉与化梦等情"者,即生死齐一也。齐一生死乃能逍遥
任远,凝寂常全。而佛教要亦在解决生死问题,故张湛之学说与
之相参也。又说《列子》"大归于老庄",而实更"特与《庄子》相
似",而不甚与老子学说相似也。《列子》八篇其中不免有相矛盾
之处,但张湛则以为八篇一贯:第一篇说存亡变化;第二篇说顺
生死;第三篇说无变化;第四、第五篇说玄照(智慧解脱);第六篇
说知命;第七篇说达生;第八篇说通变。故八篇皆说生死问题也。
佛教说生者必灭,且以为要解脱必借智慧,《列子注》皆与之同。

(一)"群有以至虚为宗"

《天瑞》一篇即说存亡变化,故要在解释"群有以至虚为宗"。
所谓"宗"者,创始命宗,为宗极、宗主之义,即"体"也,如说"至无
者,故能为万变之宗主也"。盖佛教本无名宗,初亦无宗派之义,
本无宗者,以本无为体也。

1. 群有万变,至虚不变。《天瑞》篇目注曰:

夫巨细舛错,修短殊性,虽天地之大,群品之众,涉于有生之

分,关于动用之域者,存亡变化,自然之符(按:符,信也,验也;"自然之符",即"天瑞"也)。夫唯寂然至虚,疑一而不变者,非阴阳之所终始,四时之所迁革。

盖群有之变,依于至虚之不变,有不变而后乃有变,变不能自变,必有变之者。"变不能自变"者,谓变不能生,变不能化,此点系采自向、郭《庄子注》;"必有变之者",郭象无此说,向秀注则或有(详后)。故张湛于《列子》"有生不生,有化不化"下注曰:"不生者,生物之宗;不化者,化物之主。"不变如海,变如波浪,有不变故有变也。

2. 群有有形,至虚无形。盖既为群有必定有形,有种种之外形(form),最重要的是有物质的形体(physical figure)也。有形即有分别,故注曰:"夫体适于一方者,造余涂则阂矣。"王弼曰:"形必有所分,声必有所属,若温也则不能凉,若宫也则不能商。"又曰:"质,性也。既为物矣,则方圆、刚柔、静躁、沉浮各有其性。"而至虚无形,则超乎一切分别,故曰:"夫生生物者不生,形形物者无形,故能生形万物,于我体无变。"群有各有偏,虚则不偏,能不偏则能反其真,为能归根,归根则无物。"凡滞于一方者,形分之所阂耳。道之所运,常冥通而无待"。"何生之无形,何形之无气,何气之无灵？然则心智形骸,阴阳之一体,偏积之一气；及其离形归根,则反其真宅,而我无物焉"。按,"气"有二义,总者为至虚(元气),别者为有形,此别也。

3. 群有有化,至虚无化。此言生灭。"万品以终灭为验"此语为"群有以至虚为宗"之张本。按张湛意,至虚与万品仿佛有绝对(absolute)与相对(relative)之关系,然其实他并不曾把这关系弄清楚。郭象《庄子注》"故不暂停",意即谓无"故",盖一切永远涉新也。"方生方死,方死方生"。《列子注》用此义谓宇宙潜化,万物不能逃变化,故曰："生不可绝","死不可御",没有不变化之物,万品皆在生灭变化之中,唯至虚不在变化之中。至虚不变,故能变；至虚无生,故能生。所谓有生之物,即为有形之物,"夫尽于一形者,皆随代谢而迁革矣,故生必有终。而生生物者无变化也"。且张湛用庄周"藏舟于壑"义说："夫万物与化为体,体随化而迁,化不暂停,物岂守故？故向之形生非今形生,俯仰之间,已涉万变。"此"向之形生非今形生",言"万物"顿生顿灭,而"万物与化为体",此言"化"即能变义也。群有既常生常灭,而群有之本是什么呢？

4. 本无。相对的万有(relatives)有生化,绝对的(absolute)"无"无生死,不变的能变者为一切变化之本,至虚不变无形,不变

无形即无,至虚为本,故曰本无。张湛于《列子》"生物者不生,化物者不化"下注曰:

> 庄子亦有此言。向秀注曰:吾之生也,非吾之所生,则生自生耳。生生者岂有物哉? 故不生也。吾之化也,非物之所化,则化自化耳。化化者岂有物哉? 无物也,故不化焉。若使生物者亦生,化物者亦化,则与物俱化,亦奚异于物? 明夫不生不化者,然后能为生化之本也。

张湛引向秀语,意欲说明"群有有生,而无不生"。至虚者即至无。按,张湛所谓"无"与王弼、阮籍均不同。王弼所谓"无"并不是指"无有",阮籍亦不是指"不存在"(nonexistence),然张湛所谓"无"则近于 nonexistence。照他看"无"的意思中没有"有"(existence)的意思,反过来说 existence 就不是"无"。所以他说:

> 谓之生(有)者则不死,无者则不生,则有无不相生。理既然矣,则有何由而生? 忽尔而自生。忽尔而自生,而不知其所以生。不知所以生,生则本同于无;本同于无,而非无也。此明有形之自形,无形以相形者也。

凡是"生"都是有限的(finite)，而"无"不能用"有限的"来解释，所以"无"和"有"的关系不能用"生"的关系来说明。所谓"生"只是在现象界中，而"形、声、色、味，皆忽尔而生，不能自生者也。夫不能自生，则无为之本"。"忽尔而生"似向、郭独化之说也。但"无为之本"则与向、郭(特别是郭)截然不同。从这里可提出两个问题：一是"无者则不生"；二是"不能自生，则无为之本"。

"无者则不生"。盖"无"和"有"是对立的，"无为之本，则无留于一象，无系于一味"，此谓"无"若为圆、为黑，则方、白之物将何所有？而现象界有方、圆、黑、白……故"无"不能限于一象，所以"无"是不生不死的。如"无"能生能灭，则无以为"无"矣。所以他引用了向秀说的话："若使生物者亦生，化物者亦化，则与物俱化，亦奚异于物。明夫不生不化者，然后能为生化之本。""生"则有限，"无"则无限。有限的存在(finite existence)是有变化的，"尽于一形者，皆随代谢而迁革矣，故生者必有终"。有限的存在如图：

始(生)　　　　　终(灭)

而"无"则无此性质。盖"有始即有终"是佛教"无常"之意。而佛教之涅槃，即不生；道教之成仙，即不死，张湛之学说与佛教之学说甚相近也。

又群有为相对(relative)，有形有象，故曰"适一"。"无"，无形无象，故曰无方，或曰"无所寄"。"适一"者适于一方，方即有所限制也。万物各有所宜，各有其性，各有其理，"生各有性，性各有所宜"，"生必由理，形必由生"。方安于方，而不为圆，是有所宜也。性或理者，物之所生也。物者万物中之一物，其所由之理乃万理中之一理也。群有相对，一物之生与别物异，一物之形与他物不同，而"本无"或宇宙之全体其本身即是万理、即是万物，故张湛数次引向、郭语："天地者，万物之总名也。"就变化言，特殊的事物有始终、存亡、聚散等等，以群有有彼此，故而变之；全体则无方，无终始、存亡、聚散等等可言，故无变。有方之甲、乙，出入太虚，复归于太虚，此出彼入，此存彼亡，而太虚本身则无所谓出入、存亡、生死也。变化继续不断，其实无"所谓甲"、"所谓乙"，故曰："方死方生，方生方灭。"而"无"则无聚散、生死等等，盖"无"者"群有之总名"也。张湛之说，初视颇类似王弼或郭象，但其实本不同。王、郭说"无"，都不曾把它看成一实体，皆说体用不二，而张湛之说总仿佛在"有"之外别有一"无"。

"不能自生，则无为之本"。"群有"有始终、存亡、聚散等等，故有形有象；而"无"，则无始终、存亡、聚散，故无形无象，而"群有"则以"无为之本"。故张湛说：

聚则成形，散则为终，此世之所谓终始也。然则聚者以形实为始，以离散为终；散者以虚漠为始，以形实为终。

所谓"虚漠"者即是说"元气"，"元气"即有似今日之"能"（energy），是"守恒"（constant）的。元气所造之物有始有终，而本身是无生死、无尽、无限的，所以元气不是"物"。凡物皆有始有终，因其为元气之变化故也，故曰："生于此者或死于彼，死于彼者或生于此，而形生之主未尝暂无。是以圣人知生不常存，死不永灭，一气之变，所适万形。万形万化，而不化者存。"元气为"形生之主"，无始终生灭；群有有形，有始终生灭，如水之与波，波浪如物，而水为主，波浪虽有变化，而水是无变化的。从元气说，是无聚散的，所以"生物者不生，化物者不化"。从有限之物上讲，没有不死的，即佛教谓之"无常"，顿生顿灭，所以说，"成者方自谓成，而已亏矣；生者方自谓生，潜已死矣"。简而言之，无即是元气，因为"无"不是"有"之一，所以"无"无聚散，与有聚散之"有"相反，然是"有"之本。具体的说，即《列子》卷一中所说的"太易"而"太初"而"太始"而"太素"，此明物之自微至著变化相因袭也。而元气浑然，是为太易。"太易者未见气也"，张湛注说："易者不穷滞之称，凝寂于太虚之域，将何所见耶？如《易系》之太极，老氏之浑成也。"其后始有气,是为太初。其后始有形,是为太始。其后始有质,是为太素。"太易为三者宗本","虽浑然一气不相离散,而三才之道实潜兆乎其中","太易之义,如此而已,故能为万物宗主"。张湛之说实为宇宙论(cosmology),不过也是汉人元气说加上魏晋玄学老庄之意义也。

总之,张湛之宇宙观,以"无"为本体,而"群有"为现象。"无"非"有"之一,故不生;"无"非"有"之一,故无形;"无"非"有"之一,故无聚散、终始,而"群有"反是。

(二) 解脱由觉,沉溺因迷

张湛之所以有上述之宇宙论,乃以为这种说法能解决生死问题也。据上述宇宙论而知生死存亡皆为相对,则可免除这种烦恼,故沉溺因迷,而解脱由觉也。

《天瑞》"长庐子闻而笑之"句下注曰:

> 夫混然未判,则天地一气,万物一形,分而为天地,散而为万物。此盖离合之殊异,形气之虚实。

这一段是《列子注》的宇宙论。根据这第一点宇宙论乃有第二点,即下面一段注的对人生之看法：

> 此知有始之必终，有形之必败，而不识休戚与阴阳升降，器质
> 与天地显没也。

天地犹言阴阳。物有生死，元气有显没而无生死。物和元气是本
末的关系，所以不应说元气生万物，而只能说元气是不生不灭的。
张湛有时如此说，或是其疏忽处也。既明生死存亡不过是这样虚
幻之事，乃有下面一段第三点，即所说的人生学说：

> 彼一谓不坏者也，此一谓坏者也。若其不坏，则与人皆全；若
> 其坏也，则与人偕亡，何为欣戚于其间哉！
> ・・・・・・・・・・

"不坏"是从本体上讲，"坏"是从现象上讲。天地不坏者也，但因
其亦是气之委结，故亦可谓坏。天地犹如此，何况于人。这是从
一个观点说，但从另一观点说，则又可谓：

> 生之不知死，犹死之不知生。故当其成也，莫知其毁；及其毁
> 也，亦何知其成，此去来之见验，成败之明征，而我皆即之，情无彼
> ・・・

此,何处容其心乎!

世界上的聚散离合都是暂时的变化,从根本上说是无什么分别的。"即之"即与万物如一,知道生死的来源去向,那么对于生死就没有什么欢戚了。凡是有欢戚者,皆因不明此理。盖"俱涉变化之涂,则予生而彼死,推之至极之域,则理既无生,亦又无死也"。常人执著分别,以生为实,而不知死。常人执此而非彼,执彼而非此,彼此者去来、成毁之根据。而达观之士,从全体看皆"即之",乃"情无彼此"。常人不达观,私其身,认此现象为我而作种种分别,"认而有之,心之惑也",是谓"贪天之功","饬爱色貌,矜伐智能,已为惑矣。至于甚者,横认外物以为己有,乃标名氏以自异,倚亲族以自固;整章服以耀物,藉名位以动众;封殖财货,树立权党,终身欣玩,莫由自悟"。迷惘乃由"自私"(私其身),认万物之死灭,乃以为是他自己的死灭,所以有悲戚、烦恼,这就是佛家所说的"惑"字。而达观之士所以能解脱,乃因其觉,能知事物变化之理,而本体未尝变化也。所以张湛说:"夫天地,万物之都称;万物,天地之别名。虽复各私其身,理不相离;认而有之,心之惑也。"

具体的事物有形有质,故有存亡聚散,盖从其形质方面看,以为自己有生有得，则私其身，此正如海波以为自己是波浪而不是海水。张湛说"公"，不是从"与天地合其德"方面讲，而认为"公者对私之名，无私则公名灭矣。今以犯天者为公，犯人者为私，于理未至。……生即天地之一理，身即天地之一物，今所爱吝，复是爱吝天地之间生身耳。事无公私，理无爱吝者也"。"公"与"私"相对，相对的事物中才有公私，故无私亦无公。张湛心目中似乎在相对之外有一绝对，此似佛教"俗谛"与"真谛"之分。张湛或知真谛超四句义。（按：如后来《中论》一曰："诸法不自生，亦不从他生，不共不无因，是故知无生。"吉藏《三论玄义》："若论涅槃，体绝百非，理超四句。"）张湛说"公"与"私"和王弼、嵇康皆不同。王弼所谓"私"为"私其身"；所谓"公"即"无所不周"，即得到全体也。嵇康说"私"为"丧其自然之质"；而"公"则"志无所尚，心无所欲，达乎大道之情，动以自然"，"抱一而无措，则无私"。张湛说"私"近王弼，而说"公"则与之不同，此似受当时流行之佛教的影响也。

　　"私其身"即为"著物"，故序中说："想念以著物自丧。"《周穆王》篇目注曰："愚惑者以显昧为成验，迟速而致疑，故窈然而自私，以形骸为真宅。孰识生化之本归于无物哉！""无著"则"不私"。如果认识到"凡在有方之域，皆巨细相形，多少相悬，推之至无之极，岂穷于一天，极于一地"，而不执著什么就可得到解脱。

《列子注》第一篇、第三篇讲形上学，其余六篇皆讲解脱。张湛以为"顺心"、"无心"即可解脱（超生死）。盖所谓"性命"，即一人在宇宙中生死之暂时变化。顺性乃知其性之本原，即知其为一气之变也。"禀生之质谓之性"；"命者必然之期，素定之分也"；"生者一气之暂聚"。又顺性，顺物之性也，顺即不逆、不违、不造。"顺性"即"任心"。性本得元气之全，心本与天地合德。"顺性"、"任心"即体道穷宗，超乎一切是非、利害、分别。如此，则能顺一切物之性，任一切物之心，无为而无不为。盖从相对的观点看，乃有是非分别；从绝对的观点看，则超乎一切分别。故解脱须借智，此智是无智之智，即"无心"。无心者，以万物之心为心，亦即"皆即之"也。"乘理而无心者，则常与万物并游。"无心则同于物，与无为一，是反本之谓也。"泛然无心者，无东西之非已"，"冥绝而灰寂者，固泊然而不动矣"。无心而应，与物同化，是为圣人。在政治上说，圣人能任贤使能，圣人并不必能众人之所能，而在于他能使众人，故曰："不能知众人之所知，不能为众人之所能，群才并为之用者，不居知能之地，而无恶无好，无彼无此，则以无为心者也。故明者为视，聪者为听，智者为谋，勇者为战，而我无事焉。"又曰："夫理至者无言，及其有言，则彼我之辨生矣。圣人对接俯仰，自同于物，故观其形者似求是而尚胜也。"张湛又相信圣人有神通,水火风雨皆不能伤,如佛家言有天眼通天耳通,故说:"至于圣人,心与元气玄合,体与阴阳冥谐,方圆不当于一象,温凉不值于一器,神定气和,所乘皆顺,则五物不能逆,寒暑不能伤,谓含德之厚,和之至也。故常无死地,岂用心去就而复全哉! 蹈水火,乘云雾,履高危,入甲兵,未足怪也。"而限于一方者,各有所宜,则有缺点,不能为"至和"。圣人超乎一切分别,故能顺一切分别,在水为水,在火为火。盖圣人能倚伏变通,心乘于理,检情摄念,泊然凝定,岂万物动之所能乱?!

觉则解脱,迷则委结。而解之者、体之者由于神智。神智不假于耳目,而寂然玄照;忘智则神理独运,感无不通。所以《列子序》中所说的,"顺性则所之皆适,水火可蹈;忘怀则无幽不照",正是张湛所谓解脱而达到的最高境界也。

(原载《哲学研究》1980 年第 7 期)

---

① "为"疑当作"与"。——编者

崇有之学与向郭学说

本章内容共分八节，先述"有无之代兴"，以明汉魏晋南北朝时期学术思想之演变；次及当时"崇有之学"，以明当时学术思想演变之因；而主要部分将分析向郭之贵玄崇有，以明向郭在玄学中之地位。

一、有无之代兴

玄学者有无之学，亦即本末之学，亦即后人谓为体用之学也。魏晋玄学有时"贵无"，有时"崇有"，一般以魏晋玄学家皆崇尚虚无，实属误会。王弼何晏、嵇康阮籍、张湛道安皆贵无，"无"即本体；向秀郭象均崇有，"有"即本体。虽向郭与王何，一为崇有，一为贵无，其实甚接近，都以"体用如一"论之。有无之辨在对世务人事方面说,有另一意义。贵无者讲"自然",贱滞于"有"者,以人事世务为累。崇有者则讲"名教",非"自然",以人事不可忽略,而其中有一部分人根据"自然"而崇"名教",是真正的崇有。崇有而不忘"无"(自然),故这部分人所说仍为玄学。魏晋南北朝之时,"贵无"、"崇有"交替代兴,兹简述之于下。

(一)汉之学说最重要的为儒家之经学,但不纯粹为儒家,而仍有阴阳家道家学说之渗入。讨论的问题在精神上与魏晋不同,崇名教,谈元气。

(二)名学(名理之学),是准玄学,以道为根本而谈名教,如刘劭《人物志》与傅嘏、钟会、李丰、王广之才性问题的讨论等。

(三)正始玄学,王弼何晏贵无。《晋书·王衍传》谓:"魏正始中,何晏王弼祖述老庄,立论以为天地万物皆以无为本。无也者,开物成务,无往而不存者也。阴阳恃以化生,万物恃以成形。贤者恃以成德,不肖恃以免身。故无之为用,无爵而贵矣。"然王弼注《易》,何晏撰《论语集解》,虽可谓为新经学家,而其精神与汉时大异。

竹林玄学,嵇康阮籍亦为贵无,"越名教而任自然","非汤武而薄周孔",时之玄学家(名士)多与王何不同,多与儒家脱离关系也。

（四）元康玄学，时王戎当政，放达之风已盛，如胡毋辅之之流竟至裸裎。由嵇阮至此时，玄学已由重老子精神（王何）进而为重庄子之精神。嵇康阮籍虽首唱"越名教而任自然"，由于出身于大家贵族，他们所受的教育仍为礼教之熏陶，根本仍从礼教中来。他们的学说乃是精神上的、心理上的放达，而不只限于外表也。

元嘉之时，东海王越当政。先是向秀已唱"崇有"，谢康乐谓"向子期以儒道为一"，而郭象于元康元嘉之际继向秀之后讲"崇有之学"。向郭所讲虽仍为庄子之学，不过他们两人与当时的潮流确有不同之处。在此狂放愈甚的潮流中，向郭的思想可说是此潮流中之反动。

（五）佛学之变迁。《世说新语·文学》注引《续晋阳秋》说："正始中王弼何晏好老庄玄理之谈，而世遂贵焉，至过江佛理大盛。"而所谈佛理亦未离有无之辨。（甲）东晋之初，般若学盛，王洽《与支道林书》谓"今本无之谈，旨略例坦"，此所言"本无之谈"，即谓般若性空也，故"本无"一义既几为般若各家所通用。（乙）其后有部出，僧伽提婆特善毗昙，译出《阿毗昙心论》，而竟风靡一时，王珣为提婆立精舍，王弥（珣弟珉，字僧弥）自讲《阿毗昙心论》。（丙）鸠摩罗什至，再译《般若》大小品及其释论《大智度论》，又译《中论》、《百论》、《十二门论》等，而谓"物无定相，则其性虚"，"一切诸法毕竟空寂"，盖亦贵无。（丁）至晋之末叶，刘宋之初，《涅槃经》出，而为"有"。（戊）萧齐之世而《成实》大盛，为"有"。（己）梁陈则三论复兴，而为"无"。

刘勰《文心雕龙·论说》中说：

魏之初霸，术兼名法，傅嘏王粲，校练名理。迄至正始，务欲守文，何晏之徒，始盛玄论，于是聃周当路，与尼父争涂矣。……然滞有者全系于形用，贵无者专多于寂寥。徒锐偏解，莫诣正理。动极神源，其般若之绝境乎。逮江左群谈，惟玄是务，虽有日新，而多抽前绪矣。

东晋以为有新见解者多为佛学。谓涅槃学崇有者，中国人说涅槃也，认法身非不可说，不从无名无相方面说，而是积极地描述本体。宋齐之世，崇有之风较盛，在文学方面，"宋初文咏，体有因革，庄老告退，山水方滋"；在经学上，有干宝谈《易》，已非如辅嗣，而思想较为平实。梁陈之际，则又贵无，《颜氏家训》、《金楼子》等痛疾玄虚，多以梁陈之士为代表。总南北朝之时，北方承汉学余绪，道教、佛教、经学较玄学为盛。

二、崇 有 之 论

王何之学为老子之学,老学主抱一;嵇阮讲《庄子》,庄学主逍遥。所谓"逍遥",并非表面上不守礼法,不留心世务,而有玄心者始能任达,得意者乃能忽忘形骸。西晋之初有傅咸劾王戎曰:

> 戎不仰依尧舜之典谟,而驱动浮华,亏败风俗。

元康以后,放达以破坏礼教为高,非真正的放达。阮浑虽要学阮籍,而阮籍说他不配,盖只有外表的放达是不行的,东晋戴逵《竹林名士论》谓:"籍之抑浑,盖以浑未识己之所以为达也。"放达及乎末流,只讲表面上的浪漫,而并无任达之心胸。乐广为大名士,亦痛恶此风,谓"名教之中自有乐地","乐令之言之有旨哉!谓彼非玄心,而徒为放恣也"(同上)。戴逵又作《放达非道论》说:

> 古之人未始……害名教之体。……若元康之人可谓好遁迹而不求其本……竹林之为放,有疾而为颦者也;元康之为放,无德而折巾者也。

为纠正此种风气,乐广裴𫖳乃有愤激之言,是亦向郭注《庄》之宗旨也。而同时如陶侃、卞壸等则以不能忽忘形骸,反对虚无。陶、卞皆事功中人也。东晋江淳"每以为君子立行应依礼而动,忆显殊途,未有不伤礼教者也。若乃放达不羁,以肆纵为贵者,非但动违礼法,亦为道之所弃也,乃著《通道崇检论》"(《晋书》本传)。王坦之则著《废庄论》,非时俗放荡不敦儒教。然江淳兼深孔老,王坦之说与向郭同,谓:"孔父非不体远,以体远故用近;颜子岂不具德,以德备故膺教。"二人皆当世之名士。向郭在此种风气之中,虽所讲仍为庄子之学,与嵇阮所讲的是一样的,不过他们与此潮流有不同处。在此狂放愈甚的潮流之中,和儒家学说仍未脱离很远。他们仍以尧舜周孔为圣人,并无诽毁之意。他们注重"有"的方面,其意义有二:一从形上讲,以"有"为真实(reality);一从人事上讲,调和"自然"与"名教",以不必脱离人事而亦可以逍遥,故向郭可说是调和派。

裴𫖳善名理,主张不忘世务,是名教中人。在人事上主张"崇有",并为"崇有"找根据,故著《崇有论》。然裴𫖳之学说,虽"崇有"亦并不放弃无为之论,又著《贵无论》(已佚)。君德中庸无名,无为而治;圣人宅心玄远,合于道。故其《上疏言庶政宜委宰辅》中谓:"尧舜劳于求贤,逸于使能。分业既辨,居任得人,无为而治,岂不宜哉。"盖无论讲"有"、讲"无",都是从人事政治出发,贵无者向往出世,所以崇无;贵有者重生,故不能脱离现世界以逍遥,所以必资于有。裴𫖮以为人生必资于有,没有"有"就没有生,所以他说:"生以有为己分,则虚无是有之所谓遗者也。"虚无既为"有"之所遗,则虚无不为"有"所资,故世界上的一切无不资于"有",除非它脱离现世界。既然脱离了现世界,就可以打破一切礼教,放僻邪侈,任所欲为,然而这种世界并不是真正的世界。而要想在真正的世界中生存,则必资于"有"。此为"崇有论"最重要之动机也。崇有之起乃贵无之反动,然亦并未全弃贵无之论。盖世事虽资于"有",而心应虚无。老子之所以谈"无",乃"收流遁于既过,反澄正于胸怀"。老子并不是说世界都是虚伪,乃教人采行玄虚,而旨在全有。人心既是如此,政治亦应如此。故裴𫖮之学说是得意而不必忽忘形骸。这种学说与嵇阮自不相同,但与王弼仍有相近处,而郭象则为此种学说(得意而不忽忘形骸)找一形上学的根据。

总之,魏晋之世,其时之主张有:(1)得意忘忘形骸;(2)忽忘形骸为入达;(3)不能忽忘形骸;(4)得意不必忽忘形骸,是为乐广等"崇有论"之说;(5)不忽忘形骸的形上学根据,则为向郭的学说也。西晋南朝反对虚无之说有上(3)、(4)、(5)三种,而后两种仍是玄学家,其立场并非与王何嵇阮完全相反。

三、向郭《庄子注》

向秀和郭象各有一《庄子注》,而郭象注对向秀注则是"述而广之",是根据向注而修改成。向郭之注虽大体一样,而郭注当比向注更完善。现向注已佚,故讲郭注即也包括讲向注。郭象注《庄子》是讲政治学说,至于其讲形上学(Metaphysics)乃欲完成其政治学说也。他们对庄子学说并不甚满意,乃因政治学说如此之故。庄子能知而不能行,故《庄子》书只可以为百家之冠,尚不能达到"经"的地步,唯孔子则能行,所以说郭象讲形上学为政治之根本。

向郭之《庄子注》可注意者有三:(1)对放浪作反对之评论。以为孔子为圣人,孔子所提倡的"名教"(礼教)是有根据的,而放浪并非正道,即如裴颜之"深患时俗放荡,不尊儒术",应在现世界中"绥理群生,训物垂范",不应如阮籍超世而放浪。(2)为"崇有"觅一形上学的根据。此即为"名教"找出一形上的根据。他们用"寄言出意"的方法,说庄子之学说即是"名教"的根据。认为其实庄子的形上学并不是"虚无"而是"崇有",实在说起来儒道本为一。(3)为"无为政治,宅心玄虚"找一新解释。向郭以为庄周之学能"经国体致",所讲"无为"并不是不尊崇名教、不守礼法,其实其学乃讲名教之根本,乃讲名教之体也。自然为体,名教为用。老庄所说的为体,儒家所行的为用。老庄所发挥为体之理,而孔子能体而行之,所以老庄不如孔子,即在不能体而行之也。此实阳为儒教,而阴为老庄,即说老庄为体,而儒教为用也。向郭虽明说尧舜周孔高于巢许老庄,其实是把孔子学说放在第二位,包括于老庄学说之内,故自向郭注《庄子》后,"儒墨之迹见鄙,道家之言遂盛焉"。所谓"儒墨之迹"为"仁义","道家之言"为"自然"也。盖此原因有二:一则向郭之体系比任何讲《庄子》者都完备;二则他们把"名教"包括在"自然"之内,这比攻击孔教更为厉害。

四、向郭学之大意

"独化于玄冥之境",此语颇难解,懂得此语即懂得向郭之学说。说此语时,向郭概指圣人。"独化"是"有"的一方面,"玄冥"是"无"的一方面。此语在调和"有"、"无",调和"名教"与"自然","无为"非不管人事,倒是非常重人事。崇"自然"而遗"名教"为向郭所痛恶,此盖针对当时之时代病而发也。当时一般人讲"有"、"无",多从人事方面说,而向郭则从形而上方面说,从形而上方面调和"有"、"无"。圣人无心,独化于玄冥之境,其骨子里是非常浪漫的。魏晋玄学之中心观念为"圣人",向郭之《庄子注》亦然。谢灵运《辨宗论》谓"向子期以儒道为一",即谓其调和"自然"与"名教"也。郭象《序》述全书之大意,要义亦在此点。郭象《序》先述庄子其人,庄子知"圣人",而自己不是"圣人"。次述《庄子》其书,其书即在说"圣人"也,"夫庄子者可谓知本矣,故未始藏其狂言,言虽无会而独应者也"。知圣人而不是圣人,故哓哓不已。"会"者体会,与本无二;"应"者相应,二而相应也。"应而非会,则虽当无用;言非物事,则虽高不行"。圣人体"自然"而用"名教",体用不二也。圣人之"自然"非无用,圣人之言行皆是物事,虽皆具体的有形的(concrete)而无非"自然",如《论语》所载。若庄子者,则高而不行,以应而非会也,"与夫寂然不动,不得已而后起者,固有间矣"。圣人寂然不动,时机一临,即刻顺应,照理之必然,从心所欲不逾距,故曰"不得已"也。若孔子者,"斯可谓无心者也,夫心无为则虽感而应,应随其时,言唯谨尔"。"心无"即"无心",圣人应随其时,当机立断。"言唯谨尔"一语出于《论语·乡党》(此意思与王弼答裴徽语同)。盖体用不二,无空的体,弘方外者必游方内。圣人之迹,空有其用,其实非用。庄生谈体,高谈性理,而在人格上并无伟大之表现,是空有其体,其实非得其体也。游谈于方外者,非与化为体也。"然庄生虽未体之,言则至矣。通天地之统,序万物之性,达死生之变,而明内圣外王之道,上知造物无物,下知有物之自造也。""通天地之统,序万物之性,达死生之变"在"明内圣外王之道"也。由天地、万物、死生而说到圣人之道,其形上学的根据则在"造物无主"、"物各自造"。"至人极乎无亲,孝慈终于兼忘,礼乐复乎已能,忠信发乎天光,用其光则其朴自成,是以神器独化于玄冥之境,而源深流长也。"此段说其表现方面,而以"神器独化于玄冥之境"一语总结上文,《序》文以下则说这种学说的用处。

五、化

《庄子注》说"化"大概指"变化",此所谓"化"非宋人所说仿佛有物的化(如大化转流),此言"化"者如《齐物论注》中所言:

> 日夜相代,代故以新也。夫天地万物变化日新,与时俱往,何物萌之哉,自然而然耳。

又如《大宗师注》所说:

> 夫无力之力,莫大于变化者也。故乃揭天地以趋新,负山岳

以舍故。故不暂停,忽已涉新,则天地万物无时不移也。世皆新矣,而目以为故。舟日易矣,而视之若旧。山日更矣,而视之若前。今交一臂而失之,皆在冥中去矣。

"变化"人们不能知觉;"夜半有力者",不可见之力也;"无力之力"即"无力",此与下文"不神之神"、"不生之生"同意。"交臂失之"谓"快也";"冥中"即"玄冥之中"。先述向郭"化"之意,以便明其"独化"学说也。

六、独 化

"独化"为郭象《庄子注》中之主要概念,为明了"独化"在其学说中之地位,依次说"有"、"独化"、"无先"、"性分"、"不为而相因"等问题。

(一) 有

有、无之义各家解说不同。不过大致说来,各家说"有"大抵指"万有"或"群有",即指现象世界。但中国哲学中,对现象世界之分析不感兴趣。《齐物论注》说:"接乎有生之类,会而共成一天耳",此即说"有",即说与人交接者,一切经验现象皆包括在内。

"有"即此世界,即此存在的世界(existing world)。分而言之谓"群有",总名之曰"天地"(或曰"天")。当时流行之哲学谓此存在的世界之后有"无","有"依赖于"无","无"谓"元气","有"生于"无"。元气无始无终,而此存在的世界则有始有终。向郭反对此说,认为"有"外更无"无",只有"有",无是不存在(not being)。"夫有不得变而为无,故一受成形则化尽无期也。"(《田子方注》)受者,无所受之受,即自受也。"有"自受自化,无有尽期。盖"有不得变而为无",反对"本无之说"也。于此无"变"与"不变"的问题,并非说全体不变而部分变,故下面的注文又说:"化恒新也。"《知北游注》说:

　　非唯无不得化而为有,有亦不得化而为无矣。是以夫有之为物,虽千变万化,而不得一为无也。不得一为无,故自古无未有之时而常存也。

此亦不是说"变"与"不变"的问题。"无"指不实在(non-real),而"有"为实在(real),"有"为常有(eternal)。当时流行的"本无"学说或有三种情况:甲、以"无"为"元气",无始无终,"有"则有始有终,郭象说"无"不得变为"有","有"亦不得变为"无",即是反对此种说法。乙、或以各特殊之"有"因"无"而有,无独立而有待无,郭象亦反对此说,如说:"殊气自有,故能常有,若本无之,而由天赐,则有时而废。"(《则阳注》)"殊气"即"殊物",《知北游注》谓"阴阳者即所谓物耳"。"殊气自有",其后并无支持者,若谓其待于"无";待于"无"则"有时而废"。丙、本无家若王弼,以"无"为全,"有"不能离"无",全为体,而殊物为用。郭象说体用如一,在反对二截上与王弼同。但王弼"以无为本",郭象以"有"为本。从"存在"(beingness)上说,王弼只承认"无",郭象只承认"有"。王弼说"有生于无",意谓"有"之所以为"有"生于"无"。"有"生,即出于"无";"有"灭,即入于"无","有"有出入,"无"为"天门",故王弼曰:

> 门,玄牝之所由也。本其所由,与极同体。(《老子注》第六章)
>
> 天门谓天下之所从由也,开阖治乱之际也。(《老子注》第十章)
>
> 众妙皆从同而出,故曰众妙之门也。(《老子注》第一章)

而《庄子·庚桑楚》亦有说"天门者,无有也,万物出乎无有。有不能以有为有，必出于无有"，而郭象注则谓：

> 此所以明有不能为有，而自有耳，非谓无能为有也。若无能
> 为有，何谓无乎？

说"无"即"不存在"（non-being），谓"无"为"存在"（being）是矛盾
的，故"死生出入，皆欻然自尔，未有为之者也。然有聚散隐显，故
有出入之名，徒有名耳，竟无出入，门其安在哉？"其所以然者，盖
"天门者，万物之都名也"。

郭象只承认现象世界之实在，现象之外再没有东西，一切事
物的产生都是无用的，是偶然的，是突然而生的，每个事物都是独
立的，所以郭象的学说为多元论。王弼的学说为抽象一元论
（abstract monism），而向郭之"崇有"为现象多元论（phenomenal
pluralism）。

（二）独化

一切皆自生。贵无者说"有"生于"无"，崇有者说"有"自生。
"有"之自生，"有"之自尔，即独化。郭象说：

然则凡得之者,外不资于道,内不由于己,掘然自得而独
化也。

独化者,不但是说"有"不待"无","有"亦不待"有","无"不能生
"有","有"亦不能生"有",更推而至极端,"有"亦不能"自生";不
能"自生"者,言无一个"自"生也,只是如此如此,自然而然。

一切皆无待。"有"与"无"、"有"与"有"其间"无际",或曰"不
际","不际"即不资于道,道即理。故曰:

不际者,虽有物物之名,直明物之自物耳。物物者竟无物也,
际其安在乎?

既明物物者无物,又明物之不能自物,则为之者谁乎哉? 皆
忽然而自尔耳。(《知北游注》)

其《齐物论注》中也说:

世或谓罔两待景,景待形,形待造物者,请问夫造物者有邪无
邪? 无也,则胡能造物哉? 有也,则不足以物众形,故明乎众形之
自物,而后始可与言造物耳。是以涉有物之域,虽复罔两未有不

独化于玄冥之境也。

王弼说"自然",即"无妄然",即不得不然,即皆由"理"也,"物无妄然,必由其理"。"道"无待,而"有"皆有待于"道"。郭象则说一切皆"无待",一切皆自然而然。王弼所用以说"道"的话,郭象则皆用以说"有",如"无待"、"无名"、"无心"等。王弼与郭象之不同,在于其入手之点不同,王从"无"入手,郭从"有"入手。"无待"、"自尔"等,即无需支持,此皆言"独化"之意也,故《寓言注》谓:"推而极之,则今之所谓有待者,卒至于无待,而独化之理彰矣。"

(三) 无先

郭象说"无先",非仅谓时间上先后之先,盖谓不但无元气(substratum),而且无本体(substance),无绝对(absolute)。此点向秀之说不及郭象彻底。向秀说"有先",《列子注》所引可证。而郭象说"无先"者,无"无",无"道",无"天"也。《知北游注》说:

谁得先物者乎哉?吾以阴阳为先物。而阴阳者,即所谓物耳。谁又先阴阳者乎?吾以自然为先之,而自然即物之自尔耳。吾以至道为先之矣,而至道乃至无也。既以无矣,又奚为先?然则先物者谁乎哉？而犹有物无已，明物之自然，非有使然也。

老子说"一生二，二生三，三生万物"；《易传》谓"太极生两仪，两仪生四象，四象生八卦"。在时间上，"太极"在"两仪"之前，"一"在"二"之前，群有从"一"出，故有先。郭象说阴阳即物，故无有阴阳而无物之时。旧说以为现象世界后有一支持者，郭象否认有此支持者，只说现象之流，故曰"有物无已"。已，出也。据此郭象给"无"、"道"、"天"以新解。

甲、无。"无"即无物（nothing），"既已无矣，又奚能生"，故郭象说：

夫庄老之所以屡称无者何哉？明生物者无物，而物自生也。（《在宥注》）

盖谓人们不应把老庄之言看得太死，应求其言之所寄而得其意。郭象给老庄所说之"无"以新意义，亦用"得意忘言"。《大宗师注》中说：

无也，岂能生神哉？不神鬼帝，而鬼帝自神，斯乃不神之神也；不生天地，而天地自生，斯乃不生之生也。故夫神之果不足以神,而不神则神矣。功何足有,事何足恃哉?

"无"不能生,"无"不能神,"不生之生"、"不神之神",即"自然",即"道"。"无力之力"即"自化";"不生之生"即"自生",并非"有"以外另有一个"自然",另有一"道",如元气说等。"道"之意义既不同于前人所说,"德"之意义乃亦不同,故曰:

> 夫无不能生物,而云物得以生,乃所以明物生之自得。任其自得,斯可谓德也。(《天地注》)

前人谓物得之于"道"而生,而"道"即"无",得"无"以生即"自得","德、形、性、命,因变立名,其于自尔一也"。(《天地注》)

乙、道(理)。"无"即"道"之别名也。说"无"是无物(nothing),"无"自不能生,但说"无"是"道","道"亦不能生乎?郭象说"道"即"不存在"(nonbeing),无实际性也。前人说"道",一义为元气(未分),含三(天、地、人)为一之"道"是。又一义,如王弼说,"道"为"全","道"独立不倚,周行不殆。王弼说"道"为"存在"(being),而万物则为"依存"(dependent being)。郭象反对元气说,此与王弼同;而在本体论(ontology)上,他又反对贵无而崇有,

"有"为"存在"（being），"道"等于"无"，等于"不存在"（nonbeing），"道"非"有"之存在的根据。

"道"即"理"，理者文理也。郭象认为文理即此"有"和彼"有"之间的"分"，"以其知分，故可与言理也"（《缮性注》）。物各有分，分非外铄，乃物本有。所有之"分"，包括物之一切"分"在内，即"至分"或"极"，因其"所禀之分，各有极也"。任其至分，即得其极，即以极为体，曰"体极"。王弼说"体极"，是说"反本"，即"以无为用"，要完全实现全体。向郭说各有其极，"物各有性，性各有极"。"体极"之意固与王弼不同，"体极"即"任其至分，而无毫铢之加"。能行百里者，即行百里，多行或少行一里则非"至好"，"养过其极，以养伤生"。向郭说甲、乙等各完成自己即是"至好"，王弼则以甲、乙等皆须反本。王弼说："执一家之量者不能全家，执一国之量者不能全国"，郭象则说国家皆有其至分，任其至分，无毫铢之加，即可。

《养生主注》谓，物各有理，庖丁解牛，"既适牛理"，"直寄道理于技"，故"暗与理会"，而神乎技矣。牛是"有"（being），此"有"有其分，牛理因牛而有，犹之木纹因木而有。说"道"是无，是说"道"非实际东西，并非说没有"道"。《大宗师注》中说：

　　言道之无所不在也。故在高为无高，在深为无深，在久为无久,在老为无老,无所不在,而所在皆无也。

人们可说骨(一物)长或骨大,但人们不能说文理长、文理大,故"道"(或理)"在高为无高,在深为无深","无所不在,而所在皆无也"。此正言"道"非有(being)、非物(nothing)。《庄子·大宗师》原意以为"道无能也",意谓无所不能也。盖前人说"道"能生,王弼说"道"能始能成,而郭象于此处注说:"道无能也,此言得之于道,乃所以明其自得也。"

丙、天(天地)。前人或以为一切受之于天或受之于天地。天地有二义:一为阴阳(两仪),其表现为上清下浊;一为有意志的宇宙,而天为其主宰。郭象说"天"非实在,非如生万物之气①,亦非造物主,如说:"天也者,万物之总名也。"(《齐物论注》)"天地者,万物之总名也。"(《天地注》)前人说的"天"或与"无"相当,而郭象说无先、无"无",故有如此之说也。既言无"无",自无出入隐显之事,万物自出自入,"天门者,众妙之都名也"。一切自然,一切天然,"自己而然,谓之天然",此即"天"也。

前人以为"天"为主宰,可以统治一切,然"天"本无,何以统制万物?此向郭不同于前人之处。而王弼以为"无"为全体(whole),以全为先;以"天"为"总名"(sum)者,以部分为先。王弼以为人之性为全体(whole)中所占之一地位,而在向郭学说中以"总名"(sum)中的一部分为人之性。

(四) 性分

王弼重"一",郭象重"多",故在郭象说"群有"各自独立。王弼之学说为绝对论(absolutism),而郭象之学说为现象实在论。郭象说物各自尔,物各突然而生,掘然而生,亦即是说偶然而生。王弼说物得之于"无"或"道",物之所得(或性分)离不开"全","德"为"道"所命(order),失道而后德,失其母则发裂。郭象说万有各得其得,各物之性非"为某物所命"(ordered by something),而是为自己所"命"(order),故在此种意义上说,"性分"是绝对的。物各有性分,彼此绝对不同,"夫质小者所资不待大,则质大者所用不得小,故理有至分,物有定极"。一物有其年龄、大小、形状等等,性分即此等,可分而言之,亦可总而言之。马日行千里,但它绝不能多走一里或少走一里。若其日行九百里,则可说失其性分,虽可说九百里亦在其性分之内。性分为一物之限,为人子止于孝,为人父止于慈,此亦即其极(limit)也。欲全一物,即须全其性。王弼说"全性"须"反本"。郭象则说只须实现其自己,用其自用,不可为(人为),不可造作,不可强制,"恣其性内而无纤芥于分外",即是"无为"。"无为"者,非谓"放而不乘","行不如卧",而是令马行其所能行。"任性"即"无为"也。就"物各有性,性各有极"说,物各绝对独立。而物各绝对独立,各为中心,此即是无中心,无绝对。我自为独立,但我不能忘记甲乙等(皆自为独立),故不可使人从己,亦不可舍己从人。帝王治天下,在顺民之性也。

(五) 不为而相因

因物各自生而不他生,故各有性分,而性分绝对,故万物各不相为使,各不相待,为之则伤生,"均可不为而自化也"。盖物物自分,事事自别,而欲由己以分别之者,不见彼之自别也。无待者,非言大小无别。上下不分,乃谓大小上下皆平等,不能比较。然而事实上,形影不离、唇齿相依,郭象乃说"不为而相因"也。《秋水注》说:

> 夫天下莫不相与为彼我,而彼我皆欲自为,斯东西之相反也。然彼我相与为唇齿,唇齿者未尝相为,而唇亡则齿寒。故彼之自为,济我之功弘矣。斯相反而不可以相无者也。

甲、乙等不能互相影响,若甲受乙影响,则甲非独立之绝对矣。但正因为乙、丙等独立绝对,甲乃为独立绝对;正因为乙、丙等各有性分,甲乃有其性分。若万物相待或相为使,则万物反而不能相因,"相因之功,莫若独化之至也"。故《齐物论注》中说:

> 夫以形相对,则大山大于秋毫也。若各据其性分,物冥其极,则形大未为有余,形小不为不足。……苟足于天然,而安其性命,故虽天地未足为寿,而与我并生,万物未足为异,而与我同得。

《逍遥游注》说:"天地者万物之总名。天地以万物为体,而万物必以自然为正。自然者,不为而自然也。""天"之存在(existence)是没有的,不过是万物之总名。从体上说,天地以万物为体,即无体之意思。但从另一方面讲,"天"虽"无物",而从"天道"、"天理"、"天然"方面讲,乃有深意在内。群有都是自然而生,即万物以"自然"为正,"天"("天道"等)指"自然"突然、独化之理,即"不为而自然",即"莫适为天"、"玄冥之天"也。从实际(practice)方面说,"天"是"无物",从理论(theory)方面说,"天"又很重要。盖物各自通,则同于大通;物各自得,同于一得。"理虽万殊而性同得,故曰道通为一也"。是非死生,万物万化,荡然为一,是至理也。群有虽各自独立,然彼我相因,形影俱生,盖彼此无待而玄合也。天地万物不可一日相无,故曰:"万物莫不皆得,则天地通。""道"无所不在,故无方、无迹,而所在皆无也。

七、独化于玄冥之境

魏晋玄学有两派,一派主"无",以无为本,以王弼为代表;另一派在形上学上主"有",群有乃自生,此乃以"有"为独立之存在,而另外无本,以郭象为代表。经验上的现象没有另外使之者,就是说无本。总之,崇无者以为万物之本为"无",崇有者认为万物乃自生,而另外无本。然郭象虽不崇"无",亦常讲"无"与"玄冥"。他所谓之"无",并不是本体,乃是万物之原则(principle),万物以此原则而生,万物的原则就是"自生"、"自然"、"自尔",一切有(群有)都是独化。既没有"无"作其本体,也不能有另外的原因使其"自生",他自己也不能使其"自"生,而是突然而生,所以"独化"是最高原则。可见"独化"或有三义:甲、"自然"——即"自生",无物使其生,独自而然,独自而化;乙、多元(而变化)。王弼之学说为一元,"天"为全一;而郭象以为"天"为多元,"天"乃万物之总名也;丙、不为而相因。

郭象说"独化","有"不待"无","天"不过是万物之总名,则"天"为"未有限"(不限,indefinite),这种说法甚浪漫(romantic)。

又因万物各自尔，各有性分，各有方，故宇宙（天）无方。万物各有性分，性不可逃。一物无性分前，完全不受决定，一有性分，即绝对受决定。一物为什么有性分，为什么留一方或滞一方，则为偶然的。王弼说一切皆决定，皆有其理，皆受因果律支配。郭象说一切皆"自然"，"自然"有偶然义，与王弼异，就这方面说，其说甚崇自由。（范缜《神灭论》主"自然"而破因果，即向郭之说也。向郭之说南朝受其影响极大，李轨、李充皆其例。）因物各有性分，性分绝对；就其"物各有性"、性分绝对方面说，一切平等，故一切相齐或相夷。上述三义即说"未限定"、"无分"、"平等"的世界即玄冥之境。玄，同也；冥，没也。独化，即谓"自然"也。"自然"之一意义为偶然，春风吹起花片，花片各落于何处全为偶然，全是自由的。但花片一落地，即受决定。人各有其性分，性不可逃，是决定的一面。但若能反于"天"（天然），即顺物或任物，如此则"均于自得"，即逍遥也。从玄冥之境一方面说，"无莫为天"，"无适"即"自由"，即偶然。万物独化，皆不知其所以然而然，独化于玄冥之境者为能大顺。向郭之说反对嵇康、阮籍等绝对放任而忽略名教之说，而同时真得放任之精神。

向郭以其说为"内圣外王之道"。王在方内，圣居方外，方外即无方也，未有游于内而不冥于外者也。稷契巢许或为王佐或为外臣,但皆俗中之一物。真正的逍遥非自了而已,非自得而已。唯圣人为尧,为能均于自得,为能两顺之。前者为有待之逍遥,自足自通;后者为无待之逍遥,至足大通,无己无功。轻妙如列子,尚有待也。无待之人则"遗彼忘我,冥于群异,异方同得,而我无功名"。故《逍遥游注》说:

> 虽列子之轻妙,犹不能以无风而行,故必得其有待,然后逍遥耳。……夫唯与物冥而循大变者,为能无待而常通,岂自通而已哉!

若逍遥而出于有方,则非无待也。圣人应为帝王,无方无迹。能齐物逍遥者,为能养生,德充于内,应物于外,为能逍遥人间,为万世之人师,而应为帝王。郭象说放任,不但行为放任,且心胸放达也。放任直须从根柢放任起,从性命、从本上放任起。郭象综合当时各种学说,成一大系统,在中国哲学史上放一异彩也。

八、支道林"即色义"

向郭说逍遥在全性安分,即完全自得,安己之分,须不舍己从人,而同时又不强人从己,然此论亦有许多困难。在政治上,郭象说内圣者必须外王,然外王者治人,而郭说圣人治天下在顺而不助,此是消极也。但政治似乎总有积极意义,圣人不但自通,且能使万物均于自得。若谓大通同得为逍遥,则仅仅自得似非逍遥。支道林乃修正向郭之说,惟"至足"为逍遥,而"自足"则非,故曰:"夫圣人也,览通群妙,凝神玄冥,灵虚响应,感通无方。"圣人智慧具足,故能览通群妙;其体虚寂,故能感应无方。万物皆备于我,我与天地合德,故为至足,故"寂然不动,感而遂通"。若限于一方,只是自足,只能称为"自了汉"。支道林之说,为向郭逍遥说之修正,只说无待之逍遥。

支道林之说,就神方面说,说逍遥义;而就色方面说,说即色义。其《即色论》中说:

> 吾以为,即色是空,非色灭空,此斯言至矣。何者,夫色之性,色不自色,虽色而空。

常说群有之后有一"无",支道林说即色,无"无",只有"色"。"色"无自性,即色而空,非色灭才叫"空"。色无自性,无一个"自色"者。支道林之说,佛教中原有,但亦与向郭义通。郭象《知北游注》谓"物物者无物,物自物耳",又谓"既明物物者无物,又明物之不能自物",一切皆自尔,其外无造物者,其后又无一本体。支道林之说盖为向郭之说加上佛教意义也。

(原载《燕园论学集》,北京大学出版社 1984 年)

---

① 向来以"天"为"大块",故郭象《齐物论注》谓:"大块者,无物也。夫噫气者,岂有物哉? 气块然而自噫耳。物之生也,莫不块然而自生,则块然之体大矣。故遂以大块为名。"《释文》谓"大块","或以为无,或以为元气"云云。

魏晋玄学与文学理论

今之论者以为各民族文化各有其文化之类型,一代哲学思想各有其思想之方式。盖谓各种文化必有其特别具有之精神,特别采取之途径,虽经屡次之革新与突变,然罕能超出其定型。此实源于民族天性之不同,抑由于环境之影响,抑或其故在兼此二者,或别有故,兹姑不论。而观察往昔之哲学思想而归纳之称为属于某时代者,固因其有特殊之方法、态度,因而较之前代有新异之理论,故在此一文化史中占显明之分野,而此一时代之哲理家(思想家)亦罕能超出其时代之定式,其故何在兹亦不论。但此一时代各种文化活动靡不受此新方法、新理论之陶铸而各发挥此一时代之新型,而新时代之形成即在其哲学、道德、政治、文学艺术各方面均有同方向之新表现,并因此种各方面之新表现而划为另一时代。研求此一新时代欲明了其特点,自必详悉其文化各方面之新动向,而尤须考察此各方面之相互关系也。

所谓魏晋思想乃玄学思想,即老庄思想之新发展。玄学因于三国,两晋时创新光大,而常谓为魏晋思想,然其精神实下及南北朝(特别南朝)。其所具之特有思想与前之两汉、后之隋唐,均有若干差异。而此一时代之新表现亦不仅限于哲学理论,而其他文化活动均遵循此新理论之演进而各有新贡献。本文所论在指明玄学与其时文学实同为此新时代之出品,而文学受玄学之影响其根本处何在。

古今持论言玄学影响于文学者多矣,然文学姑分为技巧与思想两方面,而通常所言玄学与文学之关系自在思想方面。此所谓思想,谓文学之内容,如檀道鸾《晋阳秋》曰:"正始中,王弼何晏好老庄玄胜之谈,而世遂贵焉,至过江佛理尤盛";沈约《宋书·谢灵运传》论曰:"在晋中兴,玄风独扇,为学穷于柱下,博物只于七篇";萧子显《南齐书·文学传》论曰:"江左风味盛道家之言。"又如刘勰《文心雕龙·时序篇》曰:"自中朝贵玄,江左称盛,因谈余气,流成文体。是以世极迍邅,而辞意夷泰,诗必柱下之旨归,赋乃漆园之义疏。"此疑多就文学之内容受玄学影响而言。然思想方面不限于命意遣辞之依傍老庄,而另有文学理论(或曰文学批评)固亦根源于玄谈。

文学理论者,即关于文之何以为文,或其诗学者为何谓文学,何为文之特性,此盖为中国"论文"之作,西洋所谓"文学批评"之根本理论。而魏晋南北朝论文之作,如魏文帝曹丕之《典论·论文》,陆机之《文赋》及刘勰之《文心雕龙》等对文学之基本看法均与玄学有多少深切之关系。故魏晋玄学之影响于文学者自可在于其文之内容充满老庄之辞意,而实则行文即不用老庄,然其所据之原理固亦可出于玄谈。《文心雕龙·明诗篇》曰:"老庄告退,山水方滋",而此其实但就诗之内容言。夫富于老庄辞趣之诗自由于"溺于玄风",而谢灵运之颐情山水,亦何尝非清谈之表现?盖文学与思想之关系不仅在于文之内容,而亦在文学所据之理论。刘彦和谓江左诗什"嗤笑徇务之志,崇盛亡机之谈"(《明诗》),然其时文学之玄学化实不仅在其所笑所崇,而亦在其时对于文学之所以为文之见解并与新兴之风尚有关系也。兹篇所论不在摘出当时文中所引用之玄理,而在研讨其时文学原理与玄学有若何之关系。盖因此种关系如能明了,则文、玄两者何以同具此一特殊时代之新精神,或可得进一步之了解也。

汉末以后,中国政治混乱,国家衰颓,但思想则甚得自由解放。此思想之自由解放本基于人们逃避苦难之要求,故混乱衰颓实与自由解放具因果之关系。黄老在西汉初为君人南面之术，至此转而为个人除罪求福之方。老庄之得势，则是由经世致用至此转为个人之逍遥抱一。又其时佛之渐盛，亦见经世之转为出世。而养生在于养神者见于嵇康之论，则超形质而重精神。神仙导养之法见于葛洪之书，则弃尘世而取内心。汉代之齐家治国，期致太平，而复为魏晋之逍遥游放，期风流得意也。故其时之思想中心不在社会而在个人，不在环境而在内心，不在形质而在精神。于是魏晋人生观之新型，其期望在超世之理想，其向往为精神之境界，其追求者为玄远之绝对，而遗资生之相对。从哲理上说，所在意欲探求玄远之世界，脱离尘世之苦海，探得生存之奥秘。但既曰精神，则恍兮惚兮；既曰超世，则非耳目之所能达；既曰玄远，则非形象之域。盖今人之称之为绝对者，即当时之所谓"极"，所谓"宗"，谓曰"宗极"、"宗主"，此"极"或指为"道"、为"玄"、为"无"、为"自然"、为"大化"（道家名词）、为"实相"、为"法身"（佛家名词）。而既为绝对则绝言超象，非相对知识所能通达。人之向往玄远其始意在得道、证实相，揭开人生宇宙之秘密，其得果则须与道合一，以人化为体，与天地合其德也。夫如是则不须言，亦直无言，故孔子曰："余欲无言"，"天何言哉"，而性道之本固其弟子之所不得闻也。

夫文者,言也;既实相绝言,则文可废。然凡人既未能证体,自未能废言。然则文之功用何在? 而宇宙之本体为一切事物之宗极,文自亦为道之表现。然则文之性质为何? 此项文学基本理论之讨论盛于魏晋。盖由文人学士因哲学上之问题,益觉研求文章原理之必要。世谓魏世文艺制作日臻发达,优劣不一,故二曹有批评之制作,此言或合乎事实。然魏晋南朝文论之所以繁荣,则亦因其在对于当时哲学问题有所解答也。

语言为工具,只为宇宙本体之标识,而其本身自非宇宙之本体,如庾阐《蓍龟赋》所言:"蓍者寻数之主,非神明之所存;龟者启兆之质,非灵之所生",又谓"神通之主,自有妙会,不由形器;寻理之器或因他方,不系蓍龟"。然语言终出于宇宙本体,故如为充足的媒介(或语言),它既是寻常的物或言,但又不是寻常的物或言。寻常的语言,指示而无余,意在言内;此种充足的语言,指示而有余,意在言外。《庄子·外物篇》曰:

筌者所以在鱼,得鱼而忘筌。蹄者所以在兔,得兔而忘蹄。言者所以在意,得意而忘言。

按《周易·系辞》曰:"子曰:书不尽言,言不尽意。然则圣人之

意,其不可见乎?"王弼以老庄解《易》,于是乃援引庄子筌蹄之言,作《周易略例·明象章》,而为一新解,其文曰:

夫象也,出意者也;言者,明象者也。尽意莫若象,尽象莫若言。言生于象,故可寻言以观象;象生于意,故可寻象以观意。意以象尽,象以言著,故言者所以明象,得象而忘言;象者所以存意,得意而忘象。犹蹄者所以在兔,得兔而忘蹄;筌者所以在鱼,得鱼而忘筌也。然则言者象之蹄也,象者意之筌也。是故,存言者非得象者也,存象者非得意者也。象生于意而存象焉,则所存者乃非其象;言生于象而存言者,则所存者乃非其言也。然则忘象者乃得意者也,忘言者乃得象者也。

"言意之辨"此学说如 Occam's razor[①],用此利刀尽削除汉人之芜杂。汉末名家发现"言意之辨",由其知人论世,谓观人不能单观其言论骨相,而必须观其全、观其神;知人常不能言传,而只能意会。能言传者如形貌,普通人只注意人的特殊之形貌;能知人之人君则注意人之神识,而神识只可意会。晋欧阳建《言尽意论》亦以此学说为名家所用,曰:"言不尽意,由来尚矣。至于通才达识,咸以为然。若夫蒋公之论眸子,钟傅之言才性,莫不引此为谈证。"盖蒋济有眸子之论,谓观其眸子可以知人,以眼能传神也。钟傅者,钟会、傅嘏也。"论眸子"与"言才性",皆名实之辨也。故有曰:"天不言而四时行,圣人不言而鉴识存焉",可见名家讲"言不尽意"乃就鉴识方面说。

王弼略后于蒋济,与钟会同时齐名。王弼受当时名家论"言意之辨"的影响,亦甚注意此问题。汉人讲象数,象数名言也,非说它能尽意不可,故对《易经》中"言不尽意"未给答复。王弼取庄子意,谓"言所以尽意,得意忘言"。"言"为"意"之代表,最要者为"得意",故讲《易》不应拘于象数,而应得圣人之意。至是象数之学乃被丢开,可说此为玄学之开始。盖真正的学问不在讲宇宙之构成与现象,而在讲宇宙之本体,讲形上学。此"得意忘言"便成为魏晋时代之新方法,时人用之解经典,用之证玄理,用之调和孔老,用之为生活准则,故亦用之于文学艺术也。

王弼"得意忘言"之说起于"言不尽意"义已流行之后,然二者实互有异同。盖"言不尽意"所贵者在意会;"忘言忘象"所贵在得意,此则两说均轻言重意也。惟如"言不尽意",则言几等于无用;而王弼则犹认言象乃用以尽意,并谓"尽象莫若言"、"尽意莫若象",此则两说实有不同。然如"言不尽意",则自可废言,故圣人无言,而以意会;王弼谓言象为工具,只用以得意,而非"意"本身,故不能以工具为目的,若滞于言象则反失本意。此则两说均终主得意废言也。王弼唱"得意忘言",虽在解《易》,然实则无论天道人事之任何方面,悉以之为权衡,故能建树系统之玄学。于宇宙之本体(道),吾人能否用语言表达出来,又如何表达出来?此问题初视似不可能,但实非不可能。盖因"道"虽绝言超象,而言象究竟出于"道"。滴水非海,一瓢非三千弱水,然滴水究自海,一瓢究为弱水。若得其道,就滴水而知大海,就一瓢而知弱水。故于宇宙本体,要在是否善于用语言表达,即用作一种表达之媒介。而表达宇宙本体之语言(媒介)有充足的、适当的及不充足的、不适当的,如能找到充足的、适当的语言(媒介),得宇宙本体亦非不可能。

如果从另一方面看问题,本来吾人所追求、所向往之超世之理想,精神之境界,玄远之世界,虽说是超越尘世,但究竟本在此世,此世即彼世,如舍此求彼,则如骑驴求驴。盖圣人"常游外以弘内,无心而顺有,故虽终日挥形而神气无变,俯仰万机而淡然自若也"。魏晋时,中国人之思想方式亦异于印度人之思想方式,玄学家追求超世之理想,而仍合现实的与理想的为一。其出世的方法,本为人格上的、内心上的一种变换,是"结庐在人境,而无车马喧","神虽世表,终日域中","身在庙堂之上,心无异于山林之中",盖"名教中自有乐地"也,而非"不识庐山真面目,只缘身在此山中"。如具此种心胸本领,即能发为德行,发为文章,乐成天籁,画成神品。不过文章、书画、音乐有能代表理想者,有不能代表者;有能揭开天地之奥妙者,有不能者;有能表现自然者,有不能者。

本来媒介、语言均形器之物,是有限的,如执著此有限之物而以为即宇宙本体,则失宇宙本体,亦失语言之功用。然从另一方面说,虽媒介、语言为有限的,但执著它是有限,则亦将为形器所限。如能当其是无限(宇宙本体)之所现,而忘其有限,则可不为形器所限,而通于超形器之域。如欲通于超形器之域,则须寻觅充足之媒介或语言,而善运用之。

刘彦和谓"心生而言立,言立而文明,自然之道也"。盖魏晋南北朝之人所谓"文"者,常即谓为此种表现天地自然之充足的媒介或语言。故而《情采篇》曰:

圣贤书辞,总称文章,非采而何?夫水性虚而沦漪结,木体实而花萼振,文附质也。虎豹无文,则鞟同犬羊;犀兕有皮,而色资丹漆,质待文也。若乃综述性灵,敷写器象,镂心鸟迹之中,织辞鱼网之上,其为彪炳,缛采名矣。故立文之道,其理有三:一曰形文,五色是也;二曰声文,五音是也;三曰情文,五性是也。五色杂而成黼黻,五音比而成韶夏,五情发而为辞章,神理之数也。

此所谓"文"者当不仅限于辞章,且包括音乐、绘画等,兹先述音乐、绘画,而后论文学之理论。

一、音 乐

嵇康谓音乐为"自然之和"("音声有自然之和,无系于人情"),陆机谓为"常音"("弦有常音,故曲终则改"),陆云谓为"天籁"(cosmic music,"挥天籁而兴音")。故阮籍《乐论》曰:"夫乐者,天地之体,万物之性也。合其体,得其性,则和;离其体,失其性,则乖。"如有充足之媒介,发成音乐,则可合"天地之体"、"万物之性",以传"天籁"。"若夫空桑之琴,云和之瑟,孤竹之管,泗滨之磬,其物皆调和淳均者,声相宜也,故必有常处。"而"圣人之作乐也,将以顺天地之体,成万物之性也"。故"圣人立调适之音,建平和之声,制便事之节,定顺从之容,使天下之为乐者,莫不仪焉"。而嵇叔夜虽言"声无哀乐",盖其理论亦系于"得意忘言"之义。夫声无哀乐(无名),故由之而"欢戚自见",亦犹之乎道体超象(无名),而万象由之并存。故八音无情,纯出于律吕之节奏,而自然运行,亦全如音乐之和谐。

音乐既为人类所采用"自然"、实在之一种媒介,"自然"可借助而表现自己;美好的音乐是宇宙本体、自然之道的体现,因通过此种媒介,宇宙本体得以表现之。音乐(正因其为音乐的)必再现宇宙之和谐,盖音乐曲调之取得来自宇宙本体之度量也。故如不执著其有限,忘言忘象,而通于言外,达于象表,则可"得意"也。

二、绘　画

音乐所以传天籁,岂限于哀乐;绘画亦所以传天工,岂限于形体。汉代人观人之方法,根本为相法,由外貌差别推知其体内五行之不同。汉末魏初犹颇存此风,如刘劭《人物志》,谓人禀阴阳以立性,体五行而著形,故识鉴人伦,相其外而知其中,察其章而推其微。其后人伦识鉴乃渐重神气,形体可知,神气难言,而入于虚无难言之域。因之人物画法亦受此项风尚之影响。抱朴子尝叹观人最难,谓精神之不易知也。顾恺之曰:"凡画人最难"(张彦远《历代名画记》卷一),当亦系同一理由。《世说·巧艺篇》曰:

顾长康画人或数年不点目精,人问其故,顾曰:四体妍媸,本无关于妙处,传神写照正在阿堵之中。

"数年不点目精"(《人物志》谓"征神于目"),具见传神之难也。故人物画原理不在画四体妍媸,而在传神写照。顾氏之画理,盖亦根植于"得意忘言"之学说也。

绘画重"传神写照",则已接于精神境界、生命本体、自然之美、造化之工也。但自来人物品藻多用山水字眼,据《世说·赏鉴篇》载:李元礼(膺)如劲松风下;邴原如云中白鹤;王夷甫(衍)岩岩清峙壁立千仞(顾恺之《夷甫画赞》曰:夷甫天形环特,识者以为岩岩秀峙壁立千仞);和峤森森如千丈松;周顗巍巍如断山。故传人物之神向以山水语言代表,以此探生命之本源,写自然之造化。而后渐觉悟到既然写造化自然用人物画,而人物品藻则常拟之山水,然则何不画山水更能写造化自然?因此山水画法出焉。谢幼舆(鲲)自比庾亮(元规)谓"丘壑过之",故顾长康画谢在岩石里,因谢"胸中有丘壑"也。晋人从人物画到山水画可谓为宇宙意识寻觅充足的媒介或语言之途径。盖时人觉悟到发揭生命之源泉、宇宙之奥秘,山水画比人物画为更好之媒介,所以即在此时"老庄造退,而山水方滋"。晋人到此发现了这种更好的媒介,故不但用之于画,而且用之于诗,而山水诗兴焉。

三、文 学

魏晋时许多思想家所持之根本理论有二:一方面认为有不可言之本体(宇宙本体,自然之道);另方面有不可违抗之命运。

如何解决此两问题，为当时人所普遍注意。而此两问题，当亦于论文中反映之。

此宇宙之本体分化而为万形，故王弼谓："万物万形，其归一也。何由致一？由于无也。……故万物之生，吾知其主，虽有万形，冲气一也。"本体为无限的，为一，为中正，为中庸，为和，为冲淡，为元气；万形则为有限的，为多，而各有所偏。虽万形所赋（五行）不同，但究有五德皆备之人，此即圣人。王弼谓圣人无名、中和、与道同体、与天合德，"达自然之至，畅万物之情"。其论"圣德"谓圣人有"则天之德"，"若夫温而能厉，威而不猛，恭而能安，斯不可名之理全矣。故至和之调，五味不形；大成之乐，五声不分，中和备质，五材无名也"。盖亦谓圣德无德，中和备质也。魏晋时人常以圣人法天、法自然，中正和平而不偏，余则各有所偏。此种理论在当时用之于论文，可注意者有两点。

其一，魏文《典论·论文》谓就文体说"本同而末异"，所谓"本"者即"文之所为文"，"末"者为四科，"奏议宜雅，书论宜理，铭诔尚实，诗赋欲丽，此四科不同，故能之者偏也"。此就文章体裁说，而就为文之才能说则有"通才"，有"偏至"，"通才能备其体"，而"偏至"则孔（融）、王（粲）、徐（幹）、陈（琳）、阮（瑀）、应（玚）、刘（桢），此七子以气禀不同而至殊，因才气不同而分驰。而同时傅玄亦曰:"圣人之道如天地,诸子之异如四时,四时相反,天地合而通焉。"因有"偏至",故"文人相轻",此非和平中正之道也。惟圣人中正和平,发为文章可通天地之性,则尽善尽美也。

其二,《典论·论文》又曰:"盖文章经国之大业,不朽之盛事,年寿有时而尽,荣乐止乎其身,二者必至之常期,未若文章之无穷。"人生有不可违之命运,人生在世匆匆过客,忽然与物生化,年寿有限,荣乐难常;而文章为不朽之盛事,或可成千载之功,如欲于有限时间之中完成千载之功业,此亦与用有限之语言表现无限之自然同样困难。然若能把握生命,通于天地之性,不以有限为有限,而于有限之生命中亦当可成就"不朽之盛事"也。

以上为可注意之两点。然魏文之《典论·论文》似并未解决此根本问题。而以后论文之著作甚多,以陆机之《文赋》与刘勰之《文心雕龙》最能体现魏晋南北朝之思想特点也。

万物万形皆有本源(本体),而本源不可言,文乃此本源之表现,而文且各有所偏。文人如何用语言表现其本源?陆机《文赋》谓当"伫中区以玄览"。盖文非易事,须把握生命、自然、造化而与之接,"笼天地(形外)于形内,挫万物于笔端"。文当能"课虚无以责有,叩寂寞以求音"。盖文并为虚无、寂寞(宇宙本体)之表现,而人善为文(善用此媒介),则方可成就笼天地之至文。至文不能限于"有"（万有），不可囿于音，即"有"而超出"有"，于"音"而超出"音"，方可得"弦外之音"、"言外之意"。文之最上乘，乃"虚无之有"、"寂寞之声"，非能此则无以为至文。陆机《文赋》这种理论似于王弼《老子指略》中亦可求得，如曰：

夫物之所以生，功之所以成，必生乎无形，由乎无名。无形无名者，万物之宗也。不温不凉，不宫不商。听之不可得而闻，视之不可得而彰，体之不可得而知，味之不可得而尝。故其为物也则混成，为象也则无形，为音也则希声，为味也则无呈。故能为品物之宗主，苞通天地，靡使不经也。若温也则不能凉矣，宫也则不能商矣。形必有所分，声必有所属。故象而形者非大象也，音而声者非大音也。然则四象不形则大象无以畅，五音不声则大音无以至。四象形而物无所主焉，则大象畅矣。五音声而心无所适焉，则大音至矣。故执大象则天下往，用大音则风俗移也。

盖陆机《文赋》专论文学，而王弼于此则总论天地自然，范围虽不相同，而所据之理论，所用之方法其实相同，均为"尽意莫若象，尽象莫若言"，"得意忘象，得象忘言"也。形而上之本体为"一"，无形希声；形而下之万有为"多"，为宫为商，为温为凉，故陆机有言曰:"臣闻弦有常音,故曲终则改。镜无畜影,故触形则照,是以虚己应物,必究千变之容,挟情适事,不观万殊之妙。"《文赋》亦曰:"体有万殊,物无一量。"而文人亦然,各个不同,故文亦不同,就文体言可有十体,而每种各有所偏:"诗缘情而绮靡,赋体物而浏亮,碑披文以相质,诔缠绵而凄怆,铭博约而温润,箴顿挫而清壮,颂优游以彬蔚,论精微而朗畅,奏平徹以闲雅,说炜晔而谲诳。"陆机虽把文分为十体,而对此十种文体之说明,大不同于汉人,概皆以"缘情"、"托兴"为言也。

刘勰之《文心雕龙》首篇为《原道》,论文之为文者更详,曰:

文之为德,大矣,与天地并生者,何哉?夫玄黄色杂,方圆体分,日月叠璧,以垂丽天之象;山川焕绮,以铺理地之形,此盖道之文也。仰观吐曜,俯察含章,高卑定位,故两仪既生矣。惟人参之,性灵所钟,是谓三才。为五行之秀,实天地之心。心生而言立,言立而文明,自然之道也。旁及万品,动植皆文,龙凤以藻绘成瑞,虎豹以炳蔚凝姿,云霞雕色,有逾画工之妙;草木贲华,无待锦匠之奇,夫岂外饰,盖自然耳。至于林籁结响,调如竽瑟;泉石激韵,和若球锽,故形立则章成矣,声发则文生矣。夫以无识之物,郁然有彩;有心之器,其无文欤?人文之元,肇自太极,幽赞神明,易象为先。庖牺画其始,仲尼翼其终。而乾坤两位,独制文言,言之文也,天地之心哉!……

文章虽非天地自然之本身,然文"与天地并生","人文之原,肇之太极",且甚重要,"言之文也,天地之心"。然此非为"文以载道"之义,乃谓"道"因文显也。盖于文有两种不同之观点:一言"文以载道",一言文以寄兴,而此两种观点均认为"文"为生活所必需。前者为实用的,两汉多持此论,即曹丕《典论·论文》亦未脱离此种观点之影响,故他以文章为"经国之大业",而后韩愈更唱此论也。此种"文以载道"实以人与天地自然为对立,而外于天地自然,征服天地自然也。后者为美学的,此盖以"文"为感受生命和宇宙之价值,鉴赏和享受自然,"人禀七情,应物斯感,感物吟志,莫非自然"(《明诗》),"文章之成亦因自然"(黄侃语),故文章当表现人与自然合为一体。《文赋》谓:"诗缘情而绮靡",又谓"或托言于短韵,对穷迹而孤兴",故文章必须有深刻之感情。而"寄兴"本为喻情,故是情趣的,它是从文艺活动本身引出之自满自足,而非为达到某种目的之手段,故曰"心生而言立,言立而文明,自然之道也"。

　　文章既然与"天地并生",而惟圣人能成天地之圣文,故《文心雕龙》谓"必征于圣","必宗于经"。盖圣人中庸之极,无所不能;经亦平淡中正,无所不容。圣道中庸,故"文能宗经",而体有六义:一情深而不诡,二风清而不杂,三事信而不诞,四义直而不回,五体约而不芜,六文丽而不淫,此所谓不太过而得其中也。"经"平淡中正,无所不容,故各种文体,均源出六经。

魏晋时人以万物之本源为变化的,故常曰大化,以变化不可违也,"天道兴废,自然消息",自《咏怀诗》后,文章常充满这种情绪,而"文"为"道"之表现,故有"文"亦因时而变之论。挚虞《文章流别论》谓"质文时异",盖所谓为各种文体之历史演变也。而刘彦和《文心雕龙》更有《通变》、《时序》之篇章。《时序篇》曰:"时运交移,质文代变,古今情理,如可言乎! ……歌谣文理,与世推移,风动于上,而波震于下。……文变染乎世情,兴废系乎时序。"《通变篇》赞曰:"文律运周,日新其业,变则其久,通则不乏。"此均论"文章"因时而变之故。

既然人生为自然(天道)之分化,而又遭不可违抗之命运,则人何以自遣? 照魏晋南北朝时人的看法,就发为文章说,文章本为遣怀,为发抒怀抱而有,故《文赋》曰:

遵四时以叹逝,瞻万物而思纷。悲落叶于劲秋,喜柔条于芳春。以懍懍以怀霜,志眇眇而临云。咏世德之骏烈,诵先人之清芬。游文章之林府,嘉丽藻之彬彬。慨投篇而援笔,聊宣之乎斯文。

陆机《愍思赋》序说:

予屡抱孔怀之痛,而奄复丧同生姊,衔恤哀伤,一载之间,而丧制便过,故作此赋,以纾惨恻之感。

然而文章为何可以发抒怀抱,盖因其本为一种精神作用,而通乎自然也,“在心为志,发言为诗”,“人禀七情,应物斯感,感物吟志,莫非自然”。《文赋》曰:“函绵邈于尺素,吐滂沛于寸心。”虽在“寸心”,但可“观古今于须臾,抚四海于一瞬”。《文心雕龙》有《神思篇》谓曰:“文之思也,其神远矣。故寂然凝虑,思接千载,悄焉动容,视通万里。吟咏之间,吐纳珠玉之声;眉睫之前,卷舒风云之色,其思理之致乎! 考思理为妙,神与物游。神居胸臆,而志气统其关键;物沿耳目,而辞令管其枢机。”而此神(思)本即生命之源、宇宙之本,不可言说而为情变之源,故曰:“神用象通,情变所孕。”

因神远而象近,神一而象多,神无(无形无象)而象有(有形有象），如何依文象以通神思之极，其方法在使文成为一种传达天地自然之充足的媒介。虽言浅而意深，言有限而意无穷，然神思可与天地自然接也，"文之思也，其神远矣"。故所寻觅之充足的媒介必当能通过文言以达天道，而非执著文言以为天道。而刘勰有《隐秀》之作焉，文略曰：

> 夫心术之动远矣，文情之变深矣，源奥而派生，根盛而颖峻，是以文之英蕤，有秀有隐。隐也者，文外之重旨者也；秀也者，篇中之独拔者也。隐以复意为工，秀以卓绝为巧，斯乃旧章之懿绩，才情之嘉会也。夫隐之为体，义主文外，秘响傍通，伏采潜发。

而宋张戒《岁寒堂诗话》引《隐秀篇》两句："情在词外曰隐，状溢目前曰秀"，此当为《隐秀》之主旨。"秀"谓"得意"于言中，而"隐"则"得意"于言外也。自陆机之"课虚无以责有，叩寂寞以求者"，至刘勰之"文外曲致"、"情在词外"，此实为魏晋南北朝文学理论所讨论之核心问题也，而刘彦和《隐秀》为此问题作一总结。又此种理论每亦表现于用典上，盖谓用典之原则有二：一用典贵在恰当，于古、今、人、物当相合；二更为重要的是须意在言外，不可拘滞，魏文帝谓屈原"据托譬喻，其意周旋"，即此意也。

.

总之,魏晋南北朝文学理论之重要问题实以"得意忘言"为基础。言象为意之代表,而非意之本身,故不能以言象为意;然言象虽非意之本身,而尽意莫若言象,故言象不可废;而"得意"(宇宙之本体,造化之自然)须忘言忘象,以求"弦外之音"、"言外之意",故忘象而得意也。

(原载《中国哲学史研究》1980 年,第 1 期)

---

① 威廉·奥卡姆(William of Occam),英国哲学家,约 1285—1349 年。奥卡姆的剃刀(Occam's razor)是说"不要不必要地增加实体或基质"。这里是借用,意思是说,"言意之辨"作为一种玄学方法如用利刃尽削除汉人学问之芜杂。

中国佛教史

蒋维乔 ／ 撰

邓子美 ／ 导读

蓬莱阁典藏系列

上海古籍出版社

图书在版编目(CIP)数据

中国佛教史 / 蒋维乔撰；邓子美导读. —上海：
上海古籍出版社，2019.5（2024.12 重印）
（蓬莱阁典藏系列）
ISBN 978-7-5325-8918-0

Ⅰ.①中… Ⅱ.①蒋… ②邓… Ⅲ.①佛教史-中国
Ⅳ.①B949.2

中国版本图书馆 CIP 数据核字(2018)第 136820 号

蓬莱阁典藏系列
中国佛教史
蒋维乔 撰　邓子美 导读
─────────────────
上海古籍出版社　出版、发行
（上海市闵行区号景路 159 弄 1-5 号 A 座 5F　邮政编码 201101）
(1) 地址：www. guji. com. cn
(2) E-mail：guji1@guji. com. cn
(3) 易文网网址：www. ewen. co

印　刷　苏州市越洋印刷有限公司
开　本　787×1092　1/32
印　张　12.75
插　页　5
字　数　258,000
版　次　2019 年 5 月第 1 版　2024 年 12 月第 5 次印刷
ISBN 978-7-5325-8918-0/K·2519
定　价　48.00 元

如有质量问题，请与承印公司联系

出版说明

中国传统学术发展到晚清民国,进入一个关键的转折时期。面对"数千年未有之变局",旧传统与新思想无时不在激荡中融汇,学术也因而别开生面。士人的眼界既开,学殖又厚,遂有一批大师级学者与经典性著作涌现。这批大师级学者在大变局中深刻反思,跳出旧传统的窠臼,拥抱新思想的精粹,故其成就者大。本社以此时期的大师级学者经典性著作具有开创性,遂延请当今著名专家为之撰写导读,希冀借助今之专家,诠释昔之大师,以引导读者理解其学术源流、文化背景等。是以本社编有"蓬莱阁丛书",其意以为汉人将庋藏要籍的馆阁比作道家蓬莱山,后世遂称藏书阁为"蓬莱阁",因借取而为丛书名。"蓬莱阁丛书"推出后风行海内,为无数学子涉猎学术提供了阶梯。今推出"蓬莱阁典藏系列",萃取"蓬莱阁丛书"之精华,希望大师的经典之作与专家的精赅之论珠联璧合,继续帮助读者理解中国传统学术的发展与大师的治学风范。

目　录

师—南岳之著书—《大乘止观法门》之可疑—南岳
之教义—南岳与天台—天台大师—天台之著书—
章安大师—三谛圆融—一念三千—五时八教之判
释—《法华玄义》之南三北七—南三北七诸师之判
教—《五教章》之十家—天台以前之诸说与天台—
天台以前之《涅槃经》研究—《涅槃经》学者之南北
二派—关于《涅槃经》之著述

第十一章　嘉祥之三论宗 / 121

罗什所传与嘉祥大师之三论宗—古三论新三论—
嘉祥以前三论之系统—三论宗之系统表—僧诠门
下之四杰—法朗门下之繁荣—明法师—兴皇寺之
法朗—嘉祥小传—嘉祥之著书—嘉祥之门下—唐
以后三论宗之衰颓

第十二章　造像与石经 / 129

北魏文成帝时之像教—北魏凿石为庙之遗风—石窟
佛像之建造—佛教上有价值之美术—大同云冈之石
窟—洛阳伊阙之石窟—开凿石窟始于昙曜—云冈石
窟所以无碑碣之理由—石窟寺之规模—魏帝之屡幸
石窟寺—伊阙石窟与云冈相似—伊阙开凿石窟之
始—伊阙石窟始于北魏继续于有唐—伊阙石窟之规
模—龙门造像不限于帝王—慧思大师发愿刻《石
经》—静琬创刻石藏经板—导仪暹法四公之陆续增
刻—自唐至辽所刻《石经》之数—石经山之规模—雷
音洞—藏经板之七洞—辽道宗及通理大师之续刻—
善定善锐之募刊—西峪寺石塔下之石经—元代高

罗—金刚界曼荼罗—曼荼罗与密教教理之说明—
那烂陀寺佛教之一转—法相之转识得智与密教
之曼荼罗—胎藏界《经》之四曼荼罗《疏》之六曼荼
罗—金胎两部之关系—《金刚顶经》二十八会之
说—慈觉所传之一会曼荼罗—绘曼荼罗彩色曼荼
罗之起源—金刚界之三十七尊—金胎两部之称呼
及印度之相承—南天铁塔谈—金刚界与华严之教
义—密教理论解释之一端—不空三藏—善无畏不
空之二派—金刚智不空之系统表—善无畏之系统
表—惠果以后两部传统表

太祖太宗之兴法—雕刻《大藏经》之始—宋代之译

教—红教喇嘛及黄教喇嘛—喇嘛教于民间影响颇少—桂念祖赴日本研究密教—沙门显荫、大勇、持松先后赴日研究—大勇冒险入藏—王弘愿—程宅庵—东密藏密之会通

简要系统　不失风趣

——蒋维乔《中国佛教史》导读

邓子美

一、蒋维乔与境野哲

　　蒋维乔(1873~1958)，江苏武进人，字竹庄，号因是子，中国近代著名哲学家、教育家、佛学家。1895年就学于著名的江阴南菁书院(现江苏省南菁中学)。该校以国学见长，蒋维乔不以此为满足，而特别对"西学"有兴趣。于是，次年就一边在该校读书，一边至常州致用精舍上课①，按月参加两所学校的考试，长达六年，虽因此仅获南菁书院的肄业证书，但他能够兼通中西，就靠青年时打下的底子，由此事也可看出其卓而不群。

　　1902年，他参加了蔡元培组织的中国教育会，提倡教育救国。该会也是孙中山领导的同盟会(于1905年成立)的发起团体之一。1903年2月，应蔡元培邀请，任上海爱国学社等校义务教员。教学之余，为倾向于革命派的《苏报》翻译日本新闻，以稿酬谋生，由此打下了其日文根基。其后,被选为中国教育会监事,任爱国女学校长,开创了中国女子教育风气。同年 5 月,《苏报》因刊登章太炎《驳康有为论革命书》、邹容《革命军》被封,他不得不在上海商务印书馆编译所兼职,编辑小学教科书,并主持该馆开办的小学师范讲习所、尚公小学、商业补习学校等。

辛亥革命后,加入了由章太炎为首的中华民国联合会,出任民国教育部秘书长、参事。1913 年 10 月,追随蔡元培辞去公职,直到 1916 年袁世凯死后才复职,旋由教育部派赴日本、菲律宾考察教育。在此期间,他获著名佛教史学者境野哲所著《支那佛教史纲》。或说此书是他 1926 年再次赴日时所得,但结合他 1928 年 7 月自述撰写《中国佛教史》时,"于官书及私家记述,尽力搜罗外,复致书南北各丛林,详细调查。鱼雁往返,颇费日力"等情况,当以前者之可能为大。因为他说:"余夙有志于此。"② 1917 年 9 月回国后,主管教育法令,并开始研究佛学。这也应与目睹日本佛教与佛学研究兴盛有关。蒋维乔后任江苏省教育厅长、南京东南大学校长、上海光华大学(现华东师范大学)哲学系、中文系教授等职。中华人民共和国成立后,曾被选为苏南人民代表大会主席团主席。1958 年病逝于上海。在哲学方面,著有《中国近三百年哲学史》、《吕氏春秋汇校》等,并与杨大膺合编了《中国哲学史纲要》、《宋明理学纲要》。

在佛学方面,蒋维乔除撰写本书外,还撰有《佛学概论》、《佛教浅测》、《佛学纲要》等。他不仅研究佛学,还是一位著名的居士,在修行方面下过功夫,并在所著《因是子静坐法》中介绍了个人体验。这表明了宗教的超越性对他的吸引，也使他能从根本上理解佛学佛教史，为一般学者仅从哲学或史学出发的研究所不及。但他虽为居士，仍力图保持学者的客观立场，对佛教的消极面也持批评态度。如第十五章在引用了唐狄仁杰与李峤之疏后感叹："当时佛教盛极之弊，与夫忧世之士之衷情，可以见矣。"

境野哲(1871～1933)，号黄洋，日本仙台人。早年追随日本近代佛学研究先驱村上专精、井上圆了研习佛教。曾任东洋大学校长，参与领导了日本旨在改革佛教的"新佛教运动"，以治佛教史闻名，除《支那佛教史纲》外，还著有《中国佛教史讲话》《中国佛教研究》《中国佛教精史》等。

本书第四卷由蒋维乔自撰，前三卷虽大体译自境野哲《支那佛教史纲》，但与第四卷前后一贯，语气如出一人，显然比一般译著高出一筹。前三卷中，蒋维乔的增补及用自己对佛教教义的理解，联系国内实际表述的内容也有一些。除原书《凡例》已说明的据《正续藏》加以校对改正的境野哲著作错谬外，主要有：

1. 第十二章《造像与石经》。此为中国佛教史上的重大事实，蒋氏率先对此作了清理，为当时刚起步的中国艺术史与佛教艺术研究提供了基本线索。

2. 有些章节中的论述，联系民国初年中国佛教现状，至今仍有一定启发。如第四章末，"庐山至今尚有慧远遗风，唯近来所传念佛宗，其旨乃念佛与禅二者而一之。在慧远当时，则未尝倡禅净一致之理论"。

蒋维乔的主要贡献在新撰的第十七、十八章。第十七章《近世之佛教》,始自概述清兵入关后的清朝宗教政策,迄于分析民国初年佛教现状。中国近代佛教研究因此有了头绪可寻。第十八章《近世各宗》,包括佛教各宗派的传承以及作者对此的评论。笔者以为,称此两章为中国近代佛教史的奠基作并不为过。境野哲《支那佛教史纲》实为中国古代佛教史,由于蒋氏增补了在资料与评述两方面都最困难的这两章,奠定了本书的中国佛教通史规模。

总体上,蒋维乔增补改写部分占全书的四分之一强。严格来讲,本书应为境野哲原著,蒋维乔译并增补。但由于本书早在 20 世纪 30 年代已由商务印书馆出版,被公认为当时以近代眼光撰写的最佳中国佛教通史著作之一,在国内影响很大,这应多半归功于蒋维乔。

蒋维乔有志于研究中国佛教史,首先与早年翻译日本新闻,与章太炎等曾留日之学者结交有关,由此了解到中国佛学研究的薄弱。1917年初,作为开始对佛教感兴趣的学者,他赴日第一印象与当代的访问学者所感一样,就是东瀛学风之严谨:资料的搜集必须尽一切可能完备,考订勘察必须详细无遗,学术"门槛"高而竞争激烈。而与日本当时佛学研究的高度与深度相比,民初的中国佛学几近一片空白。当然,中国古代佛学研究有其精华,也留存了丰富的史籍。但自欧风东渐以来的近代眼光看,这些都不过是宝贵的史料而已。日本佛学界对中国佛教的研究成果,更使当时中国人汗颜。蒋氏"借资于东籍","筚路蓝缕"③,不无为国人自己的研究开辟道路之意。

其次,蒋氏不会不看到中国学术界急需此类著作问世。佛教传入中国不久,朝野已习于儒释道并称。至隋唐,佛学更吸引了汉地一流的知识精英,使儒门为之淡泊。而没有佛教广博的宇宙观与精细的心性论输入与消化,就没有宋明理学的诞生。明清佛教继续深入渗透于民众生活的各方面。换句话说,佛教已成为中国传统文化的重要组成部分,佛学研究的薄弱必然连累国学成为"瘸腿"。就哲学而言,胡适早在1918年就写成了《中国哲学史大纲》上卷,可没有下卷,就因碰到了佛学难题,他后来转向神会和尚研究及《坛经》研究,与此不无关系。就史学而言,第一部系统的儒家道统史——朱熹《伊洛渊源录》,就得之于禅宗灯录体的启发④。较早而最为系统的断代儒学史——黄宗羲《明儒学案》也直接间接地借鉴于禅宗的"公案"类著作⑤。就文学而言,六朝志怪、隋唐传奇乃至中国传统文学理论的扛鼎之作——刘勰《文心雕龙》、宋元戏曲、明清小说等,无一不受佛教文学的深刻影响。就艺术而言,佛教诸石窟寺院更是丰富宝藏,脱离其开掘,恐怕中国艺术史根本无法贯通。总之,缺乏系统的中国佛教通史作借鉴与参考,在魏晋南北朝之后,无论国学何领域的研究,如果要深入下去的话,都会遇阻。

第三,正如蒋氏自述:"一切学问,均有学理的研究,与历史的研究二种,于佛教何独不然。然我国佛教,自汉代输入以来,于教理方面,特别发达;且有潜心冥悟,融合西来(指印度)之义谛,独自成宗者,如天台、华严是也。至于历史,则数千年来,事实复杂,向无有系统之典籍,可供参考;欲从而研究之,正如暗中索物,不易获得";"虽然,研求教理若有历史为依据,则所得结果,必益精确。是则历史之研究,实足为教理之辅助,岂可忽哉?"⑥ 这就是说,他的中国佛教史研究目的一是为佛教教理与修行的可靠性提供历史依据,二是为恰当理解教理提供辅助工具。两者都富有宗教学蕴味。

二、简要系统,不乏卓识

本书特点略可归结为三方面,首先即简要系统,不乏卓识。作者认为,"我国知有佛教,应在(汉)武帝通西域后",至东汉永平三年(58),天竺人来华,明帝尊之,"遂视为异闻,而传播于后世。实则中国佛教史,当以(三国)安世高、支娄迦谶来时为始"。这是相当谨慎的一说。其后,作者的基本思路沿三条主线延伸:一为佛学师承源流,二为经典传授,三为佛教思想的继承与演变,并适当照顾到社会背景。依此,本书的构架十分清晰:

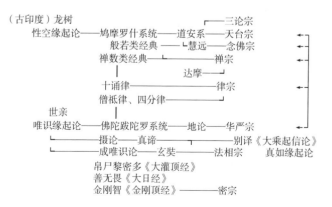

此表系笔者根据本书脉络从中国佛教主要宗派立宗的复杂因缘追溯。

进而，本书结合时代背景，概述了各宗的宗旨所在及其分化出的各派的差别；介绍了各宗祖师生平、经历、主要成就等；并同样沿上述三条主线，考察了各宗自唐至民国的主要谱系及盛衰。其间不乏卓识，大致又可分三类：

1. 就佛教思想史上具有创造性的观念所作的评论。例如对《大般涅槃经》的传入翻译评论说："法身常住与佛性遍通二义，颇于我国佛教开示新意义；何则？法身常住云者，谓佛有大我；此语为说无我教者所闻⑦，未尝不骇为新奇。"（第三章）事实上，中国化佛教主要宗派也均由"无我"转为"大我"这一思路启发而形成⑧。

2. 对中国僧俗的重要著述的评价。如一方面对相传《牟子理惑论》的作者与撰写年代存疑，另一方面引用了《理惑论》之语："吾睹佛经之说，览老子之要……还视世事，犹临天井而窥溪谷，登嵩岱而见丘垤矣"；而道教的不死而仙说、辟谷之术多系"妖妄之言"。作者因而对《牟子理惑论》的内容作出了肯定评价："其论三教一致，当推为最古之学说；其为佛教者对于道教表明思想之初期，则决无可疑也。"（第五章）

3. 对近代中国佛教演化趋向的洞察。如在把太平天国与历史上三武一宗毁佛作比较的同时，指出了基督教思想对太平天国领导人的影响及当时造成的后果，指出了其与中国传统宗教潜在的深刻冲突。

这些都是国内同类著作较少涉及的。又如把以杨文会为代表的居士佛教崛起作为近代佛教复兴的首要原因。(第十七章)这也为前人所未发。其所发掘的清代以雍正为代表的帝王对佛教内部事务的干预史实,也至今仍有参考价值。

三、语言畅达,不失曲致风趣

本书虽主要以文言文写作,但已夹以语体文,与同时代佛教史著作比较,语言明白畅达,没有通常翻译的日本学者著作的枯涩感或啰嗦感。尤为难能可贵的是,当时不存在宗教研究方面的禁区,作者可以畅情达意。

作为学术著作,本书不但语言顺畅,而且读来曲致风趣,深得著作要领,具有较强的可读性。例如解释中国出家人姓氏演变问题,先列举事实,指出佛教初传汉地时,僧人姓氏"或标其所生之国名,或出家后袭其师姓","望而知其祖先为月支或康居人"。直至释道安(314～385)据《增一阿含》经文规定"四姓为沙门,皆称释种";"僧之无姓,自此始"(第二章)。这样一个枯燥的典故考证,经其描述变得饶有风趣。

又如第三章在考察了大、小乘经典传华路线后,转而推出"中国佛教小乘来自罽宾,大乘来自于阗"的结语,"此乃译经历史上有趣味之事迹也"。第四章叙《南地佛教中心》,很自然,当以相传净土宗始祖慧远及其教团为核心。但本书先述印度来华僧人佛陀跋陀罗(觉贤)与北方佛教领袖罗什的异趣,及其被迫赴庐山依慧远,推出主人公;再由介绍慧远的师承，转引出道安，插以时代背景，顺述老庄道学；其结论称，道安、慧远之学与国人习性相合，因此得以发扬光大。这样的叙说，尽得行文曲折之妙。

再如第五章《佛教之弘传与道教》，首先辨明有些书籍记载的佛教初传时与道教的冲突哪些可信，哪些不可信；随后把道教中合理内容与民俗信仰的迷信成分加以区分，得出结论："佛教弘传中土，首先与之龃龉者，当属道教；其宗旨与之相近者，亦道教也"；并详细论证了佛、道相近之处，指出道教在组织、理论、经典三方面都不如佛教。最后笔锋却一转，源源本本追述了与道士攻击佛教有关的北魏道武帝、北周武帝灭佛。

四、资料丰富，存阙存疑

本书二十余万字，但内容极为丰富，前文概括之表仅为便于读者了解本书的简明系统，因此存主干而略去了许多枝节。其实，全书血肉丰满，例如佛陀跋陀罗系统也译出传授禅数类经典，对北方禅风影响很大。另除罗什系统与觉贤两大系统外，还有许多印度、西域来华或赴彼地求法的僧人也译出了许多经典，其传承消化都为佛教中国化作出了一定贡献。总之，凡有关汉传佛教的演化，本书均留有一定篇幅；藏传佛教虽着墨不多，但对主要派别的来龙去脉与主要代表人物生平也作了概述，甚至及于古代基督教与伊斯兰教在中国。此外，本书对中国古代政教关系、佛经的翻译盛衰、历代石经与《大藏经》的刻印流传，以及各石窟、名寺的来历等均有所涉及。善于运用"表"以容纳更多的资料，便于读者对勘，也是本书的特色之一。如第二章中魏晋南北朝之来华僧俗人名、国籍、来华年代表，第三章中之《华严经》六十卷本、八十卷本与其他异译本对照表。

本书引用的史料也相当丰富，然而对于史料，已运用历史文献学方法与理性的眼光审慎地加以考订。作者理性的考察还延伸到历来相沿的传说上，并发现了许多有待证明或启人深思的问题。对此，作者并不急于下结论，而采取了存阙存疑的保留态度。例如，第一章《佛教东传之期》列举十余种史料记载对比，判定《列子》之语、《广弘明集》引《老子西升经》等"悉不足据"；判定朱士行《经录》根据秦国所在地理位置与其时印度阿育王曾遣使来华，作出秦代佛教已传入中国的推论为"未可尽信"。第二章《四大翻译》为考察般若类经典翻译史，特列出该类各经经名、卷数、译者的表，在有些经名下注明"不足纪信"、"殊属可疑"。第十四章《唐之诸宗》列举多种证明，指出"禅宗之禅，亦明明随时代迁移"，"二祖断臂，禅宗传为美谈，似后世附会"，"恐非事实"。第一章中还指出，像白马寺建于何代这类问题，"尚须研究"。因此，本书作者的治学态度也值得急功近利的当代青年学者借鉴。

自本书出版以来迄今，虽然国内在佛教断代史与专门史领域的研究有了很大进展，著名的断代史如汤用彤《汉魏两晋南北朝佛教史》、《隋唐佛教史稿》等；专门史更多，如严北溟《中国佛教哲学简史》、江苏古籍出版社近年出版的一套中国佛教各宗专史、多家出版社出版的多种禅宗思想史、中国近代佛教史著作等;但在中国佛教通史方面,日本有伊藤义贤《支那佛教正史》、塚本善隆《支那佛教史研究》、常盘大定《中国佛教思想史》、镰田茂雄《简明中国佛教史》等书可与境野哲所著相比拟,而中村元《中国佛教发展史》(上中下三卷本)名以中国为限,实已属北传佛教史(除中国外,该书还包括了日本、韩国、越南等国佛教发展的内容)。就中国大陆而言,迄今仍只有黄忏华《中国佛教史》、吕澂《中国佛学源流略讲》两书可与蒋维乔此书相颉颃。前者重在中国佛教教理演变,后者系经整理的精细讲稿,虽各有所长,但也无法取代本书的上述独到之处。另外,20世纪80年代以来出版的具有佛教史内容的中国佛教概论类著作也有些,如周叔迦的有关史论汇编、高振农《中国佛教》、魏承思《中国佛教文化论稿》、李尚全《汉传佛教概论》等,但它们与通史要求相比,尚有距离。自1981年以来,中国社会科学出版社还陆续出版了任继愈主编的八卷本《中国佛教史》,惜至今尚未出全,该套书也相当于系统的中国佛教断代史汇编。1991年,该出版社又出版了由杜继文主编的具有世界佛教通史性质的《佛教史》,其中中国佛教占了相当篇幅。1995年,福建人民出版社出版了郭朋所著《中国佛教思想史》三卷本,此三书均以唯物史观作为编纂指导思想……总之,本书至少就简明系统、不拘一格而言,在当代仍有独到的价值,可适应多方面的需求。

当然,任何著作总有自身局限,特别是像本书这样带有开创性的论著,其既然缺乏前人相关著述借鉴参考,某些论点就难免不成熟;既然简明扼要，就难免疏漏。在笔者看来，这些都是大醇小疵，无关宏旨；本书的不足主要表现在思想上，作者似还没有完全摆脱儒家传统思路的影响，如在第五章中，作者认为佛教与道教"并以超俗脱尘为旨"，对佛教本具而被中国南禅与现代人间佛教发扬的"即出世而入世"的宗旨不够理解。在表达方面，作者以文言为主。原版还采用卷册体竖排形式，标点也不尽符现代规范，引用资料未单独列出，似难满足当代读者了解佛教，继承发扬中国传统文化学术的广泛需求，学者研究引用也有不便之处。这些显然乃时代的局限，不能苛求前辈。

上海古籍出版社此次据商务印书馆 1935 年版，将本书加以标校，改定页码，以简体横排重新出版，很大程度上将使这些遗憾得以弥补，相信会受读者欢迎。

---

① 在当时，谈到"致用"，就使人联想到"中学为体，西学为用"，常州致用精舍当为私立的以讲自然科学为主的学校。在沿海沿江地区，开办此类学校曾一时成风。

② 蒋维乔：《中国佛教史·叙言》。

③ 蒋维乔：《中国佛教史·叙言》。

④ 参见拙文《学术史的尝试之作——论朱熹〈伊洛渊源录〉》，载《朱熹与中国文化》，上海学林出版社 1989 年版。

⑤ 参见拙文《佛教史籍在历史编撰上的贡献》，载《史学史研究》1990 年第 2 期。

⑥ 蒋维乔：《中国佛教史·叙言》。

⑦ 按:《增一阿含·四意断品》第八经云:"一切诸行皆悉无常,一切诸行苦,一切诸行无我,涅槃休息。"因此,"无我"为佛教判断是否佛说的"三法印"之一,亦即"无我教"就是佛教。

⑧ 参见释印顺《如来藏之研究》,载《印顺法师佛学著作集》,台北印顺文教基金会电子版。

中国佛教史 |

蒋维乔　撰

叙　言

　　一切学问，均有学理的研究，与历史的研究二种，于佛教何独不然。然我国佛教，自汉代输入以来，于教理方面，特别发达；且有潜心冥悟，融合西来之义谛，独自成宗者，如天台、华严是也。至于历史，则数千年来，事实复杂，向无有系统之典籍，可供参考；欲从而研究之，正如暗中索物，不易获得。此其故，由佛教徒缺乏历史观念，在印度已然，我国人亦承受其影响也。虽然，研求教理，若有历史为依据，则所得结果，必益精确。是则历史之研究，实足为教理之辅助，岂可忽哉？余夙有志于此，又自审学识谫陋，未敢率尔操觚，乃借资于东籍，竭年余心力，以成此书。实未能自信为完善，读者以筚路蓝缕视之可也。

中华民国十七年六月蒋维乔序

凡　例

一、中国佛教，向乏有系统之通史。是书为适应此需要而作。

一、是书以日本境野哲所著《支那佛教史纲》为依据。惟原书所引事实，不免错误，讹字尤多。今检阅《正续藏经》，于其错误者改正之，缺略者补充之。

一、北魏之南北石窟造像，及隋时静琬所刻之《石经》，为佛教史上重大事实。原书无一语涉及，今特补叙一章。

一、历史通例，应详近代。原书于清代之佛教，略而不言；盖以清代佛教材料不易搜集之故；是一大缺点。今于近世佛教史，自清代至民国，特补叙两章。

一、清代以后佛教史料，至为散漫，苦无可据之典籍。今于官书及私家记述，尽力搜罗外；复致书南北各丛林，详细调查。鱼雁往返，颇费日力。然挂一漏万，自知不免；阅者谅之。

一、佛门中名德高贤事迹，当继续搜访；并望海内缁素，若有见闻，不吝赐教。俾得于再版时增补，或另出补编。

一、是书之成，蒙宁波观宗寺谛闲大师、镇江金山寺融通禅师、宝华山慧居寺光悦律师，助之搜集资料；更得常州清凉寺应慈法师，及徐文霨、江杜二居士，为之指示错误，改正文字，获益匪浅。合志卷端，以表谢忱。

第一章　佛教东传之期

　　我国人知有佛教,远在汉初;但就历史上显著之事实言,遂相传后汉明帝时,始入中国耳。明帝永平十年(67),佛教入中国,事详《汉法本内传》。此传作于何代,无可征考。据《续集古今佛道论衡》,此传凡五卷。曰《明帝求法品》、曰《请法师立寺品》、曰《与诸道士比较度脱品》、曰《明帝大臣等称扬品》、曰《广通流布品》是。其第三卷,载在《续佛道论衡》。就各卷标题,及其大体而论,似在佛教传来后,摹拟佛经体裁之作。《大唐内典录》,谓为佛法初来时所作,未可尽信。今据《汉法本内传》、《高僧传》、《僧史略》等书,并详加参证,以示佛教初传时之状态。

　　史称永平三年,明帝夜梦金人,身长丈六,顶有白光,飞行殿庭;乃询群臣,傅毅始以天竺之佛对。帝遣中郎将蔡愔、秦景,博士王遵等十八人使天竺,写浮屠遗范。乃与沙门迦叶摩腾、竺法兰,东还洛阳。愔之还,以白马负经而至。因立白马寺于洛城雍关西,以居二僧。中国有僧寺自此始。《高僧传》，则谓此寺原名招提寺，后改白马，其言曰："相传外国国王尝毁破诸寺，唯招提寺未及毁坏。夜有一白马，绕塔悲鸣，即以启王。王即停毁诸寺，因改招提，以为白马。故诸寺立名，多取则焉。"所谓外国国王，应是五胡乱华时之国王，但其姓氏不可确知。《法本内传》有白马、兴圣二寺。故白马寺建于何代，尚须研究。

《汉法本内传》称迦叶摩腾、竺法兰抵洛阳后，五岳十八山道士，于永平十四年正月一日上奏，请与佛僧论理角法。明帝遣尚书令宋庠，传谕道释两派，斗法白马寺。而南岳褚善信、华岳刘正念、恒岳桓文度、岱岳焦得心、嵩岳吕惠通以下六百九十道士，筑三坛于寺之南门外。西坛安置符箓书，中坛安置黄老等书，东坛列祭器食物，祈祷诸神。佛僧则于道路西侧，安置佛舍利经像。已而道众宣言，纵火焚坛，不燃圣典。讵知火发，悉归灰烬。佛则舍利放五色光，飞舞空中。迦叶摩腾，亦飞升天际；现诸神怪。观者叹服。自吕惠通以下诸人，暨内宫妇女二百三十人，一时皆愿出家。朝廷敕所司建十寺，以七寺为僧寺，三寺为尼寺。僧寺建于洛阳城外，尼寺建于洛阳城内。而南岳道士费叔才，以法力不及佛僧，愧愤而死。然其说均未可确信。

迦叶摩腾、竺法兰来华后，所译经典，载在经录者，除《四十二章经》外，尚有《佛本行经》五卷、《十地断结经》四卷、《二百六十戒合异》二卷、《法海藏经》一卷、《佛本生经》一卷。惟《四十二章经》尚存，且最有名，其体颇似老子《道德经》。或谓"此经本是天竺经抄，元出。大部。撮引要者，似《孝经》十八章。"相传此经译成，朝廷藏之石室，后始流传。《高僧传》称："初缄在兰台石室第十四室中。"兰台者，后汉禁中藏书府也。至《汉法本内传》所载佛教东渐说，仅迦叶摩腾、竺法兰二人来华事实足采。盖自二人来后，讫桓帝时安世高、支娄迦谶来华之前，八十年间，中国史乘，无一言涉及佛教者。故虽谓中国佛教史，断自安世高、支娄迦谶始，亦无不可。当摩腾法兰之来，朝廷加以宠异，后世传说遂歧。我国人之知有佛教，为时更古，不始于汉。迦叶摩腾等之来，仅可谓为天竺人来华之始。至于确定佛教之传来期，应自安世高、支娄迦谶始。

上言摩腾法兰未来以前，我国人已知有佛教，兹引诸书，证之于下：

（一）《列子》："孔子曰：丘闻西方有圣者焉。不治而不乱，不言而自信，不化而自行，荡荡乎人无能名焉。"此孔子暗示释尊之教化，与儒教不相歧之证也。

（二）朱士行《经录》："秦王政四年。秦王政后灭六国，即皇帝位，是谓始皇帝。王之四年，乃即皇帝位前二十二年。西域沙门室利房一作释利防等十八人，始赍佛经来华；王怪其状，捕之系狱；旋放逐国外。"

（三）《魏书·释老志》："释氏之学，闻于前汉。武帝元狩中，霍去病获昆邪王及金人，率长丈余。帝以为大神，列于甘泉宫，烧香礼拜。此则佛道流通之渐也。"此金人长丈余者，或系指佛像而言。

（四）《释老志》：续前文："及开西域，遣张骞使大夏。还云：'身毒国有浮图之教。'"此明示佛教流行中国之事实。浮图，即佛陀也。

（五）梁阮孝绪《七录序》："成帝时，刘向检校秘书，编定目录，其中已有佛经。盖秦政既设挟书之禁，令民间不得藏书。惠帝始除此律，稍稍搜集天下书籍。成帝之世,命陈农广求遗书,使刘向父子雠校。向亡,帝使歆嗣其前业。乃徙温室中书于天禄阁上。歆遂总括群篇,奏其七略。"《佛祖统记》引刘向《列仙传》曰:"吾搜检藏书,缅寻太史,撰《列仙图》。自黄帝以下,迄至于今,得仙道者七百余人。检定虚实,得一百四十六人。其七十余人,已见佛经矣。"据此足为向校书时,已有佛经之证。

(六)《释老志》:"哀帝元寿中,景宪受大月氏王口授浮图经。"考元寿元年,距武帝时八十年,在迦叶摩腾、竺法兰来中土前六十余年。

以上所载,《列子》之文,或后人所伪托。此外如《广弘明集》,引《老子西升经》:"符子云:'老子先师,名释迦文。'"《佛祖统记》、《周书异记》、《天人感通传》,俱谓周代已知有佛教,恐系后人揣测之言,悉不足据。

朱士行《经录》谓秦处中国极西,为西域来中国者必经之道。以其时考之,适值印度阿输迦王在位之年。其派遣传道师来华,虽属意中事,然亦不过拟议之辞,未可尽信。朱士行详细情形,另于后章述之。但就《古经录》而言,不足征信之处尚多。例如《开元录》卷十、《贞元录》卷十八载释利防所赍《古经录》一卷,刘向校书时《旧经录》一卷伽叶摩腾汉时《佛经目录》一卷,其次序朱士行《汉录》一卷。是朱士行前,已有经录,确无可疑。故朱士行《经录》,未可重视。

《魏书》所载,可称实录。武帝遣张骞使月氏,说夹击匈奴,虽不成,然骞知月氏之南有身毒国,观其后谋由蜀赴身毒国赴滇越事可知。其所载景宪事亦足据。盖此时佛教，当已盛行月氏也。但武帝降昆邪王得佛像事，尚须考证。当是时，佛教虽已盛行印度北方，然昆邪王地邻高昌，即今之甘肃。距印度远甚。佛教势力，似尚未能及此。或谓此非佛教，系在西域所行之他教。

刘向《列仙传》，载黄帝以来得仙道者百四十六人。其七十余人见于佛经。所谓汉以前列仙七十余名见于佛经者，初不明为何事。而《统记》称今书肆板行者，即指《列仙传》。乃云七十四人，已在仙经。盖是道流擅改之耳。由此观之，或系引文之误。如曰黄帝以来得仙道而名列仙经者七十四人，则其说较妥矣。

要之，我国知有佛教，应在武帝通西域后。至明帝时，天竺人来华，朝廷尊之。遂视为异闻，而传播于后世。实则中国佛教史，当以安世高、支娄迦谶来时为始也。

第二章　佛经传译之初期

　　我国佛教,传自印度。其经典专藉翻译而传。所翻译之经典,正否不一,则经典之解释,亦因之而歧。故我国佛教史,当视翻译家之见解为转移;而此翻译家,即可视为开创一宗,或宣布新义者。鸠摩罗什、真谛、玄奘、不空四人,可推为中国佛教史上四大翻译家。盖此四大家,于佛教上,影响最大也。

　　佛经传译之初期,指鸠摩罗什前后而言。考鸠摩罗什来华,在姚秦弘始三年,距支娄迦谶、安清来时,二百六七十年。今就此期间,列举来华之外人,及其国籍于下:

来华之外人名	国　籍	来华之时代
安清　字世高	安　息	后汉桓帝建和年间
安玄　优婆塞	安　息	后汉灵帝末

来华之外人名	国 籍	来华之时代
昙谛	安 息	曹魏主髦正元
安法钦	安 息	西晋武帝太康
支娄迦谶	月 支	虽有异说约计当在灵帝时耳
支曜	月 支	灵帝中平
支亮 字纪明、支谶弟子	月 支	不详
支施仑 优婆塞	月 支	前凉主张天锡凤凰、东晋简文帝咸安
康巨	康 居	灵帝中平
康孟详	康 居	献帝兴平
康僧会	康 居	吴大帝时或谓其先康居人,世居天竺,其父移交趾
昙果	西 域	献帝建安
白延	西 域	曹魏主髦甘露
支彊梁接	西 域	吴主亮五凤
强梁娄至	西 域	西晋武帝太康
无罗叉	西域于阗	西晋惠帝元康
帛尸黎密多罗	西 域	怀帝永嘉
竺佛图澄	西 域	怀帝永嘉
昙摩持	西 域	前秦主苻坚建元
昙摩难提	西域兜佉勒	前秦主苻坚建元
鸠摩罗佛提	西 域	前秦主苻坚建元
竺昙无兰	西 域	东晋孝武帝太元

来华之外人名	国　籍	来华之时代
迦留陀伽	西　域	东晋孝武帝太元
鸠摩罗什	西域龟兹	后秦主姚兴弘始
昙摩流支	西　域	后秦主姚兴弘始
僧伽陀	西　域	北凉主沮渠蒙逊永安、东晋安帝时代
竺难提	西　域	东晋恭帝元熙
竺法力	西　域	东晋恭帝元熙
浮陀跋摩	西　域	北凉主蒙逊承和、刘宋元帝元嘉
置良耶舍	西　域	北凉主蒙逊承和、刘宋元帝元嘉
伊叶波罗	西　域	北凉主蒙逊承和、刘宋元帝元嘉
安法贤	西　域	不详
祇陀密	西　域	不详
犍陀勒	西　域	不详
涉公	西　域	不详
僧伽跋澄	罽　宾	前秦主苻坚建元
僧迦提婆	罽　宾	前秦主苻坚建元
僧迦罗叉	罽　宾	不详
昙摩耶舍	罽　宾	东晋安帝隆安
佛若多罗	罽　宾	后秦主姚兴弘始
卑摩罗叉	罽　宾	后秦主姚兴弘始
佛陀耶舍	罽　宾	后秦主姚兴弘始

续　表

来华之外人名	国　籍	来华之时代
佛驮什	罽　宾	刘宋少帝景平
求那跋摩	罽　宾	刘宋文帝元嘉
昙摩密多	罽　宾	刘宋文帝元嘉
昙柯迦罗	中天竺	曹魏主芳嘉平
佛陀跋陀罗	中天竺迦维罗卫	后秦主姚兴弘始
昙无谶	中天竺	北凉主蒙逊玄始
求那跋陀罗	中天竺	刘宋文帝元嘉
竺佛朔	天　竺	后汉灵帝光和
康僧铠	天　竺	曹魏主芳嘉平
维祇难	天　竺	吴大帝黄武
竺律炎	天　竺	吴大帝黄武
昙摩蜱	天　竺	前秦主苻坚建元
僧伽跋摩	天　竺	刘宋文帝元嘉
僧迦达多	天　竺	刘宋文帝元嘉
僧迦罗多	天　竺	刘宋文帝元嘉
佛图罗刹	不　详	前秦主苻坚建元
若罗严	不　详	不详
昙摩	不　详	东晋安帝隆安

　　二百六七十年间，外人来华布教者，实不尽于上列之数。此特举其名重而翻译经典者。其翻译才力，亦各有不同。有仅翻译一二部者，有翻译数十部者。上列诸人来华后，所生之子，亦有从事翻译者，如法度

之子,吴之支谦,达摩尸罗之子,西晋之竺叔兰,其最著也。

上列诸人,所翻经典,考诸经录,所载互异,难知确数。如安世高所翻者,《出三藏记》仅载三十四部四十卷;隋费长房《历代三宝记》,则参考诸书,谓有百七十六部百九十七卷。支娄迦谶所翻者,《出三藏记》仅载十三部二十七卷;《历代三宝记》则载有二十一部六十三卷;《开元释教录》则增至二十三部六十七卷。其中虽有为后人所发见者,但传言不实,难于征信。如前章所述之《四十二章经》,即其证也。

况当时翻经之处,非由朝廷指定,朝廷亦不加以保护。不过布教修道之暇,偶尔从事。或成书于行旅之际,或就大部中抽译一二。罕署姓氏,甚至名称混淆,其姓氏有全不可考者。加以外人同名者颇多,如竺法兰、竺昙无兰、昙无谶、竺昙摩罗刹,同为 Dharmaraksa;而支疆梁接,与强梁娄至,其音颇相似,即其例也。

我国西北部,密迩西域,即今甘肃之敦煌、新疆之高昌等处,西汉初,尚属西域。自武帝通西域后,始为中国所征服。西晋之末,五胡乱华,其地为前凉、后凉、北凉、西凉、南凉所割据。因地邻西域,夙受佛教影响,游学西方,归而翻经者,不乏闻人,如竺昙摩罗刹、北凉沮渠蒙逊从弟安阳侯沮渠京声,其最著者。

翻经各家,所传教义为何?颇难决定。《经录》所言,未可尽信。以安世高言,《出三藏记》所举三十四部(四十卷),皆小乘经。唯《五十校计经》二卷,与《大集经》之《菩萨品》同,皆大乘经典也。后之经录,自《历代三宝记》为始,则加入大乘经颇多,未知何所依据。安世高所翻之经,为《藏经》所收者，多至八部。释道安《安般注》序曰："昔汉氏之末，有安世高者，博文稽古，特专阿毗昙学。"是明指为小乘阿毗昙矣。以支娄迦谶言，《出三藏记》所举十三部（二十七卷），除五部散佚外，余皆大乘经。《开元录》载有二十三部（六十七卷），散佚者十二部，其中一二部，似属小乘。如《藏》中之《杂譬喻经》，《出三藏记》谓失译。《历代三宝记》据《别录》谓支娄迦谶所翻，是支娄迦谶译丛中，又多小乘一部矣。但《别录》未可尽信，此不过举其例耳。若据古录，则安世高传小乘教，支娄迦谶传大乘教，可断言者。

翻译者多来自安息、康居、月支、兜佉勒（中央亚细亚地方）及西域、天竺、罽宾等处。西域者，今天山南路各地是也。罗什，西域龟兹国人也。于阗国亦属西域，其国与大乘佛教，关系极深。中国大乘教重要经典，皆来自阗。其详当于次章述之。至于天竺，版图甚广，居民以中天竺、北天竺为多。其来中国传佛教之人，南以中天竺为限。自北天竺、天竺、跨中央亚细亚而至罽宾。罽宾之北为月支。月支之北为康居。月支之西为安息。自月支东逾葱岭，即入西域诸国境界。西域诸国，夙行佛教，于是辗转传入中国。

诸国之中，罽宾为小乘教之中枢。由罽宾传来之佛教，皆小乘教也。上列僧迦跋澄、僧迦提婆诸人，皆罽宾人，皆小乘教传导师也。《阿含经》者，小乘教之根本经典也，今述之于下：

《中阿含经》六十卷，　　　　　　　　　　　　　东晋僧伽提婆译。

昙摩难提所译者五十九卷，为第一译，今佚。僧迦提婆所译者，第二译也,今存。

《增一阿含经》五十一卷, 东晋僧伽提婆译。

昙摩难提所译者三十三卷,为第一译,今佚。此五十一卷本,乃第二译也,今存。

《长阿含经》二十二卷, 姚秦佛陀耶舍译。

《杂阿含经》五十卷, 宋求那跋陀罗译。

上列四种《阿含经》,仅《杂阿含经》,非罽宾人所译。盖求那跋陀罗,中天竺人也,所译尚有《胜鬘》、《无量寿》诸大乘经。此人乃兼译大小二乘者。

前列四种《阿含经》,前三者皆传自罽宾人,其一则传自天竺人。考小乘律,传自昙柯迦罗,中天竺人也。五大律中,仅《摩诃僧祇律》四十卷,为佛陀跋陀罗所译。余皆罽宾人所译也。

《十诵律》六十一卷, 姚秦弗若多罗译。

《十诵律》,本弗若多罗与罗什共译。书未成而弗若多罗圆寂。于是西域昙摩流支,应庐山慧远并罗什之请,继续其业,译成五十八卷。卑摩罗义修饰之,加《毗尼序》三卷,共六十一卷。弗若多罗、卑摩罗义,俱罽宾人。昙摩流支,是龟兹人。卑摩罗义在西域,曾以律授罗什,其来华也,以宣布《十诵律》为毕生之责。

《四分律》六十卷, 姚秦佛陀耶舍译。

《五分律》三十卷, 宋佛陀什译。

《迦叶遗律》,中国无传。

至于论部,成于罽宾人手者,则有昙摩耶舍所译之《舍利佛阿毗昙》(三十卷)僧迦提婆所译,《迦旃延阿毗昙》第一译,三十卷。一名《阿毗昙八犍度论》。其第二译,法显所译,十三卷。皆小乘经也。传大乘经者,仅昙摩密多一人而已。罽宾人来华传小乘经者,至前秦苻氏时代始盛。

罽宾以外之人,来华传经者,难知其详。大概来自中天竺者,多与大乘教为缘;月支人、西域人亦然。其传大乘教著名高僧有五:第一、大乘教传华始祖支娄迦谶;第二、传密教初祖帛尸黎密多罗;第三、鸠摩罗什三藏;第四、觉贤三藏(即佛陀跋陀罗);第五、创佛性常住说者昙无忏三藏。皆月支、中天竺、西域产也。

密教初传中土时期,相传始自唐代金刚智、不空。实则前此四百年,西域人帛尸黎密多罗所译《大灌顶经》(十二卷)、《大孔雀王神咒经》(一卷)、《孔雀王杂神咒经》(一卷),已肇其端。此三者,皆密教经典也。传记所称帛尸黎密多罗"善持咒术,所向皆验,时人呼为高座法师",足为密教初传中土之证。

传布大乘教有最著之一人,即昙摩罗刹,后改名竺法护,世所称敦煌菩萨是也。其祖先为月支人,后徙敦煌。竺法护生于敦煌,出家为竺高座弟子,遂冒姓竺。巡游西方诸国,学佛教还,号称通外国语三十六种。其来晋也,较帛尸黎密多罗稍前,当武帝、惠帝时代。从事翻译经典,四十余年。《经录》所载部数,稍有异同。《出三藏记》载有一百五十四部;三百九卷。《高僧传》载有一百六十五部;《历代三宝记》载有二百十部;三百九十四卷。《开元录》载有百七十五部。三百五十四卷。所举部数,虽各不同,约计当在二百部左右。卷帙之多,时罕其匹。在传教初期,可推为大翻译家矣。故《出三藏记》论之曰:"孜孜所务,以弘通为业。终身译写,劳不告倦。法经所以广流中华者,护之力也。"其推崇可谓至矣。但其中亦有小乘经,而大乘经居多。藏中现存大乘经六十余部。小乘经二十余部。其散佚者,虽不可详计,然大乘经究较小乘经为多。大乘经之重要者曰:《大宝积经》之分品;《大宝积经》,大乘佛经之丛书也。成于唐代菩提流支之手。共一百二十卷,四十九会。自昔康僧铠、昙摩罗刹、鸠摩罗什,以迄唐之玄奘、义净、宝义难陀等,咸选历代三藏,抽译一二部。至菩提流支,始汇集成书。昙摩罗刹所译《大宝积经》分品,凡十七部,二十六卷。其入《大宝积经》,成为一部而现存者,仅十一卷。其不入《大宝积经》之中为分品而现存者,尚有十余部。《大集经》中,则有《华严经》之分品,并《光赞般若经》(十五卷)、《新道行经》(十卷)、《正法华经》(十卷)、《般舟三昧经》(二卷)、《无量寿经》(二卷)、《维摩诘所说问经》(一卷)。由此观之,竺法护与大乘教关系之深,可以知矣。

上述之翻译家,乃指外人来传佛教者而言。至于我国人,学梵语,助外人翻译,或润饰其文,或自翻译者,亦不乏其人。其中以安侯、世高。都尉、安玄。严佛调后汉灵帝时人。三人,汉世称其〔严佛调〕传译,号为难继。而安侯、都尉,犹为安息国人。我国人实以严佛调为始。魏之朱士行,以及助竺法护翻译之聂承远,其子聂道真,皆其卓卓者。前秦后秦之际,僧伽跋澄、昙摩难提之来长安也,适小乘诸典翻译极盛之时,而助之最力者,有竺佛念。后世称"自世高、支谦以后,莫逾于念。在符姚二代，为译人之宗"者是也。与竺佛念同时，请僧伽提婆等译经，为之审音润文者，则有释道安。此二人俱负重名。竺佛念所自译者，则大乘居多。昙摩难提所翻之经，如《中阿含》与《增一阿含》；佛陀耶舍所翻之经，如《长阿含》与《四分律》，皆竺佛念笔受，或共译者。又东晋法显三藏，游历西域、印度，与玄奘三藏并称，著《佛国记》，归后翻译经典最多。智猛、宝云，亦游历印度之著名者。智严则自西域往罽宾，佛教东渐，其力居多。

当是时，僧徒多以支、如支娄迦谶。安、如安世高。竺、如竺法兰。康如康僧会。为姓。或标其所生之国名，或出家后袭其师姓。如其先为月支人，生于敦煌，则称敦煌昙摩罗刹是。如初本姓支，后以竺高座为师，遂袭其姓，易名竺法护是。他如我国人竺佛念，冒竺姓者颇多。又如支彊梁接、康僧铠等，人望而知其祖先为月支或康居人。而我国人之有此姓者，必袭诸其师者也。盖当姚秦初元，僧徒未知出家后，既舍俗姓，即可无姓之义；只知继承师法，袭师姓为姓而已。至道安始唱出家应无姓之说，返大圣释迦之本，单号释道安；后获《增一阿含经》，诵"四河入海，无复河名。四姓为沙门，皆称释种"文句，遂则而效之，永以为例。僧之无姓，自此始。

第三章 四大翻译

初期翻经时代之终,得四大翻译:第一第二,同出鸠摩罗什三藏一人之手,《般若》诸经,及与《般若》有关之《大智度论》、《中论》,一也;《法华经》,二也;昙无谶三藏之《大般涅槃经》,三也;佛陀跋陀罗之《华严经》,四也。

鸠摩罗什三藏,西域龟兹人也。幼而出家,与母往罽宾,遍游西域各地,学佛教;初专小乘,后转习大乘,以奉空宗为主。时值五胡乱华,十六国竞起,秦苻坚建国长安,地当西域来华要冲。是时苻坚势盛,统一北方诸国,使其臣吕光征西域,携罗什归。苻坚后遭淝水之败,北方再乱,前秦遂亡。后秦姚苌,代兴长安,而吕光适灭龟兹,遂独立西陲,国号后凉。罗什当龟兹灭亡之时,奉吕光命来居姑臧,后凉都。苻坚已死,罗什遂留后凉。姚苌死,姚兴即位,大崇佛法,频招之。弘始三年,罗什至长安。兴大悦,待以国师之礼。以西明阁、逍遥园为译场,广译经典。为我国佛教翻译大革新时期。罗什所译经典，范围广博，部帙浩繁。《出三藏记》载有三十二部(三百余卷);《历代三宝记》载有九十七部(四百二十五卷);《开元录》载有七十四部(三百八十四卷)。其所尽力者,属于大乘空宗,以发挥印度龙树、提婆之说,为其教系。在我国佛教教理革新方面,亦为大发展之时期。

大乘空宗根本经典,当推《般若》部诸经。其中之《仁王般若》,虽在《大般若经》之先,号称独立经典,而《大般若经》,足以囊括之。实《般若》部诸经之一大丛书也。《大般若经》全书,虽成于唐代玄奘之手,但其中主要部分,罗什早经译就,所谓《大品般若》,《小品般若》是也。考我国《般若》部诸经翻译历史,当以《大品》、《小品》翻译时期为最古;此外部分,翻译之卷数既少,时期亦较后。

《般若经》之传来也,有一佳话焉。咸推此经为朱士行或作朱子衡。之苦心谈。《释氏稽古略》称朱士行为中国最初之僧徒,原未足据。在朱士行之先,尚有严佛调,《历代三宝记》称为清信士。虽《出三藏记》、《高僧传》从略,然严佛调是出家人,则无可疑。考严佛调为临淮郡人,三国时僧徒,在朱士行前八九十年。朱士行在魏都讲竺佛朔所译《道行经》,此第二译也。其第一译成于支娄迦谶之手,今佚。有难通晓处,乃舍其生命,于魏甘露五年赴于阗,访求原本,客死不返。所得《大品经》原本,九十章六十万言,使弟子弗如檀携归洛阳。适于阗人无罗叉来,遂与竺叔兰共译之,是即《放光般若波罗密经》。前人称此为朱士行《放光经》者,乃推原其效力而言者也。先是已有竺法护所译之《大品》。但竺法护所译,在太康七年。无罗叉所译,在元康元年。相距仅五月,可称同时。

今为考查《般若》诸经翻译历史便利计,特制下表,以与玄奘所译之《大般若经》对照。(经名下有◎者,为藏中现存之本。)

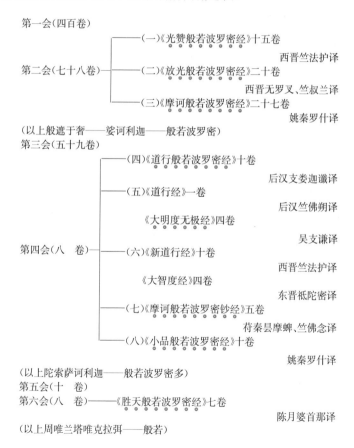

第一会(四百卷)

第二会(七十八卷)——
　　(一)《光赞般若波罗密经》十五卷
　　　　　　　　　　　　　西晋竺法护译
　　(二)《放光般若波罗密经》二十卷
　　　　　　　　　　　　西晋无罗叉、竺叔兰译
　　(三)《摩诃般若波罗密经》二十七卷
　　　　　　　　　　　　　　姚秦罗什译

(以上般遮于奢——娑诃利迦——般若波罗密)

第三会(五十九卷)

　　(四)《道行般若波罗密经》十卷
　　　　　　　　　　　　　后汉支娄迦谶译
　　(五)《道行经》一卷
　　　　　　　　　　　　　后汉竺佛朔译
　　《大明度无极经》四卷
　　　　　　　　　　　　　　吴支谦译

第四会(八　卷)
　　(六)《新道行经》十卷
　　　　　　　　　　　　　西晋竺法护译
　　《大智度经》四卷
　　　　　　　　　　　　　东晋祇陀密译
　　(七)《摩诃般若波罗密钞经》五卷
　　　　　　　　　　　　符秦昙摩蜱、竺佛念译
　　(八)《小品般若波罗密经》十卷
　　　　　　　　　　　　　　姚秦罗什译

(以上陀索萨诃利迦——般若波罗密多)

第五会(十　卷)

第六会(八　卷)——《胜天般若波罗密经》七卷
　　　　　　　　　　　　　陈月婆首那译

(以上周唯兰塔唯克拉骅——般若)

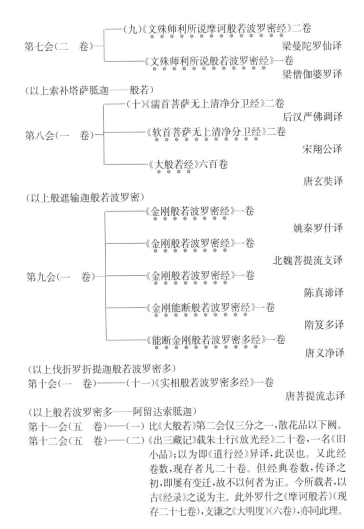

第七会(二 卷)——┌──(九)《文殊师利所说摩诃般若波罗密经》二卷

　　　　　　　　　　　　　　　　　　　　　　　　梁曼陀罗仙译

　　　　　　　　　└──《文殊师利所说般若波罗密经》一卷

　　　　　　　　　　　　　　　　　　　　　　　　梁僧伽婆罗译

(以上索补塔萨胝迦——般若)

第八会(一 卷)——┌──(十)《濡首菩萨无上清净分卫经》二卷

　　　　　　　　　　　　　　　　　　　　　　　　后汉严佛调译

　　　　　　　　　├──《软首菩萨无上清净分卫经》二卷

　　　　　　　　　　　　　　　　　　　　　　　　宋翔公译

　　　　　　　　　└──《大般若经》六百卷

　　　　　　　　　　　　　　　　　　　　　　　　唐玄奘译

(以上般遮输迦般若波罗密)

第九会(一 卷)——┌──《金刚般若波罗密经》一卷

　　　　　　　　　　　　　　　　　　　　　　　　姚秦罗什译

　　　　　　　　　├──《金刚般若波罗密经》一卷

　　　　　　　　　　　　　　　　　　　　　　　　北魏菩提流支译

　　　　　　　　　├──《金刚般若波罗密经》一卷

　　　　　　　　　　　　　　　　　　　　　　　　陈真谛译

　　　　　　　　　├──《金刚能断般若波罗密经》一卷

　　　　　　　　　　　　　　　　　　　　　　　　隋笈多译

　　　　　　　　　└──《能断金刚般若波罗密多经》一卷

　　　　　　　　　　　　　　　　　　　　　　　　唐义净译

(以上伐折罗折提迦般若波罗密多)

第十会(一 卷)————(十一)《实相般若波罗密多经》一卷

　　　　　　　　　　　　　　　　　　　　　　　　唐菩提流志译

(以上般若波罗密多——阿留达索胝迦)

第十一会(五 卷)——(一) 比《大般若经》第二会仅三分之一,散花品以下阙。

第十二会(五 卷)——(二)《出三藏记》载朱士行《放光经》二十卷,一名《旧小品》;以为即《道行经》异译,此误也。又此经卷数,现存者凡二十卷。但经典卷数,传译之初,即屡有变迁,故不以何者为正。今所载者,以古《经录》之说为主。此外罗什之《摩诃般若》(现存二十七卷),支谦之《大明度》(六卷),亦同此理。

第十三会（一　卷）———（三）一名《大品般若经》，又名《新大品》。

　　　　　　　　　　———（四）《出三藏记》以支谶所译之《古品遗日说般若经》一卷，为《小品》经异译。他《经录》谓一名《佛遗日摩尼宝经》，盖属于别种也。

第十四会（一　卷）———（五）此非《小品》之全译，乃抄出者。但道安云："非译者之抄也，乃抄出之梵本也。"此或系《小品》四种之小者。又别有西晋优婆塞卫士度所成之《摩诃般若波罗密道行经》二卷。但此为旧《道行》所删改者，非译本也。

第十五会（二　卷）———（六）此外《历代三宝记》谓《小品经》有七卷，为竺法护所译，殊属可疑。

　　　　　　　　　　———（七）道安《摩诃钵罗若波罗密经》序云：此原本传自车师国，为《大品经》，有昙摩蜱执本，佛护为译，对而检之，慧进笔受之说。所以名《钞经》者，为就前译《放光》、《光赞》之所缺而补译之耳。其译文曰："与《放光》、《光赞》同者，无所更出也。其二经译人所漏者，随其失处，称而正焉。其义异不知孰是者，辄并而两存之。往往为训其下，凡四卷。其一经五卷也。"就其译文观之，其为《大品》之异译明甚。然诸《经录》，皆以之为《小品》异译。较罗什所译，不过三分之一，缺后十品。有以《须菩提品经》为《小品》异译者，实则此书之异名也。《开元录》等谓："共传云，与《大品》、《放光》、《光赞》同本者，恐寻之未审也。"但道安时，已与《放光》、《光赞》校勘矣。本书现存，望学者研究之。

第十六会（八　卷）———（八）又名《新小品》。僧睿《小品经》序云："此经梵本有四种：大者十万偈，小者六百偈。今此译经，为其中品。"

　　　　　　　　　　———（九）此经编入《大宝积经》第四十六会，比于僧伽婆罗所译，稍有不同。此共为第七会曼殊室利分异译。

　　　　　　　　　　———（十）第八会那迦室利分异译；翔公译亦同；濡首为旧译，新而在后译者，文殊也；有谓为宋软首译者。

　　　　　　　　　　———（十一）较大本广略稍异。

宗此《般若经》，发挥一切皆空之理者，龙树、提婆二菩萨也。罗什受此教系，龙树、提婆之重要著作，皆罗什所译。如《大智度论》（百卷）、《中论》（四卷）、《十二门论》（一卷）、百论（二卷）等。余如《十住毗婆沙论》（十四卷）、《成实论》（二十卷）、《大庄严经论》（十五卷），皆其翻译中最著名者。

罗什所译，《般若》而外，当推《法华》。《般若》扫迷妄，《法华》示究竟。《法华》实属重要。就我国佛教教义史上之影响言之，《法华》较《般若》，尤为重要也。罗什之前，译《法华》者，虽不乏其人。然罗什所译之《法华》，在译界上，与以一大革新，有关于佛教史者匪浅，究非前人所译者可以几及。兹据前说，示《法华经》翻译表于下：（经名下有◎者，为藏中现存之本。）

（一）《法华三昧经》六卷　　　　　　　　　　　　吴　支彊梁接译

（二）《萨芸芬陀利经》六卷　　　　　　　　　　西晋　竺法护译

（三）《正法华经》十卷　　　　　　　　　　　　西晋　竺法护译

竺法护所译《法华》，虽有二部，是否有误，不可得知。或误传为二，或谓非出自竺法护之手。其六卷本，今佚。

又吴录失译部所载《法华光瑞菩萨现寿经》三卷，一说以为抄自《正法华经》者。

（四）《萨昙分陀利经》一卷　　　　　　　　　　西晋　失译

此单从见《宝塔品》与《提婆达多品》，译出少分，无全译者。

（五）《方等法华经》五卷　　　　　　　　　　　东晋　支道根译

（六）《妙法莲华经》八卷 　　　　　　　　　　　　姚秦　罗什译

罗什初译，凡七卷，二十七品；后世加《提婆达多品》，为二十八品；分为八卷。现传罗什所译法华，有下列二部，乃后所编入者。

《妙法莲华经提婆达多品》一卷 　　　　萧齐　达摩摩提、法献共译

《妙法莲华经普门品重诵偈》一卷 　　　北周　阇那崛多译

罗什译时，在弘始八年，无《提婆达多品》。达摩摩提译时，在武帝永明八年，距罗什译时，八十年矣。普门品亦然；罗什译时，有长行而缺重诵。阇那崛多当武帝时来北周，其所译，距罗什译时，百五十余年矣。故《普门品》，决为后加无疑。一说罗什译有《提婆达多品》，所谓缺者，当属附会。但合一者，究属何人？殊不可考。

（七）《添品妙法莲华经》七卷 　　　　　　　　　　隋　阇那崛多译

阇那崛多。北周时来华，至隋始大译经典。其在北周所译者，则曰北周阇那崛多；其在隋所译者，则曰隋阇那崛多。藉此可知译书时代，非有二阇那崛多也。其《添品法华》，与达摩笈多共译；其见《宝塔品》，与《提婆达多品》不分，都凡二十七品。

此外尚有宋失译《法华三昧经》一卷。《经录》谓为《法华》部之支派，非《法华经》中之一部分。

罗什所译《法华经》原本，其来何自？学说不一：《出三藏记》引僧睿喻疑之说，谓朱士行赴于阗得《光赞般若》原本时得之。即朱士行《光赞般若》所谓："遂得有此《法华》正本，于于阗大国，辉光重壤，踊出空中，而得流此。"此虽近于附会，然《法华》原本，来自于阗，当为事实。惟

原本既无《提婆品》，则《宝塔》、《提婆》二品，或系晚出而附入《法华》者，不可考矣。现此二品有单译者失译之《萨昙芬陀利经》。后达摩摩提唯译《提婆品》，而《添品法华》，则不分《宝塔》、《提婆》二品。因此二品与其他诸品相异之处颇多，故达摩摩提、法献共译之《提婆品》，有谓法献得其原本于阗者。又阇那崛多自乾陀罗国即其本国来华时，道经西域诸国，言于阗东南有遮拘迦国，国王崇大乘佛教。宫中有《摩诃般若》、《大集》、《华严》三部大经。其国东南二十余里山中，藏有《摩诃般若》、《大集》、《华严》、《宝积》、《楞伽》等十二部大乘经。于此可见当时大乘教集中于于阗附近诸国；而古之求大乘经者，咸往于阗，亦必有所据。则阇那崛多之说，当非出于臆造。又道安《合放光光赞随略解》序谓：《光赞般若》即竺法护所译。与《放光经》同一原本者。原本，亦只多罗携自于阗者。推而至于《法华经》、《涅槃经》、《华严经》，其原本亦咸自于阗传来。即谓中国佛教小乘来自宾，大乘来自于阗，亦无不可。此乃译经历史上有趣味之事迹也。罗什所译经典，除通行者外，尚有《金刚经》、《维摩经》、《阿弥陀经》、《楞严三昧经》。其文章通畅，在旧译诸经中，最为可采。

次就《涅槃经》言之，《大般涅槃经》传我佛入灭状态，及最后教诫，为最重要经典。此经典，有大小乘之区别。其区别因何发生，虽不可得知；但《大乘涅槃经》，当比《小乘涅槃经》发达较后，则无可疑。

《涅槃经》在《长阿含经》中，谓之前分之《游行经》；遂别为《小乘涅槃经》，终成为《大乘涅槃经》。《小乘涅槃经》，中国译者，则有白法祖西晋之《佛般泥洹经》，法显之《大般涅槃经》，及失译之《般泥洹经》三部。

《长阿含经》，及《一切有部毗奈耶杂事》中所存者俱同。今据诸《经录》，考古昔所译之《涅槃经》，凡十五种，今存十种：（经名下有◎者，为藏中现存之本。）

（一）《胡般泥洹经》二卷　　　　　　　　　后汉　支娄迦谶译

　　古时译梵为胡，后知失宜，梵仍用音译，《经录》改为《梵般泥洹经》。

（二）《大般涅槃经》二卷　　　　　　　　　曹魏　安法贤译

（三）《大般泥洹经》二卷　　　　　　　　　　　吴　支谦译

（四）《方等般泥洹经》二卷　　　　　　　　西晋　竺法护译

　　《经录》有《哀泣经》二卷，此盖以《方等泥洹》之初品（即《哀泣品》）为名者；其与《方等泥洹》稍异者，《哀泣经》少后三品，故不得谓之异译。

（五）《佛般泥洹经》二卷　　　　　　　　　西晋　白法祖译

（六）《大般泥洹经》六卷　　　　　　东晋　法显佛陀跋陀罗共译

（七）《大般涅槃经》三卷　　　　　　　　　东晋　法显译

　　《大般涅槃经》，是否法显所译？不无可疑。盖法显前所译之《大般泥洹经》为大乘经；而此译为小乘经；且同一原语，前曰泥洹，后曰涅槃，不应歧出至此。《出三藏记》暨《历代三宝记》，载法显所译有《方等泥洹经》二卷，而《出三藏记》复曰今阙。若此说信然，则法显当别有《方等泥洹经》在。既冠以方等字样，当然属于大乘经。而译《大般涅槃经》者，不知何人矣。

（八）《般泥洹经》二卷　　　　　　　　　　　　　　　失译

（九）《佛遗教经》一卷　　　　　　　　　　姚秦　鸠摩罗什译

此经流传颇广,细案之亦属小乘《涅槃经》一种异译。

（十）《大般涅槃经》四十卷　　　　　　　　北凉　昙无谶译

即大乘《涅槃经》之最完全者,所谓《北本涅槃经》是也；今改为《南本涅槃经》(三十六卷),此二本今存。

（十一）《般泥洹经》二十卷　　　　　　　　刘宋　智猛译

（十二）《般泥洹经》一卷　　　　　　　　　　　　失译

《出三藏记》载刘宋求那跋陀译。《开元录》谓："上下文句,非是跋陀所翻,似是谦护等所译。"《历代三宝记》谓与竺法护所译《方等泥洹经》,大同小异。

（十三）《四童子三昧经》三卷　　　　　　　隋　阇那崛多译

与竺法护所译《方等泥洹经》同本异译。

（十四）《大般涅槃经后分》二卷　　唐　若那跋陀罗　会宁共译

（十五）《大悲经》五卷　　　　高齐　那连提耶舍　法智共译

此外《经录》中尚有存其目者,因疑而阙焉。上列各经中四、六、十、十三、十四、十五,六种,属大乘部；五、七、八、九,四种,属小乘部。此十种今存。余五种散佚。第十三种以下,所述甚新,不属于译经之初期。昙无谶所译《大般涅槃经》,南本北本并存。合计可得十一种。实则二本同为一物。

所散佚之五种,第一种之《胡般泥洹经》不明；《经录》谓与第二种《大般涅槃经》同本,或以为别是一本。《历代三宝记》注第二种为初出。乃于支娄迦谶之下,列《梵般泥洹经》名。盖支娄迦谶仅译大乘经典,恐与第二种同为《大乘涅槃经》。以昙无谶所译之大本言之,则第二种为略其前数品而译之者。第三种之《大般泥洹经》,亦略去大本之序分,与《哀泣品》者;《出三藏记》称:"支谦《大般泥洹》与《方等泥洹》大同。"故疑第三、第四二种亦同。第十一种之《般泥洹经》,与第十种之《大般涅槃经》昙无谶所译者,同本异译。第十二种之《般泥洹经》,《历代三宝记》称:"与晋世竺法护双卷泥。洹,大同小异。"由是观之,散佚之《涅槃经》,皆可信为属于大乘,而自大本之一部分译出者也。但此诸经,果属大本一部分耶? 抑原为一部,后集成大部耶? 或各小部独立而单行者耶? 皆属可疑。无论类似《佛遗教经》之小册,可视为《涅槃经》之全体;纵使四十卷之大本,亦是《涅槃经》之一部;非彼为此一部,此为彼全体也。同一《涅槃经》,实有如斯长短伸缩之差;其间关系,足资研究。

梵本全书,计三万五千偈;昙无谶所译大本,尚非梵本原书;其最初携至北凉者,仅有一部分,前分十二卷。与在于阗所得者合计之,得三十六卷;约译成一万余偈,仅及原本三分之一。此大本,与智猛所译之二十卷本,同本异译。惜智猛本不存,难以判别。法显、觉贤(即佛陀跋陀罗)共译之六卷本,"是《大涅槃经》之前分,大众问品,同本异译"。此六卷本,较大本次序整齐。厥后大本传于南方,当宋文帝之世,慧严、慧观与谢灵运,据法显六卷本,加以修正,附益品目,成为三十六卷;所谓《南本涅槃经》。因名在北凉者,曰《北本涅槃经》。《出三藏记》所载《大涅槃经记》谓:昙无谶所译之梵本,乃智猛自印度携归者。智猛归至高昌之时,适昙无谶来北凉;北凉主沮渠蒙逊迎之。遣使高昌,取智猛所携归之《涅槃经》使译之。此即《大涅槃经》翻译之起源。又谓智猛携归者唯五品，而六品以下，则求自敦煌。其说如此，恐系误传。

第十四种之《大般涅槃经后分》，或名《阇维分》；或称《荼毗分》；谓系大本《涅槃经》之后分，不过想象之词。相传会宁游历印度，行抵南海波凌国，与若那跋陀罗共译者。其译本传到我国交州，会宁弟子运期承交州都督命，持至洛阳。唯此经说佛涅槃后之佛体焚烧诸事，恐初未必译为大本之后分也。《开元录》称"《陈如品》末，文势相接"。亦不过想象之词。《陈如品》者。《大本涅槃》末品名。义净三藏《求法传》称"于《阿笈摩》，抄如来涅槃焚烧之事，非大乘《涅槃经也》"。《阿笈摩》，即指《长阿含》而言。不见有所谓大本之后分者。然细绎义净之言，果为纯粹之小乘。《开元录》则曰："今寻此经，与《长阿含》初分游行经，少分相似而不全同；经中复言法身常存，常乐我净，佛菩萨境界，非二乘所知；与《大涅槃》义理相涉。"据此说观之，则此经其介于大乘小乘之间，而占小乘至大乘中间过渡之位置者欤？

试就《涅槃经》译入中土之由来述之。《涅槃经》之翻译完成，昙无谶之力也。盖《大乘涅槃经》法身常住之思想，在我国佛教教理发展上，影响极大。何则？《大乘涅槃经》之教理，其重大之根本要点，不外法身常住；而《大般涅槃经》四十卷所说，亦不外乎法身常住，佛陀真身不灭而已。故我国学者，呼为涅槃常住教，其法身常住说，一转而成佛性遍通论；唯佛之法身，非仅常住；我等一切生类之法身，与佛之法身，并无差别；因此之故，"一切众生，悉有佛性"；而佛性遍通论，即由之而生。且法身常住与佛性遍通二义,颇于我国佛教开示新意义;何则? 法身常住云者,谓佛有大我;此语为说无我教者所闻,未尝不骇为新奇。当昙无谶之前,法显六卷本译出时,彭城僧渊,异而排之,已有舌根销烂之传说。又罗什弟子道生,见法显六卷本,遂唱阐提成佛说,大受世之非难。及昙无谶所译大本告成,其所主张,一切众生,悉有佛性;无论阐提,亦可成佛;闻其说者,莫不服其卓见。当时因此经,而佛徒之思想,为之一新,可以概见。法显六卷本,译于晋义熙十三年,翌年告成。《昙无谶》所译大本,始于北凉玄始三年,阅七年始告成。按玄始三年,适当东晋义熙十三年。二译同年开始,良非偶然,可称佳话。后之学者,研求佛教教义,决难置涅槃常住教于度外也。

《大乘涅槃经》所唱法身常住之根本思想与《小乘涅槃经》发达上之关系,尤为密接,不可不知。盖《小乘涅槃经》,原本于《大乘涅槃经》,特教义及其组织,未曾明示,仅以释迦最后事实为根据耳。当佛陀入灭时安慰弟子之言,及弟子追慕之殷,遂产生佛不灭之思想。而佛陀安慰弟子之言,与弟子藉以永其追慕之说,实为《小乘涅槃经》中一番大事业,可推而知也。

《小乘涅槃经》三部中,白法祖所译之《佛般泥洹经》第五,及失译之《般泥洹经》第八,殆同一原本。法显所译之《大般涅槃经》第七,措辞较前二经,多形容而远事实。兹择前二经所载者,而示《小乘涅槃经》中要语。其经文曰:"佛出王舍城耆阇崛山精舍向吠舍离时,于竹芳荟萃之处,大感苦痛,此大病始。阿难侍旁,见之大惊叹。"尔时佛言载在《佛般泥洹经》者,则曰:"我已有经戒,若曹但当案经戒奉行之;我亦在比丘僧中。"载在《般泥洹经》者，则曰："佛岂与众相违远乎？吾亦恒在比丘众中；所当施为教诫，以具前后所说，皆在众所；但当精进，案经行之。"所谓我之经戒，即为我体；汝等若奉持此经戒不失，则我亦恒常永久存在汝等之中；自佛一方见之，确是安慰弟子之言，而对于弟子等所授之遗嘱；自弟子等一方见之，则奉为唯一之凭依。盖此言为《涅槃经》枢纽，驯至产生法身常住思想之信仰，决非偶然也。又此言载在《遗教经》者，则曰："如来之法身，常在而不灭也。"但此法身，非实存在宇宙之意，乃仅以佛之经戒为法身之意。更自《阿含经》，一转而为《荼毗分》经中法身常存之语；更变而为《大乘涅槃经》之法身常住说；其所历之径路，足以明示其发展次序与其心地。以上所述，乃《小乘涅槃经》与《大乘涅槃经》之要点，并其关系之大略情形也。

　　试就《华严经》言之：《大方广佛华严经》，为佛教重要经典；其分品早经译就，迨至觉贤三藏始将《华严经》全部译出。此经原本，与前诸经同，皆得自于阗；有支法领者，游学西域，自于阗得此经梵本三万六千偈以归，与佛陀跋陀罗共译之。其始也，仅分五十卷，后人更分为六十卷，遂呼为《六十华严》。自《华严经》译成，我国佛教，大受影响。其研究价值，在佛教上占重大位置。其说法分七处八会；《六十华严》，分为三十四品；《八十华严》，分为三十九品。《八十华严》，实叉难陀（唐代自于阗来者）所译；较《六十华严》完备。就我国佛教史上所受影响论，其关系与《六十华严》均属重要。盖此二种《华严经》，梵本详略既有不同，后者可补前者之不足也。佛陀跋陀罗以前所译分品经，为《六十华严》所无。

如西晋竺法护所译《等目菩萨所问三昧经》,即《八十华严》、《十定品》之异译;此《十定品》,为《六十华严》所无。此二大《华严经》外,尚有唐般若三藏罽宾人所译四十卷本,俗呼为《四十华严》者;因其就二大《华严》之终所谓《入法界品》者,详细译成;故详名之曰《大方广佛华严经入不思议解脱境界普贤行愿品》。兹为便宜计,示《华严经》译本对照表于下:

(经名下有◎者,为藏中现存之本。)

六十华严	八十华严	异　　译
第一　寂灭道场会 四卷二品	第一会　菩提场中说 十一卷六品 《世主妙严品》 《如来现相品》 《普贤三昧品》 《世界成就品》 《华藏世界品》 《毗卢遮那品》	
第二　普光法堂会 四卷六品	第二会　普光明殿说 四卷六品 《如来名号品》 《四圣谛品》 《光明觉品》 《菩萨问明品》 《净行品》	《兜沙经》一卷(《如来名号品》异译) 后汉支娄迦谶译 《菩萨本业经》一卷(《净行品》异译) 吴支谦译

续　表

六十华严	八十华严	异　译
		《诸菩萨求佛本业经》一卷（《净行品》异译）　西晋聂道真译　《经录》别载觉贤译《菩萨本业经》一卷；但此或系大部中者，无须别举。
	《贤首品》	
第三　忉利天宫会三卷六品	第三会　忉利天宫说三卷六品	
	《升须弥山顶品》	
	《须弥山顶上偈赞品》	
	《十住品》	《菩萨十住行道品经》一卷（《十住品》异译）　西晋竺法护译　《菩萨十法住经》一卷（《十住品》异译）　西晋聂道真译　《菩萨十住经》一卷（《十住品》异译）　东晋祇多密译
	《梵行品》	
	《初发心功德品》	
	《明法品》	
第四　夜摩天宫会三卷四品	第四会　夜摩天宫说三卷四品	
	《升夜摩天宫品》	
	《夜摩宫中偈赞品》	
	《十行品》	
	《十无尽藏品》	

续　表

六 十 华 严	八 十 华 严	异　　译
第五　兜率天宫会 　　十卷三品	第五会　兜率天宫说 　　十二卷三品 　　《升兜率天宫品》 　　《兜率宫中偈赞品》 　　《十回向品》	
第六　他化自在天 宫会 　　十三卷一品	第六会　他化自在天 宫说 　　六卷一品 　　《十地品》	《渐备一切智德经》五卷(《十地品》异译)　西晋竺法护译 《十住经》四卷(《十地品》异译)　姚秦罗什、佛陀耶舍共译 《十住经》十二卷(《十地品》异译)　西晋聂道真译
	第七会　普光明殿说 　　十三卷十一品 　　《十定品》(六十华严 　　无此品) 　　《十通品》 　　《十忍品》 　　《阿僧祇品》	《等目菩萨所问三昧经》二卷(《十定品》异译)　西晋竺法护译 《如来兴显经》四卷(《如来出现品》、《十忍品》异译)　西晋竺法护译

续　表

六　十　华　严	八　十　华　严	异　　译
	《寿量品》	《显无边佛上功德经》一卷（《寿量品》中佛之自说异译）　唐玄奘译
		《佛说较量一切佛刹功德经》一卷
		（《寿量品》中不思议光王菩萨说异译）　宋法贤译
	《诸菩萨住所品》《佛不思议法品》《如来十身相海品》《如来随好光明功德品》《普行品》《如来出现品》	
		《如来秘密藏经》二卷（《如来出现品》异译）　失名译
第七　普光法堂重会　七卷一品	第八会　普光明殿说七卷一品	
	《离世间品》	《度世品经》六卷（《离世间品》异译）　西晋竺法护译
第八　给孤独园会十四卷一品	第九会　给孤独园说二十一卷一品	
	《入法界品》	《佛说罗摩伽经》四卷（《入法界品》异译）乞伏秦圣坚译

《六十华严》、《八十华严》之外，可续《四十华严》者，东晋佛陀跋陀罗《文殊师利发愿经》，略似《普贤行愿偈》。《普贤行愿偈》者，乃《四十华严经》《普

贤行愿品》中之偈。此偈异译,有唐不空三藏所译之《普贤》《菩萨行愿赞》一卷。则有唐地婆阿罗所译《续入法界品》一卷。其他诸经可属于《华严》部者尚多,兹不赘述。

昙无谶、罗什、觉贤四大翻译之大体,略如上述:此四大翻译,在中国佛教史上之关系,后当述之;兹略言其梗概焉:我国大乘佛教重要宗派,概以四大翻译为基础;而《涅槃》、《般若》、《法华》,最初已有密接之关系,后熔成一大宗派。即谓我国大乘教宗派导源于罗什、觉贤二派,亦可。

罗什与《涅槃经》之翻译,有无关涉? 不可得知。罗什、法显、昙无谶三人,时代相同;但就法显、昙无谶翻译《涅槃经》考之,似罗什未尽知此事。然罗什于《般若》、《法华》、《涅槃》,具有见解;征诸其徒僧叡所述,而益信矣。僧叡于所著喻疑,举其师罗什之言曰:"《般若》除其虚妄;《法华》开一究竟;《泥洹》阐其实化;此三津开照,照无遗矣,但优劣存乎人,深浅在其悟,任分而行,无所臧否。"又僧叡自言:"此三经者,如什公所言,是大化三门,无极真体,皆有神验,无所疑也。什公时,虽未有《大般泥洹文》,已有《法身经》,明佛法身,即是《泥洹》;与今所出,若合符契。此公若得闻此佛有真我,一切众生皆有佛性,便当应如白日朗其胸襟,甘露润其四体,无所疑也。"僧叡所言《大般泥洹文》乃法显之六卷本。此时尚未见昙无谶之大本。所谓"无极真体。皆有神验"者,承前说此三大经有不可思议处,而为此言者也。但所谓罗什之《法身经》,则为《经录》所不载。

《涅槃经》之研究,后来全移于罗什派学者之手。道生,罗什之高足也;讲昙无谶《大般涅槃经》,颇负时誉;后遂于讲此经时,卒于讲座;可谓以身殉道也矣。即谓《涅槃经》之法身常住论,为罗什派学者所统摄亦可。此罗什、觉贤二派所以并立,而为中国大乘佛教之二大源头也。

第四章　南地佛教之中心

罗什之来长安也，北地佛教之盛，实可概见。当其译经逍遥园时，门徒如云，号称三千余人。其传译《大品》也，受其意旨，与之有关者，名僧有五百余人，或八百余人。其传译《法华经》也，四方义学之沙门，集者二千余人;《法华宗要序》所载。或谓其时听受领悟者，八百余人。《法华经后》序所载。其译《思益经》也，僧徒集者二千余人。其译《维摩经》也，集者千二百余人。此仅指当时学者而言，然其盛已可想矣。当符秦之际，有小乘持律坚固者，自罽宾国陆续来华，传译小乘。罗什来长安时，适当小乘传译隆盛之后，故其学说，能倾动一时。僧叡所谓:"鸠摩罗法师至自龟兹，持律三藏集自罽宾，禅师徒众，寻亦并集。关中洋洋十数年中，当是大法复兴之盛也。"此言盖纪实也。罗什门下，知名者十人，即道生、僧肇、道融、僧叡、昙影、慧严、慧观、僧䂮(音略)、道常、道标是也。此十人，古称罗门十哲。道生、僧肇、道融、僧叡四人最贤，号关中四杰。所谓英才林立，而罗什在长安之势，如旭日方升，其声名遂洋溢乎域外。青眼律师卑摩罗叉在西域时，以《十诵律》教授罗什。闻其有盛名于长安，亦不辞远道而来。有佛陀耶舍者，罗什往沙勒国时，曾从而受教者，亦闻风遥集。有弗若多罗，曾译《十诵》。此三人者：辈行皆在罗什之先，其视罗什声势烜赫，不觉瞠乎其后。此虽由于罗什学深识高，亦未始非秦主保护之厚，有以致之也。

当是时，惟新来之佛陀跋陀罗，可与罗什比肩，论其德或过之。罗什学识，诚足冠绝当代。但苻秦以来，僧徒之自罽宾等处至者，咸持戒律，人民已视为固然。而罗什则为秦主所逼，受其所赠妓女十人，带妻而居，从事俗家生活。其行为虽不满人意，而无一人加以非难者，其政治上保护之功乎？抑其弟子推尊其师如活佛所致乎？然罗什违异小乘，专传大乘，自不免受小乘学者之攻讦。如《大品般若》出，则慧导难之；《法华》出，则昙乐诽之；即其例也。

佛陀跋陀罗，学佛教于印度北方之罽宾。智严游学西域，请与俱来。凡自罽宾来中国者，咸由中央亚细亚，逾葱岭，出天山南路。佛陀跋陀罗则异是。相传其来也，出罽宾，跋涉三年，道由雪山，备极艰阻；中途附船，遵海而至。其说虽未可尽信，然其航海之际，遭遇暴风，飘流至山东青州东莱郡登陆，则确无可疑。自罽宾来华，而复遵海，其方向难明；意者其故乡乃北天竺、中天竺欤？实非印度南部也。当是时，秦主姚兴，力崇佛教，罗什名满天下。佛陀跋陀罗，遂闻风而至长安。其始至也，罗什喜而迎之，备极欢洽。然因质疑于佛陀跋陀罗，有不合处，交情乃变矣。

佛陀跋陀罗之居长安也，所处境遇，大异罗什。罗什为朝廷所崇奉，优与保卫，故其声势显赫。佛陀跋陀罗，力避俗权，独以教养弟子为务。相传"时秦主姚兴，专志佛法，供养三千余僧，并往来宫阙，盛修人事。唯觉贤守静，不与众同"。觉贤者，佛陀跋陀罗之略称。盖译佛陀为觉，而译跋陀罗曰贤是。是知罗什、觉贤二派，明明有对立之倾向。厥后觉贤不能安，《高僧传》载：贤"语弟子云：'我昨见本乡，有五舶俱发。'既而弟子传告外人，关中旧僧咸以为显异惑众。又贤在长安，大弘禅业，四方乐静者，并闻风而至。但染学有浅深，所得有浓淡，浇伪之徒，因而诡滑。有一弟子，因少观行，自言得阿那含果。贤未即检问，遂致流言，大被谤讟，将有不测之祸。于是徒众或藏名潜去，或逾墙夜走，半日之中，众散殆尽。贤乃怡然，不以介意。时旧僧僧䂮、道恒等，谓贤曰：'佛尚不听说己所得法。先言五舶将至，虚而无实。又门徒诳惑，互起同异。既于律有违，理不同止。宜可时去，勿得停留。'贤曰：'我身若流萍，去留甚易。但恨怀抱未伸，以为慨然耳。'于是与弟子慧观等四十余人俱发，神志从容，初无异色。识真之众，咸共叹惜，白黑送者千有余人。关中旧僧，指罗什弟子。姚兴闻去怅恨，乃谓道恒曰：'觉贤沙门协道来游，欲宣遗教，缄言未吐，良用深慨。岂可以一言之咎，令万夫无导。'因敕令追之。贤谓使者曰：'诚知恩旨，无预闻命。'于是率侣宵征，南指庐岳。"《高僧传》之言若此，则当时二派之不相容，可以想见。于是智严退处山东精舍，静修禅定。觉贤遂南往庐山，依慧远矣。五舶之豫言云者，即觉贤所言本国舶来之谓。其后五舶果来,诚如豫言所云。此事传记多载之。是觉贤本乡,或非罽宾山国也。

次更言慧远。慧远、罗什,称南北二派。罗什为北派领袖,所居之长安,为北地佛教中心。慧远为南派领袖,所居之庐山,为南地佛教中心。罗什受政府优遇,义学之徒,麕聚云集;长安佛教,譬如春花盛开,生气勃发。庐山反之,地既幽静,适于隐者;慧远又力避权势,持沙门不拜王者之主张,学者数百人,萃止一山,发挥南地佛教特色;庐山佛教,譬如深秋枯木,旨趣闲寂。当是时,实南北二派并立之时。慧远、罗什,未尝谋面,而书问往还,互相推重。觉贤之南来也,慧远久耳其名,深致敬礼,愿居罗什、觉贤之间,负调解之责。

慧远者,道安弟子,乃竺佛图澄再传弟子也。见第二章。竺佛图澄之来华,值五胡侵入之初。匈奴刘渊独立,国号汉,后分前赵、后赵。前赵为后赵石勒所灭;石勒死,石虎继立,即竺佛图澄来华时也。竺佛图澄未尝翻译经论,唯以德望,感化后赵。后赵石氏,羯人也,本匈奴一部落,素未立教化。石虎凶暴性成,无所忌惮。终归依竺佛图澄,渐改其行焉。

后赵衰,鲜卑来自满洲,立燕国。苻坚者,西方氐人也,立国于长安,号前秦。当是时,中国北部,纷乱益甚。竺佛图澄之弟子,避乱东西,求居南北,流转四方,未尝辍学。道安留寓襄阳时,适襄阳为苻坚所陷,载之北去,此前秦佛教初兴时期。而罽宾小乘教之来,势如潮涌,亦即其时也。其助之翻译暨宣传者,以竺佛念、释道安为尤著。出家则称氏为释，自道安始，前既述之矣。

道安为注释佛经之始祖。当是时，为翻译学极幼稚时期，所译经文，索解不易；讲佛学者，不过叙其大意，以便转读而已。至道安始有注释，诠解文义，俾文之首尾易明。其所注解者，凡二十余卷。兹据《出三藏记》，示其重要书目于下：

《光赞折中解》一卷

《光赞抄解》一卷

《般若析疑准》一卷

《般若析疑略》二卷

《般若起尽解》一卷

《道行集异注》一卷

《小十二门注》一卷

《大十二门注》二卷

《了本生死注》一卷

《密迹金刚持心梵天二经甄解》一卷

《贤劫八万四千度无极解》一卷

《人本欲生经注撮解》一卷

《安般守意解》一卷（此经今藏中所存者唯有道安注。）

《阴持入注》二卷

《大道地经》、《十法句义》合为一卷

《义指注》一卷

《九十八结解》一卷

《三十二相解》一卷

以上总计十九部二十卷；此外尚有《诸天录》一卷、《经录》一卷、《答法汰难》二卷、《答法将难》一卷、《西域志》一卷，但非注本耳。

按道安所注书目，盖于般若诸部暨禅经最为注重。虽翻译小乘经论，亦称尽力，其序文尝自道之；然道安极崇超俗脱尘之风规，自甘淡泊，离弃拘束，以玩味般若诸部之说。尝退居一室，安心暝坐，离一切情欲妄念，而忘吾我，静参禅悦。《大小十二门》《安般守意》《阴持入》、《大道地》之类，皆属之。《安般注》序文所云，信可谓道安得意之言也，其文曰："阶差者，损之又损之，以至于无为；级别者，忘之又忘之，以至无欲也；无为故无形而不因；无欲故无事而不适；无形而不因，故能开物；无事而不适，故能成务。"《安般经》说禅之进境，设有四禅六行之阶级。今所谓阶差级别云者，即指此而言。

道安所处时代，混乱已极。当是时，适承西晋末流，犹沿崇尚老、庄余习，学者以无为无欲为理想，以恬淡生活为高尚。佛教为中国人所喜，亦因其学说，与老庄有类似之处。是以初期译经时代，研究国人心理，以期推广佛教，惟近乎无为无欲恬淡诸说者为宜；而空禅诸经，遂特别受国人之欢迎，盖有故焉。考道安素习道教，后归佛教，其趋向若此，其注解亦可想见矣。道安之在长安也，居恒与罽宾三藏 指小乘之持律坚固者。相接。尝就安世高所译诸书，加以注解，如《大十二门》《小十二门》《人本欲生》《安般守意》《阴持入》诸书，皆可信为安世高所译者。

道安尝云:"若得面禀安世高,无异见圣。"其崇信之笃若此,殆喜其长于禅乎?《安般注》序曰:"学其所出经,禅数最悉。"《小十二门》序曰:"安世高善开禅数。"其论若此,信崇之故,可以明矣。然为此论者,非独道安一人。《僧伽跋澄传》亦云:"苻坚之末,来入关中。先是大乘之典未广,禅数之学甚盛。"此实当时风气使然。盖道安在佛教初期时代,解释经典,代表中国人,奉迎佛教,信可谓能揣测国人之习尚者也。

出道安之门,擅青出于蓝之誉者,慧远也。道安系统,以超俗脱尘恬淡无为为旨,严持戒律,坚离六情六尘之迷,力保精神安静,非如西晋老庄学者之放浪不检也。其所主张,与罗什异,而与罽宾诸师同。道安增一《阿含经》序曰:"而今以后,幸共护之,使与律同;此乃兹邦之急者也。斯谆谆之诲,幸无藐藐听也。"又曰:"此二经,有力道士,乃能见当以著心焉。如其轻忽不以为意者,幸我同志鸣鼓攻之可也。"慧远既受此感化,其持律严肃,实无足异。传闻慧远病笃,弟子等劝进豉酒,谓违律不饮;又请进米汁,不许;又请以蜜和水为浆进者,亦恐违律,乃命检寻律文得饮与否?卷未半而逝。其遗诫云:"死后露骸松林下,视同土木。"观此可以知其风格矣。故庐山之教,以超俗严肃为骨髓,与长安罗什习尚相反。此南北二地二大中心对立之状态也。

兹述南地佛教缘起:我国佛教,自通西域,始来长安,决无可疑。印度人直接由海道来中国南部者,为时较后。《高僧传》载印度佛教僧来中国南部。所谓南部者,当指船泊广州或交州而言,但此乘船而来者,至刘宋后始盛;刘宋以前,航路交通,可称绝无。虽相传佛陀跋陀罗航海而来，法显三藏遵海而回，然二人之船，乃泊山东半岛，非抵南部也。

相传安世高圆寂于南方，近于附会。阅七十载，康僧会南来，建寺于建业，名建初寺，是为南地寺院之始。其前四五十年，有牟子者，居交州，著《理惑论》，颇为佛教辩护。似南方此时已有佛教。但牟子名称，近于假托，《理惑论》亦属伪书。南方佛教，传自何人，真际难明。相传建业佛教，传自康僧会。但康僧会之前，有支谦居士者，在古代翻译家中，当首屈一指，所译经典，今日尚有存者。支谦所译经典，《出三藏记》载三十六部，或三十七部；《高僧传》载四十九部；《历代三宝记》载百二十九部；《开元录》载八十八部。支谦之往吴也，其南方佛教之始乎？考维祇难、以译《法句经》知名者。竺律炎之往武昌，尚在支谦之前，其事迹不详，其影响及于佛教亦不大。稽诸史册，吴主孙权即位时，维祇难、竺律炎初赴武昌，但未入吴都建业耳。其在建业弘佛教者，居士则始自支谦，出家人则始自康僧会。盖支谦广译经典，弘宣佛教，而康僧会则为君民所归向者也。故推究南方佛教之原始者，往往以康僧会，与其建初寺，相提并论也。

尔后，三国为晋所并。晋末，五胡乱华，南地变为东晋。实西域中国交通便利时代。传佛教者，亦乘机源源而来。即前所述苻秦、姚秦相继据有长安时也。当是时，大法流布之势，寖盛于南方。于是昔日号称法缘薄弱之南地，比于北地，得先沾佛陀德泽矣。慧远本北人，其师道安被苻坚载之北去，慧远即别师来庐山。当时高僧之来庐山依慧远者，概来自北方者也。

北人质直，南人洒脱，南北风气各殊，自古已然。东晋沿西晋崇尚老庄余习，故庐山一派，所示高逸之风，颇合时宜。况自北方来者，多厌离乱，而欲安静乐道于山水间者乎。庐山派之兴盛，非偶然也。

庐山虽不假政治力之保护，但闻慧远之风，自西自东，慕其学而来者，络绎不绝。慧远凭其力之所及，黾勉从事。既迎来学者，复遣求法者，往西域求取梵本更传译经论，其事业可谓盛矣。道安《比丘尼大戒》序曰："世尊立教，法有三焉：一者戒律也；二者禅定也；三者智慧也。斯三者，至道之由户，泥洹之关要也。戒者，断三恶之干将也；禅者，绝分散之利器也；慧者，齐药病之妙医也。"其言之意味，虽极平淡，但当时严肃佛徒，想象其真际，兼三者而修之，视为活语。慧远尤奉行惟谨，持律极严，传译禅经，苦心独具，信可谓当代杰出之学者矣。《十诵律》本弗若多罗与罗什共译。弗若多罗，半途圆寂。其后昙摩流支来长安，携有《十诵》梵本。远乃致书敦请，令在关中续译之。卒能完成弗若多罗未竟之业者，远之力也。佛陀跋陀罗在长安被逼而去，发使至关中迎入庐山者，亦远之意也。佛陀跋陀罗素以禅著称，慧远乃而致之，俾得一意传禅，所译《达摩多罗禅经》，乃其得意之作也。慧远弟子法净、法领俱受师命，远赴西域，多携梵本而回。僧伽提婆，亦自罽宾来庐山所译经典颇多。故相传有"所以禅法经戒，皆出庐山，几且百卷"之语。佛陀跋陀罗所译《华严经》梵本，亦法领自于阗携远者。故相传有"初，经流江东，多有未备；禅法无闻，律藏残缺。远大存教本，愤慨道缺，乃命弟子法净等，远寻众经，越沙雪，旷岁方还"之语。但译《华严经》之处，乃在建业道场寺，不在庐山。由此观之，南地佛教，风行一时者，慧远一人之功也。故相传有"葱外妙典，关中胜说，所以来集兹土者，皆远之力也"之语。斯言也，可称实录。

后慧远复在庐山结念佛社，即历史上有名之白莲社也。所谓白莲社者，在庐山般若台精舍，适谢灵运凿池东林寺前，植白莲其中，遂因以为号焉。入社者凡百二十三人：有僧，有俗，有道安弟子，有罗什门徒，皆避世遗荣，慕庐山之风而来集者。其中尤贤者十八人，世称庐山十八贤。是为中国兴行念佛之始。谢灵运为慧远弟子，未经入社。陶渊明亦与慧远善，常往来庐山，缔世外之交，亦莲社中人也。

庐山至今尚有慧远遗风，惟近来所传念佛宗，其旨乃合念佛与禅二者而一之。在慧远当时，则未尝倡禅净一致之理论。盖戒、定、慧三者，为佛徒所必修，而念佛则视为一种禅观而修之，故念佛亦有种种修法。慧远所谓定心别时念佛，殆分昼夜六时，昼三度，夜三度。使按时念佛耳。定心者，即凝观念，即指所谓禅观而言之也。故庐山念佛，不过于阿弥陀佛像前，口唱佛名，心观佛相佛德，可由此想到未来往生西方之位置而已。

第五章　佛教之弘传与道教

佛教初入中土，与道教冲突之说，第一章已据《汉法本内传》，述其概要矣。第所传冲突事迹，不无可疑，恐系后代所伪托。相传冲突之时，道士等上表，请与佛徒角力，其表文曰："臣等诸山道士，多有彻视远听，博通经典。从元皇已来，太上群录，太虚符咒，无不综练，达其涯极。或策使鬼神；或吞霞饮气；或入火不烧；或履水不溺；或白日升天；或隐形不测。至于方术，无所不能。"其言夸张若此，似非实录。《广弘明集》谓："有人疑此传近出，本无角力之事，按《吴书》明费叔才憾死，故传为实录矣。"由此观之：在当时已有疑此冲突之说为新出者。《广弘明集》则谓费叔才憾死事既出《吴书》，可信为实录。所谓《吴书》者，指吴阚泽答吴主孙权之书，其书曰："自汉明永平十年，佛法初来，至今赤乌四年，则一百七十年矣。初永平十四年，五岳道士与摩腾角力之时，道士不如。南岳道士褚善信、费叔才等在会，自憾而死，门徒弟子归葬南岳。

不预出家,无人流布。后遭汉政陵迟,兵戎不息,经今多载,始得兴行。"按书中自憾而死,事属秘密,人何得知?已觉可疑。且所载与《汉法本内传》相左,虽载在《吴书》,未必可信。推究当时情事,益信为后代夸张之辞。盖迦叶摩腾竺法兰初履中土,佛教未昌,尚不致招道士挤排若是之甚也。

道教始于老子,不过就一方而言;其他方面,实根据下等社会之迷信。盖因崇尚老子虚无恬淡之教,生超俗脱尘之神仙思想,与民间信仰灵异之俗相结合,而求长生不死之方。谓符水咒法,可以愈病,愈益卑陋矣。我国信仰道教之风,由来已久,实人民思慕神仙所致。其起原虽不可得知,而为国人宗教思想发展之初步,可断言者,大抵思慕神仙之思想,广行于无智人民之间,乃最古之一种宗教信仰。此信仰与道家者流之教义相结合,遂以老子为仙人上乘,而奉为始祖耳。相传老子西涉流沙而去,不知所终。后人以为羽化登仙,时临下界,遇有修行者,辄授以秘箓,所谓太上老君是也。

据道家者流所自述,神仙起源极古,三皇、五帝时代已有之,其说固怪诞难稽。史称秦始皇酷慕神仙,令徐福入海求不死之药,亦莫能知其究竟。张良从赤松子游,亦类此。至于北伐匈奴、西征天山、东至朝鲜、南及两越,武功文事号称极盛之汉武帝,亦崇信神仙,卒因道士之故,敢多行失政而不顾。于是神仙之教,在昔只为无智人民所迷信者,今则有权势之帝王,亦为所动,而道教势力,乃日愈大。其成为稍具形式之宗教者,实始于后汉之张道陵。生于徐州沛县。后世称张天师,推为创立道教之祖。盖道陵在西蜀鹤鸣山传道,乃东汉末叶,与佛教传来时期,不相远也。

当张道陵退居鹤鸣山时,自称太上老君授以秘书,以博愚俗之信。适值东汉衰微,道陵遂得逞其妖说,传至其子衡及孙鲁,信者益多。所在蜂起,遂不可制,号称黄巾贼之张角,亦其流亚也。自后道教,代有变迁,卒因民间迷信,迄于今日,一般社会,尚崇奉惟谨焉。

相传汉献帝时,有牟子者,著《理惑论》,在张道陵后五六十年。即道佛二教比较论也。牟子之为人不详,有谓即汉之牟融,非是。其《理惑论》,一名《牟子》,亦有题为《苍梧太守牟子博传》,似牟子曾在两广附近之地为太守者。《弘明集》谓灵帝崩后,天下扰乱,独交州差安。北方异人,相率南来,多为神仙长生之术,牟子力斥之。后忽奉母赴交趾,绝仕宦之念,专志学问。其言若此。实则牟子系假托者,未必真有其人。何则? 当时谈神仙者,盛于南方,牟子是否为之忧虑? 殊不可知。佛教行于南方,与道教是否冲突? 亦不无可疑。且牟子何以得在南方学佛教? 亦一疑问也。献帝时距安世高、支娄迦谶之来,不过四五十年,纵安世高赴南方成为事实,而道佛二教比较论,不久即唱于其地,为时似觉稍早。此种问题,尚须加以研究。

《理惑论》凡问答三十七条,不仅论道佛,并及儒教。乃推究三教性质,唱三教一致说之调和论者,其说曰:"夫见博则不迷,听聪则不惑。尧、舜、周、孔,修世事也;佛与老子,无为志也。"其说若此,足以窥其旨意矣,盖视佛老二教,同一性质也。又曰:"吾未解佛经之时,惑甚于子。

虽诵五经,适以为华,未成实矣。既吾睹佛经之说,觉老子之要,守恬憺之性,观无为之行。还视世事,犹临天井而窥溪谷,登嵩岱而见丘垤矣。五经则五味,佛道则五谷矣。吾自闻道以来,如开云见白日,炬火入冥室焉。"此言三教消息相通也。独于神仙虚诞之道教,则其议论之态度,为之一变,曾言:"辟穀之法,数百千术,行之无效,为之无征。观吾所从学师三人,或自称七百、五百、三百岁,然吾从其学,未三载间,各自殒没。"又问以"为道之人云:能却疾不病,不御针药而愈,有之乎?"则答以"仲尼病,子路请祷。吾见圣人皆有病矣,未睹其无病也。神农尝草,殆死者数十。黄帝稽首,受针于岐伯。此之三圣,岂当不如今之道士乎?"又问以"道家云:尧、舜、周、孔,七十二弟子,皆不死而仙。佛家云:人皆当死,莫能免。何哉?"则斥之曰:"此妖妄之言,非圣人所语也。"其余各条:大率"讪神仙,抑奇怪,不信有不死之道"。《弘明集》述牟子之传曰:"既修经传诸子,书无大小,靡不好之。虽不乐兵法,然犹读焉;虽读神仙不死之书,抑而不信,以为虚诞。"又曰:"乃叹曰:老子绝圣弃智,修身保真。万物不干其志,天下不易其乐;天子不得臣,诸侯不得友。故可贵也。于是锐志于佛道,兼研老子五千文。含玄妙为酒浆,玩五经为琴簧。"其所论据,与《理惑论》无以异也。此书纵非后汉时人所著,其论三教一致,当推为最古之学说;其为佛教者对于道教表明思想之初期,则决无可疑也。《理惑论》略载迦叶摩腾、竺法兰初传佛教事,翻译《四十二章经》始末,洛阳造寺源流。其所载佛教初传之传说,前已据《汉法本内传》述之矣。《广弘明集》所引《汉法本内传》之文,亦书此佛教初传之事,而言"广如前集《牟子》所显"。由是观之,《牟子》当视《汉法本内传》较古。则《汉法本内传》距佛教东渐时代,不甚近,明矣。况《理惑论》亦云《四十二章经》藏在兰台石室之中,且言"今沙门耽好酒浆,或畜妻子,取贱卖买,专行诈给。"其所举当时僧侣之行为若此,就其所举各项观之,似述西晋僧侣之事。盖后汉时代,僧侣之在中国北方者,尚无受若斯指摘之人,况南方乎?

总之佛教弘传中土,首先与之龃龉者,当属道教;其宗旨与之相近者,亦道教也。窃思道教与初期佛教之间,并以超俗脱尘为旨。而道教盛时,适值佛教传来,于是最初入佛教之人,多研究老子之学者,亦因二教消息相通之故也。此事实可以两晋之事证之。盖两晋崇尚老庄之际,佛教固与之并兴而不悖也。即道安、慧远之事迹,见于前章者,亦足证之。且五胡时代,罗什所传空宗,能深入我国人之心而适其嗜好者,其原因亦在是也。

老子言无为自然,佛教言空无相。语虽相近,而宗教之组织,理论之说明,经典之体裁,道教俱不及佛教远甚,道士之模拟佛徒口吻,亦势所必然。或谓其始也,道教似与佛教混和。尔后老庄一派,以为道教根源于佛教,斥道家者流所言老子之西涉流沙、自昆仑山上天诸说为虚诞,而以老子往印度受佛教化之说为实录。自后道教遣出所谓《老子化胡经》者,谓老子西游,化为胡人,释迦为其侍者。此经为西晋末王浮所造,浮尝与白法祖论邪正,屡为所屈,故愤而为此,以诬谤佛法。此即老子为释迦师之说,所自出也。《弘明集》载《正诬论》一篇中有曰:"其经云:闻道竺乾有古先生,善入泥洹,不始不终,永存绵绵。"其经者,指道教之经,但不详何经耳。

尝举其语以证之曰："老子，即佛弟子也。"此外道教徒所唱神通得道诸说，皆摹拟佛徒口吻而为之也。

　　道教复唱为国粹论，其所据者则斥佛教为外国夷狄之教；而以道教为中国固有之教，其说颇占势力。五胡之初，后赵石勒受佛图澄之化，佛教遂兴。迨石虎篡位，中书著作郎王度上书曰："佛出西域外国之神，功不施民，非天子诸华所应祠奉。往汉明感梦，初传其道。唯听西域人得立寺都邑，以奉其神，其汉人皆不得出家。魏承汉制，亦修前轨。"其意乃请禁赵人奉佛。中书令王波和之。然石虎，羯人也，北方匈奴种族。乃下诏曰："佛是戎神，正所应奉。"遂寝其议。是时我国人之排外论，其可述者仅此。但道教徒敢排斥佛教与否，尚无确证也。至于道教徒之积极运动，使佛教受绝大挫折者，在隋以前，莫如北魏太武帝、北周武帝之破佛之二大事迹。

　　五胡十六国，相继灭亡，我国北方，为北魏或号后魏，亦号拓跋魏。道武帝所并，即北朝也。南方都建康，历宋、齐、梁、陈四朝，即南朝也。南朝佛教，后章述之。太武帝者，北魏第三帝也。北魏后衰，分东、西魏。东魏都洛阳，西魏都长安。东魏为其臣高氏所篡，即北齐也。西魏为宇文氏所篡，即北周也。北周武帝，即北周第三帝也。

　　北魏太祖道武帝，亲政之暇，以奉佛为大事。所过郡国，若见沙门皆致敬，禁军旅毋得有犯。且下诏曰："佛法之兴，其来远矣。济益之功，冥及存亡。神踪遗法，信可依凭。其敕有司，于京城建饰容范，修整寺舍，令信向之人有所依止。"时天兴元年也。并设置僧官，任命法果为沙门统。太宗明元帝，更尊法果为辅国宜城子忠信侯，加以殊遇。法果固辞不受。迨入寂后，追赠光寿将军赵郡胡灵公；觅其出家前所生子名猛者，令袭其爵。虽云法果之德所致，亦足证二帝信佛之笃矣。至太武帝则为道教徒所煽惑，遂一反前代之所为。

太武帝即位之初，尊崇佛教，颇染父祖余习。有玄高者，深通禅法，受帝之招，来自凉州。帝深契之，命为太子晃师。时司徒崔浩，极崇道教，信方士寇谦之。帝本好老庄书，朝夕玩味。故浩常以道教仙化之说进，且极言佛教之短。佛之教义，帝本不深悉，遂信浩言，改年号为太平真君。会帝讨盖吴盖音阁。至长安，偶入佛寺，从者见沙门室有兵器，出告于帝。帝怒，命有司按诛之。发见沙门皆饮酒，藏酿具；造窟室，匿妇人；牧守富人，所施财宝，积累巨万。浩因请帝诛沙门毁经像，帝从之，悉杀长安沙门，焚烧经卷佛像。帝还都平城，更发诏敕，四方悉如长安法，烧寺舍经像，悉杀僧尼。其诏敕中有曰："愚民无识，信伪惑妖，私养师巫，挟藏谶记。沙门之徒，假西域虚诞，坐致妖孽。非所以一齐政化，布淳德于天下也。自王公以下，至于庶人，有私养沙门者，限今年二月十五日，过期不出，沙门身死，容止者诛一门。"此据《广弘明集》所引者。《魏书》、《佛祖通载》所引，则甚有异同，今不详列，仅就《佛祖通载》所引者比较之。《佛祖通载》曰："有司宣告征镇将军刺史，诸有浮图形像及一切经，皆击破焚烧，沙门无少长，悉坑之。"时太子晃信佛颇笃。浩恐太子后将不利于己，乃在帝前谮太子有异志而幽杀之。太子师玄高坐罪凉州。沙门慧崇，尚书韩万德师也，亦被捕处死。是役也，称魏武之法难，北地法踪，一时遂绝。实太平真君七年事也。

太武帝崩，文成帝即位，发出敕令，再兴佛教。其文曰："世祖太武，德泽遐被，沙门道士，往往成林。而寺舍之中，致有凶党。先朝按治，戮其有罪。所司失旨，一切禁断。"后献文帝复力护佛教，召道士姜斌，与融觉寺昙谟辩论，怒其虚妄惑人，拟处以死刑，赖菩提流支谏之，始释。帝又于五级大寺，用赤金二十五万斤，铸丈六释迦像五躯，为道武帝以来五帝造福。应沙门昙曜之请，在京西武州西山石壁，造石窟五处，各镌六七丈佛像于其中，雕饰奇伟，冠绝万代。又于长安北台建永宁寺，起七重塔；又于天宫寺用赤金十万斤、黄金六百斤，铸四十三尺释迦大像；更建石塔三重高十丈，实京华壮观也。至孝文帝护持佛教益笃。自后累代建寺施僧，事迹甚多，不遑枚举。此实为佛教隆盛达于极点之时期。

文宣帝，北齐创造天子也，归依僧稠禅师，奉佛尤力。僧稠忽被"黑人之谶"之嫌疑。黑人谶历史详后。适南朝梁武帝提倡佛法，屏斥道教，道教徒来北齐者极多，与佛教龃龉，在所不免。道士陆修静自梁来，欲兴道教。帝意稍动，使道、佛二教辩论，沙门昙显胜焉。自是北齐遂禁道教，而佛教益盛矣。

北周闵帝、明帝，在位日浅。至武帝法难遂起。初，武帝亦与佛教为缘，曾招僧玮禅师，在长安天保寺宣讲，帝亲往听；使后妃公卿，皆受十善戒。其使帝倾心道教者，有二人焉：道士张宾及卫元嵩是也。卫盖曾为僧而还俗者。帝素信谶纬，因昔有"黑人当王"之谶，遂大恶黑，使僧徒法衣悉改黄色。于是张宾等说黑为僧徒,黄为黄老之教,即道士也。遂建佛教为国不祥、道教为国祥之议,决意破坏佛教。夫黑人之谶,已传播于北齐僧稠之时,其为当时广行之谶语可知。帝父名黑泰,为西魏大丞相,自思已应黑人之谶。其入关也,朝章野服,凡黑色者,悉改皂色,以防谶之叠来。故帝信之甚切。排佛之举,在建德三年,乃即位第十四年也。其间有一二端足述者:排佛之前四年,为天和四年,是年三月十五日,先使文武官召儒僧道等二千余人,论三教优劣,议其废兴。持议纷纭莫决,此盖帝排佛之初念也。是月二十日,令再集议。帝发言曰:"儒道二教,国所常遵;佛为外国新来之教。"帝之为此语,乃昌言排佛。众庶闻言,咸怀恐惧,莫能置答。是日未成议而散。四月,复举行三度集议,促其立决。且命司隶大夫甄鸾评论道佛二教,鸾撰《笑道论》三卷奏之,颇嘲道教肤浅。帝大不快,焚书殿庭。释道安撰《二教论》十三篇,论佛道二教优劣奏之,即其时也。佛徒抗议,虽若斯之甚,帝终不为所动。其意以为仅废佛教,未免偏颇,恐遭物议,乃于建德三年,举道佛二教并废之。别建通道观,招道佛二派有名德者居之,呼为通道观学士,为数凡百二十人,使皆着衣冠笏履。其时诏敕中有曰:"圣哲微言,先贤典训,金科玉篆,秘赜玄文,所以济养黎元,扶成教义者,并宜弘阐,一以贯之。"就诏文外象观之,似谋道佛二教之一致,实则毁寺塔,焚经像,励行废佛。所谓通道观者,唯以道教为主而已。当是时,蜀之新州愿果寺僧猛亲自诣阙,陈不可排佛者十八条,以非难道教;静蔼法师谒帝,亦论辩不屈,终被逐出宫中而自杀焉;宜州道积见其不纳谏言,与同志七人,相率饿死;皆其时之事也。

自后实行破佛者凡三年,关、陇佛法,诛除略尽。时为建德六年。北齐幼主承光元年。武帝攻北齐灭之,以此为破灭佛法之功德。召诸大德谓前修大德,此时盖已还俗者。五百余人于殿中,帝自述破佛理由,清辩滔滔;诸人咸慑于王威,默不置答。有慧远法师者,慧光律师弟子也,进而驳辩。帝辞屈。慧远厉声曰:"陛下今恃王力自在,破灭三宝,是邪见人。阿鼻地狱,不简贵贱,陛下何得不怖。"帝勃然作色,睨远曰:"但令百姓得乐,朕何辞地狱诸苦。"远更曰:"陛下以邪法化人,现种苦业。当共陛下同趣阿鼻,何处有乐可得?"帝乃命僧等皆出。慧远行动,颇快人意。帝益厉行破佛:举北齐庙寺,悉充王公第宅;三百万僧徒,悉命还俗。由此可知当时北齐佛法之盛矣。沙门任道林,在邺宫新殿,与帝抗议,即其时也。林亦为冒死图佛法再兴之人。相传对面交论二十余日,前后七十余番,然终不能挽回帝意,惜哉! 此道安慧远,不独其人与弥天道安庐山慧远不同,即其年代亦异,应注意。

武帝灭北齐,不一年而死。子宣帝立,在位仅一年,而静帝立,遂为隋灭。宣帝时道林继续请求兴佛教,帝许之。先建陟岵寺于东西二京,置菩萨僧,使祈国家平安。菩萨僧者,未许剃度之有发僧也。此外则尚未有所建立。自是佛教渐行而入隋代。

南朝道佛二教,所关不大,兹不赘述。自古道佛二教冲突,佛教所受厄难最大者,我国佛教史上,凡四见焉:谓之三武一宗之难。本章所述之魏武周武,盖三武中之二武也。

第六章　隋唐以前之二大系统（一）

　　自佛教来华，所开宗派，罗什而后，凡十三种：即毗昙、成实、律、三论、涅槃、地论、净土、禅、摄论、天台、华严、法相、真言是也。此说为日本凝然大德所著之《三国佛法传通缘起》及《内典塵露章》所载。若此说信然，则隋唐以前，罗什以后，当已有毗昙、成实、律、三论、涅槃、地论、净土、禅、摄论九宗。又凝然大德所著《七帖见闻》中，除去涅槃、地论、摄论，成为十宗。故隋、唐以前，成为六宗。此种问题，大可研究。盖隋唐以前，实尚未有所谓宗派。喜研究《三论》者，可谓为以《三论》为宗，然非可称为三论宗也。当时讲经之人，尚有以讲《四论》为主者；讲演《成实论》者有人；玩索《涅槃经》者有人；专心《法华经》而说之者有人；宣扬《维摩经》者有人；弘传《地论》、《摄论》者有人；凡此皆限于探究一种经典，非如后世所谓宗派宗旨也。譬如罗什系统，多有兼习《三论》、《四论》、《成实》、《涅槃》者，或努力阐扬《法华》者，此非兼学他宗派，乃欲贯澈其根本义而讲求之者也。若一一加以区别,则法华宗早应成立矣。罗什之译《新法华》也,弟子僧叡为其后序;昙影著《法华义疏》四卷;(昙影固以通《成实论》著名者)慧观著《法华宗要》;此后《法华》之流行,决不逊于《大品》、《小品》、《三论》、《成实》、《涅槃》诸经论,固意中事也。有谓《法华》之见重于世,自天台大师始者,乃大谬误。盖《法华经》为会三归一之法门,足以超绝诸经,罗什译时,已有定论,决非天台大师所创。今引僧叡《后序》以证之,其文曰:"诸华之中,莲华最胜;华而未敷,名屈摩罗;敷而将落,名迦摩罗;处中盛时,名分陀利;未敷喻二道,将落譬泥洹;荣曜独足,以喻斯典。至如《般若》诸经,深无不极,故道者以之而归;大无不该,故乘者以之而济。然其大略,皆以适化为本;应务之门,不得不以善权为用;权之为化,悟物虽弘,于实体不足,皆属《法华》。"观慧《法华宗要·序》亦曰:"权应既彰,则局心自废;宗致既显,则真悟自生;故能令万流合注,三乘同往;同往之三,会而为一乘之始也。"由上所引二说观之:罗什门下之于《法华经》,其眼界之高,借此可以想见;而罗什对于《法华经》之思想,亦可推测矣。若谓隋唐前已有九宗,则《法华》亦应加入而为十宗。

　　成实宗之为一宗,亦颇难断定。隋唐以前,于《三论》、《四论》之空宗,《般若》皆空论之外,似无人承认有成实宗者。其讲成实学者,以刘宋时东安寺道猛、萧齐定林寺僧柔、谢寺慧次为尤著。梁之三大法师,僧旻、法云、智藏,乃僧柔、慧次之弟子。萧齐永明七年,文宣王萧子良使僧柔、慧次讲《成实论》于普弘寺,集名僧五百前来听讲。僧柔、慧次受命之后，撮《成实论》要旨，撰《抄成实论》九卷，周颙　字彦伦，著《三宗论》、《音空假义》等书；建山茨寺于钟山，即今之草堂寺也。明帝好佛，颙常入内殿，居帝左右，与之讲论。制序，其序文中有曰："删赊探要，取效本根，则方等之助无亏，学者之烦半遣。得使功归至典，其道弥传；波若诸经，无坠于地矣。"波若即般若，乃视《成实》为《方等般若》之教也。故梁之三大法师，亦视《成实》为般若部大乘之书。其视《成实》为小乘，而谓为别一宗者，乃隋唐以后之事。或者我国学者之思想上视为别宗，实非印度传来之本意也。

世谓罗什未来华之前，无所谓宗派；及其来也，空宗甚至谓三论宗为一宗者。始现为一宗。但大乘空宗，决非始于罗什。缘罗什之前，般若诸经已有译之者，而以道安法师为嚆矢。盖罗什以前之大乘佛教，固重空无相说，即相传与老庄教有关之说也。《高僧传》谓竺法雅、康法朗唱格义。其为人不可考，抑东晋初人乎？乃北方人，非来南方者。格义云者，以佛经中事，参配外书，以释其例，大都用老庄书解佛经者。又刘宋大庄严寺昙济著《七宗论》，昙济为加入三论宗系统之人，但其传不详。其七宗不详。僧叡谓："格义迂而乖本，六家偏而未即。"其所谓六家亦不明。要之罗什以前，已有七宗、六家诸异说，其中本无说、心无说、即色说，乃散见于诸书；此三说在罗什以前学说中，为最重要者。

第一本无说，颇似老庄之说，即天地之初，造端于无，自无而有，而万物生存之说也。《中论疏》谓为琛法师之说。琛法师，何许人，不可考。《肇论新疏》谓为竺法汰之说。按竺法汰与道安同学，此竺法汰恐另是一人。《中论疏》谓道安亦主张本无说,但其说与琛法师有别,谓一切诸法,本性空寂,与佛教空宗之理相同。是以竺法汰论本无义一篇,与琛法师之说稍异。而道安等之说,与后世空宗之意不相违。学者咸许之。

第二心无说,乃表明佛教所说空之意义,非外界之万物,与内界之心,一切皆空无之意义;唯观我心空无,则不为外物所迷;即仅空其心而不空外界之说也。《高僧传》谓道恒在荆州盛倡此说。竺法汰别道安,自襄阳来荆州时,见道恒之说风行,斥为邪说。因负病,使弟子昙壹难之,不能屈。适慧远奉道安命,来省竺法汰之病,代昙壹难之。道恒辞穷,不能置答。心无之义,自此渐衰。但嘉祥大师即著《中论疏》者。谓温法师温法师,何许人,不可考。主张此说。或者温法师为初创此说之人,所谓倡自道恒者,乃仅就荆州所流行者而言之耳。

第三即色说,即色者,即色是空也。外界万物之存在,由于心相计、人相名之故;若心无所执,人不相名,则色之为色无可名,故色即空也。《肇论新疏》谓此说为支遁字道林。之说,嘉祥称之为关内即色之义,明支遁即色说与之有别。支遁著《即色游玄论》,述即色之义。《中论疏》谓此许因缘所成假法之存在;既为因缘所成假法之存在,则可谓为法空;而论诸法之实相,与一般空宗之正义,可称一致。《高僧传》谓有于法开者,于法兰弟子也,居剡之石城山元华寺;后移住白山之灵鹫寺,常与支道林论即色空义,有所辩争。若支遁信如嘉祥之说,则法开何致必持异议。且法开南人也,纵持异议,与所谓关内即色义,自当有别。

以上所列三说除道安本无说、支遁即色说外，僧肇（罗什弟子）曾于所著《不真空论》中，述其大要，以破斥之。然就诸说考之，俱不过解释大乘佛教之空，所立之异说耳。本无者，万物之初本无之谓，以万物原出于无，为佛教之空也。心无者，非物无之谓，以心不执万物，为佛教之空也。即色者，以心无所执，则万物本无之理，为佛教之空也。由此观之：罗什以前诸说，不过空之争执而已，而道安、支遁所说，与罗什所传，无大差异焉。然则龙树系妙空之说，必非出于罗什以后，可推而知也。《高僧传》载智林（死于萧齐永明五年）著《二谛义》，明三宗不同。同时周颙亦作《三宗论》，宗旨相合，乃大喜悦。又智林自称年少时，见长安耆老，多言关中学者中，尝有持三宗之义者；当佛法传译盛时，深得此趣者不多；既超越常情，后世听受者宜甚寡也。信如智林所云：当罗什来长安时，关中纵有三宗之义，但较后世之说，究属何如，不可知矣。故此系统之称号，宁谓为道安、罗什系，为得宜也。今举道安、罗什相续法系于下：

道安系

此图示佛图澄法子法孙，由北来南布教系统。初道安等避乱南至襄阳，居白马寺，寺宇过狭，遂以张殷宅为寺。地方富人，为之兴筑，建五重塔，起屋四百间，其盛可想，此即檀溪寺也。当道安等仓皇南下，途次新野，各自分途他适。竺法汰携弟子昙壹、昙二等四十余人，沿江东下，适建康；法和携弟子，溯江西上，适蜀；道安遂携弟子慧远等四百余

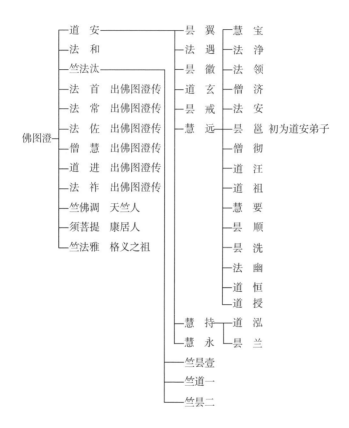

人来襄阳。襄阳陷,道安适长安,徒众星散。慧远拟适罗浮山,途经浔阳,登庐山,遇同门慧永,遂止焉。盖慧永固先慧远行,亦往罗浮山者。其留居庐山西林寺也,应郡人陶范之请也。慧远既至,慧永以慧远弟子众多,西林寺屋宇狭隘,乃言于刺史桓尹,更建寺山东,以居慧远,此即东林寺也。

法和闻道安赴长安，亦自蜀往依之。竺法汰居建康瓦官寺。其地本是烧窑场，东晋兴宁中，哀帝僧慧力乞以建寺。竺法汰扩而大之，遂为名寺。其弟子竺道一往居虎邱。盖虎邱，亦南方佛教中心之一也。

道安居檀溪寺时，长沙太守滕含，舍江陵宅为寺，向道安求一僧住持。道安命昙翼往，此即长沙寺也。后法遇亦居之。襄阳陷，道安西去，昙徽往荆州上明寺。僧彻（慧远弟子）居江陵五层寺，后移居琵琶寺。其同门道祖，偶在瓦官寺讲说。桓玄欲使沙门敬王者，盖即慧远著《沙门不敬王者论》五篇时也。道祖之出建康，往吴之台寺，实因愤桓玄之不重视沙门而去之也。蜀地佛教，原委不明。法和之后，慧持在蜀布教，备尝艰苦。慧持为慧远俗弟，别道安后，暂与慧远同住荆州上明寺，后移居庐山；一旦出建康，居东安寺；隆安三年，奋志入蜀，遂居成都龙渊寺以终焉。

道汪，慧远弟子也，亦在蜀布教，住祗洹寺。费文渊所建。刘思考归依道汪，颇具热忱。《高僧传》谓："先是峡中人，每于石岸之侧，见神光夜发。思考以大明年号。之中，请汪于光处起寺，即崖镌像，因险立室，行途瞻仰，咸发净心。"此即思考崇信道汪之证。后道汪应王景茂之请，居武担寺，为蜀地僧主。僧正。

据上所列佛图澄、道安等系统，足证此系统弘传佛教势力，自荆州暨建康、西蜀，而被于扬子江流域矣。

罗什系

鸠摩罗什—

　—僧　䂮　居长安大寺,

　—道　融　罗什死后,道融自长安返彭城,从事讲说;随从者常三百余人。

　—昙　影

　　僧　叡

　—道　恒　此二人颇有经国器量;姚秦尚书令姚显逼令还俗,以备朝廷
　—道　标　之用。二人终不许焉。

　—僧　肇

　—竺道生—道　猷　道生初居庐山七年,与慧叡、慧严往长安,依罗什;
　　　　　　　　　后还建康,居青园寺;即后改名之龙光寺也。

　—慧　叡　初亦为庐山徒众,后从罗什;罗什死,还建康,居乌衣寺。

　—慧　严—法　智　慧严初亦为庐山徒众,后从罗什,罗什死,还建康,
　　　　　　　　　居东安寺。

　—慧　观—法　瑗—僧　宗　慧观经历,同前三人;罗什死,慧观建高㙟
　　　　　　　　　　　　　寺于荆州,后居建康道场寺。

　—僧　弼　遊化楚郢,(荆州)十有余年,后居建康彭城寺。

　—僧　苞　居建康祇洹寺。

　—昙　鉴　┌僧　济　昙鉴居荆州江陵辛寺。
　　　　　　└慧　严

　—慧　安　初入庐山,后从罗什。

　—昙无成　姚秦将亡之际,来居淮南中寺。

　—僧　导　┌僧　威　僧导应东晋刘裕之请,居寿春东山寺。及裕即位,
　　　　　　└僧　音　出建康,居中兴寺。

　—僧　因

　—道　温　初为慧远弟子。宋元嘉中,居襄阳檀溪寺,后移居建康中兴
　　　　　　寺;温之禅房,特改名天安寺焉。

　—僧　楷

此外尚有僧业、慧询,俱从罗什传律者。

罗什弟子三千,以上仅举列名于高僧传者,不过一小部分人数而已。就此图观之:罗什死后,徒众往南方者居多。图中名字旁有◎者,指南来之人。盖此辈大概生于南方,入庐山后,闻罗什盛名,多赴长安;罗什死后,返其故居,势所必然。至于北方之人,则多留北地也。是以罗什门下,分北方南方,亦势所必然。尔后南北人自成风气,学风遂致相违。北方则有僧肇、道融;南方则有道生、慧观;其首选也。《高僧传》谓时人称之曰:"通情则生、融上首;精难则观、肇第一。"观此,则当时品骘,可窥一班矣。

道安时代,对于空义,似尚无详密议论,明确思想,较之罗什以后,当远不如。盖是时印度论部,未经翻译,其视为重要者,不过般若诸部而已,亦势所不得已也。但道安与罗什终可视为一系统,而称为道安罗什系。罗什以后,此教系之立足处愈明,故亦可单称为罗什系。其与罗什系立于对待地位者,则有觉贤所传之教系,当属别派。故可称此二派为隋唐以前之二大潮流。又觉贤之来华也,专弘禅法,其教义解释不明。所译之经,关于禅观者居多,《出三藏记》举其所译之经十一部。实则八部,观下述自明。其中以《观佛三昧海经》(八卷)、《新无量寿经》(八卷)、《达摩多罗禅经》二卷,一名《不净观经》,又名《庾伽遮罗浮迷》。译言《修行道地》,又名《修行方便禅经》。三部,属于禅观;其余七部,上中有二部,为《华严经》之一部分,实止五部。除《华严经》外,举之于下:

《大方等如来藏经》一卷。元熙二年,译于道场寺。

此经东晋白法祖曾译之,今佚,其经名亦同其主旨言一切众生心中,虽为烦恼所覆蔽,实有如来宝藏,以种种譬喻说明之。卷册虽少,经文颇妙。

《出生无量门持经》一卷。此第五译也,译于庐山。

此经异译甚多,觉贤以前,已有四译:以吴支谦《无量门微密持经》一卷为第一译;觉贤以后,以刘宋求那跋陀罗所译《阿难陀目佉尼呵离陀经》一卷为第六译;至唐智严所译《出生无边门陀罗尼经》一卷为十一译;现存六译。本经以说陀罗尼密语之深秘为主旨,支谦译与本译,俱以华语译密语;六译以下,陀罗尼则就原语音译之;但意译者,其意义颇不明晰。

《新微密持经》一卷。《出三藏记》谓今佚,实则《出生无量门持经》别名也,兹不赘。

《菩萨十住经》一卷。

《本业经》一卷。

此二部为《华严经》中之一部分,非其他经典也。

《净六波罗密经》一卷。今佚。

《文殊师利发愿经》一卷。元熙二年,译于道场寺。

《经录》谓外国四部众礼佛时,咸诵此经,似短偈文也。

此外言律者,则有《摩诃僧祇律》四十卷,《僧祇比丘戒本》一卷,后之《经录》皆载之;尚有《方便心论》一卷,《过去因果经》四卷,亦其译著之善而可举者,今佚。

由上所译之经观之,觉贤所传教义为何? 苦难索解:中有如来藏之说,亦有陀罗尼密语之经;有关禅观者,亦有关戒律者,又有如《华严经》者。当觉贤之初至长安也,与罗什在姚秦太子泓姚兴子。前问答:

罗什问:"诸法何故空?"答曰:"一切万有,为极微之聚合;故曰假。"问曰:"然则极微如何可谓之空耶?"答曰:"多数学者,剖析一微,剖析尽,则归于空;此决不然,一微亦因缘而生,固无自性。"其意若此。答以一微故众微空,以众微故一微空,即为此意之解释。由此观之,觉贤之思想,可窥见一斑;但其所传教义之全体,则不能借是而明。以今考之,觉贤乃罽宾深修禅观者。其于理论,非所特长也,故《达摩多罗禅经》《观佛三昧海经》,为其本领所在;自余诸作,乃下庐山往建康道场寺时,百忙中所译。例如《华严经》,本非觉贤所持来,乃支法领等携自西域者也;《摩诃僧祇律》《僧祇戒本》亦同。亦法显三藏自印度赍至者;与觉贤关系不深,可断言者。即就《如来藏经》《无量门持经》小部经典观之,其与觉贤之关系,亦可推而知也。当是时,建康通梵语者,觉贤而外,首推法显,次为宝云(随侍觉贤者)、智严(伴觉贤来中土者)其他颇有印度西域之人来居者。以觉贤负有重名,各以所携梵本,诣觉贤前,请求翻译,亦意中事。盖觉贤之居建康也,极被教徒推崇,于是道场寺遂成为译经中心。其所译者门类庞杂,未能一致,未可视为觉贤所传教义也。但其翻译之《华严经》,乃对于罗什所传之空宗而设,实为中华佛教史上一大潮流之发源,故可称为觉贤所传教系。

印度大乘佛教,分为龙树空宗、世亲有宗二大教系。此二教系,自昔即立于相对地位,纵欲合而为一,亦有所不能。自此二教系传于中国,其所推阐之理,乃层出不穷:空宗云者,谓一切万有,乃因缘所成,定非实存,即消极说也;有宗云者,明其因缘所成意义,归于三界唯心,故其致力处,各有不同,即积极说也。今从小乘教发达上之关系立说,俾其理易于显明,并示其大凡焉。夫此世界何由而成乎?乃万有相互集合而成也;宇宙间之万物,皆相助相依,无有能独立者;即甲乙交相集合,甲为乙之成立原因,乙为甲之成立原因,如是甲乙双方依倚,假名为空间的因果法;佛教谓之俱有因、士用果。佛教所说因果,不仅指时间的变化之上而言,由此可见。从时间上考之,万有之变迁,悉由甲生乙、乙生丙之原因结果而成;此时间的因果,即佛教所谓同类因、等流果是也。观此,则世界现象,其空间时间,无论或纵或横,俱不过以因果之法则,造成假象而已;若无因果之法则,则万有失其定形,其基础荡然无存矣。然则此世界究为何物乎?夫世界本无定形定体,唯以因果之线,维系其假现状耳。更进一步言之,现在之因果所造成之世界,果因何而现出乎?佛教则指为过去我等善恶行为之结果,此行亦由于心之无明(即迷惑)而成,故世界为我心所造,又归于一大因果法矣。此因果,佛教谓之异熟因、异熟果。故因果二字,足以包括佛教全体也。小乘教义,在二方面中,立一说以调剂之,谓之因果论,以示世界之所由成;大乘教则名此论为实相论,结果成为空宗,其示世界之所由成者,大乘教谓之缘起说,遂成三界唯心论,此佛教发达史上之途径也。若以在中国之大乘教言之,认罗什、觉贤所传者,为二大潮流之发源,则谓前者为龙树系,后者为世亲系,亦可;即谓中国佛教史之初期,由大乘教二大思潮并传而成,亦无不可。盖中国佛教,虽立多宗,当以二大思潮为其中心;至于其极,则一方成天台宗,一方成华严宗焉。

第七章　隋唐以前之二大系统（二）

　　佛教得以三字概之，曰戒、定、慧。罗什空宗，与《十诵律》并传中土，罗什在西域，已学《十诵》，非因来中华从事翻译，始与《十诵》发生关系也。事属偶然；觉贤则译有《僧祇律》；二派所传，在戒律上自生派别。虽《僧祇律》之传播，不如《十诵律》之广，然迄至南北朝中叶，传播中土者，以此二律为主，而《十诵律》则流行南北，压倒诸律。先是罗什学《十诵》于卑摩罗叉，卑摩罗叉之来华也，在罗什后。卑摩罗叉既到长安，更游历南方荆州各地，专事弘宣《十诵》。《十诵》传播若斯之盛者，卑摩罗叉一人之力也。或谓翻译《十诵》，与慧远有关，故以庐山势力，传《十诵》于南方；其说亦有理由。慧猷或作昙猷在江陵辛寺，从卑摩罗叉学《十诵》；僧业从罗什学《十诵》。姚秦之末，关中扰乱；僧业乃返吴，传布《十诵》；慧观，亦其流亚也；余如慧询、罗什弟子。僧璩、僧业弟子。僧隐等辈，《十诵》律匠，继续出世。当是时，《十诵》、《僧祇》二律外，《四分律》、《五分律》虽已译出,终不敌《十诵》之盛。如道俨所著之《决正四部毗尼论》,意欲融会四部,迄未广行,即其例也。齐梁之际,撰著《出三藏记》、《弘明集》、《释迦谱》之僧祐律师,实乃《十诵》名匠。慧皎所撰《高僧传论》则曰:"虽复诸部皆传,而《十诵》一本,最盛东国。以昔卑摩罗叉律师,本西土元匠,来入关中,及往荆陕,皆宣通《十诵》,盛见崇录。昙猷亲承音旨,僧业继踵,弘化其间,璩、俨、隐、营等,并祖述猷业,列奇宋代。"所指璩、俨、隐、营,不仅就《十诵》而言,乃就传律者而广言之。盖道俨立四部融会说,营(即道营)乃《僧祇律》学者,二人固不以《十诵律》擅名也。道宣所撰《续高僧传论》则曰:"自律藏久分,初通东夏,则萨婆多《十诵》一本,最广弘持;实由青目律师,敷扬晋世,庐山慧远,赞击成宗。"此盖述《十诵》盛行之所由来也。青目律师,即卑摩罗叉。

《僧祇律》之传播,虽不如《十诵律》之广,但南北朝中叶,《四分律》渐行于北方,《僧祇律》专行于关中。自洪遵律师入关中,大唱《四分律》,《僧祇律》势力渐微;降及唐世,《四分律》遂压倒其他诸律矣。盖《四分律》,乃佛陀耶舍在长安所译,其时其地,俱与《十诵律》同,佛陀耶舍后返罽宾,继承宣布者无人,致《四分律》久不行于世。然古来相传讲敷学习,乃至受戒羯磨,皆以《四分律》作法为之;后之学者,谓《四分律》缘深于中国者,其此之谓软? 或云《四分律》之昌大,端赖慧光僧统之力,慧光属觉贤华严教系。所谓觉贤系统,与罗什系统之戒律,犹如《四分律》与《十诵律》,立于相对地位,此则近于附会也。

慧光,北魏末叶人也。弟子众多,以道云、道晖为最著。道云著《四分疏》九卷,专务弘律;道晖约之为七卷。名僧如昙隐、洪理、慧远皆出其门。其从道云、道晖学律者,洪遵也。当关中专行《僧祇律》之际,洪遵独说《四分律》,《续高僧传》评为:"开导《四分》,一人而已。迄至于今,《僧祇》绝唱。"其推崇可谓至矣。道云之下有道洪,道洪之下有智首。智首著《五部区分钞》二十一卷,为《四分律》筑一大基础。《续高僧传》有曰:"自律部东阐,六百许年,传度归戒,多迷体相,五部混而未分,二见纷其交杂,海内受戒,并诵法正之文;至于行护,随相多委师资相袭;缓急任其去取,轻重互而裁断;首乃衔慨披括,往往发蒙;商略古今,具陈人世;著《五部区分钞》二十一卷;所谓高墉崇映;天网遐张;再敞殊文;统疏异术;群律见翻四百余卷;因循讲解,由来一乱;今升括其同异,定其废立。"文中法正,指昙无德所译之《四分律》而言。观此,足知本书之价值矣。《四分律》既若斯,慧光以后,遂与华严系统并兴,而渐盛于北方矣。

次述禅定之概要:禅定语义甚广,自数息观以至不净观、慈悲观、因缘观、念佛观之类悉谓之禅定。古称安世高长于禅,道安继之,最推崇世高。此禅即指此类之禅,称曰禅数之学。今据《经录》所载已译之禅数经典,列之于下:(经名旁加◎者,藏中现存之记号;加△者,恐有重译之记号。经名下括弧内数字,为所译次数。)

《大安般守意经》二卷　　　　　　　　　　后汉　安世高译

安般系音译,梵语阿那波那,即数息观。此经吴康僧会注释之,今藏中现存之本有此注。惟本文与注,混杂难辨,未易得其真意。康僧会注《安般》序文云："会见南阳韩林、颍川文业、会稽陈慧,此三贤者,余从之请问,规同矩合,义无乖异。陈慧注义,余助斟酌,非师所传,不敢自由也。"

《禅行法想经》一卷	后汉　安世高译
《大十二门经》一卷	后汉　安世高译
《小十二门经》一卷	后汉　安世高译
《禅行三十七品经》一卷	后汉　安世高译
《禅定方便次第法经》一卷	后汉　安世高译
《禅法经》一卷	后汉　安世高译
《五门禅要用法经》一卷(一)	后汉　安世高译
《思惟要略经》一卷(一名《思惟经》)(一)	后汉　安世高译
《禅经》二卷(一)	后汉　安世高译
《禅经》一卷(二)	后汉　支娄迦谶译
《禅要呵欲经》一卷	后汉　失译
《阿兰若习禅法经》一卷(一)	后汉　失译
《修行方便经》二卷(一名《修行方便禅经》)	吴　支谦译
《禅秘要经》四卷(一)	吴　支谦译
《坐禅经》一卷(三)	吴　康僧会译
《安般行道经》一卷	吴　失译
《内禅波罗密经》一卷	吴　失译
《禅数经》一卷	吴　失译

《禅行敛意经》一卷 　　　　　　　　　　　　　　　　　　吴　失译

《法观经》一卷 　　　　　　　　　　　　　　　　西晋　竺法护译

《修行道地经》七卷(一名《榆遮伽复弥经》) 　　　西晋　竺法护译

《治禅法经》一卷 　　　　　　　　　　　　　东晋　竺昙无兰译

《达摩多罗禅经》二卷(一名《修行方便禅经》,亦称《不净观

经》,或《修行道地经》) 　　　　　　　　　东晋　佛陀跋陀罗译

《内身观章句经》一卷 　　　　　　　　　　　　东晋　失译

《禅秘要法经》三卷(又名《禅秘要经》。)(二) 　　　姚秦　罗什译

《坐禅三昧经》二卷(一名《阿兰若习禅法经》,后改名《坐禅

三昧经》,又名《菩萨坐禅法经》、《禅经》、《禅法要》。)(二)

　　　　　　　　　　　　　　　　　　　　　姚秦　罗什译

禅法要解二卷(一名《禅要经》)(一) 　　　　　　姚秦　罗什译

《思惟略要法》一卷(二) 　　　　　　　　　　　姚秦　罗什译

《禅要经》一卷(二) 　　　　　　　　　　　　　　姚秦　失译

《治禅病秘要法》二卷(一名《禅要秘密治病经》) 　后凉　沮渠京声译

《禅法要解》二卷(三) 　　　　　　　　　　　后凉　沮渠京声译

《禅秘要经》三卷(一名《禅法要》。)(二) 　　　刘宋　昙摩蜜多译

《五门禅经要用法》一卷(《佛陀蜜多撰》)(二) 　刘宋　昙摩蜜多译

《阿兰若习禅经》二卷(三) 　　　　　　　　刘宋　求那跋陀罗译

《治禅鬼魅不安经》一卷 　　　　　　　　　　　刘宋　失译

《六禅经》一卷 　　　　　　　　　　　　　　　刘宋　失译

《禅行法经》一卷　　　　　　　　　　　　　　刘宋　失译

《修禅定经》一卷　　　　　　　　　　　　　　陈　真谛译

以上所列书目乃援据《经录》者,是否有误,殊难明确。但刘宋以前所译《禅经》,名目繁多,于此可见矣。

前所列诸典中:今更就其现存者为之分类,如《大安般》、《禅行法想》、《三十七品》、《内身观》、《治禅病法》,此五部,可属于小乘;如《呵欲》、《法观》、《达摩多罗》、《禅秘要法》、《坐禅三昧》、《禅法要解》、《思惟略要法》、《五门禅》,此八部,可属于大乘。但此种区别,不得谓之严密。盖我国译经初期,决不在此诸典之中,立大乘、小乘之区别也。向来之分类者,以《禅秘要法经》(罗什译)属于小乘,未免大误。本经第十一《白骨流光观》下有言曰:"佛说诸法,无来无去。一切性相,皆亦空寂。诸佛如来,是解脱身。解脱身者,则是真如。真如法中,无见无得。"细味其言,其理自见。

按上列禅经属于小乘者,乃安世高所译,卷册极少,或说明三十七品,或述五停心、四念处诸观,俱排列数字,故称为禅数之学。至于《达摩多罗禅经》、《坐禅三昧经》,属于大乘,故称为菩萨禅。《达摩多罗禅经》,向来称为菩萨禅,但事实内容,均不类大乘。其说大乘禅观者,以《思惟略要法》最易明了,此书谓初入禅解法空者,应先修诸观。试举其例于次:"佛在恒水边坐禅。有一多闻比丘,自怪无所得,而问于佛。佛言:'取恒河水中小石,以君迟水净洗。'比丘如教。佛问:'恒河水多? 君迟水多?'答:'不可为喻也。'佛言:'不以指洗,虽多无用也。行者当勤精进,用智定指,洗除心垢,若不如是,不能离法也。'"此即言多闻无益,当先修观以除心垢,否则不能离于迷惑。

第一、四无量观法　慈、悲、喜、舍之四无量心,即以爱念一切众生视为平等而救济之,为其观法。于亲,于怨,于非亲非怨三种人,毫无间隔。于一切众生,忍辱不瞋,谓之众生忍;进而得法忍。法忍云者,所谓诸法不生不灭,毕竟空相是也。能信受是法忍,则谓之无生忍。四无量心中之慈悲喜舍四心:慈心者,与众生以乐之心也;悲心者,拔众生之苦之心也;喜心者,见众生之离苦得乐,相与共喜之同情心也;舍心者,于一切众生,无爱憎之分别,一视同仁,达于同体之谓也。

第二、不净观法　贪欲、瞋恚、愚痴三者,迷之根本也。欲断贪欲,则观我身不净可厌。贪欲既去,则瞋恚愚痴,自随之而去。例如破竹,初节最难。

第三、白骨观法　白骨观者,除去吾身皮血筋肉,而观骨骨相拄成一骨人。既见骨人,当观骨人之中,其心生灭相续,如线穿珠。复观外人之身,一切如是。此观可入初禅。

第四、观佛三昧法　此即念佛观之初步。盖众生罪恶,自过去世以来,积罪重重,初入禅定,若有困难时,则诚心念佛,当为佛所护念,心自不乱。所谓:"令无量劫重罪微薄,得至禅定,至心念佛,佛亦念之。如人为王所念,怨家债主,不敢侵近。念佛之人,诸余恶法,不来搅乱。"即此意也。其观佛法,先就佛像自顶至足、自足至顶观之,终至闭目开目,常了然如见像在眼前而修行之。

第五、生身观法　此法,较前之念佛观更进一层。前所观者为佛像,此则观佛之生身,如观佛坐菩提树下成道,或鹿野园之初转法轮,或灵山会上,为大众说般若法诸状态,是也。

第六、法身观法　此为观佛之功德。既于空中见佛之生身,当因生身观内法身。法身云者,对佛之十力、四无所畏、大慈大悲、无量善业、诸无形之力以为观者也。观生身而后观法身,譬如先念金瓶,而后念瓶内之摩尼宝珠也。

第七、十方诸佛观法　先观东方,廓然明净,无山无河,唯见一佛,结跏趺坐,举手说法;一佛化十佛,十佛遂化百千佛,无数佛;现其微妙之相,光光相接。更自东南、而南方、西南方、西方、西北方、北方、东北方、上下方,顺次环观,终见十方八面皆佛。闻佛说法,疑网尽消,得无生忍。若宿罪深者,不获见诸佛时,须一日一夜六时忏悔、随喜、劝请,当能见之。

第八、观无量寿佛法　愿往生无量寿佛之极乐国者,修此无量寿佛观。其修法,依利根、钝根而有区别:利根之人,先观空中大放光明,晃然于空净之中,得见无量寿佛。钝根之人,则观人额上除去皮肉之赤骨;复观此骨一方寸中,变为纯白,洁如珂雪;更观其身体,总成白骨,亦洁如珂雪;且观其骨身成琉璃光色,此琉璃骨身,放白光,光明遍满世界;光明之外,不见一物,乃于光中,观无量寿佛,如紫金山,西向结跏趺坐。

第九、诸法实相观法　一切诸法,皆因缘所生,毕竟空相,以此为观,谓之甚深清净观。对此空之诸法,虽起种种烦恼;但烦恼不由内生,由外缘而起;烦恼亦不由外起,盖所谓外者,元来空相也;求诸内外,则烦恼不过迷影而已,此观名之曰淫怒痴实相观。淫怒痴即贪瞋痴,三毒无相,故名之曰实相。精心思惟,了得实相本不生者,名得无生法忍。此诸法实相观,亦与前观无量寿佛法欲生极乐国者所观相同,故云"观诸法毕竟空相;于众生常兴大悲;所有善本,尽以回向;愿生无量寿佛国,便得往生"是也。

第十、法华三昧观法 此以《法华经·见宝塔品》为观者。所说释迦佛与多宝如来坐七宝塔中,以十方分身化佛,遍满众生国土之中。欲证实法,出其舌相,音声遍满十方世界,宣说《法华经》,惟一大乘,无二无三,所谓无生无灭,毕竟空相。习如是观者,即得禅定,名曰一心精进,如说修行正忆念《法华经》。

又罗什所译《坐禅三昧经》分为上下卷:上卷分为五门:五门《禅经要用法》所列五门,盖即此也。第一、治贪法门;淫欲多者,用不净观。第二、治瞋恚法门;瞋恚偏多者,用慈心法门,即慈悲观。第三、治愚痴法门;愚痴偏多者,用思惟法门,即因缘观。第四、治思觉法门;思觉偏多者,用阿那般那三昧法门,即数息观。第五、治等分法门。治等分行及重罪者,用念佛三昧,即念佛观。下卷说明色界,初禅、二禅、三禅、四禅。进说四念止观。即四念处观,谓观身不净,观受是苦,观心无常,观法无我也。暖法;常勤精进。诸烦恼如薪,以无漏智火烧之,名为暖法。顶法;从暖更进向上,能除种种苦患及老病死,名顶法,亦名顶善根。忍法,更勤精进,观五阴无常、苦、空、无我,于心能忍,不悔不退,是名忍法,亦名忍善根。世间第一法。言在世间禅中为第一也。更以法忍、法智、比忍、比智,自初心至十五心为断道;观五阴无常、苦、空、无我,中心忍受,名苦法忍,由是生智名苦法智,更有苦比忍,苦比智;苦是四谛之一,每谛有法忍、法智、比忍、比智四心,共十六心,在十五心能断诸烦恼,故云断道。以十六心为须陀般那;须陀洹,即小乘初果。又就息忌陀伽迷,斯陀含,即小乘二果。阿那迦迷,阿那含,即小乘三果。阿罗汉,即小乘四果。详加说明,进及辟支佛与佛。再明十方三世诸佛之生身观,佛之功德智解观,此即念佛三昧。并举不净观、慈心观、因缘观、阿那波那观;数息观。最后说明生忍、柔顺法忍、无生法忍三种;以悟诸法实相者,为无生法忍。所谓诸法实相云者,乃龙树系之口吻,即"非有常,非无常,非乐非不乐,非空非不空,非有神非无神",及"不生不灭,不不生不不灭,非有非无,不受不著,言说悉灭,心行处断"之说是也。

《禅法要解》所说,与《坐禅三昧经》大体相同。罗什谈禅经典,当以《坐禅三昧经》为最完备。但《坐禅三昧经》非出于罗什一人之手,乃其弟子僧叡续成者。合读全文,前后颇有重复混杂之处。僧叡序文,曾载此事。兹将《出三藏记》所引僧叡序文,列之于下:

初四十三偈,是究摩罗罗陀法师所造;后二十偈,是马鸣菩萨之所造也。其中五门,是婆须密、僧伽罗叉、沤波崛、僧伽斯那、勒比丘、马鸣、罗陀禅要之中,抄集之所出也;六觉中偈,是马鸣菩萨修习之,以释六觉也。初观淫恚痴相及其三门,皆僧伽罗叉之所撰也;息门六事,诸论师说也。此经最初有四十三偈,(即究摩罗罗陀所造四句一偈之赞文)又长行文说明五门，前已述之矣。五门之中，思觉法门所举三种之粗思觉，三种之细思觉，此六觉应除之。尚有偈文，即马鸣六觉中偈也。又此经最后有马鸣所造二十偈。五门之中，前三门为僧伽罗叉之说，数息观之六觉，为诸论师之说。总之此书，乃集究摩罗陀、婆须密、僧伽罗叉、沤波崛、僧伽斯那、勒比丘、马鸣诸论师之说而成，据此序文，可以知矣。

且序文又曰：

究摩罗法师，以辛丑之年十二月二十日，自姑臧至常安。予即以其月二十六日，从受禅法……寻蒙抄撰众家禅要，得此三卷……出此经后，至弘始九年闰月五日，重求检校，惧初受之不审，差之一毫，将有千里之降；详而定之，辄复多有所正；既正既备，无间然矣。

由此观之，此经源流，可以知矣。罗什所传之禅，次章另述之。其在南方译禅经者，觉贤也。试先述觉贤之禅。

传载觉贤生于北天竺那呵利城。其先世迦毗罗人，祖达摩提婆，迁北天竺。父达摩修耶利。觉贤幼即丧父，往罽宾学佛教。其师佛大先，大禅师也。觉贤从之，专习禅法。故《达摩多罗禅经》序有"今之所译，出自达摩多罗与佛大先"之语。《达摩多罗禅经》，以禅法之传统自大迦叶、阿难、末田地、舍那婆斯、优波崛、婆须密、僧伽罗叉、达摩多罗，乃至不若密罗云。觉贤居罽宾时，西凉智严适至，亦随佛大先于摩天陀罗精舍传受禅法。其还也，发愿欲聘印度人，弘宣禅法于中土。众乃推觉贤膺斯职，遂偕智严来华传禅法。故觉贤之居长安也，专务弘禅；往庐山后，应慧远之请,主译禅数诸经。

　　觉贤所译诸经,以禅为其本色。所译禅数经典之尚存者,则有《达摩多罗禅经》,此经题为《达摩多罗禅经》,然实根据佛大先、达摩多罗二人之说,有慧远序文可证;兹列于下:

　　今之所译,出自达摩多罗与佛大先。其人西域之俊,禅训之宗,搜集经要,劝发大乘,弘教不同,故有详略之异。达摩多罗阖众篇于同道,开一色为恒沙,其为观也,明起不以生,灭不以尽,虽往复无际,而未始出于如。故曰:色不离如,如不离色;色则是如,如则是色。佛大先以为澄源引流,固宜有渐,是以始自二道开甘露门,释四义以返迷,启归途以领会,分别阴界,导以正观;畅散缘起,使优劣自辨;然后令原始反终,妙寻其极,其极非尽,亦非所尽;乃曰无尽,入于如来无尽法门。

　　由是观之,此经自二道四义之区别,以至阴观、界观,迄十二因缘观,皆佛大先之说也;达摩多罗则传如(平等)色(差别)平等之观。佛大先之教人也,由浅而深,使入奥理;就此经所说可以见之,故宜名为佛大先禅经,方为适当。《萨婆多部记目录》,以佛驮先为第五十二祖,以达摩达罗菩萨为第五十三祖。一说第四十九祖佛大先,第五十祖昙摩多罗。是佛大先在达摩多罗之前之明证。又慧观《不净观经序》,有"昙摩多罗菩萨与佛陀斯那俱共"之语。是指此二人同时矣。就佛陀斯那而言,宁谓富若密多罗富若多罗为罽宾第一第二教主,佛陀斯那为第三教主较为妥善。《达摩多罗禅经》所明诸禅，可分三观：一为安那般那观，二为不净观，三为界观。此三观中，安那般那观分作方便道、胜道二大段：为诸修行说未曾有法，度诸未度，令得安稳。谓二甘露门：各有二道。一曰方便道，二曰胜道，即此。方便道区别为四种，即退分、住分、升进分、决定分是也；序文所谓释四义者即此。胜道亦有此四区别。不净观亦分退、住、升进、决定四段。界观地、水、火、风、空、识。则不立此区别。以上皆偈文，其次之四观，则以长行述之。所谓四观者，即四无量三昧、阴观、五阴。入观、六入，即六处。十二因缘观，是也。据上所列各目而研究之，《达摩多罗禅经》所说观法，其大体可推而知矣。

觉贤之来华也，以传布禅法为专务，其于佛教理论的教义，关系不深。盖其学之本源出于罽宾，而罽宾实为小乘教之中心也。《出三藏记》中《萨婆多部记目录》则称为"长安城内齐公寺萨婆多部佛大跋陀罗"，齐公寺或系觉贤在长安时所居之寺。有疑其专传有部宗者，此但就其所传禅法而言。若就其与罗什问答情形推之，似非纯然有部系统中人；证之慧远序文，可无疑义。即以其所译经典观之，律则有《僧祇律》，经则有《华严经》。此种经典，在中国佛教史上，关系重大，即对于罗什所传成一教系，认为一大潮流之发源者，不可谓为非偶然也。反之，罗什所传者，系龙树系教义。自空无相之根本义，弘布中土以来，本固枝荣，终能在中国佛教上发展庞大势力。故自罗什系统所发展之重要教义，则有二大宗：即天台宗、禅宗是也。

第八章　禅之由来

禅宗宗旨，前既述之。考禅所由来，相传菩提达摩传入中土。然征诸史乘，菩提达摩事迹不明，即其大体，今尚揣想不出也。

达摩传禅之说，以《续高僧传》所载为最古。相传达摩为南天竺之婆罗门种，禅宗概谓为香至王之子，刹帝利种也。宋代始由南海履中土，后北度至魏地，所至传禅，自称年百五十余岁。兹述达摩之说如下：

如是安心，谓壁观也；如是发行，谓四法也；如是顺物，教护讥嫌；如是方便，教令不著；然则入道多途，要唯二种，谓理行也。借教悟宗，深信含生，同一真性，客尘障故；令舍伪归真，凝住壁观，无自无他，凡圣等一；坚住不移，不随他教，与道冥符，寂然无为；名理入也。行入四行，万行同摄，初报怨行者；修道苦至，当念往劫，舍本逐末，多起爱憎。今虽无犯，是我宿作，甘心受之，都无怨诉。经云：逢苦不忧，识达故也；此心生时，与道无违，体怨进道故也。二随缘行者，众生无我，苦乐随缘；纵得荣誉等事，宿因所构，今方得之。缘尽还无，何喜之有；得失随缘，心无增减；违顺风静，冥顺于法也。三名无所求行，世人长迷，处处贪著，名之为求；道士悟真，理与俗反，安心无为，形随运转。三界皆苦，谁而得安。经曰：有求皆苦，无求乃乐也。四名称法行，即性净之理也。

有谓"达摩以此法开化魏土"者。且此二入四行之说，载在禅宗诸书，文句稍异。其说明理入之处，以"不随他教"之"他"字，易作"文"字；（见《少室六门集》）虽仅一字，颇足注意，确为后世所修改无疑。当达摩之时，禅教虽相违，尚不若后世所言之歧，观前所述"借教悟宗"一语，可以明其故矣。

据禅宗所云：达摩受法于般若多罗，不如密多罗弟子。初学小乘禅观于佛陀跋陀。时佛陀跋陀门下有二弟子：曰佛大先，曰佛大胜多。佛大先因般若多罗之教，转习大乘；佛大胜多之后分六派；六派即有相宗、无相宗、慧定宗、戒行宗、无得宗、寂静宗。达摩之力，终悉伏之。按诸书所载传法系统，其说纷歧，不易确定。据觉贤（即佛陀跋陀罗）传，佛大先乃觉贤之师，据《出三藏记》佛大先之嗣法者，达摩多罗也。佛大先之前，有佛陀跋陀其人，为诸书所不载。又般若多罗为何如人？除禅宗以外之书，亦无所考。《出三藏记》称列于弗若密多罗之次者，有婆罗多罗、不若多罗、佛驮先、达摩多罗诸人。《达摩多罗禅经》所举，仅及僧伽罗叉、达摩多罗，乃至不若密罗诸人，无般若多罗之名，此亦须研究者。

此上所述,其以不若多罗为般若多罗乎? 若然,则未免捏造。盖不若、般若,梵语固全异也。

达摩履中土年代,自古异说:有谓在梁武帝普通八年九月者,《景德传灯录》之说。考普通八年三月,改元大通;《传法正宗记》谓在普通元年九月;《续高僧传》有"初达宋境南越"之说,则是达摩之来,早在宋代。若然,则梁武帝与达摩生不同时,何来问答? 此亦应确为考订者也。

《高僧传·慧览传》曰:"曾游西域,顶戴佛钵。仍于罽宾,从达摩比丘,谘受禅要。达摩曾入定,往兜率天,从弥勒受菩萨戒,后以戒法授览。"《续高僧传·僧副传》曰:"襄粮寻师,访所不逮。有达摩禅师,善明观行,循扰岩穴,言问深博,遂从而出家。"副之殁在普通五年,《续高僧传》列副之名于菩提达摩前,此则其所受教之达摩,信其非菩提达摩也。菩提流支传称北魏孝明帝时,与梁武帝同时。波斯国菩提达摩来,自称一百五十余岁云;同时北魏又有达摩菩提译《涅槃论》一卷,此人与禅宗之菩提达摩无关。相传《达摩多罗禅经》乃佛大先与佛陀跋陀罗集达摩之说而成者。其妄据前说可明。世称《少室六门集》为达摩所著,但除二入四行之外,无一可名为达摩之说者。《少室六门》,即第一门心经颂、第二门破相论、第三门二种入、即二入四行、第四门安心法门、第五门悟性门、第六门血脉论。要之罗什时所传之禅,乃从教悟入之禅;达摩所传之禅,乃不立文字之禅;方法虽不同,而其为般若则一。惟其不立文字,故自来传述达摩之事迹,多不足征信;其说亦虽确指,乃无可疑之事实也。梁武帝时,如有名之保誌,《高僧传》作保誌,其他诸书多作宝誌。暨所称之傅大士(即傅翕),其言行所传,多涉怪诞,但保誌之《大乘赞不二颂》,傅翕之《心王铭》,颇有特异之风。此盖佛教空宗之系统,及老、庄之学,与南方风气所酿成者。达摩不立文字,为南禅之起源,保誌、傅翕亦其流亚欤?

如前所述,罗什既传空宗,同时盛译禅经。其禅经中影响最大者,《坐禅三昧经》也。《坐禅三昧经》中有言曰:

> 汝于摩诃衍中不能了,但著言声。摩诃衍中诸法实相,实相不可破,无有作者;若可破可作,此非摩诃衍。如月初生,一日二日,其生时甚微细,有明眼人能见,指示不见者,此不见人,但视其指而迷于月;明者语言,痴人何以但视我指,指为月缘,指非彼月。汝亦如是,言音非实相,但假言表实理;汝更著言声,暗于实相。

此种譬喻,非必始于《圆觉》、《楞严》二经,殆罗什译禅经以来,其门徒所久传之譬喻。妙在于言语之外,彻见真性,而为南人所素喜者,《圆觉经》有"修多罗教,如标月指。若复见月,了知所标,毕竟非月。"之语。《楞严经》亦有相同之语。亦即空宗禅发达之端绪也。是则南方禅风,道生、慧观亦已开其端矣。

道生有顿悟成佛之言。《高僧传》曾载之,兹引之于下:

> 乃喟然叹曰:夫象以尽意,得意则象忘;言以诠理,入理则言息。自经典东流,译人重阻,多守滞文,鲜见圆义。若忘筌取鱼,始可与言道

矣。于是校阅真俗,研思因果,乃言善不受报,顿悟成佛。

"善不受报顿悟成佛"八字,详细之解释不传,但自前言推之,亦可得其大要。此说不独唱自道生,其同门之慧观,亦主张之。虽为一般佛教者所反对,但同时有一学说,最占势力,即《高僧传》所载"顿悟不受报,等时亦宪章"之说也。此说,道生、慧观之弟子,各自传授,奉为圭臬者也。证之上列《高僧传》所言,可以知其故矣。

道生之殁,在宋元嘉年间。其后二三年,宋文帝偶述顿悟成佛说,道生之说。僧弼等起而反对之,文帝曰:"若道生在,当不屈于汝等。"《高僧传》以此问答在太祖武帝时,自年代上考之,道生之示寂,在元嘉十一年,太祖时道生尚存,太祖或系文帝之误。僧弼,罗什弟子也,居彭城寺,为文帝所重。当是时,道猷道生弟子,亦继承顿悟成佛义者。文帝问慧观,习得顿悟义者何人?慧观以生公弟子道猷答之。文帝敕临川郡,遣道猷赴建康。道猷既至,帝乃大集义学僧与之论难,道猷力屈之。因道猷得道生真传,故《高僧传》称为"积思参玄,又宗源有本",并云"乘机挫锐,往必摧锋,帝抚几称快"。观此,则当时辩论状况,可概见矣。同时有法珍者,不知何人之弟子,与道猷同居新安寺,创"使顿悟渐悟,义各有宗"之说。龙光寺亦道生所居。有宝林者,与其弟子法宝,皆祖述道生之义。盖道生之义,以《涅槃经》之阐提成佛,及顿悟不受报,为其特色,即谓此二人祖述顿悟义亦可。

慧观有著作一篇,题曰《论顿悟渐悟义》,其弟子法瑗附和之。适文帝访求通此义者，乃召法瑗于宫中使说之。何尚之闻之叹曰："常谓生公殁后，微言永绝。今日复闻象外之谈，可谓天未丧斯文也。"昙斌宋末元徽年间殁。亦申顿悟渐悟之旨。因人主偶然之好尚，顿悟渐悟之义，遂赖之以传，而渐及于齐、梁之世矣。

兹就保誌、傅翕之事略言之。保誌，金城人，俗姓朱氏。僧俭弟子也，专习禅业。宋初祝发，常执一锡杖，杖头挂剪刀及镜，或帛一二匹，步行市中。奇迹甚多，颇涉怪诞，似不见重于宋、齐两朝间，梁武帝特皈依焉。入寂后葬遗骨于钟山。就墓地建开善寺，即梁之三大法师智藏所居者也。傅翕字玄风，号善慈，婺州义乌人躬耕松山，修佛道，梁大通六年奉召来建康。相传与武帝问答，帝尝请讲《金刚经》，翕才升座，以尺叩案即下。一日戴冠，着法衣，靸履（深头之履），参宫中，帝见之，谓曰："今日为僧装耶?"则默然指其冠。又问曰："然则道士耶?"即指其履。又问曰："俗人耶?"则指法衣而还。其《心王铭》文辞简要，可推杰作。今之轮藏，亦其所建，知名于世。傅翕有二子，普建、普成，今之轮藏，多设此三人之像。

上述禅宗之所由来，不过举其一端耳。自安世高以来，禅既传于中土，所谓修习禅业，自佛教传来之初，已推行之矣。况竺法护、道安辈出而鼓吹之耶? 至于大乘禅、小乘禅、习禅、如来禅（祖师禅）等，乃后世禅学者所设之名目。隋唐以前，决不设此种严密之区别。揆之事实，罗什之《坐禅三昧经》，虽与大乘无甚差别，但此中之大部分，世已指为小乘之禅。《达摩多罗禅经》谓为大乘禅，可称允当，非仅以其为慧远之言而遽信也。《禅要秘密治病经》(沮渠京声译)序曰:天竺比丘大乘沙门佛陀斯那。佛陀斯那,即佛大先也。就其内容言之,其似大乘之处,能确指否乎? 要之此时代所谓大乘小乘,半系形容之词,必于书中区别何者为大乘? 何者为小乘? 殊觉匪易。且译者构思之际,欲设上列之区别,实际上亦有所不能。故以安世高之禅为小乘禅,罗什之禅为大乘禅,不过就今日思想,区别之而已。其实修习禅业者,古时极多,无甚差异。《高僧传》为修禅者立传,始于西晋末叶,其在西晋以前,未必无修禅业者,惜后世无传耳。

　　修习禅业者,系统不明之人居多,且非著名之人,兹概从略。而仅就觉贤之禅述之。传觉贤之禅最有声者,当推智严、玄高。智严昔自罽宾伴觉贤返国,觉贤自长安赴南方,智严与之分散,往山东修禅。刘裕宋太祖。受东晋之命,灭姚秦于长安,旋师时道经山东,得晤智严。其详情载《高僧传》,曰:"始兴公王恢从驾游观山川,至严精舍,见其同止三僧,各坐绳床,禅思湛然。恢至,良久不觉,于是弹指,三人徐开眼,俄而还闭,问不与言。"王恢甚高之,请与偕行,三人坚谢。强之,二人乃推荐智严。智严不得已,遂随刘裕入建康,住始兴寺。严性乐静避嚣,王恢乃于东郊更建枳园寺居之。其余二人,留山东精舍者,当是觉贤弟子,惜其名不传。

　　当觉贤之居长安石羊寺也,玄高参照第五章。即于其时为其弟子,传受禅法;后往西秦,隐居麦积山,与其徒百余人,专务修禅。会西秦有二僧,恶其德望,构谗言于国王,欲害之。玄高避往河北之林阳堂山,有

徒三百人。玄高之居麦积山也，昙弘同修禅业，与之相亲。后昙弘布禅
岷蜀，闻玄高得罪，冒栈道之险，诣西秦主申其清白。玄高得免罪返都，
后赴后凉游化，魏武攻入后凉，请高同还平城，使为太子晃师，终遇法难
而死。玄高之徒数百，上首者百余人，玄绍秦州陇西人。尤著。觉贤禅
法盛行于北方，据此事实，可以证明矣。

觉贤入寂于宋文帝元嘉六年。后五十年，有佛陀禅师，（世呼为少
林寺祖师三藏佛陀禅师）来北魏弘禅。孝文帝时。《续高僧传·习禅篇》
载有此事云："佛陀来自天竺，孝文帝自平城迁都洛阳后，为佛陀建寺于
嵩岳少室山使居之，即少林寺也。"《魏书》亦云："为西域沙门跋陀建少
林寺，公给衣供。世谓达摩面壁之少林寺，即此。"佛陀传载其弟子有道
房、慧光，慧光即造《四分律》之光统律师也。光统律师年十二时，献技
于洛阳市街，众人竞异而观之，佛陀见之，曰："此儿有道业。"遂拔为弟
子。后观慧光为人，知其不可独学经论，乃使研究戒律，于是慧光遂从
道覆律师传受戒律焉。

传佛陀禅师之禅者，当首推道房，但其传不详耳。道房弟子曰僧稠
禅师，为北齐文宣帝所皈依。僧稠初随道房，后从道明禅师不详其为何
许人。受十六特胜法。十六特胜法云者，分欲、色、无色、三界之定，而为十六
种之谓也。其间视为主要者，则由《涅槃经圣行品》。修四念处之观法，
积功而至最后，始证深定。九日间入定不起，既由定出，情想澄然，亲向
佛陀禅师呈其所证，师曰："自葱岭已东，禅学之最，汝其人矣。"乃更授
以深要。由是陟历诸山，修行禅学，声名渐高。北魏孝明孝武之世，屡

被征召，固辞不赴。北齐文宣帝召之再三，始赴邺都，帝亲出而迎之，受菩萨戒法，断酒禁肉，放舍鹰鹞，谕天下禁屠杀。稠留宫中四十余日，辞归，欲还其大冥山旧居。帝以大冥山谘谒不便，为建云门寺。在邺城西南八十里。当是时，齐国境内，至欲禁禅法以外之佛教，僧稠力谏之，乃止。由此可知是时禅法之盛矣。僧稠弟子曰昙询；昙询弟子曰静林、道愿、慧力；自后系统不明。世仅传佛陀禅师之名，其名为何，不可得而知。《魏书》作跋陀。《高僧传》或作佛陀，或作跋陀。

传禅学者，除《续高僧传》所列者外，尚不乏人，因非禅宗要人，故略之。

第九章 极乐往生与兜率往生

禅之种类中,特别发达,而与后世以绝大之影响者,念佛观是也。此念佛观,始存于小乘五停心观之中,任何禅经,无不说之者。五停心观,即数息、别想念、总想念、因缘、念佛五种。一说除念佛观,加界观。其区别有多种,举凡观佛三昧、生身观、法身观、十方诸佛观法、观无量寿佛法,如上所述者,莫非念佛观也。盖观佛之法,其大体有二:一真身观;二应身观。真身观云者,佛身遍满于宇宙,观宇宙之实在,即观佛之真实身也。应身观云者,就佛在人间所现形相,而观念之也。《维摩经》之《阿閦品》,说真身观;《观佛三昧经》,说应身观。应身观又有通观、别观之分。通观云者,非观特种佛之谓,乃观一切佛之谓;《观佛三昧经》之念佛观属之。别观云者,或观弥勒,或观乐师,或观阿弥陀佛,就特种佛而观之之谓;《观无量寿经》属之。此观佛之区别,据净影寺慧远《观无量寿经疏》之说。

一般禅经所述之念佛观，非真身观、法身观，乃应身观也。《观佛三昧经》，为应身通观之经典，共有二译：觉贤所译之十卷本为第一译，罗什所译之一卷本为第二译，第二译今佚。又罗什所译禅经，皆明观佛之法，前已述之矣。

应身别观之经典，当推《观无量寿佛经》为最重要。元来念佛观之旨，为众生过去之罪业深重、愚痴矇昧，心根怯弱，其力不堪修行佛道时，使观佛应身之相及其德，如见佛现于目前，而受佛之哀愍救护，以遂其修道之愿。又未来往生之信念，为在此多苦多烦多罪恶之娑婆世界，难于开发，必发愿未来往生佛之国土，登无苦无烦无罪恶之世界，俾诸佛毕现于目前，方能坚决修行。通观别观，皆不外此旨。惟是无量寿佛，(即阿弥陀如来)在诸佛中誓愿特宏，无论何等极恶众生，一称其名号，均接引之，迎入其国。故自古归向阿弥陀如来者，较归向诸佛者，居其多数，所谓"诸经所赞，多在弥陀"之语，为净土门徒所循诵，非无因也。

单赞叹阿弥陀佛之德者：则有

《阿弥陀佛偈》一卷(第一译)   后汉 失译

《后出阿弥陀佛偈》一卷(第二译)   同上

此二偈，俱说阿弥陀如来之誓愿。谓阿弥陀如来，较他诸佛更为方便者，《无量寿经》也。依此特别誓愿，备说往生无量寿国方法者，《观无量寿经》也。《无量寿经》翻译颇古，迄至宋代，译本多至十二种，故有五存七缺之称，兹列之于下：

《无量寿经》二卷 后汉 安世高译

《无量清净平等觉经》二卷 后汉 支娄迦谶译

《大阿弥陀经》二卷内题《佛说阿弥陀三耶三佛萨楼佛檀过度人道经》。

吴 支谦译

《无量寿经》二卷 曹魏 康僧铠译

《无量清净平等觉经》二卷 曹魏 白延译

《无量寿经》二卷 西晋 竺法护译

《无量寿至真等正觉经》一卷(一名《极乐佛土经》) 东晋 竺法力译

《新无量寿经》二卷 东晋 佛陀跋陀罗译

《新无量寿经》二卷 刘宋 宝云译

《新无量寿经》二卷 刘宋 昙摩密多译

《无量寿如来会》二卷(大宝积经中十七八两卷) 唐 菩提流支译

《大乘无量寿庄严经》三卷 宋 法贤译

(有圈者现存之记号)

此《无量寿经》,既说阿弥陀佛之誓愿,较胜其他诸佛;故自法藏之因位,及其四十八愿,说明阿弥陀如来与其国土;次述愿往生此国土者之心得及其方法。

《观无量寿经》译本有二:即

《观无量寿经》一卷(一名《无量寿观经》) 刘宋 畺良耶舍译

《观无量寿经》一卷 刘宋 昙摩密多译

一说即后汉失译缺本之《观无量寿经》，虽事载《开元录》，恐有谬误，未足征信。

此经以说往生极乐方法为主，即说世间之善、德行小乘教之戒律、诵读大乘经典诸方法是也。以上三方法，名曰三福。其间虽不无说散善之处，但就经名之所表示者考之，则以说定善为主。定善云者，观念之行，即禅是也。此经所说定善，分为下列十六观。此十六观，又有依报、正报、假观、真观之区别。

第一、日观向西方观日，
此先使心定于西方之法。

第二、水观观水，由水 ⎫
观冰，由冰观瑠璃，此为地 ⎬ ……假观其观法，以观极乐之依报为手段。
观之前方便。 ⎭

第三、地观由瑠璃一转而观极乐之土地。 ⎫

第四、树观

第五、池观 ⎬ 真观正观极乐依报。

第六、总想观（一名宝楼观）

第七、华座观此观阿弥陀佛所座之华，虽为依报，
但属佛之特别依报，故与前六观稍异。 ⎭

第八、像观（欲观阿弥陀佛身，为方便计，先观佛像；但于佛之外，亦于其左右观观音势至二菩萨，或谓之佛菩萨像观。）……假观观极乐正报之前方便。

第九、真身观观阿弥陀佛。……真观正观正报。

第十、观世音观既观弥陀真身,更观其左右二菩萨。

第十一、大势至观同上。

第十二、普观或谓之自往生观,自积往生极乐之想,而善观极乐之相。

第十三、杂想观合观弥陀及二菩萨,故谓之杂想观。

第十四、上品生观(观人之往生极乐;以下共分上中下三品,每品复设三品之区别;故上品有上上、上中、上下三品之区别)。

第十五、中品生观中品有中上、中中、中下三品之区别。

第十六、下品生观下品有下上、下中、下下三品之区别。

自第一观至第七观,为极乐依报之观察;自第八观至十一观,为正报之观察;十二、十三,兼依报正报而观之;十四以下,观人往生极乐,有上中下品之区别;又以种种议论,分类说明;此说较为妥当。善导大师以后之学说,则以第一观至十三观为定善;十四观以下之九品为散善;划分此经为二大区别,加以说明。此种学说近世净土门采用之。但揆诸译者当时之理想,或不如此,盖当时所以有此方法者,不过为观佛书而设。故前列之十六观,皆应视为观念之法也。

就阿弥陀佛与西方极乐经文考之,除以上二经外,《阿弥陀经》异译之本,共有三部,列之于下:

《阿弥陀经》一卷(又名《无量寿经》)　　　　　　姚秦　罗什译

《小无量寿经》一卷　　　　　　　　　　刘宋　求那跋陀罗译

《称赞净土佛摄受经》一卷　　　　　　　　　　唐　玄奘译

此经专纪法藏比丘誓愿之功能,言由其誓愿所现之阿弥陀,以及极

乐之庄严。欲往生极乐者,其方法无他,简单言之,念佛而已。念佛者,
单称佛名,专心念佛之谓也。所谓"执持名号,若一日,若二日,若三日,
若四日,若五日,若六日,若七日,一心不乱。"是也。以上三经。所谓净土
之三部经也。善导大师以后,此三经之解释方法,愈觉纷歧,途陷于困难地位,甚
至以此三经分配十八、十九、二十之三愿也。然此乃后世学者之议论,未可据为
此书之解释。念佛分类方法,亦有种种。今之所谓念佛者,以口称念佛
为限。但念为观念之念,而所谓观佛者,即以观佛为本,一心在佛而念
之者也。又观佛云者,口唱佛名,身行礼拜,意存观佛。所谓身口意三
业,必须具备者是也,然终不外乎以观佛为本而已。但身口意相应之念
佛,行之不能持久者,则有一简便方法焉,即一念之间,口称佛名,佛亦
迎之,入其国土,此即所谓称名说也。自此说兴,称名遂大重于世,且以
称名为念佛矣。故念佛之区别有二:曰称名念佛,曰观察念佛。以今
考之,当以观察念佛为本。宗密之《华严行愿品大疏钞》,区分念佛为四种:
曰口称念佛,曰观想念佛,曰观像念佛,曰实相念佛。学者间又从口称念佛之中,
区分为三种:曰定心别时,曰散心常时,曰事理双修。若以散心、定心分之,
则称名为散心念佛,观察为定心念佛。世亲天亲《往生论》说五念门:即
礼拜门、赞叹门、作愿门、观察门、回向门是也。此五念门中含有三业:
礼拜门,身业也;赞叹门,口业也;观察门,意业也。修行之时,三业相应
而愿往生佛国者,作愿门也。愿自己与他人俱往生佛国者,回向门也。
由此观之,五念门中,以观察门为中心。盖观察,为古代念佛修行之功
课也。

有谓定心念佛,即般舟三昧。常行道,立定见诸佛,又佛立三昧。盖此法元出于《般舟三昧经也》。即世所称别时念佛。其法即口称佛名,一心念佛;其修行也,以见阿弥陀佛现生眼前,及见净土之庄严,为其对境;或二七日,或三七日,乃至九十日之长时间,入念佛道场,专心修之。

《般舟三昧经》,异译之本颇多,列之于下:

《般舟三昧经》三卷又名《十方现在佛悉在前立定经》。　　后汉　支娄迦谶译

《般舟三昧经》一卷此后十品之重译者。　　　　　后汉　支娄迦谶译

《般舟三昧经》二卷　　　　　　　　　　　　　　后汉　竺佛朔译

《般舟三昧念佛章经》一卷此为行品之别译。　　　　后汉　失译

《跋陂菩萨经》一卷此仅译前四品。　　　　　　　后汉　失译

《般舟三昧经》二卷　　　　　　　　　　　　西晋　竺法护译

《大方等大集经贤护分》五卷(或六卷)　　　　　隋　阇那崛多译

《小安般舟三昧经》一卷,《经录》谓吴人失译。但小安般舟之语,殊属可怪。

(上列书目,一、二、五、七、四种,译本现存。)

据上所述观之,《无量寿经》《般舟三昧经》,早经安世高、支娄迦谶译就;其后亦有重译者;其修行往生净土之人,逐渐增加,盖无可疑。西晋之世,道安造《净土论》六卷,在此种著作中,当为最古之书。惜是书无存,故不明其底蕴,然就净土、秽土之区别异同,则有说,曰:“不可谓一,不可谓异;虽然,缘起历然,不可谓无。”此文怀感之《群疑论》引之。盖即“一质不成,故净秽亏盈;异质不成,故搜玄即冥;无质不成,故缘起万形”之

说也。由是观之，道安所谓净土、秽土，毕竟唯心之所见。秽土亦搜其玄，则冥合于同体一如之理；口称佛名，专心念佛，则自成无我无心；所谓无想离念，而契合于真如之理。此种念佛，古来谓之事理双修之念佛。载在《五会赞宝王论》。前述庐山白莲社之念佛，似亦出此，当属事理双修之念佛。唯是否未能确定，盖此说为慧远之书所未载，仅凭想象揣摩之词，不能证实也。总之此等念佛，据《阿弥陀经》所载，当持一心不乱之态度，而为称佛名之一种定心念佛，故可谓之定心别时。通常之学者，区别为定心别时及事理双修二种，今敢据《般舟经》，而断其非修常行三昧也。白莲社之念佛，前既述其概要，今虽无庸赘言。唯当时入社诸公，类皆高僧名士，即世所谓莲社十八贤是也。其列名《佛祖统记》者，百二十三人；其不入莲社而与莲社有关系者，则有陶潜、谢灵运、范宁等辈。其十八贤，当推慧远为领袖；此外十七人，即慧永、慧远弟。慧持、道安弟子。道生、罗什弟子。昙顺、同上。僧叡、昙恒、道昺、昙诜、道敬，以上五人，慧远弟子。佛陀耶舍，译《四分律》者，义熙八年来庐山，后辞还本国。佛陀跋陀罗、刘程之、张野、周续之、张全、宗炳、雷次宗以上五人，慧远门人。是也。

　　据《高僧传》所载，最初之念佛者，曰竺法旷。生年较道安稍后。传中曾载其语曰："每以法华为会三之旨，无量寿为净土之因，有众则讲，独处则诵。"据此，可为最初念佛之证。自慧远之时迄六朝之终，其间关于念佛教有名之人，曰昙摩密多。生平专习禅业，首先翻译《无量寿经》、《观经》。《高僧传》称其自罽宾来敦煌，而凉州。更自蜀至荆州，于长沙寺建禅阁。由此东赴建康，在祇洹寺译成《禅经》、《禅法要》、《普贤观》、

《虚空藏观》,教授禅道,远近皆呼为大禅师。后建上寺,禅房殿宇,层构郁尔,息心之众,万里来集。其盛可知矣。传载译《观经》者曰畺良耶舍,兼明三藏,以禅门为专业;每一禅观,七日不起。元嘉之初来建康,译《药王药上观》《无量寿观》。僧含笔受世人评之曰:"此二经,是转障之秘术,净土之洪因。"所至之处,禅学者会萃,号曰禅学群。其后就菩提流支所译之《净土论》,汲其流派,加以疏解,而有《净土论注》之流传者,曰昙鸾。当周武排佛之时,大声抗辩,吐其气焰者,曰净影寺慧远,慧光律师弟子也,著有《无量寿观无量寿》二经疏。天台智者大师智觊于四种三昧之中,明常行三昧。嘉祥大师亦有《观无量寿经》之疏。真谛之《摄大乘论》中,亦说阿弥陀佛。《起信论》中,亦明西方极乐之事。迨至陈代道绰所著《安乐集》中,载前有慧宠道场等人为念佛者,但其事迹不明耳。天台智者大师之《观无量寿经疏》,全袭慧远之说,恐系伪书。兹就阿弥陀佛言之,此佛为化身耶?抑报身耶?二说孰是,不无可疑。学者有以为化身者,因指极乐为凡圣同居之化土。然据《摄大乘论》之说,则弥陀为报身,极乐为报土,报身报土之极乐世界,凡夫不能往生,其得见报身者,厥唯初地以上之菩萨。凡夫所见之佛,唯化身耳。故极乐往生之资格,限于初地以上之菩萨;凡夫唯因念佛不退转之菩提心,渐进至于永久,始得往生。然于次生得极乐往生,尚觉不能;于是从弥陀之极乐往生,而发现一种愿乐思想,欲往生于弥勒菩萨之兜率天。此兜率天。为欲界天,吾侪欲界人类,易得往生彼地,而受弥勒菩萨之保护;以故极乐往生、兜率往生二种思想,互争优劣;嘉祥大师《观经疏》,道绰《安乐集》,俱盛言兜率上生,不如极乐往生焉。

此兜率上生之想,传入中土已久;今举所译经文与弥勒菩萨有关者,列之于下:

《弥勒下生经》一卷　　　　　　　　　　　西晋　竺法护译

《弥勒当来生经》一卷　　　　　　　　　　　西晋　失译

《弥勒作佛时事经》一卷　　　　　　　　　　东晋　失译

《弥勒来时经》一卷第三译,与罗什《弥勒下生经》同本。　东晋　失译

《弥勒下生经》一卷第四译,亦名《当下成佛经》。　姚秦　罗什译

《弥勒大成佛经》一卷第二译,与法护《弥勒成佛经》同本。　姚秦　罗什译

《弥勒下生经》一卷　　　　　　　　　　　陈　真谛译

《弥勒下生成佛经》一卷　　　　　　　　　唐　义净译

（按现存经目中,除上所列诸经外;尚有竺法护所译《弥勒成佛经》一卷;一名《弥勒当来下生经》恐上列《弥勒下生经》,非竺法护手笔,说详经末。）

《观弥勒菩萨上生兜率天经》一卷　　　　刘宋　沮渠京声译

以下所列诸经,乃同本异译者:

《大乘方等要慧经》一卷　　　　　　　　　后汉　安世高译

《弥勒菩萨所问经》一卷此译入《大宝积经》之四十一会,改名《弥勒菩萨问

八法经》。　　　　　　　　　　　　　　北魏　菩提流支译

《弥勒菩萨所问本愿经》一卷　　　　　　　西晋　竺法护译

《弥勒所问经》一卷　　　　　　　　　　　东晋　祇多密译

《弥勒菩萨所问会》一卷(《大宝积经》之四十二会)　　唐　菩提流支译

又有《弥勒为女身经》、一卷,后汉失译。《弥勒经》、一卷,西晋失译。《弥勒须何经》、一卷。《菩萨从兜率天降中阴经》等经,皆与弥勒有关,但不甚重要耳。此外《心地观经》等,各种经论中说弥勒之事甚多。兜率往生云者,为上生兜率天,而俟弥勒之下生,受其化导,以冀成佛之谓。盖弥勒菩萨,继释迦佛下生此娑婆世界,而以济度众生为事者也。愿往生兜率之人,以道安为最著名。此外僧传所载,常云称弥勒佛名,愿兜率上生者,为数亦决不少。罗什译有禅经二部,其《思惟略要法》,亦从禅观说上生弥勒兜率天之事。

以上所述兜率上生之思想,一方极盛;他方有极乐往生派,与之相持。读《安乐集》、《观经疏》,自能洞知其底蕴。此种争执,至唐玄奘时代,尚未尽息也。

第十章　天台宗之起源及其开创

　　罗什所传系统,分出二宗:曰禅宗,曰天台宗,前既言之矣。禅宗开自菩提达摩,人所共信,但禅之发达,与罗什系统,所关甚密,殆无可疑。然则达摩与禅,有何关系? 达摩之传不详,难于证明。若禅宗之传灯,为慧可、僧璨,此说全非虚伪,则达摩所传,恐与南禅有关,不过仅据二入四行之说,所关若何,未易明了。证诸史乘,达摩事迹可征信者,殆亦不外乎二入四行之说。达摩圆寂之后,百七八十年间,道宣律师编续《高僧传》时,所搜集之史料,亦仅此二入四行之说而已。此二入四行,题曰"菩提达摩略辨大乘入道四行",昙琳著有小序,载在《景德传灯录》。昙琳不详何人,因序称弟子昙琳,故知其为达摩弟子。由此观之,达摩事迹,当以道宣律师所传者为最古,道宣律师之所传,或即本诸昙琳之小序耶?《传法正宗记》辨之曰:"纵昙琳诚得于达摩,亦恐祖师当时,且随其机而方便云耳。"然据昙琳之序所称,则此二入四行,达摩传于其弟子道育、慧可,故不能谓为方便之说。其序文曰："于时有道育、慧可,此二沙门,年虽后生,俊志高远。幸逢法师,事之数载,虔恭谘启,善蒙师意。法师感其精诚,诲以真道。"并举四行之例于其次,所云二入四行之本末,可谓详矣。反之,竞传为达摩禅,实出于罗什系统者,当推保誌、傅大士,此二人在梁武帝时,唱为别调 ,殊与达摩无关;证诸此种事实,宁以南禅属于罗什系统,较为允当。

罗什所传佛教,决非如后人之所揣测,谓为偏于空宗者,于其所译《法华经》,可以知之。其所传佛教来于南方,一方以倾向于空的状况,遂成禅宗;一方以中道之旨,化成天台宗;亦决非偶然。当是时,尚无三论宗、四论宗名称,专说罗什传译之空者,则有《三论》播于南方;不仅说空而积极说明中道者,则有《大智度论》行于北方。所谓古来《四论》学者以称号,似以北方之学者为主。纵谓《三论》为禅宗,《四论》为天台宗,亦非过当。

相传慧文禅师,由《大智度论》一心中得之文,及《中论》三谛偈,悟中道之理,故慧文禅师为中国天台宗初祖。其事迹虽不详明,然罗什所传系统,与天台宗之发达,其关系之密切,于此可知矣。兹列《大智度论》第二十七卷一心中得之文于下:

问曰:"一心中得一切智,一切种智,断一切烦恼习。今云何言? 以一切智具足得一切种智;以一切种智断烦恼习。"答曰:"实一切智一时得;此中为令人信般若波罗密故,次第差别品说。"云云。

《大品般若经》文曰:"菩萨摩诃萨,欲得道慧,当习行般若波罗蜜;菩萨摩诃萨欲以道慧具足道种慧,当习行般若波罗蜜;欲以道种慧具足一切智,当习行般若波罗蜜;欲以一切智具足一切种智,当习行般若波罗蜜;欲以一切种智断烦恼习,当习行般若波罗蜜。"以上所引一心中得之文,即释此经文者也。道智道种智,差别之有也;一切智,平等之空智也;一切种智,中道之智也;此之谓三智。《大品》之说三智也;先说道种智,次说一切智,后说一切种智;但自实际言之,此三智为一心中一时所证得者;而空假中三者,乃一体圆融,原非假有之次为空,空之次为中也;然所以立此次序者,实为示般若波罗蜜之功德,以兴起信仰耳。盖假智由般若波罗蜜而生,空智由般若波罗蜜而生,中智亦由般若波罗蜜而生;实于一时之际,以一心证得一切之谓也。此文出于《大智度论》第二十七卷;《佛祖统记》谓为出于第三十卷;误矣。

上列《中论》之三谛偈:其《观四谛品》中之偈文曰:

因缘所生法,我说即是空;亦为是假名;亦是中道义。此示空假中三者圆融而为一体之文。

《大智度论》《中论》皆罗什所译,慧文由此二论,得悟三谛圆融中道之理盖无可疑。然则慧文其属于罗什系统者乎? 罗什所传之系统,有南有北,学风自异:南地所传,稍近消极;北地所传,颇觉积极。故南地所传者,为禅宗之根源;北地所传者,为天台宗之根源。天台宗虽成于南地,实始于北齐之慧文,慧文传其弟子慧思;慧思由北地巡游南地,传于天台大师,遂成天台宗,故天台宗之根源,全出于北地也。考罗什系统,最初传于南地者,当推竺道生;最初传于北地者,当推僧肇。僧肇以后,北地系统,无从寻绎,未可确言。然慧文为罗什北地系统之人,可推而知也。世称慧文无师独悟,但其事迹,后世无传,无可征耳。

荆溪大师在《止观辅行》中,解释天台大师之《摩诃止观》,述慧文北朝魏、齐间佛教状态,举之于下:

"若准九师,相承所用:第一讳明,多用七方便,恐是小乘七方便耳;自智者已前,未曾有人立于圆家七方便故。第二讳最,多用融心;性融相融,诸法无碍。第三讳嵩,多用本心;三世本无来去,真性不动。第四讳就,多用寂心。第五讳监,多用了心,能观一如。第六讳慧,多用踏心;内外中间,心不可得;泯然清净,五处止心。第七讳文,多用觉心;重观三昧,灭尽三昧,无间三昧;于一切法,心无分别。第八讳思,多用随自意安乐行。第九讳颛,用次第观,如次第禅门;用不定观,如六妙门;用圆顿观,如大止观。以此观之:虽云相承,法门改转。"云云。

以上所列第一之明师、第二之最师、《高僧传》曰:慧思禅师至鉴最。述其所证,皆蒙随喜,然则鉴最,其即此最师乎?第三之嵩师、第四之就师、第五之监师、第六之慧师,所说仅此,其传不明。第七之文师,即慧文;第八之思师,即慧思;第九之颛师,即智颛,即天台大师也。(其辅行全文,出于章安所著之《广百录》。)北朝魏齐之际,人材辈出,由此可知矣。据

《高僧传》所载,慧文弟子慧思,述其所证于鉴最,又随就师,就师又为最师弟子。因此可知诸师所生,时世相同。诸师既并世而生,当有互相师资之处。慧文由大论独悟,故自慧文、慧思以至天台,其间当有师资关系;然则慧文以前,果无师承乎? 据慧思从最师、就师之说观之,无师承之说,似未尽然,但无事实可证明耳。

慧文禅师无著述,其与慧思之关系,传记亦所不载。章安等章安为天台大师弟子,《天台大师别传》曾载此语。《摩诃止观》亦言及之。谓一心三观说(天台宗之特色)自慧思传于天台大师,若以此言为正,则慧思传自慧文,与慧文由《大论》独悟之说,似非全属无稽。天台之真俗中三谛说,即《三论》之真俗二谛说,而从俗有真空,更进说非有非空之中道耳。现象世界差别之相,森然常存者,曰俗谛有;自实在言之,则离开差别之妄计,当体即空,故曰真谛空。以真俗二谛非有非空之义言之,即《大智度论》《法华经》所言中道一乘之理;从罗什系统发挥之,遂产出三谛圆融之说,无足异也。若承认真俗二谛不离之关系,则中道思想,自然涌出,故《中论》之三谛偈,启其端绪,自属当然。然则慧文、慧思等,自罗什系统,创出三谛圆融之说,为天台宗之根源,可不辨自明矣。世亲系统,非不说真俗二谛。然大概说俗谛空,真谛有。俗谛从妄想所计,不得不以为空;真谛从实在而言,不得不以为有。立论方式,视龙树系统所向为左右,天台宗出自罗什系统,故取真空俗有之义。

慧思,俗姓李氏,武津人。北人也。按其《立誓愿文》,十五岁出家,二十岁时,大有所感。历访齐高齐之诸大禅师,专务修禅。三十四岁,在河南兖州,几为恶比丘所毒杀,垂死复生。三十九岁,在淮南郢州,被恶僧饮以毒药。四十岁,梁简文帝大宝元年赴光州,居大苏山。四十二岁,三度遇险,几为恶论师所害。翌年,为定州之反对僧侣所苦,几至绝食。五十四岁,陈光大二年六月。率弟子四十余人往南岳,居之十年。六十四岁,大建六年。圆寂。因其曾居南岳也,故世称南岳禅师。

南岳禅师之书,今存三部:曰《大乘止观法门》,二卷。曰《法华经安乐行义》,一卷。曰《诸法无诤三昧法门》。二卷。《大乘止观法门》较诸其余二种,部帙稍多,行文立论,俱极优美。揆诸实际,似解释《起信论》者,以阿梨耶识为中心,论觉不觉之关系,熏习、三性三无性、止观之区别关系,乃综合《天台》教观,与《起信》之说而成者。此书是否出于南岳禅师之手,殊未敢必。盖译《起信论》者,真谛也,与南岳禅师为同时人。南岳禅师此时已见《起信》论,而造此释论,终属可疑。此书非南岳禅师所著,先辈已有言之者。然断此书为《起信论释论》,其说恐出于唐末。证真之《玄义私记》,普寂之《四教仪集注诠要》,于是书咸怀疑焉。此书之外,其著述尚存者,《立誓愿文》也。世称《南岳禅师发愿文》立誓愿文中,所谓"我为是等及一切众生,誓造金字摩诃衍般若波罗蜜一部";所谓"我当十方六道,普现无量色身,不计劫数,至成菩提;当为十方一切众生,讲说般若波罗蜜";所谓"愿一切十方国土、若有四众比丘、比丘尼,及余智者,受持读诵摩诃般若波罗蜜经,若在山林旷野静处,城邑聚落,为诸大众敷扬解说"云云。于般若波罗蜜,三致意焉。据上所言,南岳大师,似首崇般若诸经者。然就《安乐行义》言之,又以《法华经》为重,其说曰:

修法华三昧,而得六根净,当具足四种之妙安乐行。四种安乐行云者,正慧离著安乐行,一也;无轻赞毁安乐行,或名转诸声闻令得佛智安乐行,二也;无恼平等安乐行,或名敬善智识安乐行,三也;慈悲接引安乐行,或名梦中具足成就神通智慧佛道涅槃安乐行,四也。其在《法华文句》,则称身口意誓愿之四安乐行;即第一身、第二口、第三意、第四誓愿是也,此即四安乐行之说明也。安乐行义非全书,现所存者,后半想已亡佚矣。又说明《法华经》莲华之譬喻曰:

诸水陆华,一华成一果者甚少,堕落不成者甚多,狂华无果可说;一华成一果者,发声闻心,即有声闻果;发缘觉心,有缘觉果;不得名菩萨佛果;复次:钝根菩萨修对治行,次第入道,登初一地,是时不得名为法云地;地地别修,证非一时,是故不名一华成众果;法华菩萨即不如此,一心一学,众果普备;一时具足,非次第入;亦如莲华一华成众果,一时具足;是名一乘众生之义。

观此,则南岳禅师,对于《法华经》之思想,可以知矣。然此种思想,乃罗什派所传之思想,决非南岳禅师所发明之新见解。罗什弟子中,有以"适化为本应务之门"八字称般若者,谓之方便教;而独以《法华》为一乘者,即继承罗什之思想者也。此事已述于第六章。由此观之,《般若》、《法华》,南岳禅师亦未严立区别,乃继承四论派之系统,立于空与中道之间,而调和之者也。其解释《安乐行》之字义曰:"一切法中,心不动,故曰安;于一切法中,无受阴,故曰乐;自利利他,故曰行。"即谓一切诸法皆空，凡苦乐之法，以及不苦不乐，无论何物，俱不能动其心，是为安乐；自证此安乐，兼使人证之，是为行。

左列诸语，乃示空、中二论未分之思想也，曰：

又复于法无所行者于五阴、十八界、十二因缘中，诸烦恼法，毕竟空故，无心无处；复于禅定解脱法中，无智无心，亦无所行。而观诸法如实相者，五阴、十八界、十二因缘，皆是真如实性。无本末，无生灭，无烦恼，无解脱，亦不行不分别者，生死涅槃，无一无异，凡夫及佛，无二法界。故不可分别，亦不见不二；故言不行不分别，云云。字傍点之记号，乃其解释语，俾读者易于明了也。

然南岳禅师以禅为根本，其治《法华经》也，亦依之修法华三昧，即法华禅也。其行分二种：曰无相行，曰有相行。有相行，即一心读诵《法华经》之谓，此为不由禅定三昧之法；无相行，即行、住、坐、卧、饮食、言语，时常在定之谓，即禅定也。所谓"一切诸法中，心想寂灭，毕竟不生，"即此也，故谓之曰无心想。明乎此理，得四安乐行，得六根净，所谓"菩萨学法华，具足二种行：一者无相行，二者有相行；无相四安乐，甚深妙禅定；观察六情根，诸法本来净"，即此也。又谓"有人求道。受持法华；读诵修行，观法性空；知十八界无所有性，得深禅定；具足四种妙安乐行，得六神通，父母所生清净常眼"，即《法华经》中特尊安乐行品，实以禅定为主，所谓"勤修禅定者，如安乐行品初说"，即此意也。南岳禅师所著之书,以《诸法无诤三昧法门》,专于说禅。如曰:"夫欲学一切佛法,先持净戒,勤禅定,得一切佛法诸三昧门,百人三昧,五百陀罗尼及诸解脱;大慈大悲,一切种智;五眼,六神通,三明,八解脱,十力,四无畏,十八不共法,三十二相,八十种好,六波罗蜜,三十七品,四弘大誓愿,四无量心,如意神通,四摄法,如是无量佛法功德,一切皆从禅生。"凡此种种,皆禅之异名。盖禅之功用,变化不居:曰四弘誓愿,曰四无量心,曰六波罗蜜,皆以禅为根本,一切佛法,不过论禅之功用而已。由上说观之,南岳禅师教义之大要,可概见矣。约言之,南岳禅师承罗什系统,酌北地四论之流,自开一宗,揆诸实际,固以禅观为其根本者也。

南岳禅师以前,佛经中之杰出者,当推《法华经》,其时一心三观说,尚未显著也。三谛圆融之谈,有谓出自慧文者,南岳禅师之书,亦未经道及。此等思想,至天台智者大师,始见明确。一般学者,均信一念三千之说,创自天台大师;一心三观之说,乃天台大师传自南岳禅师,而继承其说者。然研究此等教理发达之关系,仅凭现有诸书,恐未易判明也。

天台宗之集大成者,天台大师智顗也。居天台山之国清寺,世称天台大师,或谓隋晋王广所给之称号,亦名智者大师。十八岁出家,二十三岁在光州大苏山,为慧思即南岳禅师弟子。慧思赴南岳时,智顗分道往金陵,建康。居瓦官寺,传禅。当是时,金陵高僧,多被屈服。居瓦官寺凡八年,三十八岁始入天台山。翌年,即至德二年,适陈后主从弟永阳王伯智为东阳浙江金华刺史,招之,乃应其请,往授净戒禅观。后因后主之恳请，复自东阳至建康，居灵曜寺，说大教于宫中。以灵曜寺狭隘，移居光宅寺。祯明三年，隋兵灭陈，智顗避乱，巡游荆湘。缅慧远遗风，居于庐山。隋秦王杨俊。镇扬州，招之，以道梗，不果往。及晋王名广后为炀帝。代为扬州总管，开皇十一年，招往扬州。翌年，再赴庐山，更至南岳衡山，访其师慧思之迹。是年返其故乡荆州，建玉泉寺，修复十住寺。开皇十五年，晋王自长安还，智顗亦往扬州，居禅众寺。是年，又赴天台山。十一月圆寂，寿六十。其书今存者如下：

《法华玄义》（二十卷）
《法华文句》（二十卷）　此名天台三大部。
《摩诃止观》（二十卷）

《观音玄义》（二卷）
《观音义疏》（二卷）
　以《观经疏》加之，世称五小部。
《金光明玄义》（二卷）
《金光明文句》（六卷）

《禅波罗蜜》（一卷）　前谓智顗说三种止观：即一曰《摩诃止观》之圆顿止观，
　　　　　　　　　　二曰《禅波罗蜜》之渐次止观，三曰《六妙法门》之不定止
《六妙法门》（一卷）　观是也。

除以上诸书外，今存者，则有《请观音经疏》（一卷）、《金刚般若经疏》（一卷）、《仁王般若经疏》（五卷）、《维摩经玄疏》（六卷、即《净名玄疏》）、《维摩经疏》（二十八卷）、《维摩经三观玄义》（二卷）、《阿弥陀经义记》（一卷）、《菩萨戒经义疏》（一卷）、《法界次第初门》（六卷）、《四教义》

（十二卷）、《四念处》（四卷）、《观心论》（一卷）、《净土十疑论》（一卷）；此外尚有三四部。但上列诸书，非尽出于智𫖮之手。主要之三大部，固可勿论。如五小部中，除《观经疏》外，其余四部，《观经疏》之为伪书前已述之矣。悉为弟子灌顶章安所记，盖灌顶尝侍智𫖮左右，闻其讲释而笔录之者也。《六妙法门》，乃智𫖮应陈尚书令毛喜之请而作；《维摩经疏》，乃智𫖮为炀帝而作；此书通称《维摩广疏》，一名《净名大疏》，后荆溪节略之为十卷称之曰《略疏》。《法界次第》，亦传为智𫖮所亲撰；《佛祖统记》称《觉意三昧》（一卷）、《方等三昧仪》（一卷）、《法华三昧仪》（一卷）、《小止观》（一卷），皆智𫖮所亲撰；但前二书，亦传为灌顶所记；又《佛祖统记》尚载有十七部四十一卷之阙本。

天台大师弟子颇多，传法者三十二人得法自行之者约千人。上首弟子，当推章安大师灌顶为第一。灌顶为开创天台宗重要人物，其师所著之书，借其力以成者，居太半焉。灌顶所自著者，则有《大般涅槃经玄义》（二卷）、《大般涅槃经疏》（三十三卷）、《观心论疏》（五卷）、《天台八教大意》（一卷）等书。且撰《天台大师别传》，又纂辑天台大师往来文件，名曰《国清百录》（四卷）。此外尚有《广百录》，今佚。

天台宗之教义，简单言之，即三谛圆融、一念三千之谓。其精奥处，则在荟萃自来学者之说，加以判释，使此道理，充实弥满。此实天台大师为后世崇仰之特点也。三谛圆融之说，为慧文、慧思之所传，前已言之矣。试更言其义：一切之现象，自一方面见之，则为平等；自一方面见之，则有差别。平等曰空，自其差别之处见之，则曰假。假即差别的存在之条件,此存在之意,非实有实在之谓,乃假有假在之谓也。此空与假,在万有之二方面,毕竟不离,言空言假,所观不同。言空,则所谓假者,即含于里面;言假,则假之外,别无所谓空;空即假,假即空,不可偏于空,不可偏于假,名之曰中道。中道,即中之谓,所谓但中,非天台圆教之中道。空之外,假之外,别无中道;空也,假也,中也,毕竟为一体;三即一,一即三,呼之曰三谛圆融。彻见空之智慧,即一切智;假智,即道种智;中智,即一切种智;三谛圆融,即三智圆融。因此之故,迷于空谛而不能见者,曰见思之惑;迷于假谛而不能见者,曰尘沙之惑,不能见中道者,曰无明之惑;此三惑,非可一一断之,即从三谛圆融,顿断三惑,而三智之妙理,一时获得矣。

一念三千之观法,创自天台大师,然亦不外三谛圆融之理。一念三千云者,即一念具足三千诸法之谓;三千云者,即包罗一切之谓;以包罗一切,解释三千,其理究何在耶?盖世界先有动物状况之有情物,及其相反之非情物。此有情、非情之物,何由造之?曰物与心是。此物与心,佛教谓之五蕴。故分世界为三大部分:曰国土世间;非情物。曰众生世间;有情物。曰五蕴世间;物心。一切万物,悉备于此矣。然则此三世间之组合若何?曰:此三世间具有十种之区别,所谓地狱、饿鬼、畜生、修罗、人间、天上、声闻、缘觉、菩萨、佛是也。此十种区别,谓之十界。此十界消息相通,殊无畛域。何以言之?地狱虽为饿鬼性,上之可为佛性,毕竟地狱具有其他九界,非终限于地狱一界,其他九界,亦同此理。故谓之十界互具,一界即具十界,十界即为百界,故称一界曰十如是。地狱界所具之十如是：曰地狱之性；性质。曰地狱之相；状貌。曰相性合成之体；曰由体所生之力；作用。曰由用所作之业；其招地狱之果报者，曰因；曰缘；由因缘而入地狱者，曰果；曰报；凡此种种，合而为一，具于一界者，曰本末究竟。十界悉具此性、相、体、力、作、因、缘、果、报、本末究竟等十如是，故具于百界之如是，成千如是。此千如是，具于十界；此十界，即由三世间组合而成。故十界为三十界，三十界为三百界，三百界各具十如是，则成三千之数。此三千世界中，含有地狱饿鬼至佛各世界，且含有性质作用有情非情物心等。盖此一切万物，固未尝或离，乃糅为一体，而互相熔融无碍者也。此三千诸法，即空、假、中之谓，三谛圆融，故三千无碍。空即三千，三千即空，假、中之理亦同。此三千诸法，皆浑然具足于吾人之妄念中，此一念妄心外，别无所谓三千诸法，故名之曰一念三千。

　　天台大师之立此说，实以《法华经》为根据。其所以使《法华经》位置增高者，可由其判教而知之。盖大师判佛一代之教，分为方法、内容二大部分：其方法名为化仪，内容即化法也。今图示天台判释之大要如下：

华严鹿苑等谓之五时,即由时间而举佛说教之次序者也。此次序与上之方法一致,唯秘密与不定二方法,华严、鹿苑、方等、般若均有之,故可谓之通。秘密云者,虽同在说法座,听闻者互不相知之谓;不定云者,同听异闻,同一说法,甲闻之以为大乘,乙闻之以为小乘。所闻之法既异,得益亦随之而异。秘密教云者,详言之,即秘密不定教;不定教云者,即显露不定教。不定虽两方所同,但前为秘密,后非秘密,有差异耳。因此之故,五时之性质,分为兼、但、对、带四者,更就此四者,分教之内容:为藏、通、别、圆四教。藏教,即小乘教;通教,即由小乘入大乘初门之教;别教,即纯大乘教;圆教,乃大乘之极致也。然就五时之说法参考之,《华严经》非真圆教,兼说别教,故名兼。《阿含经》属于单纯小乘,故名但。方等由小乘入大乘,与藏、通、别、圆,比较对说,故名对。般若诸经,以圆教为主,而又不脱通别二教,尝带说之,故名带。其中唯方等含有多经,殊难指定,如《维摩》、《思益》、《大日》、《无量寿》诸经,咸包罗之。盖方等云者,实含有彼此广说之义也。

就上说观之,天台大师之崇尚《法华经》,过于他经,不辨自明。

但此判教之思想,决非天台一人之所创,乃荟萃前贤学说而成者也。盖天台以前学者,判教之说甚多:慧远《大乘义章》略出三家;嘉祥大师《大乘玄论》、《法华玄论》举四说;天台《法华玄义》举十人而列其说,谓之南三北七。南地三人,北地七人。兹将南三北七之大略示之于下:其最初即

岌师 {
　　顿　教——华严经专化菩萨如日照高山
　　渐　教 {
　　　　有相教——小乘三藏教三十二年前明三藏见有得道
　　　　无相教——大乘教十二年后齐至法华明见空得道
　　　　常往教——涅槃经明一切众生有佛性阐提可作佛
　　}
　　不定教——胜鬘经等非顿非渐明佛性常住
}

二者为宗爱法师说，其顿、渐、不定三教，与岌师同，唯以有相、无相、同归，《法华经》。常住四教为渐教，稍有差异而已。梁三大法师中，僧旻庄严寺。等所采之说亦同三者。僧柔、慧次所说顿、渐、不定虽同，而以有相、无相、抑扬、详言之，则为褒贬抑扬教，抑小乘，扬大乘，使人之为中间之教，如《维摩诘经》是。同归、常住五教为渐教。慧观、道场寺。法云、光宅寺。智藏开善寺。等亦同此说。以上所举者，即南三之说也。

北七中：第一北地师 不举其人之名，南朝萧齐之刘虬，与此说同。虬即注《法华》《华严》二经有名之居士也。之五时教，与前诸说相似。唯以人天、有相、无相、同归、常住五教为渐教。第二北魏菩提流支分十二年前为半字教；十二年后为满字教。其区别小乘大乘，最为简单。第三即光统律师之四宗判教。此说在北方学者中，最堪注目：

光统 {
　　因缘宗说一切现象为因缘假和合 ⋯⋯⋯⋯⋯⋯⋯⋯⋯ 毗昙论六因四缘
　　假名宗说一切现象仅属假名而无实际 ⋯⋯⋯⋯⋯⋯⋯ 成实论　三假
　　诳相宗说一切现象为不真诳相即说空之教也 ⋯⋯⋯⋯ 大论三论
　　常　宗佛性常住湛然不变而存在于众生之中其说乃佛教之极致也
　　　　⋯⋯⋯⋯⋯⋯⋯⋯⋯⋯⋯⋯⋯⋯⋯⋯⋯⋯⋯⋯⋯ 涅槃华严
}

第四某学者《玄义》亦不举其名，乃护身寺自轨也。于光统四教之上，别加第五法界宗，《华严经》仅以《涅槃》属常宗，而置《华严》于《涅槃》之上。第五耆阇寺法凛加真宗《法华》。圆宗《华严》 于四宗之上,分为六宗。第六北地禅师明二种大乘教,分为有相大乘、如《华严》、《璎络》、《大品》等,即说十地之阶级者。无相大乘。如《楞伽》、《思益》等,所谓一切众生即涅槃相,即说无阶级者。第七北地禅师,排斥四宗五宗六宗二相半满等教,惟说一音教。但有一佛乘,无二亦无三,故佛说法本来为一,无有种种区别;唯闻者异解,遂生种种区别之说。以上所举,即北七之大略也。

又贤首大师《五教章》举十家之说。与《探玄记》所举十家,大同小异。第一,菩提流支之一音教。第二,慧诞隋县延弟子。二教,乃据《楞伽经》而立渐顿二教也。但此说不创自慧诞,而始自县无谶三藏、真谛三藏二师,净影寺慧远亦主此说。《探玄记》以为真谛之二教。渐教,指自小乘导入大乘之经典而言,《法华经》等属之;如《华严经》等,仅说大乘,则为顿教。第三,为光统之三教,即顿、渐、圆三教。此三教命名之意,各有不同:顿、渐二教之名,就佛说上而分;圆教之名,自教之性质上而立。兹列图于下,以解释此三教:

$$
\begin{array}{l}
\text{化仪} \left\{\begin{array}{l} \text{渐教} \\ \text{顿教} \end{array}\right. \\
\text{化法——圆教}
\end{array} \right\} \text{华严经(贤首探玄记述光统之说以华严经为圆顿教)}
$$

观此,则光统律师有三教四宗之判释说,可以明矣。第四,为大衍寺县隐之四宗。县隐乃光统弟子,故其说略与师同,四宗指因缘、假名、不真、真四者而言。光统以此不真宗为诳相宗,真宗为常宗,与县隐说相同。第五,为护身寺自轨齐人。之五教。前述。第六,为耆阇寺法凛之六教。

前述。第七,为天台之四教。贤首特就化法四教述之,即藏、通、圆、别是也。第八,为静林寺法敏之二教。唐法敏太宗贞观年间人,时代较后于天台。立释迦教、卢舍那教之区别:三乘教名释迦教,亦名屈曲教。一乘教名卢舍那教。第九,为光宅之四教,即法云说。法云据道场寺慧观之说,立顿、渐二教;渐教立五种区别。一方又说可合三乘,声闻、缘觉、菩萨。与一乘为四种教,今称为四乘教之判别者。第十,为玄奘之三轮,即有、空、中三教。但此为天台后辈,故与天台大师无涉。以上十人,唯法敏、玄奘二人,在天台大师后。

　　判释说:天台以前,学说虽多,而顿、渐、不定三种之区别则同,此属于化教之区别,因成时间之顺序。至顿教为《华严经》,渐教极致为《涅槃经》,诸说亦同;唯渐教中,有分三时者,有分四时五时者。其五时说,出于罗什门下慧观,南三说,中僧柔慧次之说出此。乃综合三时四时等说,成一家言。其顺序与天台五时说,大体一致。差异之处:即慧观分有相、无相、抑扬;天台则分鹿苑、有相。方等、抑扬。般若,无相。而以抑扬教为方等之宽广名称,凡《般若》《法华》《涅槃》以外诸经,胥纳入其中,名曰弹呵之教,解释之意,殆同抑扬,各种经典,前人置于不定教中者,悉加入此部。但不定教,不入于顿教、渐教,非指特别说教而言,殆为一般说教之普通情形。因佛之方法,不可思议,以致众生听闻之结果,各就相异之处,以为解释;故不定有秘密不定、显露不定二种之分。又慧观以《涅槃经》为渐教极致,此说亦不仅出自慧观,证诸天台所举,则岌师、宗爱、僧旻、北地一师、光统诸说,皆相同也。于是天台定《涅槃经》为追说追泯之经,乃由小乘入大乘之全体,为佛临终所反复叮咛者,追说。更泯此等之说,悉入《法华》一乘,即定为与《法华》同味之教者也。观此则天台之化仪,乃依据慧观、光宅二家,一变而为此说者也。

其教由性质上区别之:则始自光统四教,而后有自轨五教,法凛六教。但天台之四教应参合此等之说与慧观之说,而考核之,慧观为三乘与一乘之区别,法云之四乘教,恐亦本于慧观。而以三乘为三乘别教、有相教。三乘通教。无相教。天台由大乘教而来,故设大乘通教、大乘别教,而立藏、通、别之区别,更综合《法华》、《涅槃》于其上,设为圆教。此藏、通、别、圆之次序,似与光统之因缘、假名、诳相、常宗相通。由是观之,天台因光宅说,斟酌他说,设化仪、化法二大区别,信可谓诸家判释说之集大成者也。

天台宗确从研究《涅槃经》,受绝大之影响,其源委有足述焉。《涅槃经》自昙无谶译后,由北南传,经慧严、慧观修正,遂成《南本涅槃经》。其时竺道生于庐山盛说《涅槃经》,南方研究《涅槃经》之系统始此。法瑗,慧观弟子也,后亦入庐山,曾为宋文帝说道生顿悟成佛之义,其说恐传自慧观。僧宗,法瑗弟子也,为当时涅槃学者之所宗。梁三大法师中法云、僧旻所得涅槃之义,皆传自僧宗。其分渐、顿、不定三教也,于渐教之中,以涅槃常住教为极致之判教说,恐亦出自慧观,经僧宗之传,而稍加变更者也。法云居庄严寺时,受僧成、玄趣、宝亮之教,僧达与之同居,常赞美之。僧柔在道林寺发讲时,云尝就之咨决累日,词旨激扬,众所叹异。或谓其得教于慧次,然则法云受上列诸人影响,决无可疑。

《法华文句》谓法云曾受教于僧印,(建康中兴寺)僧印固从昙度学《三论》,为庐山法华学者,尝受《法华》于慧观者也。僧旻初为僧回弟子,后师庄严寺昙景,亦受僧柔、慧次、僧达、宝亮之教。智藏尝从上定林寺僧远、僧祐、天安寺弘宗学,后闻次、柔二师之说。此诸师事迹,传记不详,其可考者,仅宝亮、僧柔、慧次三人而已。宝亮,即梁武帝天监八年受敕书《涅槃经义疏》者;僧柔,尝受教于慧基(祇洹寺慧义弟子);慧次,为徐州法迁弟子;慧义本北人,宋永初元年范泰建祇洹寺于建康时,迎来居之,时人以义比舍利弗,范泰为须达,晚年与罗什弟子慧叡,同住于乌衣寺,慧次之师法迁,僧传不明其系统。共主讲《三论》、《成实》,其判教论,皆以《涅槃经》为渐教之极致者也。盖以上师资,大率习《法华》者。宝亮讲《法华》,将及十遍;僧印虽学涉众典,而偏以《法华》著名,讲《法华》凡二百五十二遍。又由此等系统,出三大法师,皆视《涅槃》在《法华》上。此乃天台大师以前,多数学者之思想也。僧宗时有昙准者,为北方涅槃学者,闻僧宗达《涅槃经》旨,南来听讲,意见有相歧处,遂别开一派讲说,此为北方《涅槃》学者之所宗也。《高僧传》所载"南北情异,思不相参,准乃别更讲说,多为北土所师",即指此也。但北方《涅槃》学者系统,今尚难知,唯北七中多有以《涅槃》为渐教最上说者,已于前述判释时言之矣。

《涅槃经》著述最古者,当推道生《涅槃记》,慧静《涅槃略记》次之。慧静为北方学者,《高僧传》谓"其说多流传北地,不甚过江"。与之同时有法珍,由北南来,应吴兴沈演之请,赴武康小山寺,居十九年;奉敕来建康,与道生弟子道猷,同住新安寺。亦著《涅槃经疏》。此外尚有僧镜《泥洹义疏》,宝亮《涅槃义疏》,后代无一存者。

后之《涅槃》学者,当以隋之昙延为最知名,其门下如林。此外学者及此种著述尚多,以其繁而略之。其在天台大师以前之书,以净影寺慧远《涅槃经义记》,二十卷。为最有名,余多后于天台。天台宗开后,《涅槃经》之研究,移于天台宗学者之手,从来以《涅槃》为常住教,位置在同归教《法华》上者,其议论渐衰微矣。

第十一章　嘉祥之三论宗

　　嘉祥大师名吉藏,倡三论宗,与天台智者同时,年辈稍后。其力量虽在天台之下,然世常以天台、嘉祥并称,而分中国佛教史为二大区划:曰天台、嘉祥以前之佛教;天台、嘉祥以后之佛教。嘉祥自称继承罗什正统,但罗什非如嘉祥三论宗专务说空,而嘉祥立论,每趋重于空之方面,故决其非罗什正统。仅可谓罗什教义南来之后,自成一派,借嘉祥而集大成者也。历来相传嘉祥之说为罗什正统,呼罗什为三论之祖,决非确论。盖禅与三论间,有极相似之处,因其同属罗什系统,而成于南地故也。

　　学者有分三论为古三论、新三论者,而以嘉祥以后者为新三论,嘉祥以前为古三论。古三论若将罗什、道生除外,则以此二人非三论空宗人。古三论之教义,颇难索解。盖系统者,自来学者所传而成,若传记不详其姓氏,著述又多阙略,尚何系统之足云。相传三论宗,经罗什、道生传至昙济。《高僧传》仅载昙济著《七宗(或家)论》,其书今亦不存。

或谓道朗为昙济弟子,朗之事迹亦无传。但《大乘玄论》卷一二谛义所载,有足据者。文曰:

> 摄山高丽朗大师,本是辽东城人;从北土远习罗什师义,来入南土,住钟山草堂寺。值隐士周颙,周颙因就师学。次梁武帝敬信三宝,闻大师来,遣僧正智寂等十师,往山受学。梁武天子得师意,舍本成论,依大乘作章疏。

《玄义释签》所载亦同。其文曰:

> 自宋朝已来,三论相承;其师非一,并禀罗什。但年代淹久,文疏零落。至齐朝已来,玄纲殆绝。江南盛弘《成实》;河北偏尚《毗昙》。于时高丽朗公,自齐建武来至江南;难成实师,结舌无对;因兹朗公,自弘《三论》。至梁武帝敕十人止观诠等,令学《三论》;九人但为儿戏,唯止观诠,习学成就;诠有学士四人入室。时人语曰:兴皇伏虎朗,栖霞得意布;长干领悟辩;禅众文章勇;故知南宗初弘《成实》,后尚《三论》。

观此,则南方研究《三论》者,一时为《成实论》所掩。至梁武时,高丽道朗来,而再兴焉。高丽者指今满洲辽东地方。嘉祥大师系统实始此。

梁武所遣僧正以下十人,就学于道朗者,惟僧诠得传其教。《高僧传》载其崖略:初诠为北方学者之宗,后往南方,止闲居寺。晚憩虎丘山。平昌孟颢,于余杭建立方显寺,请诠居之,率众勤禅,遂致失明,而讲授不废。终于临安董某家。相传僧诠曾居摄山止观寺,故称止观之诠。诠之学问,无由得知。其弟子法朗;法朗弟子,即吉藏也。今据《高僧传》,列其系统之重要人于下:

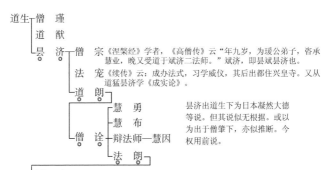

道生—僧瑾
　　　道猷
　　　昙济—僧宗《涅槃经》学者,《高僧传》云"年九岁,为瑗公弟子,咨承慧业,晚又受道于斌济二师。"斌济,即昙斌昙济也。
　　　　　法宠《续传》云:成办法式,习学威仪,其后出都住兴皇寺。又从道猛昙济学《成实论》。
　　　　　道朗
　　　　　　　慧勇
　　　　　　　慧布
　　　　　僧诠—辩法师—慧因
　　　　　　　法朗

> 昙济出道生下为日本凝然大德等说。但其说似无根据。或以为出于僧肇下,亦似推断。今权用前说。

罗　云居荆州上东明寺,盛讲《三论》。终于隋大业十二年。
法　安号称三绝,形长八尺,风仪挺特,一也;解义穷深,二也;精进洁己,三也。终于等界寺。入室弟子十人。
慧　哲居龙泉寺。传灯者慧诚法粲智嵩法同慧璿慧楞慧响等五十余人。终于隋开皇十一年。
法　澄向住江东开善寺。奉召入京,居日严寺。
道　庄居日严寺。终于大业初。
智　炬由建初寺移居慧日道场,转日严寺。终于大业二年。《续高僧传》称之曰"时有同师沙门吉藏,学本兴皇,威名相架;文藻横逸,炬实过之"。
慧　觉居栖霞寺。曾受慧布之教,入慧日永福诸大寺。又住白塔寺。智果,其门人也。
小　明《义褒传》载初从苏州永定寺小明法师,禀学《华严大品》,即陈兴皇朗公之后嗣也。专经强对,亦当时之僧杰。义褒明法师《法敏传》载:"入荆州茅山,听明法师《三论》。明法师,即兴皇遗属也。"

智　锴
吉　藏
　　　法　敏住越州静林寺。终于贞观十九年。
　　　慧　稜与慧嵩入蜀,同受罪。终于贞观十四年。
　　　慧　嵩弘教蜀也。一时被诬,谓其结徒有异志,将被罪;后还安州。终于贞观七年。
　　　慧　璿居襄州光福寺。终于贞观二十三年。

僧诠弟子，称高足者四人：慧勇、慧布、辩法师、法朗是也。慧勇居扬都扬州大禅众寺，慧布居摄山栖霞寺，辩法师居长干寺，法朗居兴皇寺，时称"诠公四友"，有"四句朗、领悟辩、文章勇、得意布"之称。此《续高僧传》所载，与《释签》所载稍异，当以此文为可信。即法朗长于立四句分别之论理，辩法师长于舌辩，慧勇长于文章，慧布能得师意之谓也。语云："布称得意，最为高也。"布之称豪可知矣。此四人中，辩、朗意见稍异。朗弟子号称极盛，称朗门二十五哲。今兹所举，仅著名者。中有明法师，其事迹不明，然为最重要之人。爰据《续高僧传》，列其逸事于下：节录《法敏传》。

初朗公将化，通召门人，言在后事，令自举处，皆不中意。以所举者，并门学有声，言令自属。朗曰：如吾所举，乃明公乎？徒侣将千，名明非一。皆曰：义旨所拟，未知何者明耶？朗曰：吾座之东，柱下明也。明居此席，不移八载，口无谈述，身无妄涉，众目痴明。既有此告，莫不回惑，私议，法师他力扶矣。朗曰：吾举明公，必骇众意。法教无私，不容瑕隐。命就法座，对众叙之。明性谦退，泣涕固让。朗曰：明公来，吾意决矣。为静众口，聊举其致。命少年捧就传座。告曰：大众听，今问论中十科深义。初未尝言，而明已解，一一叙之；既叙之后，大众惬伏，皆惭谢于轻蔑矣。即日辞朗，领门人入茅山，终身不出，常弘此论。故兴皇之宗，或举山门之致者是也。

　　观此，可知明法师，确在法朗入火之际，嗣其大德。然性质谦让，不沾名于世，人罕有知者。其门多俊才，自成兴皇门下一派焉。《续高僧传》以道朗、法朗非一人。据《罗云传》"会扬都道朗，盛业兴皇，乃倾首法筵云"，罗云为法朗弟子，则道朗应作法朗。据《吉藏传》谅（藏父道谅）恒将藏听兴皇寺道朗法师讲，随闻领解，悟若天真，年至七岁，投朗出家。则兴皇寺道朗即法朗，而非僧诠之师道朗。盖吉藏七龄时，法朗四十九岁，其师僧诠之师道朗早逝。道朗似梁武帝初时人，亦似未曾居兴皇寺。法朗，俗姓周氏。徐州沛郡人。祖奉叔，官齐给事黄门侍郎青州刺史。父梁员外散骑常侍沛郡太守。名神归，梁大通二年，出家青州，游学扬都，就大明寺宝誌禅师受诸禅法。此《三论宗》与《禅宗》关系密切之一证。朗曾研究《律》、《成实》、《毗昙》等；后就止观寺僧诠学《智度中百十二门》诸论，暨《华严大品》等经，以此得传龙树教风。陈永定二年，敕至建康兴皇寺，弘其宗派。其言论多前人所未发，语曰："往哲所未谈，后进所损略。朗皆指摘义理，征发词致。故能言气挺畅，清穆易晓，常众千余，福慧弥广，所以听侣云会，挥汗屈膝，法衣千领，积散恒结。"其盛可窥见一斑矣。入寂于太建十三年九月，寿七十五岁。

　　吉藏，先祖安息人，故俗姓安。祖父来华，先居南方交、广间，后至建康，生藏。年在孩童，父引之谒真谛三藏请名，遂名吉藏。父极信佛，出家名道谅。常携子吉藏，往听法朗讲。藏七岁遂投朗出家。此时尚在法朗住兴皇寺之前；《续高僧传》载"谅恒将藏听兴皇寺道朗法师讲"。然朗于此时尚未来兴皇寺，因后住兴皇，单称朗为兴皇，又谓兴皇寺之法朗。陈亡，隋兵攻建康,藏避往东方越州嘉祥寺;盛说教,著书。其重要著述,皆成于此寺中,遂呼为嘉祥大师云。隋文帝开皇末,置四道场。隋时呼寺为道场。藏负盛名,召居扬都慧日道场,又转居洛阳日严寺。唐时高祖,亦加以优礼。因发愿居实际、定水二寺,故来往其间,并应齐王元吉之请,转居延兴寺。入寂于武德六年,寿七十有五。其重要著述如下:

《华严经游意》一卷

《弥勒经游意》一卷

《金光明最胜王经疏》一卷

《大无量寿经义疏》一卷

《大品般若经疏》十卷

《大品般若经游意》一卷

《仁王般若经疏》二卷

《法华经义疏》十三卷

《法华经游意》二卷

《法华经统略》六卷

《法华经玄论》十卷

《法华论疏》三卷

《涅槃经游意》一卷

《中论疏》二十卷

《百论疏》九卷

《十二门论疏》六卷

《三论玄义》一卷

《大乘玄论》五卷

《三论略章》一卷

《二谛章》三卷

《二谛义》二卷

　　《诸宗章疏录》所列目录有四十余部，惟其中颇多散佚，今据《藏经书院续藏目录》，现存者仅有二十一部九十六卷，即上所列者。

　　天台与嘉祥并称。天台大师，既称为天台宗之集大成者；嘉祥大师，著述闳富，亦可与天台媲美，称为《三论》宗之集大成者。

　　与嘉祥同时者，高丽之实法师也，传记不详，大概与吉藏为同门。慧持、法敏，亦为实法师弟子，而受其教。又高丽之印法师（恐系实法师弟子），于开皇之始，入蜀讲《三论》，有弟子曰灵睿。睿于慧嵩（明法师弟子）来蜀时，亦列其讲席，盛弘《三论》于西方，与《成实》学者争衡。此外研究《三论》学者，尚不乏人，兹略之。

　　嘉祥弟子，慧远最贤。《续高僧传》称"慧远依承侍奉，俊悟当时，敷传法化，光嗣余景；末投迹于蓝田之悟真寺。时讲京邑，呕动众心。人世即目，故不广叙"。传既从略，故慧远事迹，后世不知其详。嘉祥门下尚有智凯、智命。日本凝然大德之《内典尘露章》，于智凯、智命、慧远外，尚举智实、寂师二人。寂师何人，不可考；智实在唐太宗时，因佛教置于道教下，谏而被罪。不敢断定为嘉祥弟子。传载嘉祥见其俊才，颇以本身年老，不能见其成德为恨，仅记其特赏之言。嘉祥化后，三论宗旨,不能大振,殆被玄奘三藏法相所压,同时禅宗兴起,自然合并,此宗遂渐就式微。《宋高僧传》仅载元康为空宗学者。在安国寺讲《三论》,别撰《玄枢》二卷,明《中百十二门》之宗旨。虎丘僧琼,亦传其就常乐之聪法师学《三论》,但又转入禅宗。由此可知唐之初业,三论大势已衰矣。嘉祥大师弟子智凯,有二人:一丹阳人,俗姓冯氏,身相黑色,故人呼为乌凯。居嘉祥寺,盛说此宗,四方义学八百余人,《续高僧传》十四卷有传。一扬都人,俗姓安氏。于嘉祥寺师事嘉祥,偶与道教徒在殿内论教之高下,遂知名于世。其传载《续高僧传》第三十卷。

第十二章　造像与石经

北魏自太武帝毁佛之后，文成帝即位兴复佛法之时，像教大盛，西域所画佛像，接踵而至。而魏之先代，本有凿石为庙之遗风，雕刻技术，夙所擅长，因此每一帝即位，即于都城近处山冈，为帝或后，建造石窟，就山岩镌佛像，历久蔚为大观，为佛教上至有价值之美术。最著名者大同云冈之石窟佛像，及洛阳伊阙之石窟佛像是也。云冈在魏之旧都平城西三十里，伊阙在魏之新都洛阳南三十里，云冈滨临武州川水，伊阙滨临伊水；地理形势亦相类，故魏时称云冈为北石窟，伊阙为南石窟。

《续高僧传》，释昙曜传云："昙曜少出家，以元魏和平年，任北台昭元统，住恒安石窟通乐寺，即魏帝之所造也。去恒安西北三十里武州山谷北面石崖，就而镌之，建立佛寺，名曰灵岩。龛之大者，举高二十余丈，可受三千许人。面别镌像，穷诸巧丽，龛别异状，骇动人神；栉比相连，三十余里。"

《魏书·释老志》亦言："沙门昙曜白帝,于京城西武州塞,凿山石壁,开窟五所,镌建佛像各一,高者七十尺,次六十尺,雕饰奇伟,冠于一时。"

观此两文所载,可知魏之开凿石窟,实始于昙曜。先是太武帝信司徒崔浩之说,崇重道士寇谦之,排斥佛教,焚毁寺塔。太武后感致疠疾,方始觉悟,诛夷崔氏。及崩,文成帝嗣位,重兴佛法。昙曜遂白于帝,开凿石窟。曜之赴京,在文成帝兴复佛法之明年,即兴安二年也。

大同云冈石窟之造像,昔时因僻在塞北,知者颇鲜,即碑碣亦无一存者,不如伊阙造像,屡见于金石家之纪载。盖一则因元魏崛兴,文化未盛,至孝文迁洛,始禁胡语,肇启华风;二则因云冈石质较粗,易于剥蚀,其开凿又先于伊阙五十年,佛像巨大,虽经风霜,未全损坏,文字则磨灭无遗也。方今京绥铁路,可以直达大同,云冈石窟之名,世人多知之,考古者亦注意及之矣。

石窟寺今俗呼石佛寺,依山开窟,建筑层楼。每楼各就一窟,窟上通光,窟中大佛,高者约五六尺。窟之宽广,最大者径六七丈,其小者三四丈,略如佛殿。四壁雕琢大小佛像无数,及浮屠、幡幢、宝盖等,种种装饰,多施彩色。寺西又大窟五,窟外石质多剥落;寺东更有大小石窟,以数百计。佛像大者数丈,小者数寸,多至不可胜计。郦道元《水经注》漯水条下有云:"其水又东北流,注武州川水;武州川水又东南流;水侧有石祇洹舍,并诸窟室,比丘尼所居也;其水又东转灵岩;凿石开山,因岩结构;真容巨壮,世法所希;山堂水殿,烟寺相望;林渊锦镜,缀目新眺;川水又东流出山。《魏土地记》曰:平城三十里,武州塞口者也。"郦道元撰《水经注》在魏太和年间,去石窟之建筑,不过四五十年;其所记载,至为可信。据《魏书》则昙曜所凿者只五所,而此则曰山堂水殿,烟寺相望。可知昙曜以后,继续开窟者之众。又曰:林渊锦镜,缀目新眺。可见当时景色之美丽,而魏诸帝之行幸石窟寺,亦屡见于史书。造像之风,斯为盛矣。

伊阙石窟寺,则建于孝文帝迁都洛阳之后。伊阙之山,西曰龙门;东曰香山。山岩石壁,上下凿石,为大小窟无数,与云冈绝相似。

《魏书·释老志》:"景明初,世宗宣武帝诏大长秋卿白整,准代京灵岩寺石窟,于洛南伊阙山,为太祖、文昭皇太后,营石窟二所。初建之始,窟顶去地三百一十尺;至正始二年中,始出斩山二十三丈;至是,大长秋卿王质,谓斩山太高,费功难就;奏求下移就平,去地一百尺,南北一百四十尺;永平中,中尹刘腾奏为世宗复造石窟一;凡为三所:从景明元年至正光孝明帝年号四年六月以前,用功八十万二千三百六十六。"

按此为伊阙开凿石窟之始。宣武帝景明,在孝文帝迁洛之后,去文成帝兴安复佛之年,约五十年。是则伊阙石窟,后于云冈石窟亦五十年。从宣武帝景明元年,至正光四年,其间经过二十八年,仅造石窟三所,已费工如此之巨;则云冈石窟,奚啻三所,其工程之宏大可知矣。

云冈石窟,完全为北魏一朝开凿;伊阙石窟则不然,始于北魏,继续于有唐。盖北魏自孝明帝正光四年,至孝武帝永熙三年,高欢入洛,东西魏分裂。自此兵争不息,凿窟工役,当无暇及此。至唐贞观中叶,魏王泰为其母文德皇后,凿三龛于魏石窟之北,至今尚存。褚遂良书伊阙三龛碑记其事,欧阳修《集古录》谓:"龙门山壁间,凿石为佛像,后魏及唐时所造,惟此三龛像最大,乃魏王泰为长孙皇后所造也。"顾炎武《金石文字记》谓:"龙门山镌石为佛像,无虑万计。石窟最大者,今名宾阳洞,像尤高大。洞外高处有刻字,拓之得二十余行。按《集古录》有三龛记,岑文本撰,褚遂良书。今拓字有聿修阴德等字,知即此记也。"观此诸记,则知伊阙石窟,其建造实自北魏以迄于唐,与云冈之成于一代不同也。

伊阙之石窟寺,在龙门山之东北麓,今亦称为潜溪寺。第一石窟,高约四五丈,宽二丈余,深亦如之。其中大佛,坐者一,立者左右各三。宾阳洞凡三窟,中间一窟,坐大佛一,左右立者各五;窟顶雕天女像;壁间雕小佛百数;窟高约四五丈,深宽均约三丈余。右一窟大佛坐者一,立者左右各一;壁间雕小佛以数百计;高与中窟略同,深约二丈,宽约三丈。左一窟大佛坐者一,立者左右各二;壁间雕小佛百余;高深宽,略与右窟同;窟外刻佛无算。距窟二丈许,建一轩,右为僧房。惟滨临伊水,地势逼窄,视云冈之高楼四层,佛殿端中居前,气象远不及也。

龙门山自北徂南,仅里许之内,所镌佛像,或云四万余,或云七万,无可确计。《洛阳县志》金石门所载:"龙门造像,唐代居多,开元、天宝以前,年月历历可考。盖人民奉佛,久成习俗故也。"是则龙门造像,不限于帝王之家,人民亦多作此功德矣。

北齐时,南岳慧思大师,虑东土藏教,有毁灭时,发愿刻石藏,闷封岩窒中。坐下有幽州智泉寺沙门静琬，承师付嘱，乃于隋大业年间，创刻石藏经板。就涿州西北五十里之白带山，开凿石洞，以石经板，藏诸洞内，既满，即用石橺塞户，以铁锢之。至贞观五年，《大涅槃经》成。及十三年，静琬法师愿未终而卒。门人导公、仪公、暹公、法公相继五世，陆续增刻。历唐至宋，凡得七十七种，二千三百余石，而经尚未完。迨辽圣宗时，有留公法师，奏请续刻；兴宗亦赐钱刻之；道宗时，相国杨遵勖、梁颖亦奏请赐钱续刻；故自太平七年，至清宁三年间，因隋唐所刻《大般若经》，止五百二十卷；续镌八十卷，完成六百卷之数，计二百四十石；又续镌《大宝积经》一百二十卷，计三百六十石；以成四大部之数，总合二千七百三十石。

白带山既藏《石经》，故亦名石经山；以其景物幽秀，类似天竺，故又名小西天。山顶有雷音洞，就洞建室，高丈余，深九步；室隅亦横九步，其前阔十三丈，如箕形；有几、案、罏、瓶之属，皆石为之；三面之壁，皆嵌以石刻佛经：东北壁为全部《法华经》；西壁为《杂编》；共有四百十八石，故又名石经堂。此雷音洞之《石经》，乃显露于壁间，供人摹拓，非深锢于洞内者也。雷音洞之左有洞二；右有洞三；雷音之下，复有洞二；共计七洞，皆满贮石经，经板层叠，骈列洞内。自洞口石橺之隙，可窥见之，有完整者，亦有破裂者。所谓二千三百余石，殆皆在此七洞之内。有石幢记其目甚悉。

道宗在清宁三年后，又续刻石经一百八十石。是时又有通理大师，慨石经未全，有续造之志。遂于大安九年，在山之西峪寺，开放戒坛，士庶道俗，入山受戒，所获施钱万余，付门人善定，校勘刻石。至大安十年，钱尽功止。又有门人善锐，念先师遗风，不能续扇，与善定共议募刊，以毕其功，凡得四千八十石。于天祚帝天庆七年，就寺内西南隅，穿地为穴，将道宗清宁三年以后所刻，及通理大师所办石经，藏瘗地穴之内。其上筑台，砌砖建石塔一座，刻文标地，知经所在。是知白带山之《石经》，除七洞之外，西峪寺西南塔下，尚有一部分也。西峪、东峪均在白带山下，就其地建东、西云居寺，亦称东峪寺、西峪寺。今东峪寺已毁，仅存西峪寺，至清代改称为西域云居禅林。

《石经》既自唐至辽，历代续刻；迨元朝至正年间，有高丽沙门慧月大师来我国，亦继续其事；惟明以后则无闻焉。此诚佛教史上伟大之事业，不仅关于美术已也。

第十三章　会昌以前之佛教概说

出于罗什系统之禅、天台、三论，前已言之矣；次应说出自觉贤三藏之华严宗。兹就华严宗兴起时代之佛教说明之。

唐初，为佛教来华后国人思想成熟时代，就外形言之，是时实为我国历史上佛教隆盛达于极点时期。唐高祖即位以来，已重佛教：法琳著《辩正论》；载长安建会昌寺、胜业寺、慈悲寺、证果尼寺、集仙尼寺；于太原建灵仙寺，并舍旧第为兴圣尼寺；高祖初奉隋命，防突厥北走，居太原，遂在此举兵。于并州亦建义兴寺；建筑装饰，皆极轮奂之美。《大唐内典录》谓太宗建兴圣寺，此恐系太宗在高祖时代所建，故谓为高祖所建。兹录太宗贞观二年诏敕于下：

建义之初，时逢世季，亲当矢石，屡总元戎，或东剪七雄，西清八水，纵神兵而戮封豕，秉天策以斩修蛇。既动赫斯之威，恐结怨恨之痛。其年季春,躬发诏旨;自隋末创义,志存拯溺,北征东伐,所向平殄。黄钺之下,金镞之端,凡所伤残,难用胜纪,手所诛剪,将近一千。窃以如来圣教,深尚慈仁,禁戒之科,杀害为重。永言此理,弥增悔惧。爰命有司,京城诸寺,皆为建斋行道,七日七夜,竭诚礼忏。朕之所服衣物,并充檀舍,冀三涂之难,因斯解脱;万劫之苦,借此弘济;灭怨障之心,趣菩提之道。

盖高祖灭隋,实际借次子世民之力,即太宗也。自战争伊始,太宗亲临军阵,杀人众多,乃营斋追悼死者冤灵,以资抚慰。此即供养法会时所发诏敕也。至于太宗之尊崇佛教,《辩正论》曾言之,其文曰:

统天立极之功,独高前古;奉佛崇善之业,超诸往贤。主上曾经战场,白刃相拒,至于登极,情深厥衷。乃下敕,凡所阵场,并建寺,有司供给,务令周备。宇内凡置十所,严整可见。又昔因避暑,躬幸南山,卜此神居,启此大壮;其地也,带秦川之眇眇,接陇岫之苍苍;东观浴日之波,西临悬月之浦;凤企穷奇之石,郁律钻天;龙盘谲诡之崖,穹窿刺汉;岂独岩松拨日,抑亦洞竹梢云;实四皓养德之场,盖三秦作固之所;为太武皇帝,舍而为寺;既增利见,因曰龙田。

此文铺张扬厉,类皆赞扬天子之辞。细绎所云,除侈陈壮丽外,无非为太宗杀人甚多,在战阵各地,建造十寺,以及在终南山建龙田寺,均

确有可考。其兴佛教,实欲借以安慰亡灵。征诸供养之诏,可以知其心矣。兹据《大唐内典录》,举太宗破敌后所造诸寺于下:

豳州昭仁寺	破薛举处
洛州昭觉寺	破王世充处
洛州昭福寺	破刘黑闼处
汾州弘济寺	破刘武周处
晋州慈云寺	破宋金刚处
台州普济寺	破宋老生处
郑州等慈寺	破窦建德处

其可举者,仅此七寺,盖即《辩正论》所谓十寺之七也,其他三寺不详。又太宗在破敌之处,建置伽蓝,俾其功绩,传于后世,所建诸碑,多刻战绩。即《内典录》所称"四方坚垒,咸置伽蓝;立碑表德,以光帝业"是也。其碑文使虞世南、李伯药、褚遂良、颜师古、岑文本、许敬宗、朱子奢等书之。然非仅为垂声永名而设,自其他诸事迹考之,太宗确系信崇佛教者。又太宗所建寺,载在《内典录》者,则曰:"及天下清平,思弘仁教,乃舍旧宅为兴圣寺,为先妣立弘福寺,为东宫立慈恩寺,于昭陵立瑶台寺。"又贞观二十年北征还,为阵亡者建闵忠阁于幽州。此时波罗颇迦罗密多罗,来自印度;玄奘三藏,由印度还;均被优礼。使波罗颇译经于胜光寺;玄奘译经于弘福寺、慈恩寺。玄奘新译经典,太宗亲制序文,即《大唐三藏圣教序》。皇太子高宗。亦制圣教记。足为信佛之证。

太宗不仅致力于建寺译经,且令天下诸州度僧尼,以示提倡。兹录其度僧诏敕于下：

天下诸州有寺之处，宜令度人为僧尼，总数以三千为限。务取精诚德业，无问年之长幼；必无人可取，亦任其阙数。若有司简练不精，宜录附殿失。若有僧徒溺于流俗：或假托神通，妄传妖怪；或谬称医巫，左道求财者；并自贻伊戚，动挂刑网；已令依附内律，参以金科，具为条制。务使法门清整，善者必采，恶者必斥。

由此诏书观之，可见太宗于提倡之中，又严为限制，意至善也。此外太宗与佛教有关系之事实尚多，不遑枚举。

高宗对于佛教尤加尊敬，《内典录》称"今上之嗣位也，信重逾隆，先皇别宫，咸舍为寺"，足以为证。高宗敬礼玄奘三藏，使得出入宫中。则天皇后产子，使玄奘命名，玄奘命之曰佛光王，剃度为僧，即中宗也。玄奘从事翻译时居长安，或居洛阳之殿内；著名之玉华寺，乃玉华宫，先帝舍为寺者，亦玄奘译经处也。西明寺，乃高宗显庆五年所建，亦历史上有名之寺也。

高宗殁，中宗立，因初名佛光王，即位后，乃令东西两京，各建佛光寺一所。未几，则天武后废中宗，改国号为周，自即帝位，称则天皇帝。当此之际，即唐代佛教最隆盛时期也。

兹举唐代译经要人于下：

波罗颇迦罗密多罗译为光智，中天竺人，太宗贞观年中来华。

玄奘（后详）

阿地瞿多生于中天竺，高宗永徽年间人。

那提此梵语布如乌伐耶之讹略，或系别名，高宗龙朔年间人。

会宁成都人。高宗麟德年间，曾往印度，即在南海波凌国，与若那跋陀罗译《涅槃经后分》者。

佛陀波利生于罽宾；高宗末人。译《佛顶尊胜陀罗尼经》一卷，此为第一译。

地婆诃罗生于中天竺；即日照三藏，高宗末则天时代人。

提云般若则天时人，即译《法界无差别论》者。

实叉难陀（则天时人，后详）

义净（后详）

菩提流志南天竺人，高宗末年来华。

善无畏梵音输波迦罗，直译净师子，意译善无畏，玄宗时来华（后详）。

金刚智梵音跋日罗菩提，玄宗时与不空来华（后详）。

不空梵音阿目佉跋折罗（后详）。

般若罽宾人，宪宗时来华，即译《四十华严》者。

此外自印度来者尚多，华人通梵语译经者亦甚多，以上所举，乃其重要者，或曾译名著者也。其中以玄奘、实叉难陀、义净、菩提流志、不空为最著，此五法师恐唐以前翻经者，罕与之匹。

据上表所列，唐代翻译者，概出于玄宗前，而以高宗、则天二代造其极：玄奘，介太宗、高宗二代间；义净三藏，于则天证圣元年，还自印度；

实叉难陀,来自于阗;菩提流志之来,较前二年;余诸法师,年代俱同,堪称一时之盛。当实叉难陀在洛阳大遍空寺译《八十华严》时,义净、菩提流志,皆在此译场读梵本也。

　　义净三藏,俗姓张氏,字文明,范阳人。慕法显玄奘之风,发愿往印度;三十七岁,得同志十人,由广东乘船出发;行至途中,同志皆陆续折回,遂一人独往印度,周游全印,经二十五年,历三十余国,始返中土。曾一度置身《华严》译场,后从事译经于东都大福先寺,东太原寺。及西都之西明寺;和帝二年复在大荐福寺,特建翻经院使居之。义净自印度所得梵本经律论,约四百部,合五十万颂,其已译者,六十一部,二百三十九卷。据《开元录》所载。初译《金光明最胜王经》(十卷);继成密部之《能断金刚般若波罗密经》(一卷)、《大孔雀咒王经》(三卷)、《佛顶尊胜陀罗尼经》(一卷);又有关于《因明》及法相宗之《因明正理门论》(一卷)、《观所缘论释》(一卷)、《取因假摄论》(一卷);其所译大部,则有部律为多:例如《根本说一切有部毗奈耶》(五十卷)、《根本说一切有部苾刍尼毗奈耶》(二十卷)、《根本说一切有部毗奈耶杂事》(四十卷)、《根本说一切有部尼陀那目得迦》(十卷)、《根本萨婆多部律摄》(二十卷)等是。此外尚著《南海寄归内法传》(四卷)、《大唐西域求法高僧传》(二卷)。入寂于先天二年,春秋七十有九。又译《说一切有部跋窣堵》七八十卷,译成之后,未遑删缀而殁,其书遂不传于世。

　　菩提流志三藏,本名达摩流支。武后为改此名。译有《大宝积经》百二十卷,为其最著者。此经全部共四十九会:其二十六会,三十九卷,流志所译;二十三会,八十一卷,乃荟萃旧经中《宝积》之分品而成。相传玄奘译《大般若》告竣时有以此经旧译未全请续译者,玄奘以年老难竟功辞。迨流志来,和帝命志续之;于是寻译旧翻之经,考校新来之本,旧翻有误者重译之,未翻者全译之,遂成此巨帙。流志年寿最高,玄宗开元十五年尚存,殁时百五十六岁矣。谥为开元一切遍知三藏者,即此人也。

高宗、则天之时,翻译家辈出,称为新译时代;参与其事者,颇多闻人。如玄奘初译经于弘福寺时,慧明、灵闰证义,行友、玄赜缀文,智证、辩机录文,玄谟有作玄模者误。证梵语,玄应定伪字。以上系据《续高僧传》者。按《开元录》所载更详,曰:弘福寺灵闰、沙门文备、罗汉寺慧贵、实际寺明琰、宝昌寺法祥、静法寺普贤、法海寺神昉、廊州法讲寺道深、汴州演觉寺玄忠、蒲州普救寺神泰、绵州振响寺敬明等十一人证义;普光寺栖玄、弘福寺明濬、会昌寺辩机、终南山丰德寺道宣、简州福聚寺靖迈、蒲州普救寺行友、栖岩寺道卓、幽州昭仁寺慧立、洛州天宫寺玄则等九人缀文;大总持寺玄应字学;大兴善寺玄谟证梵语梵文。玄应以著《一切经音义》(二十五卷)显名;所谓玄应音义。靖迈著《译经图记》(四卷),道宣律师著《大唐内典录》(十卷),于是音义经录续出矣。实叉难陀之译《华严》也,菩提流志、义净读梵本,复礼、法藏贤首大师。译文。法藏弟子慧苑,谓新译《华严经》无音义,著《新译华严音义》(二卷)。当义净、流志加入译场时,印度人、华人加入者颇多,类皆当世英才,其盛可想矣。译经既盛,则天命佛授记寺之明佺以下诸人新编《经录》,以甄别经之真伪,即《大周刊定众经目录》(十五卷)是也。

更从译经以外观之，章安死后，天台宗虽不振，然如善导大师，为高宗时人；禅宗之六祖慧能，则历高宗、则天、中宗三朝；律宗之相部法砺，为太宗时人；南山之道宣，东塔之怀素，俱贞观、则天间人；华严之法藏说十玄妙理于宫中者，亦则天时人，玄奘之弟子窥基、圆测、普光、神泰，俱与之同时；当是时人才辈出，佛教隆盛可推而知矣。

自中宗、睿宗，至玄宗开元昌平间，密教经典，翻译颇盛，盖即善无畏、金刚智、不空来华时也。迨安史之乱，玄宗幸蜀，太子蒙尘于灵武，唐室渐衰，佛教亦渐失势。德宗之世，般若三藏翻译《四十华严》，恐为唐代翻译之最后者矣。当是时，西明寺之圆照撰《贞元新定释教录》三十卷，《大唐贞元续开元释教录》三卷。玄宗以前，经录虽多，尚未完全，有智昇者，著《开元释教录》二十卷，智昇别有《续内典录》一卷、《续译经图记》一卷、《续佛道论衡》一卷。收后代所译者而续之，于同本异译，旧目新名，一一校量，最为精要。圆照之书，虽为后出，实远不如也。

是时荆溪大师名湛然者出世，讲天台宗；而与之相对者，则有清凉大师名澄观者出世，讲华严宗，其弟子终南山圭峰宗密和之；各为天台、华严吐万丈光焰。适遇武宗会昌破佛之事，佛教终衰。独禅宗至六祖以后，日益昌盛。盖禅宗宗旨，较他宗单纯，似可远祸；故不因会昌破佛而受影响也。

第十四章　唐之诸宗

佛教至唐代渐备，非仅成立新宗，如善导之念佛宗，慧能之禅宗，道宣之戒律宗，皆能综合唐以前之研究而集其大成者；他如法相宗、密教，则新自印度来者也。所谓新开之宗旨，即华严宗。但华严宗实引申唐以前之思想，乃继承佛陀跋陀罗翻译《华严经》时，与罗什系对立之一大潮流，实与念佛宗、禅宗殊异；与其谓为新宗，毋宁谓为此潮流经贤首大师之阐发而成宗者也。兹就诸宗分节略说之于下：

（一）念佛宗

唐世念佛宗，分善导流、慈愍流二种。善导，太宗、高宗时人；慈愍三藏，玄宗时人；其间相距四五十年。慈愍三藏之念佛，所与后世之影响，似不甚大。

兹就慈愍述之：慈愍三藏事迹，除《高僧传三集》卷二十九。所载外,似无可考。据传原名慧日,山东莱州府东莱人,中宗时剃度。见义净三藏自印度返,誓游印度。嗣圣十九年出南海,经昆仑、佛誓、师子洲诸国,历三年而达印度,居十三年。取道中亚细亚及西域诸国,行程四年,开元七年得返长安。前后凡十八年。慈愍三藏,乃东归时,玄宗所赐号也。慈愍居印度,念跋涉四载,既经多苦,果何国何方无苦有乐?何法何行能速见佛? 于是广参印度学者,乞为开示,学者咸以阿弥陀佛极乐世界答之。后返中土,路出北印度健驮罗国,城东北大山有观世音像,慈愍至心祈请,至七日夜,见观世音于空中现身,摩其顶曰:"汝欲传法,自利利他,当知净土法门,胜过诸行。西方净土极乐世界,弥陀佛国也。劝令念佛诵经,回愿往生,到彼国已,见佛及我,得大利益。"慈愍还,弘布净土教。今日所传,悉本此旨。所著《往生净土》集,今佚,《净土指归》有《净土慈悲集》三卷,殆即此书耶。即宋绍圣年间,灵芝之元照翻刻《慈愍三藏文集》。反对派之禅僧诉于官,以此集为元照所伪托。故《芝园集》载《论慈愍三藏集书》曰"无何见忌,异论锋起,以谓《慈愍集》乃贫道自撰,假彼名字,排我宗门。曾不知此文,得于古藏,编于旧录。不省寡闻,辄怀私忿,以至讼于公府长吏。然恐官司未委情实,谨赍元得古本文集,并叙始末"云。由此观之:慈愍文集,至宋时已不多觏矣。但此集与《往生净土集》,是否同一,殊未敢必。慈愍所劝念佛,究竟若何?其书不传,难知底蕴;然宋延寿《万善同归集》引慈愍三藏语曰:"圣教所说正禅定者,制心一处,念念相续;离于昏掉,平等持心。若睡眠覆障,即须策勤念佛、诵经、礼拜、行道、讲经、说法,教化众生,万行无废。所修行业，回向往生西方净土。若能如是修习禅定者，是佛禅定与圣教合，是众生眼目，诸佛印可，一切佛法，等无差别，皆乘一如，成最正觉。"观此，似为禅净合一说之原始。又慈愍之念佛，即可往生净土，其他诸行，非所必须。观于法照《五会法事赞》中所载慈愍《般舟三昧赞》，有云："彼佛因中立弘誓，闻名念我总迎来，不简贫穷将富贵；不简下智与高才；不简元非净土业；不简外道阐提人；不简长时修苦行；不简今日始生心；不简多闻持净戒；不简破戒罪根深；但使回心多念佛，能令瓦砾变成金。"可以证也。

　　慈愍三藏之念佛，非如善导之念佛，遗后世以绝大影响。而善导流之念佛，实可谓为后世念佛教之根本。善导以前之念佛，为慧远流之念佛，前已言之。此别于慧远流，而为善导流所本者，昙鸾、道绰是也。此派以阿弥陀佛为报身如来，因定极乐净土为报土。此报身报土之说，又区分为二：其一说，谓报身报土弥陀极乐境界，非欲界凡夫所能往生；所谓能者，乃方便之假说，即《摄论》所载别时意趣论是也。其他一说，即昙鸾以来一流所主张者，谓凡夫直得往生报土。别时意趣者，谓众生现种净业之因，命终即得往生之果，别时而成熟也；即《摄论》所谓平等意趣、别时意趣、别义意趣、众生乐欲意趣四说之一；其惟一意义，即为便于除懈怠者障碍，而策励之而已。以上二派之外，又有一派，谓阿弥陀佛为化身，因而谓极乐为化土，即净影之慧远、三论之嘉祥等之所主张。咸谓极乐往生，胜于兜率往生，与昙鸾者流所主张者虽同，然其化身化土之说，则与之相歧也。

　　有主张兜率往生,以极乐往生为别时意之说者,其说本诸《摄论》,前已述之。但《摄论》之所谓成佛,乃愿行具足之谓,若不圆备,则不成佛。唯如《无量寿经》所说,愿往生极乐往报土而成佛者,非即能往生之意,乃永久之后,得往极乐之谓。唯愿无行,非可谓即能成佛,故非即时意,而乃别时意也。《摄论》引《无量寿经》而为之说曰:如《无量寿经》说:"若有众生,愿取无量寿世界即生尔。"上文为佛陀扇多第一译摄论之文。夫引《无量寿经》解释《摄论》,自真谛之弟子智恺译《摄论》始。智恺之弟子慧光法常等,皆作《摄论疏》,述此别时意之说,皆以《观无量寿经》为《摄论》所引之《无量寿经》,以称名往生为下品往生,而谓为唯愿无行。《摄论疏》今佚。然迦才之《净土论》,则谓《阿弥陀经》说三发愿往生,为唯愿无行。《观无量寿经》说散善三福之诸行,不言无行,故不以此为别时意,恐以通论家之说为当。通论家即真谛派。然嘉祥大师对别时之说,以《观经疏》与《观经》、《弥勒经》相比较,而说极乐往生之胜;智者大师之《净土十疑论》,说《观经》之临终称名,为猛利善行,非别时意之无行;迦才之《净土论》为十种比较劝西方往生。道绰之《安乐集》力斥别意之说,善导大师受此说,更在《观经玄义分》中,论之綦详;怀感禅师善导弟子。之《释群疑论》,亦委曲说明之;元晓之《游心安乐道》所论亦同。法相宗慈恩大师之《西方要诀》,详载此事;其劝兜率往生,虽与慈恩意见相同,但此书是伪作。前第九章所谓观无量寿佛法,为一种禅观,以观念念佛为主,庐山派之念佛,如净影、嘉祥等,皆专注于此。净影论佛身,有真身、应身二种,阿弥陀之观法即应身观,故极乐为圣凡同居之化土。但释迦、弥陀，虽同为化身，寿有长短，弥陀为无量寿，其寿极长。所谓无量者，含有人间寿算无尽之意。此事，净影曾据《观音授记经》昙无竭译。证明之。嘉祥大师亦就《观经》所说广言之，分正法佛、法身。修成佛、报身。应化佛应身化身。三种，如曰"是法界身入一切众生心想中"为法身观；如曰"是心作佛"为报身佛；但所主者，为应化佛之观，故佛土亦当为应化土。又嘉祥就弥陀分为本门、迹门二种：就本门言之，则弥陀为久远已来成佛之古佛；就迹门言之，则法藏比丘为世自在王佛。在佛陀之下，发愿修行，成此极乐之佛土，故迹门可谓为凡夫地之发愿造出者，此意谓之为报土。与普通所谓报土，语同而意全异。其七宝庄严现于报土之上者，为应现而非报果；故自土体言之，应为报土；自庄严言之，应为应土，但此从迹门立论。若自本门论之，则此乃招感结果而非原因之业，其土当全为应现。故就应化土言，一方可呼为报土，他方可呼为应土矣。充量言之，极乐为应化土；于是弥陀化身极乐化土说，因之大盛。道绰禅师之《安乐集》，则对抗之，而立弥陀报身、极乐报土论，如《观音授记经》所云，决非化身化土说也。此说，善导实继承之。

善导大师，与善道大师，有谓是一人者，有谓是二人者，因有一人说二人说之争：二人说者，谓以善导名者有二。揆厥原由，实因志磐《佛祖统记》二十七卷有善道传，五十三卷西游乐国又有善导传；彭际清《净土圣贤录》卷二有善导传，卷三又有善道传；而争端生矣。《佛祖统记》谓："善导不知何处人，唐太宗贞观年间，在道绰之九品道场，听讲《观经》感而师之。后至长安，居光明寺，弘念佛法门，三十余年。后语人曰：此身可厌，吾将西归。乃登柳树，发愿曰：愿佛接我，菩萨助我，使我不失正念，得生安养。言已，投身自绝。"又述其自行化他之盛，则曰："三十余年，暂不睡卧，般舟行道，方等礼佛，护持戒品，纤毫无犯；写《弥陀经》十万卷；画净土变相三百壁；坏寺废塔，所至修营；行不共众，恐谈世事故也。长安道俗，从其化者甚众，有诵《弥陀经》十万卷至五十万卷者；有念佛日课万声至十万声者；或得入念佛三昧，往生净土者；诸如此类，不可胜纪。"世称善导大师，盖此人也。又《佛祖统记·善道传》："善道，临淄人。入大藏信手探卷，得《观无量寿经》，乃专修十六妙观。及往庐山观慧远遗迹，后遁终南山，修般舟三昧数载。复往晋阳，从道绰禅师受《无量寿经》。化行京师，归者如市。忽感微疾，掩室怡然而寂。"世称善道为终南大师者，盖据此也。学者多谓善导、善道，既同师，又同时，实一人，非二人者，然无历史的证明，故宁谓为二人，近乎事实。盖一则为光明寺之善导，一则为终南山悟真寺之善道，固自有别。且《续藏经》中有《念佛镜》二卷，为善道、道镜二人合著，足为光明寺善导外，别有善道之证。

善导大师由柳树投地自杀事，古有二说：一即普通所传，谓为舍身往生；一则反之，以为《续高僧传》载善导弟子等由柳树投地而死事，致有善导柳树舍生之讹传。据《续高僧传》二十七卷《释会通传》末所载："近有山僧善导者，周游寰宇，求访道津；行至西河，遇道绰师，惟行念佛弥陀净业；既入京师，广行此化；写《弥陀经》数万卷；士女奉者，其数无量；时在光明寺说法。有人告导曰：今念佛定生净土不？导曰：念佛定生。其人礼拜讫，口诵南无阿弥陀佛，声声相次。出光明寺门，上柳树表，合掌西望，倒投身下，至地遂死。事闻台省。"此当是门人舍生，无关善导。又道宣律师撰《续高僧传》时，善导尚存，不应有此记载，其柳树舍身之事，当系讹传。窃思当时极重舍身之行，而赞扬备至。僧传至特设遗身一门，聚集此类之人，载入传内，借以增高善导价值，乃并弟子事迹而记之。然则善导之舍身往生，其非信史，可断言也。

证之今日净土门所言之善导，即光明寺之善导也。其书除《观无量寿经疏》(四卷)、《观念法门》(一卷)外，有《往生礼赞》(一卷)、《法事赞》(二卷)、《般舟赞》(一卷)，此即五部九帖，或谓之五部九卷。《观无量寿经疏》为最重要，其《玄义分》、《序分义》、《定善义》、《散善义》各一卷，世称《四帖疏》；净土他力教法门，当以此为集大成者也。

善导流念佛门，以龙树《十住毗婆娑论》之易行品为其根源，自世亲之《往生论》，而昙鸾之《论注》，而道绰之《安乐集》，以迄于善导诸书，益发挥光大。故欲详他力教之教义，应述以上诸书内容。又此等书可表示渐次发达之迹，各能发前人所未发，明乎此，则我国净土教之教义，乃能判别，但稍嫌烦琐琐耳。且就净土教考之，诸派见解各异，若欲比较评论，殊非易易，故略而不述。

要之：善导之《观经疏》，以佛对贪瞋具足之凡夫韦提希即频婆娑罗王之妃，阿阇世王之母；阿阇世幽闭其母韦提希，愁苦不堪，遥礼释迦而诉之，请其来临；佛果显神通，临闭室中，为说此经云。说此法门，以此法门，使末世罪恶之凡夫顿起觉悟，以反抗"韦提希为法身菩萨"之说，斥"念佛为唯愿无行别时意之法门"说。又非单以《观经》十六观为定善,在十六观中,分前十三为定善,后三者为散善。参照第九章净影说。又就《观经》所说之净土,破应身应土之说,而为报身报土之说。皆最可注意者也。又《观经疏》之《散善义》,分念佛行者之行,为正行与杂行:正行者,读诵、观察、礼拜、称名、赞叹供养五种;杂行者,乃其他一切之行,胥回向之,而为往生之资。以其类似五种正行,而非净土往生之直接行,故名杂行。又于五种正行中,分正定业与助业:正定业者,行、住、坐、卧,不论时间之久暂,一惟心称弥陀名号于口,即以称名为正定业;其他四种,皆属助业。此五种正行,出自《往生净土论》之五念门:五念门以观察门为中心;而此五正行,别加称名之一行为中心者也。夫立别时意趣论者,以三种散善中,"下品往生者,惟称佛名,亦能往生",为唯愿无行,故以为方便。然善导之主张,反以称名为《观经》之精神所在也。

除《观经四帖疏》外,其他四部,世称《具疏》。其中《观念法门》,明修观佛、念佛两三昧之法。余三者中,《往生礼赞》明通常六时之行法,即昼夜各三度佛前之行法,谓之六时行法;《法事赞》,明临时之行法;《般舟赞》,明由《般舟三昧经》所行之定心别时念佛之行法,即庄严道场,自一七日至九十日,定日数念佛,即常行念佛之谓也。

善导之念佛,与唐代之法相、华严、禅宗、密教异,最初即不与上流社会接近,以博下级人民之信仰为务。故善导灭后,学者及位置高尚之僧侣,继承法统者,此宗甚少。善导之弟子怀感禅师,著《释群疑论》(七卷),同时草堂寺之飞锡,著《念佛三昧宝王论》(三卷)。玄宗朝,庐山有承远者,居庐山西南岩石下,频教专念之道;其建弥陀寺也,不知始于何时;世称弥陀和尚者,即此人也。承远之弟子法照,代宗时为国师,宋遵式《净土略传》谓为善导再诞。法照著有《五会法事赞》(一卷)、《大圣竹林记》(一卷)。德宗贞元中,少康法师,深慕善导,弘净土之教,世称后善导。著有《二十四赞》(一卷)、《瑞应删传》(一卷)。此外憬兴有《大无量寿经连义述文赞》(三卷),元晓有《大无量寿经宗要》(一卷)、《游心安乐道》(一卷)。皆唐代人物。憬兴、元晓,皆新罗人也,其《无量寿经》之解释,与净影、嘉祥之疏并称,世号《无量寿经》四大注疏。

(二) 法相宗及华严宗

如上所述:念佛宗与禅宗、天台、三论诸宗,俱出自罗什系统;善导之念佛教,发源于昙鸾大师。受北方罗什系影响之四论学者。昙鸾注世亲《往生论》,发端即曰:"谨案龙村菩萨《十住毗婆沙》云:菩萨求阿毗跋致,有二种道:一者难行道;二者易行道。"阿毗跋致,译不退转。以示念佛教发源于龙树菩萨。又其《赞阿弥陀佛偈》亦广赞龙树之德曰:"我已依龙树之劝发,归入净土门,赞佛慧功德矣。"观此,则罗什系,与念佛教之关系,可以知矣。

对于罗什系而成一大教系者,则佛陀跋陀罗是也。前者名为龙树派,后即世亲派也。觉贤(佛陀跋陀罗)所译《华严经》,其影响及于中国佛教思想者实大。世之佛教学者中,研究世亲菩萨之说者,辄及于玄奘所传之阿赖耶缘起说。但世亲之著述极多,继承其说者,亦异论纷起,何人能得世亲之正意？殊难断定。所谓阿赖耶说，可信为类似世亲之正统者，实玄奘势力所致；缘以前旧译所传者，均被玄奘新译所压倒也。

世亲著书极富，我国学者对之下种种见解，如法宝《俱舍论疏》之分类是也。兹述之于下：

（一）《俱舍论》 ·························· 依小乘经

（二）《金刚般若论》 ·················· 依《般若》诸经

（三）《唯识论摄大乘论释》 ········· 依《解深密经》

（四）《法华论》 ·························· 依《法华经》

（五）《佛性论》 ·························· 依《如来藏经》

（六）《涅槃论》 ·························· 依《涅槃经》

此以《涅槃论》为世亲最终之说。据净土教人所见，则谓由此以上，有《往生净土论》，为世亲尽理之说。据华严宗人所论，则以《十地论》为其至极之说，其次第载在清凉大师《华严玄谈》。兹示之于下：

（一）小乘论(俱舍)·················小乘
（二）般若论(金刚般若)·········　　 〕·······三乘　大乘　〕未尽理说
（三）唯识论··················　　　 〕
（四）法华论··················一乘
（五）十地论························尽理说

又真谛三藏传，以《摄大乘论》为此派最上之说；玄奘传，以《唯识论》为最上。见解纷纷，莫衷一是。其中最可注目者，在我国尽力传译世亲说之主要人物，可分三期言之：第一期，北魏之勒那摩提、菩提流支、佛陀扇多；第二期，梁之真谛；梵名波罗末陀，或拘那罗他，此译亲依。第三期，唐之玄奘是也。欲知世亲教义，非探讨上列诸人之事迹不可。

自觉贤译《六十华严经》后，《华严经》之研究状况，果何如乎？北魏之三师译《十地论》时，甚属不明。仅据《高僧传》、《华严传》所得而知者，则觉贤译《华严经》时，法业充笔受之役，著《华严旨归》（二卷）已开华严流通之端。《华严传》曰："沙门昙斌等数百人，伏膺北面，钦承雅训，大教滥觞，业之始也。"又曰："以希声初启，未遑曲尽，但标举大致而已。"盖当时《华严》秘奥，尚未发挥尽致也。法业之有名弟子曰昙斌，曾学《十诵律》及《涅槃经》，晚年从法业受《华严》。然仍申道生顿悟渐悟之说，恐是道生一流之人。宋元徽年间，逝于庄严寺。其弟子法安，著《十地义疏》。又觉贤之弟子玄高，传授禅法；玄高有弟子名玄畅，当玄高殉魏武法难时，畅逃往南方，自五月至八月，元嘉二十二年。得达扬州。是时，通达《华严》之旨，能演解《华严经》者，实自玄畅始。证诸《高僧传》而益信，《高僧传》曰："初《华严》大部，文旨浩博，终古以来，未有宣释。畅乃竭思研寻，提章比句，传讲迄今，畅其始也。"玄畅又善《三论》，为学者所宗，殆有南方空宗之思想者也。然觉贤译《华严》时，慧观、慧严俱置身于译场，不得谓与弘布《华严》，毫无关系。慧观判佛一代之说，以《华严》为顿教，成为确论。然则流布《华严》者，专仗觉贤系中人之力，不俟言矣。觉贤入寂后六年，宋元嘉十二年。求那跋陀罗抵广州，亦达《华严》旨者。应丞相南谯王义宣之请，讲《华严经》，弟子法勇为传译，僧念为都讲。故《华严传》载有"讲华严数十余遍"之语，但真伪不明耳。求那跋陀罗抵扬州时，慧严、慧观，受敕迎之。又翻译《六十华严》以前,《华严经》分品颇多,此等分品,当亦有研究之者,惜今不能尽悉。唯据《高僧传》所载,当《十地论》翻译以前,颇有讲解《十地》者,此所谓《十地》,或指分品之十地而言。

例如《高僧传·昙斌传》曰:"初止新安寺,讲小品、十地。"《慧亮传》曰:"讲《法华大品》、《十地》。"《僧鐘传》曰:"妙善《成实》、《三论》、《涅槃》、《十地》等。"以及弘光、法安,皆达《十地》之旨。此皆宋齐时代,翻译《十地论》以前之人。《经录》则云:《十地论》之翻译,在魏永平之初。故此等诸人,当在翻译《十地论》前四五十年。法安著《十地义疏》,亦宋永明年间之人。由此观之,此等《十地》,恐即指《华严》分品《十住经》而言。僧慧庐山慧远弟子昙须门下。传曰:"能讲《涅槃》、《法华》、《十住》、《净名》、《杂心》等。"此《十住》,或系指《十地品》之异译《十住经》而言。(参照第三章图表)

更就刘虬言之:虬,南朝宋、齐间人,字灵预。宋大始中,为当阳令罢官归隐,后屡辟不就。注《法华》、《华严》,讲《涅槃》、《大品》、《小品》。齐明帝建武二年殁。虬判佛一代说教为五时:曰人天教、有相教、无相教、同归教、常住教,谓之渐教;而以《华严经》为顿教。

以上所列,悉南人也。《华严传》谓魏孝文帝太和年间,北方有刘谦之,在五台山清凉寺,造《华严论》六百卷,以解释《华严经》。刘,阉官也;自伤刑余之人,请入五台修行佛道,诏许之。刘谦之时代,《华严传》载:"北齐太和初年,第三王子,于清凉山求文殊师利菩萨,烧身供养。其王子有阉官刘谦之,既自慨刑余,又睹王子焚躯之事,乃奏乞入山修道。"但太和为北魏孝文时年号,齐无之,故《居士传》亦云:"按北齐无太和年号,且魏、齐诸王子,尽列于史,并无焚身事;今据《内典录》削之。"后四十年,北魏沙门灵辩,亦在清凉寺造《华严论》;二年,出居玄兑山之嵩岩寺;后被孝明帝召入宫中;凡五年,得与弟子灵源完成《华严论》百卷。弟子道昶、灵源、昙现等写之,流布于世,然当时仅存于北方汾、晋之地耳。后百五六十年(唐高宗末贤首大师时),至相寺沙门道贤等,参诣清凉山之际,得之于并州童子寺,传至京师,遂行于长安学者间。《华严经·菩萨住处品》曰:"东北有菩萨住处,名清凉山。现有菩萨,名文殊师利,与一万菩萨,常住说法。"我国之清凉山,即五台山,往五台山至信祈求,即能遇文殊菩萨,向广远处前行即见。此说始自何时,不可考。后有印度人参诣五台山,愿拜文殊;相传来中国者往往遇见之。北齐时,在此山中建伽蓝二百余处,或系此山神圣起源。但《华严》虽早译成,其与后之学者影响若何? 及其说如何? 今皆不能窥知矣。

自《十地论》译后,研究《华严经》乃益盛。译《十地论》者有二人:即勒那摩提、菩提流支是。佛陀扇多,亦同时从事翻译。俱以传世亲教义为主。此三人所译经典,大抵以世亲教系为最重要者,以其所传译之数计之,世亲之作,特占多数。兹列之于下:

《妙法莲华经论》一卷天亲造 ·················· 勒那摩提译

《深密解脱经》五卷 ·················· 菩提流支译

《十地经论》十二卷天亲造(以下六部译者同上)

《金刚般若波罗密经论》三卷

《胜思惟梵天所问经论》四卷

《法华经论》二卷

《无量寿优波提舍经论》一卷

《文殊师利菩萨问菩提经论》三卷

《摄大乘论》二卷天亲造 ⋯⋯⋯⋯⋯⋯⋯⋯⋯⋯⋯ 佛陀扇多译

此外三人之翻译尚多，今兹所举，惟择其与世亲关系密接者。又摩提、流支合译者，有《宝积经论》（四卷）、《宝性论》（四卷）；流支又译《入楞伽经》（十卷）。由此等书目考之，三人为世亲系统，殆无可疑。

就《十地论》之翻译言之，亦极有兴味。盖翻译此论，始于宣武永平元年。初摩提、流支，本在一处，《续高僧传》曰："当翻经日，于洛阳殿内，流支传本，余僧参助。"《大唐内典录》曰："中天竺三藏法师勒那摩提，正始五年，在洛阳殿内译，菩提流支助译。"正始五年，永平元年，同是一年。然此二人，师传既异，意见亦殊，宣武帝乃令二人分别译讫，后乃参校，合为一部。但《续高僧传》又载佛陀扇多，亦因各传师说，三人分居别译。《内典录》唯书摩提、流支，《开元录》则谓："摩提、流支同译；佛陀扇多传语。"《华严传》有二说：一说谓"摩提、流支二人，在洛水南北，各译一本"；他说谓"佛陀勒那初译《十地》"。不知何说为当。此二人别译、三人别译二说之中，以何者为正？虽难明确，似应取二人别译之说。盖二人虽同为世亲系，然师承既异，传习之义自分，在未来中国以前，既已如此，可以证明者也。流支、摩提二人之别译，不独此论，据《经录》，尚有《法华论》、《宝性论》、《宝积经论》。合二人别译两本而为一者，佛陀扇多弟子慧光也。盖译《十地论》时，慧光亲在译场，能洞悉两方之争点，比较两译之异同，立于摩提、流支间，而调和之者也。《续高僧传》谓："敕三处各翻,讫乃参校,其间隐没,互有不同,致有文旨,时兼异缀。后人合之,共成通部。"观此,似三人异译,后人合为一部。实则译出时,慧光即调和译者意见,成为一书。《内典录》于摩提及流支之下,各举《十地论》之名,别译似为后出。《开元录》削摩提所译,仅列流支之名。《华严传》谓："其后僧统慧光,请二贤对详校同异,参成一本。"恐系事实。后此似有二本之说。别于二人之下,分列《十地》之名者,此种《经录》,始自《历代三宝记》。第两者争点,究何所在? 后世已不能尽悉,不无遗憾。

慧光因融和两译,为研究《十地论》之资料,自是《华严经》之研究,遂日益盛。慧光事出第七章《四分律》北方禅之下,第十章南三北七判教之处,及其他各处。慧光弟子甚多,今举其系统之重要者于下:四分律宗,创自慧光,其系统由律及《十地》之研究而成;又慧光受禅于佛陀,由前所述观之,所谓少林佛陀禅师,其佛陀扇多乎? 但《高僧传》以佛陀禅师与佛陀扇多为非一人。

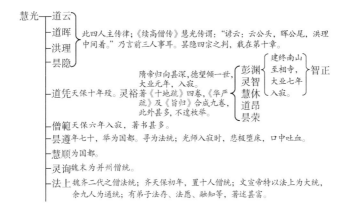

├─僧达初从勒那摩提学，与净土之昙鸾并称；梁武帝视为"北方鸾法师、达禅师、
│　　肉身菩萨"，恒向北遥礼"。即此人也。天保七年入寂。
├─道慎后随法上僧为国都。
├─昙衍开皇元年入寂。
└─慧远即净影是也。光统之下，其徒最盛。┐
　　　　┌─灵璨
　　　　├─智徽
　　　　├─静藏
　　　　├─慧迁
　　　　├─辩相
　　　　├─玄鉴
　　　　├─行等
　　　　├─宝儒
　　　　└─慧畅

《续高僧传》谓：慧光选其门下得行解入室者十人为十哲，其中可考者，仅儒生冯衮一人耳。慧远在光门，当推第一俊才，但慧远为弟子时，在十哲既定之后，故不列入。

此《华严地论》之系统，即法藏贤首华严宗之缘起也。

如上所述世亲系之教义，因《华严十地论》而弘。当是时，真谛亦来华传世亲系之教义；此实北魏以来，世亲系东传第二期之事实也。兹举真谛所译重要经典于下：

《解节经》一卷

世亲系本典之《解深密经》有四译：一、刘宋求那跋陀罗之《相续解脱经》；二、北魏菩提流支之《深密解脱经》；三、《解节经》；四、唐玄奘之《解深密经》。此四译中：求那所译，最不完全，仅有二品；此《解节

经》亦仅有前分四品;《深密解脱经》,共十一品;第二品分作四品。《解深密经》共有八品;均为完全译本。传世亲系教义之译家,皆译此经。

《摄大乘论》五卷

《摄大乘论释》十五卷天亲造

《佛性论》四卷同上

《中边分别论》二卷同上

《转识论》一卷

《显识论》一卷

《唯识论》一卷(《二十唯识论》)

《三无性论》二卷

《无相思尘论》一卷

《十八空论》一卷

《解卷谕》一卷

《决定藏论》三卷

《如实论》一卷

《大乘起信论》一卷

此外有《十七地论》、五卷,与《瑜伽师地论》同本,但其一部分耳。《金刚般若论》、一卷,与菩萨提流支所译同本。《大般涅槃经论》,一卷,与魏达摩菩提所译现存之天亲造《涅槃论》同本。今佚;尚有天亲之《俱舍释论》,二十二卷,即《旧俱舍》。《婆薮盘豆法师传》(一卷)。以上诸书属于同一系统。故真谛纯然为世亲系,于此可见。

以上所举各书中，《起信论》为特别一种真如缘起说，乃世亲以前所传之旧说也。盖真如缘起说，与阿梨耶缘起实同，仅对于世亲教义，为一种解释耳。

真谛梵言拘那罗陀，西印度优禅尼国人。梁武帝大同十二年来华。大清二年来建康时，适值侯景叛乱之始。第四年，元帝即位，世局稍静，危机仍伏。元帝即位第五年，梁亡，陈兴。真谛遭遇乱世，居无定所，屡思归国，或强请留止，或阻于暴风，不达归愿。陈宣帝大建元年，卒于广州，时年七十一。

真谛卒后，多数弟子，盛弘传此唯识之教。足为自隋迄初唐研赞《摄大乘论》之证。《续高僧传》载有弟子智恺、智休、僧宗、法准、僧忍、标领、法泰、慧旷等，以智恺、法泰最有名。智恺有弟子法常、慧光、道尼、智敫；道尼有弟子大总持寺之道岳、法恭。法恭有弟子静嵩，出于静嵩之下者，为法护、智凝。随智凝闻《摄论》四十余遍，载在《续僧传》者，有智则。智恺之叔子曹毗，亦三藏弟子，乃居士也，而受其教有僧荣、法侃等。其外系统不明而属此派之学者，不遑枚举；然其中如道岳之弟子灵润、昙迁等，殊有名。昙迁制《摄论疏》（十卷）及《唯识论》、《起信论》、《如实论》、《楞伽经》等疏，讲解颇尽力。又研究《俱舍论》者，在此派学者间，一时非常隆盛，即所谓通论家是也。

迨玄奘三藏还国，法相宗经典，遂有新译之名。当玄奘入印度前，自洛阳、长安趋成都，更经荆、扬诸州，访求多数学者，究《毗昙》、《婆沙》、《俱舍》、《摄论》、《涅槃》等深旨；道岳、法常、僧辩，皆其师事者也。

玄奘之发长安,在太宗贞观三年八月,当时世局未定,禁往外国,乃混迹旅人间,遁出国境。经高昌、屈支(即龟兹)、飒秣建(即飒秣建特地)等,出中央亚细亚,自健驮罗入北印度,巡游印度诸国十四年。贞观十七年十二月,出印度国境,绕道中央亚细亚,过瞿萨旦那;旧译于阗。十九年四月,归长安。自出及归,前后凡十有六年。玄奘此行,实我国历史上一大事实。欲知其详,于《大唐西域记》外,参照《大慈恩寺三藏法师传》,便能了然。所赍梵文,计大乘经二百二十四部、大众部论一百九十二部、上座部经律论十五部、弥娑塞部经律论二十二部、三弥底部经律论十五部、迦臂耶部经律论十七部、法密部经律论四十二部、说一切有部经律论六十七部、因明论三十六部、声明论十三部,凡五百二十夹、六百五十七部。抵长安时,群众欢欣,如遇弥勒下生,迎之者众,至不得前进,停于别馆。其译经事业,朝廷加以保护,命梁国公房玄龄专当监护之任,费用概由朝廷供给,以弘福寺为其译场。但玄奘踪迹,则不限于一处:或在大慈恩寺;或在宫中;或在玉华殿;玄奘译《大般若》时,特舍为寺,名玉华寺。殊不定也。所译经论,凡七十五部,千三百三十卷。高宗麟德元年二月,年六十五岁,入寂于玉华寺之嘉寿殿。所译书名,不遑枚举。

玄奘门下,弟子三千,达者七十,其盛可比孔子。但素位而不传其名者居多,其中推窥基、圆测为杰出;普光、法宝、神恭、靖迈、著《译经图录》四卷。顺璟、嘉尚、慧立、作《大慈恩寺三藏法师传》者。彦悰、排次慧立之《慈恩传》,订正为十卷者。神昉、宗哲皆其卓卓者。窥基在玄奘弟子中,号称第一，传云：窥基为得玄奘《成唯识论》秘密传授之人。《成唯识论》（十卷），为玄奘所传世亲教之根本典籍。此书来由，《论》之后序述之详矣，录之于下：初，玄奘欲解释世亲《唯识论》，乃荟萃印度十家之说，一一加以翻译，尚觉不易整理。因窥基之请，合糅十释四千五百颂而调和之，成为十卷。当其初译十家之说时，神昉润色，嘉尚执笔，普光检文，窥基纂义，分任其职。窥基请于玄奘，使一人总其成，俾责有所归，玄奘应其请，独以《唯识论》授基。此事为窥基所自述，载在《唯识枢要》，可考而知。但圆测以金贿门侍，于玄奘授窥基时，潜盗听之；又玄奘为窥基讲《瑜伽论》时，亦盗听之。圆测盗听《成唯识论》后，在西明寺，先窥基为众讲之。窥基引以为憾，玄奘慰之，更以《因明论》授窥基。此事真否未明，颇属疑问。或者因圆测与窥基所说不同，窥基门下，遂有如是传说乎？窥基即慈恩大师，其书现存者如下：

《弥勒上生经疏》二卷

《说无垢称经赞疏》六卷

《大般若经理趣分述赞》三卷

《金刚般若经述赞》二卷

《金刚般若经会释》四卷

《般若心经幽赞》二卷

《法华经玄赞》十卷

《法华经为为章》一卷

《阿弥陀经疏》一卷

《成唯识论述记》二十卷

《成唯识论别钞》三卷

《成唯识论枢要》四卷

《唯识三十颂略释》一卷

《唯识二十论述记》三卷

《唯识论开发》二卷

《瑜伽师地论略纂》十六卷

《瑜伽师地论劫章颂》一卷

《大乘阿毗达摩杂集论述记》十卷

《辨中边分别论述记》三卷

《大乘法苑义林章》七卷

《因明论大疏》三卷

《玄奘三藏菩萨戒法》一卷

《异部宗轮论述记》二卷

现存者凡二十二部、一百余卷。此外《阿弥陀经通赞》二卷及《西方要决》二卷，普通以为慈恩之著，殊可怪异；据慈恩《弥勒上生经疏》，为劝勉兜率上生之人，又为慈恩正当立足处。今此二书，与《上生经疏》之说相矛盾，不能认为慈恩之书，故删之。圆测著《解深密经疏》（十卷）、《仁王般若经疏》（六卷）、《唯识疏钞》等，《唯识疏钞》已佚，余二疏尚存。

玄奘门下，除唯识教义外，研究《俱舍论》者亦极盛，普光、法宝、神泰皆撰注疏,即世所称《俱舍》三大家是也。各有三十卷。此外窥基有《俱舍论抄》(四卷)、怀素律师有《俱舍论疏》(十五卷),惜不传。兹就其后研究《俱舍论》之状态言之:先有圆晖著《俱舍论颂释疏》(十九卷),此书之出,最可注目,实为后世《俱舍》学者之证券。相传系应礼部侍郎贾曾圣善寺之怀远律师所请而成者。《高僧传》三集谓:"光宝二师之后,晖公间出;两河间、二京道、江表、燕齐楚蜀,盛行晖疏焉。"遁麟《俱舍论颂疏记》(二十九卷)、慧晖《俱舍论颂疏义抄》(六卷),俱系解释圆晖之疏,世称颂疏之二大释家。二人传不明。此外《高僧传三集》谓有崇廙者,与圆晖同时,著《金华抄》(十卷);梓州慧义寺之神清宪宗元和年中入寂。著《俱舍义钞》;卷数不详。绛州龙兴寺之玄约,唐末人耶。讲《俱舍论》四十余遍,著《俱舍论金华抄》(二十卷);后唐时会稽大善寺之虚受,亦有钞解圆晖之《俱舍论疏》焉。

玄奘《新俱舍论》翻译以前,研究真谛《旧俱舍》者颇盛。在真谛之翻译中,《俱舍》次于《摄论》,为最经意之作。真谛之《俱舍论》,本文二十二卷,文疏合为八十三卷,语见《续高僧传》。(《宝疏》则以真谛《疏》为六十卷,然则合本文为八十二卷矣。)真谛弟子智恺,即笔受此论之人,应僧宗之请,在智慧寺讲《俱舍论》,为我国人讲《俱舍论》之始。不幸讲至《疏》之第九卷《业品》,即遭疾卒。其师真谛续讲之,至《惑品》亦病,遂辍讲,次年入寂。相传智恺殁时,真谛极悲,聚弟子十余人共传香火,令弘《摄舍》二论,誓无断绝。由此以后,传真谛之法者,必学《俱舍》,其中最著者为道岳,曾受真谛弟子道尼之教,当玄奘往天竺前,曾从之受《俱舍者》，著有《俱舍论疏》二十二卷，今不传。又《续高僧传》谓慧净著《俱舍论文疏》三十余卷，相传慧净无师独悟，选择名理而成书者。道岳之殁，在玄奘往印度之第七年（在归国七年前），即贞观十年。慧净之殁，在玄奘归国后第二年，即贞观十九年。

玄奘归国，及其灭后，以暨慈恩、窥基等诸弟子在世时代，法相宗尚盛，后似不振。慈恩有弟子慧沼，慧沼有弟子智周，著述俱多。义忠、如理、道邑等，皆慧沼弟子也。诸人大概在玄宗开元时期，安史乱后，法相宗遂无可观矣。

慧沼居淄州，人咸呼为淄州之沼，其著述如下：

《金光明最胜王经疏》十卷

《十一面神咒心经义疏》一卷

《法华经玄赞义决》一卷

《唯识了义灯》十三卷

《大乘法苑义林章补阙记》三卷

《能显中边慧日论》四卷

《劝发菩提心章》二卷

《大唐三藏法师传西域正法藏受菩萨戒法》一卷

《因明入正理论义断》二卷

《因明入正理论纂要》二卷

《因明论续疏》一卷

总十一部、四十卷。但宗《脉记等》六十余卷，今佚。

弟子智周,朴扬人;世称朴扬大师,其著述如下:

《法华经玄赞摄释》八卷

《梵网经义记疏》三、四两卷,现存。

《成唯识论演秘钞》十四卷

《成唯识论了义灯记》三、四、五、六四卷,现存。

《成唯识论枢要方志》二卷

《法苑义林章决择记》二卷

《大乘入道次第章》一卷

《因明论疏前记》二卷

《因明论疏后记》二卷

《因明论疏略记》一卷

凡十部、四十余卷。自慈恩迄慧沼、智周,世定为法相宗正统之师;其《唯识述记》、《唯识了义灯》、《唯识演秘》,称为《唯识》三书。

又如理著《唯识演秘钞释》(一卷)、《唯识述记义演》(二十一卷),道邑著《唯识述记义蕴》(十六卷)。

如上所述,其传世亲教系虽同,但各有所自,约分《十地论》、《摄大乘论》、《唯识论》三种。然其说互有差异,考厥根原,实由对于阿赖耶识《地论》、《摄论》二派为阿梨耶识。意见之不同。阿赖耶识,旧译无没,新译为藏,在《地论》方面,谓即在差别迷妄中,不没失真如本性,故名无没识;《摄论》派谓此识为迷妄根本,误认为我体不没失,故曰无没识;《唯识论》派以为生出迷妄根本之力,隐藏于此;故解释为藏识。《地论》派以此与真如同一意义,谓为清净识。《摄论》派以此为真妄和合之识，一方为真如识，一方可为妄识。盖谓现象妄境，乃由此识所造成，《起信论》等称为和合识者以此。然玄奘等《唯识论》派，以阿赖耶识全为妄识，主张应与真如分离者也。

此三派之说，谁得世亲之真意？今日难以明定。但《地论》派之说最古，变化连络之处，不难见也。盖龙树说与世亲说，相异之处，不可确知。窃意二菩萨当时，决非如后人之推想，立于冲突反对地位。唯世亲较之龙树，乃就现象世界、差别世界所现之理由，所谓缘起的方面，稍加积极的解释，以补龙树之言所未备而已。若此说可信，则阿赖耶识所定为缘起之理由。《地论》派以此清净阿黎耶识，一转而现为妄境界者；《摄论》派谓真如识，菴摩罗识。现为妄境界而失清净本性者，曰阿梨耶识；《唯识论》派谓失真如本性，单就妄境开发之原理，而得阿赖耶识之名。《地论》派之说，似自龙树说一转而生之单纯思想，渐次说明妄境开发之缘起，以探其委细之迹。世亲说之真意，何能得乎？且世亲所说阿赖耶识，后之学者，各异其解释，似由后世想象为之。若仅以《护法》派（即《唯识论》派）为世亲正统，其说亦未尽当。据以上之理由：则马鸣之《起言论》，为世亲以后之作；不过主张真谛所传《摄论》派之说耳。《地论》派之说，最近龙树；《十地论》者，乃连结龙树与无着、世亲之间之一种证据也。龙树有《十住毗婆娑》，世亲有《十地论》；又世亲因闻无着诵《十地论》，乃由小乘转入大乘，故又谓世亲受《十地论》于无着。《地论》派传于中国时，对于阿黎耶识，已开争端。彼菩提流支及勒那摩提之冲突，今虽未能知其内容，或即此间消息，未肯泄漏乎？《法华文句记》谓《地论》之相州南道一派,说黎耶清净;北道一派,主张黎耶迷妄。其说之派别,殆即兆自流支、摩提也。

世传法相宗与三论宗为空有之争,指为自昔学者所言。但世亲当时,实非反对龙树而立论。所谓空有之争,应起自后代,即此二派之争,亦以华严贤首法藏,亲闻之日照三藏,而记述于《华严探玄记》、《起信论义记》者,为其根据。然此亦言当时印度之事,即戒贤、智光时代之话。玄奘所记,尚未述及;况戒贤、智光以前护法、清辨时代,有此争耶? 又贤首所传智光之心境俱有(第一时阿含)、境空心有(第二时深密)、心境俱空(第三时般若)三时之判,乃承龙树至清辨之说;戒贤之心境俱有(第一时阿含)、心境俱空(第二时般若)、境空心有(第三时深密)三时之判,源出世亲,近承护法;亦未始非贤首对玄奘所传之三时教判而设为夸大之说。总之纵有空有之争,当系新出,决不许溯及护法、戒贤以前也。

以上世亲派三种说中,出自《地论》派而特别发达者,华严宗是也。纵世亲末流,有种种解释。要之现象世界,总谓为一心之所现,不出唯心论之范围。然说明一心所现之故,若谓为和合识缘起论,则亦可谓为妄识缘起论。华严宗即于《地论》派之净识缘起论,《法华文句记》所谓《地论》之相州南道派"计法性生一切法"二者之外,更进而言之者也。

华严宗,贤首大师法藏集其大成。其所师承,相传法藏为智俨至相大师。弟子;智俨为杜顺弟子。亦云法顺。杜顺所师何人? 属于何系统? 不可得知。世所谓帝心尊者,生于陈代,殁于贞观十四年。然智俨又受《华严》于终南山至相寺智正,据此,则智俨又属于慧光系统。智正之事,须参照前列慧光下之系统图;杜顺亦其系统,唯其师资不明耳。但古来说华严系统者,唯谈杜顺系统,不详言智正系统,因华严宗之成立,受杜顺之影响最大也。智正著述,今不可知。杜顺《五教止观》(一卷)、《法界观门》(一卷)二书,既为五时判教之始;如同别二教之区别论,十玄缘起之妙谈,其端绪亦发于杜顺也。智俨著《搜玄记》(五卷)、《孔目章》(四卷)、《华严问答》(二卷)、《十玄门》(一卷),皆说十玄缘起之道理;又六相圆融之义,亦智俨始说之。若然,则法藏之华严宗大成,有关于杜顺、智俨者,至为明了,即谓华严宗一脉相承,得自杜顺者独多,亦可。

法藏,字贤首,一说贤首为敕赐号,又为敕谥号,其说不一。亦有因其为康居人,故以康为姓,而谓为康藏者。所谓香象之称,当是附会之说。本康居人,祖父归化中华。贞观十七年,生于长安。《高僧传三集》载玄奘翻译时,贤首在其译场,充笔受、证义、润文之任,以“见识不同而出译场”。此说若为事实,则玄奘之死,在麟德元年,法藏仅二十二岁,参列译场,当在二十岁左右。一说,法藏至二十八岁,尚未受僧仪,其受沙弥戒,在咸亨元年。致远之别传。法藏初即与玄奘意见相异;至实叉难陀来译《华严经》,其思想益熟;译《八十华严》时,法藏年五十余,此时玄奘所传之说,风靡一时,法藏终反抗之,据《六十华严》以组织《地论》派说而大成之,睥睨一切,以自立说。是以法藏对玄奘派之三时教判,悉反对之,因将《摄论》派所说,及《三论》空宗之论,悉数采用,而著《大乘起信论义记》;贬《摄论》所传为大乘终教,贬《唯识》所传为大乘始教。自亲问中天竺日照法师之后,著《十二门论宗致义记》;又将《起信论义记》、《华严探玄记》诸说,隐然同于印度空有二教三时之争论,以反对法相宗三时教之说焉。但《义记》于空有二教三时,述其互有长短,于法相宗之判教论,未严加排斥,仅于暗中抑遏之,其意可知。法藏卒于睿宗先天元年,寿七十岁;著书六十余部,今举其重要者于下:

《密严经疏》四卷

《梵网经疏》六卷

《华严经探玄记》二十卷

《华严五教章》三卷

《游心法界记》一卷

《妄尽还源观》一卷

《金狮子章》一卷

《华严问答》二卷

《华严经旨归》一卷

《大乘起信论义记》三卷

《大乘起信论别记》一卷

《法界无差别论疏》一卷

《十二门论宗致义记》二卷

此外尚有现存者。须参观《藏经目录》及《续藏目录》等。又杜顺、智俨所著之书亦同。

华严宗之教义次序,亦极详细,笔难罄述,兹姑言其概略焉。其教义先分教判、教理为二。教判又分同别二教；五教、十宗，就同别二教言之，则区别佛教为一乘与三乘，明其关系为同教别教。以三乘与一乘相较，则权教、实教，高低悬隔，无从比较。但于三乘之上，高置一乘，谓之别教一乘，而三乘究非一乘以外之物；三乘自一乘流出而为法门时，谓之同教一乘。法藏之区别此同别二教也，盖有说焉，自别教一乘言之：则此一方面，当然为三一不同；谓之分相门。自他方面观之，则三一又无所谓永永不同。因三即一，一即三，三乘者进可入于一乘，非一乘便可融通于三乘也。谓之该摄门。又自同教一乘言之，则一方面一即三、三即一，当然为一三融摄；谓之融本末。然一与三，又非永无差别；无二无三之一乘，应机而成一乘、三乘，乃至无量乘；此又无间于融通之妙也。谓之分诸乘。如是同别二教，有区别而实无区别；依此同别一乘，则法相宗之类似三乘教，业已暗示，可以知之。盖此同别二教之语，发端于智俨之《孔目章》，且《十玄门》亦有通相别相之语。此等论调，恐自杜顺以来，已有所师承矣。《十玄门》述杜顺相承之说者，题为杜顺说、智俨撰。次述五教之判于下：

一、小乘教　（对心唯说眼、耳、鼻、舌、身、意之六识。）

二、大乘始教　（说八识阿赖耶，如《唯识论》等。）

三、大乘终教　（说现象差别法之不外真如；如《起信论》、《摄论》派说，所以说真如与现象之关系，名为大乘终教。）

四、大乘顿教　（前者说差别之妄境，自我妄心出今此妄心妄境皆空、仅一真心朗朗，如《维摩经》是。）

五、大乘圆教 （更进一步说森罗之差别现象，不外乎朗朗一心之
显现，如《华严经》是。）

此五教之判，源于杜顺之《五教止观》。五教止观者，即一、法有我
无门（小乘）；二、生即无生门（大乘始教）；三、事理圆融门（大乘终教）；
四、语观双绝门（大乘顿教）；五、华严三昧门（大乘圆教）。此为杜顺述
佛教实际修行，自浅入深、由小向大之次第；智俨受之；又于《孔目章》等
约为五教，以示华严之高。法藏五教之判，实继承其说。

再举十宗之名称：

一、我法俱有宗 （犊子、法上、贤胄、正量、密林山之五部，及经量
部之一派。）

二、法有我无宗 （雪山、有部二宗。）

三、法无去来宗 （法藏、饮光、大众、鸡胤、制多山、西山住、北山
住之七部，及化地部之一派。）

四、现通假实宗 （说假部，及经量部之一派。）

五、俗妄真实宗 （说出世部。）

六、诸法但名宗 （一说部。）

七、一切皆空宗 （当大乘始教。）

八、真德不空宗 （当大乘终教。）

九、相想俱绝宗 （大乘顿教。）

十、圆明具德宗 （大乘圆教。）

（自第一至第六为小乘教；第七以上为大乘教；此十宗学说甚多，若一一加以说明，未免繁冗；故略之。）

此十宗之判，杜顺、智俨，亦未见有类似之说，不得不谓为法藏考求所得。然上稽光统，已有四宗三教之判释，法藏之五教十宗，或即取材于此。参看第十章天台之教判。

华严教义，可分二种：即十玄门、六相圆融说是也。十玄缘起，出于智俨之《十玄门》，法藏继承之。其《五教章》中，次序有变更；至撰《探玄记》时，名目更加修改。故智俨之十玄门，谓之古十玄；法藏之《探玄记》，谓之新十玄。智俨之十玄门，为杜顺相承之说，前已述之。今比较之如下：

古十玄	新十玄
一同时具足相应门	一同时具足相应门
二因陀罗网境界门	七因陀罗网境界门
三秘密隐显俱成门	五隐密显了俱成门
四微细相容安立门	六微细相容安立门
五十世隔法异成门	九十世隔法异成门
六诸藏纯杂具德门	二广狭自在无碍门
七一多相容不同门	三一多相容不同门
八诸法相即自在门	四诸法相即自在门
九唯心回转善成门	十主伴圆明具德门
十托事显法生解门	八托事显法生解门

（图中圆点，示新十玄全变更者。）

　　盖此十玄缘起,毕竟不出相即相入之理。相即相入者,示一切差别之现象,皆互相包容,而有一即一切,一切即一之道理者也。譬如甲乙互相倚立,甲退则乙仆,乙退则甲仆;乙因甲而决运命,甲因乙而决运命;即甲委全力于乙,乙为无力,而甲有全力之谓也。换言之:则乙之力,被摄于甲之力;甲之力,全入于乙之力;如斯作用之相摄,因其能相入,遂称为相入。又所谓相即者,万有根于一体,其中以一为主,则他皆为伴,而附属于一主,称为被摄入之道理。前言相入,指作用之相摄;今言差别现象之实体,则物与物相为摄入,而称其有一体之关系。譬如以眼镜观物,则万有皆被摄于眼镜中。举一,则他皆存于此一之中,一积成十,十中存一;然除一不能成十,积一乃能成十;于一之中,有可以成十之原理,与无十则无一,一无则十无,其理相同。故一即十,十即一,彼与此有一体之关系,此之谓相即。

　　今之十玄门,即由种种方面论相即相入之理者:第一之同时具足相应门。万有互不破坏其本性本质、而为相入相即之一体。不仅于空间的万有为一体,即就时间的而言,现在之万有,非离过去而别存;未来之万有,非离现在而别存;三世毕竟一时一体。譬如今有成为甲之一物,此甲可谓为由甲以外之乙丙等而成;又不得谓为离过去之甲与未来之甲而成;是一之中具足千万数,千万数皆应具足一数。是则无时间的区别三世一时者曰同时;不破坏本性本质为具足;空间的相即相入一体为相应。甲由乙丙等而成立,乙由甲丙等而成立,万有互相依成,即谓为甲与乙丙等相应而为一体;乙与甲丙等相应而为一体。毕竟所谓同时具足相应者,乃按照万有差别之状态,无论其为空间的、时间的,不得不谓为表示一体不离之道理也。第二门以下,更细论此万有不离一体之理:所谓一多相容不同门者,此差别之现象不同,一之中有多,多之中有一,互相容相入,即表示相入门也。所谓诸法相即自在门者,一多无碍,彼此一体无差别此为自在之意义。之相即门也。所谓因陀罗网境界门者,其相即相入,非唯一重,乃万有相互;关系复杂,重重无尽;恰如帝释天宫殿之因陀罗网,有无量之网目,每目垂珠,珠珠相映,一珠现万珠之影,其所现万珠之影,互相辉映,无有限际;万有之相依、相成、相缘起,而相即相入,亦复如此。所谓微细相容安立门者,相即相入,重重无尽;一中有多,多中有一;其理微细,虽属可惊,而万有差别之现状,仍整然不乱;此即名安立之理也。第六秘密隐显俱成门者,既有一多相即相入之理,故一中有多,则一为表面,多隐里面;多中容一之时,亦同此理;因斯时隐显虽异其态,然有一而多不失,有多而一不灭,乃同时于表里隐显,而示万有现状之理者也。第七诸藏纯杂具德门者,一多相入相即,而为表里隐显;故一中包多,则表面单纯,里面复杂,藏杂多于纯一之中,故谓一为诸藏;此互为纯杂,谓为单复相即相入。第八十世隔法异成门者,明时间的三世同时;区别言之:则过去、现在、未来;更细言之:则过去有三世,现在有三世,未来亦有三世,总为九世;九世毕竟不出一念之短时;一念能摄尽九世;以一念别九世为三世,总为一念,合为十世。此虽九世诸法,被万有时间的相隔;然按其别异之状态,不出一体一念;此之谓异成。第九唯心回转善成门者,谓以上时间空间一体之万法,皆由如来藏真如一心所变化者也。第十托事显法生解门者,谓如上所述圆妙之理,非唯空论,举凡目前之事事物物,皆示此绝对之真理;无一非教此重重无尽相即相入之缘起也。以上十云次序,依《五教章》第七之诸藏纯杂具德门,新十玄谓为广狭自在无碍门;此纯杂为一多相即相入之理,恐人误解纯为真如,杂为万有,即因此而改也;真如与万有之一体论,因华严宗为平凡之理事一体论;于差别之现象上,不得直说一体论,涉及事事无碍论,故改为广狭自在也。次为第九之唯心回转善成门,此亦平凡之理事无碍论,无容以事事无碍之相为说;故新十玄改为主伴圆明具德门,即由万有相即相入而为一体,如举网之一目,则他众目亦随之,以一为主,则他为伴,此殆按照差别以示一多相依相成之理也。据《十玄缘起论》:以万有为相入相即一体,相依相成,未须臾离;而一即一切,一切即一之理,由此而生。何则? 万有相互之关系,生于六相;六相圆融而为一,故万有为一体;因万有为一体,则十玄缘起之理,于此可得矣。兹示六相如下:

一、总相 （譬如宅第,合柱、壁等种种而成;概括之则总称为宅;此之谓总相。）

二、别相 （总相中又区别为柱与壁等,谓之别相;乃对总相而言也。）

三、同相 （将别相之柱、壁、椽等,相与调和,而成总相宅第之状;是谓同相。）

四、异相 （柱、壁、椽虽相调和协同;但柱是柱,壁是壁,不能混乱;因对于同相而言,故名曰异相。）

五、成相 （柱是柱，壁是壁，因此之故，乃能就别相诸物，加以调和，造成一宅之形；若作用皆同，则不能成；此之谓缘起成就之作用，斯名成相。）

六、坏相 （此虽调和而成总相，但柱、石、壁、椽，各不失其本性；非此外别有宅第，斯名坏相。）

上六相中：总、同、成三相，为圆融门；平等门。别、异、坏三相，为行布门；差别门。圆融行布之六相，即为一相，故万有得谓为一体。

华严宗教理，在我国佛教中，最为玄妙。《地论》派之净心缘起，尚多未尽，缘起之说，其理亦欠明确。华严宗就此净心缘起论，更进而推论之，重立无尽之一心缘起论（即绝对的唯心论）。至于各方面所解释之大乘佛教唯心论，印度之摄论派、唯识论派，俱谓世界之差别现象，乃就吾等妄识上所浮之假相以说明之（即相对的唯心论）。然华严宗立论，与之相反，极论差别诸法，皆为绝对一心之实相，此其要点也。

法藏弟子甚多：以宏观、文超、智光、宗一、慧英、慧苑等最有名。但慧苑外，其事迹学说，俱不可考。慧苑虽为法藏之高足，然其造《华严刊定记》（三十卷）也，法藏制《八十华严疏》，业未竟而殁，慧苑继其志而著此书。意旨多法藏与相反：如法藏之五教，就天台之藏（小）通（始）别（终）圆四教，加顿教为五教；慧苑驳之，谓其加顿教为不妥，应别由《宝性论》立四种教。四种教者：一、迷真异执教，即凡夫之教；二、真一分半教，即声闻缘觉之教；三、真一分满教，即大乘初门说凝然真如者；四、真具分满教，内分理事无碍门及事事无碍门二种。又就十玄缘起，而立两重十玄缘起说是也。

两重十玄者,就万有而分德相、业用二种,各有十玄;德相十玄,即同时具足相应、相即、相在、隐显、主伴、同体成即、具足无尽、纯杂、微细、加因陀罗为十德是也;业用十玄,除去同体成即、具足无尽二种。外加相入、相作、二德为十德是也;

法藏灭后,其弟子清凉国师澄观著《华严随疏演义》。华严一宗,于是大成。

(三) 律　宗

《四分律》为唐代律宗,其系统始自慧光,前已述之矣。参照第七章。此《四分律宗》,自唐已分三派:即法砺律师之相部宗、怀素律师之东塔宗、道宣律师之南山宗是也。今示三宗分派系统之大略如下:

慧光—道云
道洪—智首—道宣 (南山宗之祖)

文纲其弟子载在《高僧传三集》者,有淮南之道岸,蜀川之神积,岐陇之慧頵,京兆之神慧、思义、绍觉、律藏、恒遄、崇业等五十余人。

道岸其弟子载在《高僧传三集》者,有龙兴寺慧武、义海、道融、大禹寺怀则,大善寺道超,齐明寺思一,云明寺慧周,洪邑寺怀莹,香严寺怀彦,平原寺道﨏,湖州大云寺瑀,兴国寺慧纂等。

大慈《高僧传三集》,道宣律师传称:"受法传教弟子可千百人;其亲度曰大慈律师、授法者文纲等。"

灵嶤《高僧传三集》灵嶤,躬预南山宣师法席;又亲近文纲、大慈,随讲收采所闻,号之曰记。

融济—玄俨—大义

恒景或作弘景—鉴真日本律宗之祖,即东征和上。

守直—清江
清源

法进在随往日本诸弟子中,当推高足。

周秀—道恒—志鸿
省躬
昙清

```
┌─洪遵─洪渊─法砺 (相部宗之祖。)─
│
├─满意─大亮─昙一其弟子载在《高僧传三集》者，有越州妙喜寺常照，建法寺
│　　　清源，湖州龙兴寺神玩，宣州隐静寺道昂，杭州龙兴寺义宾，台州国清寺
│　　　湛然，苏州开元寺辩秀，润州栖霞寺昭亮，常州龙兴寺法俊等；清源后为
│　　　守直弟子；湛然为天台宗之荆溪妙乐大师；此外华严宗清凉大师，亦曾就
│　　　之学律焉。
│　　　　　┌─朗然清浩、择言，其高行弟子也。
│　　　　　└─神皓─维亮
└─怀素 (东塔宗之祖。)
```

（有谓怀素，系出道成。按怀素亲受讲于法砺，因怀疑其说，遂另立新论，著《四分律记》，后返京师，奉诏住西太原寺，得旁听道成之讲，不能谓之为道成系也。有谓道成为法砺弟子者，据《高僧传三集》所载，其所承之系统不明。有谓文纲亦受道成之教，可知道成为当时著名律匠。考道成弟子曰法慎，法慎弟子曰灵一，曰义宣等。义宣、慧宣、德宣，号称晋阳三宣；与会稽昙一，闽川怀一，庆云灵一，并称三宣三一。）

研究《四分律》而加以解释者，当推道覆（慧光律师之师）所著之《疏》（六卷）为嚆矢，慧光、道云、道晖、见第七章道乐、洪理道乐律师之疏四卷、洪理律师之疏二卷、道乐之传统不明。诸师之《疏》继之，实为智首律师之先驱。南山道宣律师，继承智首之义，建立其说。智首《疏》（二十卷）今存。此外造《四分律疏》可举者：则有法愿所承系统不详，著书似甚多。《疏》（十卷）、法砺《疏》（二十卷）、慧满《疏》（二十卷）、智首弟子。道宣《疏》（四卷）、怀素《四分律开宗记》（二十卷）。洪遵亦有疏，已不可考。洪遵别有《大纯钞》五卷。诸疏之中：法砺之《疏》，呼为《旧疏》；怀素之

《疏》,呼为《新疏》;一般学者,谓慧光之《疏》为《略疏》,法砺之《疏》为《中疏》,智首之《疏》为《大疏》,此谓《四分》之三要疏;此外造《四分》疏解者甚多,惜多不传耳。

属于南山宗者:灵崿据所闻于文纲、大慈者作"记",又别撰《轻重诀》;玄俨律师著《辅篇记》(十卷)及《羯磨述章》三篇;昙一著《发正记》(十卷),萃南山、法砺两家之说,参稽而攻究之;其弟子朗然,亦著《四分律钞》,凡数十万言,未定卷数。复著《古今决》(十卷),批评古人之说。义宣三宣之一。初依法慎律师,学法砺之旧疏;后就周律师,恐系道岸弟子慧周。受南山派之学,著《折中记》(六卷),以冀调和两宗之说。《高僧传三集》曰:"盖慊融济、崿、胜诸师,有所訛谬故也。"意者其为旧疏辩护之言乎?融济当系南山弟子,崿、胜不详。若崿、胜二字非连文,崿当为灵崿,胜则更不详何人矣。其后吴郡双林寺志鸿(道恒弟子),就大慈、灵崿以下四十余师之《记钞》,撷其精要,著《搜玄录》(二十卷),是大慈、灵崿,固明明有著述矣。其与志鸿同门者,省躬著《顺正记》(十卷)、昙清著《显宗记》,但卷数不明耳。嵩山定宾律师之《饰宗》记,十六卷在解释法砺旧疏中,当推名著。定宾,玄宗开元年间人。

史称贞观开元之治。贞观年间,为有唐发展时代,领土扩张,制度整备,佛教势力,渐次增加,各宗高僧续出;玄宗开元年间,治化益隆,为有唐极盛时代。迨安史之乱,顿遭挫折,国运稍衰,佛教各宗各派,亦因之式微。开元之后,律宗遂无足观,独禅宗得势耳。律之大部,亦为禅之势力所夺。大历十三年,律之三宗折中计画,可谓为唐代律宗最后重要事实也。

代宗大历十三年，敕三派大德十四人，集安国寺，定其是非。其时如净、慧彻二人，荐福寺如净，保寿寺慧彻，见《高僧传三集·圆照传》中；如净似东塔宗人。推为宗主，以企调和新旧两疏，对于南山关系最薄。当是时，相部、东塔间，相争之烈，可想见矣。《高僧传三集》曰："盖以二宗俱盛，两壮必争，被擒翻利于渔人，互击定伤于师足，即频言竞，多达帝聪，有敕令将二本律疏，定行一家者。"观此，足以明此次集会之趣意，而知两家争论，实非寻常也。盖此会之计画，实出自丞相元载之请。当是时，如净、慧彻主任其事；圆照笔受正字；宝意纂文佥定；超俦笔受；崇叡以下九人，皆为证义；凡出书十卷，题曰《敕佥定四分律钞》。然丞相元载之本意，虽以调和为名，实欲借此摧残相部，而推行新疏。迨书成献之朝廷，此诸大德遂上奏，请仍许新旧两疏并行，从学者所好。敕允之。是此书之不满人意可知矣。

新旧两疏，争点颇多，以戒体论为其根本。相部宗据《成实论》，谓戒体非色非心；东塔新疏据有部《大毗婆娑》、《俱舍》等，主张戒体为色法。盖怀素曾依玄奘三藏学《俱舍》，其思想如是，乃自然之势也。戒律宗之说戒体也，曰戒体乃受戒时身内所成，依此力断恶存善。其戒体为何？则谓之无表色。《成实》旧译为无作色。其无表色为何？则有部《俱舍》谓为色法；《成实》谓为非色非心；此为戒律二派议论分歧之处也。

南山宗用《成实论》说，似相部。然道宣律师，乃置身玄奘三藏译场，研究法相教义之人，视律为大乘的；表面上虽以《四分律》属之小乘，精神上则视为大乘,以唯识法相宗之意,解释《四分》。故比诸前二派,稍近相部。此所以大历集会,南山宗以同于相部《旧疏》派而被摈也。但前二派以《四分律》为小乘,而道宣律师主张属于大乘,此四分大乘说,实出于道宣。从其说,则与前二者异,而谓戒体为心法;盖戒体者为受戒时熏于阿赖耶识之种子也。道宣律师据此议论,遂下佛一代教之判释,以佛教为化教制教二种,其区别如下:

$$
\text{化教}\left\{
\begin{array}{l}
\text{性空教(小乘)}\left\{
\begin{array}{l}
\text{实 法 宗(色法戒体)}\\
\text{假名宗(非色非心法戒体)}
\end{array}\right\}\\
\text{相空教(权大乘般若)}\\
\text{唯识教(实大乘)——圆教宗(心法戒体)}
\end{array}\right\}\text{制教}
$$

四分律宗之中,南山宗于后世独占势力,其宗以终南山道宣律师为祖。律师德高学广,历史的著述颇富。今举其重要者如下:

$$
\left.
\begin{array}{l}
\text{《行事钞》三卷(分为十二卷)}\\
\text{《戒疏》四卷(分为八卷)}\\
\text{《业疏》四卷(同上)}\\
\text{《拾毗尼义钞》三卷(今唯上中二卷存,二}\\
\qquad\text{卷更分为四卷)}\\
\text{《比丘尼钞》三卷(分为六卷)}
\end{array}\right\}\text{此之谓五大部}
$$

《合注戒本》三卷

《随机羯磨》三卷

《释迦方志》二卷

《续高僧传》三十卷

《后续僧传》十卷

《广弘明集》三十卷

《大唐内典录》十卷

此外《法华义苑》三十卷，今不存；其他小部尚多。梁僧祐律师著有《释迦谱》、《弘明集》、《出三藏记》等书。道宣之著述，颇与之相类，故世有称道宣为僧祐再生者。

（四）禅　宗

禅宗概要，及不立文字之禅，为达摩之嫡传，前已述之矣。参照第八章。但所谓禅宗之禅，亦明明随时代迁移。达摩以后，慧可（亦名僧可）、僧璨、道信、弘忍之五祖，事实不明。三祖僧璨有《信心铭》（一卷），亦与读傅大士、保誌禅师之书等耳。四祖以下，别分牛头之禅；五祖以下，有南禅、北禅之区别。六祖与神秀之壁书，语味与中晚唐禅宗人语，大相径庭。神秀之语，殆为后世禅家思想之所不许。后之禅宗，似为六祖以后之禅，与六祖以前，旨趣大异，此敢断言者。

二祖断臂，禅宗传为美谈，似后世附会之谈。《续高僧传·慧可传》曰："遭贼斫臂，以法御心，不觉痛苦。火烧斫处，血断帛裹，乞食如故，曾不告人。"按当时有林法师者，弟子七百人；周武灭法时，与可同学，共护经像；此林法师与慧可相亲。又曰："后林又被贼斫其臂，叫号通夕。可为治裹，乞食供林；林怪可手不便，怒之。可曰：饼食在前，何不自食。林曰：我无臂，可不知耶？可曰：我亦无臂，复何可怒。因相委问，方知有功；故世云无臂林矣。"禅宗所传可之断臂，实以此为根据，而加以附会也。又《慧满传》《慧可传》附记。曰："满一衣一食；往无再宿，常行乞食。贞观十六年，于洛州南会善寺侧，宿柏墓中，遇雪深三尺。其旦入寺，见昙旷法师，怪所从来？满曰：法友来耶？遣寻坐处，四边五尺许，雪自积聚，不可测也。"此似为雪中断臂说之缘起。无论如何，雪中断臂之谈，快则快矣，恐非事实。

全体佛教，自一面观之，皆为禅宗。始自小乘教之四谛十二因缘观，终迄天台之一心三观。华严之法界观，无不由禅，唯禅之内容、解释，互有差异耳。禅之形式，为佛教之通则，而在实际的方面，为唯一之修行方法。此修行方法，不独为佛教所通用，即印度婆罗门教，亦通用之。故宗密禅师之《禅源诸诠集都序》曰：

故三乘学人，欲求圣道，必须修禅，离此无门，离此无路。至于念佛求生净土，亦须修十六禅观及念佛三昧、般舟三昧。又真性则不垢不净，凡圣无差；禅则有浅有深，阶级殊等：谓带异计，欣上厌下而修者，是外道禅。正信因果，亦以欣厌而修者，是凡夫禅。悟我空偏真之理而修者，是小乘禅。悟我法二空所显真理而修者，是大乘禅。若顿悟自心，本来清净，元无烦恼；无漏智性，本自具足；此心即佛，毕竟无异；依此而修者，是最上乘禅；亦名如来清净禅，亦名一行三昧，亦名真如三昧。此是一切三昧根本，若能念念修习，自然渐得百千三昧。达摩门下展转相转者,是此禅也。达摩未到,古来诸家所解,皆是前四禅八定,诸高僧修之,皆得功用。天台南岳,令依三谛之理,修三止三观;教义虽最圆妙,然其趣入门户次第,亦只是前之诸禅行相。唯达摩所传者,顿同佛体,迥异诸门。

以上区别禅为外道、凡夫、小乘、大乘、最上乘五种。总而言之,教有顿渐二说,禅亦有顿渐二门。但宗密所谓如来清净禅之解释,犹堕于理,于直观的禅味之真意,不能彻底。故后世对于如来禅之语,而以祖师禅代之。

香严智闲,沩山之弟子也。兹就香严与仰山问答之语述之:香严曰:"去年贫,未是贫;今年贫,始是贫。去年无卓锥之地,今年贫锥也无。"仰山曰:"如来禅许吾弟会,祖师禅未梦见在。"又香严曰:"我有一机,瞬目视伊;若人不会,别唤沙弥。"仰山告师沩山曰:"且喜闲师弟,会祖师禅。"此当系如来禅、祖师禅语并出之始。

禅之解释,逐渐深刻,顿渐二门之区别,亦日就显著,禅遂有派别矣。但禅既非教理的解释,所谓派别者,非理论之派别,乃就吾人所秉自然之理解,对于禅所发挥之态度而言耳。故性质温者其言和,性质烈者其言峻,因其发言之和峻,禅风因之而变,其禅风之相违,即禅之派别相违。同为禅也,发挥之时,因受人格之影响,禅门宗趣,遂致各异;或因门多俊才,法流广播,则自成一派一宗。故禅宗之派别,在教理的区别上,不若华严、天台之明晰也。

宗密《禅源诸诠集》曰："宗义别者,犹将十室:谓江西、荷泽、北秀、南侁、牛头、石头、保唐、宣什、稠那、天台等。立宗传法,互相乖阻:有以空为本;有以知为源;有云寂默方真;有云行坐皆是;有云见今朝暮分别为作,一切皆妄;有云分别为作,一切皆真;有万行悉存;有兼佛亦泯;有放任其志;有拘束其心;有以经律为所依;有以经律为障道。"此立禅十家派别也。又宗密《圆觉经疏》举北宗禅、神秀之系统。智侁禅、五祖下之人,其历史不明。老安禅、慧安之系统。南岳禅、怀让之系统。牛头禅、五祖之下,法融之系统。南山念佛门禅、在五祖之下,但不能分明耳。荷泽禅神会之系统。七种。又《拾遗门》列牛头宗、北宗、南宗、荷泽宗、洪州宗五种。凡此种种名称,皆宗密考想而为之名,非判然之派别。其中五祖下之牛头宗,早已雄视一方;六祖以后,遂成南北两宗;互相对立。尔来南宗独占势力,唐代门流之最盛者,当推五派,世称禅之五家:即临济宗、沩仰宗、云门宗、法眼宗、曹洞宗是也。

系统宗旨,为禅宗所重视,故五祖、六祖以后,传灯甚详。今仅就其重要之人,或其派别之大体,列其略系如下:

```
达摩—慧可—僧璨—道信┐
  ┌法融(居金陵牛头山幽栖寺,世称此法系为牛头禅,当系禅有派
  │     别之始)—智岩—慧方—法持—智威┐
  ├慧忠—(以上为牛头六祖)
  └弘忍┐
    ┌神秀(北宗之祖)—普寂(日本传律之道璿律师,亦受禅于普寂;
    │    此为日本禅之始)
```

```
┬─慧安 (即《圆觉经疏》所称之老安禅 )
├─智侁 (《禅源诸诠集》谓为南侁;《圆觉经疏》亦载之 )
├─慧能 (六祖大师，南宗之祖 )┐
 ├─南岳怀让 (居洪州南岳,《圆觉疏》谓为南岳之禅;《拾遗门》
 │  谓为洪州宗 )
 │  ┌─马祖道一 (《诸诠集》之江西宗，即此 )┐
 │  │        ┌─黄蘗希运─临济义玄 (临济宗之祖 )
 │  ├─百丈怀海┤        └─兴化存奖─南院慧颙─风穴延沼
 │  │        └─沩山灵祐─仰山慧寂 (沩仰宗所自出 )
 │  ├─南泉普愿─赵州从谂
 │  └─天王道悟─龙潭崇信─德山宣鉴─雪峰义存┐
 │          ┌─玄沙师备─地藏桂琛─清凉文益 (法眼宗之祖 )─天台德韶
 │          └─云门文偃 (云门宗之祖 )
 ├─青原行思─石头希迁─药山惟俨─云严昙晟┐
 │        ┌─洞山良价─曹山本寂 (曹洞宗所自出 )
 │        └─云居道膺 (日本之曹洞宗所自出 )
 ├─荷泽神会 (即宗密所谓荷泽宗是。)─磁州法如─荆南惟忠┐
 │        ┌─遂州道圆─圭峰宗密 (《圆觉疏》、《诸诠集》、《拾遗门》皆
 │        │  举荷泽宗，为密之所自属 )
 │        └─五台山无名─华严澄观 (即再兴华严之大德，宗密之师，即
 │            清凉大师也 )
 └─永嘉玄觉 (即著《永嘉集》及《证道歌》者 )
```

（《景德传灯录》以天王道悟出石头下,《传法正统记》等皆采之;但据丘玄素所撰碑文,则道悟明为马祖嗣法,参于马祖之前,一谒石头,因不投机,去而受马祖之教。故今仍其说。）

圭峰宗密,本华严宗人而兼传禅者,故频唱禅教一致之论,其《禅源诸诠集都序》,即明其旨趣者也。此中说禅处,有滞理而不贯彻禅味之弊;第其批评禅之诸派,亦有可参考之处,如说禅宗:有息妄修心宗、泯

绝无寄宗、直显心性宗三种；而谓牛头禅属于第二之泯绝无寄宗，是也。其言曰：

息妄修心宗者，说众生虽本有佛性，而无始无明，覆之不见，故轮回生死；诸佛已断妄想，故见性了了，出离生死，神通自在。当知凡圣功用不同，外境内心，各有分限。故须依师言教，背境观心，息灭妄念；念尽即觉悟，无所不知；如镜昏尘，须勤勤拂拭；尘尽明现，即无所不照。又须明解趣入禅境方便，远离愦闹，住闲静处，调身调息，跏趺晏默，舌柱上腭，心注一境。南侁、北秀、保唐、宣什等门下，皆此类也。牛头天台慧稠、求那等，进趣方便，迹即大同。见解即别。

泯绝无寄宗者，说凡圣等法，皆如梦幻，都无所有，本来空寂，非今始无，即此达无之智，亦不可得。平等法界，无佛无众生，法界亦是假名；心既不有，谁言法界？无修不修，无佛不佛。设有一法，胜过涅槃，我说亦如梦幻。无法可拘，无佛可作。凡有所作，皆是迷妄。如此了达本来无事，心无所寄，方免颠倒，始名解脱。石头、牛头、下至径山，皆示此理。便令心行与此相应；不令滞情于一法上；日久功至，尘习自亡；则于怨亲苦乐，一切无碍。因此便有一类道士儒生闲僧，泛参禅理者，皆说此言，便为臻极，不知此宗，不但以此言为法。荷泽、江西、天台等门下，亦说此理，然非所宗。

直显心性宗者，说一切诸法，若有若空，皆唯真性；真性无相无为，体非一切；谓非凡非圣，非因非果，非善非恶等；然即体之用，而能造作种种；谓能凡、能圣、现色、现相等，于中指示心性。

首言去心之垢，发本来之光明；次言迷悟共属妄念，务去此妄念，了达于空；三言纯任自然，了悟真性。万有自能超脱于妄念妄分别之上，而合自然之妙用，如柳绿花红，颇得天趣。所谓自然者，即无为之为，无作之作也。宗密更分第三项为二。此乃宗密暗示其所受荷泽宗属于第三宗也。盖首言执迷悟，而去迷得悟者，为有的禅宗；次言迷悟悉除者，为空的禅宗；第三所言，可谓为中道的禅宗。

宗密所举诸人之中，有今日全不明者，有其宗风不传者，兹难详述。四祖下第一别立一派之牛头禅，据宗密言则为唱空的禅宗者，但宗密批评正否，尚属可疑。以《传灯录》四祖付法之问答观之，以上之说，未能确当。今示其文如下：

祖曰：百千法门，同归方寸；河沙妙德，总在心源。一切戒门、定门、慧门，神通变化，悉自具足，不离汝心；一切烦恼业障，本来空寂；一切因果，皆如梦幻；无三界可出，无菩提可求；人与非人，性相平等；大道虚旷，绝思绝虑；如是之法，汝今已得，更无阙少，与佛何殊？更无别法。汝但任心自在，莫作观行，亦莫澄心；莫起贪嗔；莫怀愁虑；荡荡无碍，任意纵横；不作诸善，不作诸恶；行住坐卧，触目遇缘，总是佛之妙用，快乐无忧，故名为佛。师曰：心既具足，何者是佛？何者是心？祖曰：非心不问佛，问佛非不心。师曰：既不许作观行，于境起时，心如何对治？

祖曰：境缘无好丑，好丑起于心；心若不强名，妄情从何起？妄情既不起，真心任遍知。汝但随心自在，无复对治，即名常住法身，无有变异。祖为四祖道信，师为法融禅师。

但禅宗之派别最著者，恐生于南顿北渐之相违。古来相传，此派别起于六祖慧能与神秀上座之五祖付法问题，而以神秀"身是菩提树，心如明镜台，时时勤拂拭，勿使惹尘埃"之偈，及慧能"菩提本非树，明镜亦非台，本来无一物，何处惹尘埃"之偈，为其根据。以此二偈相较，则顿渐相违之趣自见，即南顿北渐之语所由生也。

（别有《六祖坛经》，乃传南顿之旨者；相传为六祖大师之说。）

北禅之神秀，后受则天朝敬礼，出入宫中，在北方颇占势力。同时慧安禅师，亦为则天所归依。南岳怀让，本参慧安，因机缘不合，去而皈依六祖。

六祖之禅，行于南方；其法系之人，亦皆布化于南方。六祖，新州人，居韶州曹溪。其嗣法之怀让，居洪州南岳；行思，居吉州青原山；此外则有马祖百丈（洪州大雄山）、黄蘗、沩山（潭州）、仰山（袁州）、云门（韶州云门山）、石头（南岳）、洞山（瑞州）、曹山（抚州）其布教之区，未脱离南岳青原范围，盖诸人固咸居南方也。其布顿教于北方者，仅临济义玄居北方镇州临济院而已。在北方占势力者，当推北秀之禅；六祖下之荷泽，天宝年间赴洛阳，著《显宗记》，大为南顿吐气。学者如圭峰亦出其系统。播于北方之南禅，殆始于荷泽钦。

同一禅也,因发挥之手段有异,及唱导者之性格不同,遂生派别,欲加以说明,颇不易易。今略就古来五家禅风说之:即曹洞丁宁、临济势胜、云门突急、法眼巧便、沩仰回互是也。法眼禅师十规论曰:

曹洞则敲唱为用;临济则互换为机;韶阳则函盖截流;沩仰则方圆默契;如谷应韵,似关合符。

"敲唱为用"者,即徒敲师唱之谓。《参同契》所谓回互不回互之妙用,盖即师徒常相交接,使徒弟晤本性真面目,乃极亲切之手段也;其宗风可称绵密。例如:

曹山元证大师(本寂)辞洞山,山问:向甚处去?师云:不变异处去。山云:不变异处,岂有去耶?师云:去亦不变异。

《五家参详要路门》所载曹洞"究心地"之言,或即指此绵密之宗风而言耶?曹洞本应作洞曹,有谓此宗风至曹山始盛,故置曹于洞上;或谓取曹溪之曹,置洞山之上;实际乃浑言曹山洞山之风,送称曹洞宗,无深意也。临济之"互换为机",乃师徒互为主客,间现峻烈机用之谓;如以铁槌击石,现火光闪闪之机用是也。自古有"临济将军、曹洞土民"之称:盖临济似指挥百万师旅之将军;曹洞似经营细碎田土之农夫。五祖法演禅师谓临济下"五逆闻雷"之喝,其禅风谓一喝之下,头脑破裂。如五逆罪人,为雷所裂。之烈可知矣。例如：

　　临济慧照禅师上堂云：赤肉团上有一无位真人，常从汝等诸人面门出入，未证据者看看。时有僧出问：如何是无位真人？师下禅床把住云：道道。其僧拟议，师托开云：无位真人是什么干屎橛？便归方丈。

　　《参详要路门》谓临济风为"战机锋"。云门之"函盖截流"，谓如截断众流，师徒函盖相合；云门风有如奔流突止之概。例如：

　　云门因僧问：不起一念，还有过么？门曰：须弥山。
　　又云门因僧问：如何是佛？门曰：干屎橛。

　　《参详要路门》评云门为"择言句"；法演禅师评云门下之事为"红旗闪烁"，俱言悟之顿机也。"沩仰方圆默契"，例如：

　　沩山摘茶次，谓仰山曰：终日摘茶，只闻子声，不见子形，请现本形相见。仰山撼茶树。沩曰：子只得其用，不得其体。仰曰：和尚如何？沩良久。仰曰：和尚是得其体，不得其用。沩曰：放子三十棒。仰曰：和尚棒，某甲吃，某甲棒，教谁吃？沩曰：放子三十棒。

　　体用语似争而默契。《人天眼目》云："沩仰宗者，父慈子孝，上令下从。你欲吃饭，我便捧羹；你欲渡江，我便撑船；隔山见烟，便知是火；隔墙见角，便知是牛。"亦方圆默契意。《参详要路门》谓沩仰"明作用"。而对于法眼宗，则谓为"先利济"。《十规论》为法眼禅师所著，故未述自家禅风。兹示其禅风之例如下：

　　金陵报恩院玄则禅师，在法眼会充监寺。一日法眼云：监寺，你在此间多少时耶？则云：在和尚会已得三年也。眼云：你是后生，寻常何不问事？则云：玄则不敢瞒和尚，玄则在青峰处，得个安乐。眼云：你因甚语得入？则云：玄则曾问青峰，如何是学人自己？峰云丙丁童子来求火。眼云：好语只恐你不会。则云：丙丁属火，将火求火，似将自己觅自己。眼云：情知你不会。佛法若如是，不到今日。则燥闷便起，至中路却云：佗是五百人善知识，道我不是，必有长处，却回忏悔。眼云：但问将来。则便问：如何是学人自己？眼云：丙丁童子来求火。则言下大悟。青峰不知何许人。

　　按法眼禅师之风，随对方人之机，接得自在，故谓为"先利济"。

　　慧超问法眼云：如何是佛？法眼云：汝是慧超。于言下大悟。

　　据此例可示其趣矣。《人天眼目》曰："法眼宗者，箭锋相拄，句意合机。始则行行如也，终则激发。渐服人心，削除情解，调机顺物，斥滞磨昏。"亦"先利济"之意也。从一方面观之，颇有似云门处。《参详要路门》曰："云门、法眼二宗，大概如诗之通韵叶韵，本出自岩头、雪峰下……雪峰即出玄沙、云门，玄沙一转得地藏，又得法眼宗；故云门、法眼二宗，言句易迷。"

（岩头即岩头全豁，乃德山法嗣，雪峰同门人也；一说作全岁。地藏即地藏院桂琛。以上之系统图，可资参考。）

法眼禅师之书，并说四家宗风。其时纵无四家五家名称，已有门户之见。自宋以后，揭五家宗名者，以契嵩宋明教大师之《传法正宗记》为嚆矢。如斯区别，本强立名目，元无划然之界限也。

此外《人天眼目》、《普灯录》、《五灯会元》、《五家正宗赞》、《续传灯录》、《会元续略》等书，尚说五家区别；《佛祖统记》、《佛祖通载》亦有此区别也。

此外临济宗有四料简，或谓四宾主：即宾中宾，宾中主，主中宾，主中主是。三玄三要。三玄门：即体中玄，句中玄，玄中玄是。每一玄有三要门：即言前之旨珪，究竟直说智，及方便是。曹洞宗有洞山五位。洞山五位：即正中偏，偏中正，正中来，偏中至，兼中到是。云门宗有八要：一玄、二从、三真要、四夺、五或、六过、七丧、八出。沩仰宗有九十六个圆相。南阳之忠，授之沩山，终传之仰山，遂成沩仰宗风云。法眼宗有天台德韶法眼之法嗣。之四料拣。即闻闻（放），闻不闻（收），不闻闻（明），不闻不闻（暗）是。兹略之。

（五）密 教

密教乃对于显教而言。凡释迦牟尼（应身佛）所说种种经典为显教;密教则为毗卢遮那佛(法身佛)直接所说之秘奥大法。其教理之组织,不易说明,与其谈理,毋宁崇实。盖密教自表面言之,则为祈祷宗,如何为佛? 如何礼拜? 如何崇奉? 皆密教所注重者,可断其以仪式为主旨。其根本思想,虽不离乎佛教,然其实际,则凡作法礼拜崇奉诸事,合乎方法,即可成佛。推此理而广行之,必得佛神冥助,且有利益,此即所以为祈祷宗也。

密教特色,在事多神,其理论则以大实在为根据。但我国密教传来之初期,凡关于诸佛之供养、诸菩萨之礼拜、诸明王之真言,似杂然并传,无有系统。因而此等诸佛诸菩萨诸天善神等,皆认为实在。苟供养之仪式合法,则佛菩萨及神,必皆来集,听人请愿,故密教最重仪式。

密教所奉诸佛诸神,自婆罗门教转来者颇多,因之其礼拜供养之仪式,羼入婆罗门教风不少。故密教除经外,尚有仪轨。仪轨云者,依据经说,而示礼拜供养之实际仪式,此即密教与他教相异之点。密教除经律论三藏外,尚有仪轨藏。

(密教传入日本后,前后次序,颇加整理,并说明其理。俾实际易于行用,名之曰次第。)

密教来华,当以西晋帛尸黎密多罗所译《大灌顶经》、《孔雀王经》为嚆矢(参看第二章)。然《经录》中载后汉失译者: 有《安宅神咒经》(一卷)、《五龙咒毒经》(一卷)、《取血气神咒经》(一卷)、《咒贼咒法经》(一卷)、《七佛安宅神咒经》(一卷)。藏中现存者,仅《安宅神咒经》而已。

唐代密教经典,翻译颇多。极古者以吴支谦所译《八吉祥神咒经》(一卷)、《无量门微密持经》(一卷)、《华积陀罗尼神咒经》(一卷)、《持句神咒经》(一卷)、《摩诃般若波罗密神咒经》(一卷)、《七佛神咒经》(一卷)为最著。又东晋竺昙无兰所译者:有《陀邻钵咒经》、(一卷)与上之持句神咒经,同本异译。《摩尼罗檀神咒经》(一卷)、《幻师跋陀罗神咒经》(一卷)、《七佛所结麻油术咒经》(一卷)、《大神母结誓神咒经》(一卷)、《伊洹法愿神咒经》(一卷)、《解日厄神咒经》(一卷)、《六神名神咒经》(一卷)、《檀特罗麻油术神咒经》(一卷)、《麻油术咒经》(一卷)、《麻尼罗檀神咒按摩经》(一卷)、《医王惟娄延神咒经》(一卷)、《龙王咒水浴经》(一卷)、《十八龙王神咒经》(一卷)、《请雨经》(一卷)、《噢水经》(一卷)、《幻师阿邹夷神咒经》(一卷)、《咒水经》(一卷)、《药咒经》(一卷)、《咒毒经》(一卷)、《咒时气病经》(一卷)、《咒小儿经》(一卷)、《咒齿经》(一卷)、《咒牙痛经》(一卷)、《咒眼痛经》(一卷)等。凡二十五部,皆密教经典也。然则昙无兰可谓在唐以前与密教关系最深之人矣。罗什尚译有《孔雀王咒经》(一卷)、《摩诃般若波罗密大明咒经》(一卷)。其他译一二部密经之人或失译者,姑不具述。六朝末叶,陈阇那崛多所译密经甚多,《经录》所存者,则有《八佛名号经》(一卷)、与《八吉祥神咒经》,同本异译。《不空罥索咒经》(一卷)、《十二佛名神咒经》(一卷)、《一向出生菩萨经》(一卷)、与《无量门微密持经》,同本异译。《金刚场陀罗尼经》(一卷)、《如来方便善巧咒经》(一卷)、《东方最胜灯王如来经》(一卷)、与《持句神咒经》,同本异译。《大法炬陀罗尼经》(二十卷)、《大威德陀罗尼经》(二十卷)、《五千五百佛名经》(八卷)等。唐时译密经最多者,为义净三藏,有《观自在菩萨如意心陀罗尼经》(一卷)、《曼殊室利菩萨咒藏中一字咒王经》(一卷)、《称赞如来功德神咒经》(一卷)、《大孔雀咒王经》(三卷)、《大金色孔雀王咒经》(一卷)、《佛顶尊胜陀罗尼经》(一卷)、《庄严王陀罗尼咒经》(一卷)、《香王菩萨陀罗尼咒经》(一卷)、《药师琉璃光七佛本愿功德经》(二卷)、《疗痔病经》(一卷)等。就上所举观之:当唐善无畏、金刚智、来传密宗之前,密教经典之一部,中土业已广译。其中如《孔雀王经》,已译八遍;《尊胜陀罗尼》,已译五遍。此外显教经典中咒文陀罗尼,不遑枚举;其仅持诵密咒有不可思议之行,而与密教关系最深者,尚不乏其人;姑略之。

(《释摩诃衍论》,相传为龙树菩萨所造;有谓为后人所伪托者,异说纷纷,莫衷一是。说者谓姚秦时筏提摩多曾译之,疑是新罗月忠所伪托,仅高丽《藏经》,加入藏中。纵此论为姚秦时代所译出,我国释之者,无一人视为密教之书;其视为密教之书者,唯日本耳。故此书之翻译,于我国密教上,无有关系。)

自密教观之,佛教有理论、实际二方面:经为理论,仪轨为实际。故有经则应有附随之仪轨。恰如婆罗门教《吠陀经》、有曼荼罗(赞诵),即有与此相当之不饶摩那(供牺法)同一理。婆罗门教梨俱吠陀,有《爱塔利亚》、《高希塔基》二种之不饶摩那;《夜柔吠陀》,有《胎梯利亚》、《谢塔婆塔》二种之不饶摩那;《沙磨吠陀》附属有八种之不饶摩那;中以普饶达、谢特、维恩舍为最著名。《阿塔婆吠陀》有《果婆塔》不饶摩那是也。佛教之仪轨,虽非供牺法,然其礼拜供养之方式,与婆罗门之供牺法固相当,或且仿效婆罗门之法转化而出者也。然于事实上,佛教之仪轨,非必附随于各经;小乘全无;大乘有者,亦仅十之二三。例如《法华经》有《成就妙法莲华经王瑜珈观智仪轨经》(一卷),《华严经》有《入法界品顿证毗卢遮那法身字轮瑜珈仪轨》(一卷),《般若经》有《仁王般若经道场念诵仪轨》(一卷)之类是也。

无仪轨之诸经,造通用之作法以用之。日本密教,有为诸经通用之仪轨者。

诵咒祈神降魔等,婆罗门教,用之颇古。祈祷所用之曼荼罗,多有灵验。由祈祷文一变而信其言句文句有大不可思议之力,渐成神秘,终成陀罗尼。而此神秘的仪式作法,日渐复杂,进而至于《阿塔婆吠陀》。风尚所趋,遂开秘密佛教之端绪。故佛教虽无附随经文之仪轨,然别本之单纯咒文至多,因此深信其能攘恶鬼、免灾祸也。

又婆罗门教,以声音为一种神灵的而极重之,如声论派(婆罗门之一派)创声为常住不灭之说,可以为证。由此声在宗教的信仰上,遂发生一种关系:如"阿母"表湿婆神之声;"乌"字表毗修奴神等。文字声音,各有宗教的意义,终成由"阿"字母音以及一切子音,皆有深远之意味。推而极之,万神皆有表其神之声音文字矣。佛教密宗诸佛菩萨,皆有种子;一切声音,母音子音,共有宗教的深义者,其端盖发于婆罗门教无疑。佛教之述此声字者,则有《瑜珈金刚顶经》、有不空译《释字母品》一卷。《文殊问经字母品》,(一卷)不空译。《华严经》、第七十六卷入法界品,有不空译《入法界品四十二字观门》一卷。及《大庄严经》之《示书品》、《大日经》等。《大智度论》（四十八卷）在释《四念处品》中，亦举四十二字观，说明各字之意义。但《大智度论》、《华严经》等，唯以譬喻观文字之意义：例如"阿"字为一切法初不生；"罗"字为一切法离垢；"波"字为一切法第一义等。渐次观之，则此音声毕竟不可得；文字者，色法也；色法之文字，因身业而现；身业先有口业之音声；依此音声，立种种之名称，妄想分别；实则声音本依因缘而生；一时触耳，再闻不得；如斯由文字音声上，观诸法空不可得之理；谓为四十二字观。《华严经》则先观"阿"字本不生，以"阿"字之中，融摄其他四十一字之深义；次观"伊"字一切法根本不可得，亦融摄其他四十一字之深义于其中。如是四十二字各观，俱摄其他四十一字；观各字之玄义，互为不离融摄者，即所谓字轮观；由此以观华严之事事无碍之理者也。此等皆以文字为观法之譬喻观。而密宗则直视此文字为佛菩萨之代表，作种子观，例如观大日如来，先观道场坛上所现之大日种子，即"阿"字；次变大日之三摩耶形（译为本誓），即观变作五层塔；更一转而观尊形，即大日如来之像；即就种子、三摩耶形、尊形三段而观，乃密教观法之通轨。故密教之声字观，较《智度论》、《华严》之文字观，更进一步。三摩耶形者，为表佛菩萨誓愿之器物，最初本无何种深意，如湿婆等为破坏神之化身，手持武器；毗修奴等为保护神之化身，手多持花；乃自然感情上之表现耳。其后遂谓何神持何器，为何种意义，似乎所持之器有深意存焉者。此种思想，亦自婆罗门教之神，转入佛教者也。

密教所说声字之深意,例如以"阿"字言之,《大日经》之《曼荼罗品》,谓为"一切诸法本不生故"之意义。《华严经》则曰:"喝'阿'字时,入般若波罗密门;名以菩萨威力入无差别境界。"似与法本不生,同一意味,而入无所得平等境界者。《大智度论》释其理曰:"菩萨若一切语法中,闻'阿'字即时随义;所谓一切法从初来不生相,阿提秦言初,阿耨波陁秦言不生。"此以"阿"为初之意义,当梵语阿提之"阿";为不生之意义,当阿耨波陀之"阿";故"阿"有本初不生意之解释。总之密教以"阿"字为一切声音之根本,遂成绝对表示万有本原之文字而重视之。

密教除口诵之真言陀罗尼、观心之种子、三摩耶形、尊形外,尚有印契:以手指作种种之结,表种种之意义。此亦自婆罗门教转来者,所谓口真言、身印契、心观念,身口意一致,三密相应者也。印契即目帝罗,婆罗门教已有之。初为单纯动作,不过于祈天祷神攘魔时,口唱祈祷文,以手表哀愿意,或示驱逐意而已;后思其动作,如有神助;终遂以种种印契,寓种种之意矣。印契,非仅手指之形也,广言之,身之诸业,皆目帝罗也。《大日经义释》曰:"凡有所作,皆为利益,调快众生;随作施为,无不随顺佛之威仪;是故一切所有举动施为,无不是印也。"盖即此意。

密教所供多神,与婆罗门教诸神,杂然陈列,互相影响,即佛教带婆罗门教之风,其外形遂似婆罗门教也。如是聚诸佛诸菩萨,名为曼荼罗,此曼荼罗者,亦源于婆罗门教,然则婆罗门教风,迨转入于佛教乎？加之曼荼罗中，多有婆罗门教神转入于佛教者：例如胎藏界曼荼罗之外，金刚部诸神，来自婆罗门教，持明院之五尊中，除般若菩萨外，如不动、降三世、大威德、胜三世等忿怒尊，似为湿婆之化身也。

曼荼罗有二种区别：即善无畏三藏所传者，及金刚智三藏所传者是也。善无畏梵名戍婆揭罗僧诃，正译净师子，意译善无畏，中天竺人，唐玄宗开元四年，自西域由陆路来华，值唐代极盛之时。善无畏所译经中，最重要者，为《大毗卢遮那成佛神变加持经》，七卷即《大日经》。及《苏婆呼童子经》。三卷即密教律。其《大毗卢遮那经》，乃应一行阿阇梨之请而译者；一行又将传自善无畏之言，解释此经，名之曰疏；即通称为《大疏》是也。此疏之中：于善无畏所传曼荼罗之事，加以详释，即世所称胎藏界曼荼罗是也。兹将今世所传胎藏曼荼罗之概要，示之如下。

按图、中台八叶院，以大日如来为中心，东方宝幢、南方开敷华、西方无量寿、北方天鼓雷音，此五佛也；东北弥勒、东南普贤、西南文殊、西北观音，此四菩萨也；合成九尊。遍知院七尊。观音院三十七尊。金刚手院三十三尊。持明院五尊，故又以持明院为五大院；所谓五尊者，即不动、降三世、般若菩萨、大威德、胜三世是也。释迦院三十九尊。文殊院二十五尊。除盖障院九尊。地藏院亦九尊。虚空藏院二十八尊。苏悉地院八尊。外金刚部院，四方各有一处，合成二百五尊。皆婆罗门教神也。

胎藏界曼荼罗图

东

	外金刚部院		
文　　殊　　院			外金刚部院
释　迦　院			
遍　知　院			除盖障院

北

地藏院　观音院　中台八叶院　金刚手院　除盖障院

南

持　明　院			
虚　空　藏　院			外金刚部院
苏　悉　地　院			
	外金刚部院		

外金刚部院（地藏院左侧）

西

（上述之胎藏曼荼罗，以中台八叶院为中心；前后四重；左右三重；合成十三大院。诸尊之数，凡四百四十四尊；细数之，可称七百七十尊焉。但此曼荼罗，与一行之说不合。殆善无畏所传，其后渐渐变化者耶?）

金刚智三藏,梵名跋日罗菩提,亦中天竺人。过南天竺,受摩赖耶国译名光明,一名秣罗矩吒,今印度南部东海岸,即沿马拉巴儿海岸之一国。王之保护,由海路履中土,时开元八年也,因称为南天竺人。其所译之经,以《金刚顶瑜珈中略出念诵法》(四卷)为最著名,即《金刚顶经》也。此经原有十万偈,今之所译,仅一部分耳。所传曼荼罗,即后世所称金刚界曼荼罗是也。

金刚界曼荼罗图:

理趣会	降三世羯磨会	降三世三摩耶会
一印会	羯磨会	三摩耶会
四印会	供养会	微细会

(羯磨会以大日如来为中心,一千六十一尊。三摩耶会七十三尊。微细会亦有七十三尊。供养会尊数亦同。四印会十三尊。一印会即大日一尊。理趣会以金刚萨埵为中心,十七尊。降三世羯磨会七十七尊。降三世三摩耶会七十三尊。以上名九会曼荼罗;诸尊详数五百余。但《金刚顶经》之大本共有十八会;传于中国者,乃其略本;故仅传九会;一说大本为二十八会云。)

曼荼罗虽从婆罗门教转入,以其内容言之:实包含佛教之根本思想,故中国密教,不得谓为有组织的教义。但从一方观之,则此曼荼罗,已足说明中国密教之教理。何则? 曼荼罗以图示佛教之教理,其说明曼荼罗之处,即说明佛教教理之处也。唯图之所表示,为婆罗门教给与之方法,故不得不谓密教者,乃被婆罗门教之外装以施佛教者也。窃思善无畏、金刚智咸在中天竺之摩揭陀那烂陀寺研究学问;故密教可谓由那烂陀寺佛教一转而成。然则金、胎两部曼荼罗之中央,为大日如来所在;胎藏界八业之中台,金刚界羯磨会之中心。四方为四佛所在;胎藏界即宝幢、开敷华、无量寿、天鼓雷音是;金刚界即阿閦、宝生、阿弥陀、不空成就。乃明法相宗之转识成智说,表现于图者也。即前五识转为成所作智;羯磨部之不空成就。第六识转为妙观察智;莲华部之阿弥陀。第七识转为平等性智;宝部之宝生。第八识转为大圆镜智金刚部之阿閦。之说;以四识四智之说为组织者也。中央之大日如来,表示此四智根本,为宇宙之实在,当法相宗之所谓清净法界。法相宗合此四识,与清净法界,谓之五法。而法相宗以清净法界为法身,以成所作智为化身,密教之不空成就,即释迦,所谓应化身。以其他三者为报身。但此三智为法为报为应之说,我国法相宗,有异议焉。大日如来为法身,实为密教之所依据。若就彼此二者,互相参考,则此二宗之历史的关系颇深;且缘起的佛教与密教之关系,全在那烂陀寺佛教之连络;其故可推而知也。

兹就密教之曼荼罗言之:胎藏界之曼荼罗,有所谓经之四曼荼罗、疏之六曼荼罗者。《大日经》释之曰:自擅九会曼荼罗,一也;嘉会曼荼罗,以上二者,说见《具缘品》第二。二也;彩色曼荼罗,三也;《转写轮品》第八。秘密曼荼罗,《秘密曼荼罗品》第十一。四也。其中以秘密曼荼罗为根本,前之三曼荼罗,不过枝流而已。一行之《疏》,则于上列四曼荼罗外,更加二种:即闻于善无畏之莲华一本曼荼罗,及阿阇梨所传曼荼罗是;

合成六曼荼罗。但《金刚顶经》之大本,谓金刚界曼荼罗为十八会;略本《金刚顶经》,仅译其十八会中前六会;所谓胎藏界曼荼罗,实仅为金刚界曼荼罗中第十六会。若印度无金胎之别,则此说宁可谓正。此事,不空于所译之《金刚顶瑜珈经十八会指归》曾论及之,曰:

第十六会,名无二平等瑜珈,于法界宫说;毗卢遮那佛,及诸菩萨、外金刚部等,各各说四种曼荼罗,具四印;此中说生死涅槃,世间出世间,自他平等无二;动心举目,声香味触,杂染思虑,住乱心皆无二;同真如法界,皆成一切佛身。

由此观之,胎藏界足当此十六会,可推而知也。

据又一说:大本金刚界曼荼罗,有二十八会,现所译者六会。然则今之九会曼荼罗云何?此乃以理趣会、降三世羯磨会、降三世三摩耶会,为后来所加者;而不空所译之《金刚顶经》,不出于六会。但自他一方言之:后加之三会,究在二十八会大本曼荼罗之中;除六品外,概括二十二会而为三会;降三世羯磨、降三世三摩耶二会,概括十会;理趣会概括其余十二会。故九会之中,已具二十八会全体者也。又以传于日本之曼荼罗言之:弘法大师所传,为此九会曼荼罗;台密之慈觉大师所传,单为羯磨会之曼荼罗。盖此羯磨之三十七尊,实为曼荼罗之根本。故虽属一会,而其理得包罗全体,即《十八会指归》所谓"瑜伽教十八会,或四千颂,或五千颂,或七千颂,都成十万颂;具五部四种曼荼罗、四印;具三十七尊、——却具三十七,乃至一尊成三十七,亦具四曼荼罗四印;互相涉入,如帝释网珠,光明交映,展转无限"是也。

习俗相传,印度画曼荼罗于砂上,修法终则坏之,无画于纸帛者。又谓善无畏在印度,绘画现于空中。或谓金刚智既从龙智受两部曼荼罗者;而龙智南天铁塔所传之本,为绘曼荼罗,是印度早已有之;或谓不空自龙智所传之本,实似始于震旦;特彩色曼荼罗,经中早有此说。据日本所传弘法大师之说,则彩色曼荼罗,当以惠果阿阇梨,传于弘法者为嚆矢。兹试就金刚界羯磨会三十七尊之事一言之:羯磨会曼荼罗,中央有五大月轮;其中轮之中台,为大日如来;从大日如来,现四佛于东西南北四方:东方为阿閦;南方为宝生;西方为阿弥陀;北方为不空成就。此五如来之四方,各有四菩萨:大日如来前有金刚波罗密菩萨;右有宝波罗密菩萨;后有法波罗密菩萨;左有业波罗密菩萨。又阿閦如来前有金刚萨埵;右有金刚王;左有金刚欲;后有金刚善哉菩萨。宝生如来前有金刚宝;右有金刚光;左有金刚幢;后有金刚笑菩萨。阿弥陀如来前有金刚法;右有金刚利;左有金刚因;后有金刚语菩萨。不空成就如来前有金刚业;右有金刚护;左有金刚牙;后有金刚拳菩萨。以上五佛二十菩萨。加于此者,其内四供养:则有金刚嬉戏、金刚鬘、金刚歌、金刚舞四菩萨;外四供养:则有金刚焚香、金刚华、金刚灯、金刚涂香四菩萨;外加金刚钩、金刚索、金刚锁、金刚铃四摄菩萨。凡三十七尊。其外部别有外金刚部诸神,兹略之。

善无畏、金刚智互传胎藏、金刚两部。此说出于海云《师资相承血脉记》。印度元无两部之称，两部之称，始自中国。约在不空、惠果阿阇梨之时，善无畏受那烂陀寺达摩掬多之传，时掬多年已八百岁；金刚智在锡兰受龙树菩萨弟子龙智之传，时龙智年七百余岁。此等传说，俱近怪诞，以当时印度佛教，极受婆罗门教之影响，遂至于此。善无畏来自北方，金刚智来自南方，邂逅于秦，不空所译《金刚顶瑜伽三十七尊出生义》有"金刚萨埵得之数百年，传龙猛菩萨；龙猛菩萨受之数百年，传龙智阿阇梨；又住持数百年，传金刚智阿阇梨"之语，但此非面受弟子之意，仅为数百年而传于某之说而已；至各活数百岁，似后世臆造之说。达摩掬多八百岁之说，始自李华所撰无畏碑文。各以其学授不空金刚，即阿目佉跋折罗，金刚智弟子也。此殆为事实也。

就密教相承之历史言之，所传怪奇之说极多：有谓善无畏与金刚智，同门受教，达摩掬多与龙智，同人异名。有谓《大日经》大本有十万偈；其次之大本有四千偈；略本有三千五百偈；中国所译，其略本也。又谓《金刚顶经》广本无量俱胝；其次之大本有十万偈；略本有四千偈；金刚智所译，亦其略本也。事载《金刚顶经义决》。有三卷，今唯上卷存。盖此书乃金刚智之说，不空所记录者也。兹揭其说如下：

其中广相，根未有堪，此略瑜伽，西国得灌顶者，说授相付；而其广本亦不传之；其百千颂本，复是菩萨《大藏经》中次略也。其大经，阿阇梨云：经夹广长如床，厚四五尺，有无量颂；在南天竺铁塔之中。佛灭度后，数百年间，无人能开此塔，以铁扉铁锧而封闭之。其中天竺国，佛法渐衰;时有大德,先诵持今大毗卢遮那真言,得毗卢遮那佛而现其身。及现多身于虚空中,说此法门,及文字章句;次第令写讫即灭,即那《念诵法要》一卷是。时大德持诵成就,愿开此塔;于七日中,绕塔念诵;以白芥子七粒,打此塔门乃开;塔内诸神,一时踊怒,不令得入。唯见塔内,香灯光明,一丈二丈;名华宝盖,满中悬列;又闻赞声,赞此经王。时大德至心忏悔,发大誓愿,然后得入此塔中。入已,其塔寻闭。经于多日,赞此经王广本一遍,谓如食顷,得诸佛菩萨指授,所堪记持不忘,便令出塔,塔门还闭如故。尔时书写所记持法有百千颂,此经名《金刚顶经》者,菩萨大藏塔内广本绝世所无;塔内灯光明等,至今不灭;此经百千颂本,此国未有。

所谓大德者,乃龙猛,即龙树菩萨。此为密教有名南天铁塔谈之典据。弘法大师之《金刚顶经开题》有曰:"此经及《大日经》者,龙猛菩萨自南天铁塔中所诵出也。"又谓《大日经》出于铁塔,但此《金刚顶经义决》之文,无关于《大日经》。故弘法大师之说,殊无确据。真言宗之学者,则以此种种理解,无从探索。又《金刚顶经义决》述金刚智来华时,携百千颂本通谓十万偈本。及略本而来;遇暴风于海上,船中物皆掷于海中,百千颂本亦失去;所持来者,仅有略本及《义决》而已。《大日经》有大本,一行之释屡述之。自《金刚顶经》之南天铁塔谈,有广本、大本、略本之说,略与《华严经》之龙宫谈此龙宫谈所载龙树菩萨之传说,与南天铁塔谈同。有广、大、上、中、下、略六本之说相似,或系不空摭《华严》所传之说;或系密教与《华严》有密切关系而然。盖不空解密教，往往取资于《华严》，观《指归》所引《华严》之文，可以明矣。

曼荼罗为善无畏所传，或金刚智所传，其曼荼罗中心，皆为大日如来。大日究属何佛？《大日经义释》于经中"薄伽梵住如来加持"薄伽梵，梵语也。之语解之曰："薄伽梵，即此毗卢遮那本地法身；次云如来是佛加持身，其所住处，名佛受用身，即以此身为佛加持住处，如来心王如诸佛住而住其中。既从遍一切处加持力生，即与无相法身，无二无别；而以自在神力，令一切众生见身密之色，闻语密之声，悟意密之法；随其性分种种不同，即此所住名加持处也。"据此可知法身大日与加持身释迦之关系。故以此大日为中心之曼荼罗，毕竟不出我一心，依三密相应之行，得见我心内之佛。此为密教之要旨。《义释》又曰："以平等身口意秘密加持为所入门，谓以身等之密印，语等之真言，心等之妙观为方便故，逮见加持受用身。如是加持受用身，毗卢遮那遍一切身；遍一切身者，即是行者平等智身。是故往此乘者，以不行而行，以不到而到，名为平等句。一切众生皆入其中，而实无能入者，无所入处，故名平等法门。"我国密宗之理论的解释，由此文可窥知其一端。此等佛教之根本思想，与婆罗门教仪式作法相结合而成，为一种具祈祷形式之佛教，即所谓秘密教者也。

唐代密教之来，功归于善无畏、金刚智二人；其盛也，则借不空三藏之力。不空，北天竺人。南游阇婆国，遇金刚智，为其弟子，同履中土，年仅十六也。至二十八岁，金刚智入灭，遗命不空与弟子含光、慧誓等，于开元二十九年发中国，自锡兰入印度。留五年。携《大日经》、《金刚顶经》之大本，及其他诸部密教经典五百余部，具得指授口传，再还中土;时天宝五年也。不空所译经论,凡一百十部、一百四十三卷,《贞元释教录》。实玄奘以后一大翻译家也。但所传广本之《大日》《金刚顶》,尚未全译;此外有《表制集》六卷,乃集不空表文,及天子批答而成者。代宗极重不空,因归依焉。永泰元年,赐特进试鸿胪卿,授大广智三藏之号。示疾之际,帝亲临其室,加开府仪同三司,封肃国公,赐食邑三千户,固辞不许。入寂后,帝废朝三日。其待遇不空,可谓优矣。

以事实言之,我国密教,殆无组织的理论之说明,而以实际的说明为主。盖《大日经》《金刚顶经》,虽名为经,实异于常经,而以关于仪轨的实际的作法为多也。然就其间之学风说明之,则我国密教自有二派区别:一为善无畏所传,一行阿阇梨继之。一行之《大日经疏》(二十卷),殆为密教最初之理论的解释书,在我国亦可称为唯一之善本。相传此书多记录善无畏之说,但其说明,近于天台之解释法,天台之意,未尝或离,殆始终应用之。一行本属天台学者,故其趋向如是。谓《大日经》为实相的法门者,实自此始。一行又自金刚智受密教,其立足处则为天台。若不空则与之异,以大日为中心,而谓诸尊由之出生成为无量佛。其说乃是缘起的说相,其立足处在于《华严》之理论。盖不空亦非仅学金刚界,似与善无畏所传,稍异其趣。

日本密教,弘法大师之东密,为不空派密教;睿山之台密,为善无畏派密教。

一行、不空殁后,师资相承,彼此混杂,难以判别。然此二派潮流现尚存在之故,可以想象得之。一行、不空后,我国密教遂衰,著述流传者既少，《僧传》所载之人亦不多。但自传入日本后，乃极隆盛，至今不替。

今就彼国东、台两密学者之传承，示其概要如下：

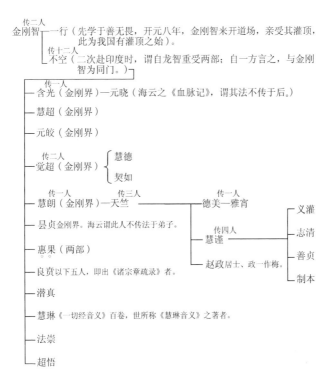

（《表制集》(不空遗书)曰："吾当代灌顶，三十余年，入坛授法弟子颇多；五部琢磨，成立八个；沦亡相次，唯有六人；其谁得之？则有金阁含光、新罗慧超、青龙惠果、崇福慧朗、保寿元皎、觉超。"海云《血脉》曰：

"三藏和尚以此法付属含光阿阇梨等弟子五人：一含光、二慧朗、三昙贞、四觉超、五惠果。"

名下括弧内之金刚界，即传金刚界之谓；昙贞以外之人，皆由弘法大师所传血脉而增加者。此图可谓专为金刚智所传金刚界系统而设，独惠果自不空传两部，甚为可异。《表制集》以为五部琢磨之弟子。五部云者，即在金刚界曼荼罗中分为佛部（大日）、金刚部（阿閦）、宝部（宝生）、莲花部（阿弥陀）、羯磨部（不空）之谓，而以金刚界为限；足见金刚智、不空，纵传胎藏界。但此系统，不传于金刚界外之人。海云《血脉》谓善无畏、金刚智交换所传。东密等尚斥之，其所主张以金刚智已于印度自龙智受两部，不空受之，更于印度自龙智重受两部，是此血脉，应专属于金刚智所传金刚界之系统。惠果之传两部，别以善无畏所传受自玄超，决非由不空受胎藏界。是则密教似与金胎两部相并，方可谓之传两部也。两部名称之缘起，大概在惠果以后，当可置信。

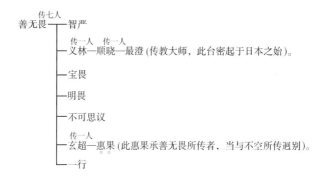

```
              传七人
善无畏 ——— 智严

        传一人  传一人
      — 义林—顺晓—最澄 (传教大师，此台密起于日本之始)。

      — 宝畏

      — 明畏

      — 不可思议

        传一人
      — 玄超—惠果 (此惠果承善无畏所传者，当与不空所传迥别)。

      — 一行
```

惠果以后，金胎虽属并传，但据所传，二派已各异其趣。

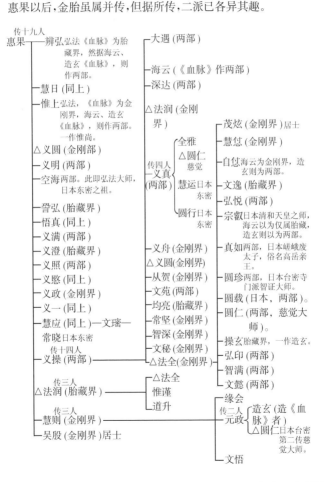

（名上加△记号者，为此系统中出有二度以上之人；亦有上表所漏

之人,因非重要,故从略。)

日本圆仁、圆珍、宗叡等东台诸家之入中国也,皆在唐末,俱为盛传密教而来;我国密宗之盛,可推而知。惜未几遭武宗会昌之厄,继以五代之战乱,学者著述,荡然无存。纵使后来从事网罗,第废缺已多,末由考其状况。

日本密教中,台密、东密,其说大异:台密以胎藏界曼荼罗为果曼荼罗,以金刚界曼荼罗为因曼荼罗;东密反之,以胎藏界曼荼罗为因曼荼罗,以金刚界曼荼为果曼荼罗。又东密谓金胎两部大法;台密则谓此两部外,圆仁尚传来苏悉地法,称为三部大法。此苏悉地法,非弘法所传,在三部中,最为重要者也。因海云《血脉》载"玄超阿阇梨,复将大毗卢遮那大教王及苏悉地教,传付青龙寺东塔院惠果阿阇梨"等语;三部大法,即据以为证。此种议论今尚存于东、台两密之间。

第十五章　华天之再兴唐武周世之破佛

天台宗自天台、章安二代而后，气势不扬，传智威（法华）、慧威（天宫）、玄朗（左溪）三代，其间凡百年，自章安贞观六年入寂，以迄玄宗末年。天台宗颇衰微。及玄朗之弟子荆溪尊者（即湛然亦称妙乐大师）出，宗风为之一振，著作等身，天台遗风，大为显扬；盖在肃宗、代宗时也。

湛然，晋陵荆溪之儒家子也。年二十，入左溪玄朗之门，三十二岁始出家。据《佛祖统纪》所载：湛然"谓门弟子曰：道之难行也，我知之矣。古之至人，静以观其复，动以应其物。二俱不住，乃蹈乎大方。今之人，或荡于空，或著于有，自病病他，道用不振。将欲取正，舍予谁归。"遂慨然以天台再兴自任。

当时禅宗盛行，一方对于其不双传教观，单偏于观法，称教外别传，为轻视智慧，加以非难，斥为暗禅；一方排玄奘所传之法相权教，辟一乘之幽旨。及华严之清凉大师，大为华严吐气时，又取对抗华严之态度。

盖荆溪著述甚多,皆恪遵天台之遗旨,发挥一念三千三谛圆融之玄理,可谓毫发无遗憾矣。

今将荆溪著述之重要者列下:

《法华玄义释签》二十卷

《摩诃止观辅行传弘决》四十卷

《止观大意》一卷

《维摩广疏记》六卷

《始终心要》一卷

《三观义》一卷

《方等补阙仪》一卷

《法华文句记》三十卷

《摩诃止观义例》二卷

《维摩略疏》十卷

《金刚錍论》一卷

《摩诃止观搜要记》十卷

《法华补助仪》一卷

《五百问论》三卷

此外有《涅槃后分疏》(一卷)、《观心弥经记》(一卷)、《授菩萨戒文》(一卷)、《止观文句》(一卷)、《华严骨目》(一卷)诸书,今不存。尚有《维摩略疏记》(三卷),又再治章安《涅槃经疏》十五卷《文句》、《止观》之科各六卷。

荆溪大师,为天台重要之人;但天台大师创始,荆溪祖述,故其地位,当在天台大师之次。同时华严宗之清凉大师出,大振宗风,荆溪因之对抗,遂加入天台宗从来所无之分子。如清凉盛引《起信论》,供说明华严教义之用;荆溪亦引《起信论》,借以解释天台一念三千之理。其应用缘起的《起信论》之最著者,即《金刚锥》是也。《金刚锥》明涅槃佛性之义,其说无情有性之理曰:

子应知万法是真如,由不变故;真如是万法,由随缘故。子信无情无佛性者,岂非万法无真如耶? 故万法之称,宁隔于纤尘;真如之体,何专于彼我。是则无有无波之水,未有不湿之波;在湿讵间于混澄,为波自分于清浊。虽有清有浊,而一性无殊。纵造正造依,依理终无异辙;若许随缘不变,后云无情有无,岂非自语相违耶? 故知果地依正融通,并依众生理本故也。此乃事理相对以说,若唯从理,只可云水本无波,必不得云波中无水;如迷东为西,只可云东处无西,终不得云西处无东。若唯从迷说,则波无水名,西失东称。情性合譬,思之可知;无情有无,例之可见。

此说可视为结论之文:即取《起信论》之真如不变、随缘二方面之说,以论无情物之有佛性与否者。若依不变随缘之理,得以常住之真如,与变化无极之差别万法为一体,则一纤尘,亦不得谓为非万法。然则以真如在我为有,在彼为无,决无是理。例取《起信论》水波之譬,水与波为一体,波有清浊之别,而其湿性则断然无别。更就事理别论之:随理而言,真如本体之上,元无情与非情之别;反之随迷情而说,则有情与非情,区别历然,于非情则疑为无佛性。故从理则水原无波;从迷则波无水名,唯见万波相起伏而已。以上为其论旨大要。

(兹所言"子应知"云云,及"子信无情无佛性者"云云,子者,暗指华严之学者而言。)

观以上论调,足知荆溪之用《起信论》,盖为对敌论者便宜上而设。此为《起信论》适用于天台宗之始,然其与后世天台宗之影响,殊不少也。

(荆溪之前,天台大师之《小止观》,及《观音别行玄义》中,虽有引用《起信论》之处,但不甚重要。)

华严之清凉大师澄观,与荆溪虽属同时,以其年考之,则澄观为其后辈。盖荆溪以德宗建中三年入寂,年七十二岁,澄观年才四十六岁也。澄观殁于宪宗元和年间,寿七十岁。此可谓为唐代佛教振兴之最后期也。

(但此殁年及年寿,系据《高僧传三集》。在《佛祖统记》、《佛祖通载》、《编年通论》所载,则澄观殁为文宗开成三年,寿百有二岁。)

据《高僧传三集》所载:澄观于"乾元中,依润州栖霞寺醴律师学相部律,本州依昙一隶习南山律,诣金陵玄璧法师传关河《三论》。《三论》之盛于江表,观之力也。大历中,就瓦棺寺传《起信》、《涅槃》;又于淮南法藏受《海东起信疏义》;却复天竺诜法师门,温习《华严》大经。七年,往剡溪，从成都慧量法师，覆寻《三论》。十年，就苏州，从湛然法师，习天台止观、《法华》《维摩》等经疏……又谒牛头山忠师、径山钦师、洛阳无名师，咨决南宗禅法；复见慧云禅师，了北宗玄理"。律则南山、相部，禅则南北二宗，其他《三论》、天台、《起信》、《涅槃》，无不通晓。又曰："解从上智，性自天然。"实非虚誉也。又曰："习经、传、子、史、小学、《苍雅》；《天竺悉昙》；《诸部异执》；《四围》、《五明》、秘咒仪轨；至于篇颂笔语书踪，一皆博综。多能之性，自天纵之。"由此观之，其博习多才可知矣。至其本宗华严，则受自钱塘天竺寺之法诜。所著四百余卷，兹举其重要者列下：

《华严经疏》六十卷

《华严经疏演义钞》三十卷

《普贤行愿品别行疏》一卷

《大华严经略策》一卷

《入法界品十八问答》一卷

《三圣圆融观门》一卷

《华严经随疏演义钞》九十卷

《华严法界玄镜》二卷

《华严经纲要》三卷

《新译华严经七处九会颂》一卷

《华严心要》一卷

《华严玄谈》九卷

此外尚著有《法华》、《楞伽》、《中观论》等疏。清凉亦如贤首之参与《八十华严》之翻译,曾列般若三藏《四十华严》译场。般若三藏,梵名般剌若,华言智慧,北天竺境迦毕试国人。游学中天竺、南天竺,以德宗建中四年来华。贞元十一年,乌荼国今阿利萨地方王献《华严经》,此当前译《六十》、《八十》两经之《给孤独园会》之《入法界品》;《华严》全部梵本,凡六夹十万偈。《八十华严》为第二夹终。此《四十华严》为第三夹,凡一万六千七百偈。见《贞元释教录》。般若三藏奉诏翻译,宣梵文;天官寺广济为译语;西明寺圆照充笔受之任;保寿寺智柔、智通回缀;正觉寺道弘、章敬寺鉴灵润文;大觉寺道章证义;千礼寺大道证禅义;千福寺灵邃及清凉为之详定。

般若三藏所译《大乘理趣六波罗蜜多经》十卷,乃般若三藏与景净所合译者。景净者,大秦寺僧,即来华传景教(耶稣教)之人也。初般若来华,遇其亲戚罗好心,好心大喜,请译经。般若不明华语及波斯语;景净不知梵文,亦不解佛教;自难成完全之译本。译成,献于朝廷,德宗见其不全,不许流行,命就西明寺重译:般若三藏宣释梵本;沙门利言译语;圆照(西明寺)笔受;道液、良秀、圆照(庄严寺)并润文;应真、超悟、道岸、晉空,并同证义。佛耶二教之僧,共译佛经,堪发一噱。今举《贞元录》之文于下:其文曰:"好心既信重三宝,请译佛经。乃与大秦寺波斯僧景净,依胡本六波罗蜜经,译成七卷;时为般若不娴胡语,复未解唐言;景净不识梵文,复未明释教;虽称传译,未获半珠。图窃虚名,匪为福利,录表闻奏,意望流行。圣上濬哲文明,允恭释典,察其所译,理昧辞疏。且夫释氏伽蓝、大秦僧寺,居止既别,行法全乖。景净应传弥尸诃教,沙门释子弘阐佛经,欲使教法区分,人无滥涉。正邪异类,泾渭殊流。若网在纲,有条不紊,天人攸仰,四众知归。"又曰:"就西明寺,重更翻译讫,闻奏。"按文中弥尸诃教,即耶稣教。弥尸诃原文为 Messiah。

华严宗自法藏灭后,以迄澄观,凡六七十年间,除慧苑背师说立异议外,无可观者,实为华严之暗黑时代。澄观在华严宗之位置,与荆溪之在天台相似。其以一宗再兴,祖述师说为己任,二人亦相似。唯澄观于振兴本宗之外,兼排慧苑之异义,力复法藏本旨,颇受当时禅宗之影响。终至其弟子宗密,倡为教禅一致论。其意虽谋发挥法藏之说,而与法藏本旨大异矣。

慧苑之《刊定记》谓澄观五教,不过在天台之四教中,加以顿教而已。其言曰:

> 此五,大都影响天台,唯加顿教令别尔。然以天台呼小乘三藏教,名谬滥故,直目名小乘教;通教但被初根,故名初教;别教被于熟机,故名终教;圆教之名依旧也。

其意以为小乘、大乘始教、终教、圆教,与天台之三藏教、大乘通教、别教、圆教相同,法藏不过加顿教为五教,此举殊乏意义。何则? 法藏之顿教,乃指口不得言心不得虑之绝对真理,实是理而非教;不可与能说之教小、始、终、圆、视同一律。若亦得谓之教,则大乘佛教之极致,皆不得谓为顿教。此慧苑所以不满于五教,而别立四种教之判释也。

（四种教，载在第十三章之二。）

慧苑与其师法藏意见相歧之处，以四种教之判释，及两重十玄缘起说，为最重要。澄观斥为异论，而回复法藏之说，以示绝对之理为顿教，非常神妙。成立五教之判释，至于天台四教与法藏五教相同之处，澄观亦与慧苑同其意见。其相异之处，惟在立顿教与否之点耳。澄观《华严玄谈》曰："若全同天台，何以别立？有少异故，所以加之？天台四教，皆有绝言；四教分之，故不立顿。贤首意云：天台四教绝言，并令亡诠会旨；今欲顿诠言绝之理，别为一类之机。"其所主张，以为华严之五教，大体同天台之四教，所以于天台外为此说者，因天台不别说顿教，而法藏则为一类离念之机而说之也。至澄观即以禅宗当此顿教，故以五教为合理。实际上顿教今尚流行也。证观对于两重十玄之意见，若欲详叙，恐近烦琐，今略之。

法藏所言顿教为何？应略加说明。盖当法藏时代，尚未置禅宗于眼中，故禅为顿教，未及考虑。及澄观标出禅为顿教，华严与禅，始相接近。澄观论同、别二教，以配五教。兹示之于下：

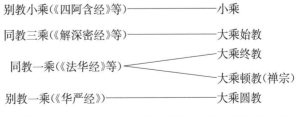

此以禅宗为同教一乘之极致；反之则降天台宗为终教之位置，即为

对抗荆溪所唱之天台也。

　　加之澄观仿天台亦唱性恶不断之说。性恶不断说，虽为天台之特色，然善恶之体非二：一方见为善，则他方见为恶；虽佛亦非能断性恶，阐提亦非失性善。澄观借天台立说：乃据《起信论》之平等差别一而二二而一之性相融会论，谓真如与万法，真妄合一；故一方见之为真，他方见之为妄，真妄二者，根本相同。离真无妄，故真不可断，则妄亦无尽。此即《六十华严经》所谓"心佛及众生，是三无差别"，《八十华严经》所谓"应如佛与心，体性皆无尽"是也。证观参照此《六十》、《八十》两译之文，合而详言之。可谓为"心佛与众生，体性皆无尽"也。谓心佛众生之体性无尽，则如来亦可谓为性恶不断也。于是澄观一方扬禅以抑天台，一方又用天台之理，以与天台对抗。

　　真谛所译《大乘起信论》，本为示阿赖耶缘起说一派之论，因与玄奘所传之说违异，故法藏大师，却称扬《起信论》以对抗玄奘。谓玄奘所传之说，仅大乘始教，说真如与万法一体不离之关系，未为彻底；而《起信论》论平等差别一休不二，大乘教之真理，至是始尽其底蕴，故以之为大乘终教，而置于玄奘所传法相宗之上。盖法藏虽以华严自立，而三论宗或真谛宗，凡可为玄奘法相宗对抗之武器者，皆助势力，而置之法相宗之上，以期压抑法相宗；而以华严居最高位置，以示自己之立足地位。故法藏著《起信论义记》，全与著三论宗之《十二门宗致义记》，用意相同，凡以为对抗法相宗之具耳。法藏著《义记》以前，虽有注《起信论》者，但法藏注解，备极周详，使前此不为人所重之《起信论》，促起学者之研究。至荆溪澄观时代,澄观更盛用之,以性相融会差别平等不二一体之说,为性恶不断论之一依据。终更扬法藏所判大乘终教之《起信论》,使侪于圆教之列,遂为证明教禅一致之根据。至宗密而达乎其极。荆溪则用《起信论》以说明自家之教义。于是《起信论》位置,在佛教教义史上,大为重要;但此与《起信论》自身之教义无关也。

澄观之弟子宗密,本传菏泽禅,后乃随澄观学《华严》。著述甚多,比于澄观,更进一步,而唱禅与华严一致之说,于其所著中,发挥尽致。其专说禅教一致论者,《禅源诸诠集》是也。今将其著述之重要者,列之于下:

《新华严合经论》四十卷

《金刚般若经疏论纂要》二卷

《禅源诸诠集都序》四卷

《普贤行愿品别行疏钞》九卷

《圆觉经大疏钞》二十六卷

《四分律疏》五卷

《盂兰盆经疏》二卷

《注华严法界观门》一卷

《原人论》一卷

《圆觉经大疏》十二卷

《华严心要注》一卷

《钞悬谈》二卷

《高僧传三集》载其著书"凡二百许卷，图六面"，今多不传。

今由《禅源诸诠集》以述其禅教一致论之要旨，盖宗密立禅，区分三种，(此三种禅，已述于禅宗项下。)而谓与之相应之教，亦有三种。兹将禅教之配置述之于下：

$$
教
\begin{cases}
一、密意依性说相教 \begin{cases} 一、人天因果教（人天教）\\ 二、说断惑灭苦乐教（小乘教）\\ 三、将识破境教（唯识宗）\cdots\cdots\cdots 一、息妄修心宗 \end{cases} \\
二、密意破相显性教（三论宗）\cdots\cdots\cdots\cdots 二、泯绝无寄宗 \\
三、显示真心即性教（实大乘教）\cdots\cdots\cdots\cdots 三、直显心性宗
\end{cases} \Big\} 禅
$$

宗密之唱禅教一致也，以《起信论》为根本；取《起信论》众生心、迷悟、染净、世间出世间之法，皆由此一心而生之说，而谓禅宗目的，亦在显心；教之目的，亦在一心；其说盖悉本诸澄观者也。

世传华严五祖：以杜顺和尚为初祖，华云和尚（智俨）为二祖，贤首国师为三祖，澄观国师为四祖；圭峰（宗密）大师即五祖也。自华云至圭峰，皆名震朝野；唐太宗以至文宗，咸赐封号焉。

华严宗自宗密以后，继承其绪者，比诸天台宗，著名之人较少；天台则荆溪以后，有道邃、行满诸师。日本之传教大师，即受教于道邃、行满，实为日本天台宗之始。未几，遭唐武会昌之难，除禅宗外，诸宗殆皆废灭。此所谓三武法难之一也。

兹就唐武宗会昌法难略述之，以示唐代佛教之归结，并言唐代道佛二教之关系。唐初佛教，已臻隆盛，但道教受朝廷保护尤笃。且太宗以降，领土扩张，远通异域，外国诸教，向未传入中国者，如景教、耶稣教之

一派。伊斯兰教、波斯祆教(火教)、末尼教等,皆相继而入,称为新宗教。当是时,本国儒教,深入人心,自无待言;道教见异教纷至沓来,常以该教为产自中土,时与外来佛教争衡;加之唐帝李姓,谓老子为其先祖,故累代极护道教。终唐之世二百余年间,二教冲突,未之或息。

高祖武德四年,道士太史令傅奕,上书十一条,论寺塔僧尼之多,为国家害,请灭省之。又著《高识传》,详列古来排斥佛教诸人,自武德之初,迄贞观十四年,凡二十余年间,极力排佛者,皆认为道教之功臣。自是道士中持排佛论者续出:高祖时,李仲卿著《十异九迷论》;刘进喜著《显正论》;辅翼傅奕,从事排佛。太宗贞观十一年,洛阳道士与僧侣辩论结果,道士奏之天子,天子下诏,改儒佛道三教席次,凡有仪式,道士、女道士列于僧尼之前。贞观二十一年,至命玄奘三藏,与道士蔡晃、成英等三十余人,集五通观,译《老子》为梵语,以弘西域。

当是时,护持佛教与道士抗辩者,以慧净、法琳、智实三人,为最著名。傅奕上书十一条时,朝廷召僧徒诘问,法琳进而辩之。高祖不仅欲限制僧尼,兼欲淘汰道士等,傅奕不为屈,频传其说于民间。法琳遂著《破邪论》(二卷)驳奕,门下李师政著《内德论》;同时绵州振音寺之明槩(传不明),对于傅奕,亦著《决破》八条,奏之朝廷;迨其后李仲卿、刘进喜等之《十异九迷论》、《显正论》出,法琳遂著《辩正论》(八卷)。高祖武德八年,国学行释奠礼时,论三宗三座,定席次为老、孔、释,故慧净与李仲卿以下之道士等大论战,终使闭口而退。太宗下席次之诏敕时,智实与法常、慧净、法琳等,随驾上表谏之,谕以背命者处罪。智实独进言,甘伏罪于万刃之下,断不能伏其理,于是杖之,命还俗,处以流罪。贞观十四年,道士泰世英奏,法琳之《辩正论》为诽谤朝廷,至有捕琳推勘之谕。因琳之辩解,能称帝意,故减罪配益州,琳遂终于蜀地。其他二教争论尚多,兹略之。

唐累代尊敬老子。睿宗且以西城隆昌二公主为女冠(女道士),自是皇女始有入道者。玄宗崇奉道教愈甚,几以老子教为国教。称老子为大圣祖玄元皇帝,诏诸州建玄元皇帝庙。使州学生习《道德经》,道派之《庄子》、《列子》、《文子》、《庚桑子》等书,亦令习之;置博士、助教,以教授学生,由是行之科举,登庸官史。封庄子为南华真人;列子为冲虚真人;文子为通玄真人;庚桑子为洞灵真人。视佛教若普通之祠庙,而以道教为宗正寺。

道教原为下等宗教,颇多迷信。特唐之诸帝,信之深笃;惑于道士之妖言,类皆服丹药或黄金、水银,以求长生不死之术;有因是得病以死者。以此教理浅薄之道士,何能与佛教徒辩论? 故二教争理,道士恒败。如高宗麟德年间,使二教徒论《化胡经》之真伪,僧法明出问老子往印度成佛,用华语耶? 抑胡语耶? 道士皆瞠然莫知所答。当时二教徒争论之情状,由此可推而知也。

此时高宗命将道教书中所记老子化胡之语削除;中宗之世,亦命将道观中之老子化胡成佛图,及佛寺所画老子像悉毁之;用《化胡经》,或书化胡者,皆准违敕以处罚。

唐之诸帝,如是崇道抑佛,而佛教不为之少衰;流行民间,势力伟大,非道教可比。于是僧尼之数日增,寺院之设日广,朝廷为佛教费金钱益多,国家经济颇受影响,势必施行淘汰僧尼政策。傅奕在高祖时,既有此请;高祖欲将二教教徒,共行淘汰,即此意也。则天时代,武后欲造佛大像,宰相狄仁杰、纳言李峤,先后上书谏之,狄仁杰之疏曰:"今之伽蓝,制过宫室;穷奢极壮,刻绘尽功。宝枝殚于缀严,瑰材极于轮奂。工不役鬼,物不天来,既皆出于民,将何以堪之? 且一夫不耕,犹受其弊;浮食者众,又劫人财;臣每念之,实切悲痛。"李峤之疏曰:"今造像钱已有一十七万缗,若以散施,广济贫穷,人与一千,尚济一十七万户。极饥寒之弊,省劳役之勤,顺诸佛慈悲之心,广人主亭毒之意。"由此观之,当时佛教盛极之弊,与夫忧世之士之衷情,可以考见也。

后百余年,韩退之著《原道》曰:"古之为民者四,今之为民者六;古之教者处其一,今之教者处其三。农之家一,而食粟之家六;工之家一,而用器之家六;贾之家一,而资焉之家六;奈之何民不穷且盗也。"亦不外乎就排佛之意而引伸之耳。

玄宗即位之初,紫微令姚崇上淘汰僧尼之奏,使一万二千人还俗。命百官禁建寺、铸佛像、写经典。是时又行度牒制:凡僧尼出家,必经有司考验合格,乃给以凭,谓之度牒。有牒者,得度为僧尼,免其地税徭役。此因当时贵戚富豪,往往借僧尼以避徭役,实为防弊而设。其立说也,或谓此举与佛之慈悲,深相契合;或谓学佛在心不在形;而于佛教无少加以反对者。但道教之徒,因天子之迷信,遂从而附和之,以唐室祖先教为口实,排击佛教,不留余地。终至有武宗破佛之举。

然玄宗虽崇道教，决非轻视佛教，盖当是时，即善无畏、金刚智来弘密教之时代也。开元二十六年，敕天下诸郡，郡各建开元、龙兴二寺，定国忌在龙兴寺行礼，千秋节在开元寺祝寿。此二端足为玄宗兼重佛教之证。及武宗会昌五年，而破佛令行矣。

宪宗元和十四年，韩愈上表，谏迎佛骨，排斥佛教。时在荆溪、澄观殁后，会昌破佛前二十余年。宪宗览奏大怒，流愈潮州。愈赴潮州后，颇亲大颠和尚，似少闻佛法。然一般佛教者言，愈遇大颠后，深悔前非，则不尽可信。唯愈慨叹当时奉迎佛骨，谓三十年一开，其年必丰，近乎迷信。故云："枯朽之骨，凶秽之余，岂宜以入宫禁。乞以此骨，付之水火，以绝根本。"愈亦不得谓非痛快男子。柳子厚文章，与愈齐名，而颇信佛；白居易亦然，晚年禁止一切肉食。

会昌法难之起，由于武宗信道教之故。会昌元年，召赵归真等八十一道士入宫，亲受法箓；衡山刘元靖，亦深博帝之信仰，为光禄大夫，任崇玄馆学士；二人共在宫中修法。有谏帝者，赵归真更招罗浮山邓元超入都，互相结纳，以厚其势。当时宰相李德裕亦助之。遂应道士之请，对于佛教，除长安、洛阳各四寺，地方诸州各一寺外，悉毁坏之；僧徒则上寺二十人、中寺十人、下寺五人而外，悉令归俗。毁寺之材木，以造廨驿；金银则总交度支之财政官；铁像造农具；铜像铜器铸钱。武宗诏曰："其天下所拆寺，还俗僧尼，收充税户。於戏！前古未行，似将有待；及今尽去，岂谓无时。驱游惰不业之徒五十万，废丹艧无用之室凡六万区。"由此观之，此举在当时备极纷扰，诚非细故也。

当是时，非独禁佛教也，景教、祆教、末尼教、伊斯兰教等，亦被其厄。景教为耶稣教一派，西历五世纪顷，希利亚之涅槃司特儿始行之。此人唱基督非神子说，故为一般耶稣教徒所排斥；在四百三十一年小亚细亚耶匪耶司之宗教会议被捕，流于阿儿美尼亚；其书悉被焚弃。但此教行于西亚细亚地方，渐经波斯来中国。在中国始传此教者为阿罗本（西亚细亚人），贞观九年来长安，迎于宫中译经。京都造大秦寺，各州建景教寺以弘其教。拜阿罗本为镇国大法主，其后有景净等僧。景教流传中国之次第，记于《大秦景教流行中国碑》。景教之"景"，碑文曰："功用照彰，强称景教。"盖谓有照暗黑之功用曰景也。祆教为波斯之昨罗阿司特所开之拜火教。太宗贞观五年，何禄传入长安。当高祖时，长安已有建祆神祠之说。唐设祆正、祆祝之官，其盛可知矣。末尼教，亦波斯宗教，乃末尼（一作摩尼）氏所开，以祆教为本，而调和佛耶二教者。则天延载元年，拂多诞传入中国。回教为穆罕默德所开伊斯兰教，来中国年代不明，似在贞观前后。经会昌之难，诸教皆潜，惟回教复行。

武宗十九年崩，宣宗立，废破佛令。时值唐之末叶，宦官擅权，任意废立天子；加以牛李之争，朝廷纷扰不止；李德裕、牛僧孺、争拥政树党，互相轧轹，谓之牛李之争。且藩镇骄横，不肯用命。经懿宗、僖宗、昭宗，至昭宣帝，唐遂亡于朱全忠。经五代之乱世，佛教终不能大发展，经典既失，人才亦稀，益陷于衰微矣。历五十余年，至后周世宗时，又下破佛令。显德二年，禁止私自出家；废寺院之无敕额者三万百三、十六所，存二千七百寺。民间之铜器、佛像，限五十日以内，由官司收买铸钱；私藏铜五斤以上，不纳官者处死。此即世称三武一宗之厄之一宗也。五代诸帝中，周世宗较有力，领土较大；其他各地，为群雄所割据；故此厄仅其一部分耳。至如南方之吴越王，累代奉佛颇厚，其域内佛教甚盛。

吴越王始自钱镠，后唐庄宗于同光三年赐玉册金印，称吴越王。传钱瓘、钱佐、钱倧、钱俶，累代相承。钱俶之时，值赵宋之兴，终归于宋。吴越王领土之内，有天台山者，历史上有名之大寺也。当吴越王建国时，适值天台十四祖清竦时代，镠加以保护。俶尤崇佛，值天台羲寂时代；俶子钱惟怡，与义通同时；此二人者，与佛教关系颇深。吴越王与天台之关系，俟后述之。

第十六章 宋以后之佛教

（一）概　说

　　自武宗会昌之法难，继以五代之战乱，佛教之气运大衰。宋兴，佛教前途，欣欣向荣，如春花之怒发。盖宋太祖志在振兴文教，其于佛教亦然。建隆元年六月诏诸路寺院，经后周世宗时所废而未毁者不毁；既毁之寺，所遗留之佛像，亦命保存；且屡令书写金字银字之《藏经》；《释氏稽古略》称"开宝元年，敕成都府造金银字之《藏经》各一藏。"又曰："帝自用兵平列国，前后凡造金银字《佛经》数藏。"《佛祖统记》称开宝五年，诏京城名德玄超等，入大内，诵《金字大藏经》，帝亲临，并赐紫方袍云。所建之寺颇多。太宗虽信道教，亦未若视佛教之重也。

　　开宝四年，太祖遣张从信往益州成都，雕《大藏经》，版成于太宗太平兴国八年，此实我国《大藏经》版之嚆矢。又印度西域之僧赍梵经来中土者，陆续不绝；国人之游历外国者亦多。翻译之业，以太宗时为最盛。至当时外人之来华者,太祖时,则有曼殊室利(中天竺人,与沙门建盛同来。)可智、法见、真理、苏葛陀、弥罗(西天竺人)等。太宗时,则有法天、钵纳摩、护罗、法遇(中天竺人)、吉祥(西天竺人)、天息灾(迦湿弥罗人)、施护(乌填曩人,西北印度之一国)。此诸人中,以天息灾、施护、法天为最著名。

太平兴国五年,法天三藏始受命来京师,当以此时为译经之始。是年,天息灾(明教大师)、施护(显教大师)、法天(传教大师)、法护等诸三藏亦来,乃于太平兴国寺西,建译经院以居之。后赐名传法院;寺分三堂,中央为译经之所,东为润文之所,西为证义之所。法进、常谨、清沼诸人,充笔受缀文之役。是时天息灾定译经仪式,兹据《佛祖统记》所记者,列之于下:

于东堂面西,粉布圣坛;作坛以粉饰之。开四门,各一梵僧主之,持秘密咒七日夜;又设木坛,布圣贤名字轮,坛形正圆,层列佛大士天神名位,环绕其上,如车轮之状。目曰大法曼拏罗;请圣贤;阿伽沐浴,凡供养之器曰阿伽,此言沐浴之器。设香华灯水肴果之供;礼拜绕旋,祈请冥祐,以殄魔障。第一译主,正坐面外,宣传梵文。第二证义,坐其左,与译主评量梵文。第三证文,坐其右,听译主高读梵文,以验差误。第四书字,梵学僧,审听梵文,书成华字。第五笔受,翻梵音成华言。第六缀文,回缀文字,使成句义。第七参译,参考两土文字,使无误。第八刊定,刊削冗长,定取句义。第九润文官,于僧众南向设位,参详润色;僧众日日沐浴,三衣坐具,威仪整肃;所须受用,悉从官给。

此时所译,皆入《藏经》。在译经院西偏建印经院,译毕,即在院开雕。又因天息灾等之请,选拔惟净以下童子十人,使在译经院习梵学,使译经业不至废绝。惟净未几为笔受,赐紫衣,及光梵大师称号;于梵语颇有发明,所译之书亦不少。太平兴国寺,本名龙兴寺,周世破佛,废为官仓;太祖复之,太宗改今名。

真宗时,外国僧来华者,则有法护(中天竺摩揭陀人)、日称;仁宗时,则有智吉祥;其他则有契丹(辽)国师慈贤,或系摩揭陀人,但不能详耳。徽宗时之金总持,亦有二三译本。以上所举西域印度之人,于传无征者居多。真宗以后,来者尤众,因无关紧要,故略之。

以《藏》中所存之经考之:法天所译,凡一百余部;以法天名译者,凡四十余部、七十余卷。以法贤(法贤学于中天竺摩揭陀那烂陀寺。)名译者,凡七十余部、一百余卷。天息灾(北天竺惹烂驮啰人,惹烂驮啰,即迦湿弥罗。)所译,凡十九部、五十九卷。施护所译,凡百十余部、二百三十余卷。所译大小显密化制殆遍,龙树之书尤多。法护(谥普明慈觉传梵大师)所译,凡十二部、一百余卷。我国人惟净等翻译亦不少,惟净所译五部、四十余卷。

太宗时,吴赵王臣服于宋,赞宁随王入朝,赐号通慧大师。著有《高僧传三集》(三十卷)、《三教圣贤事迹》(一百卷)、《内典集》(一百五十卷)、《外学集》(四十九卷)、《僧史略》(三卷)诸书。赞宁在吴越王下,为两浙僧统；入京之后，为左街讲经首座；后又奉命为右街僧录。

兹就宋世道教言之：太宗集天下《道经》七千卷，修治删正，写成三千三百三十七卷，赐各宫观。真宗之世，选道士十人更详定之，增六百二十卷，共三千九百五十七卷，赐名《宝文统录》；冠以御制之序；此之谓《道藏》。宋世虽佛道二教并行，但遇有两教相毁訾之书，辄严禁出版；其制止两教之争，颇具苦心。

宋初以来，佛教之盛，既如上述。其间以天台山家、山外之争，为重要之事件。至于元照之《四分律》再兴，所受天台影响颇大也。

宋徽宗时，稍稍排佛。徽宗，北宋末之昏君也，极信道教，敬礼道士徐知常（赐号冲虚先生）。此外，则徐守信、刘混康二人，亦有势力；后林灵素大博信用。帝自称教主道君皇帝，林灵素奏称天上有神霄玉清府，长生帝君主宰之；其弟青华帝君，皆玉帝子，下有左元仙伯以下八百余官；帝即长生大帝君，徽宗信之，故自称道君。造玉清昭阳宫（后改玉清神霄宫）；置老子像，自为奉使；改天下之寺曰宫，改院为观，使安置长生青华帝君像；行千道会，每会殆费金数万缗。政和六年，诏于道箓院烧弃佛经。宣和元年，改呼佛为大觉金仙，菩萨为仙人大士，僧为德士，尼为女德士，皆使从道教之风；道士与德士，以徽章区别之：道冠有徽章，德士则无。命德士离寺，使道士入居之；盖徽宗固企图佛教与道教合而为一也。当是时，左街香积院之永道上书谏之，流于道州。翌年（宣和二年），复僧尼形服，去德士等称号，使复为僧。宣和七年，召还永道，赏其护法念笃，赐名法道，终赐号圆通法济大师。是徽宗排佛之举，为时极短，溯自宣和元年正月改佛菩萨号,翌年九月复旧,中间不过年余耳。

自宋兴以迄于亡,除徽宗稍稍排佛外,累代俱保护佛教。宋时,辽起于蒙古;辽衰,金起于满洲;此二国皆自北方,侵入我国本部。西则李元昊(西藏种之一,党项人)据有河西之地,建西夏国,窥宋西陲。而宋之内部,前则有王安石、司马光等新旧法之争;后则有秦桧、岳飞等和战之讧;谋国之论,殊不一致。徽钦而后,国步益艰,终至迁都临安。当是时,元太祖成吉思汗,铁木真,蒙古人。势颇强盛;自太宗(窝阔台)以至宪宗(蒙哥),领土日扩,东达朝鲜,西及小亚细亚一部;一军服俄罗斯地,一军进匈牙利,一军侵入德意志之西列西亚;夺我国本部扬子江以北之地,威力及西藏、安南。至世祖忽必烈汗,全灭赵宋,一统华夏,国号曰元。

元世祖未即位前(即其兄宪宗时代),受命击西藏,即尊信西藏佛教(即喇嘛教);即位后,甚保护之;元代可谓为喇嘛教时代也。

元世祖至元十八年,谓道教书皆后世伪造,除老子《道德经》而外,所有《道藏》皆命烧弃;举凡毁谤佛教、偷窃佛语、贪财利、诳惑百姓之类,悉禁止;并刻石立碑,载其始末。此举实发端于宪宗之时,兹据《佛祖通载》述其次第于下:

乙卯间宪宗之五年,宋尚存;当宋理宗宝祐三年,迄至元十八年,殆为三十年前之事。道士丘处机、李志常等,毁西京天城夫子庙为文城观;毁灭释迦佛像、白玉观音、舍利宝塔,谋占梵刹四百八十二所;传袭王浮伪语,老子八十一化图,惑乱臣佐。时少林裕(福裕)长老,率师德诣阙陈奏。焚毁《道藏经》之碑文,载有罽宾大师兰麻、僧统福裕之名。先朝蒙哥皇帝(宪宗)玉音宣谕,登殿辩对化胡真伪,圣躬临朝亲证;李志常等义堕词屈,奉旨焚伪经;此时论议,帝师发思巴与道士难诘;焚伪经四十五部,亦见于碑文。罢道为僧者十七人;还佛寺三十七所;党占余寺,流弊益甚。丁巳秋(宪宗七年),少林裕长老复奏;续奉纶旨,伪经再焚;僧复其业者二百三十七所。由乙卯而辛酉,凡九春(辛酉世祖即位之二年),而其徒窜匿,未悛邪说;诿行屏处,犹妄惊渎圣情。由是至元十八年冬,钦奉玉音,颁降天下,除《道德经》外,其余说谎经文,尽行烧毁;道士爱佛经者为僧,不为僧者,娶妻为民。当是时,江南释教都总统、永福杨大师琏真佳,大弘圣化。自至元二十二春,至二十四春凡三载,恢复佛寺三十余所;如四圣观者,昔孤山寺也。道士胡提点等,舍邪即正,罢道为僧者,奚啻七八百人云云。

由是观之,此种争执之大体可知矣。又焚弃道教伪经,宪宗之世,既已行之;其后尚实行数次。考其起因,实由于道教之徒,占领寺院,数侵佛教之范围,如孤山寺者,有名之伽蓝也,其时已化为道观矣。当时之道教,有正一教、真大教、太乙教三派之别:正一教起自张道陵;其余二派,则始于金之道士,即真大教为刘德仁所唱;太乙教为萧抱真所唱;此等道教,至是皆受极大之打击。《辩伪录》(五卷)载《焚毁诸路伪道藏经之碑》,乃至元二十一年祥迈奉世祖敕所撰,专为破斥道教而设也。

盖排佛之举，虽复见于明世宗之世，然在我国历史上观之，此次可称道佛二教争执之最后时期矣。

（《佛祖通载》列此焚毁之《道藏经》书目，凡三十九部。又《辩伪录》载僧侣与道士论议者十七人，道士之归佛者十七人，所谓十七僧者：即燕京圆福寺从超、奉福寺德亨、药师院从伦、法宝寺圆胤、资圣寺至温、大名府明津、蓟州甘泉山本琂、上方寺道云、滦州开觉寺祥迈、北京传教寺了询、大名府法华寺庆规、龙门县行育、大都延寿寺道寿、仰山寺律主相叡、资福寺善朗、绛州唯识讲主祖珪、蜀川讲主元一是也。）

元自世祖崩后，历七十余年而亡。盖世祖时代，蒙古极臻隆盛，殆世祖崩，元遂式微。其间喇嘛教，颇蒙保护；因保护之甚，酿成弊害，至于佛教史上，则别无显著之事迹。惟刘秉忠之历史，有足述焉，盖秉忠固助世祖立大功之人也。初蒙古都哈喇和林，世祖之时，移都燕京，建国号曰元；种种制度，多为秉忠所定。秉忠，本禅僧也。先是海云禅师应世祖之召，途次云中，闻秉忠博学多才，偕谒世祖，大合帝意；海云南还，秉忠奉命留侍左右，决大事者三十余年。官光禄大夫太保。死赠仪同三司太傅，封赵国公，谥文贞。秉忠虽位极人臣，尚斋居蔬食，终日淡然，无异平昔。

明太祖朱元璋，濠州人；少失两亲，入皇觉寺为僧。元末，各地豪杰并起，元璋亦起于濠州，随郭子兴，得其信任，终领其众而大兴。故即位后，颇保护佛教。不独佛教为然，即道儒二教，亦加保护。当时鉴于元末佛教流弊,以为不严重约束佛子之行为,则不得望佛教之兴隆,于是凡欲为僧者,必考试经典,给度牒,不许任意出家;禁僧侣混杂俗人中生活,有带妻者,加以严惩;而鼓励避俗修禅山中者。于洪武二十七年,敕礼部榜示各条之中,一一举之。其文曰:"凡僧之处于市者,务要三十人以上,聚成一寺。"又曰:"僧有妻者,许诸人捶辱之;更索取钱钞,如无钞者,打死勿论。"又出榜文,张挂天下各寺,凡轻慢佛教,骂詈僧侣者处罚。

又为处理僧侣寺院(道教亦然)计,详定僧官之制,设僧道衙门,置僧录司,道录司,各任其官;品秩甚高,待遇优渥。大理寺卿李仕鲁屡上疏陈僧侣之跋扈,不采,仕鲁辞官,帝怒而处之以死。兹将其时所设之僧官,举之于下:大体依据宋制。

僧录司,掌天下僧教事。(京师)

左善世(正六品)

右善世(正六品)

左阐教(从六品)

右阐教(从六品)

左讲经(正八品)

右讲经(正八品)

左觉义(从八品)

右觉义(从八品)

此时受僧录司之任命者,则有左善世戒资、右善世宗泐、左阐教智

辉、右阐教仲羲、左讲经纪太仆、右讲经仁一初、左觉义来复、右觉义宗
勒，此洪武十四年所制定者。洪武十一年任纪太仆为左讲经；更任溥
洽、德瑄、了达三人为僧录司；十二年授仲羲为阐教；此皆前所制定者。
洪武十五年，任行果为左阐教，任如锦为右觉义，复任西藏星吉鉴亦为
右觉义。其后尚有左善世弘道，左善世夷简等之名。

各府僧纲司，掌本府僧事。（地方）

都纲

各州僧正司，掌本州僧事。（地方）

僧正

各县僧会司，掌本县僧事。（地方）

僧会

太祖崩，建文帝（惠帝）立，仅五年而有燕王棣靖难之役，燕兵陷金
陵，帝遂不知所终。盖太祖鉴宋用郡县制度，帝室孤立而亡，故封二子
樉为秦王（西安），三子棡为晋王（太原），四子棣为燕王（北平），总封二
十五王（皇子二十四人，从孙一人。）于各地，以藩屏皇室，而诸王之力强
大，卒招此祸。或谓建文帝投火崩；或谓在逃，不知所之；或谓及事急，开太祖
遗箧，有杨应能度牒法衣，因编修程济计，遽招溥洽，落发为僧，由水关逃去，称为
应能，巡游广西贵州诸寺。英宗正统年间，迎于宫中，号为老佛以寿终。传其还
京时途中所作之诗曰："流落江湖四十秋，归来不觉雪盈头。乾坤有限家何在，江
汉无情水自流。长乐宫中云影暗，昭阳殿里雨声愁。新蒲细柳年年绿，野老吞
声哭未休。"燕王棣即太宗（永乐帝）也。使太宗举事者，即禅僧道衍。初

太祖后马氏，先太祖崩；太祖甚悲，不再立后，葬毕，选各高僧侍诸王，使为母祈冥福。时道衍因左善世宗泐之荐，随侍燕王赴北平，住庆寿寺；劝帝举大事，受命为军师，卒能使帝达其志。帝即位后，衍为左善世，更擢为太子少师，复俗名为姚广孝，不再蓄发娶妻。著《道余录》。死后封荣国公，谥恭靖，享祀太庙。盖姚广孝之事迹，颇与元刘秉忠相似也。

太祖洪武五年，集大德于蒋山，校刻《藏经》，是为《南藏》；太宗永乐十八年，复重刻于北平，是为《北藏》；南北二京，各藏一藏；更刻一藏于石，安置于大石洞。太宗以后，明佛教尚盛；武宗极尚佛教，学经典，通达梵语，自号大庆法王，其护法更无论矣。道教虽亦受累代保护，其势力远在佛教之下。世宗即位，极嫌弃佛教，溺于道教，信道士邵元节，以为真人，使总领道教；又举道士陶仲文。元节官至礼部尚书（死赠少师）；仲文进少保礼部尚书，封恭城伯。嘉靖四十年，使御史姜儆、王大任等，索天下之符箓秘书。道士四方来集者甚多，道教之势极隆。当其即位之初，先毁宫中佛像，凡百九十六座（一万三千斤）；更用赵瑄之言，一夜中命破坏京师寺院，悉除禁中佛殿；太庙配祀之姚广孝，则移置于大兴隆寺，力排佛教。后服道士王金等所献丹药而崩。

宋元明三朝，禅宗在国中最占势力，宋初之天台，元之喇嘛，皆不及也；明代始将禅讲教三者，相提并论。太祖洪武十五年，礼部榜示亦有"照得佛寺之设，历代分为三等：曰禅，曰讲，曰教。其禅不立文字，必见性者，方是本宗；讲者，务明诸经旨义；教者，演佛利济之法，消一切现造之业，涤死者宿作之愆，以训世人"等语。其法以禅为第一；以华天诸宗为讲，属第二；以仪式作法，专务祈祷礼拜、忏悔灭罪之道者为教，教似密教（喇嘛教亦属之），属第三。或谓禅、讲、瑜珈，而禅独占佛教首位。

我国佛教之末期，所应注意者，为诸教融合之倾向；非独天台与禅，或华严与禅，或念佛教与禅，在佛教之内，互相融合；即佛教与儒教，亦有融合之倾向；故佛儒道三教融合论，迄明末而益著。

自明以后，佛教渐衰；至清代仅尊形式之喇嘛教。虽有遗留名寺，概无足观；惟禅净二宗，仍融合一致，流行于民间。清末学者，多喜研寻佛学，佛教乃有复兴气象。

（二）天台宗山家山外之争与律宗之再兴

宋世佛教复盛，所应叙述者，即天台与戒律之再兴是也。盖天台宗，自荆溪灭后，一旦衰颓，三大部至不存于中国。此事载在《佛祖统纪》羲寂传，兹录之于下：

初天台教迹，远自安史挺乱，近从会昌焚毁，残编断简，传者无凭。师每痛念，力网罗之，先于金华《古藏》，仅得净名一疏。吴越忠懿王（钱俶）因览《永嘉集》，有"同除四住，此处为齐，若伏无明，三藏即劣"之语；以问韶国师，（天台德韶，参照禅宗系统）韶云：此是教义，可问天台寂师。王即召师出金门建讲，以问前义，师曰：此出智者《妙玄》，自唐末丧乱，教籍散毁，故此诸文，多在海外。于是吴越王遣使十人，往日本国，求取教典；既回，为建寺螺溪，扁曰定慧，赐号净光法师云云。

　　盖吴越王据《永嘉集》"同除四住"之文，求天台教籍于海外，此天台书籍之所以得再传于中国之故也。四住为见思二惑，见惑，为见一切处住；思惑分为三种：即欲界之思惑曰欲爱住。色无色界之思惑曰色爱住，曰无色爱住；是故四住为二惑；大小乘俱宜除见思二惑，故谓之同除四住皆齐。但遣使日本之说，于日本历史无征，恐系遣使高丽，而误书日本也。证之《统纪》谛观传而益信，兹示谛观传于下：

　　吴越王遣使致书，以五十种宝，往高丽求之。其国令谛观来奉教乘，而《智论疏》、《仁王疏》、《华严骨目》、《五百门》等，禁不令传；且戒观师，于中国求师问难，若不能答，则夺教文以回。观师既至，闻螺溪善讲授，即往参谒，一见心服，遂礼为师。

　　盖天台教籍，乃高丽谛观传至中土者。

　　谛观著《四教仪》，世称《谛观录》。《统纪》曰："尝以所制《四教仪》藏于箧，人无知者。师留螺溪十年，一日坐亡，后人见故箧放光，开视之，唯此书而已。由是盛传诸方，大为初学发蒙之助云。"

　　羲寂以后，天台宗乃有兴复之机，而渐趋于隆盛。兹将荆溪以后，系统大体，示之于下：

　　《佛祖统记》有精密系统表；此表但举大略，参考《高僧传四集》、《释氏稽古略》、《诸嗣宗脉记》等书而作。

荆溪湛然—

—行满 (华顶)——最澄 (日本天台宗之祖，传教大师也。)

—道邃 (兴道)—广修 (至行)—物外 (正定)—玄琇 (妙说)—

—清竦 (高论)——荆溪于天台大师为第六代；在天台以前，有龙树、慧文、慧思，以三祖加之，则为第九祖；然则荆溪之嗣法，所谓第十祖者，究属何人？则有异说：晁说之撰《明智法师塔铭》，谓荆溪、行满、广修，须依其名之先后为次第；或谓玄烛为十祖，但玄烛之为人不可考。

(山家系统)

—义寂 (螺溪)——义通 (宝云)

　　　　　　—谛观 (高丽人)

　　　　　　—宗昱 (弃阴之异计)

—遵式 (慈云)—祖韶 (明智)——元净 (辩才)

　　　　　　　　　　　　—思义 (慧净)……

—知礼 (四明)——梵臻 (南屏)——会贤 (超果)—蕴齐 (清辩)—法云 (景德、著有《翻译名义集》)

　　　　　　　　　　　　—从谏 (慈辩)—择卿 (车溪)—可观 (竹庵)—宗印 (北峰)

　　　　　　　　　　　　—泰初 (群峰)

　　—怀坦 (相洲)—永清 (古源)——蒙润 (玉冈，著有《四教仪集注》)—

　　　　　　　　　　　　　—大祐 (蓬庵)

　　　　　　　　　　　　　—必才 (大用)—大山恢

　　—觉先 (剡源)——允泽 (云梦)—怀则 (虎溪)

　　　　　　　　　　　　　　　　—本无 (我庵)—元璋 (如璋)

　　　　　　　　　　　　　　　　—善继 (绝宗)—如玘 (大璞)

　　　　　　　—佛鉴 (铦)—性澄 (湛堂)—弘济 (天岸)—朴隐 (元瀞)

　　　　　　　　　　　　　　　　—显示 (瞽庵)

　　　　　　　　　　　　　　　　—允若 (浮休)

　　—法照 (佛光)—师训 (子庭)—慧日 (东溟)—普智 (无碍)—天竺 (慧)

　　—元粹 (古云)—东禅 (翁)—百松 (真觉)—祖灯亦名传灯 (无尽)

　　—俊芿 (日本北京律之祖，泉涌寺)

尚贤(广智)—继忠(扶宗)┬处元(草堂)—道渊(息庵)—道琛(圆
辨)　　　　　　　　　└从义(神智)

　　　　　　　　┌志磐(大石，著有《佛祖统记》)
慧询(月堂)—法登(逸堂)—元启(石坡)—宗净(无住)┘
法莲(止庵)┬善月(柏庭)………
处躬(一庵)└宗晓(石芝，编著《乐邦文类》、《四明教行录》)
戒应(雪堂)

本如(神照)┬处谦(神悟)
　　　　　├处咸(法真)—元慧(安国)┬智仙(真教)
　　　　　└有严(楖庵)　　　　　　└了然(智涌)┬智连(觉云)
　　　　　　　　　　　　　　　　　　　　　　　├与咸(泽山)
　　　　　　　　　　　　　　　　　　　　　　　└元性(山堂)

文燦(四明)
则全(三学)
崇矩(浮石)
慧才(广慈)—希最(妙语)　　《佛祖统记》称四明之弟子，有嗣
　　　　　　　　　　　　法二十七人，入室者四百七十八人，升堂者千人。
仁岳(净觉)

　　　　　(山外系统)　　　　　　　　　┌智圆(孤山)
　　　　　　　　　　　　　　┌源清(奉先)┴庆昭(梵天)
志因(慈光)—晤恩(慈光)┤洪敏(灵光)
　　　　　　　　　　　　　└文备(慈光)

(字傍附圆圈者，为山家系统之人，而入山外系统者之记号。)

　　宋初，天台宗有山家、山外之争。然山家山外名称，为自许为天台正统山家派之所取，非公平之称呼。今所以用此称呼者，不过为习惯上便利起见耳。

　　山家山外之争，难以概述。为时既久，人数复多，问题关涉种种方面，即同一山外之人，议论亦各不一致。今择其重要者，略举一二焉。

世人均谓山外派之说，与华严宗所说教义、观法，大体相近；而山家派则谓山外派之说，未得为纯粹之圆教。例如山家以天台圆图之教理，为平等即差别，差别即平等；而森罗万有，即为平等理性、超绝凡虑不可思议之本体。由此见之，则一切万有诸法，互相融熔无碍，皆是一体绝待。所谓心、色、佛、众生；自表面观之，则区别历然；毕竟皆是互具三千之法；毕竟皆是即空、即假、即中。就心具三千诸法言之，则色亦应具三千；众生亦应具三千；佛亦应具三千。盖三千即三谛，色、心、佛、众生，皆是三谛圆融（三千三谛，应参考第十章）。由此言之，迷悟善恶，不过由各方面观点不同，加以种种之名；而其性本来无二。此天台所以据之，而有性恶不断及无情有性、草木成佛诸说也。至山外议论，则先分理事，空中二谛属理，是平等；假谛为事，即差别。差别之法，依无明之缘所起之假相，三千诸法，即指此假谛。而此三千差别之相，皆一心所现。故心为本，色为末，色心不可谓为共具三千。三千诸法，共由心出，故得谓为一心具三千；若谓色具三千，则无是理。以上所说者为教理。若就观法上言之，则山家之观心，谓之妄心观；山外之观法，谓之真心观。山家既谓一切万有，皆具三千诸法；任何观境，皆同此三谛圆融之理；但就实际上之便利言之；则观我心为三千三谛，而以观我心为最近便也。迷悟善恶真妄，皆是同一之物；故我除此妄心（即第六识）而外，别无真可求；观介尔之妄心，即为三千三谛；故谓为妄心观。山外则反是；区别真妄，分论理事，观妄心中之理、平等之真如而行之；举凡众生、佛、色、心，皆为三千三谛，任观何法皆同；但与山家就便宜上观心之说异；谓能造能具者，独有此心；心外别无具三千三谛之理；故观心外，别无观法之道；是为真心观之大要也。

山家山外二派之争，具体事情，始自何人？其所由来，颇极复杂，考其近因，似在荆溪。天台以"心佛及众生，是三无差别"为教义；而心佛众生，皆与三千三谛无违。然就事实言之，观法常以心为主，则明甚。荆溪因与华严宗对抗，故用《起信论》解释天台教义，既取真如不变随缘之说，势必分不变真如与随缘真如二方面，以区别事理二种。但荆溪为努力发挥天台教义之人，尚未判然为此说。若以传于日本之传教大师之说为真心观，则其所承之师，如道邃、行满辈，已发其萌芽矣。道邃、行满，为荆溪之亲弟，故山外之说，早已存在。

相传此争，起于慈光寺晤恩。天台大师之作《金光明经玄义》也，有广略二本，晤恩对之作《发挥记》释《光明玄》，以广本为后世伪作。《金光明经玄义》有广略二本：其最初之释名段，分为教义释、观行释二段者为广本；中无《观行释》者为略本。山家之人，以广本为智者亲撰；山外之人，以广本为伪造。故《观行释》，为山家山外妄心真心二观相争之本。自是之后，《光明玄》之真伪，议论纷起；故晤恩可谓为二家争端之本。按晤恩之师志因，既以真心说天台之观；故晤恩承之，特志因时尚未彼此相争也。其后灵光洪敏造《金光明玄义记》，孤山智圆作《表微记》（一卷），及《索隐记》（四卷）；而四明之知礼则对之作《拾遗记》（三卷），以敷演宝云之传焉。

由是观之，武宗会昌以后，天台之教籍散佚，难判真伪；加之讲习教义者中绝，正统之传承不明；故各自逞其所见，终至起山家山外两家之争；然追溯其源，两家固皆有所据也。

一方对于荆溪之《十不二门》，据荆溪《妙玄释签》中提出者。又起争端，即奉先寺之源清著《十不二门示珠指》（二卷）、国清寺之宗昱著《十不二门注》（二卷），而唱真心观者是。宗昱为羲寂弟子，其系统出于山家，而议论同于山外，故山家呼为弃阴之异计，斥而属诸山外。《十不二门指要钞》（二卷），即四明知礼对于源清宗昱而作者也。此后永嘉继齐著《指滥》、天台元颖造《征决》、嘉禾子玄出《随缘扑》，皆责难四明；四明乃撰《二十问》，以祛其蔽，净觉仁岳作《十门折难》助四明以破之。名虽谓为山家山外，实则与山外学者论争者，仅四明知礼一人而已。至山外与四明辩难者，则有梵天庆昭，而孤山智圆实助之。

四明之兴此争，实因同学宝山善信之请，出《释难扶宗记》（一卷），驳晤恩之《光明玄发挥记》，及灵光洪敏奉先源清之《难词二十条》，以主张《光明玄》广本为真本之说。此《难词二十条》今佚。唯由是可知四明以前，宝云义通与晤恩、洪敏、源清等一派相对，其争已起于此时；又宝山善信之使四明答辩，亦由是可推而知也。但义通唯有《光明玄》之《赞释》，及《光明文句》之《备急钞》，其实际之相争如何，无由得知。

自四明《释难扶宗记》一出，庆昭、智圆二人以《辩讹》答之；四明又出《问疑书》，庆昭对之造《答疑书》；四明更造《诘难书》，庆昭又述《五义》以应之，即《五义书》是；四明更造《问疑书》，一年无答；更以《覆问书》促其答，庆昭乃造《释难书》以应答之；四明最后造《十义书》（二卷）、《观心二百问》，以破山外之说；如斯往复辩难五次，经过岁月七年。

　　雪川之仁岳(净觉)最初助四明力辟山外之异义,后背四明,自立异义,造《十谏书》以净之,四明作《解谤书》以斥之,仁岳复作《雪谤书》与四明争。四明中途而逝,遂不复能辩。又四明孙弟扶宗继忠之门有从义(神智)者,著《四教义集解》,反抗山家之说。以上二人,世所称后山外者是也。雪川希最出《评谤》,反抗仁岳;永嘉处元造《止观义例随释》(六卷),反抗神智,皆与后山外诸说相争者。

　　称为天台中兴之祖四明尊者,名知礼,居四明延庆道场,故人以四明呼之。真宗时,赐号法智大师,亦称法智尊者。在宝云门下十年,宝云灭后,盛开讲筵,著述亦多。仁宗天圣六年殁,寿六十九岁。其著述之重要者:为《观音别行玄义记》(四卷)、《观音别行疏记》(四卷)、《金光明玄义拾遗记》(三卷)、《金光明文句记》,六卷,此书未成而四明殁,其《赞佛品》,为弟子广智所续。《观经疏妙宗钞》、三卷,以上五部:称为天台五小部;与三大部共为学天台者之要典。《十不二门指要钞》(二卷)、《十义书》(三卷)、《观心二百问》(一卷)、《扶宗记》(二卷)、《解谤书》(三卷)、《修忏要旨》、《金光明忏仪》、《大悲忏仪》(以上各一卷)等书。此外尚有石芝所编之《四明教行录》(七卷),为欲知四明之说者,所不可缺之书也。

　　有遵式者,与四明齐名,其德尚过之。号称慈云尊者,世人称之曰:"螺溪宝云振于前,四明慈云光其后,其被推重如此。"遵式与四明交亲最厚,极推重四明,隐然助之。观其所作《指要钞》序文,可以知其故矣。

（嗣法有二十五人）

四明派之势力，由前所示之系统，略可推知。南屏、广智、神照三家，法流最荣，就中以广智之末为第一。

四明一派之隆盛，不暇详述，仅略解系统图之大体于前，其他从省。欲知其详，须参考《佛祖统纪》等书。

广智与后山外净觉相争，所著《广智遗编》《阐幽志》，其书现存；弟子继忠编《扶宗集》（五十卷），力明山家正统之说；其弟子草堂，于同门神智主张山外之说，标立异议时，造《义例随释》以抗之，其始末已述于前矣。息庵亦力辟异说，其下有圆辩者，门人众多。《佛祖统纪》曰："先贤有云：四明中兴天台之道，圆辩中兴四明之宗。盖谓四明之后，有一派为知解之学，近似山外者；而圆辩者出，独能发挥祖意，以起四明；盛矣哉！或谓月堂得观行，止庵得宗旨，一庵、雪堂得辩说，皆有师家之一体云。"月堂、止庵、一庵、雪堂皆圆辩之弟子也。著《佛祖统纪》之志磐，即出自此系统，以上所言，盖有暗斥他家之意。月堂著《圆宗解》；月堂门下有柏庭者，出《楞严玄览》、《金刚会解》、《圆觉略说》、《楞伽通义》、《因革论》、《附钞笺要》、《山家绪余集》、《三大部格言》、《简境十策》、《金錍义解》、《宗教玄述》、《仁王疏记》等书；石芝宗晓编《四明教行录》，又著《乐邦文类》、《法华显应录》诸书；逸堂法登作《圆顿宗眼》。南屏之学问，至弟子会贤泰初之时，称为南屏家；可见其学风异于他处。慈云之弟子祖韶，评为"碎割法身讹误后学去也"；神照弟子植庵，谓为"力勉勿传，有醍醐化糟粕，法藏变鬼火之语"；又广智对于南屏《类集》之批评曰："类集之行，得失相半；得在其纲要，失在昧其起尽。"由此可知南屏为类聚之学风，且受诸家种种批评者也。以上评语，载在《佛祖统纪》，故知志磐对之，亦多少有排斥之意也。南屏弟子从谏，传授天台教义于高丽义天僧统；此南屏家之下，清辩有《顶山记》，景德有《翻译名义集》，慈辩从谏之法流，自车溪经竹庵以至北峰。竹庵著《楞严集解》、《楞严补注》、《盂兰盆经补注》、《金刚通论》、《金刚事说》、《圆觉手鉴》、《竹庵草录》、《山家义苑》。宗印有《金刚新解》、《释弥勒偈》等书，此人在南屏家，号称高足。著《四教仪备释》之古云，著《三大部读教记》之法照，皆出其门；而法照有继世盛大，光祖父道之美评。神照著《普贤行法经疏》、《仁王忏仪》；处咸续成其师之《行法经疏》，又著《三慧论》、《光明十愿王》；楯庵有严著《玄义释签备检》、《文句笺难》、《止观助览》、《龙王法印经疏》、《安乐行注》、《空品注》、《心经注》；神悟处谦《十不二门显妙解》；了然著《宗圆记》、《净业记》、《护国记》、《金刚义解》、《假名集》、《释十不二门》、《止观枢要记》、《虎溪集》，弟子亦多；泽山与咸著《菩萨戒疏注》、《金刚辨惑》、《法华撮要》、《复宗集》。著《山堂集》之山堂元性，亦了然之法资，而神照一家之著名者，实专劝念佛往生者也。

《志因传》虽不详载山外派学者之名，但晤恩乃当代学者，且为极谨严之德行家。《佛祖统纪》称之曰："平时一食，不离衣钵。不蓄财货。卧必右胁，坐必跏趺。晨早亲视明相，每布萨，此云净住每半月，集众僧说戒经，使比丘住于净戒中，名布萨。大众云集，潸然泪下，盖思大集有无戒满阎浮之言也。"由此观之，可想见其为人矣。山家山外之争，以四明与梵天为中心。梵天学殖，自无待言；山外派学者，当推孤山为第一。

孤山智圆，于学者气象之外，尚有超逸之风。二十一岁，随奉先源清。二年而源清殁，遂往居西湖孤山，从学者如市，讲道未尝少倦。殁于真宗乾兴元年，年四十七岁。著《维摩垂裕记》、十卷，释《净名略疏》《百非钞》、一卷，释《涅槃疏》之百非义《涅槃经三德指归》、二十卷，释《涅槃疏》。《涅槃经发源机要记》、二卷，释《涅槃玄义》。《请观音经阐义钞》、二卷，释《请观音经疏》。《金光明文句索隐记》（四卷）、《金光明玄义表微记》（一卷）、《观无量寿经刊正记》、二卷，释《观经疏》。《金刚錍显性录》（四卷）、《十不二门正义》（一卷）、《盂兰盆疏摭华钞》、二卷，释圭峰《盂兰盆疏》。《阿弥陀经疏》（一卷）、《阿弥陀经疏西资钞》（一卷）、《般若心经疏》（一卷）、《心经疏诒谋钞》（一卷）、《首楞严经疏》（十卷）、《楞严经疏谷响钞》（五卷）、《不思议法门经疏》（一卷）、《四十二章经疏》（一卷）、《瑞应经疏》（一卷）、《普贤行法经疏》（一卷）、《无量义经疏》（一卷）、《遗教经疏》（二卷）、《文殊般若经疏》（二卷）、《析重钞》（一卷）、《间居编》（五十一卷）。

净觉、神智，后山外派也，著述甚多：净觉著《金刚般若疏》二卷、别有释此之《发轸钞》三卷。《弥陀经新疏》、二卷，及释此之《指归记》二卷。《楞严文句》（三卷）、《楞严会解》、十卷，及释此之《熏闻记》五卷。《四十二章经疏还源记》、二卷，释《孤山疏》。《遗教经助宣记》、二卷，同上。义学杂编（六卷）、《十不二门文心解》（二卷）、《起信梨耶生法图》（一卷）、《苕溪讲外集》（二卷）；此外尚有数部，凡三十余部。神智著《光明玄顺正记》（三卷)、《光明文句新记》(七卷)、《观经疏往生记》(四卷)、《十不二门圆通记》(三卷)、《金刚錍寓言记》(四卷)、《四教仪集解》(三卷)、《义例纂要》(六卷)、《三大部补注》(十四卷)。观其所著诸书;足知其忠于所学,且净觉持律峻严,不以事易节;神智非法不言,行步有常。唯因四明一派,后独昌荣,故山外之学,遂终被视为邪道也。

元明之际,天台宗颇衰。惟明天启时,有幽溪大师传灯,(亦称无尽祖灯)禀台教于百松大师,契入楞严大定之旨。卜居幽溪之高明寺,立天台祖庭,遂成天台宗之高明法脉。所著《生无生论》,融会三观,阐扬净土法门。又有《法语》一篇,最为切要。此外有《楞严经圆通疏前茅》(二卷)、《维摩诘所说经无我疏》(十二卷)、《法华经玄义辑略》(一卷)、《观无量寿经图颂》(一卷)、《般若融心论》(一卷)等书。

明末有蕅益大师智旭,其思想最近天台,然不能谓为纯粹天台宗人物也。其著述与天台有关者:则有《法华会义》(十六卷)、《妙玄节要》(二卷)、《法华纶贯》(一卷)、《教观纲宗》(一卷)、《教观纲宗释义》(一卷)、《大乘止观释要》(四卷)等书。入寂于明永明王永历八年十二月。清世祖顺治帝十一年。蕅益自云:"愿作台宗功臣,不愿作台宗后嗣。"然蕅益大师入寂后,其弟子等,乃公议以之继续无尽灯之系统云。

律宗至唐末颇衰,及宋代允堪之《会正记》、元照之《资持记》出,面目一新,号称中兴。南山律宗之系统,得以不绝。兹举南山律师以后之系统如下:

南山—周秀—苏州道恒作《行事钞记》十卷。—扬州慧正寺省躬著《行事钞顺正记》六卷。

└—慧正—京兆玄畅法宝大师，著《行事钞显正记》。—越州元表 著《行事钞义记》五卷。—守言—元解—法荣—杭州处恒亦名处云，著《拾遗记》三卷。—杭州择悟著《义苑记》七卷。—允堪智圆律师。—择其—元照大智律师。—开元经院智交俊芿之传，立道标于元照之次。真照之传立智交。—东堂准——竹溪法政—石鼓法久—如庵了宏

—上翁妙莲 { 真照日本东大寺圆照之徒，因妙莲行居二人而学戒者。

石林行居

—守一与妙莲争宗义者。

—俊芿日本北京律之祖，受天台于北峰宗印者。

（此系统，乃日本凝然大德据俊芿真照传而作，颇觉可信。但真照之师行居以后，事迹不明，其渐次衰颓之故耶？由此可知律宗衰于唐末五代之顷，至宋初允堪元照时代而复盛。）

允堪律师没于仁宗嘉祐六年，凡南山律师重要著述，皆为作注：即《行事钞会正记》、《戒疏发挥记》、《业疏正源记》、《毗尼义钞辅要记》、《教戒仪通衍记》、《净心诚观发真钞》等十部之记解，世呼为十本记主；《释氏稽古略》谓有十二部。其《衣钵名义章》一卷现存。其《会正记》，世呼为《四分律》之会正宗。元照律师居杭州灵芝寺，故学者单呼曰灵芝。凡南山律师之三大部，悉为作注：即《事钞资持记》、《戒疏行宗记》、《业疏济缘记》是也。此外著《芝园集》、《盂兰盆献供仪》、《释门章服仪应法记》、《佛制比丘六物图》、《摄戒种类》、《菩萨戒本持犯要记》等书。元照

之解《四分律》，颇用天台之教意，较从来之四分律宗，具有特色。故《稽古略》称之曰："以法华开显圆意，作《资持记》，与会正师殊途同归；推明南山元意，而上合于佛制；自是《会正资持》，又分宗于律矣。"元照入寂于徽宗政和六年，年六十九。元照以后，除前列系统之外，无由得知其详。

（三）元以后之喇嘛教

西藏喇嘛教，元时传入中国。兹据修拉辩以特（Schlagintweit）之《西藏佛教》，及挖台尔（Waddell）之《西藏佛教》，并引证他书，述其概略于下：

佛教始传于西藏，均信为在双赞思甘普王时；当我隋开皇时，即西历纪元六百五十年前后。前此是否有此教之形迹？无由得知。西藏古来相传陀朵里思颜赞王时，当我东晋时。有四宝箱自天降于王庭，人皆不知为何祥。时有印度僧五人来，王以为师，五僧为启四箱，出四宝物：一、《庄严宝王经》（亦名《百拜忏悔经》），依之立忏悔法；二、舍利金塔，依之立供养法；三、六字大明之宝玉刻（唵嘛呢叭咪吽）依之立持诵法；四、法教轨则，依之立修验法；实为佛教传入西藏之嚆矢。此与元帝师发思巴之《彰所知论》所载一致，《彰所知论》曰："如来灭度后千余年，西番国中初有王，曰呀乞嘌赞普；二十六代有王，名曰陀朵里思颜赞；是时佛教初至。"按陀朵里思颜赞，乃纪元三百三十年间人。此种怪奇之谈，殊难置信；或者双赞王以前，西藏稍有佛教影响之资料，可供参考耳。

双赞王生于 617 年,卒时八十二岁,即唐太宗时也。王在西藏,得大势力;入侵汉地,与太宗战;后太宗与之言和,以文成公主嫁之为妃;时贞观十五年事也。公主极信佛,多携佛像经卷以往西藏,佛教遂勃兴。又前此二年,双赞王曾纳尼波罗国王女白利司布为妃。二妃俱劝王弘通佛法。当是时,僧侣来自印度、尼波罗、汉地者日多,自此以后,佛教大盛;外国文物,随之输入;故西藏文化之进步,亦以此时为最著。王特遣端美三波罗亦名三姆菩陀,梵语即善良之西藏人之意,本名顿米。往印度求佛教。端美留南天竺七年,就利维喀拉及爹维特新哈学佛教,赍佛经多卷还。后本梵语造西藏文字,由是翻译多数经典。后世崇拜双赞王,称为观世音菩萨化身;称二妃俱为多罗菩萨化身;称端美为文殊菩萨化身。

当佛教未来西藏以前,西藏流行一种神教曰巴恩教,相传以秀拉白为教祖。所崇拜者多魔神,诵咒文而拜之,其形式颇似密教。佛教初来时,似二教并行不悖,及佛教渐盛,遂相冲突。旋复自相调和,而佛教中亦自然含有神教分子矣。

自双赞王历五代至乞㗚双提赞王,此王为双赞以后之英主,曾于玄宗时(728—786)入寇四川云南以达长安。其母为中国天子之女,夙受母教,弘布佛化。《蒙古源流》记此王为持苏陇德灿,谓其尚唐肃宗女金城公主,颇兴佛教云。要之西藏佛教,虽始于双赞王,而建西藏佛教之基础,实乞㗚双提赞王也。

乞㗚双提赞王,年十三即位,兵力远被。既尚金城公主,乃悔武事,极隆佛教。遣僧至印度学佛典梵语,聘中印度僧善海大师素恒啰克西塔,来藏宏教。又从其言,请那烂陀寺之硕学,真言瑜伽派之大德莲华生上师《蒙古源流》称巴特玛师。入藏;自余高僧亦继续而来。此莲华生上师,实喇嘛教之祖也;其随西藏使节入藏也,在纪元七百四十七年。此时西藏所行之佛教,以无著之瑜伽宗为主,乃自汉地传入者;及莲华生至,唱中论宗;新旧两派之争渐盛。王遂集二派学者,辩论于朝堂之上,中论宗胜,瑜伽宗人,多去之印度。王建寺于萨姆耶司,以善海大师为第一世,使盛译中论派诸经论;始置喇嘛,以统率僧侣。喇嘛,西藏语也,梵语为郁多罗,译言长老。后遂为西藏佛教通称。继善海首为喇嘛者,曰巴尔巴司。莲华生在西藏,不久即返印度。有高足二十五人,其中翻译经论最多而著名者,曰毗卢遮那。《佛祖通载》称毗卢遮那罗佉怛。

莲华生初无著译存于西藏,其人最可注目者,即布中论宗,唱秘密佛教,以佛教与西藏原有神教相调和是也。故西藏佛教,乃取大乘秘密佛教与神教融合之形,以渐广其流传者也。

徕巴胆《佛祖通载》为乞嚟徕巴胆王,乞嚟双提赞王之孙也,亦极力倡兴佛教。此时经典之译者颇夥,龙树、提婆、世亲等之书,多被译出;其译著之最有名者,以湿连怛罗菩提为始;此外则有基那米特罗,及湿连陀罗菩提、般若华尔曼、达那西拉、菩提米特罗诸人。湿达怛罗菩提、基那米特罗,俱安慧论师之弟子也。

纪元八百九十九年,此年代尚有异说,未能明确。朗达玛弑其兄徕巴胆王,《蒙古源流》载有"达尔玛特松"王死年三十六岁,其兄朗达尔玛即位,不书弑前王事。又述朗达尔玛破佛之事,言:多里隆赞(即陀朵里思颜赞)时,佛教始来西藏;故至达尔玛特松之死,凡四百九十五年云。自立,大破佛教,此为西藏佛教之一大灾厄。佛塔寺院,为之破坏;僧侣还俗,至有被屠杀者。王即位三年后,为巴尔多儿姐喇嘛所弑,佛教厄灾遂息。至朗达玛孙巴勒科尔赞时,佛教复兴。重建八大寺院,前代逃遁印度之僧侣,渐还旧居。十一世纪顷,迦湿弥罗及印度僧侣,接踵而至;司木立替、达摩帕拉、希达帕拉、库那帕拉、般若帕拉诸人,亦继续而来。大圣阿通沙,那烂陀寺那罗之弟子也,以纪元一千三十八年入藏,实可目为喇嘛教之再造者及改革者也。阿通沙本名抵斑喀拉输利迦那,即定光吉祥智之义,本印度倍辩儿州王族喀儿耶那输利之子。年六十,来西藏,在摩迦陀地方,为维克拉马希拉寺之教授师。《蒙古源流》以阿通沙之来,在西藏陇吉王时;陇吉为巴勒科尔赞之孙,乃札实则克巴之子也。札实则克巴致力回复佛教,派遣子大臣二十五人,前往印度招致高僧。因阿通沙之来,遂使西藏佛教,达于光怪陆离之状态。所谓甘丹派 教律合一之义者,实以阿通沙为鼻祖。自是甲论乙驳,渐呈宗派分裂之盛况。阿通沙之弟子,称为甘丹派最初教主者,为德母顿,或曰当推布坷司顿为最初教主。

西藏佛教之宗派,自教义上观之,可分毗婆娑、经部、瑜伽、中论四宗,但此为学者之佛教。通俗概行秘密佛教,即念密咒行密轨者是也。此为有名西藏文典学者勖玛所言。但密教之外,通俗佛教一方面,尚有念佛教,即依阿弥陀如来之誓愿,以期往生西方者甚多也。

西藏古时,大小乘教义,业已并行,而以瑜伽(法相)、中论(三论)二宗为盛。二宗亦以浅深高下,互相争执;瑜伽一方,遂有凌驾中论之势。及莲华生来,龙树教义再兴。八九世纪之交,有庆陀罗克尔其者,就此宗经论,详加解释;纪元十世纪以来,所谓佛教再兴时代。此派学者,重来自印度;西藏遂以此为佛教正宗矣。此莲华生以后之中论宗,谓之布拉三格中论宗。

以上仅就教义上言之。兹更举现存宗派之区别,则修拉犌以特氏谓西藏佛教有九派:即尼玛派、乌尔更派、甘丹派、萨克耶派、犌尔端派、此出自宗喀巴之甘丹寺,与改鲁格派同。喀尔修派、喀尔玛派、布利库革派、以东西两藏之布利库革为本山,乃宗喀巴黄帽派之一支流。布尔古派是。挖台尔氏以为自根本四派,衍出多数支流派;更区别为旧派、革新派、半革新派三种。

挖台尔谓西藏佛教之生派别也,以阿通沙及其弟子布垎司顿所开之甘丹派(革新派)为滥觞。有以阿通沙及布垎司顿之改革为趋于极端者,乃唱稍折衷的半革新派。今据挖台尔之说,示西藏所传旧派以外之三大新派之系统图于下:

金刚持(即阿抵佛陀)

- 文殊—龙树……婆薮子(世亲)—库格颇拉荼司喇嘛—孔孔确格耶儿颇=萨克耶派
- 体罗(十世纪人)—那罗(十、十一世间人)—玛儿帕—米拉拉帕—突格颇拉尔载=喀尔修派
- 弥勒—无着……阿通沙—布垎司顿=甘丹派

点线示中略数代者,孔孔确格耶儿颇为萨克耶派之祖。此派以世

亲为龙树之继承者，以用龙树所传之《华严经》与世亲之《真谛论》为主，且折衷新旧两派。喀尔修派开祖玛儿帕，本阿通沙之弟子，后往印度从那罗那烂陀寺高僧受学而还。但此图仅示继承之大体，详言之，尚有错杂之处：即相传阿通沙为文殊化身，故与文殊系统所属之萨克耶派有关系；那罗为阿通沙之师，故亦与喀尔修派有关系；玛儿帕亦阿通沙弟子，故亦与甘丹派有关系；又与萨克耶派，亦有系统上之关系。阿抵佛陀，即最胜佛陀之意；金刚持，即大日如来。

此三大新派，更加旧派，即尼玛派则成根本四部。此根本四部，更分裂多派，其大体如下：

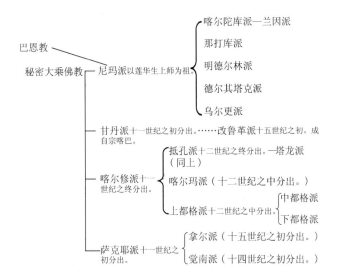

（以上诸派中：尼玛派为旧派；甘丹派及改鲁革派为革新派；喀尔修诸派属于半革新派。）

表中最堪注目之人，乃西藏佛教革新家宗喀巴，称为西藏之路德者是也。宗喀巴本名罗卜藏札克巴，纪元千四百十七年，明永乐十五年。生于孔奔。为后甘丹派布垤司顿七十八世之雀司克亚白赞喇嘛弟子，博学而持律严肃，且颇活动之高僧也。自其学说上言，此人盖立于中论与密教之间而调和之，以防止其冲突者也。所著如《菩提母儿》（Bodhi-mur）、《塔儿尼母儿》（Tārnim-mur）、《阿尔塔捏利开》（Altanerike）、《拉玛利玛》（Iām-rim）等，皆为密乘中论二义调和之书。且此时喇嘛教益盛，僧侣之行益堕落，欲匡正之，是非严肃之戒律派不可，世称宗喀巴为持律者，其主义可想见也。

兹就宗喀巴派之祖，自十一世纪之阿通沙，迄布垤司顿以后，喇嘛教全体之形势略述之。西藏自朗达玛死后，佛教渐有重兴之势。十三世纪元世祖忽必烈；奉宪宗命来西藏之时，萨克耶派之势力殊盛，忽必烈为收揽西藏人心计，挈帕思巴还。即位之后，尊为帝师，终至定喇嘛教为元国教。命帕思巴统管天下佛教，且左右西藏政权。《元史》曰："元起朔方，固已崇尚释教。及得西域，世祖以其地广而险远，民犷而好斗，思有以因其俗而柔其人。乃郡县土番之地，设官分职，而领之于帝师。乃立宣政院，其为使位居第二者，必以僧为之，出帝师所辟举。而总其政于内外者，帅臣以下，亦必僧俗并用，而军民通摄。于是帝师之命，与诏敕并行于西土。百年之间，朝廷所以敬礼而尊信之者，无所不用。"元之尊信喇嘛,即此一端,已可见矣。

《佛祖通载》谓自国师禅怛啰乞答为累叶国王之师,十七代而至萨思加哇,相传为莲华生弟子,乃帕思巴之伯父,亦其师也。《元史》称萨斯加哇,萨斯嘉人也。自其祖多尔济,世世以其法佐国主,霸西海者十余世。帕思巴年十六,谒元世祖忽必烈汗,以世祖即位之元年为国师。受命造蒙古新字,为大宝法王,赐玉印。至元十一年还西藏,十六年入寂。《佛祖通载》为至元十七年,《元史》以为至元十六年。赐号皇天之下一人之上宣文辅治大圣至德普觉真智佑国如意大宝法王西天佛子大元帝师。其《彰所知论》,盖为世祖太子真金而说。与发思巴同时受尊敬者,国师胆巴也;亦名功嘉葛剌思,号金刚上师。乃帕思巴之弟子,亦赴印度求法。来中国后,受命住大护国仁王寺,成宗大德六年入寂。此外有必噜匝纳实哩者,亦帕思巴弟子也,有汉译《楞严》,又有西藏译经典多卷。赐号普觉圆明广照弘辩三藏国师。后坐与安西王子伊噜特穆尔等图谋不轨被诛。又有沙罗巴观照,所谓佛智法师者,亦帕思巴弟子,所译多未传之显密诸经。

自后元累代有帝师来自西藏,帕思巴西还,其弟琳沁代之。达尔玛巴拉实哩、伊特札实琳沁、策喇实巴鄂尔嘉勒、札克嘉勒灿、多尔济巴勒、桑节札实、衮巴勒藏布、班珠尔戬藏等,以上据《元史》。相嗣为帝师;最后之帝师,为顺帝时受其任命之伽璘真。顺帝极暗愚,《元史》称平章政事哈麻,使其妹婿秃鲁帖木儿,劝西藏僧在帝前行运气之术,号之曰演揲儿;大欢喜,或大喜乐。以伽璘真达此秘法,封为帝师,日事淫乐;任僧侣为司徒。帝师、司徒，各取良家女三四，名曰供养；且伽璘真欺帝曰：陛下尊富，仅此一代；人生岁有几时，当受此秘密大喜乐禅定。广聚女子为淫戏。帝之诸弟宠臣，皆在前相狎，男女裸处，呼其处所曰吐即兀该。事事无碍。佛教之弊，至是达于其极。盖西藏佛教，是时似颇受印度檀陀罗即女神崇拜派。派之影响，故一种淫靡之风，遂浸染于西藏，而尤加甚焉。此教风之流传，乃由西藏南境尼波罗之秘密佛教，尼波罗之密教，即变自檀陀罗者也。檀陀罗为专崇拜女神之一派；有所谓荼克拉会合者，凡在会合之男女，悉以平等为主义；此种集合，为反对印度严重阶级制度而设。且其时行五摩字法之仪式，所谓五摩字法者，一摩假，即酒；二摩恩萨，即肉；三摩特司耶，即鱼；四摩乌陀罗，即谷；五摩花肚拿，即两性交媾。元之事事无碍，恐由此恶风而来。

更据《元史》喇嘛隆盛之弊害述之：世祖之时，宋天子皇族诸陵及大臣坟墓，在钱唐绍兴者，悉被江南释教总统嘉木扬喇勒智发掘；或杀人，或受美女宝物之贿赂，其所攘夺盗取之财物，凡金一千七百两，银六千八百两，玉带九，玉器大小百二十一，杂宝具百五十二，大珠五十两，钞十一万六千二百锭，田二万三千亩；此外私庇人民不输公赋者，凡二万三千户；其藏匿不露者，尚不可胜举。总之元代保护佛教之余，其流弊之大，为史所载者，不得不谓为实录也。

明太祖之时，以元之帝师喃迦巴藏为炽盛佛宝国师。由是受封者，有灌顶国师、赞善王、阐化王、正觉大乘法王、如来大宝法王等，各领其本国人民，以臣服于明。成祖时，亦以公哥监藏已藏卜为圆智妙觉弘教大国师。又闻异僧哈立麻召之,封为万行具足十分最胜圆觉妙智慧善普应祐国演教如来大宝法王西天大善自在佛,使领天下之释教;其徒孛罗以下三人皆为国师,次封法王,尊崇甚笃。自是西藏僧来者日众,而以阐化王、阐教王、辅教王、护教王、赞善王五王为始,封西天佛子者二人;封灌顶大国师者九人;封灌顶国师者十八人。于是臣服于明,历年朝贡不缺,以致藩属之礼。

当是时,往来中国者,皆宗喀巴以前之红教喇嘛。宗喀巴生于明成祖永乐十五年(1417),卒于宪宗成化十四年(1478)。故宗喀巴之黄教派,压迫红教旧喇嘛,而得势力时代,当在明中叶以后。盖宗喀巴所立之格鲁革派僧侣,遵宗喀巴制,着黄衣,戴黄帽,与从来红帽派喇嘛区别。遂至谓旧喇嘛教为萨马儿,即红帽也;新喇嘛教为萨色儿,即黄帽也;巴恩教为萨拿克,即黑帽也。宗喀巴所建有名之甘丹寺,在西藏国都拉萨东方三十英里。

宗喀巴既建甘丹寺后,势力增大,自是有所谓达赖、班禅二喇嘛者,渐开宗教政治之端绪。又此二喇嘛,虽谓始自宗喀巴之二弟子,实则所谓达赖喇嘛者,起于敦根珠巴。敦根珠巴建一寺于拉萨,与宗喀巴同时,且年或稍长,1391—1475年,其所建寺,即布达拉寺。布达拉在拉萨近旁,布达拉即补陀落,观音之净土。达赖喇嘛,古来信为观音化身。盖西藏人自信其国土与观音有缘,且为观音之所守护者。敦根珠巴,后又建寺于札什伦布居之,受班禅林薄溪之尊称,此即班禅嘛喇系之始。布达拉寺,凡历根敦嘉穆错、琐南嘉穆错、云丹嘉穆错,至第五世喇嘛罗卜藏嘉穆错，清初人也，1617—1682 年。其与清交通，在太宗崇德年间，喇嘛遣使盛京；太宗亦遣使西藏，以达赖、班禅二喇嘛为金刚大士，即其发端也。盖西藏分前藏、喀木，或察木多。中藏、即卫拉萨。后藏、单称藏曰札什伦布，即此。青海四大部。蒙古和硕部之固始汗，自明末以来，领有中东二部。即前藏、青海。然布达拉五世喇嘛之时，以后藏地为藏巴汗所统治为口实，诱固始汗之兵取后藏，悉逐红帽派喇嘛，以扎什伦布之班禅喇嘛掌后藏；固始汗又使其子鄂齐尔汗留守后藏。当此之时，罗卜藏从固始汗受达赖尊号；达赖，蒙古语谓之海，譬其德广大之尊称也。此达赖喇嘛与班禅喇嘛管治西藏，为完全僧侣政治之历史；由是宗喀巴派黄教喇嘛，遂全为西藏之统治者。

初罗卜藏大喇嘛，借固始汗之兵力，灭后藏之藏巴汗，乃桑结第巴第巴为喇嘛厅之僧职，掌理兵备财政事项。之策。桑结颇奸佞，于五世喇嘛死后，秘之，伪称大喇嘛入定，不见人；矫命行事，悉由己决，凡十五年；后事败露，为清帝所诘责，不得已，乃立六世达赖。由是与属于蒙古和硕部血统之藏巴汗，发生争端。时准噶尔部之噶尔丹，势力甚盛，本为喇嘛，居西藏时，因与桑结交讙，故助桑结攻击固始汗子达颜汗。未几，噶尔丹北侵喀尔喀，喀尔喀部求援于清，噶尔丹遂败。桑结为达颜汗之子拉藏汗所杀，其所立之六世达赖被废。拉藏别拥立六世达赖，清朝虽曲加保护，而六世达赖，甚无人望。蒙古诸部，在甘肃西宁之红山寺，别立新六世达赖。噶尔丹之后，领准噶尔部之策妄那布坦，乘此纷扰之机，遂入西藏，杀拉藏汗；西藏喇嘛，多不喜拉藏汗，皆助之。但清朝初即助拉藏,故清圣祖闻变,即遣兵入西藏,废拉藏所立六世喇嘛,更迎西宁之达赖为第六代大喇嘛,此即噶儿藏嘉穆错也。世宗即位之初,西藏又有内乱,清遣兵平之,送置驻屯兵二千人于西藏,保护喇嘛;置驻藏大臣于拉萨;时世宗雍正二年(1724)事也。

此时之蒙古,其东方成为漠南蒙古、漠北蒙古;漠北蒙古,又有喀尔喀部;此二部之东,与满洲接境者,为科尔沁部;以上为鞑靼三大部。又西方有漠西蒙古之厄鲁特部,亦分四部:天山北路之大部,为准噶尔部;其北为土尔扈特部;更北为都尔伯部;准噶尔部之东,乌尔木齐附近,为和硕部,自青海至西藏,皆属于其势力之下。当准噶尔之噶尔丹盛时,为其所侵,于是厄鲁特三部皆屈服于噶尔丹,终与北方喀尔喀部冲突,与清交锋。

红黄二教最显著之区别,除衣帽之色相异外,为红教派带妻,黄教派不带妻之一点。但红教派,非悉皆带妻也;如喀尔修派之始祖玛儿帕带妻,由此派所产出之喀尔玛派僧侣,亦多带妻;又萨克耶派帕思巴后之札萨呼土克图亦带妻;因以子为嗣法者,故红教喇嘛,似以带妻生子而使嗣法为理由也。黄教则反之,禁止带妻,故其嗣法者,称为呼毕勒罕。喇嘛学道,能不迷本性,转世再来者,称呼毕勒罕。例如达赖、班禅等大喇嘛死时,遗言死后往生某地,因探得其地之生儿,依之以定嗣续者也。然其后亦发生种种弊害,称为呼毕勒罕者,多至数人;清高宗乾隆时,在中藏之大招寺,备置金奔巴瓶,将所指示方向土地同名者之名单,入此瓶中;驻藏大臣、达赖、或班禅等重要喇嘛,集于宗喀巴之像前,抽签以定之。

以此呼毕勒罕转生而使传法弘教,其事发生于宗喀巴之遗嘱,黄教派始行之,其后红教派亦仿效之。盖转生弘法之举,非唯达赖、班禅二大喇嘛有之;而属于其下,举凡各领一方,以教化为事之呼土克图,亦深信此事。呼土克图,再来人意。喇嘛能明心见性,由达赖、班禅证明,方得称呼土克图。故每遇呼毕勒罕出,则以其名呈报理藩院,由理藩院抽签。乾隆时向理藩院报名者,总数多至百六十云。西藏称呼土克图十八人,称沙布隆者十二人,漠北蒙古十有九人,漠南蒙古五十七人,青海番地三十五人,四川察木多番地五人,驻京呼土克图十四人,此等皆呼毕勒罕所出也。

蒙古喇嘛教,分漠北、漠南二大部;清世宗雍正元年,漠北喀尔喀部哲卜尊丹巴呼土克图死于京师;诏如达赖、班禅死时之例,护其丧还库伦,于是立漠北库伦喇嘛教之一支。当是时,第五达赖之弟子章嘉呼土克图蒙古呼毕勒罕将出世时,其名在北京雍和宫所备之金奔巴瓶内,由驻京章嘉呼土克图监视抽签。雍和宫者,中国第一喇嘛庙也。又来,大蒙优待,置于漠南蒙古多伦泊,此即所谓多伦泊之一支也。于是喇嘛教第一支为布达拉;第二支为札什伦布;第三支为库伦;第四支为多伦泊。

(四)禅　宗

禅宗五家,发端于唐末五代之时,皆起于南方。当是时,南汉、南唐、吴越,在南方建国,各据其地,禅宗亦受其保护。五家之中,沩仰派似早衰,法脉仅存,兹举可知者于下:

以上所列,不过四五世耳。沩山生于唐武宗会昌年间,入寂于宣宗

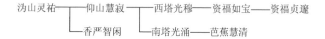

沩山灵祐————仰山慧寂————西塔光穆————资福如宝————资福贞邃
　　　　　└香严智闲　　　└南塔光涌————芭蕉慧清

大中七年；仰山卒于昭宗大顺元年，由此推之：沩仰宗之法脉，盛于南唐之初，其后遂绝。

法眼宗始自大法眼禅师，即清凉文益也。此宗起于雪峰，经玄沙师备而至罗汉桂琛，清凉出其门下。雪峰义存居福州闽川之雪峰，唐僖宗时，赐号真觉禅师，法席常有众一千五百人。当时天下骚然，群雄割据，各自称王，当王审知称号闽王时，雪峰垂化此地，四十余年，于后梁开平二年三月入寂。是年十一月，玄沙师备亦卒，闽主赐号宗一禅师。桂琛、文益，俱五代时人，桂琛居漳州城西之石山地藏院十余年，后迁罗汉院，卒于后唐庄宗天成三年。文益，即清凉法眼，为南唐王李升所迎，自金陵报恩院，迁居清凉寺，赐号净慧禅师。卒后谥大法眼禅师，再谥大智藏大导师；入室弟子四十三人。

法眼宗历二三代而衰，法统不明。天台德韶，俗姓陈氏，与天台宗智者大师同姓，故人称智者再来。德韶寻智者之遗迹，终住天台。受吴越忠懿王尊信，且劝王遣使新罗，缮写天台教籍，使中国本土已经衰灭之天台教宗，得以再兴者，韶与有力焉。入寂于宋太祖开宝五年。其弟子永明延寿颇知名。延寿初居明州之雪窦山，后应忠懿王之请，住灵隐山新寺，为第一世，更转永明大道场。著《宗镜录》一百卷，为学者所佩仰。入寂于开宝八年。当是时，高丽王慕其学德，遣僧三十六人承其法。自是法眼宗弘布于高丽，而中国反衰矣。今示法眼宗略系于下：

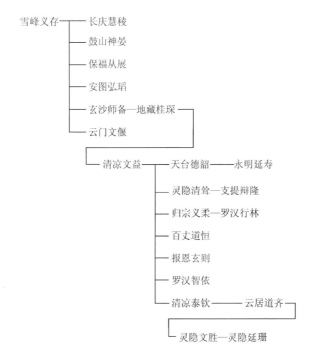

与法眼宗同出于雪峰下之云门宗，其末造不如临济宗之盛。然宋初则颇振，但非沩仰、法眼、曹洞之比耳。云门禅师，居韶州云门山光奉院，其地为南汉刘龑所辖，故受南汉主之归依。赐号匡真禅师，入寂后谥曰大慈云匡真弘明禅师。于后汉隐帝乾祐二年入寂。自云门经香林澄远、智门光祚，而至雪窦重显，其法大振。雪窦即选《碧岩录》百则而著颂古之人,其书称《雪窦颂古》。初住翠峰,转迁明州雪窦,来会者号称极盛,故世称云门中兴。入寂于仁宗皇祐四年六月。其法嗣以天衣义怀为最著名。入寂于仁宗嘉祐五年。圆通法秀、慧林宗本,出其门下。在圆通之下者,有佛国惟白;在慧林之下者,有法云善本。法秀为汴京法云寺第一世,圆通禅师,其敕赐号也。入寂于哲宗元祐五年。其法子佛国惟白,以著《禅门续传灯录》(三十卷)得名。入寂于徽宗建中靖国元年。

慧林宗本始居苏州之承天、兴教二寺,后因杭州净慈寺之坚请,往居净慈寺。尔时四方互请,故说帖中有"借师三年,为此邦植福,不敢久占"之语。元丰五年,应神宗皇帝之召,住慧林寺,圆照禅师,其号也。入寂于哲宗元符二年。法云善本承其法,圆通法秀入寂时,即受敕嗣其法席,入法云寺,大通禅师其号也。与圆照并称,故世呼大小圆照云。入寂于徽宗大观三年。

智门光祚之门下,与雪窦同门者有延庆子荣,其法嗣名圆通居讷,居庐山圆通寺。与欧阳修交,颇为所重。内侍李允甯舍汴京第宅为禅寺,敕赐额,名十方净因寺。欧阳修奉天子(仁宗)命,推选居讷居之,居讷以病辞,举大觉怀琏代之。当是时,汴京两街诸寺,悉属法相宗、南山律宗;至于禅宗、天台,但行于各地方。自有此净因寺,禅宗始行于京都。大觉者,怀琏之敕赐号也。居讷入寂于神宗熙宁四年。怀琏入寂于哲宗元祐五年。

云门之法流,当以明教契嵩为最知名。嵩字仲灵,藤州镡津人,居杭州灵隐寺。著《传法正宗记》(十卷)、《定祖图》(一面),定禅宗法脉之异论。此外述《辅教编》(三卷)，上之仁宗；敕加入《大藏》之中；赐号明教大师。辑其文曰《镡津文集》(十九卷)。入寂于熙宁五年。

宋以后，云门之法，当与临济并盛。徽宗皇帝序《续灯录》曰："自南岳青原而下，分为五宗；各擅家风，应机酬对；虽建立不同，而会归则一；莫不箭锋相拄，鞭影齐施；接物利生，启悟多矣；源派演迤，枝叶扶疏，而云门临济二宗，遂独盛于天下。"由此观之，其盛可知矣。及宋都南迁，蒙古北入，云门宗遂致衰微；入元，其法系遂全不可考矣。《五灯会元续略》曰："云门宗，自宋迄元，代不乏人；如圆通、善王、山济，俱明眼宗哲，法席甚盛；但嗣法莫可考，岂深藏其德而不求著耶？抑末流闻见之不广也。"又载宋末云门禅僧数名，但其系统未明。兹示云门宗主要人物略系于下：

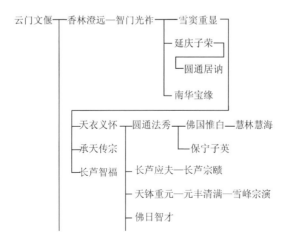

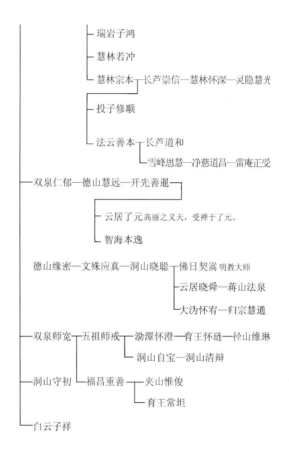

曹洞宗之微弱,不如沩仰、法眼,其盛亦不如云门、临济。虽特称为曹洞宗,而洞山、曹山以来之正系,法脉后绝;唯赖云居道膺之一脉,曹洞之泉,得以不涸;降至元代,其末叶繁盛,乃出于意外。瑞州洞山良价,敕谥号悟本禅师。唐末人,入寂于懿宗咸通十年;曹山本寂,敕谥号元证禅师。居抚州曹山,入寂于昭宗天复元年。五家之中:曹洞、沩仰、临济三宗,起于唐末;其云门、法眼二宗,则起于五代。

洪州云居山道膺,入寂于昭宗天复元年。敕谥号弘觉大师。六传而至芙蓉道楷。道楷初受诏,居东京十方净因寺,更移住天宁寺。且赐紫衣,并赐号定照禅师,道楷上表固辞,谓常发誓愿,不受利名,若自违素愿,何以教人,频谕不从。天子徽宗大怒,置之狱。时有司知楷忠诚,乃问曰:"有疾则可免罪,长老有疾乎?"楷毅然答云:"生平未尝妄语,岂敢诈疾以求侥倖。平日有疾,今实无。"遂迫令还俗,流于缁州;时大观元年事也。翌年免罪,结庵于芙蓉湖上;《续传灯录》载"数百人环绕坐卧;楷虑祸,乃日各食粥一杯,不堪者稍稍去,在者犹百许人"云。后所居之寺,敕赐华严禅寺之额。入寂于徽宗重和元年。其法资有丹霞子淳;入寂于宣和元年,即芙蓉卒之翌年。丹霞之下出清了、真歇,谥悟空禅师。正觉,俱名匠也。正觉名声最振,居明州天童山,寂后谥宏智禅师。入寂于南宋高宗绍兴二十七年其《从容录》(三卷)与《碧岩录》,俱为禅学者所称;盖即天童宏智之《颂古百则》,万松行秀评唱之以示众者也;万松退隐之所,榜曰从容庵,故命名《从容录》云。

万松老人行秀,构万松庵于顺天府报恩寺,其后转住万寿寺、栖霞寺,晚年造从容庵,为退居之所。《从容录》因湛然居士从源之请而成。此外尚著《祖灯录》(六十二卷)、《辨宗说》(不详卷数)等书。入寂于蒙古定宗二年,当南宋理宗之淳和六年。

　　宋季以后，曹洞大势，《五灯会元续略》载之綦详；曰："曹洞宗至宋季尤盛于河北；所以元世祖大集沙门，惟少室裕祖，高贤鳞附，如黄钟为八十四调之首，如车毂为三十六幅所归，淘至盛矣，谁与京焉。独惜明兴以前，金辽以后，河北为战争之所，名刹兵秽，格言爨加。如洛之白马、天庆、嵩之少室、龙潭、熊耳之空相，磁之大明，泰之灵岩，燕之报恩、万寿，灯灯不绝，班班可纪，而人罕被其光。至今仅存云门、寿昌、少室三叶，颇称繁衍；但清凉已上，间有一二宗支，无从考核。"由此文观之，少室雪庭之福裕、云门之圆澄、寿昌之慧经，三派法脉后存，其所弘布，以在北方者为主。适金、辽、蒙古交侵，北方成为战场，大寺多蒙灾祸；其间有行秀等盛行法化，得法者一百二十人；此宗之行，亦云盛矣。

　　兹示曹洞宗略系于下：字傍附圆圈者，示来自日本之人。

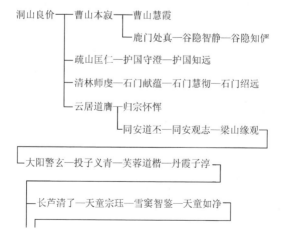

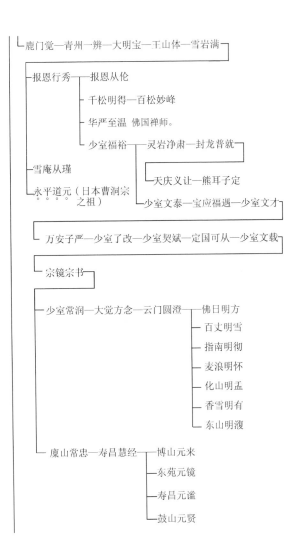

禅之五派中，其末最盛者，临济宗也。至宋时分杨岐、黄龙二派，而杨岐宗之法孙，最为繁荣。世以此二宗加于五家，呼为五家七宗云。

临济义玄，嗣黄檗希运断际禅师。之法，由南方北来，居镇州临济院，后移大名府兴化寺东堂。入寂于唐懿宗咸通八年，敕谥号慧照禅师。临济之后，经兴化存奖、南院慧颙、风穴延沼至首山省念，为汝州首山之第一世，更居汝州叶县之广教、宝应诸寺。首山嗣法中，有名者，为汝州叶县广教院之归省、潭州神鼎之洪諲、襄州谷隐山之蕴聪、汝州广慧院之元琏，及汾阳太子院之善昭等。善昭传之石霜楚圆，杨岐、黄龙，分于石霜之下。

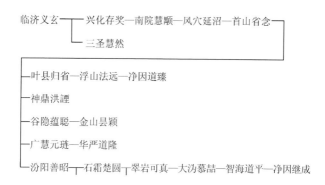

黄龙慧南,敕谥普觉禅师。入寂于神宗熙宁二年。生前法席之盛,评者以为可比马祖百丈。嗣法者颇多,《续灯录》载有八十三人,其中以宝峰克文、晦堂祖心、东林常总三人,为其法流之最广者。宝峰克文居洪州泐潭,前曾住庐山归宗寺,真净禅师,其敕赐号也。入寂于徽宗崇宁元年。晦堂祖心,继慧南法席,敕赐号宝觉禅师;入寂于哲宗元符三年。其法嗣有死心悟新、灵源惟清等四十余人。东林常总,居江州东林兴龙寺;嗣法达六十二人之多,开先行瑛、泐潭应乾,其显著者也。

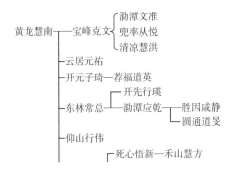

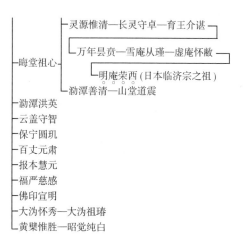

兹就杨岐派略述之：此派在五祖山法演之下，出佛鉴（慧勤）、佛眼（清远）、佛果（克勤）三佛。三佛中，佛果克勤之法，尤为盛大，实为虎丘、径山二大系所自出。

杨岐方会，入寂于仁宗庆历六年。嗣法者凡十二人，白云守端为其上首，为圆通居讷所推选，历住承天、圆通二寺，后迁法华、龙门、兴化、海会诸寺，所至归依者众，有如云集。入寂于熙宁五年。蕲州五祖山之法演，嗣其法，法嗣二十余人。昭觉克勤，其一也，以原本《雪窦颂古》，加以垂示、着语、评唱，造《碧岩集》而得名。初在成都照觉寺，后会张商英无尽居士。于荆南，应其请而留碧岩。复受诏移住金陵蒋山，更奉敕住元宁、万寿诸寺。建炎初，又转镇江金山。时值宋都南迁，南宋之初，高宗赐号圜悟禅师。高宗绍兴五年。太平慧勤，与昭觉克勤齐名，人咸称之曰：五祖下之二勤；慧勤居舒州之大平寺。清远住舒州之龙门寺，其下有牧庵法忠，牧庵下有普庵印肃。

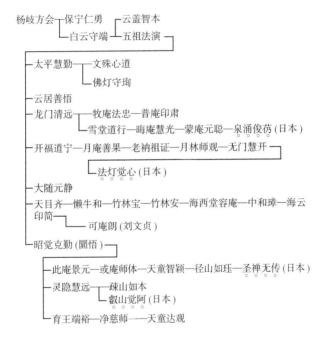

克勤法嗣，多至七十五人，其法流以虎丘、径山为最大。虎丘一派，分松源、破庵二流；径山一派，分灵隐、北涧二流；兹示之于下：

(一)虎丘绍隆—天童昙华—天童咸杰—

　荐福道生—径山道冲—月潭智圆—东里弘会

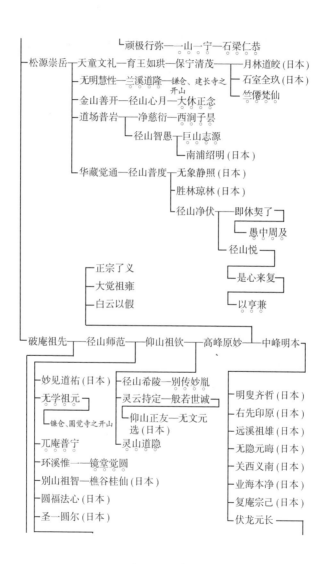

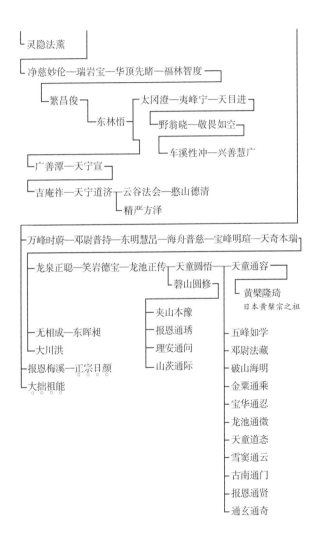

灵隐法薰

净慈妙伦—瑞岩宝—华顶先睹—福林智度

繁昌俊

东林悟

太冈澄—夷峰宁—天目进

野翁晓—敬畏如空

车溪性冲—兴善慧广

广善潭—天宁宣

吉庵祚—天宁道济—云谷法会—憨山德清

精严方泽

万峰时蔚—邓尉普持—东明慧旵—海舟普慈—宝峰明瑄—天奇本瑞

龙泉正聪—笑岩德宝—龙池正传

天童圆悟

磐山圆修

天童通容

黄檗隆琦
日本黄檗宗之祖

无相成—东晖昶

大川洪

报恩梅溪—正宗日颜

大拙祖能

夹山本豫

报恩通琇

理安通问

山茨通际

五峰如学

邓尉法藏

破山海明

金粟通乘

宝华通忍

龙池通微

天童道态

雪窦通云

古南通门

报恩通贤

通玄通奇

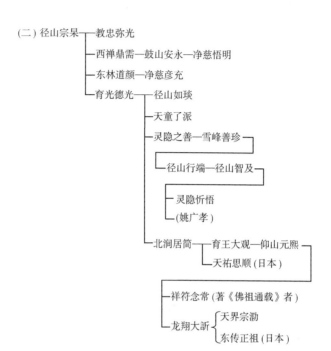

平江府虎丘之绍隆，入寂于南宋高宗绍兴六年。其法嗣仅昙华一人；昙华有嗣法八人，卓越者，咸杰一人也。咸杰之下，自松源、破庵等出，此派渐盛，破庵之后，尤极繁荣。松源崇岳，曾住景德灵隐寺。宁宗庆元六年，上书乞退居东庵，许之。松源入寂于南宋宁宗嘉泰二年。之法，当镰仓中晚之际，盛传于日本，即中国宋末元初时也。

破庵之法，传于径山师范。师范历住雪窦、育王、径山诸寺，理宗时，召至修政殿说法，赐号佛鉴禅师。著有《语录》五卷行于世。入寂于理宗淳和九年。据系谱所载,日本镰仓时代禅宗诸人,嗣径山之法者甚多。

径山宗杲,初参曹洞禅,因曹洞禅过重传授,以为禅乃佛自悟自证之法,岂别有传授者耶? 于是去而之临济,承圜悟之法。在圜悟门下,最称卓越,名重一时。高宗命住育王,又受诏迁径山;孝宗时,赐号大慧禅师。入寂于孝宗隆兴元年。嗣法者九十余人。《续灯录》曰:"鼎需、思岳、弥光、悟本、守净、道谦、遵璞、祖元、冲密等九人,皆契悟广大,先师而殁;其余皆道化一方,临济宗旨益振焉。"大慧之下,德光之门,分灵隐之善、北涧居简二派。出于径山智及门下之道衍,即助明成祖举兵之姚广孝也。

元以后,禅宗与喇嘛教俱盛,盖助元世祖成业之刘秉忠,谥文贞本属禅僧,故于临济宗之宏传称便焉。先是,秉忠居云中南堂寺时,适值海云印简,应世祖之召,乃随之而往。印简颇为世祖所尊信,故称为临济之中兴。武宗至大二年,敕赵孟頫撰《临济正宗碑》,其文曰:"海云大宗师简公,性与道合,心与法宜;细无不入,大无不包;住临济院,能系祖传,以正道统;佛法盖至此而中兴焉。"其推崇可谓至矣。刘秉忠乃出于印简弟子可庵朗公之门下者也。

元代破庵一派之高峰原妙,其弟子以中峰明本、正宗了义为最著,而明本尤杰出。仁宗延祐五年,礼聘之不至,赐号佛慈圆照广慧禅师,谓其院曰正宗。英宗亦敬信之。寂后七年,在文宗时,更赐谥为智觉禅师。顺宗之世,以其《语录》三十卷,加入《藏》中,更赠号普觉国师。入寂于英宗至治三年。朝廷之尊崇,可谓至矣。中峰之法,在足利时代,盛传于日本。

明太祖本为禅僧,故明之佛教,大半属于禅宗。明末临济宗,据载在《会元续略》者观之,此大势可以窥知矣。《会元续略》曰:"临济宗自宋季稍盛于江南,阅元而明,人宗大匠,所在都有;而韬光敛瑞,民莫得传;惟是天童、磬山、车溪三派鼎峙,支那学者,依为出世梯航。"要之:明末清初之际,禅宗已无昔日之盛,其系统可寻者,仅天童圆悟、磬山圆修、车溪性冲等三派而已。三人俱明末人,车溪寂于神宗万历三十九年;天童寂于毅宗崇祯十四年;磬山与天童同门,寂于崇祯八年;其时代盖相同也。

圆悟,号密云,宜兴蒋氏子。耕樵为业,年三十,弃家事龙池传和尚。掩关千日,后过铜官山顶,忽觉情与无情,焕然顿现,觅纤毫过患不可得,遂大悟。凡六坐道场,法席最盛,临济之传,称为中兴。时天童古刹久废,悟慨然重兴之。所嘱咐弟子十二人。悟有《语录》十二卷行世。

圆修,字天隐,荆溪闵氏子。依龙池剃染,参父母未生前本来面目,工候急切,至百余日,偶读《楞严》至佛叱阿难此非汝心处,默然有省。厥后掩关两载,终日蒲团;正在绝念忘境之际,忽闻驴鸣,豁然大悟。于万历庚申,结茅磬山,渐成大刹。门下人才之众,与圆悟相埒。

同时有憨山大师德清,受禅于云谷法会,叹六祖大师旧址颓废,再兴之。其著述颇多,化度至盛。入寂于熹宗天启三年。兹举其著述之重要者于下:

《法华经通义》七卷

《法华经击节》一卷

《圆觉经直解》二卷

《大乘起信论疏略纂要》一卷

《大乘起信论直解》二卷

《观楞迦经记》十八卷

《金刚决疑》一卷

《般若心经直说》一卷

《肇论略注》二卷

《八十八祖真影传赞》五卷

《中庸直指》一卷

《老子道德经注》二卷

《庄子内篇注》四卷

又憨山《梦游集》(五十五卷)，乃其门人据憨山手记而编辑者，此外尚有《憨山语录》(二十卷)。

明末高僧，有云栖袾宏，或以为属华严宗，然其一生所弘扬者，多属净土。盖宋明以后，各宗殆无不兼崇念佛也。曾至京师参遍融、笑岩二师；天奇本瑞之法孙。嗣至东昌，途闻鼓声，忽然大悟。因其居杭州云栖，入寂于明熹宗万历四十三年。故世称云栖大师云。其著述如下：

《楞严经摸象记》一卷

《阿弥陀经疏钞》四卷

《阿弥陀经疏钞事义》一卷

《阿弥陀经疏钞问辨》一卷

《四十八问答》一卷

《净土疑辨》一卷

《西方发愿文》一卷

《遗教经论疏节要》一卷

《禅关策进》二卷

《梵网菩萨戒疏发隐》七卷

《沙弥律仪要略》一卷

《往生集》三卷

《缁门崇行录》一卷

《直道录》一卷

《自知录》一卷

《山房杂录》二卷

《云栖遗稿》三卷

《竹窗随笔》三卷

《正讹集》一卷

此外尚有《云栖规约》、《僧训日记》、《戒杀放生文》、《放生仪》等小篇。盖云栖本出于禅,又盛弘念佛,与天台蕅益,并称明末二大明星。闻谷大师广印,云栖弟子也,为作塔铭称之曰:"一度弟子,千有余人;得戒弟子,万有余人。"足证其化导之盛。

　　紫柏真可大师,亦当时英俊,尝至京师参遍融禅师,后游诸方,历参知识。念《大藏》经卷帙重多,外间不易得见,因改刻方册,俾易流通;命其弟子密藏、幻予,先后任刊刻之事,贮板于径山寂照庵,世所称《径山藏》是也。闻谷碑铭中,称闻谷慕紫柏事迹,兴寺于其旧址。憨山大师亦颇忻慕之。著有《般若心经说》(一卷)、《般若心经要论》(一卷)、《般若心经直谈》(一卷)、《紫柏老人集》(二十九卷)、《紫柏老人别集》(四卷)等书。其嗣法系统亦不明。

(五) 诸宗融合之倾向

　　宋初佛教再兴,汴京中央诸寺,仅有法相宗、南山律宗;禅宗、天台宗,只盛行于江南,其北传也,为时颇后;前已述之。是知法相宗,自为天台宗荆溪大师论破以后,尚借玄奘余力,行于京都,已无学德兼备者足传于后世。降及元代,历史所传者,惟镇江普照寺之普喜(吉祥禅师)、秦州景福寺之英辨(普觉)及云岩之志德(佛光大师),称为元初学者而已。又明代有明昱者,唯识宗掉尾之大家也,著有《三十唯识约意》(一卷)、《百法明门论赘言》(一卷)、《观所缘缘论会释》(一卷)、《观所缘缘论释记》(一卷)、《唯识论俗诠》(十卷)、《因明入正理论直疏》(一卷)、《三支比量义钞》(一卷)等书。但自唐武宗会昌法难后,玄奘弟子窥基等所著之论疏,皆遭焚毁,中土失传;明昱殆未寓目,其传承既不详,所说亦多乖玄奘本旨。凡明代人之解释法相者,皆有此误,固不独明昱为然也。

明代禅、教、讲之区别,恐系宋末以来一般人之说;其教中似含有秘密佛教之仪式。故秘密佛教,在社会方面,颇占一部分势力;但在佛教史上,则无可记之事实。唐末宋初,秘密佛教人才间出,自后即不能窥知矣。

其仅可记者,为讲求学问之华严宗,与实际佛教之念佛宗。但此二者,亦不能谓为纯粹之华严宗,或纯粹之念佛宗;盖此等宗教状态,或受天台之影响,或与禅宗混合而成也。

华严宗,宋初有长水子璿,即世所称长水大师是也。自澄观大师传圭峰;圭峰传彻微;彻微传海印;海印传法灯;法灯传长水;华严宗至此,始复兴盛。相传长水初学华严于秀州洪敏,后闻琅玡慧觉汾阳善昭之之名,随之学禅。将嗣其法,琅玡谓之曰:"汝宗不振久矣,宜励志扶持,以报佛恩。"乃奉师训,居长水说《华严》,其徒多及千人。以贤首教义著《首楞严经义疏》(二十卷)、《大乘起信论疏笔削记》等书,知名于世。

长水之后有净源,其先出泉州晋水,故世称晋水净源。学《华严》于五台山承迁,《宗脉记》则以为子璿亦承迁弟子,而以宗密而下,经传奥、从朗、现而至承迁,以承迁亦现之弟子,但承迁之传不详,承迁著有《注金师子章》一卷,今存。后亦受教于长水,最后居杭州之南山慧因寺。当是时,华严宗经典,多所散佚,适高丽之义天,来华学佛教,所携华严经典甚多,尝决疑于净源。因此华严宗之书,得复归于中国。义天还高丽后,以《华严经》一百八十卷赠净源,即《六十》、《四十》、《八十》三译即世称《三大华严》

也。净源得此，为别建华严阁以藏之。故世亦谓慧因寺为高丽寺，称净源为华严宗之中兴者。著有《妄尽还源观疏钞补解》（一卷）、《原人论发微录》（三卷），与师会之《一乘教义分齐章复古记》（六卷）、《焚薪》（二卷），希迪之《五教章集成记》（一卷），道亭之《五教章义苑疏》（十卷），称宋四大家。元初有仲华文才，直觉国师。《佛祖通载》谓其著有《慧灯集悬谈详略》、《肇论疏》等书。其弟子有大林了性、弘教大师。幻堂宝严，京师之大宝积寺之妙文，亦为此宗之达者。明代有别峰大同，本学《华严》于春谷法师怀古肇公；后参中峰，中峰告之曰："贤首之宗，日远而日微矣。子之器量，足以张大之，毋久淹乎此也。"遂专弘《华严》。弟子之嗣法者，分布列刹。著有《天柱稿》、《宝林类编》。同时有古庭善学，受《华严》于宝觉简公，融会甚深微妙之旨，学者宗之。降及明末，圆镜亦以学《华严》知名于世。云浪法师恩公，绍天界无极老人之统，承贤首二十三世之系，弘《华严》于金陵；三演大疏，七讲玄谈，尽得华严法界圆融无碍之旨；弟子分化四方者甚多。观元明之际，此宗学者，似尚不少，或者因其对于《华严》不能有所发挥，此宗遂渐就衰微乎？未可知也。

　　清凉宗密以后，华严颇近禅宗；长水既传琅玡之禅，别峰亦因中峰禅师之言，而弘《华严》；当时华严与禅之关系，略可推知。又自禅宗言之，法眼宗颇取华严教意，此可谓为取华严入禅者也。是则华严教义，纵存于元明之际，不过与禅相提携，以维持其余势耳。《宗脉记》以为自净源、冲观、师会、心、竹坡、悟、介、琼、南山、华春、谷遇，累代相承，而至别峰大同。

　　念佛宗，宋初以后，流传颇广，但非独立一宗。凡抱天台、华严乃至禅宗宗旨之人,以期念佛往生,或劝人念佛者,其人甚多,不遑枚举。天台宗之四明三派中,神照一家,颇劝念佛。神照慕古庐山之风,结白莲社而修念佛。其念佛修行之处,阅六七年而为大刹,仁宗时,赐以白莲寺寺号。神照之弟子曰处咸,曰有严,曰处谦,《佛祖统纪》均有传。《处谦传》曰:"熙宁乙卯(八年)四月丙寅,晨兴,沐浴更衣,集众讽《普贤行法》《阿弥陀经》。乃曰:吾得无生日用久矣,今以无生而生净土。即入定寂然。"《有严传》曰:"畜一钵无长物,躬拾薪汲水,食惟三白;毗尼条章轻重等护二十年;专事净业,以安养为故乡。作怀净土诗八章,辞情凄切,人多乐诵。常时所修三昧,多获瑞应。"有严著有《阿弥陀礼文》。左伸,亦神照之弟子,刻西方三圣像,且夜虔事。临终,请僧讽诵《阿弥陀经》未彻,即云:我已见佛光矣。遂沐浴更衣,戒左右勿哭,勿逼吾前,称佛结印而化。

处谦弟子曰净梵,曰择瑛,曰思照,曰行人宗利,俱念佛行者,其传载在《统纪》。《净梵传》载"十岁出家,常念阿弥陀佛"。《择瑛传》载有《净土修证仪》《阿弥陀佛身金色之偈》;又辨西方此土二种观门之相,以劝专修净业者;殁时亦"西向讽《弥陀经》,卷终而逝"。《思照传》曰:"专修念佛三昧,筑小庵曰德云;后连小阁,为观落日之所。刻三圣像,每夜过午,即起念佛;月二十三日,率道俗系念,终其身三十年。一旦语其徒曰:夜梦佛金身丈六,此往生之兆也。请僧七日以助念佛,屈指作印,奄从坐化。"《宗利传》亦云:"于静定中神游净土,见宝池莲花宝林境界;寻诣新城碧沼,专修念佛三昧,经历十年。"在处咸弟子元慧之下者,有了然，其传亦载"集众说法；复大书曰：因念佛力，得归极乐。凡在吾徒，宜当力学。即沐浴更衣，与众同诵《阿弥陀经》，至西方极乐世界而逝"等语。以上所举，皆神照家也，其念佛修行之盛可知矣。

又念佛、天台二宗，关系最为密切；天台之行者，多修念佛，以期往生西方。故不能仅谓为神照家念佛，今不过示其特著之一家而已。此外天台诸家之念佛者，代有其人，不遑枚举。唯石芝宗晓出于广智家之末。即著《乐邦文类》《乐邦遗稿》者。与净土教关系最深，故表而出之。

《释氏稽古略续集》载元明之际，天台学者绝宗善继、瞽庵显示、无碍普智，皆专修净业，或弘扬之。《诸嗣宗脉记》载竹庵可观之法，传于北峰宗印；北峰之下，有相洲怀坦、剡源觉先、佛光法照等。自佛光经子庭师训出东溟慧日；其下有无碍普智。又自剡源，出云梦泽、佛鉴铦；二人门下各有著名之大师，即虎溪怀则、湛堂性澄是也。瞽庵、绝宗二人，共出湛堂之门。此外明初之蘧庵大祐，为玉冈蒙润之弟子，兼天台、华严之学。著有《弥陀略解》《净土指归》等书，行于世。

宋以后，诸宗学者，兼力弘念佛之高僧，当以唐末之永明延寿、宋初之灵芝元照、明末之云栖袾宏、蕅益智旭为最著。

永明延寿，法眼宗之大宗匠也。著《宗镜录》。见前法眼宗下。应吴越忠懿王之请，住灵隐，后迁永明。禅与念佛兼修，夜则往别峰，修行道念佛之法。忠懿王为之建西方香严殿焉。石芝宗晓，在古来净土行者中，选出最著者七人，为莲社之七祖，呼延寿为其第六祖。（第一祖庐山慧远；第二祖光明善导；第三祖般舟承远；第四祖五会法照；第五祖新定少康;第六祖永明延寿;第七祖昭庆省常。)

灵芝元照律师,以天台教义释律;且当时禅宗甚盛,动逸纲纪,见持守坚固者,反嘲为执相,弊害甚大,遂唱导教、律、禅一致之论。同时以念佛之教,普劝道俗。其翻刻慈愍三藏文集也,宗旨有二:一为明慈愍之教、律、禅一致之说;一为供其弘通念佛教之用。《慈愍集》今不存,故内容不明。

"长芦宗颐,与当时名胜,盛结莲华净土念佛社",乃《释氏稽古略》引《苇江集》中之语,盖在宋哲宗时代与元照同时也。所谓莲华念佛,其慕庐山白莲社之遗风乎。灵芝律师之前,当真宗之世,有圆净法师省常者,慕庐山之风,隐遁西湖之滨,结白莲社修念佛,后改净行社。当是时,入社者甚多,谓与昔时慧远之社媲美而无惭德。省常寂于真宗天禧四年其后则有天台神照一如之念佛,慕庐山之风,建白莲寺,修念佛,已如前述。又元照之普劝念佛;同时有给事中冯楫,与贤士大夫、高僧逸士,思继庐山莲社遗风,月修系念净土会。又圆辨道琛法师,所至建每月二十三日之净土系念道场,与禅、律、讲诸宗学者道俗,同修念佛,不期而至者,常逾万人。宋代白莲社念佛之盛,可以知矣。

明有庐山遍融,后入汴京,盛弘其教,受上下流归向;云栖大师,曾参谒之,遍融告之曰:"不要贪名图利;勿扳缘贵要之门;唯一心办道,老实持戒念佛。"云栖虽亦参笑岩,迹其生平,似颇受遍融之感化。

云栖大师,于弘通念佛,有甚深之因缘,于前举之著述,可以知之。云栖本禅宗之人,其教理之解释,则用华严宗,此盖受其师遍融之影响。

《续稽古略》称遍融"证华严三昧,得大解脱法门",可知其系华严宗人。故云栖判念佛教,谓其在小始终顿圆五教中,正属顿教,而兼通终圆二教也。

蕅益大师智旭,俗姓钟氏。少好儒,颇斥佛教。十七岁,读云栖《竹窗随笔》,大悔悟。二十四岁,梦受教于憨山,欣然慕之,以道远未能往学,乃依雪岭出家。雪岭,憨山弟子也。盖蕅益本出自禅宗,后拟注《梵网经》,作四阄问佛?一曰宗华严、二曰宗天台、三曰宗法相、四曰自立宗,频拈得天台,遂潜心研究天台著述。晚年住灵峰,世称灵峰老人。但蕅益于律、法相、念佛种种方面,著述颇多。因近世天台学者,与禅宗、华严、法相,各持门户之见,不能和合,心勿谓然,故决不以一宗学者自居。寂于永历元年其著述现存者如下:

《楞严经玄义》二卷　　　　　　《楞严经文句》十卷

《楞伽经玄义》二卷　　　　　　《楞伽经义疏》九卷

《盂兰盆经新疏》一卷　　　　　《占察善恶业报经玄义》二卷

《占察善恶业报经义疏》四卷　　《金刚般若经破空论》一卷

《金刚般若经观心释》一卷　　　《般若心经释要》一卷

《法华经会义》十六卷　　　　　《法华经纶贯》一卷

《佛遗教经解》一卷　　　　　　《四十二章经解》一卷

《八大人觉经略解》一卷　　　　《阿弥陀经要解》一卷

《梵网经菩萨心地品合注》七卷　《梵网戒本经笺要》一卷

《梵网经菩萨心地品玄义》一卷　《四分律大小持戒犍度略释》一卷

《斋经科注》一卷　　　　　　　　《优婆塞五戒相经笺要》一卷

《羯磨文释》一卷　　　　　　　　《在家律要后集》三卷

《律要后集》一卷　　　　　　　　《梵网经忏悔行法》一卷

《毗尼事义集要》十七卷　　　　　《沙弥十戒威仪录要》一卷

《大乘起信论裂网疏》六卷　　　　《唯识心要》十卷

《三十唯识直解》一卷　　　　　　《大乘百法明门论直解》一卷

《观所缘缘论直解》一卷　　　　　《观所缘缘论释直解》一卷

《因明入正理论直解》一卷　　　　《大乘止观法门释要》六卷

《八识规矩颂直解》一卷　　　　　《唐奘师真唯识量略解》一卷

《六离合释法式略解》一卷　　　　《教观纲宗》一卷

《法华玄义节要》二卷　　　　　　《占察善恶业报经忏仪》一卷

《赞礼地藏菩萨忏仪》一卷　　　　《大悲行法辩伪》一卷

《阅藏知津》四十八卷　　　　　　《法海观澜》二卷

《绝余编》四卷　　　　　　　　　《见闻录》一卷

《辟邪集》一卷　　　　　　　　　《灵峰宗论》三十七卷

《选佛谱》二卷　　　　　　　　　《重订诸经日诵》二卷

《周易禅解》十卷　　　　　　　　《四书解》卷数不详

　　蕅益之意以为佛教各宗,虽分派相争,然元来目的则一,不外乎明其自心而已。故唱诸宗融合一致论,谓佛教有教、禅、律三大区别:禅为佛心;教为佛语;律为佛行;此三者具备,始为完全佛教。执一以相争者,乃学者之误谬。此蕅益对于佛教思想之大体也。

　　总之，宋以后之佛教，唯禅独盛，以无所羁束为高，其弊在放浪；因惹起其他教律之抗争，不易一致。故眼光高大者，或谓禅、教一致，或唱三学一源，以企其融合。其教中则以天台、华严、法相、念佛四者为主要也。此教、禅、律三者一致论之结局，而藕益大师于是出世矣。藕益之地位，于其著述之广，可以知之。元代虎溪怀则著《佛心印记》，对抗禅宗、华严宗，以天台为佛祖正传之心印，乃最有名之学者也。

　　佛教内部既有融合论，而对于道、儒二教一致之论亦渐起。佛教徒注儒书及《老》《庄》，以谋发挥其旨者亦渐多。但老子与佛教类似之处颇多，故其间争论亦烈，同时亦有相近之倾向。始于南北朝时代，前既言之矣儒家与佛教之性质，相去较远。儒为世间法，可称政治学；佛为出世间法，属于宗教；范围不同，故其争较少。降及宋世，理学勃兴，形而上的宇宙论，近于佛老所谈，争端复烈，势所必然。盖宋儒之学问，大都受佛教影响，其后王阳明之良知说，亦决不能出佛教之范围；而与儒教以莫大影响者，自属当时最盛之禅宗。于是佛儒因性质类似而相争，未几，又产出融合论矣。

　　唐韩退之、宋欧阳修之毁佛也，概系攻击其表面上之事实，即附随于佛教而行之迷信，或其弊害。而未能达佛教之教理，触其深远之问题。至柳宗元颇反对韩退之，而为佛教辩护；苏东坡则笃信佛教，于教理研究颇深。是则儒者中之儒佛一致论，唐时已有之矣。

　　佛教徒中，攻击儒教最有名者，莫如宋之契嵩。其《镡津文集》中，载有《非韩》三篇，取韩退之之文，一一驳诘，殆无余蕴。然就其《辅教编》观之,契嵩受儒教影响亦颇甚;其孝论,即以佛教而融合儒的世间教;此契嵩所以为儒佛一致论者中之最古者也。当是时,欧阳修、李泰伯,盛为排佛论。契嵩往晤李泰伯,论儒释吻合,为之作《原教》、《孝论》。泰伯颇喜其文,异其说,致书欧阳修誉之。

其后明之愿证,著《观幻子》谓合儒释一贯之妙;沈士荣著《续原教论》,讨论三教异同;姚广孝出《道余录》,驳二程朱子之说;明太祖亦有《三教论》、《释道论》。此外禅僧中,有论道儒二教者;儒者中,亦多有论佛教者;今姑从略。惟就明末最后出之三教融合论者,憨山、蕅益二人述之:

憨山有《中庸直指》、《老子解》、《庄子内篇注》等书。蕅益有《四书解》、《周易禅解》等书。憨山之《老子解》,卷端有《观老庄影响论》,一名《三教源流同异论》。其主张三教一致,最为明显,实欲以禅意使三教合一者也。其文曰:"余尝以三事自勖曰:不知《春秋》,不能涉世;不知老庄,不能忘世;不参禅,不能出世;知此,可与言学矣。"又曰:"孔子,人乘之圣也,故奉天以治人;老子,天乘之圣也,故清净无欲,离人而入天;声闻缘觉,超人天之圣也,故高超三界,远越四生,弃人天而不入;菩萨,超二乘之圣也,出人天而入人天,故往来三界,救度四生,出真而入俗;佛,则超圣凡之圣也,故能圣能凡,在天而天,在人而人,乃至异类分形,无往而不入。"由此观之,憨山三教一致之要领,可以知矣。

第十七章　近世之佛教

（一）概　说

近世佛教,乃就有清一代,及民国以来佛教兴衰言之。清代康熙、乾隆二帝,尽力振兴儒教;对于佛教,亦颇提倡。喇嘛教本为元明二代之怀柔藩部政策,其寺院之配置,僧侣之阶级,廪饩之额数,皆有定制。清代所护喇嘛,皆黄衣派,而称本国固有之佛教徒为青衣派。然顺治、雍正二帝之参禅;乾隆帝之翻译经典;则于固有之佛教,关系至深。可谓清代佛教之全盛时期。嘉庆以后,国势凌替,佛教亦随之衰颓。至光绪年间,士夫竞谈变法;输入西洋哲学,推翻墨守儒说之成见;同时研究佛学之风,亦勃然兴起。民国以来,战乱不息,人心觉悟,研究佛教者,乃不期而同,创设佛教会,刊刻经典,各省皆有此机关焉。

（二）清代之喇嘛教

喇嘛分西藏、蒙古二支，已于第十六章述之。清制：喇嘛分驻京喇嘛，及西藏、蒙古各部喇嘛，而皆受前藏达赖喇嘛之管辖。喇嘛官秩，达赖、班禅以下，有札萨克、苏拉、德木齐、格斯贵等名。驻京者，设掌印札萨克大喇嘛一人，副札萨克大喇嘛一人，札萨克喇嘛四人，达喇嘛十七人，副达喇嘛四人，苏拉喇嘛十九人，教习苏拉喇嘛六人，德木齐三十一人，格斯贵五十人；其徒众曰格隆，曰班第。内务府三旗，及东陵隆福寺、西陵永福寺，皆设置喇嘛若干人。此外热河、盛京、五台山、归化城、多伦诺尔等处，咸设喇嘛；额缺升转，皆照驻京喇嘛之例。

顺治八年，创建后黄寺剃度喇嘛百有八人。十四年，后寺中，唪经喇嘛，定为四百人。雍正帝在藩邸，即喜研内典，受国师章嘉呼土克图之指导。及即位，兴修此邸，号雍和宫，为京师第一大庙，设王大臣管理之。宫内中正殿，为喇嘛唪经之所，定例：每日以二十人，在前殿唪《吉祥天母经》；以九人在后殿，唪《无量寿经》；以三人在后殿，唪《龙王水经》。

乾隆元年，议准在京各寺庙，原有度牒之喇嘛、格隆、班第，共九百五十九名。后增建福祐寺，食钱粮之格隆、班第，共三百一十四名；皆未得度牒，乃按名补给。其额外所收之徒，遇食粮有缺，方予充补。

达赖喇嘛、班禅额尔德尼分主前后两藏。乾隆时，理藩院造册：至第六世达赖，所辖寺庙，计有三千一百五十余所，共计喇嘛三十万二千五百余人;班禅所辖寺庙三百二十七所,共计喇嘛一万三千七百余人。

(三) 清代对于佛教之保护及限制

满洲民族,早崇喇嘛教,与蒙古相似。清初诸帝,对于佛教,颇示尊崇,故保护亦备至。雍正《御选语录》有云:"我朝之初居东土也,风俗淳古,实忠实孝。历代敬礼佛天,而于僧道,并无不问高下,一概尊敬之事,与蒙古习尚迥殊。"是知清代之尊敬佛教,非漫无区别,一概盲从者也。

清代一方尊重佛教,同时于寺观之建置,僧尼之剃度,又严加限制。顺治年间,定僧道官制,京师设僧录司、左右善世、阐教、讲经、觉义,掌释教之事;各直省府属设僧纲司;置都纲一人、副都纲一人;州属曰僧正司;县属曰僧会司;各掌其属释教之事,悉依明制。

对于寺观庵院之建立,所定限制,其为严厉。《大清律例·户律》中规定:"凡寺观庵院,除现在处所外,先年额设。不许私自创建增置。违者杖一百;僧道还俗,发边远充军;尼僧女冠入官为奴;地基材料入官。民间有愿创建寺观者,须呈明督抚具奏,奉旨,方许营建。"

又出家亦悉依明代以来旧制,须由官给度牒,不许任意出家。《大清律例》中亦有规定:"若僧道不给度牒,私自簪剃者,杖八十;若由家长,家长当罪;寺观住持,及受业师私度者,与同罪,并还俗。"然此项限制,事实上乃因僧道无户籍,可免纳丁税而设。自雍正年间,并丁税于漕粮,僧道之多寡,与税额无何影响,于是度牒之制,遂无形而废弛。

又"民间子弟，户内不满三丁，或年在十六以上而出家者，俱有罪。应付火居等僧道，不准滥受生徒，其年逾四十者，方准招徒一人；如年未四十，即行招受，及招受不止一人者，均照违律论罪。"

此等限制，定例虽严，然其后亦为具文，僧徒随意出家，比比皆是。或穷乏不能自存，则遁入空门；甚至犯罪者，亦借寺庙为藏匿之地。古人所谓出家乃大丈夫之事者，至是寝失其本意矣。

（四）清初诸帝之信佛

（甲）顺治帝之参禅

顺治帝自统一中原以后，一改满洲专崇喇嘛之旧习，而归依禅宗，颇致力于参究。观其与玉林琇和尚，及其弟子茆溪森和尚之关系，可以知之。玉林名通琇，系临济第三十一世，即磬山圆修之弟子也。顺治十五年，曾下敕谕，特遣使迎接玉林，有云："尔僧通琇、慧通无始，智洞真如，扫末世之狂禅，秉如来之正觉。"又十六年敕谕有云："尔禅师通琇，临济嫡传，笑岩近裔。心源明洁，行解孤高，故于戊戌之秋，特遣皇华之使，聘来京阙，卓锡上林。朕于听觉之余，亲询释梵之奥，实获我心，深契予志。洵法门之龙象，禅苑之珠林者也。"其尊崇可谓至矣。玉林至京，顺治帝即于万善殿，请师升座说法；后迎入西苑，时时问答；遇合之隆，一时无比。既而玉林坚请还山，帝许之，留其首座茆溪行森，问答称旨。赐玉林号为大觉普济禅师，茆溪为明道正觉禅师。

然顺治帝之参禅，乃自憨璞和尚始。《宗统编年》载憨璞和尚，住京

都海会寺,都门宗风,自此大振。顺治帝因狩南苑,幸海会,延见憨璞和尚,始与禅宗接触云:

> 顺治十四年,冬十月,海会憨璞性聪和尚,结制万善殿。先是:上狩南苑,因幸海会,延见聪,奏对称旨。复召入禁庭,问佛法大意,乃诏结冬万善殿,赐明觉禅师号。上后谓天童忞曰:朕初虽尊崇象教,而未知有宗门耆旧;知有宗门耆旧,则自憨璞始,憨璞固有造于祖庭者也。

顺治帝自憨璞奏对之后,乃留心参究,既有玉林师弟,复召玄水杲和尚,说法于内庭。十六年,冬,天童道忞和尚,奉召入京,进见于万善殿。传谕,免礼赐坐,慰劳叙谭毕,即谕万善憨忠广济三处结冬。帝亲至方丈问法。时苗溪森、玄水杲、憨璞聪,皆承召对。十七年,道忞还山,帝亲送出北门,赐号宏觉禅师。

帝于座右大书:“莫道老来方学道,孤坟尽是少年人。”以自警惕。与禅门耆学相见,不令称臣致拜,从容握手,情逾师友。可知帝之参禅,必有心得,非一知半解者也。

(乙)康熙帝之崇佛

康熙帝在位六十年;对于儒教及各种学术,均积极整理,成《康熙字典》及《数理精蕴历象考成》等巨著。而对于佛教,亦禀前代成规,特加保护。二十三年,南巡,临扬州之天宁、平山二寺,各有题词;天宁曰萧闲,平山曰怡情。至金山敕重加修建,亲制文勒石纪之,书匾额曰江天一览。此外所至江南名刹,多有题词。二十八年,二次南巡;至苏州邓尉山圣恩寺,亲拈香礼佛,赐额曰松风水月。至灵岩,赐书翠岚二字。复至杭州之灵隐云栖,而回江宁大报恩寺等处。所至遇山林学道之士,优礼有加。又曾发帑重修补陀罗迦普济寺,亲制碑记,有云:"海寇猖狂,寺宇梵刹,皆为灰烬。自康熙二十二年,荡平台湾,海波永息。朕时巡浙西,特遣专官,虔修净供;敬书题额,永镇山门;复发帑重建寺宇,上为慈闱延禧,下为苍生锡祉。"又亲制重修天竺碑文,有云:"能仁之量,等于好生;佛道之成,关乎民隐;将使般若之门,随方而启;仁寿之域,举世咸登。"康熙帝自言弱龄诵读经史,未暇览金经贝叶之文。观其所作碑记,乃抱儒释一致之思想,固未若顺治之能亲领禅悦,而其尊崇佛教,则犹先代之遗风也。

(丙) 雍正帝之参禅

雍正帝于禅门,颇有造诣,自言得力于西藏喇嘛章嘉呼土克图。兹节引《御选语录》卷十八后序文于下:

朕少年时,喜阅内典;惟慕有为佛事。于诸公案,总以解路推求,心轻禅宗,谓如来正教,不应如是。圣祖敕封灌顶普慧广慈章嘉呼土克图喇嘛,乃真再来人,实大善知识也。梵行精纯,圆通无碍。藩邸清闲,时接茶话者十余载,得其善权方便,因知究竟此事。

帝之为此言,盖初时惟知从佛教经典上研求,而未知心性中向上之事,与一般学人所犯之病相同。及接近国师,而方能省悟也。帝曾于康熙年间,延禅僧迦陵性音,屡为结制。帝着力参究,偶有省悟,性音赞为大悟彻底。帝不自信,叩问章嘉,章嘉则不许之,更勉其进步。故帝于章嘉,极端信仰,称为证明之恩师。

帝自号圆明居士,曾辑古来禅师语录中之提持向上、直指真宗者,编为十九卷,名《御选语录》。而以自己与人问答言句,收录于第十二卷,颇多奇拔之语。兹录一二则于下:

众生不了,犹如小儿放风筝相似,随风放去,风定却复收来。收来放去,实同儿戏,何日是了期。所以古德每拈云:"脚跟下红丝断也未?"此语甚亲切。譬如风筝线断,纸鸢落在何处? 参。

学人初闻道,空境易,空心难;究竟则空心易,空境难;空境而不空心,到处为碍;空心而不空境,触途成滞。应知心外复有何物可空,物外复有何心可空。所以云:"我自无心于万物,何妨万物常围绕。"少有分别心,则非第一义,若不如是,必不能守。

帝于即位之后,又在内廷与王大臣参究禅理,集此等诸人之语录,亦为一编,名曰《御选当今法会》,附《御选语录》之十九卷。

帝既喜研禅理,又极提倡净土。盖鉴于禅门空洞之弊,而欲矫正之,示学人以脚踏实地之修行也。其于净土祖师,特提莲池大师,以为模范。《御选语录》中，采其要语，别为一卷。帝自制序文有云：

> 达摩未到梁土以前，北则什公弟子，讲译经文；南则莲社诸贤，精修净土；迨后直指心传，辉映震旦；宗门每以教典为寻文解义；净土为着相菩提；置而勿论；不知不觉，话成两橛；朕于肇法师语录，已详言宗教之合一矣；至于净土之旨，又岂有二……曹溪十一传而至永明寿禅师，始以净土提持后学；而长芦北磵诸人，亦作净土章句。及明莲池大师，专以此为家法，倡导于浙之云栖；其所著《云栖法汇》一书，皆正知正见之说。朕欲表是净土一门，使学人宴坐水月道场，不致歧而视之，误谤般若；故择其言之融会贯通者，刊为外集，以示后世。

雍正帝之重要著述，有《御选语录》十九卷，及《拣魔辨异录》八卷。《御选语录》分正集、外集、前集、后集之四类：其正集中所采语录：为僧肇、永嘉觉、寒山、拾得、沩山祐、仰山寂、赵州谂、云门偃、永明寿、雪窦显、圆悟勤、玉林琇、苹溪森十三人；而以道教之祖师紫阳真人张平叔及自己所著圆明居士语录，加入之；外集则采云栖莲池大师语录；前集、后集，则采达摩以下历代禅师之语录；末卷更附刻《当今法会》。由此编次之意观之：正集中以张平叔，与诸禅师并列，以示紫阳之由道入释；于古代佛教中，特冠以罗什门下之僧肇，最后则又附入云栖。盖有调和教禅净三宗之意焉。

至于《拣魔辨异录》，乃为天童圆悟禅师之弟子法藏著《五宗原》，标立邪说,有背师旨;悟禅师会有《辟妄救略说》以驳斥之;而法藏之弟子弘忍,复作《五宗救》一书,以回护邪说;故帝特作此书,逐条驳正之,并将藏内所有法藏弘忍之语,及《五宗原》《五宗救》等书,尽行毁板。其所颁上谕有云:

> 法藏之言,肆其臆诞,诳世惑人,此真魔外知见;如魔嗣弘忍,中其毒者,复有《五宗救》一书,一并流传,冀魔说之不朽,造魔业于无穷。天下后世,具眼者少,不知其害;即有知而辟之者,有德无位,一人之言,无征不信……朕为天下主,精一执中,以行修齐治平之事。身居局外,并非开堂说法之人,但既深悉禅宗之旨,洞知魔外之情,灼见现在魔业之大,豫识将来魔患之深,实有不得不言不忍不言者。

帝盖鉴于明末禅门党同伐异之弊,徒在知见上逞机锋,而忘却向上一著,故慨乎言之。观《御选语录》后序中:性音劝帝研辨五家宗旨,帝谓五家宗旨,同是曹溪一味,不过权移更换面目接人。可知帝乃不承认有五家之区别,而主张五家一致之说者。其驳弘忍之《五宗救》,特就门户之见最甚者斥之耳。上谕又云:

> 粤稽三教之名,始于晋魏,后世拘泥崇儒之虚名,遂有意诋黜二氏。朕思老子与孔子同时,问礼之意,犹龙之褒,载在史册,非与孔子有异教也;佛生西域,先孔子数十年,倘使释迦、孔子接迹同方,自必交相敬

礼……后世或以日月星比三教，谓某为日，某为月，某为星。朕意不必如此作拘碍之见，但于日月星之本同一光处，喻三教之异用而同体可也。观紫阳真人之外集，自可无疑于仙佛一贯之旨。道既一贯，愈可以无疑于三教并行不悖之理。爰附及于此，使天下后世，真实究竟性理之人，屏去畛域，广大识见，朕实有厚望焉。

由上言之，可知帝更主张三教一致之说者。以《史记》孔子问礼于老聃之故事，引证儒道二教之根本相同；并引隋李士谦以佛比日，以道比月，以儒比五星之说而修正之。此亦宋明以来三教合一论之影响，而帝之主张，更为鲜明也。

（丁）乾隆帝之刻经事业

顺治、康熙、雍正三朝之振兴佛教，比诸唐宋开国时，亦无逊色。至乾隆帝则尽力于雕刻大藏经，及翻译国语藏经等，亦伟大之事业也。明万历十七年所刊大藏，计六千七百七十一卷；乾隆三年，乃敕选后世大德著述，增入藏中，为千六百七十二部，七千二百四十七卷，名曰《大清重刊三藏教目录》，从事雕刻，即所谓《龙藏》是也。然清代雕刻藏经，在康熙帝时，已编集《圆觉》、《金刚》、《楞严》、《维摩》、《仁王》、《楞伽》、《深密》、《涅槃》、《心地观》、诸部般若等二十二经，在内府出版。此《龙藏》乃经始于雍正帝，至乾隆帝而完成者也。《汇刻书目》第十九册卷首释藏之夹注下，有云："我朝雍正十三年，特开藏经馆，收奇黜妄，整理编刊。命和硕庄亲王等董其事,至乾隆三年竣工,颁发各省寺院;诚巨典也。"此可以为证矣。

乾隆帝又以满洲语翻译《大藏经》,《卫藏通志》卷首载《御制清文翻译大藏经序》有云:

> 若夫订《四库全书》,及以国语译汉全藏经二事,胥举于癸巳年六旬之后;既而悔之,恐难观其成。越十余载而全书成,兹未逮二十载,而所译汉全藏经又毕藏。夫耳顺古稀,已为人生所艰致,而况八旬哉!兹以六旬后所创为之典,逮八旬而得观《国语大藏》之全成,非吴乾嘉庇,其孰能与于斯?而予之所以增惕钦承者,更不知其当何如矣。

乾隆帝为历代帝王中寿命独长之人,其订正《四库全书》及国语翻译藏经,经始于乾隆三十八年即六十二岁之时。《四库全书》历十余年告成;翻译藏经则费十八年之岁月,至乾隆五十五年始竣工;帝年已七十九岁,其得意欣悦之情,可想见也。又云:

> 至于国语译大藏,恐人以为惑于祸福之说,则不可不明示其义;夫以祸福趋避教人,非佛之第一义谛也。第一义谛,佛且本无,而况于祸福乎;但众生不可以第一义训之,故以因缘祸福,引之由渐入深而已。

是盖说明佛教之第一义谛,本来空寂,超越于祸福之说;以祸福引

诱众生,使之趋避,乃佛教之方便说也。又云:

> 然予之意,仍并不在此。盖《梵经》一译而为番(西藏);再译而为汉;三译而为蒙古;我皇清至中国百余年,彼三方久属臣仆而独阙国语之《大藏》,可乎?以汉译国语,俾中外胥习国语,即不解佛之第一义谛,而皆知尊君亲上,去恶从善,不亦可乎?是则朕以国语译《大藏》之本意,在此不在彼也。

由此观之,乾隆帝以国语翻译藏经之本意,可知矣。盖自宋初仿唐制,设译经馆,历元及明,均以刊印《大藏经》为国家事业之一。清室继之,而有《龙藏》之编辑,意在超越前代夸耀后世也。然元世祖命帕思巴,始创蒙古新字;至武宗至大三年,召集藏蒙汉及西域学者,从西藏之《大藏经》,重译成蒙古文,称《蒙古藏经》。若清代无满洲语藏经,则视元为逊色。故乾隆帝汲汲图之,而有三方皆为臣仆,不可独阙国语《大藏》之言也。至于藉翻译藏经,希冀以国语普及中外人民,亦为彼大一统之梦想也。国语《藏经》有一百八函,六百九十九部,二千四百六十六卷。

乾隆二十四年,帝曾命和硕庄亲王允禄,选择通习梵音之人,将全藏经中诸咒,详加订译,编为《满汉蒙古西番合璧大藏全咒》,计八十八卷,附《同文韵统》六卷、《字母读法》一卷、《读咒法》一卷,共九十六卷。当时颁发京城直省各大丛林,今则皆已不存,惟北京之雍和宫及观音寺各存一部；版藏内庭，亦已散失。近由居士徐文霨、蒋维乔、陈汝湜等发起，向观音寺借得原本，由商务印书馆影印流通。此四译对照之全咒，亦乾隆帝一大事业也。

(五) 嘉道以后佛教之衰颓

嘉庆、道光之时，国势中衰，当时佛教传承，亦无前此之隆盛。而一部分自命儒教之学者，又墨守韩愈辟佛之成见，尽力排击佛教。僧徒流品既杂，寺庙中几为游民托足之所，遂致自暴自弃，日陷于衰颓而不可挽矣。在此期间，有可注意之二事：即太平天国之排佛及居士之勃兴是也。

(甲) 太平天国之排佛

咸丰年间，洪秀全特起于广西，建立太平天国。以耶稣教为号召，自称上帝之第二子，对于异教，一切排斥。故无论佛寺、道观及民间祠庙，师行所至，皆首先焚毁；神像经卷，破弃无遗。佛教上所受影响，殆匪细也。洪秀全以嘉庆十七年七月，生于广东之花县。七岁入村塾，天资敏捷，酷嗜史学，对古今兴亡大事，辄具卓见，为一乡所惊。后应试不第，见清廷政治腐败，官吏之贪黩，民生之困穷，遂有革命之志。是时有朱九畴组织上帝会，谋兴复明朝，彼与冯云山同往师事之。九畴死，秀全被推为教主。事闻于官，逮捕颇急，乃入耶稣教，借为护符。寻往香港，受英国某牧师教，得为广西之传道员，潜与其地豪杰杨秀清、萧朝贵、石达开等结交。会广西大饥，群盗蜂起，啸聚之众，多者数千人，少者数百人，各从事掠夺。秀全乘机与冯云山、杨秀清等，设立保良攻匪会。正在练兵集饷举旗兴师之时，秀全忽佯死，七日而苏，告其部众曰："上帝召余，告以天下有大劫，命余出而平之。"遂造《真言》《宝诰》，用作经典，俾众读之，且曰："入我乡拜我者可无事。上帝即吾父，耶稣为上帝之长子，余则次子也。"众皆惊异，信以为真，归依者日众。

道光三十年，秀全在平乐府之金田县起事。清室以承平日久，将骄卒惰，皆不能战；太平天国之军，所至克捷。十余年间，奄有广西、广东、湖南、湖北、江西、安徽、江苏、福建、云南、贵州、四川、山东、浙江等省，占天下三分之二。以咸丰元年十二月二十五日，为太平天国元年，一月元旦，定都南京，秀全自称天王。直至同治三年，太平天国方覆亡。其间经过丧乱之时期，十五年；占领地域，十余省之广。凡在斯地之佛教，皆根本摧灭无遗，即至今日，各省尚多有旧时名刹，未曾恢复者，是诚佛教之大劫也。

太平天国虽以耶稣教为门面，实则自有其信条，除前述之经典外，有所谓《天条书》之制定，强制军民，绝对信仰。其内容禁止崇拜邪神，奖励日曜礼拜，赞美上帝恩惠，并禁窃盗奸淫杀害等。刊行小册，颁布各军队及各官衙，使人人各手一册。军人入营后二十一日，即强制背诵，不能者杀无赦；其严厉如此。兹摘记《天条书》之项目如下：

（一）天条书（意即上帝尊崇论）

（二）忏悔之规矩

（三）忏悔文

（四）朝晚拜上帝之仪式

（五）每饭感谢上帝之文

（六）遇灾病时求上帝救护之文

（七）凡遇生产婚嫁等一切吉事时供物祭告之文

（八）建造房屋及其他土工时祭告之文

（九）升天（死亡）祭告仪式

（十）日曜日之赞美歌

（十一）平时遵守之十诫

观上戒条，已将人生之自胎生以至老死，一切规定于上帝信仰之下。禁止崇拜邪神，则凡我国自古以来之祖先鬼神，概在排斥之列；佛教之不能存在，亦固其所，受祸之烈，盖较诸往昔三武一宗之法难，有过之无不及也。

（乙）居士之勃兴

清中叶后，佛教渐衰，加以太平天国之到处摧残，东南佛法，不绝如缕。同治以来，所以能重整旧规而兴复之，驯致清末民初居士勃兴者，以数十年中，比丘、居士，皆有杰出之人，提倡宏布，各尽心力故也。此事关系甚大，请详述之：

时则禅宗如金山、高旻、天宁等之倡导宗风，严整规模，能令入其中者，锻炼身心，变化气质，参方禅和，咸视为大冶洪炉。夫度牒试僧之制,废弛既久;更当大兵之后,削发披缁者,流品不齐;非用宗下恶辣钳椎,何足以祛旧习,振颓风? 或讥其未免严酷,非知本之论也。故其有功佛门,实非浅鲜。虽表面上似于在家二众影响犹少,然如下述启发社会信心之诸师,皆自此中锻炼而出者;则饮水思源,即谓今日大多数居士,莫不受诸山之赐,亦无不可。

若就人言之,未易缕指,姑举其德望遍在人口者:有如赤山法忍、天宁清镕、鼓山古月、先主磐山后主留云之密融诸禅师,道高愿宏,随机接引,普及四众。复有台宗谛闲法师之师及师昆弟。大乱甫平,诸山即纷纷聘请宏经,逮至谛闲法师,法事尤盛,大江南北,浙水东西,岁无虚席。贤宗月霞法师,亦复分途并进,大启讲筵。于是男女居士,慕道皈依者,遂如东风启蛰,逐渐萌生。以上就比丘弘法者言之也。

更有特出之居士焉,即江都郑学川、石埭杨文会是已。学川因发愿刻经而出家,号刻经僧。文会见乱后经版无存,而梵册又不易请求披读也,因邀合同志,发起大愿,踵嘉兴藏式,专刻方册藏经。孜孜矻矻,抛弃一切世务,竭尽其精力资财而为之,数十年如一日。古德佚箸,更多方辗转向日本购求而归,校刊流布。文会道德学问,既足起人信仰,又以经书购求之易,故在家者研诵益多;遂于民四民七,由旅居北平之居士,两次聘请谛闲讲经,开向来未有之例焉。(向来讲经,皆由寺院发起。)

北平本未遭兵燹,彻悟禅师曾创红螺山道场,其后人复能遵守遗风于不坠。又有清一省元诸师,方便接引。居士信心,已有动机;迨两次宏经，清信之士，乃如萌芽之怒长。南方信士，原多于北，如狄葆贤已于光宣间，在上海创设流通处，继又创办《佛学丛报》，影响颇大。及北平两次宏经之后，上海众居士，亦接踵宏经。由是风发云涌，居士所立讲习之社、念诵之林、流通之所，蓬蓬勃勃，遍及于黄河、扬子、珠江三流域，蔚成今日之气象矣。

一事之兴，必待众缘，非一朝一夕之故，亦非一手一足之烈也。尝试论之：同治以后，若无金山诸寺，以培植本源；无禅讲诸师，以启导敬信；佛门早不堪问矣，何况居士。然若无方册经书之流布，使僧俗便于研读，又岂能有今日之气象。然则居士之勃兴，望前思后，此中关系，诚非偶然也。若上溯清初居士中最著者，则有宋世隆、毕奇、周梦颜、彭绍升诸人，可谓为近世居士之先导。今依次述其历史如下：

宋世隆，字文森，长洲人。年四岁，听父读《金刚经》，即能诵四句偈。既长，补诸生。年五十余，有疾，偶触《华严经》无著无缚解脱句有会，遂长斋断欲，日诵《金刚经》。月余，病起。中秋夕，见堂前角灯，光不透脱，不觉感慨，默坐参究；久之，忽汗下通身，胸中廓然。作偈曰："主主宾宾无主宾，分明指点愈迷津。偶然风触灯中火，却遇当家旧主人。"时天笠珍禅师，过苏之大云庵，世隆往谒，既见，即云："龙脑薄荷，香闻天下。"师云："可要乾矢橛么？"随问云："如何是乾矢橛？"世隆云："八面春风。"师云："来此作么？"世隆云："不求佛，不求法，要讨个了当。"师厉声曰："万劫千生不得了。"世隆言下有省。师寻去之杭州南硎，世隆一再往谒之。在堂中有问未生前面目者，世隆应曰："螺髻峰。"

少顷，进见，师云："好个螺髻峰，只恐未肯点头在。"因举六祖、神秀菩提树话，问和尚如何道？师云："掀倒菩提树，打翻明镜台，髑髅都粉碎，处处绝尘埃。"世隆云："也不过到此。"师拂衣而起，拍世隆肩曰："如今可把六祖、神秀，并老僧与居士，缚做一束，抛向钱塘江里去。"世隆顿悟临济吃三顿痛棒意旨，遂口占偈云："生前面目绝追求，螺髻峰高解点头；一句顿超三顿棒，凡情圣解付东流。"康熙四十一年世隆得脾疾，示禅客曰："末后何必有句，末后何必无句；刀山剑树上翻身，镬汤炉炭中躲避；无端七十余年，总是逢场作戏；今日尚要卖弄一番，咄！你看这粉碎骷髅，那有一点西来之意。"其妻疾呕以告，世隆不往，第传语云："子去，我且行矣。"遂后妻数刻而逝。

毕奇，字紫岚，江南歙县人也。少避难至杭州，寓僧舍，阅《金刚般若经》，始知信向。继阅祖师语录，疑之，有堂头僧教看南泉斩猫公案，久之，闻斧声有省。颇自负。寻入马首山，有醒愚禅师者，结茅山居；奇一见，以机语接之，醒愚微哂而已。明日，复往见请益，醒愚征前语，指其负堕处，令参一归何处。居数月，其所亲访得之，要与俱归。奇归，参究甚力，行止不少间。阅五年，偶阅岩头语，大悟。再谒醒愚。醒愚笑曰："今日始知吾不欺汝也。"自是常居僧寺，持佛戒，终日瞑坐，夜卧不梦者二十年。居苏州支硎山德云庵最久。尝示禅客云："参话头有法，不可不知；何谓法？一念真疑无间断是也。何谓一念真疑？如雪岩云：'尽三百六十骨节，八万四千毛窍，并作个赵州无字；一提提起，如一团热铁，如一堆烈焰相似，并无昏沉散乱之相可得。'此之谓一念真疑也。若起心动念，则谓之第二念，尽落知解；知解愈精，去道愈远。近世驰声走誉者，都从第二念而入，外面看时，句句般若；其实皆是意识依通，认贼为子，可不哀耶。何为无间断？今日也一念真疑而参；明日也一念真疑而参；不论年，那管月，但时时刻刻，一念真疑而参；必要实证实悟，大法现前而后已；此之谓无间断也。若果如是一念真疑，如是无间断，自然有日，不期然而然，话头参破，而明心见性矣。"其他论著颇多，此其最切者。康熙四十七年，终于德云庵。庵主如珏，为之殓。收其遗书，有别录八卷行世。

　　周梦颜，字安士，一名思仁，昆山诸生也。博通经藏，深信净土法门，自号怀西居士。尝以众生造无量罪，淫杀二业，实居大半，因深维经义，著戒杀戒淫二书。戒杀书名《万善先资》，言多深痛。大要云："刀兵之难，在于人道，或数十年，或百余年，仅一二见；至于畜生，无日得脱。普天之下，一遇鸡鸣，无量无边，狠心屠户，手执利刃，奋向群豕。尔时群豕，自知难到，大声哀号，救援不至，被人裂腹刺心，抽肠拔肺。哀号未断，又投沸汤，受大苦恼。片刻之间，阎浮世界，万万生灵，头足异处。积群豕骨，高过山巅；漂群豕血，赤江水流。如是恶因，如是恶果，诘其根由，皆我等口腹所致。世人动称我不作恶，何必持斋。岂知尔等偃息在床，妻孥聚首，即有素不相识之人，先为汝等遍造恶业，无量无边。我劝世人，未能持斋，先须断杀。"其戒淫书名《欲海回狂》，劝诸淫者：先观胎狱，了种种苦，是为息淫原始方便。次观此身，诸虫蝎集，宛转游行，寄生体中，吸人精血，是为初开不净方便。次观男女，脓血涕唾，恶露中满，犹如溷厕，粪秽所都，是为息淫对治方便。次想死人，正直仰卧,寒冰彻骨;黄水流出,臭不可闻;遍体生虫,处处钻啮;皮肉渐尽,骨节纵横;冢破骨出,人兽践踏;而我此身,终亦如是;次念《法华》所说因缘生相灭相,与不生灭;是为断淫穷源方便。次观自身,在极乐世界,七宝池内,莲华之中,莲华开敷,见阿弥陀佛,坐宝莲华,及诸种种庄严瑞相;自身礼拜供养于佛;作是观时,发愿往生极乐世界,永脱淫阱;是为究竟解脱方便。复著《阴骘文广义》三卷、《西归直指》四卷。乾隆四年正月,与家人诀,云将西归,家人请以香汤沐浴,却之,曰:"我香汤沐浴久矣。"谈笑而逝,异香满一室,年八十有四。

彭绍升,字尺木,又字允初,法名际清,号知归子,长洲人。世为儒,父兄皆以文学官于朝。绍升年二十余,治先儒书,以明先王之道为己任,兼通考亭、象山、阳明、梁谿之说。治古文,出入于韩李欧曾。既而舍之,专心净业,尤推重莲池憨山,竭力弘扬佛教,是在乾隆年间也。年二十九,始断肉食。又五年,受菩萨戒,自此不近妇人。尝言志在西方,行在梵网。当时与绍升共同振兴佛教者,有汪大绅(缙)、罗台山(有高)等,一时称盛。

绍升对于佛教,非但具热烈之信仰,又积极实行,或创莲社念佛,或购鱼鳖授以三归戒而放生。曾与汪缙,共立建阳书院。所诏示诸偈,实可窥见绍升全部之信仰焉。兹示于下:

起懦偈

儒曰大勇;释曰大雄;男儿鼻息,灏气罡风。

決疑偈

一念不决，念念愚痴；一世不决，世世愚痴。

断淫偈

淫欲不断，万劫沉沦；念头方动，天怒地瞋。

戒妄偈

一语真实，三界导师；一语欺妄，万恶由斯。

舍身偈

担荷大法，是名丈夫；觑破壳子，非我非渠。

摄心偈

摄心之法，珠藏于渊；成就功德，水滴石穿。

息念偈

念起念灭，覆盖真如；起灭无地，入道之师。

念佛偈

千圣万贤；千魔万怪；一句南无，头头败坏；千圣万贤；千魔万怪；一句南无，头头自在；千圣万贤；千魔万怪；一句南无，本分买卖。

观上偈则绍升信念之坚，操行之洁，可想而知。晚岁屏居僧舍者十余载，日有课程，虽病不辍。年五十七，西向念佛而逝。著《一乘决疑论》，以通儒释之阂；著《华严念佛三昧论》，以释禅净之诤；又著《净土三经新论》，以畅莲宗未竟之旨；此外有《居士传》、《善女人传》、《净土圣贤录》，皆为世传诵。绍升之文集，专阐扬内典者，为《一行居集》；讲论外典者,为《二林居集》。今天津刻经处,汇刻彭氏之弘法著述,名《彭居士法集》行世。

近世佛教,亦承宋明遗风,实为禅净二家独步时代。然士大夫学禅者虽众,能真参实悟之人盖鲜。文森、紫岚,苦心斯道,卒明大法。紫岚之论禅病,切实深挚,有神于学者不浅。若安士、尺木,皆精心净土,信愿行三者,悉皆具足,临终不乱,从容生西,岂偶然哉。故四人者,实开清代居士参禅修净之先河也。

郑学川,字书海,扬州江都人。生于道光六年丙戌。少充诸生,颇究儒术;嗣问道于红螺山瑞安法师;博通教典,尤专精净土。太平天国乱后,紫柏大师之方册经板,荡然无存。学川悲之,于同治五年丙寅,与杭州许云虚、石埭杨文会、扬州藏经院贯如法师等,同时发愿刻经。学川即于是岁出家,号妙空。持律精严,过午不食。著述以外,专从事于刻经,故又自号刻经僧。前后十五年,凡创刻经处五所:如苏州、常熟、浙江、如皋,而总持其事于扬州之砖桥,刻全藏近三千卷。先是:扬州东乡之砖桥,有羿鸡道院,学川于院后,募建接引禅院,为存贮经板及习静之所。其后朗月法师,又募建院西邻屋若干楹,与东院通为一所,名曰法藏寺,即今著名之砖桥法藏寺也。学川示寂于光绪六年庚辰,年五十有五。寂时以《大般若经》尚未告成,手持《龙藏》全函,属其弟子,跏趺安详而逝。寂后三年,《大般若经》告成。学川著述极富,汇刻为《楼阁丛书》。其目如下:

《求生捷径》　　　　　　普救神针

《百年两事》　　　　　　《身心性命》

《泗水真传》　　　　　　《西方清净音》

《如影观》　　　　　　　《如影论》以上二种，是其道友所作。

《莲邦消息》　　　　　　《礼斗圆音》

《地藏宝忏》　　　　　　《施食合璧》

《四十八镜》　　　　　　《宝色灯云》

《水陆通论》此是其父思观居士作。《弥陀经论》

《华严小忏》　　　　　　《华严大忏》

《华严念佛图》　　　　　《五教说》

《婆罗门书》　　　　　　《镜影钟声》

《虚空楼阁》　　　　　　《楼阁忏》

《楼阁真因》　　　　　　《楼阁问答》

《楼阁音声》　　　　　　《地藏经论》

杨文会，字仁山，安徽石埭人。佛教经太平天国之摧残后，海内人士，欲求一册经典，殆不可得。文会在同光间，以一人之力，刊刻单行本《藏经》。于是各地同志，相继而起。数十年间，文会所刻为最多，海外之古德佚书，亦由其力得以收回刊布，遂使佛教典籍，普及全国。愿力之弘，关系之巨乃如此，其生平事迹，在佛教史上，诚宜特笔大书者也。

文会生于道光丁酉年十一月十六日。其母怀妊时，梦入一古刹，庭有巨瓮，上覆以笠，启视之，中有莲花，高出瓮口，旋惊寤，而生文会。幼颖悟，十四岁能文，雅不喜举子业，间与知友结社赋诗为乐。性任侠使酒。稍长,复练习骑射击刺之术。既而遭太平天国之乱,率家族转徙徽赣江浙间,恒以书自随,凡天文、地理、历数、音韵以及孔老庄列,靡不钻研,尚未知有内典也。

文会曾在里中襄办团练,跣足荷枪,身先士卒,日夜攻守不倦,厥后论功,则固辞不受。同治二年,居父丧,归葬乡里。适罹疫,病中得马鸣《大乘起信论》,反复读之,得其奥旨,由是一意搜求佛经。后于书肆得《楞严经》,就几讽诵,几忘其身在肆中,日暮不去;肆主促之归,始觉。是为文会入道之始,年二十七也。

自是凡亲朋往他省者,文会必托觅经典;遇行脚僧,必详询其来去之处,有何寺庙?寺中有无经典?向者所从事之学问,悉举而废弃之,一意弘扬佛教。同治五年,移居金陵,董江宁工程之役。遇真定王梅叔,邃于佛学,相得甚欢。复与邵阳魏刚己、阳湖赵惠甫、烈文、武进刘开生、翰青、岭南张浦斋、湘乡曹镜初等,互相讨论,以为末法时代,全赖流通经典,利济众生。于是发心刊刻单行本《藏经》,手订章程,征集同志,得十余人,分任劝募,创设金陵刻经处。文会日则督理工程,夜则潜心佛教。校勘刻印外,或诵经念佛,或静坐作观,恒至漏尽方寝。所办工程,费省工坚,曾国藩、李鸿章咸以国士目之,知其淡于名利,每列保奖,不令前知;然文会遇官职,辄坚却不受,惟以刻经为其生命焉。

后曹镜初以创办长沙刻经处,约文会赴湘计议。适曾纪泽奉使欧洲,邀文会同往,乃随赴英法各国。未几,即请假归,仍以刻经为事。后刘芝田奉使至英,又邀文会赴伦敦;在彼得与日本南条文雄博士订交,

方知中国自唐以后散失之经典，为日本保存者不少。因发愿使之复返
中国，南条亦愿助之搜集。留英三年，仍请假归，自此不复与闻世事，益
以刻经为专责。旋得日本弘教书院小本《藏经》，闭户读之；复寓书于南
条文雄，广求失传之经疏，得藏外典籍二三百种，择其最善者刊行之。
自金陵刻经处成立后，各地同志，如扬州如常州如长沙如江西，皆相继
而起，向者求而不得之佛典，至此得之甚易，因此唤起学人之研究。迨
至清末，已风靡一时。文会曾手定应刻大藏经典之目录，名《大藏辑
要》。其生前虽尚未完成，然其手自校刊出板者，已有二千卷之巨矣。
兹示《大藏辑要》略目于下：

——华严	三十二部
——净土	五十七部
——般若	二十三部
——涅槃	十三部
——密教	五十六部
——方等	六十六部
——法相	二十五部
——法华	十六部
——小乘经	十六部
——大乘律	十五部
——小乘律	七部
——大乘论	二十三部

——小乘论	四部
——西土撰集	十六部
——禅宗	三十部
——台宗	十四部
——传记	十一部
——纂集	九部
——宏护	十三部
——旁通	十部
——导俗	四部

以上共四百六十部，三千三百二十卷。

文会晚年筑室于金陵城北延龄巷，为贮存经板及流通经典之所。遭母丧后，即诏其三子曰："我自二十八岁，得闻佛法，时欲出家，徒以有老母在，未获如愿。今老母寿终，自身亦已衰迈，不能复持出家律仪矣。汝等均已壮年，应各自谋生，分炊度日。余所置房屋，永为金陵刻经处，作十方公产，汝等勿得视为己有。此后亦毋以世事累我也。"光绪三十三年，就刻经处，设立祇桓精舍，就学者缁素二十余人，文会延请谛闲法师讲台宗教观，而自任《大乘起信论》。此外有国文、英文，以造就通材，将来能赴印度弘传佛教为本旨。未及两载，以费绌而止。宣统二年，金陵同人，创佛学研究会，推文会为会长，每七日请文会讲经一次，听者多欢喜踊跃。三年之秋，文会示疾，自知命终时至，因以金陵刻经处事，嘱其弟子三人分任之，并嘱佛学研究会同人，于八月十七日，开会集议，改举会长。是日午刻,嘱家人为之濯足剪爪,闻会长已举出,为之色喜。至申刻,西向瞑目而逝,时会众犹未散也。病中告其家人曰:"我之愿力,与弥陀愿力合,去时便去,毫无系累。惟乘急戒缓,生品必不甚高,但花开见佛较速耳。尔等勿悲,宜一心念佛,送我西去。"云云。年七十有五。

文会自道其生平得力处曰:"教宗贤首,行在弥陀。"盖于大小乘经论,遍观博究,而以是为归宿者也。现今各省,多有流通处,所流传之经典,远及南洋美洲,皆以文会校刊者为多。各地继起之刻经处,亦多依照《大藏辑要》,赓续其未完事业。文会于兵火摧残之后,继往开来,肩荷大业,推为清末特出之居士,诚无愧色矣。其著述有《大宗地玄文本论略注》四卷、《佛教初学课本》一卷、《十宗略说》一卷、《观无量寿经略论》一卷、《论语发隐》一卷、《孟子发隐》一卷、《阴符经发隐》一卷、《道德经发隐》一卷、《冲虚经发隐》一卷、《南华经发隐》一卷、《等不等观杂录》八卷、《阐教篇》一卷,此外尚有手辑之佚籍,及依据经典摹绘之佛像、极乐世界庄严图等,皆行于世。

更有高恒松者,字鹤年,江苏兴化人,居士中之最奇特者也。凡属居士,大都在家修持而已;惟恒松则一生行脚,参访诸山,全国内名山,殆无不有恒松之踪迹。恒松为南京赤山般若寺法忍长老弟子,于宗门颇用功。著有《名山游访记》,乃其随意抒写之日记也。恒松对于义赈及慈善事业,至为尽力。近与其夫人舍其田宅,为贞节妇女建立念佛道场,名兴化镏庄贞节院。

（六）民国以来佛教之曙光

自清光绪末年，变法维新，各地兴办学校，多有主张化无用为有用，改寺院为校舍，没收各寺之财产者，全国骚然；而地方无赖，又从而侵害之。僧人呼吁无门，其狡黠者，乃暗中托庇外人势力，以求保护。清廷知其弊，乃下明谕，遵祖宗法则，保护寺有财产，僧界略得宁息。及民国成立，佛教徒亦知自结团体，创设中华民国佛教总会，其时奔走最力者，天童山之住持敬安和尚也。

敬安率领江浙各寺院之代表，于民国元年，请愿于南京临时政府，要求下令保护寺有财产。事尚未成，而临时大总统孙文去职；袁世凯当选临时大总统，政府移于北平。敬安更纠合各省僧界代表，于元年之秋，至北平政府请愿。偶与内务部某议论不合，某挟官势威吓之，敬安大恚。归至法源寺，逾日而愤死，年六十有三。

敬安夙负物望，以诗僧名，及其死，朝野多惋惜之。袁世凯乃命国务院，转饬内务部，核准中华佛教总会章程；既而内务部亦于民国四年，颁布《管理寺庙条例》，施行至今；不可谓非敬安以身殉教之功也。

中华佛教总会，除保护寺庙财产外，亦有各种计划：如开设各宗专科大学、中学、师范、小学，及励行慈善事业等。虽未能按照章程，一一实行，然各寺庙中设学者，所在有之，此僧界革新之气象也。

至于居士方面，集合同志，设立佛教研究会者，各省各地，不期而同时并兴。虽规模大小未必同，然对于佛教为热烈之研究，则同一目的。

如上海之佛教居士林、佛教净业社，则成立较久规模较大者也。

自杨文会祇桓精舍停止后，清两江总督端方，曾在南京创办僧立师范学堂。初延谛闲法师主其事，未几，谛闲辞去，以月霞法师继之。辛亥革命，校舍毁焉。民元以后，沙门或居士，多有创立专门学校者：以宁波观宗寺观宗讲舍为最著，谛闲法师为主讲，弘扬台宗；毕业之弟子数十人，至今分往各地，弘扬本宗教义。江苏常熟兴福寺，则有华严学院，弘扬贤宗，月霞法师主其事。武昌则有佛学院，太虚法师主其事。厦门则有闽南学院。常州之清凉寺，则有清凉学院；近移讲座于上海，专弘华严，应慈法师主之。南京则有内学院，宜黄欧阳渐实主之，专事研究法相宗。以上各专门学校，或办至学生毕业为止，或至今仍继续办理；可见沙门居士，对于佛教上之研究，日进未已。至于居士之临时集合讲经会，请著名法师升座讲经，则无岁无地无之也。

研究佛教各团体，多有刊行杂志，以发表心得，兼沟通僧俗两界消息者，此亦昔时所未有，民国以来方产生者也。最初发刊者，有《佛学丛报》，于民国元年十月出版，其中颇多佳作。惜至民国三年，即以费绌而止。此后则有武昌佛学院之《海潮音》；上海天津居士林之《林刊》；上海佛教净业社之《净业月刊》。其间较有永久性者，则为《海潮音》，已赓续十余年之久。至内学院之《内学》，亦陆续刊行，而非定期出版物也。

刻经事业，南北各地，亦多有遵守杨文会之遗规，从事续刻《大藏辑要》以期其完成。最著者，有北京刻经处、天津刻经处，所刊经典，板式装订，悉与金陵刻经处相同。至重印全部藏经，则有上海频伽精舍翻印日本弘教书院之小本《大藏经》；商务印书馆影印日本之《续藏经》及《汉满蒙藏四体大藏全咒》。近又有朱庆澜、叶恭绰等，在上海集合团体，影印宋《碛砂版大藏经》。是亦社会方面热心佛教者日多，故能有此成绩也。

民国以来，佛教所以有兴盛之曙光，其动机不外三端：（一）清末中外交通，西方学术输入，科举废，学校兴。学者思想解放，不复拘拘于儒家一孔之见；对外来科学，固喜从事研究；而对古来相传之学术，亦多为之整理；有文艺复兴之现象。（二）佛典单本之流行，得之较易，唤起学人研究之兴味。（三）元年至今二十余载，战乱不息，民生因苦痛而觉悟，遂皈依佛教，以求精神之安慰；故有革命时善战之军人，亦一旦摒弃万缘，祝发入空门者。有此三因：故南北各省佛教，一致勃兴，是不期然而然之潜势力也。

（七）敦煌石室唐人写经之发见

清光绪二十五六年间（己亥庚子），甘肃敦煌之千佛洞石室中，发见唐人写经，中多宋元以来未见之经疏，亦佛教史上重要之事实也。千佛洞，在敦煌县东南三十里鸣沙山下，有三寺，俗称上寺、中寺、下寺。上中两寺皆道观，下寺为僧刹。寺之左近，有石室千余，由唐迄元，皆谓之莫高窟，俗呼千佛洞。昔人就洞中塑佛像，并镂壁画，其用意盖与大同云冈石窟、洛阳龙门之造像相同，非为藏贮书物也。惟有一洞，其中全贮古书，乃西夏兵革时所藏。壁外饰以造像，故人皆不知其为藏书之所。迨清光绪己庚之际,缮治石室,凿壁而书出,由是稍稍流传于世。丁未、戊申,英国人斯坦因、法国人伯希和,先后游历至此,得六朝人及隋唐人所写卷子本书,各数千卷,并雕本石刻多种,运回伦敦、巴黎。我国人闻之皆惊异,学者多注意及之,因石室所留者,尚近万余卷,其中唐人写经,居百分之九十五。当时学部遣人前往取回,存于京师图书馆。运回时复经盗窃,散归私家者数千卷,今存于图书馆者,八千余卷而已。

敦煌石室唐人写经,不特多未入藏之经疏,且经文亦恒与《大藏》中译本不同。惟屡经翦窃,或首尾不完,或仅有首无尾、有尾无首、完全成卷者,已绝少。江西黎端甫曾经进京师图书馆校勘一次,著有《敦煌石室佛经校勘语》一篇。惜为时不久,未能将八千余卷,一一遍阅,其校勘亦不免错误。然其发见《大般若》、《金刚》、《维摩诘》等疏,与通行本不同,已足资考证矣。

迨民国七年,范源廉重长教育部时,蒋维乔建议,聘请江杜,入京师图书馆,专任校勘佛经之职,为时二载,而得藏中未有之《大乘稻芉经随听疏》、《净名经集解关中疏》两书。由商务印书馆出版,皆希世之秘笈也。江杜跋《随听疏》云:"曩闻敦煌经卷中,有《稻芉经疏》,为《大藏》所佚,心向往之久矣。既入馆,亟取阅之,芜乱讹脱,几不可读。为之爬梳剔抉,排比联缀,并取重复之卷,互勘异同,亦有援据他书,以校补者,积八阅月之久,录成一卷,仍阙首尾。会傅增湘新购得一残卷,所阙佚文,悉在其中。于是千年秘著,遂成完书。然此疏所依之经,亦非《大藏》译本,复于八千余卷中,穷搜遍觅而竟获之。"其于《净名经集解关中疏》亦然，偶得一卷，无首无尾；亦向八千余卷中穷搜之，苟得文义相类者，为之联缀成文，费时经年，竟得成书。是可见缀残补阙之不易，而秘笈出世，于佛教上有甚大之影响也。江杜叙此书云："考诸载记，鸠摩罗什，当后秦姚兴时，译经长安；弟子道生、僧肇、道融、僧叡称关中四圣；什公既道行超世，高足弟子，又皆一时龙象；故所译经，文词畅美，义味渊涵。观此重译之《净名经》，可以见矣。传称四圣著述甚富，意其时什公师弟，必皆有经疏行世；逮唐沙门道液，乃搜集关中诸疏，与自作之科解，汇为一编；即此书是也。观其标题，盖谓此为会集众说兼有科解之关中疏，以别于旧有诸本云尔。"又跋云："夫发挥经旨者，固推隋唐造极；而关中师弟，实导先河。关中述作甚富，而其学之留存于世者，独备此编。书最古，文最备，是为瑰宝，亦奚待言。然閟之千载，而独现于今，意者其为含宏光大、遍沾法味之征也欤。"观此，则此二疏之价值可知矣。

又著《大乘稻芉经随听疏》者，为沙门法成。法成之名，不见于传记，其《稻芉经》之本文，亦不知谁译。可知古德著述之散失，并其名亦湮没不彰者，往往而然。北京刻经处所刊《心经七译》中，有敦煌石室本一卷，其端题"国大德三藏法师沙门法成译"。惟无年月可考，其译例与玄奘相近，殆与著此疏者，是一人也。

第十八章　近世各宗

近世佛教各宗,与宋明以来无大异。惟最堪注意者,为宝华山律宗之重兴,至今为海内戒学之中心,是也。禅宗自宋以来独盛,五宗中尤推临济一宗,天下丛林,殆无非临济子孙;曹洞宗虽式微,犹有数处存在;至沩仰、云门、法眼三宗,则宋以后已无闻矣。华严宗清初一盛而复衰。天台宗盛于清末。净土宗则普被于社会。且无论何宗,罔勿兼事念佛。法相宗则唯居士多研究之,沙门以此立门庭者盖鲜。三论宗亦极衰微。密宗则居士、沙门多有赴日本或入西藏研究者,颇有重兴之机。小乘之俱舍、成实二宗,俱舍则学法相者尚兼习之;成实则知者绝少矣。兹依次述之:

(一) 律　宗

律宗自宋允堪、元照以后,虽未中绝,然元明之间,典型尽失,至明末清初,有古心律师杰出;其嗣法子孙三昧、见月两律师继起,南山宗于是复兴。三昧律师创戒坛于金陵之宝华山,四方缁素之求戒者,咸趋之。至今南北丛林之传戒,罔不依宝华之轨范焉。

且清代自雍正年间,度牒试僧之制,无形废除;天下丛林,随处放戒;于是方外流品,渐趋复杂,为世诟病。幸有宝华山之律宗,以戒牒代度牒,稍示限制。宝华累代祖师,世世相传,宗风勿衰,其于近世佛教上之影响,至重且大。兹略示诸祖事实于下:

古心律师,名如馨,溧阳人。俗姓杨。既出家,慨律学荒芜,徒步五台山,求见文殊受戒。忽于云中见文殊菩萨,垂手摩师顶曰:"古心比丘,文殊为汝授戒竟。"师顿悟心地法门,视大小乘律,如自己胸中流出。遂还金陵,于灵谷寺开戒说法,重兴南山律宗。时称古心为优波离转世者也。入寂后,谥曰慧云。

三昧律师,名寂光,俗姓钱,广陵瓜渚人。年二十一出家,初习贤首教观,嗣受戒于古心律师。古心一见即器之,嘱以专宏律宗。师精究力行,兼习禅观。冬夏一衲,不设卧具。一夕起行,内外洞达,遍体通明,彻见戒体。既而闭关于九子峰,参考律藏五部同异;隐居司空山,疏解《梵网经》。庐山东林远公道场久圮,师重兴之,振饰戒规,修持净业。四方僧俗向慕,如水归壑。昼夜六时,佛号不断。连社之盛,一如远公时。其后结庐于衡岳,往来江汉间二十年。远迩闻风,请法恐后。金陵东南七十里,有宝华山者,妙峰登大师之旧道场也。岁久寺圮,南都宰官,请师重兴之。师遂于此建律宗道场,规模宏丽,甲于东南;仿东林结莲社,号为千华;接引四方大众,学徒常有千人。南北所开法席数十处;所建梵宇二十余处;所历戒席百有余坛;戒嗣遍天下;议者以为南山以后一人而已。乙酉又六月朔,示众曰:"吾利生事毕,初四日午刻,当别大众。"届期,沐浴更衣,微笑而逝,时清顺治二年也,寿六十有六。著有《梵网经直解》四卷。

三昧律师,有著名弟子二人:曰香雪,曰见月。而见月嗣宝华山法席。

香雪,名戒润。随三昧师学律,兼习贤首教观。先住宝华山为羯磨。古法以九人一坛,受比丘戒。见月律师则广览律藏,改三人一坛,受比丘戒。香雪以为不合三昧遗教,遂下山。至常州天宁寺,大弘律宗。著有《楞严经贯珠》十卷行世。寂后,建塔于天宁寺内院。

见月律师,名读体,俗姓许,滇南白鹿郡人,祖籍句容。年十四,失怙恃。二十七,去家至剑州赤宕岩,习静三载;偶遇一老僧,授以《华严经》,披阅大悟,遂诣云龙山大觉寺亮如法师剃染焉。因慕江南三昧律师,乃携瓢笠东行,历南岳,过庐山,登五台,遍参诸老;值明末流寇遍地,师不辞艰险,茧足二万余里,始值三昧律师于润州之海潮庵;时师年三十六也。自是研穷藏中《四分广律》,及余部律文。充上座,讲《梵网经》,析义释文,口若悬河,座下千人,罔不叹服。嗣随三昧律师,主宝华山席,以教授兼掌院务。昧师尝语众曰:"老人三十年戒幢,若非见月,几被摧折。"示寂之日,以衣钵戒本授师,使嗣法席。师即以十誓励众,共同遵行。两度静修般舟三昧,不坐不卧不依倚,昼夜壁立者九十日。

复遵祇园遗制,建石戒坛;每开坛说法,四方缁素,不期而至,恒数千人。可谓盛矣。康熙十八年己未,示寂。寿七十有九。弟子六十余人,以定庵德基为法嗣。著有《大乘玄义》一卷、《毗尼止持会集》十六卷、《毗尼作持续释》十五卷、《传戒正范》四卷、《药师忏法》一卷、《剃度正范》一卷、《僧行规则》一卷、《三归五八戒正范》一卷、《毗尼日用切要》一卷、《沙弥律仪要略》一卷、《黑白布萨》一卷、《幽冥戒正范》一卷。

见月律师,有著名弟子二人:曰宜洁,曰定庵。而定庵嗣宝华山法席。

宜洁,名书玉,别号佛庵;从华山分住杭州昭庆寺,说法度生。著有《梵网经菩萨戒初津》八卷、《毗尼日用切要乳香记》二卷、《沙弥律仪要略述义》二卷。

定庵,名德基,俗姓林。性好佛,垂髫即不茹荤。既失怙恃,遂投苏州宝林寺剃度。复往宝华山,求戒于见月,月一见默契。受具戒后,刻苦修持,十载中无寸晷虚掷。真探毗尼奥蕴,三学该通,遂任上座,教授来学。继主法席,严整规约,御众宽严交济。凡遇劳作,以身先之。四方缁素,从学者云集。华山规模,日益宏远矣。杭州昭庆寺,南山道宣律师之道场也。请师开戒坛,归依者踵相接,师乃嘱同门宜洁居之。康熙三十九年庚辰秋,示微疾;至季冬朔日,以衣钵付其徒松隐,索笔书曰:"吾七日后行矣。"果于初八日,沐浴更衣,端坐而逝。寿六十有七。著有《羯磨会释》十四卷、《比丘戒本会义》十二卷、《毗尼关要》十六卷、《宝华山志》十二卷。

松隐传闵缘，闵缘传珍辉，珍辉传文海，至文海时，而华山律宗，乃分支于京师。文海名福聚，俗姓骆，浙之义乌人。年十四，就邑之上方寺出家。苦志修持，十易寒暑。乃诣宝华山圆具，精究诸大律部；复遍参诸方善知识，阅历八载，始归本山。寻任上座，董率来学；继主法席，立规率众，大振法铎。雍正十二年，奉世宗召，入京师，主大法源寺席，今所称法源第一代律祖也。后奉命开三坛大戒，四方乞戒学徒，至千八百十九人。事毕，辞归，温旨慰留，固辞至再，以其法嗣明宝代主法席，乃还山。乾隆二年，奏请将本山三代祖师著述，编入大藏。师主席三十载，得戒学徒遍天下，以数十万计；高足弟子主席于南北丛林者，二十余人。所著有《南山宗统》、《瑜伽补注》、《施食仪观》诸书。

兹示宝华山律宗之系统如下：

慧云如馨——三昧寂光、本山第一世。见月读体、第二世。定庵德基、第三世。松隐真义、第四世。闵缘常松、第五世。珍辉实咏、第六世。文海福聚、第七世。理筑性言、第八世。浑仪圆先、第九世。恺机明如、第十世。卓如定静、第十一世。朗鉴慧皓、第十二世。体乾昌苍、第十三世。敏通海然、第十四世。圣性印宗、第十五世。浩净发圆。第十六世。

（二）禅　宗

宋明以来，禅宗特盛，尤以临济宗为独步；曹洞宗虽亦有继承之子孙，然已不绝如缕矣。清初临济宗，俱承天童圆悟、磬山圆修二派，子孙众多，法流繁衍，声闻九重，道遍天下。至道光时，势渐式微。太平天国乱后，更为不振。至今惟江南之金山、高旻、天宁三丛林，浙江西天目山之禅源寺，宁波天童山之弘法禅寺，犹能继续磬山之宗风而已。曹洞宗在清初时，有福州鼓山元贤永觉禅师，得寿昌慧经之传。其徒道霈为霖禅师继之，宗风颇振，其后亦衰。至今此宗法脉，尚能维持不替者，仅有福州之鼓山寺、汉口之归元寺、焦山之定慧寺三处，然亦名存实亡矣。今分述如下：

(甲) 临济宗

圆悟法嗣，天童山翁禅师，名道忞，潮州茶阳林氏子也。幼沉毅有夙慧，总角以艺文擅名乡曲，试为生员，然恒有出尘想。及冠，读《大慧语录》，忽忆前身云水参方，历历如见，即走匡庐出家。历参憨山、黄檗诸名宿；后参天童圆悟于金粟。因阅殃崛难产机缘，遂彻悟从上关键；亲炙十四年，圆悟寂后，遂继法席。(《宗统编年》，载顺治三年丙戌，忞和尚退天童入五磊，请费隐通容补住；至十四年，再住天童。)

顺治己亥十六年，道忞禅师，奉诏入京，进万善殿。帝敕学士王熙、冯溥、曹本荣、状元孙承恩、徐元文至，与师问答，帝闻之，颇欣喜。帝问曰："老和尚因甚机缘悟道？"忞曰："长疑难产因缘，后来有个会处。"王熙问曰："发心参禅即是善，如何又说不思善、不思恶？既善恶都不思，当何处着力？"忞曰："善恶总从心生，若不生，善恶何着。"熙沉吟，忞震威一喝。帝曰："才涉思维,总成意识边事。"忞曰："大哉王言。"后帝屡临万善殿,与忞论究,有《三世奏对录》。

忞住京逾年,屡辞还山,帝乃留其法嗣旅庵本月、山晓本皙两人在京,开法坛于善果、隆安两寺。帝赐忞号宏觉禅师,亲送出京。忞南还后,谢天童金粟院,投老于会稽化鹿山之平阳明洞天,自卜塔于黄龙峰下,为开山第一代焉。入寂于康熙十三年甲寅,寿七十有九。有《九会语录北游录》等书行世。

时尚有道忞禅师同门费隐通容禅师之法孙憨璞聪和尚,住京师海会寺,弘传道法。顺治帝之初知参禅,实得力于憨璞者,帝与道忞问对时,憨璞亦常列席。此皆天童圆悟一派之法流,传于都门之所由来也。

至磬山圆修一派传入都门,则自玉林国师始。国师名通琇,童时即颖异不凡。年十九,投磬山剃染受具,执侍巾瓶,夜则随众坐香。一晚,目不交睫,至五鼓,修呼曰："不用急,我为你举则古话:庞居士初见马祖,便问:不与万法为侣者是谁? 祖曰:待汝一口吸尽西江水,即为汝道。"琇闻之,即呈一偈。修曰："不问你不侣万法,要你会一口吸尽。"琇于言下大彻。后修凡有征诘,琇皆当机不让。修寂后,遂继法席。

玉林于顺治十五年戊戌,奉诏入京,敕谕中有云："朕俯询法器,缅想高风,思御宇以来,期沛无为之治,而虚席以待,乐闻无漏之因。用是特遣司吏院掌印官张嘉谟,颁赐玺书,远延杖锡。尔其遄驱象驭,早践龙墀,陈密义之慧空,赞皇猷之清净。呜呼! 顺风而问,朕将同访道于崆峒;计日以来,尔尚效朝宗之江汉。"可见顺治帝钦慕之忱。既至京,奉旨在万善殿升宝座,举扬大法。帝常亲临,屡与问答,恒欣喜称谢。但未几,玉林即坚请还山,帝留其弟子茚溪行森和尚在京。道忞奏对之时,行森亦恒列席问对。

帝于十六年,又颁敕谕,加封玉林为大觉普济禅师,谕中有云:"用是特降褒纶,赐号大觉。方欲久留瓶钵,时听伽音,冀朝夕之启予,庶默成夫元旨;而禅师欲全子道,祈尽孝思,坚请还山,勉襄石塔,有裨人伦,克端风化。朕俯徇其愿,敕护遄归。惜山川之既遥,倏夏秋之已隔。永言遗韵,惓惓于怀。追惟对御之言,实发大乘之秘。传灯可续,末法所希。爰是复降温纶,加封大觉普济禅师,赐以紫衣,并予金印。遣使斋往,昭朕眷衷。重扬法席之辉,永镇山门之宝。"盖帝于十五年,初封玉林为大觉禅师;至是,复加封大觉普济;至雍正《御选语录》中,则称大觉普济能仁国师,是盖玉林十七年入京传戒时所加封者也。

至十七年庚子之秋,顺治帝复召之入都,敕谕中有云:"兹欲于都城建立皇坛,俾衲子一千五百人众,受毗尼戒。七条一缕,出自上方;五戒三皈,重宣佛义。然非禅师亲为羯磨,正恐以最上慈航,为人天阶级耳。惟冀荷担如来,阐明大法,不辞远道,惠然肯来,则皇城四众,重闻薝卜之香;新学缁流,顿长菩提之树;知禅师以佛法大事为先,不以静退小节萦念也。遥瞻浮渡,速慰悠怀。"是为玉林第二次入京之因缘。帝就见于西苑丈室,相视而笑,日穷玄奥。帝见一矮戒子,指问林,林云:"长者长法身,短者短法身。"帝喜谢。十八年,帝崩。玉林拈香云:"报身如梦幻,世界若空华。唯过量大人,去来无碍,进退如意,此是皇上用不尽的。"此可见玉林受顺治帝眷遇之隆。第二次入京,为时亦较久。宜乎圆修派与圆悟派之竞传都门,并辔连镳,一时称盛也。

玉林晚年,居天目山。计其生平,开堂说法四十年。康熙十四年乙卯秋,示寂于淮安慈云庵。先是玉林闻宜兴善权寺,被土人焚毁,其法嗣白松自投火死;乐安老人(幻有禅师之师,玉林之祖)祖塔亦被掘。乃尽屏参侍,不食粒米,孑身潜出,渡江而北,至清江浦,止慈云庵。示微疾,唯饮冷水。索笔书曰:"本是无生,今亦无死。此是正说,余为魔说。"掷笔而逝。春秋六十有二。门人迎归全身,建塔于西天目。有《语录》行世。

禅宗盛行于江南者,当时为天童圆悟门下之三峰派,此派即邓尉法藏。法藏开法席于海虞三峰,掩百日不语死关,闻折竹声,忽然大彻,颇嫌无师自悟。乃往谒天童,一见相契,命为首座。厥后以见解与师不同,为圆悟所斥。然其门下人才众多,故世人盛称三峰。弟子之最著名者,一曰灵隐弘礼禅师,一曰灵岩弘储禅师,皆于清代顺治康熙年间,大阐宗风,门徒繁多,遍布江南。弘礼门下,有愿云显禅师,住洪州云居,灵隐之道,乃风行江右。弘储门下,有原直赋禅师,住南岳福严;楚奕豫禅师,住潭州云盖,灵岩之道,乃大行江汉。时称南岳、云盖为甘露双垂。

具德弘礼,会稽张氏子。幼耽玄术,长慕空宗,投普陀剃发。旋游讲肆,闻三峰开法安隐,趋见之;力参本来面目,豁然了彻;机用横出,丛林中有铁策之称。三峰举为维那,纲纪一众。未几辞去。及闻三峰掩关邓尉,亟归省觐,受最后之嘱。礼住持凡十刹,行化三十年;住扬州天宁时,江淮之间,道法大振。而于灵隐最久,故灵隐百废具举,法席冠天下;功成不居,晚年退归径山。会扬州天宁,再请开法,欣然前往。既至,衲子云拥,师应机说法,倍于常时。甫经七日,命阖山设供;是夕,剧谈过夜半方寝;五鼓起,易新衣履,疾呼侍者曰:"快随我上方去。"侍者亟至,而礼已逝。时康熙六年丁未之冬也。寿六十有八。

继起弘储,南通李氏子。投三峰藏和尚出家,着力参究。会冬日结制,储自期七日明道;至第六日,危坐如塑像,堂中开静,见两行僧对问讯,曝然自落,积劫未明之事,彻底见前。亟趋方丈,藏望见颜色曰:"看箭。"储喝;藏曰:"看箭。"储又喝;藏起立大呼曰:"看箭。"储放身倒;由是彻悟。初住天台能仁、国清两刹,道大行;历住兴化灵石天宁瑞岩,而于苏州灵岩最久,衲子云集,至不能容。嗣法者几遍于江浙诸刹。晚年,退老尧封。康熙十一年壬子秋,示疾,自制塔铭,沐浴更衣,跏趺坐逝。有《诸会语录》百余卷行世。

《宗统编年》之著者纪荫云:"三峰、灵隐、灵岩,海内称佛法僧三宝。灵隐门庭甲天下,学众满数万指,不减南宋佛海时。"弘储之嗣法宝云曰:"临济殁后七百年,纲宗坠而不举。隆万之后,天童悟和尚,藏大机于一棒;三峰藏和尚,显大用于三玄;从奇入正,道合如离;吾先师灵岩储和尚,起而躬集大成;临济之道,至先师为极盛矣。"于此可见清初三峰一派之隆盛。

惟此派立说,与古来祖师相传者不同,诸方惊疑,多加攻击。至清雍正帝时，乃不屑以天子之尊，与释子笔战，著《拣魔辨异录》，力辟法藏门人弘忍之说。复特下明谕，将法藏及其弟子弘忍所著语录各书，尽行毁板；僧徒不许私自收藏。法藏派下所有徒众，著直省督抚详细查明，尽削去支派，永不许复入祖庭。谕到之日，天下祖庭，系法藏子孙开堂者，即撤钟板，不许说法；地方官即择天童下别支，承接方丈。此亦清初禅宗中之大事，与当时儒家吕晚村等所遭文字狱相类。而《拣魔辨异录》之书名，尤与《大义觉迷录》，相映成趣。三峰派受此打击，遂盛极而衰，殆不能复振矣。

太平天国乱后，临济宗式微已甚。惟磬山圆修一派之子孙，尚绵延不绝；今镇江之金山，扬州之高旻，常州之天宁，与天目之禅源，皆能整肃门庭，接引学者；皆磬山之法嗣也。至天童子孙，惟宁波之天童寺本庙，尚称兴盛。兹分述如下：

金山之江天寺，建置甚古，或云始于东晋，或云始于梁，要之为古来有名之道场。克勤佛果，亦曾居之。清初移住金山者，为磬山圆修之弟子通问。通问，字箬庵，吴江俞氏子。幼失怙，多病。年十六，始自惊曰："奈何使身心无所措之地哉！"走谒磬山圆修，修教看父母未生前本来面目。二十四岁，投南涧法雨大师出家。决计参方；闻圆悟和尚在北禅，腰包入吴中，得蒙垂示。复上磬山，五更，闻得一阵风声，疑情顿释；目前净裸裸地，了无一法当情；遂悟道。初住杭州南涧理安；后移住金山，大振宗风；复还磬山。顺治乙未十二年夏，磬山解制后，将方丈所有道具，手书分送诸方。乃杖锡出游，至武康报恩扫塔；晤玉林琇禅师，备托法门大事,预定逝期。九月,行至吴江,寓应天寺,如期坐逝。弟子迎龛,塔于南涧。有《语录》十卷、《续灯存稿》十二卷行世。嗣法者十四人。兹示金山略系于下:

箬庵通问——铁舟行海——法乳超乐——量闻明诠——月潭明达——大晓实彻——天涛际云——六益了谦——沧海达慧——不空悟圆——正一悟明——志学悟通——广慈真济——道华清登——月溪显谛——观心显慧——大定密源——常净密传——性莲密法——隐儒密藏

以上诸师:自行海至悟明,皆有《语录》行世;最著名为行海、实彻、显慧、大定诸人。

行海,字铁舟,歙县蒋氏子。三岁失恃,父远出,依兄嫂。思念父母成疾,兄携往忠灵院祈佑。海见像教端严,欣然忘返;后得法于箬庵通问。问还磬山,继主金山法席。示寂于康熙二十八年癸亥,年七十有五。著有《金山志》。

实彻,字大晓,崇明陈氏子。出家后,入终南山,住石洞中,洞饮木食数年。一夕,立洞外,天无星月,云雾晦冥,忽见电光一烁,忽然大悟,乃述偈曰:"奇哉奇哉甚奇哉,闪电光中正眼开,明暗两条生灭路,谁知无去亦无来。"即出山,参月潭和尚,得蒙印可;主金山法席。后迁天宁。乾隆二十二年,帝南巡,赐紫衣杯杖等。是年示寂,年七十有三。

显慧,字观心,丹徒孙氏子。受具于浙江海潮寺,刻志修禅。依扬州高旻天慧禅师,参叩有省。后回金山,得法于道华;继主法席。遇太平天国之乱,寺毁于兵火,仅结茅为禅堂。慧为人真实,主席十载。曾国藩器重之,为之重建江天寺,亲撰碑记;金山之得以重兴,慧之力也。同治十三年,甲戌沐浴更衣,趺坐入寂。年六十有五。

大定,字密源,湖北黄陂邓氏子。天性纯厚。幼茹斋,有出世志。父母殁,诣随州仁圣寺出家。为沙弥时,即精进勇猛,胁不沾席。遭太平天国之乱,流徙无定居,乃遍参诸方。先入蜀,继至终南、五台、九华、普陀、扬州之高旻、常州之天宁,最后至金山,谒观心禅师,参究有省。观寂后,主法席。性恬淡,居二年,即退院,仍领众禅诵不倦。虽老不假给侍,躬自缝浣。室中惟一禅床,每入定,必令人反锁其门,一定数日。年八旬时,开寿戒,登坛乞戒者五百余人,极一时之盛。光绪三十二年丙午秋,示疾,五鼓起,端坐至日午入寂。年八十有三。

近有融通禅师,法门之后劲也。师名印彻,江苏无锡吕氏子。少失怙恃,依舅氏读书。年二十六,投邑中嵩山寺出家。后受具于上海龙华寺。遍参名宿。住金山藏经楼,阅经三载。闻赤山法忍禅师名,随至赤山,一心参究,有省。仍返金山。隐儒和尚,付以心印。遂职首座,继主法席。未久,即退居。授其弟子惟一。师仍在禅堂领众焚修。先后主禅堂二十余年,精进如一日,缁素闻风向慕。民国十七年戊辰十一月十七日,略示微疾。于二十三日入寂。寿六十有三。塔于镇江东郊五峰山之阳。

高旻寺由天慧重兴。慧名实彻。自磐山修传玉林琇;琇传栖云岳;岳传南谷颖;颖传灵鹫诚;诚传天慧彻。彻于灵鹫诚座下,发明大事,行脚三十年有声。会雍正帝访玉林国师法裔,奉诏入禁庭,奏对称旨,蒙赐紫衣。雍正十二年,帝命住磐山圣月寺。十三年,复命移住高旻寺。由是高旻法席极盛,至今绵延不绝。彻著有《语录》四卷行世。兹示高旻略系于下:

天慧实彻——了凡际圣——昭月了贞——宝林达珍——如鉴达澄——方聚悟成——道源真仁——德慈□演——朗辉事□——月朗全□——楚禅全振

以上诸师:自了凡至德慈,皆有语录。著名者,为际圣、了贞、达珍诸人。

际圣,字了凡,浙江海宁薛氏子。出家后与居士张世空,同参诸方。坐石头城上,遇游侠三四人,以铁棒打圣,曰:"好和尚不打坐,打坐不是好和尚。"圣闻之,觉有所悟。后参天慧彻。一日,睹露柱,便知情与无情,悉皆成佛,即呈所得;彻云:"子大事了毕。"遂付衣拂。乾隆二十一年丙子示寂,年五十有七。

昭月,字了贞,徐州沛县余氏子。自幼出家,尝诵《法华》、《金刚》致疑,奋志参方,谒高旻了凡圣,参究有省。圣曰:"谁教你坐在者里。悬崖撒手,自肯承当;绝后更甦,欺君不得。"月豁然开悟,从兹日穷玄奥。后主法席三十余年,规约严明,不妄许可。乾隆五十年乙巳示寂,年五十有七。

达珍,字宝林。移住天台山国清寺,重兴禅宗,道法大振。著有《正源略集》十六卷,《补遗》一卷。

近有法一禅师,亦高旻之宗匠也。法一曾参赤山法忍长老,在高旻当首座。后住江浦狮子岭数年,建立道场,远近人士,仰若神明。现年已八十余,住持上海徐家汇之安国寺,道风颇振。

常州之天宁寺,本由宝华山香雪律师,弘扬律宗。自金山大晓实彻于乾隆年间,移住于此,始改为禅宗。古刹重兴,规矩整肃,至今犹能与金山、高旻并称。维持临济宗之法脉,殆非无故也。兹略示其系统于下:

大晓实彻——纳川际海——净德了月——恒赞达如——雪岩悟洁——普能真嵩——定念真禅——青光清宗——冶开清镕

以上诸师:著名者为达如、真嵩、真禅、清镕诸人。达如著《语录》十卷,辑《佛祖心髓》十卷;真嵩著《弥陀易解》一卷;真禅著《语录》一卷。

清镕,字冶开,俗姓许,江苏江都人。十一岁出家。十三岁,依仪征天宁寺师祖莲安和尚。二十岁后,至常州天宁寺,参定念和尚,有省。道心坚固,惺寂自在,遂付法焉。嗣后行脚参方,遍历普陀、九华、五台、终南、峨眉。三十四岁之冬,住终南茅蓬,忽梦师祖莲安和尚有病;拟过冬,至春南归。第二夕复梦,若至春,则祖孙不得相见。乃即荷一担下山,不分昼夜,行四十八天,到仪征谒师祖。终南至仪征,相距数千里,其行走之神速,在清镕自己,亦不知其所以然也。清镕道高行洁,闻风而发心之居士甚众。既为众所信仰,故到处兴复殿宇,不期而款集,如常州天宁之大殿、禅堂,太平寺之文笔峰宝塔,杭州灵隐寺之大殿,上海玉佛寺之念佛堂,皆清镕所兴修。其于慈善赈济事业,尤为尽力,年六十七岁时,值北五省旱灾,犹亲自北上,至灾区放赈。民国九年庚申,得中风症,自后专诵《华严》,每日四卷,以为常课。至十一年冬,诵毕《华严》,预示逝期。于十月二十日入寂,年七十有一。

西天目山之禅源寺,本为元代高峰大师(原妙)之弟子中峰国师(明本)之道场,明末衰废。清代玉林国师重兴之,建立规模,与金山、高旻、天宁齐名;而称师子正宗派,盖因高峰手创师子正宗禅寺,在西天目半山之狮子岩也。玉林国师,则就西天目山麓之双清庄,改建丛林,雍正十一年,赐名禅源寺。太平天国之乱,殿宇十毁八九。同治以后,常州天宁寺清宗禅师续兴之,渐复旧观,至今宗风未替。兹示其略系于下:

玉林琇——美发淳——晦石琦——淡如永——玉辉真——

定慧知——广福清⌐能和果⌐智长云——见空圆——

来悟明——灵慧德└真静珠└归元霖

宁波天童山之弘法禅寺,自明末密云圆悟和尚重兴后,门下人才众多,俱出主诸方名刹,由是天童法雨,遍于宇内。圆悟寂后,弟子木陈道忞、费隐通容,互主法席。继续道忞先后主天童法席者,为其弟子本晢与本昼二人。本晢虽膺顺治帝之命,留京主隆安寺,然未久迁山。本昼初嗣平阳法席,晚年乃主天童。本昼受道忞之付,开悟之后,喜为文词。书法得晋人风致,黄宗羲盛称其《直木堂诗集》,谓"入王、孟之室"。然以禅门宗匠,而慕世间文学,宗风稍稍替矣。厥后嗣天童者多晢、昼二家后人,袭其祖风,大概能诗者居多。及太平天国之役,寺宇全毁;金山之净心法师,始重兴之。然晚近天童住持敬安和尚,犹以诗名海内,著

《八指头陀诗集》行世。盖尚沿本昼之遗风也。

近世临济宗，如天台之国清寺，则高旻达珍禅师，于嘉庆时重兴之。杭州之海潮寺，则金山悟圆禅师，于嘉庆时重兴之；后毁于兵，其法裔普照和尚，重行修复，照之徒智能助之；设分院于上海，即留云寺也。太平天国乱后，各寺皆毁，间有兴复者：如南京赤山般若寺，则金山法忍和尚，于光绪年间所创兴；宁波天童寺，则金山净心班首重兴之；宜兴显亲寺，则金山仁智首座，于光绪年间创兴；浙江西天目师子正宗寺，则天宁寺清宗禅师续兴之；最近南京狮子岭，则高旻法一首座所重兴；江西云居山，则金山久参后堂所重兴。是可见近世各方之丛林，大抵皆临济宗，而又皆自金山、高旻、天宁三派所流演也。

法忍禅师，讳本心，直隶蔚州郭氏子。童年好道，投本州朝阳寺出家。同治十一年，南至金山，参观心慧和尚，蒙印可；后任西堂之职。既而与清镕、密融，同往终南山，结茅修禅。清镕归主天宁，密融归主磐山，法忍则重兴句容赤山之般若寺。其在赤山也，领众耕作，俨如百丈一日不作一日不食。尝示众云："诸方浩浩，说禅说教；赤山只抬石锄土。设有问西来意，便与锄一柄觅生活。"然每于禅余，为众解大乘要义，透彻骨髓。诱掖后进，谆谆不倦，务使人因指见月，得意忘诠而后已。光绪三十一年秋，于本山讲《观楞伽笔记》。未几，示疾。乃辞众曰："吾化缘已毕，将长行矣。汝等各宜惟道自爱。"有弟子问师："此去依止何地？"师曰："一切无依，惟依般若。"遂于十月十六日，右胁吉祥而逝。寿六十有四。法忍当年，道风远被，除僧众外，居士之皈依，及住山参学者亦不少。太平天国乱后，宗门下之高僧，法忍盖称最焉。

密融，字微军，广东揭阳蔡氏子。幼孤，稍长，读书外塾。偶于门首遇断臂僧，因闻佛法，便超然有出尘志。弱冠，母殁，营葬毕，入山寻断臂僧落发。居月余，堂从兄弟十余辈，访至，敦迫令归，谓已订婚，何可出家。佯诺之，乘夜遁去。入闽之黄柏山，辛苦励行，年余，受具戒。慕江南金山道风，辞师参访。披一衲，科头赤足，徒步行乞，几一年，达江天寺。主僧令随众入堂，看念佛是谁；不入，遂病；病三阅月，屡濒于危。一日昏愦中，忽闻榻前两禅和，互举话头，不觉痛哭，曰："倘吾从此死者，岂非虚有此行哉？"匍匐叩维那，请入堂。慰之令退，伏不起。主僧怜之，许令方便随众，震威一喝："咄！父母未生以前，如何是尔本来面目？"融忽若有省。屡入室，呈所见，皆捧出。由是疑情耿耿，双目炯然，不与之食不知食；不推之卧不知卧；行步触壁不知痛；木木如陈死人。如是者久之，一日，豁然洞然，如净琉璃，内外身心，不隔纤尘。堂中诸师，更复鞭策提撕，不容停着。时则夙疾顿瘳，言谈举止，若另一人。读诵经藏，悦同夙契。任禅堂要职数年，或他出参方，仍归任原职，因大众翕服故也。后与赤山忍、天宁镕等八人，入终南山坐禅。及镕南归主天宁，邀融同返主磬山。嗣又主杭之海潮。去而入紫阳山中，结茅养道；蓬蒿弥望，蛇虺出没，人迹鲜至。有陆绅者，偶误道入山，见而敬之，为之辟草莱，平道路，筑庵五六间，名曰常寂光兰若；四事供养，静居九年。初融与上海留云寺有夙约，至是，坚请住持，不得已，许之。职满，僧俗不舍，留而暂居。诸山延请，皆不赴。既不领众，每日礼诵坐禅外，即念观世音菩萨，看《起信论》，以三四日看一遍为恒课，亦时为僧俗讲之，曰："此入道初门，亦究竟了义，可谓彻始彻终者也。"性宽和，无疾言遽色。至于教导学人，则壁立千仞，绝不容情。其教人也，或单提向上；或劝生净土；或演畅经教；或敷陈因果；对机而说，不限一格。以故四众之景仰者，踊跃奔趋，惟恐失之。融尝立愿，劝十万人念佛，同生极乐。凡发心者，令对佛前，书明每日念佛若干声，永永不退，融为之作证，约十余载，便满其数。民国八年，赴粤弘法，因入南华礼六祖大师肉身而归。徇众弟子意，住常寂光。十年春，撄病，久不愈。四月十五日，入寂。先一日，谓侍者曰："汝辈好住，吾将去矣。"将入寂，端坐绳床，召僧俗弟子至前，曰："修道即是报恩；自能了生死，始能教人了生死也；汝等勉旃。"乃吉祥卧，令大众念佛，自亦同念。须臾，朗笑一声而逝。寿六十有八。

北京龙泉寺之清一禅师，亦最近临济宗之高僧也。清一，名古念，俗姓舒，湖北钟祥县人。幼时家贫，佣作养母。弱冠，父母俱逝，遂为僧。后行脚至天目，遇广福禅师，留心参究，寝食俱废，如是六十日，未能有悟。一日，宴坐，闻击香板声，身心豁然，执念顿销，五官百骸，如土委地，乃慨然曰："古称见月忘指，觉照大千而无生死者，非虚语也。"起而证之师，遂蒙印可。于是远游金山、九华，结茅五台六年；后游京师，居龙泉寺。遍览《大藏》经典，道闻日高，请益者日众。清一对机说法，王公舆台，一以无心应之。晚年，居广济寺，僧俗皈依者千余人，京师佛法，由是大振。民国五年之冬，广济寺建水陆道场，清一既示疾，犹登座说法，语如泉涌，显示生平不言之旨。道场既毕，即于质明，端坐而逝。

寿七十有四。有所辑《宗镜捷要》四卷行世。

清一本临济宗，其居五台时，有福建鼓山耀灵禅师者，远来五台，与清一语，有如凤契；因脱衲衣赠清一，珍重言别。一著之经年，忽于衣之裂缝中露一纸，具载曹洞宗法脉，应相传授。清一知耀灵悲曹洞宗无人，不远千里，密为付嘱，故兼荷两宗云。

(乙) 曹洞宗

近世曹洞宗，惟宗镜门下之云门圆澄、寿昌慧经二支，略可考见。今依次述之：

云门圆澄之嗣法弟子七人：其中百丈明雪，雪传破闇净灯；灯三主焦山法席，传古樵智先，始改披剃子孙制，为十方传贤制，焦山于是为丛林。近代焦山曹洞宗之振兴，实先之力也。

智先，字古樵，仪征张氏子。年十一，投焦山松寥阁出家，依破闇灯。阅无梦无想主人在什么处公案，疑甚，行坐不安；忽一日，登山，失足倾仆，豁然大彻。灯命充监院，后继主法席。住山四十年，百废具举，僧至者如归。兹略示焦山系统于下：

古樵智先——鉴堂德镜——硕庵行载——敏修福毅——碧岩祥洁——济舟澄洮——澹宁清镜——巨超清恒——秋屏觉灯——性源觉诠——墨溪海荫——月辉了禅——流长悟春——芥航大须——云帆昌道

以上诸师：著名者为福毅、澄洮、了禅、大须诸人。

福毅，字敏修，武昌李氏子。年十五，祝发汉阳归元寺，受具。志慕宗乘，至焦山参硕庵。命看无字话，十余年无所入。大病几死，忽猛省，曰："狗子佛性无，乾坤一火炉；拟议刚半步，彻底尽焦枯。"呈诸硕庵，得蒙印可。后主焦山。乾隆二年，值镇江大旱，至扬州募米三万余石赈之。年八十五，无疾而化。

澄洮，字济舟，武昌梁氏子。受具于归元寺。杖锡游方，遍历吴楚名山。参碧岩三年，一日，闻江涛声，忽然省悟。后继法席，专以本分事接人。乾隆帝两次南巡，奏对称旨，宠锡有加。乾隆五十五年庚戌秋，某日晨起，沐浴更衣，对众说偈。翌日而逝，寿六十有六。

了禅，字月辉，盱眙雷氏子。咸丰癸丑，太平天国兵，焚金山、北固，率众至焦山。了禅与其徒悟春，死守不去，往敌营陈说利害，竟得免焚烧。自太平兵至，江南诸刹，无一存者；独焦山获免，了禅之力也。

大须，字芥航，盐城儒家蔡氏子。年十二，出家。至焦山，为月辉所器重，嘱悟春付以法。咸丰辛酉，主定慧寺，值太平之乱初平，常住屡空，禅堂与各庵多违言，大须开诚布公以处之，乃大和睦。专以焚修文字两途，诱掖后进。创说戒法，兼宏净土，不为高远，使人由浅入深，各丛林皆相仿效。焦山法席，于是重振。入寂于光绪十五年己丑之夏，年五十有六。

与明雪同门之化山明盂，传慈云很亭净挺。净挺，钱塘徐氏子。参盂和尚一语洞明大法。康熙年间，住嘉善慈云寺，传洞山之正脉，宗说兼通，敲唱双举。著有《阅经十二种》：曰《华严经颂》、《梵网戒光》、《楞伽心印》、《维摩饶舌》、《圆觉连珠》、《楞严问答》、《药师灯焰》、《弥陀舌相》、《金刚三昧》、《心经句义》、《法华悬谈》、《涅槃末后句》。

寿昌慧经之弟子四人，最著者为博山元来、鼓山元贤二派，在清初均盛极一时。今分述之：

博山元来，名大舣，字无异，舒城人。其道大振于明末，吴越江闽之间，学士大夫，礼足求戒者，先后不下数万人。曾至桐城金陵，迎者塞途。入寂时未有分明传法之人，然其首座瀛山智闇，则弟子之著名者。与智闇同门者，有福州长庆宗宝独禅师；传庐山归宗天然函昰禅师。是为番禺曾氏子，康熙年间人。著有《楞伽心印》八卷、《楞严经直指》十卷。嗣法门人有今释、今辩，为博山第四世。以后则不可考矣。此外尚有罗峰大师弘丽者，亦博山嗣孙。康熙年间，开法于岭南日新山，乃洞宗之佼佼者。有《法语》行世。晚年著《圆觉经句释正白》六卷，居士王应华为之叙云："打翻圭峰窠臼，阐扬洞上宗风。"可以见其概矣。兹示博山略系如下：

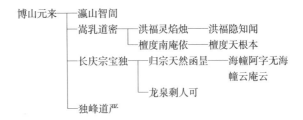

鼓山一派，宗风之盛，比于博山，有过之无不及。元贤、道霈，两代

媲美;曹洞宗之大振于清初,皆此师资之力也。

元贤,字永觉,建阳蔡氏子。幼习儒;年二十,为邑名诸生,嗜周程张朱之学。读书山寺,闻诵《法华偈》,即知周孔外,别有此一大事。往参寿昌经,参究有得;年四十,裂青衿出家。一日,与寿昌问答,身心豁然,如开千重锁相似,自此彻见玄奥。寿昌遂传以法。住鼓山三十年,道望孤高,曹洞纲宗,于焉大振。座下常数百众,皆勉以真参实悟,问道受戒者数万人。入寂于顺治丁酉十四年,寿八十。著有《寱言》、《补灯录》、《继灯录》、《禅余内外集》,共八十余卷;更有《楞严经疏》、《金刚经疏》、《心经指掌》、《四分约义》、《律学发轫》、《弘释录》等书。

道霈,字为霖,建安丁氏子。年十四,出家;十八参方,历诸讲肆。后参鼓山贤,看庭前柏树子,三年无所入。辞别出游两浙。复归鼓山,充维那。一日,与师问答,被呵出,一夜不安;至四鼓,卷帘出门,忽然大彻。自此商榷玄奥,无不吻合。贤年八十,付属大法,寂后遂继其席。住鼓山二十余年,海内瞻依,以为东南一大法窟。著有《拂语录》、《餐香录》、《圣箭堂述古》诸书行世。

道霈于经疏,著述甚富。昔智者大师有《仁王般若经疏》,安史之乱,佚失;宋初,四明祖师多方求之,勿获;数百载至元丰初,有海客自日本携归中国。霈以经疏各行,艰于寻对,因取天台旧疏合之,而订其错误,辑《仁王般若经合疏》三卷。又于七十岁时,纂《华严疏论要语》一百二十卷。年将八十,复著《法华经文句纂要》七卷。其自叙中,推尊天台大师,自称私淑比丘,有云:"少年行脚,尝历讲肆,于台贤性相之旨,得其纲领。后入禅专事参究，而诸教乘束之高阁。又十载罢参后，再取当年所习教法读之，方知原是自家祖翁田地。自是复加钻研，首事《华严》，次事《法华》。"云云。可知道霈于教乘则出入台贤两宗者也。又著有《般若波罗蜜多心经请益记》一卷，《四十二章经指南》、《佛遗教经指南》、《沩山警策指南》各一卷。兹示鼓山略系于下：

> 永觉元贤——为霖道霈——惟静道安——恒涛大心——圆玉兴五——象失法印——淡然法文——常敏法濬——遍照兴隆

鼓山自为霖、恒涛盛极之后，渐见衰替。迨遍照时，又得重兴，百废具举，旧日规模，完全恢复，此乾隆年间事也。太平天国乱后，则一蹶不振矣。

最近有古月禅师，住鼓山，颇多灵异。其系统虽不可考，殆洞宗之后劲也。古月，字圆朗，闽侯县朱氏子。年十八持斋；二十岁后，往鼓山出家，留心参究，得悟心要。习静于灵峤岩，夜间他僧恒见岩上放光如白昼。岩有巨蛇猛虎，均为古月降伏。为人治病，辄愈。闽中士大夫，多来参谒，缁白皈依者，无虑数千人。鼓山由是复臻隆盛，开设道场，与金山、高旻同规，兼修净土法门。古月晚年，或住崇福寺，或住涌泉寺，或隐岩洞，结茅而居，种菇以食，踪迹隐显不定。于民国八年己未七月，预言逝期；届时沐浴焚香，念佛坐脱。寿七十有七。

（三）华严宗

华严宗至明末，虽尚有学者，然式微已甚。迨清初有柏亭大师出，为此宗之巨擘。是时华严典籍,多已散佚,大师搜考之博,撰述之富,其功不在五祖下焉。

　　大师,名续法,后名成法,字柏亭,别号灌顶;俗姓沈,仁和亭溪人。父讳相,母张氏。清顺治三年,师方六岁,遇水不溺,贼研不伤。九岁,礼杭城慈云寺明源和尚为师,朝暮课诵大小经忏,兼通《四书》、《诗》、《易》。十六,剃染,十九具戒。平居尝论天台、贤首之异同,折衷于明源。源曰:"汝当审二派之所以异,而毋滥狙其所以同;能审其所由异,自辩其所由同,而并参其非同非异者而证悟焉,则功圆俄顷,见佛于尘毛矣。何彼此纷歧之异执也。"于是师豁然顿悟。益精研《楞严》、《梵网》、《圆觉》、《般若》、《华严》、《法华》诸经,《四分律》、《起信论》等,昼夜无倦容。不唯一家教观,朗然洞晓,即诸宗歧途,亦深入融会。凡登讲座,听者云集;应四方之请无虚岁,所至不一地,所演说者亦非一经。一衲十年,一履三载。虽至年老,手不停披,春秋五十,注释已六百余卷。于雍正六年四月朔,示寂于天竺山之慈云寺。寿八十有八。传法弟子有二十余人,最著四人:培丰、慈裔、正中、天怀。大师注释经典甚多,兹列其重要者如下:

　　《华严别行经圆谈疏钞记》十二卷

　　《楞严经序释圆谈疏》二十五卷

　　《贤首五教仪》六卷

　　《五教仪开蒙》一卷

　　《贤首五教断证图》一卷

《贤首五教仪科注》四十八卷

《法界颂释》一卷

《法界观镜纂注》二卷

《法界宗莲花章》一卷

《华严镜灯章》一卷

《五祖略记》一卷

《楞伽记》三十八卷

《楞伽悬谈》十卷

《大乘起信论疏记会阅》十卷

《起信论摘要》二卷

《药师经疏钞》六卷

《观音疏钞》八卷

《金刚经直解》五卷

《法相图录》一卷

《四十二章经疏钞》五卷

《观经直指疏》十卷

《兰盆会纂》八卷

《瑜伽施食经疏》十卷

《观音疏》一卷

《弥陀略注》一卷

《如意咒经略疏》二卷

《心经二解》一卷

《尊胜经疏》一卷

《势至疏钞》一卷

《像想章疏》一卷

《八大人觉经解》一卷

《遗教经疏》四卷

《大悲咒释》一卷

《准提咒释》一卷

《佛祖纲宗》四卷

《贤宗十要》二卷

《持验因果记》一卷

《念佛异征记》一卷

《乐邦净土咏》一卷

《醒世善言》一卷

《西资归戒仪》一卷

《瑜伽归戒仪》一卷

《系念仪》一卷

《放生仪》一卷

《焰口仪》一卷

《焰口摘释》一卷

此外如《法华圆谈科注》、《万佛忏》、《弥陀忏》、《七佛药师忏》、《改订观音忏》、《仁皇忏》、《金刚开蒙注》、《开道注》、《开悟注》、《上竺志》、《慈云志》、《仁寿志》、《楞严志》,著述尚多;更有《华严宗佛祖传》十四卷,甫经脱稿,未及付梓,而师猝然坐化。

自柏亭大师研考《藏经》,于华严宗之源流始末,辨析异同,此宗系统,始厘然分明。兹略示于下:

法顺(初祖)初名杜顺,号帝心和尚。智俨(二祖)别号云华和尚。法藏(三祖)贤首国师。澄观(四祖)清凉国师。宗密(五祖)圭峰大师。彻微——海印——法灯——长水——伯长——中和——佛智——玉峰——性宗——竹坡——洁庵——珍林——聚英——春谷——一云——古峰——止翁——达庵——鲁山——遍融——袾宏莲池大师明理——太

真——明源——续法——培丰 慈裔 正中 天怀

清初华严宗中,尚有著名者数人,特不能详其系统。如金台传讲沙门大义,撰《法华经大成》十卷,自叙云:"初游吴越诸大禅师之门;后讨《华严悬谈》,考核十门五教;间尝留意《法华》。遍考诸注疏,融会诸说,间有管见,而是集渐成。惟吾宗顺祖立三观,云华开十门,贤首判五教,清凉疏之钞之,一乘圆极之理大备。推本穷源,深有望于后之学贤宗者。"大义又号半翁法师,康熙年间人也。又云中来舟,号广度法师。主京师旃檀寺,自称贤首二十八世。三十余年,未尝辍讲席。尝以《本生

心地观经》，自唐以来，未有疏解，因考证群经，融会诸论，准《长水》楞严义例，积三年之功，著成疏解八卷，于康熙三十五年丙子成书。更有拈花寺达天和尚通理，著述甚多：先注《法华经指掌疏》七卷，始于雍正二年；中间因事断续，凡二十余年，稿经三易，至乾隆十一年丙寅方脱稿。后住香界寺开讲《楞严》，颇嫌《楞严正脉》，前后次第，与清凉大相径庭，不合贤宗家法，因制《楞严经指掌疏》十卷。研精极思，始于乾隆三十年，至四十一年而成书。并著《金刚经新眼疏经偈合释》一卷、《圆觉经析义疏》四卷。

以上诸人，殆皆弘华严教于北方。至南方则有雪浪法师之门人巢松、一雨，盛唱于三吴；蕴璞大振于金陵；昧智独揭于江西；心光宣扬于淮北；可谓盛极一时。西蜀沙门佛闲者，雪浪之第三世也；复力弘教乘，时称贤首中兴，受业者指不胜屈。闲讲《法华》，曾抚卷三叹，创立科文，成《法华经科拾》七卷。其弟子知一继述其旨，名曰《拾遗》。俾贤首一源，滴滴真乳，复如日再中，其功不小也。复有中峰读彻苍雪法师，号南来，滇南人。标贤首宗于吴西山支硎之间，入寂于顺治丙申十三年。此皆清初南方传华严教义者之略可考见者也。

然华严宗虽中兴于清初，而不久复衰。至清末石埭杨文会仁山出，贤首之著述，经其一再搜求于日本，十得五六，为之去伪存真，分别刊行。所辑《华严著述辑要》，大半皆中土久佚之本。晚岁，更得二祖之《搜玄记》、三祖之《探玄记》，乃手辑《贤首法集》一百数十卷，以《探玄记》冠其首。此《记》自宋元以来，无人得见之，今复归本国，于是贤宗一脉相传之经疏,至此复备。其于贤宗教理,亦复深造自得,于古义颇有发挥,推为晚近中兴华严宗之人,殆无愧也。

清光绪、宣统年间,有月霞法师者,亦以研究《华严》著闻。月霞原名显珠,曾参常州天宁寺冶开和尚为法嗣。俗姓胡,湖北黄冈县人。十九岁出家,参宗门向上事。历金山、高旻、天宁诸名刹,后至河南太白山,构一茅篷,自种自食。一日,阅《维摩经》,入定两日,第三日,徒众启请,方觉。复至终南山,结茅安居;昼则开垦,夜则坐而不卧,如是三年,开成稻田二百亩。有人请师出山,参谒南京赤山法忍长老。既至,长老位以首座,令分座说法。由此留心教典:初究台宗,不能惬心;继研华严宗,于杜顺和尚之法界观,贤首、清凉诸疏钞,均深有契悟。遂以"教宏贤首,禅继南宗",为大江南北人士所称许。月霞曾创办江苏湖北各处僧教育会;又在南京办僧立师范学堂,民国光复时,毁于兵。月霞到处讲经说法,足迹远至日本、暹罗、仰光、锡兰;曾至印度,礼祇树给孤独园,跪诵《金刚经》一昼夜。晚年,在杭州海潮寺,创华严大学,讲《华严经》及《楞伽经》、《起信论》等。三年圆满,移居常熟虞山兴福寺,续办华严大学。因积劳过甚,力不能支,率弟子十余人,遁迹西湖玉泉寺,习静养疴。日间耳闻弟子朗诵《华严》,夜间主伴入华严法界观,如是月余,习以为常。于民国六年冬月三十日入寂,寿六十岁。

(四) 天台宗

天台宗自明季蕅益大师以后,一变而为灵峰派,兼开净土法门。然在清初,尚有宏传天台教观诸师:《宗统编年》顺治庚寅七年下有云:"其时西溪、天竺古德内衡两法师,皆宏台宗教观,行业霭著。"惜未详载其事迹。乾隆年间,有性权法师,撰《天台四教仪注辅宏记》十卷;咸丰年间,有智诠法师,撰《玄签证释》十卷;皆台宗之大德。其与灵峰系统有关系与否?则不可考。在康熙年间,有灵椉、灵耀两师,其著述中,皆自称嗣兴天台教观第五世。考其渊源,则属灵峰无疑也。

灵椉,号运遐法师。著《地藏菩萨本愿经纶贯》及《科注》各一卷,自叙有"《地藏本愿经》,自唐以来无注疏,于病中注是经,凡成六卷;年逾耳顺,遂综《纶贯》而释题,仍辑《科注》以销句。显我佛之悲心,昭地藏之本愿,辅法门之阙典,慰后昆之孝思"云云。灵耀,号全彰法师。著有《四教仪集注节义》一卷,叙云:"玉冈师之注四教仪文也,虽广集成言,而一气呵成。第随文解释之外,另出手眼,与诸家有异同处;义似未显。余从而科解之,名曰节义。盖惟解盘根错节,不事细碎科条也。"又著《摩诃止观贯义科》二卷,叙云:"荆溪注三部,均提大义,而于辅行事实,尤为详晰;但于科章,殊鲜联贯。天溪老人立科讲授,文旨昭明,未成而逝。因于讲次,缀辑前闻,参以管见,成止观科上下卷。名曰《贯义》者,惟使止观义理,联贯昭明耳。"文中所云玉冈师天溪老人,殆灵耀之师欤?又著《金刚经部旨》二卷、《楞严观心定解》十卷;又以《药师经》向无注疏,著《药师经直解》一卷,又融会《盂兰盆经》新旧二疏,著《盂兰盆经折中疏》一卷;又著《法华经释签缘起序指明》一卷,灵椉为之跋,称为"法弟全彰,作签序指明,深服其识见道力,远迈古人"云云。是知二人确系同门。考台宗自高明寺百松大师以下,传授法脉偈,有六十四字;其首四句云:"真传正受,灵岳心宗;一乘顿观,印定古今;"百松真觉,为重兴天台教观之第一世;传灯为第二世;蕅益为第三世;法脉正字。其第五世为灵字。是可知灵粲、灵耀所以自称嗣兴天台教观第五世,实后灵峰二世,必系一脉无疑也。兹示灵峰下略系于下:

蕅益智旭——苍辉受晟——警修灵铭——履源岳宏——素莲心珠——道来宗乘——宏海一辅——智德乘勋——禅远顿永——观竺观义——所澄印鉴——迹端定融——谛闲古虚

谛闲法师,名古虚,号卓三,黄岩朱氏子。早岁从舅氏学医,以医病不能医命之理由,问舅氏,不能答,于是有出世志。二十二岁,母殁,即出家。圆具后,依敏祖听讲《法华》,未及终卷,已悟一心三观之旨。年二十八,即升座讲经。既而两度掩关,坚持禅观。出关则应各丛林之邀请,或讲《法华》,或讲《楞严》,或讲《弥陀》。自此四十八年,皆为法师弘扬教观之时,法席遍于南北,且远至哈尔滨,可谓盛矣。自同治大乱初平,法师之师及诸同门,即受江浙诸山延聘,岁岁宏经,至法师而益盛。闻法发心者,不可胜数。故六十余年来,关系佛教之振兴,其力殊伟。民国元年,法师住持宁波之观宗寺,兴废继绝,规模大具。寺中有禅堂,有念佛堂,有观宗讲舍;中分研究宏法两部:研究部则造就讲师;宏法部则接引初机;至今法徒之分座四方者,不下数十人。可知法师虽秉台宗,而于教、禅、净三者,乃融会贯通,不立门户者也。民国四年及七年,法师两至北平,一度讲《楞严》,一度讲《圆觉》,缁素之听讲者,至座不能容,名公巨卿,多列席肃听。法师律己至严,每日诵《普贤行愿品》《金刚经》《圆觉经》《十六观经》以为常课,并念佛万遍。每逢朔望,加诵《梵网经》,终身未尝稍闲。民国二十一年八月三日,师预知时至,向西合掌,云佛来接引。唤侍者沐浴更衣,索楮笔写偈曰:"我经念佛,净土现前,真实受用,愿各勉旃。"写毕,跌坐而逝。年七十五岁。

法师著有《楞严经序指味疏》(一卷)、《圆觉经讲义》(二卷)、《华严经普贤行愿品辑要疏》(一卷)、《金刚经新疏》(一卷)、《始终心要解》(一卷)、《观音普门品讲义》(一卷)、《二玄略本》(一卷)、《念佛三昧宝王论义疏》(一卷)、《观经疏钞演义》(一卷)、《水忏申义疏》(三卷)。

(五) 净土宗

净土宗之持名念佛,自唐代善导提倡之后,既普被于一般社会。宋明以后,则无论禅、律、台、华各宗,皆兼修念佛法门,是则净土可谓诸宗融合之归宿处矣。近代各宗大德比丘之兼宏净土者,已见各宗之下,可以勿论。其专力阐扬净土者,亦指不胜屈,举其最著名者:清初则有省庵、梦东二师;清末则有古昆法师;最近则有印光法师。至于居士之精修净土者,如周梦颜、彭绍升、杨文会等,前章已述之,兹不复赘。

省庵法师,名实贤,字思齐。常熟时氏子。世业儒。师初生即不茹荤,总角时有出尘之志。十五岁出家,于经典过目不忘。二十四岁,圆具。严习毗尼,不离衣钵。日止一食,胁不帖席,率以为常。后谒绍昙法师,听讲《唯识》《楞严》《止观》,昼夜研穷,于三观十乘之旨,性相之学,无不通贯。昙师即授记莂,传灵峰四世天台正宗焉。既而禁足于真寂寺,日阅三藏梵策,夕课西方佛名。三年期满,每应各丛林之请,升座讲经,历十余载,江浙缁素,倾心归师。晚年,更屏绝诸缘,纯提净土,结长期,严规约,昼夜六时,互相策励。人皆谓永明再来也。雍正十二年癸丑佛成道日,谓弟子曰:"我于明年甲寅四月十四日,当生净土。"自此掩关,昼夜课佛十万声。及期出关,嘱咐院事;十二日,断饮食,敛目危坐;五更,具浴更衣,面西趺坐,合掌称佛名而寂。春秋四十有九。著《净土诗》一百八首《西方发愿文注》一卷、《续往生传》一卷、《东海若解》一卷、《劝发菩提心文》一卷、《舍利涅槃诸忏》,并行于世。

　　梦东禅师,名际醒,字彻悟,一字讷堂,号梦东。京东丰润马氏子。幼而颖异,长喜读书,经史群籍,靡不淹贯。二十二岁,因大病,悟幻质无常,发出世志;病已,遂出家。历参诸名宿,预讲筵,于性相二宗,《法华》、《楞严》、《圆觉》、《金刚》等,圆觉顿开,了无滞碍。既而参粹如纯禅师,明向上事,乃传其法,为临济宗三十六世、磬山修七世也。每忆永明大师,乃禅门宗匠,尚归心净土,日课十万弥陀,期生安养,遂主张莲宗。日限尺香晤客,过此,惟礼拜而已。嘉庆间,退居红螺山资福寺,本期习静终老,而衲子之追随者众,遂成丛林。如是十年,一日,集众付院务,诚弟子曰:"念佛法门,三根普被,无机不收。吾数年来,与众苦心建此道场,本为接待方来,同修净业。凡吾所立规模,永宜遵守,不得改弦易辙,庶不负老僧与众一片苦心也。"于是示寂。手结弥陀印,安详而逝,时嘉庆十五年十二月也。寿七十。著有《念佛伽陀》一卷、《梦东禅师遗集》二卷。一名《彻悟禅师语录》，内容略有异同。

观省庵、梦东二师：一则台宗嫡系；一则临济宗嫡裔；然皆以本宗兼修念佛，皆专力于净土法门，予后世以绝大之影响。诚有见于末世众生，根器浅薄，非净土不能当机也。至今海内丛林，以净土立宗历世规模勿失者，世人咸知红螺山资福寺，是则梦东禅师之遗泽，不其远欤！

道光时，红螺资福寺沙门达默，著《净土生无生论会集》一卷，自叙云："会集者，谓释题一科，皆出彻祖之笔，若不集之，恐失传也；论中著述，尽采台宗之意，若不会之，恐失详也；今会而集之，作斯名焉。"达默，盖梦东禅师之法孙也。

古崑，字玉峰，号恋西比丘，咸同年间人。自称幽溪传法后裔，极推崇幽溪之《生无生论》，笃志净土，故自愿嗣幽溪之法也。其病中发愿词云："古崑于癸酉年三月初五日，身染重病，直至秋间。夜不安眠，口不开味，生死之事，未知如何。想我此生，别无所能，只有净土一门，极力相信。诚恐宿业深重，现生不能如愿，岂不辜负佛恩，枉被法服，虚消一切信心。供养佛袈裟下，失却人身，最堪痛惜。异方便中，不成道业，宁不悲伤。故于九月二十三日，在天台教观，启建四十九日七期，禁止言语，不敢放逸。每日早晨，敬燃臂香三炷，供养阿弥陀佛。"是可见其对于净土之恳切矣。著有《净土随学》二卷，《净土必求》、《莲宗必读》、《念佛要语》、《念佛四大要诀》、《净土自警录》、《净土神珠》、《西归行仪》、《永明禅师念佛诀》、《念佛开心颂》、《上品资粮》，各一卷。

省元法师,山东蓬莱县人。俗始贺氏,名宪章。慧而好学,考入邑庠,旋食饩。与友赴乡试,荐不售。友抑郁以殁,师为经纪其丧事,悟生死无常,遂有出世志。渡海至辽阳千山,依中会寺思禅师数年。又赴高丽访师。至营口,遇道士赵了梦,一见,即称师有仙骨。继复遇舒龙禅师,授以教外别传,乃回中会寺,皈依思公座下,剃度为僧。时年二十九岁也。既而诣天津海光寺法启和尚,受具足戒。闻房山县上房山境地幽胜,宜于修养,遂往山上兜率寺,住堂参学。比移云梯庵住静。日只中午稀饭一餐,搬柴运水,悉躬亲之。一日,正担水回庵间,忽忘身心,虚空粉碎,大地平沉,自此寂照真境,时复现前。后往昌平银山。居数年。来北平。住极乐、通明、广化、庆宁、嘉兴等寺,均未久。迨民国七年,孙静庵、周志甫两居士,请师住拈花寺,愿终身供养。师乃闭关三年,出关后,十方四众问法者踪相接,师皆随机开示,特注重念佛法门云:

文字般若,口头三昧,都是不中用的。惟自行住坐卧之中,单提一句阿弥陀佛,默默持念,不用出声,不可闭眼,只要字字分明,时时寂照,不疾不徐,勿忘勿助,无间无杂,密密绵绵,直至一心不乱,忽然离念,寂光真境,任运现前,那时正信不疑,决定发愿往生矣。

未几仍闭关,阅六年之久。于民国二十一年,旧历九月二十七日子时圆寂。临终三日前,预知时至,告人曰,老僧自有安闲法,八苦交加总不妨。及往生时至，趺坐西望念佛含笑而逝。逝后异香满室，大众叹为希有。师遗命弃骨东海，荼毗之日，五色舍利，多至千数粒云。

印光法师，名圣量，别号常惭。陕西郃阳人，俗姓赵氏。少为儒生，有声庠序。年二十一，悟世相无常，出家圆光寺。由是遍参知识，叩向上事，淹通宗教，专力提倡净业。初驻红螺山，既而卓锡普陀法雨寺。一衲之外，身无长物。终岁居藏经楼，脱粟粝食，影不出山者二十年。二六时中，唯持弥陀名号。尝云："自量己力，非仗如来宏誓愿力，决难即生定出生死。从兹唯弥陀是念，唯净土是求。纵多年以来，滥厕讲席，历参禅匠，不过欲发明净土第一义谛，以作上品往生资粮而已。所恨色力衰弱，行难勇猛，而信愿坚固。非但世间禅讲诸师，不能稍移其操，即诸佛现身，令修余法，亦不肯舍此取彼，违背初心。"法师之推尊净土，于此可见。居普陀时，虽与世鲜通，然缁白闻名而求开示者日众。法师口宣笔答，凡所为文，字字从性海中流出，而仍无一语无来历。会高鹤年朝普陀，得师文稿数篇，刊于上海《佛学丛报》。浙西徐文霨，复搜求师之文字，汇印成册，名《印光法师文钞》行世。于是读其文而向慕者益多，皈依弟子几遍海内。法师体貌魁梧，道风峻肃，与人语，直割肺腑。虽达官贵人，绝无假借。尤尽力于慈救事业，凡水旱赈济、监狱讲道、放生池、慈幼院等，往往经法师之提倡，即底于成。又以近代战祸不息，皆众生杀业太重，不明因果所致，刊送《安士全书》，以期挽回人心，多至数十万部。今年已六十余，精修不懈，方今修净业者，无不奉为准则焉。

（六）法相宗

法相宗极盛于唐，宋元以后渐衰，其情状无由得知。明代虽有明昱、智旭，颇事研究，著述亦富。然玄奘以后，窥基、慧沼、智周，一脉相传之论疏，窥基之《成唯识论述记》、《成唯识论枢要》，慧沼之《成唯识论了义灯》，智周之《成唯识论演秘》。经唐武宗焚毁，中土佚失数百年，明昱等未之见也，故明代唯识家之著述虽富，而不免讹舛。自杨文会创设金陵刻经处，此类论疏，均自日本取回，刊行流通，学者始得窥见玄奘本旨。法相宗之得以复兴，亦由于此。

法相宗依据六经（《楞伽》、《阿毗达摩》、《华严》、《密严》、《解深密》、《菩萨藏》）、十一论（《瑜伽师地》、《显扬圣教》、《庄严》、《辨中边》、《五蕴》、《杂集》、《摄大乘》、《百法明门》、《二十唯识》、《成唯识》、《分别瑜伽》），文奥义繁，近代沙门中研究者较少；居士等则以其科条严密，系统分明，切近科学，故研究者较多。最著者为南京之内学院，欧阳渐实主之，专研法相，不涉他宗。于玄奘以来学说，整理疏通，不遗余力，入院研究者甚多。渐著有《唯识抉择谈》、《唯识讲义》行世。北京则有三时学会，韩德清实主之，曾开讲《成唯识论》，听者颇众。德清著有《唯识三十颂略解》、《十义量》等书行世。此近代法相宗重兴之情状也。

（七）三论宗

三论一宗，宏传中土最早，故世谓达摩未来以前，此土通达性宗者，实由三论。迨嘉祥大师出,此宗之盛,遂达于极点;至唐代为玄奘之法相所掩,此宗乃衰。同时禅宗大行,而此般若性空之旨,当然为禅宗所并,于是三论一宗,名存实亡矣。

嘉祥有《中观论疏》、《百论疏》、《十二门论疏》,为研究三论者重要典籍。自唐武宗会昌法难后,此疏久佚,宋明以来学子,不得见此书者数百年,故三论奥义,亦几无人能晓。自杨文会创金陵刻经处,嘉祥三疏,亦得由日本取回,翻刻印行。由是般若第一义空之旨,得复明于今日。江西黎养正(端甫),于此宗研究颇深,惜早殁,遗著亦散失。近有钱塘张尔田刊行其《八不十门义释》(一卷),可窥见一斑。今之学人,亦有从而研究之者。或者三论一宗,有复兴之望欤?

(八) 密 宗

密教自唐以后即衰。宋代施护、法贤等,虽曾翻译密部经论,而未见有金刚阿阇黎,开坛传授。故志磐作《佛祖统纪》,即谓"唐末乱离,经疏销毁。今其法盛行于日本,而吾邦所谓瑜伽者,但存法事"云云。可见密教,在唐后即仅存瑜伽焰口,为民间作法事之用,而其宗久亡矣。

自元以后,喇嘛教入中土,极盛一时,及其末流,弊害滋多。明太祖洪武初元,遂敕令禁止传授密教,而于敕封喇嘛羁縻蒙藏之政策,则一依元代遗规。此时之来中国者,皆红教喇嘛也。清兵入关,其部落夙奉黄教喇嘛,卒借其宗教之力,绥定蒙藏,入主中夏。故利用喇嘛教以怀柔藩属,其政策亦因袭元明旧制,而设置喇嘛官属,额定俸给,则更加详备。喇嘛教对于朝廷,则因政策关系,未能宣扬教义,随处设坛传法;对于民间,则因喇嘛皆用西藏言文,不通汉语,传授教法,率皆限于蒙古及满族,汉人之为喇嘛者,其数不多。故喇嘛教之势力,能借朝廷之保护,称盛一时,而于民间之影响颇少。迨至近岁,有白普仁、多格西二喇嘛,道行愿力,为众所服。于是南北信士,发心研究藏文,学习教法者,乃逐渐增多。

有清之末,我国佛教徒,鉴于日本密教流传之盛,颇有重兴此宗愿望。杨文会之弟子,南昌桂念祖,首先赴日本留学,从云照、庆淳诸阿阇黎游,专求此法,不幸学未成而病殁。近年沙门中有显荫、大勇、持松先后赴日本高野山,留学数年,得传法灌顶以归。显荫以勉学过度,回国未久,殁于上海。大勇、持松二师,在长江各省,传授教法,从学者甚多。大勇又以日本密教,由中国惠果阿阇黎,传于弘法大师;而惠果又传自金刚智、善无畏;间接又间接,且在日本流传及千余年,中间不无迁变;而西藏喇嘛教,则由印度莲花生菩萨直接传接。于是决心入藏,先在北平创设藏文书院,招青年比丘,学习藏文。民国十四年,秋,率全院生徒数十人,自四川徒步赴西藏。藏人疑其有政治作用,阻之,遂止于川边之打箭炉。积诚所感,疑团旋释。十六年,春,拟赴拉萨,行至藏边甘孜地方,又为守边之英吏所阻。乃就甘孜札伽寺之大喇嘛,学习密宗,后得传阿阇黎法位。同行徒众,因水土不服,多所丧亡,迄今健存者只十余人。大勇亦以积劳成疾,于十八年八月十日,殁于札伽寺。年仅三十有七。

居士中则有广东潮州之王弘愿,曾邀日本权田雷斧,至潮州传授密教;弘愿又亲往日本丰山学习。又有四川之程宅安,亦往日本丰山学习。王程二居士,均得传法灌顶,可以设坛授徒,从学者亦多。是则我国之密教,由沙门、居士两方之努力,重兴之机,盖不在远。倘能会通东密、藏密,使之发扬光大,则密教前途,殆未可量也。

百年经典学术丛刊

清代思想史纲

著

谭丕模

上海古籍出版社

图书在版编目(CIP)数据

清代思想史纲 / 谭丕模著. -- 上海：上海古籍出
版社，2025. 5. --（百年经典学术丛刊）. -- ISBN 978-
7-5732-1547-5

Ⅰ. B249.05

中国国家版本馆 CIP 数据核字第 2025T55D90 号

百年经典学术丛刊

清代思想史纲

谭丕模　著

上海古籍出版社出版发行

（上海市闵行区号景路 159 弄 1 - 5 号 A 座 5F　邮政编码 201101）

（1）网址：www. guji. com. cn

（2）E-mail：guji1@guji. com. cn

（3）易文网网址：www. ewen. co

浙江临安曙光印务有限公司印刷

开本 890×1240　1/32　印张 4.625　插页 3　字数 116,000

2025 年 5 月第 1 版　2025 年 5 月第 1 次印刷

印数：1—1,300

ISBN 978 - 7 - 5732 - 1547 - 5

B・1446　定价：20.00 元

如有质量问题,请与承印公司联系

出 版 说 明

谭丕模(1899—1958),号披朦,湖南省祁阳县人,文学史家、思想史家。1920 年进入衡阳船山书院学习,1924 年考入北京师范大学国文系,师从钱玄同、吴承仕等先生。在校期间,积极参加反帝爱国活动,毕业以后担任《晨报》编辑和副刊主编,刊登和宣传普罗文学作品。"九一八"以后,投身抗日救亡运动,积极谋求民族解放、国家独立之道。在从事革命活动的同时,其致力于文学史和思想史的研究,曾经拟定写作计划,计划于二十世纪三十年代完成《中国文学史》和《中国思想史》两稿。谭丕模于这一时期先后写作了《新兴文学概论》《文艺思潮之演进》《中国文学史纲》(后又反复修订)、《宋元明思想史纲》《清代思想史纲》等书,产生了巨大影响。抗战胜利后,相继任教于桂林师范学院、湖南大学。1953 年,回母校北京师范大学任中国文学教研室主任。1958 年在出国访问途中因飞机失事不幸遇难。

《清代思想史纲》是作者于 1935 年在北平民国学院教授"清代学术思想"课程时所用的讲义。以清朝学术思想为研究对象,以历史发展为经,分为清初、清中叶、清末三个阶段。又从严正的科学观点出发,把清代哲学思想范畴和流派重新划分,整理出新的条理。顾颉刚称其不仅是从思想本身上去研究思想,也不仅是从政权表面的形式上去研究思想,而是从社会的、经济的、政治的诸关系去探求思想产生的必然性,并称该书有其独特之处,在研究中国思想史这一课题时值得注意。每章篇末详列参考书,便于读者查对。

　　该书由开明书店于 1940 年首次出版印行,本次整理出版即依据此版重排。改竖排繁体为横排简体,对标点符号作了适当规范处理,径改印刷讹误,其余均一仍其旧。特此说明。

上海古籍出版社

2025 年 1 月

目　　录

序

中国史的研究工作，应当要划做三个阶段：第一为文字训诂时期，第二为材料考辨时期，第三为系统的整理时期。训诂的工作，乾嘉诸老曾尽了毕生的精力，成绩卓著，他们把古籍校勘得很正确，给研究者阅读的方便。关于考辨一层，清代学者也曾努力过，崔适有"推倒秦汉以来的传记中靠不住的事实"之《史记探源》，康有为有"推倒刘歆以来伪造的古文经"之《新学伪经考》，都考见了一部分的真实。十余年来，我们也曾努力过辨伪工作，讨论的文字大半收入《古史辨》。但考辨的工作，在史学上仅是一种工具，而不是究极的目的；许多史料应有系统的整理，所以近几年来，陶希圣、郭沫若、嵇文甫、王宜昌诸先生，或为断代的研究，或为分门的研究，促进中国的史学踏入了新的阶级，虽然训诂考辨各方面，有许多未完成的工作。

在这整理中国史的阶段中，谭丕模先生专心从事宋以后的思想史的部门的研究，关于宋元明这一时期，他已出版的有《宋元明思想史纲》一书，现在他又把他研究清代这一时期的心得，写成了《清代思想史纲》一书付印。索序于我，我就乘此机会把本书的特点介绍如次。

一、本书从严正的科学观点出发，把清代思想的范畴及流派重新划分，整理出一个新的条理。不仅是从思想本身发展上去研究思想，也不仅从政权表面的形式上去研究思想，而是从社会的——经济的政治的诸关系去探求思想产生的必然性。

二、本书把明末清初三大师——顾炎武、黄宗羲和王夫之所参加的救亡运动特别提出，从而述及其适应救亡运动的学术思想，如黄宗羲之以相权限制君权论，顾炎武之"寓封建之意于郡县之中"的新封建论，王夫之之"夷夏大防"之种族论，对于目前救亡运动的意义上更有深密的联系。

三、乾嘉时代，在学术思想上呈现着很浓重的复古空气，但也充满着很浓重的怀疑精神，本书认为是有经济的政治的意义在。这就是说：一部分辅助封建统治的学者为着稳定其行将崩溃的封建制度，不得不趋于复古；而另一部分学者意识到封建制度的崩溃的必然性，不得不充满了怀疑精神。

四、从社会经济的变动和阶级立场，说明康梁之维新与太后、端王之反维新之两大政治运动，从而述及其适应于维新运动之学术思想。如康有为之根本否认数千年神圣不可侵犯的经典和建设君主立宪政治，梁启超之反对以西学缘附中学及反对思想统一与思想束缚，谭嗣同之排斥封建社会所赖以维持之精神工具——名教、三纲、五常及否定君臣的关系与君主政治，认为系时代必然的产物。

总之：这部著作确实有其独到之处，在整理中国思想史这一课题上是值得我们注意的。什么事情都是做了才有办法，只要大家肯努力前进，理想中的成功必有实现的一天。所以乘这书出版的时候，我谨祝颂谭先生及其同志们努力，完成中国思想史的全部。

顾颉刚　二十六年一月五日

一　绪　论

1. 清代思潮的总趋势

清代是中西思潮的交流时代,呈现着"入超"状、绚烂色。中国社会发展到清代,已达到中世末期之最后阶段,而欧美先进国,却已发展到资本主义成熟以至于衰老的阶段。由于中国社会自身的演变,致使中国社会旧有的意识形态发生动摇、崩溃,由于世界资本主义的发达,更是有意识的把落后的中国变为他们的商品的尾闾,加速了中国社会旧有意识形态动摇、崩溃的历程,而新的意识形态自然会向"新创"的过程中迈进。清代的学术思想,不同于汉唐的"注疏",更不同于宋明的"理学",是受其社会条件的决定。

清代学术思想的特质,一般史论家称之为"朴学",是颇可玩味的。我们现在跟着"朴学"这个抽象的名词,来作具体的把握。

一、清代学术思想是实际的。清代学者,由于历史的磨炼,不像宋明学者只从事于冥想、游谈,而致力于非常实际的问题的研究,以作为复国的准备。黄宗羲谓"道德不离事功",顾炎武谓"载诸空言,不如见诸行事",颜元谓"学问固不当求诸冥想,亦不当求诸书册,惟当于日常行事中求之"。这都在紧紧地抓住实际为其学问的对象。到了清中叶,虽然复古的空气很浓厚,而"实际的"的研究,却不为复古空气所遮盖。

1

戴震说:"古人之学,在行事",也在很显明的倾向于实际。到了清代末年,这个研究实际问题的空气,在内忧外患夹攻中益趋紧张。梁启超说:"以实事求是为学鹄",严复谓:"内籀必资事实,而事实必由阅历",着重在"实"字上下工夫,正是其时代精神的反映。

二、清代学术思想是致用的。清代学者,由于历史的磨炼,不像宋明学者视"尧舜事业如浮云过目",而致力于经世致用的学问之探讨。顾炎武说其所著之书:"皆以为拨乱反正移风易俗,以驯致乎治平之用。"颜元谓:"生存一日,当为生民办事一日。"他们都具有淑身淑世的精神,在"致用"上作最大的努力。到了清代末年,康有为、梁启超等"皆抱启蒙期致用的观念,借经术以文饰其政论",即热情维持清代封建政权的张之洞也分出一部分精力来致力于"应世事"的学问。可见"致用"的思想,在清末更支配了一般学者的心理。

三、清代学术思想的研究方法是"近乎科学的"。清代学者受了历史的磨炼,不像宋明学者单凭着主观的臆测、判断,毫无根据的去分析事理;他们尽可能运用科学方法,施之于各种学问。如顾炎武"论一事必举证,尤不以孤证自足,必取之甚博,证备然后自表其所信",(梁启超语)很饶有科学的精神。清中叶的学者,以科学施之于考据学,在古籍的辨伪上树立了不少的功绩,清末科学之影响社会,有如大火燎原。谭嗣同以科学上名词(以太)释仁,梁启超以科学方法整理国故;即守旧如曾国藩也要模仿西洋的科学(夷技)以抵抗西洋(制夷),足征科学在思想上支配的力量。

此外,在清中叶的学者力求学术上的复古,清末的学者力求思想上的解放,也是清代思想上的特征。

2. 清代思想的流派

清代思想的流派,虽甚复杂;但是归纳起来,只有三种不同的派系。

有的思想家是站在地主阶级的立场出发的，有的是站在市民阶级的立场出发的，也有的是站在农民阶级的立场出发的。

黄宗羲之倡言恢复唐代方镇制度，顾炎武之寓封建之意于郡县之中，王夫之之设夷夏大防及君子小人大防，以为攘外安内之两大政纲；戴震之"体民之情，遂民之欲"，以和缓敌对阶级的仇视和矛盾。曾国藩之"学夷技以制夷"，张之洞之"中学为体，西学为用"，无非都在企图充实封建社会机构，巩固封建地主政权。所不同者，清初地主阶级的思想家在国家破亡之后而富有民族思想；清末地主阶级的思想家，在满清政府利诱（设博学鸿词科）与威胁（文字狱）双轮压榨之下而民族思想沉寂，甚至于为着阶级的利益而忘记民族大仇，反为仇人帮凶。

在清初，梅文鼎、王锡阐之努力于西洋历数的介绍与研究，已充分表示市民阶级崇尚科学的精神。到清末，由于中国社会逐渐排演其半殖民地的历程，康有为倡言"维新"，否定中国数千年所遗留的经典，而以"从事科学，讲求政艺"为帜志。梁启超发扬"新民"，攻击由封建政治体制所产生出来的奴性，进而吸收西洋进取、冒险、自由、平等诸德性。谭嗣同则冲决俗学、群学、群教、君主、伦常之网罗而力求解放，章炳麟则致力于"保种"与"民主"两大目标的追求，严复则孜孜于"开民智、新民德、鼓民力"三大目标的实践。质言之，充分地在企求市民的解放与民主政治的建立。

颜李学派一方面反对读书，另一方面从事打破土地私有制度，将地主占有的土地平均分配给从事生产的农民。这自然是从谋解放农民的观点出发。在清中叶，洪秀全等也曾作此等均产运动；但是在学术理论上没有文献可考，也许是被地主统治者所禁止。清末自然也有此等思想流行，孙中山先生的平均地权，即是在农民破产的激流中的产物。

3. 清代思想的发展

清代的社会经济政治受外国资本主义袭击,有了剧烈的变动,在思想上自然也有变动。清末的思想,虽然有一部是清初思想的发展,但其中也有一部发生质的变化。就地主阶级的思想来说,清初地主阶级的学者只能从中国先圣的成法,而加以修改和补充,如顾炎武扬弃封建制和郡县制而变为寓封建之意于郡县之中;黄宗羲竟想把已经成为僵化的方镇制度承继下来而作为地方自卫的武力。但是到了清末,由于封建政权之危机加深,地主们已感觉到不仅是承继了先圣的遗制,就可以挽救封建政权的命运;而且还要模仿西欧成法,以作为复苏中国封建制度的注射针。这又不能不说是清代思想上之显著的发展。再就市民阶级的思想来说,在清初,市民阶级的学者,研究范围,只限于自然科学,还没有政治上的觉醒。即是说,当时市民所采用的科学,只限于历算。到了清中叶,科学的应用已扩充到考据学的领域。到了清末,科学研究的范围,不仅限于自然科学、考据学,而且扩充到一切的社会科学。由曾张以维持地主政权的洋务运动,发展到求市民解放的康梁维新运动;由单纯的自然科学研究,扩充到对一切社会科学的研究,这又是思想上进步的一个象征。再从农民的思想来说,由清初无计划的均田主张,进而为洪秀全对均田制之实践,再进而为孙中山先生有计划地平均地权,这也是表现在进步中。

在这三派思想的斗争中,进展中,而市民思想又渐渐在思想界占支配的地位。经过清代长期的蓄积,开展为"五四"新文化运动的狂潮。

本节基本参考书

梁启超 《清代学术概论》

　　　　《中国近三百年学术史》
萧一山　《清代通史》
冯友兰　《中国哲学史》
　　　　《清史》

二 清初思想的流派

1. 清初社会诸矛盾

明代末年由于商业资本的扩大与深入,已充分地在发挥其侵蚀农村的作用,致引起农村的崩溃和农民的离村,农民在农村崩溃和农民离村的过程中,便到处抗租,骚扰,暴动,终于汇集于李自成张宪忠所领导的震耀历史的两大流寇集团,给明代地主阶级以绝大的打击,而演成京师被陷和崇祯自缢的悲剧。当时的地主阶级看到本阶级这样受摧残与压迫,于悲痛感伤之余,莫不起来自救,努力策画,以图地主政权的延续,而刘宗周之提倡"名节"和"修明学政",即是地主阶级自救之有力的策划。不过,中国历史上的统治者——地主阶级到了政权危急的时候,常抱"宁给外族,不给家奴"的信念。在唐末有招引外族——沙陀镇压流寇黄巢的滑稽剧,在明末就有招引外族——满洲镇压流寇李自成的事实与之辉映,到清末和民国还在不断地扮演这样的滑稽剧。在一六四四年—顺治元年,地主阶级之封建主用王永吉议,尽弃关外诸地城,专致力于围剿流寇工作;而地主阶级吴三桂在李自成威胁之下竟亲率五百骑出关谒多尔衮剃发为誓,招引外族军队进入北京,虽然把所谓流寇的首脑部击退,然而流寇在农村里的势力依然存在、开展,李自成率其余部西走,复在山西、陕西大集合,又具有伟大的战斗力。同时,张宪

6

忠入四川,给四川的地主一个很残酷的屠杀;越三年,宪忠竟在成都称"大西王",失业的农民来归者尤众。此外,云南、贵州、湖广等地,也不断地有流寇骚扰。但是,"流寇"发展到那里,地主阶级如吴三桂、何洛会便招引外族的军队进剿到那里,虽然"流寇"在外族势力和中国地主势力合作的围剿下而失掉战斗力,而崩溃,而消灭。在相反的一面,外族势力竟借追剿流寇的美名而逐渐占领全国的土地。地主阶级大有感受"前门拒虎,后门进狼"的威胁。自满洲军队进入北京后,即不断地扩充其势力。次年,陷南京,执中国地主阶级之封建主——福王杀之。一六四六年,满洲兵攻陷福建,又杀封建主——唐王;此后,满兵又攻陷桂林、舟山、云南,先后又杀封建主——桂王、鲁王。清初的地主阶级,在这内忧外患交互而来的当中,目击心伤,自然会发生地主阶级的自救运动。当时所谓"名儒""大师",地主阶级之代言者,受了这样巨创深痛的教训,一方面观察当时社会现实的缺陷,一方面考究历代社会兴亡的规律,定了许多关于地主阶级自救的方案,并努力于自救的实际行动,力图挽回地主阶级倾颓的运命。黄宗羲、顾炎武、王夫之等的哲学思想,悉从这一观点出发的。同时,在封建农村衰落的过程中,一般失掉耕地的农民,感受生活的压迫与苦痛,从他们生活苦痛的经验中,自然会发生农民解放运动。当时有一部分由农家出身的学者,一方面看到"王学"末流只从事玄谈超越现实的缺陷,一方面又看到由土地集中所引发出来的社会罪恶,在哲学思想上便别开生面,紧紧地抓住现实,以求生活要素——土地的获得。颜元、李塨之哲学思想,自然会从代表农民的利益出发。在清代初年,正当西洋资本主义的前夜——文艺复兴时代,因为西洋商业资本的发展,中国便成为西洋商业资本的尾闾。西洋朴素的科学智识亦随着商船输入到中国来。加之中国社会的本身条件也发展到资本主义的前夜,自然会产生启蒙时代的科学运动,以企图资本主义的进展。所以有王锡阐、梅文鼎之努力于自然科学的介绍与研究。

现在把当时各流派的思想产生的必然性,探求如次。

2. 开明的地主思想流派

A. 黄宗羲之重民论

黄宗羲,字太冲,号黎洲,浙江余姚人。生于明神宗万历三十七年,殁于清康熙三十四年(一六〇九——一六九五)。他的父亲黄尊素曾被奄人魏忠贤陷害死狱中,他力图报复,袖长锥,草疏入京为父亲讼冤,于是宗羲名震京师。在明代地主政权崩溃的过程中,他曾积极参加过地主阶级自救运动的实际工作。自崇祯自缢、福王被杀后,鲁王监国,孙嘉绩、熊汝霖以一旅之师,画江自守。宗羲纠合本乡黄竹浦子弟数百人,随诸军江上,人呼曰“世忠营”。时兵务方殷,他遗总兵王之仁书曰:“诸公何不沉舟决战,由赭山直趋浙西,而日于江中放船伐鼓,攻其有备? 盖意在自守也。蕞尔三府,以供十万之众,岂能久守乎?”(本传)但不得封建阶级的采用。他又力倡西进之策,孙嘉绩以所部军队尽付给他,与王正中合军得三千人。这时查继佐军乱,披发夜走,投宗羲,宗羲出抚其众,遂同继佐西行渡海,扎潭山,烽火遍浙西。陈潜夫、朱大定、吴乃昌皆来会师,议由海宁取海盐,直抵乍浦,并约崇德孙奭内应,会满洲军队戒严,不得前进。于是复议再举,不意王正中溃于江上,宗羲出走四明山,结寨自固。不久,他又乞师日本,不得请,赋《式微》之章以感将士,乃回甬上。而其再接再厉的御侮精神,给中国民族吐万丈光芒,较吴三桂引狼入室者,又不可同日而语。虽没有成功,其志则甚可嘉佩。此后奉母返里,专于从事著述,其著者,有:《易学象数论》《授书随笔》《春秋日食历》《律吕新义》《明儒学案》《南雷文定》《文约》《明文海》《历代甲子考》《二程学案》《日本乞师记》《定州纪乱》《明夷待访录》。晚年又辑有《宋儒学案》《元儒学案》。

他的认识论,可以叫做"气一元论",认为宇宙间的物质,先概念而存在;同时又认定概念不能离开物质而独立。他说:

> 天地之间,只有气,更无理。所谓理者,以气自有条理,故立此名耳。(《明儒学案》卷五十)

> 理气之名,由人而造,自其浮沉升降者而言,则谓之气;自其浮沉升降不失其则者而言,则谓之理。盖一物而两名,非两物一体也。(《明儒学案》卷四十四)

他以为理只是气的"条理",只是一个"名",从实际上说:"只有气,更无理",这已透露了"唯物"的意味。他又确立"道德不离事功,事功不忘节义"的原则。他说:

> 古之君子,有死天下之心,而后能成天下之事;有成天下之心,而后能死天下之事。事功节义,理无二致。今之君子,以偷生之心,行尝试之事,亦安有不败乎?夫事功必本于道德,节义必原于性命。离事功以言道德,考亭终无以折永康之论,贱守节而言中庸,孟坚究不能逃蔚宗之讥。(《明名臣言行录序》)

他把道德建筑在事功的基础上,离开事功则无道德可言,这也有"唯物"的意味在。这点意味,是从地主阶级没落的现实生活中得来的。

从这里转入政治论。他很激烈的反对暴君,透露了很浓重的重民思想,由重民以和缓农民阶级敌对的成分。他的重民思想,详载于《明夷待访录》,而其中《原君》《原臣》《原法》等篇,尤为其典型的作品。他说:

> 古者以天下为主,君为客,凡君之所毕世而经营者,为天下也。今也以君为主,天下为客,凡天下之无地而得安宁者,为君也。是

以其未得之也,屠毒天下之肝脑,离散天下之子女,以博我一人之产业,曾不惨然,曰,我固为子孙创业也。其既得之也,敲剥天下之骨髓,离散天下之子女,以奉我一人之淫乐,视为当然,曰,此我产业之花息也。然则为天下之大害者,君而已矣,向使无君,人各得自私也,人各得自利也,呜呼!岂设君之道固如是乎!(《明夷待访录·原君》)

盖天下之治乱,不在一姓之兴亡,而在万民之乐忧。是故桀纣之亡,乃所以为治也,秦政蒙古之兴,乃所以为乱也;晋宋齐梁之兴亡,无与于治乱者也。为臣者,轻视斯民之水火。即能辅君而兴,从君而亡,其于臣道固未尝不背也。

君臣之名,从天下而有之者也。吾无天下之责,则吾在君为路人;出而仕于君也,不以天下为事,则君之仆妾也;以天下为事,则君之师友也。

我之出而仕也,为天下,非为君也;为万民,非为一姓也。(《明夷待访录·原臣》)

后之人主,既得天下,惟恐其祚命之不长也,子孙之不能保有也,思患于未然以为之法。然则其所谓法者,一家之法,而非天下之法也。是故秦变封建而为郡县,以郡县得私于我也;汉建庶孽,以其可藩屏于我也;宋解方镇之兵,以方镇之不利于我也。此其法何曾有一毫为天下之心哉,而亦可谓之法乎!(《明夷待访录·原法》)

他真是横扫千军,竭力揭发秦汉以后君主的罪恶,竟大胆不承认其为君。他认为那般君主自私自利,没有尽其为君的职责,简直失了立君的本意。至于他们颁布的法令,也只是替君主一人谋利益的,而不是替天下民众谋利益的。因而他认为一姓的兴亡,用不着我们苦心支撑;君臣关系的变动,并不是大逆不道的事情。他这样反对暴君,尊重民意,但无论如何,总没有想到由民众自己来支配政权。须知民权思想,是资本主义社会下的产物,绝不是还停留在封建生产关系上的农业社会中所能意识到。

他的重民思想,不是为重民而重民,乃是为巩固地主政权而重民,因而他想立一种法度以限制君权,以减少其农民的对立性。他限制君权的办法:一个是丞相制度,一个是学校制度。他认为没有丞相制度,很容易发生如次的三个毛病。第一个毛病,就是养成君主的骄恣态度。他说:

> 古者君之待臣也,臣拜,君必答拜,秦汉以后,废而不讲。然丞相进,天子御座为起,在舆为下。宰相既罢,天子更无与为礼者矣。遂谓百官之设,所以事我,能事我者我贤之,不能事我者我否之。设官之意既讹,尚能得作君之意乎?(《明夷待访录·置相》)

自宰相的制度取消后,天子远在百官之上,于是奴视百官,刍狗万民,恣意妄为,而产生"能事我者我贤之,不能事我者我否之"之政治观念,国家焉得而不乱。第二个毛病就是传贤的遗意完全消失了,他说:

> 古者不传子而传贤,其视天子之位,去留犹夫宰相也。其后天子传子,宰相不传子。天子之子不皆贤,尚赖宰相传贤,足相补救。则天子亦不失传贤之意。宰相既罢,天子之子一不贤,更无与为贤者矣。不亦并传子之意而失者乎?(同上)

他认为君传子而相选贤,子袭其位而相行其政,则传贤之遗意犹有存者,若并宰相而不立,那就没有人与君主共负天下的重任,而政权尽落于一姓之手,政治上必发生独裁的现象。第三个毛病就是宫奴乘机窃夺政权。他说:

> 或谓后之入阁办事,无宰相之名,有宰相之实也。曰,不然。

入阁办事者,职在批答,犹开府之书记也。其事既轻,而批答之意,又必自内授之,而后拟之,可谓其有实乎。吾以谓有宰相之实者,今之宫奴也。盖大权不能无所寄。彼宫奴者,见宰相之政事坠地不收,从而设为科条,增其职掌,生杀予夺,出自宰相者,次第而尽归焉。有明之阁下,贤者贷其残膏剩馥,不贤者假其喜笑怒骂,道路传之,国史书之,则以为其人之相业矣。故使宫奴有宰相之实者,则罢丞相之过也。(同上)

君主不设宰相而总揽大权,在事实上是不可能,自然会发生宫奴乘机夺取的现象。所谓君主独裁政治,无异是宫奴政治的别名,而全国人民就变成了奴隶的奴隶。所以他在"奄宦上"里把宫奴对于政治上所发生的坏影响说得更露骨:

自夫奄人以为内臣,士大夫以为外臣,奄人既以奴婢之道事其主,其主之妄喜妄怒,外臣从而违之者,奄人曰,夫非尽人之臣与,奈之何其不敬也;人主亦即以奴婢之道为人臣之道,以其喜怒加之于奄人而受,加之于士大夫而不受,则曰,夫非尽人之臣与,奈之何有敬有不敬也,盖内臣爱我者也,外臣自爱者也。于是天下之为人臣者,见夫上之所贤所否者,在是,亦遂舍其师友之道而相趋于奴颜婢膝之一途。习之既久,小儒不通大义,又从而附会之曰:君父天也。故有明奏疏吾见其是非甚明也,而不敢明言其是非,或举其小过而遗其大恶,或勉以近事而阙于古,则以为事君之道当然,岂知一世之人心学术为奴婢之归者,皆奄宦为之也。祸不若是其烈与?(《明夷待访录》)

他认为宫奴的奴颜婢膝之习,很容易传染给一般士大夫,使士大夫"舍其师友之道,而相趋于奴颜婢膝之一途",而形成奴隶政治。他这样消极地攻击没有宰相制度的弊害,同时在积极方面提出一个负实际政

治责任的丞相制度来限制君权,所以他接着又说:

> 宰相一人,参知政事无常员。每日便殿讲政,天子南面,宰相六卿谏官东西面,以次坐。其执事皆用士人。凡章奏进呈,六科给事中主之。给事中以白宰相,宰相以白天子,同议可否。天子批红;天子不能尽,则宰相批之。下六部施行。更不用呈之御前,转发阁中票拟,阁中又缴之御前,而复下该衙门,如政事往返,使大权自官奴出也。(《明夷待访录·置相》)

他主张君主与大臣直接晤对,公开讨论政治,确立宰相的行政权,以扫除政出宫闱黑暗阴私的积弊,其意就在以相权限制君权。在下列所引的这一段话里,反对君主独裁政治尤为激烈:

> 原夫作君之意,所以治天下也。天下不能一人而治,则设官以治之。是官者,分身之君也。孟子曰:"天子一位,公一位,侯一位,伯一位,子男同一位,凡五等。君一位,卿一位,大夫一位,上士一位,中士一位,下士一位,凡六等。"盖自外而言之,天子之去公,犹公侯伯子男之递相去;自内而言之,君之去卿,犹卿大夫之递相去;非独至于天子遂截然无等级也。昔者,伊尹、周公之摄政,以宰相而摄天子,亦不殊于大夫之摄卿,士之摄大夫耳。后世君骄臣谄,天子之位,始不列于卿大夫之间,而小儒遂河汉其摄位之事。以至君崩子立,忘哭泣衰绖之哀,讲礼乐征伐之治,君臣之义未必全,父子之恩已先绝矣。不幸国无长君,委之母后。为宰相者,方避嫌而处,宁使其决裂败坏,贻笑千古,无乃视天子之过高所致乎。(同上)

他竭力发挥"天子一位"之义,把天子"列于卿大夫之间",并不是"截然无等"的。他这样提高相权以限制君权,乃是要提高士大夫地位,充实其地主阶级统治力量,这确实是地主阶级自救的有效方策。至于

他提倡学校制度的理由,其在《学校》篇说:

> 学校所以养士也。然古之圣王,其意不仅此也,必使治天下之具皆出于学校,而后设学校之意始备。非谓班朝、布令、养老、恤孤、讯馘,大师旅则会将士,大狱讼则期吏民,大祭祀则享始祖,行之自辟雍也。盖使朝廷之上,闾阎之细,渐摩濡染,莫不有诗书宽大之气。天子之所是未必是,天子之所非未必非,天子亦遂不敢自为非是,而公其非是于学校。是故养士为学校之一事,而学校不仅为养士而设也。

> 东汉太学生三万人,危言深论,不隐豪强,公卿避其贬议。宋诸生伏阙槌鼓,请起李纲。三代遗风,惟此犹为相近。使当日之在朝廷者,以其所非是为非是,将见盗贼奸邪慑心于正气霜雪之下,君安而国可保也。乃论者目之为衰世之事。不知其所以亡者,收捕党人,编管陈欧,正坐破坏学校所致,而反咎学校之人乎?(《明夷待访录》)

他认为设立学校的意义,不仅是在培养人才,而且要主持公是公非,使之成为监督政府的清议机关。因而他对于汉代和宋代的太学生政治运动,不仅不视为"衰世之事",并且赞诩为"三代遗风"。由于宗羲之主张学生干政,一般人遂误以为宗羲的学校制度,就是资本主义社会的议会制度,更进一步确定宗羲是一个民权主义者。其实,宗羲所要设立的学校,乃是因地主出身的士大夫的集团,他要以士大夫集团的力量来监督政府,这还是劳心者统治劳力者的政治,那里有"德模克拉西"政治的踪影?本来,宗羲在其《兵制二》里就说过"安国家,全社稷,君子之事也,供指使,用气力,小人之事也"的话,这岂不是把君子——士大夫劳心而治人和小人——老百姓劳力而治于人两种阶级对立着?他那里超越了士大夫统治的思想?不过,他希望政治实权,由士大夫出身的丞相来担负，政治监督由士大夫所形成的学校来负责，而做到君主及其左右不能恣意妄为，这就是宗羲最高的政治理想。

　　他又鉴于明末流寇之普遍的骚扰，外寇之不断的进攻，因而想在大封建领主之下建立各自独立的小封建主——主张恢复唐代的方镇制度，以作巩固地主阶级政权的武器，他说：

　　　　今封建之事远矣，因时乘势，则方镇可复也。自唐以方镇亡天下，庸人狃之，遂为厉阶。然原其本末，则不然，当太宗分制节度，皆在边境，不过数府，其带甲十万，力足以控制寇乱，故安禄山朱泚皆凭方镇而起，乃制乱者亦借方镇，其后析为数十，势弱兵单，方镇之兵不足相制，黄巢朱温遂决裂而无忌。然则唐之所以亡，由方镇之弱，非由方镇之强也。是故封建之弊，强弱吞并，天下之政教，有所不加。郡县之弊，疆场之害，苦无已时，欲去两者之弊，使其并行不悖。……令其钱粮兵马，内足自立，外足捍患，田赋商税听其征收，以充战守之用。一切政教张弛，不从中制，属下官员，亦听其自行辟召，然后名闻，每年一贡，三年一朝。终其世，兵民辑睦，疆场宁谧者许以嗣世。凡此则五利，今各边有总督，有巡抚，有总兵，有本兵，有事复设经略，有权不一，能者坏于牵制，不能者易于推委，枝梧旦夕之间，掩饰章奏之上，其未溃决者，直须时耳。统帅专一，独任其咎，则思虑自周，战守自固，以各为长子孙之计，一也。国家一有警急，尝竭天下之财，不足供一方之用，今一方之财自供一方，二也。边镇之主兵常不如客兵，故尝以调发致乱，天启之奢酋，崇祯之幕围是也。今一方之兵自供一方，三也。治兵措饷，皆出朝廷，尝以一方而动四方，既各有专地，兵食不出于外，即一方不宁，他方宴如，四也。外有强兵，中朝自然顾忌；山有虎豹，藜藿不采，五也。（《明夷待访录·方镇》）

他直接承认唐代之亡，不是由于方镇之强，而是由于方镇之弱，与一般史论家的见解完全异趣。他又夸扬方镇之设有五利，足证其为地主谋划之苦心。

此外，他主张授民以田，以避免农民的相率离村；减轻税赋，以避免农民抗租运动的再起，而维护其地主的统治权。他说：

> 世儒于屯田则言可行，于井田则言不可行，是不知二五之为十矣。……天下屯田见额六十四万四千二百四十三顷，以万历六年实在田土七百一万三千九百七十六顷二十八亩律之，屯田居其十分之一也。授田之法未行也，特九分耳，由一以推之九，似亦未为难行。况田有官民，官田者，非民所得而自有者也。州县之内，官田又居其十分之三，以实在田土均之，人户一千六十二万一千四百三十六，每户授田五十亩，尚余田一万七千三十二万五千八百二十八亩，以听富民之所占，则天下之田，自无不足。
>
> 夫诚授民以田，有道路可通，有水利可修，亦何必拘泥其制度疆界之末乎？（《明夷待访录·田制二》）
>
> 吾意有王者起，必当重定天下之赋，重定天下之赋，必当以下下为则。
>
> 夫三十而税，下下之税也。（同上《田制一》）

由"授田"以安插农民，由减税以减轻地主和农民的担负，而和缓农民的矛盾，这当然也是地主阶级自救方案之一。其他主张实行征兵制度，也在减轻地主与农民的担负。他说：

> 余以为天下之兵，当取之于口；而天下为兵之养，当取之于户。其取之于口也，教练之时，五十而出二；调发之时，五十而出一。其取之户也，调发之兵，十户而养一，教练之兵，则无资于养。
>
> 夫五十口而出一人，则其役不为重，一十户而养一人，则其费

不为难,而天下之兵满一百二十余万,亦不为少矣。(《明夷待访录·兵制一》)

征兵既可提高兵的本质,又可减轻农民的担负,以和缓农民的对立,当然也是从地主阶级自救运动的观点出发的。再次,他主张相对的抑制工商,他说:

> 今夫通都之市肆,十室而九。有为佛而货者,有为巫而货者,有为优倡而货者,有为奇技淫巧而货者。皆不切于民用,一概痛绝之,亦庶乎救弊之一端也。此古圣王崇本抑末之道,世儒不察,以工商为末,妄议抑之。夫工固圣王之所欲来,商又使其愿出于途者,盖皆本也。(《明夷待访录·财计三》)

的确,替地主阶级说教的儒家,从来并没有说不要工商。但他们所要的工商有一定的限度,超越这限度的,仅可在奇技淫巧奢靡无用的名义下,将其禁止,这毕竟也是站在地主阶级的立场上说话。由于相对的抑制工商的观点出发,而主张废止金银货币。他说:

> 后之圣王而欲天下安富,其必废金银乎? 古之征贵征贱,以粟帛为俯仰,故公上赋税,有粟米之征,布缕之征是也。民间市易,《诗》言握粟出卜,《孟子》言通工易事,男粟女布是也,其时之金银,与珠玉无异,为馈问器饰之用而已。三代以下,用者粟帛而衡之以钱,故钱与粟帛相为轻重。……吾以为非废金银不可。废金银其利有七:粟帛之属,小民力能自致,则家易足,一也。铸钱以通有无,铸者不息,货无匮竭,二也。不藏金银,无甚贫甚富之家,三也。轻赍不便,民难去其乡,四也。官吏赃私难覆,五也。盗赋胠箧,负重易迹,六也。钱钞路通,七也。然须重为之禁,盗矿者死刑,金银市易者以铸盗钱论而后可。(《明夷待访录·财计一》)

在这里他简直想恢复以物易物的自然经济（以粟帛为俯仰），于必要时，也只有采用铜本位的货币制度以为交易的标准物（衡之以钱），民权主义者那里有这样开倒车的主张。他之主张废止金银的动机，最重要的，还是在防止农民的离村（轻赍不便，民难去其乡）。换言之，他是从流寇骚动的刺激而发生这样的主张呀。

B. 顾炎武之新封建论

顾炎武，字宁人，号亭林，江苏昆山人。生于明神宗万历四十一年，殁于清康熙二十一年（一六一三——一六八一）。满洲军队下江南，他曾纠合同志起义兵守吴江。失败后，他有好几位朋友死难，而他自己也被满兵俘掳，受过很残酷的虐待，在他的《虎口余生记》（《明季实录》）中有很生动的记载。当满兵要攻陷他的故乡——昆山时，他的母亲绝食殉国，遗命毋仕二姓，他就谨遵母嘱，终身不渝。他真能遵守封建伦理的信条。他在唐王被杀之后，即周游北地，"通观形势，阴结豪杰"，以企图明代地主政权的再建。在他周游北地的过程中，究古今治乱，自金石碑碣以及地理经济之学，无所不该。出游时，后车每满载书籍，以作实地研究的参考，到一险要地方，便找些老兵退卒，以备咨询，遇有与平日所闻的不合处，便即校勘其错误。到了晚年，乃卜居于陕西之华阴，他说："秦人慕经学，重处士，持清议，实他邦所少，而华阴绾毂关河之口，虽足不出户，而能见天下之人，闻天下之事。一旦有警，入山守险，不过十里之遥。若志在四方，则一出关门，亦有建瓴之势。"（《亭林先生年谱》）他始终没有忘记恢复明代政权的念头。康熙十七年，开博学鸿儒科，想要罗致他，他竟以"刀绳俱在，无速我死"的自尽语加以拒绝。次年，开明史馆，总纂叶方蔼也要推荐他，他又拒绝。他专于从事著述工作，著有：《九经误字》《山东考古录》《天下郡国利病书》《五经同异》《古音表》《左传杜解补正》《石经考》《京东考古录》《昌平山水记》《易音》《金石文字记》《音论》《亭林文集》《亭林诗集》《亭林余集》《亭林杂录》《皇明修文备史》《唐韵正》《菰中随笔》《诗本音》《圣安纪事》《历代宅京记》《韵补正》《日知录》等书。

炎武的认识论，颇有归纳法的风味。他在《音论》里这样说："列本证旁证二条，本证者自相证也，旁证者采之他书也。二者俱无，则宛转以审其音，参伍以谐其韵。"这就是说无论研究什么古韵，必须找得本证或旁证，至少也要做到"宛转以审其音，参伍以谐其韵"，绝对不会贸然得结论。其治音韵学之态度如此，其认识其他事件亦莫不本此精神。他又在《与人书》四里说："经学自有源流。自汉而六朝而唐而宋，必一一考究，而后及于近儒之所著，然后可以知其异同离合之指。如论字者必本于《说文》，未有据隶楷而论古文者也。"（《亭林文集》卷四）这就是说治学要从古书比较归纳，寻求确实的证据，绝不要"据隶楷而论古文"。《四库全书·日知录提要》称赞他治学的方法说："炎武学有本原，博赡而能贯通，每一事必详其始末，参以证佐，而后笔之于书，故引据浩繁，而抵牾者少。"梁启超也说："炎武研学之要诀在是：论一事必举证，尤不以孤证自足，必取之甚博，证备然后自表其所信。"（《清代学术概论》）这到不是夸大的赞词。

他在著述方面的态度，反对因袭而注重创造，显现着开明的地主阶级之适应时代的姿态。他说：

> 君诗之病，在于有杜；君文之病，在于有韩欧。有此蹊径于胸中，便终身不脱依傍二字，断不能登峰造极。（《亭林文集》卷四《与人书》十七）

> 尝谓今人纂辑之书，正如今人之铸钱，古人采铜于山，今人则买旧钱，名之曰废铜，以充铸而已。所铸之钱，既已粗恶，而又将古人传世之宝，春锉碎散不存于后，岂不两失之乎？承问《日知录》又成几卷，盖期之以废铜，而某自别来一载，早夜诵读，反复寻究，仅

得十余条,然庶几采山之铜也。(《亭林文集》卷四《与人书》十)

其意就是说做诗做文,不要"依傍"杜韩;纂辑书籍,不要东抄西抄,才能成为上品。因而他著述的标准,要做到:"必古人所未及就后世之所必不可无者而后为之。"(《日知录》卷十九《著书之难》)"或古人先我而有者则削之"(《日知录自序》),足征其创造精神之发扬。

从他这种认识论出发,而确立他的相对的社会改革观,对于过去的法度在不违背地主阶级的利益原则下,或在增益地主阶级的利益原则下而加以修改。

> 法不变,不可以救。今已居不得不变之势,而犹讳其变之实,而姑守其不变之名,必至于大弊。今日之军制,可谓帝皇之军制乎? 其名然,其实变矣,而上下相与守之至于极而因循不改,是岂创制之意哉? ……请于不变之中而寓变之之制;因已变之势,而复创造之规。(《亭林文集》卷六《军制论》)

他也看到封建制度的矛盾而主张变革;但是,变革也是有限度的,即是:"于不变之中,而寓变之之制;因已变之势,而复创造之规。"可以说这两句话,是他变革的标准。他的最有力量的主张——"寓封建之意于郡县之中",即是从这一标准出发的。本来,在封建地主政权危急的时代,不变不足以度此危局,全变适足以促此危局的深化;只有"因已变之势,而复创造之规"的折衷办法,才是最有益于地主阶级的办法。

从他接近现实的认识论和相对的社会改革观出发,对于晚明那种忽视现实徒事玄想的学风,不遗余力的加以攻击:

> 夫百余年以来,为之学者,往往言心言性,而茫乎不得其解也。命与仁,夫子之所罕言也,性与天道,子贡之所未得闻也。……呜呼! 圣人之所以为学者,何其平易而可循也。(《亭林文集》卷三《与友

人论学书》)

今之君子,聚宾客门人数十百人,与之言心言性;舍"多学而识",以求"一贯"之方,置"四海困穷"不言,而讲"危微精一",我弗敢知也。(《亭林文集》卷四《答友人论学书》)

今之学者,偶有所窥,则欲尽废先儒之说而驾其上;不学则借一贯之言以文其陋;无行则逃之性命之乡以使人不可诘。

以一人而易天下,其流风至于百有余年之久者,古有之矣,王夷甫之清谈,王介甫之新说。其在于今,则王伯安之良知是也。孟子曰:"天下之生久矣,一治一乱",拨乱世反诸正,岂不在后贤乎?(《日知录》)

他认为忽略现实去追求"夫子"所罕言的命、仁,子贡所未闻的性、天道和与人生问题无关紧要的"良知",实在是荒谬绝伦。因而他大骂王守仁之良知说遗害社会的程度,与王衍之清谈和王安石之新说相等。同时在积极方面,他提出"明道"和"救世"两点以为求学之最高目标。他说:

君子之为学,以明道也,以救世也。徒以诗文而已,所谓雕虫篆刻,亦何益哉?某自五十以后,笃志经史,其于音学深有所得,今为五书,以续三百篇以来久绝之传,而别著《日知录》,上篇"经术",中篇"治道",下篇"博闻",共二十余卷,有王者起,将以见诸行事,以跻斯世于治古之隆,而未敢为今人道也。(《亭林文集》卷四《与人书》二十五)

他认为治学就是求治道——求地主阶级统治的法术,绝不是单在求做诗作文。而治术的获得,固然要观察现实社会的缺陷,而研究经史,以接受前代地主所遗留的治术结晶,尤为重要。至于他的学问的内涵,绝不像宋明学问的空虚。他说:

窃以为圣人之道，下学上达之方，其行在孝弟、忠信，其职在洒扫、应对进退，其文在《诗》《书》《三礼》《周易》《春秋》，其用之身在出处辞受取与，其施之天下，在政令教化刑法。其所著之书，皆以为拨乱反正移风易俗，以驯致乎治平之用，而无益者不谈。一切诗赋铭颂赞诔序记之文，皆谓之巧言，而不以措笔，至于世儒尽性至命之说，必归之于有物有则，五行五事之常，而不入于空虚之论，仆之所以为学者如此。(《亭林文集》卷六《答友人论学书》)

在这里，确实要比较接近现实，要做到学以致用——即所谓："拨乱反正，移风易俗，以驯致乎治平之用。"

他在政治上，是相对的承认封建组织——藩镇制度的存在，因而力反"唐亡于藩镇"的论调，更进而赞诩藩镇制度有安内攘外之力：

尹源《唐说》曰：世言唐所以亡，由诸侯之强，此未极之理。夫弱唐者，诸侯也；唐既弱矣，而久不亡者，诸侯维之也。燕赵魏首乱唐制，专地而治。若古之建国，此诸侯之雄者，然皆恃唐为轻重。何则？假王命以相制，则易而顺，唐虽病之，亦不得而外焉。故河北顺而听命，则天下为乱者不能遂其乱；河北不顺而变，则奸雄或附而起。德宗世，朱泚，李希烈始遂其僭，而终败亡，田悦叛于前，武俊顺于后也。宪宗讨蜀平夏，诛蔡夷郓，兵连四方，而乱不生，卒成中兴之功者，田氏禀命，王承宗归国也，武宗将讨刘稹之叛，先正三镇，绝其连衡之计，而王诛以成。如是二百年奸臣逆子，专国命者有之，夷将相者有之，而不敢窥神器，非力不足，畏诸侯之势也。

文天祥言本朝惩五季之乱，削除藩镇，一时虽足以矫尾大之弊，然国以寖弱。故敌至一州，则一州破，至一县，则一县残，今宜分境内为四镇，使其地大力众，足以抗敌。约日齐奋，有进无退，彼备多力分，疲于奔命，而吾民之豪杰者，又伺间出于其中，则敌不难

却也。呜呼,世言唐亡于藩镇,而中叶以降,其不遂并于吐蕃回纥,
灭于黄巢者,未必非藩镇之力。宋至靖康而始立四道,金至兴元而
始建九公,不已晚乎?(《日知录》卷九《藩镇》)

他认为有封建的藩镇的存在,以辅助大封建主,则封建政权巩固,
否则必趋灭亡,他这样夸示封建的藩镇制度,十足地表示地主阶级的身
分,那里有民主主义的踪影?

不过,他究竟是一位开明的地主阶级的代言者,他并不死守过去的
典型的封建制度,也不是承袭着变种的封建制度,而是适合时代的需
要,确立"寓封建之意于郡县之中"的政治原则,他所做的《郡县论》一,
是讨论封建郡县问题最深切最有条理的言论:

> 知封建之所以变而为郡县,则知郡县之敝而将复变。然则将
> 复变而为封建乎?曰:不能。有圣人起,寓封建之意于郡县之中,
> 而天下治矣。盖自汉以下之人,莫不谓秦以孤立而亡。不知秦之
> 亡,不封建亡,封建亦亡,而封建之废,固自周衰之日,而不自于秦
> 也。封建之废,非一日之故也。虽圣人起,亦将变而为郡县。方今
> 郡县之敝已极,而无圣人出焉,尚一一仍其故事。此民生之所以日
> 贫,中国之所以日弱,而益趋于乱也。何则?封建之失,其专在下,
> 郡县之失,其专在上。古之圣人,公心待天下之人,胙之土而分之
> 国。今之君人者,尽四海之内为我郡县,犹不足也。人人而疑之,
> 事事而制之。科条文簿,日多于一日。而又设之监司,设之督抚,
> 以为如此,守令不得以残害其民矣。不知有司之官,凛凛焉救过之
> 不给,以得代为幸,而无肯为其民兴一日之利者,民乌得而不穷,国
> 乌得而不弱。率此不变,虽千百年,而吾知其与乱同事,日甚一日
> 者矣。然则尊令长之秩,而予之以生财治人之权,罢监司之任,设
> 世官之奖,行辟属之法,所谓寓封建之意于郡县之中,而二千年来

之敝可以复振。后之君，苟欲厚民生，强国势，则必用吾言矣。
（《亭林文集》卷一）

变封建为郡县，是中国历史转变的一个重要标志，是从典型的封建政治过渡到变种的封建政治的一个枢纽。迷恋骸骨的"儒者"，总是梦想三代之治，企图着恢复封建制度；但是有些认识时代变迁的人们，却又以为郡县不可废，而封建不可复。炎武则于此两种意见之外，别具新意见——认定封建变而为郡县，是社会进化的必然。因而他根据过去封建制度之不得不变，而推定郡县制度之又不得不变。他根据这个原则而提出罢监司设世官等办法：

> 改知县为五品官，正其名曰县令。任是职者，必用千里以内习其风土之人。其初曰试令，三年称职为真，又三年称职封父母，又三年称职玺书劳问，又三年称职，进阶益禄，任之终身。其老疾乞休者，举子若弟代。不举子若弟，举他人者听。既代，去处其县为祭酒，禄之终身。所举之人，复为试令，三年称职为真，如上法。每三四县若五六县为郡，郡设一太守，太守三年一代，诏遣御史巡方，一年一代。其督抚司道悉罢。令以下设一丞，吏部选授，丞任九年以上得补令。丞以下：曰簿，曰尉，曰博士，曰驿丞，曰司仓，曰游徼，曰啬夫之属，备设之无裁。其人听令自择，报名于吏部。簿以下得用本邑人为之。令有得罪于民者，小则流，大则杀。其称职者，既家于县，则除其本籍。夫使天下之为县令者，不得迁又不得归，其身与县终，而子孙世世处焉。不职者流，贪以败官者杀。夫居则为县宰，去则为流人，赏则为世官，罚则为斩绞，岂有不勉而为良吏者哉？（《亭林文集》卷一《郡县论》二）

他要使县令与所治的地方，发生深深的联系。一做了某处县令，自身和子孙的祸福荣辱，都与所治地方息息相通。自然可以避免"三日京兆"的恐慌,以期达到易治的境地。他很干脆的主张县令世袭,但亦受相当的条件限制。第一,必须贤县令,积集多年的治绩,经过"即真""封父母""玺书劳问""进阶益禄"种种褒奖诸阶段,然后得"传其子若弟",不像从前的封建诸侯,一例可以世袭。第二,这般袭位者,当初也只能为试令,必须自己有治绩表现,然后官位得保持下去,不像从前的封建诸侯,无论其子孙的贤不肖,总可以永远保持其统治地位而不凌夷。炎武的意思,即是说:自己不贤,不能传位于其子,其子不贤,亦不能长袭其父位。寓传贤之意于传子之中,其拥护地主政权之苦心孤诣,于兹可见。他鉴于明代地主政权之土崩瓦解,各郡县毫无自卫能力,一任流寇外族蹂躏,特起而主张县令有条件的世袭,以充实地方自卫的力量,在下列的引文里,表现得更露骨:

> 夫使县令得私其百里之地,则县之人民皆其子姓,县之土地皆其田畴,县之城郭皆其藩垣,县之仓廪皆其囷窌。……一旦有不虞之变,必不如刘渊、石勒、王仙芝、黄巢之辈,横行千里,如入无人之境也。于是有效死勿去之守,于是有合从缔交之拒。(《亭林文集》卷一《郡县论》五)

> 今之州县,官无定守,民无定奉,是以常有盗贼戎狄之祸。至一州则一州破,至一县则一县残。(《亭林文集·郡县论》四)

他也看到典型的封建制度没有恢复之必要;但是要采取封建遗意,增高地方官吏自卫权力,以防"不虞之变"。这样"寓封建之意于郡县之中",正是当时地主阶级自救的好方略。他又很明了当时政权是建筑在豪家巨族之上,因而又主张增高豪家巨族的权力。他所做的《裴村记》,即在申明这个意义:

> 唐之天子,贵士族而厚门荫,盖知封建之不可复,而寓其意于士大夫,以自卫于一旦仓皇之际,固非后之人主所能知也。予尝历

览山东河北,自兵兴以来,州县之能不至于残破者,多得之豪家大姓之力,而不尽恃乎其长吏。及至河东,问贼李自成所以长驱而下三晋之故,慨焉伤之。或言曰,"崇祯之末,辅臣李建泰者,曲沃人也。贼入西安,天子临朝而叹。建泰对言:臣郡当贼冲,臣请率宗人乡里,出财百万,为国家守河。上大喜,命建泰督师,亲饯之正阳门楼,举累所传之御器而酌之酒,因以赐之。未出京师,平阳太原相继陷,建泰不知所为。师次真定,而贼已自居庸入矣"。此其人材之凡劣,固又出于王铎张濬之下。而上之人,无权以与之,无法以联之,非一朝一夕之故矣。乃欲其大臣者,以区区宰辅之虚名,而系社稷安危之命,此必不可得之数也。《周官》太宰,以九两系邦国之民,五曰宗以族得民。观裴氏之与唐存亡,亦略可见矣。夫不能复封建之治,而欲借士大夫之势以立国者,其在重氏族哉!其在重氏族哉!(《亭林文集》卷五)

他当创巨痛深之余,深感社会失去中坚组织的危险,故重守令,重氏族,以图地主政权之延续。

炎武所处的时代,外患的威胁,也不减于内乱的威胁。因而他对于边防也有精密的计划,就是他把苏轼的筹边策加以发挥。他说:

宋元祐八年,知定州苏轼言:汉晁错与文帝画边策,不过二事:其一曰徙远方以实广虚,其二曰制边县以备敌国。今河朔西路被边州军,自澶渊讲和以来,百姓自相团结为弓箭社,不论家业高下,户出一人,又自相推择家资武艺众所服者为社头、社副、录事,谓之头目,带弓而锄,佩剑而樵,出入山坂,饮食长技,与北敌同。私立赏罚,严于官府;分番巡逻,铺屋相望,若透漏北贼及本土强盗不获,其当番人皆有重罚。遇有警急,击鼓集众,顷刻可致千人,器甲鞍马,常若寇至。盖亲戚坟墓所在,人自为战,敌甚畏之。

先朝名臣，帅定州者如韩琦庞籍，皆加意拊循其人，以为爪牙耳目之用。而籍又增损其约束赏罚。今虽名目具存，责其实用，不逮往日，欲乞朝廷立法，少赐优异，明设赏罚，以示惩劝。奏凡两上，皆不报，此宋时弓箭社之法。虽承平废弛，而靖康之变，河北忠义，多出于此。有国家者能于闲暇之时，而为此寓兵于农之计，可不至如崇祯之末，课责有司，以修练储备之纷纷矣。（《日知录》卷九《边县》）

他对于充实国防，似乎规划得很周详，无非在企图外患的消灭。但是，他的充实国防计划，不仅在"武艺"的训练，尤在于边民生活的充裕，因而他直接提出"务农积谷"以为"守边备塞"的重要工作。他说：

尝读宋魏了翁疏以为古人守边备塞，可以纾民力而老敌情，唯务农积谷为要道。……盖并边之地，久荒不耕则谷贵，贵则民散，散则民弱。必地辟耕广则谷贱，贱则人聚，聚则兵强。请无事屯田之虚名，而先计垦田之实利，募土豪之忠义者，官为给助，随便开垦。（《亭林文集》卷六《田功论》）

他由"地辟耕广"而"谷贱"，而"人聚"，而"兵强"，步伐颇为严整，对于维护地主政权可谓周到。真的，他认识社会势力，不仅注意政治的表面，而且知道抓住社会的基础，较之普通的地主阶级的见地确实要前进。

此外，他主张废除银币，其目的在减轻农民担负，以和缓其敌对成分。他说：

闻之长老言，近代之贪吏，倍甚于唐宋之时，所以然者，钱重而难运，银轻而易赍，难运则少取之而以为多，易赍则多取而犹以为少，非唐宋之吏多廉，今之吏贪也，势使之然也。然则银之通，钱之滞，吏之宝，民之贼也。在有明之初，尝禁民不得行使金银，犯者准奸恶论。夫用金银何奸之有,而重为之禁者,盖逆知其弊之必至于此也。当时市肆所用,皆唐宋之钱,而制钱则偶一铸造以助其不足耳,今也泉货弱而害金兴,市道穷而伪物作,国币夺于上,民力单于下,使陆贽、白居易、李翱之流而生今日,其咨嗟太息必有甚于唐之中叶者矣。(《亭林文集》卷一《钱粮论》下)

国家之赋,不用粟而用银,舍所有而责所无故也。夫田野之氓,不为商贾,不为官,不为盗贼,银奚自而来哉?此唐宋诸臣,每致叹于银荒之害,而今又甚焉。非任土以成赋,重穑以帅民,而欲望教化之行,风俗之美,无是理矣。(《日知录》卷十一《以钱为赋》)

他认为用银促成官吏的贪污,用银系责农民之所无,其为害甚烈。他不仅主张废除银币,而且主张废钞法:

自钞法行而狱讼滋多,于是有江夏县民,父死以银营葬具,而坐以徙边者矣。有给事中丁环奉使至四川,遣亲吏以银诱民交易而执之者矣。舍烹鲜之理,就扬沸之威,去冬日之温,用秋荼之密,天子亦知其拂于人情,而为之戒饬,然其不达于天听,不登于史书者,又不知凡几矣?孟子曰,焉有仁人在位,罔民而可为也。若钞法者,其不为罔民之一事乎?(《日知录》卷十一《钞》)

他说银钞的弊害甚重,其实,那里有民主主义者主张铲除工商社会中的交换工具——银与钞呢?从他主张废银、钞这一点上,即可断定他还是一位封建地主阶级的代言者。不过,他也曾有重民的思想,这是不可抹杀的事实。他主张储粮于通都大邑,即在救济各通都大邑间之饥饿农民:

愚以为天下税粮,当一切尽征本色,除漕运京仓之外,其余则储之于通都大邑,而使司计之臣,略仿刘晏之遗意,量其岁之丰凶,稽其价之高下,棨银解京,以资国用。一年计之不足,十年计之有余,小民免称贷之苦,官府省敲扑之烦,郡国有凶荒之备,一举而三善随之矣。(《日知录》卷十一《以钱为赋》)

他如在《驿传》里,也主张多储粮食以救济农民。他鉴于明代地主政权之所以土崩瓦解,是由于流寇之到处骚扰,流寇之所以到处骚扰,是由于农民失掉耕地无以为生所致。因而他注重备荒以安抚农民。是他之所以有重民思想,也是从求阶级的利益出发的。此外,他注重里甲,选举人材,讲廉耻,谈教化,亦莫不从地主阶级自救运动出发。

C. 王夫之之民族自卫论

王夫之,字而农,湖南衡阳人,晚年隐居石船山,世称船山先生。生于明神宗万历四十七年,卒于清圣祖三十一年(一六一九——一六九二)。他是一位饱尝亡国苦痛滋味的士大夫。自清兵占据明代之军事及政治首脑部的北京后,大举南征;他的故乡也免不了要受胡马铁蹄的践踏。他即高举"反清复明"的义帜,以与清兵抗战;后来又因瞿式耜的推荐协助"永历帝"继续致力其反清运动;虽然都归失败,而他那种为民族而奋斗的精神,真足以为我们现在努力于救亡运动的青年所矜式。时清政府严令剃发,不从者死;他誓死反对,转徙苗瑶山洞中,备尝甘苦,足征其民族意识的强烈和民族信念的坚决。他又努力从事著作,到处拾些破纸或烂帐簿之类充著作稿纸。著作极多,其著者,有《读通鉴论》《宋论》《黄书》《诗广传》《周易外传》《尚书引义》及《永历实录》。

他生在地主政权危急时代。在哲学的体系上,似有唯物论的倾向。他认为一切物都是客观存在的实体。不过,他认为物之呈现到我们眼中的都是物的现象,而不是物的本质,他说:

物生而形形焉,形者质也;形生而象象焉,象者文也。形则必成象矣,象者象其形也。在天成象而或未有形,在地成形而无有无象。视之则形也,察之则象也。所以质以视章而文由察著,未之察者,弗见焉耳。(《尚书引义》卷六)

因之他肯定本质和现象是有其因果关系的,组织本质,便要从分析现象入手;但从现象之部分上着眼,而忽略了现象的全面,却不能达到本质之认识。故说:

请观之物,白马之异于人也,非但马之异于人也,亦白马之异于白人也,即白雪之异于白玉也。疏而视之,雪玉异而白同;密而察之,白雪之白,白玉之白,其亦异矣。人之与马,雪之与玉,异之质也,其白则异以文也。故统于一白,而马之白必马,而人之白必人,玉之白必玉,雪之白必雪,从白类而马之,从马类而白之。既已为马,又且为之白,而后成乎其为白马。故文质不可不分,而弗俟合也,则亦无可偏为损益矣。(同上)

在逻辑上,他主张兼用分析和归纳的方法,由现象以达到本质的认识。因为并不能从部分的现象去达到本质的组织,而是要从全体上由分析以达到归纳。然而所认识的物的同一性,也只是相对的,而不是绝对的。

从这里转入人性论,较之过去一般性论者要踏入一前进阶段,他把天理与人欲统一起来,而确立人欲即是天理的原则:

礼虽纯为天理之节文,而必寓于人欲以见;虽居静而为感通之则,然因乎变合以章其用。惟然,故终不离人而别有天,终不离欲而别有理也。离欲而别为理,其惟释氏为然,盖厌弃物则,而废人之大伦矣。……五峰曰:"天理人欲同行而异情。"韪哉,能合颜孟之学而一原者,其斯言也夫。即此好货好色之心,而天之以阴骘万物,人之以载天地之大德者,皆其以是为所藏之用。故《易》曰:"天地之大德曰生,圣人之大宝曰位。何以守位? 曰仁;何以聚人? 曰财。"于此声色臭味廓然见万物之公欲,而即为万物之公理。大公廓然,物来顺应。则视之听之,以言以动,率循斯而待外求。非如老子所云:"五色令人目盲,五声令人耳聋",与释氏之贱以为"尘",恶以为"贼"也。……使不于人欲之与天理同行者即是以察夫天理,则虽若有理之可为依据,而总于吾视听言动之感通而有其贞者不相交涉。乃断弃生人之大用,芟薙无余,日中一食而后不与货为缘,树下一宿而后不与色相取,绝天地之大德,蔑圣人之大宝,毁裂典礼,亏替节文,己私炽然,而人道以灭,正如雷龙之火,愈克而愈无已也。孟子承孔子之学,随处见人欲,即随处见天理。学者循此以求之,所谓不远之复者,又岂远哉?(《读四书大全》)

他认为佛老的绝欲、寡欲,简直是"废人之大伦""绝天地之大德",而加以严厉的指责。同时他竟大胆主张求天理于人欲之中,这是何等平易的见解。不过,他虽然主张求天理于人欲中,可是不能把人欲都一概当做天理。因而他要做到"饮食男女,皆有所贞",以为人欲的准则。这即是说,"所贞"才是天理;离开饮食男女不能空空地讲贞。他又定了一个所贞的人欲标准,以期合乎天理。他说:

民之所好,民之所恶,矩之所自出也。有絜矩之道,则已好民之好,恶民之恶矣。乃所恶于上,毋以使下,则为下者必有不遂其欲者矣。所恶于下,毋以事上,则为上者必有不遂其欲者矣。君子只于天理人情上絜个均平方正之矩,使一国率而由之,则好民之所好,民即有不好者,要非其所不可好也;恶民之所恶,民即有不恶者,要非其所不当恶也。所谓絜矩者,自与藏身之恕不同;所云毋以使下,毋以事上云者,与勿施于人文似而义实殊也。惟东阳许氏深达此理,故云天下之大,兆民之众,须有规矩制度,使各守其分。是以己之心度人之心,品量位置以为限,则明乎君子絜矩之道治民,而非自絜矩以施之民也。(同上)

他所谓矩,是由斟酌调剂各方的欲而来,这样的欲,才是大公至正的欲,才是合乎天理的欲,这较之宋明理学家之主张无欲,确实要前进一步。

他又认为环境能决定人的意志,意志支配了人的行为,若要养成善良的意识,先要从改善环境着手,他说:

督子以孝,不如其安子;督弟以友,不如其裕弟;督妇以顺,不如其绥妇。魄定魂通而神顺于性,则莫之或言而若或言之。君子所为以天道养人也,荣之以名以畅其魂,惠之以实以厚其魄,而后夫人自爱之心起。德教者,行于自爱者也。(《诗广传》卷一《周南篇》)

从"安子"以使子"孝","裕弟"以使弟"友","绥妇"以使妇"顺",这就是说:先要造成一种"孝""友""顺"的环境,自然会产生孝友顺的伦理来。

从他有唯物倾向的认识论出发,自然又产生一种进化的历史观念。他认定中国后世社会情态与古代社会情态不同,而且要进步,因而他冲破儒家所传说的唐虞三代社会的陈说,而确立社会制度必须改革的原则。他说:

且夫乐道古而为过情之美称者,以其上之仁,而羡其下之顺;以贤者匡正之德,而被不肖者以淳厚之名。使能揆之以理,察之以情,取仅见之传闻,而设身易地以求其实,则尧舜以前,夏商之季,其民之淳浇贞淫刚柔愚明之固然,亦无不有如躬阅者矣。唯其浇而不淳,淫而不贞,柔而疲,刚而悍,愚而顽,明而诈也。是以尧舜之德,汤武之功,以于变而移易之者,大有造于彝伦,辅相乎天地,若其编氓之皆善耶,则帝王之功德亦微矣。唐虞以前,无得而详考也。然衣裳未正,五品未清,婚姻未别,丧祭未修,狉狉獉獉,人之异于禽兽者无几也。故孟子曰:"庶民去之,君子存之。"舜之明伦察物,存唐虞之民所去也。同气之中而有象,况天下乎? 若夫三代之季,尤历历可征焉。当纣之世,朝歌之沉酗,南国之淫奔,亦孔丑矣。数纣之罪曰:"为逋逃萃渊薮",皆臣叛其君,子叛其父之薮与豺也。至于春秋之世,弑君者三十三,弑父者三,卿大夫之父子相夷,兄弟相杀,姻党相灭,无国无岁而无之。蒸报无忌,黩货无厌,日盛于朝野。孔子成《春秋》,而乱贼始惧,删《诗》《书》,定礼乐,而道术始明。然则治唐虞三代之民难,而治后世之民易,亦较然矣。封德彝曰:"三代以还,人渐浇伪。"象、鲧、共、骧、飞廉、恶来、楚商臣、蔡般、许止、齐庆封、鲁侨如、晋智伯,岂秦汉以下之民乎? 子曰:斯民也,三代之所以直道而行也。春秋之民,无以异于三代之始,帝王经理之余,孔子垂训之后,民固不乏败类,而视唐虞三代,帝王初兴,政教未孚之日,其愈也多矣。(《读通鉴论》)

他把历代儒家所美化了的唐虞三代,说得非常丑恶。他只崇拜尧、舜、三王、周、孔等个人的神圣,并不崇拜当时的社会。当时的社会制度,为着适应文化低落的人类而产生,并不如后世制度的合理,是他已承认社会是进化的。不过,他还是没有脱离圣德王功的传统观念,而发生尧、舜、三王、周、孔诸圣人执掌历史演进枢纽的谬论。他论封建、井田、学校、选举,都应用这个原则,而成为一贯的体系,他论封建说:

古之天下,人自为君,君自为国,百里而外,若异域焉。治异政,教异尚,刑异法,赋敛惟其轻重,人民惟其刑杀,好则相昵,恶则相攻,万其国者万其心,而生民之困极矣,尧舜禹汤弗能易也。至殷之末，殆穷则必变之时，而犹未可骤变于一朝。故周大封同姓而益展其疆域，割天下之半而归之姬姓之子孙，则渐有合一之势；而后世郡县亦缘此以渐统一于大同。当后风教日趋于画一，而民生之困亦以少衰。故孔孟之言治详矣，未尝一以上古万国之制欲行于周末。则亦灼见武王、周公绥靖天下之大权，而知邱民之欲在此而不在彼。以一姓分天下之半，而天下之瓦合者渐就于合。故孟子曰："定于一"，大封同姓者，未可即一，而渐一之也。(同上)

在这里，他透露了历史进化的过程，是由部落到典型的封建(封建)，到变种的封建(郡县)，与近代学者所讲的历史发展的阶段，没有多少差异。所谓封建制度(指典型的封建)，也不过是社会发展的过程中必经的阶段，到了"穷极必变之时"，必然地把它改革，故有"封建之不可复，势也"的肯定。不过，他究竟不是革命阶级，而反对"骤革于一朝"，而主张"变者必以其渐"，这就是说，历史的进化，是渐进的，而不是突变的；是改革的，而不是革命的。他相信郡县制度比封建制度要进步，常常剀切言之：

郡县之天下有利乎？曰：有，莫利乎州郡之不得擅兴军也。郡县之天下有善乎？曰：有，莫善于长吏之不敢专杀也。诸侯之擅兴军以相侵伐，三代之衰也，密阮齐晋莫制之也；三代之盛，王者制之，而后不能禁也。若其专杀人也，则禹汤文武之未能禁也，而郡县之天下得矣。人而相杀矣，诸侯杀之，大夫杀之，庶人之强豪者杀之。是蛙黾之相吞，而鲸鲵之相吸也。夫禹汤文武岂虑之未周，法之不足以立乎？自邃古以来，各君其土，各役其民，若今化外土夷之长。名为天子之守臣，而实自据为部落。三王不能革，以待后王者也。……汉承秦以一天下，而内而司隶，外而刺守，若严延年、陈球之流，亢厉以嗜杀为风采，其贪残者无论也，犹沿三代之敝而未能革也。宋孝武猜忌以临天下,乃定非临军勿得专杀,非手诏勿得兴军之制,法乃永利而极乎善,不可以人废者也。嗣是而毒刻之祸以减焉。(《读通鉴论》卷十五)

他认为在郡县制度下不会再发生像封建时代那样"擅兴军"和"专杀"的惨剧。封建制度发达到高度时必然地要产生郡县制度以继封建制度之穷。固然,他没有看出郡县制度与封建制度是同一本质的制度,却确立了由典型的封建制度进化到变种的封建制度的必然性,这当然是一种较进步的历史观念。确定秦以前是封建时代,一切的文物制度都建筑在封建制度之上。他牢守这个信念,以为评论一切制度的尺度。如什一之赋、乡举里选、兵农合一、均田经界这些制度,都是封建时代的制度,不可复行于后世,而有改革的必要,这是从进化的历史观着眼。不过他终于是一位封建地主之代言者,自然不能把中国所有的传统的神秘观念完全克服,故说:

> 君臣父子之伦,《诗》《书》礼乐之化,圣人岂不欲普天率土而沐浴之乎?时之未至,不能先焉。迨其气之已动,则以不令之君臣,役难堪之百姓,而即其失也以为得,即其罪也以为功,诚者不可测者矣,天之所启,人为效之,非人之能也。(《读通鉴论》卷三)

他以为圣人也须受"时"的限制,受"天"的启示,而归根究底仍说到气运上,这岂不是他的神秘思想冲动的表现吗?

由这里转到他的政治思想,对内严树"君子""小人"之阶级壁垒,对外严树"夷""夏"之大防,在究极上都是从地主利益上出发的。他虽然痛骂一般视天下为一姓私产的君主,终于不会超越阶级而摆脱封建思想的范畴,他说:

> 天下之大防二:华夏夷狄也,君子小人也。非本末有别而先

王强为之别也。……君子之与小人，所生异种。异种者，其质异也。质异而习异，习异而所知所行蔑不异焉。乃于其中自有巧拙焉。特所产殊类，所尚殊方，而不可乱。乱则人理悖，贫弱之民亦受其吞噬而憔悴。防之于滥，所以存人理而裕人之生，因乎天也。呜呼！小人之乱君子，无殊夷狄之乱华夏。或且玩焉，而孰知其害之烈也。小人之巧拙，自以类分。拙者安拙而以自困，巧者衒巧而以贼人。拙者农圃也，自困而害未及人者也。然夫子未尝轻以小人斥人，而特斥樊迟，恶之甚，辨之严也。汉代力田于孝弟以取士，而礼教陵迟。故曰三代以下无盛治。夫以农圃乱君子而弊且如此，况商贾乎？商贾者，于小人之类为巧，而蔑人之性，贼人之生为已亟者也。乃其气恒与夷狄而相取，其质恒与夷狄而相得，故夷狄兴而商贾贵。许衡者，窃附于君子者也。且曰：士大夫居官而为商，可以养廉。呜呼！日狎于金帛货贿盈虚子母之筹量，则耳为之聩，目为之荧，心为之奔，气为之荡。衡之于小人也，尤其巧而贼者也，而能溷厕君子之林乎？以要言之，天下之大防二，而其归一也。一者何也？义利之分也。生于利之乡，长于利之涂，父兄之所熏，肌肤筋骸之所便，心旌所指，志动气随，魂交神往，沉没于利之中，终不可移而之于华夏君子之津涘。故均是人也，而夷夏分以其疆，君子小人殊以其类，防之不可不严也。（《读通鉴论》卷十四）

他认为"君子"——统治者与"小人"——被统治的农工商贾，"种异"，"质异"，"习异"，"所知异"，"所行异"，应当严加分别，如同夷夏大防之不可乱。他把小人群里又分成巧拙两类：小人中之拙者——农圃"安拙自困"，小人中之巧者——商贾"衒巧贼人"，非受治于统治者之君子，则"人理悖"。你看：他把农民之被地主榨取的悲惨在"安拙自困"的口号下隐蔽起来，惟恐商贾腐蚀封建政权而加以"衒巧贼人"的罪恶抑制起来,这对封建地主筹谋何等忠实!他看到明末小人——农民集团领袖李自成也到北京来问鼎,认为小人也企图参加君子的事,这是和他们的天经地义不相容的,故严树君子之阶级壁垒,以企图巩固地主政权。

他对外的政治思想,在严树夷夏之大防,前面就已提示过。他看到满洲军事势力所达到的地域,即对汉人大施其屠杀与淫奸之残酷的手段。中国民族的危机如此深化,自然会激发夫之之仇满情绪,而具有保存自族之切迫要求。他所做的《黄书》,即是从保存自族的观点上出发的:这部书,可以说是他保存自族的政治纲领。即他所做的《读通鉴论》《春秋家说》,也到处浮动着很强烈的民族意识。他认为保全自族,是政治的第一义。他主张"保其类者为之长,卫其群者为之邱"(《黄书·原极》),即是在赞诩为民族出力自卫的英雄。竟谓:"保其所贵,匡其所乱,施于孙子,须于后圣。可禅,可继,可革,而不可使异类间之。"(同上)即是说:朝代的兴革,是没有什么关系的;只有不能让异族"间之"。因而他非常痛恨那般"无百襓之忧,鲜九垓之辨,尊以其身于天下,愤盈俦侣,畛畔同气,猜割牵役,弱靡中区,乃霍霍然保尊贵偷豫尸功,患至而无以致,物逼而无以固;子孙之所不能私,种类之所不能覆"(同上)的君主,直斥他们"王道泯绝"。宜乎他大声疾呼地痛斥那般拑制臣民以自弱其族的君主,如"孤秦""陋宋"之类。他说:

> 迄于孤秦,家法沦坠,胶胶然固天下于掌握,顾盼惊猜,恐强有力者旦夕崛起,效己而劫其藏。故翼者翦之,机者撞之,腴者割之,贰人主者不能借尺土,长亭邑者不能橐寸金。欲以凝固鸿业,长久一姓,而绩败旋趾。由此言之,詹詹凿陋,未尝回轸神区,而援立异族,岂不左欤?

> 宋以藩臣,暴兴鼎祚,意表所授,不寐而惊,赵普斗筲菲姿,负

乘铉器,贡谋苟且,肘枕生猜。于是假杯酒以固欢,托孔云而媚下,削节镇,领宿卫,改易藩武,建置文弱,收总禁军,衰老填籍。孤立于强虏之侧,亭亭然无十世之谋。纵佚文吏,拘法牵系。一传而弱,再传而靡。赵保吉之去来,刘大符之恫喝,玩在廷于偶线之中,莫之或省。城下受盟,金缯岁益。偷息视肉,崇以将阶。推毂建牙,遗风渐灭。狄青以枢副之任,稍自掀举,苟异一切,而密席未温,嫌疑指斥。是以英流屏迹,巨室寒心。降及南渡,犹祖前谋。蕲循仅存于货酒,岳氏遽殒于风波,桡栋触藩,莫斯为甚。夫无为与者,伤之致也;交自疑者,殊俗之所乘也。卒使中区趋靡,形势解散。一折而入于女真,再折而入于鞑靼。以三王汉唐之区宇,尽辫发负笠,渐丧建剟,以溃无穷之防。生民以来未有之祸,秦开之而宋成之也。(《黄书·古仪》)

秦代对于类己的"翼者""机者""腴者",而设法"剔之""撞之""割之";宋代对于类己的"节镇""藩武"而"削弱之""改易之",以致"中区趋靡,形势解散",招来外族压迫,因而他肯定秦宋的君主为中国民族之罪人。

他认为夷狄有同禽兽,"而不可乱,乱则人极毁"。他抱定这个信念,而严树夷夏大防。他说:

山禽趾疏,泽禽趾罪,乘禽力横,耕禽力纵,水耕宜南,霜耕宜北。是非忍于其浅散而析其大宗,亦势之不能相救而绝其祸也,是故圣人审物之皆然,而自畛其类,尸天下而为之君长。区其灵冥,湔其疑似,灾其蛊坏,峻其墉廓,所以绝其祸而使之相拯。故圣人之与天地合德者,岂虚获哉?夫人之于物,阴阳均也,食息均也,而不能绝乎物。华夏之于夷狄,骸窍均也,聚析均也,而不能绝乎夷狄。所以然者何也?人不自畛以绝物则天维裂矣。华夏不自畛以

绝夷狄，则地维裂矣。天地制人以畛，人不能自畛以绝其党，则人维裂矣。是故三维者，三极之大同也。(《黄书·原极》)

天下之大防二：华夏夷狄也，君子小人也。非本末有别而先王强为之防也。夷狄之于华夏，所生异地。其地异，其气异矣。气异则习异，习异而所知所行蔑不异焉。……地界分，天气殊，而不可乱；乱则人极毁，华夏之生民亦受吞噬而憔悴。防之于早，所以定人极而保人之生，因乎天也。(《读通鉴论》卷十四)

这就是说夷夏大防，乃天造地设，绝不宜有所混乱而毁人类堤防。他既然把夷夏的界限划得这样清楚，因而对于夷狄之态度也就非常严厉，而说"奸之不为不仁，夺之不为不义，诱之不为不信"。(同上)又说"殄之不为不信，欺之不为不信，斥其土夺其资不为不义"。(《春秋家说》卷三)真的，他仇恨夷狄的心理非常露骨，竟主张"殄之以全吾民之谓仁，欺以诚行其所必恶之谓信，斥其土而以文教移其俗，夺其资而以宽吾民之力之谓义"。(同上)那因为他肯定："仁以自爱其类，义以自制其论"(《黄书》后序)；"信义者，人与人相与之道，非以施之异类者也"(《读通鉴论》卷四)。像他这样直截了当地把夷狄当做异类看待，而"奸之"，"殄之"，这自然是受满洲民族残酷压迫所引发出来的愤激情绪的流露。

他觉得中国民族的自卫，那是绰绰有余的，因为"中国财足自亿也，兵足自疆也，智足自名也"(《黄书·宰制》)。只要做到"不以一人疑天下，不以天下私一人，休养厉精，士佻粟积，取威万方，濯秦患，刷宋耻"(同上)，便可以督促"博衣弁带，仁育义植之土甿，足以固其族而无忧"。(同上)

他又主张用武力去宣扬文化，用我们文化水准很高的民族，去同化那文化水准很低落的民族。他说：

遐荒之地，有可收为冠带之伦，则以广天地之德而立人极也。

非道之所可废,且抑以抒边民之寇攘而使之安,虽然,此天也,非人之所可强也。……玉门以西,水西流而不可合于中国,天地之势,即天地之情也。张骞恃其才力强通之,固为乱天地之纪,而河西固雍凉之余矣。若夫驹也,冉也,邱觥也,越巂也,滇也,则与我边鄙之民犬牙相入,声息相通,物产相资,而非有戾驵冥顽不可响迩者也。武帝之始,闻善马而远求耳。骞以此逢其欲,亦未念及棘柯之可辟在内地也。然因是而贵筑昆明,垂及于今而为冠带之国。此岂武帝张骞之意计所及哉?故曰天牖之也。……江浙闽楚,文教日兴,迄于南海之滨,滇云之壤,理学节气文章事功之选,肩踵相望,天所佑也,汉肇之也。(《读通鉴论》卷三)

语曰:王者不可治夷狄。谓沙漠而北,河洮而西,日南而南,辽海而东;天有殊气,地有殊理,人有殊质,物有殊产,各生其所生,养其所养,君长其长,部落其部落,彼无我侵,我无彼虞,各安其纪而不相渎耳。若夫九州之内,负山阻壑之族,其中为夏者,其外为夷;其外为夏者,其中为夷;互相襟带而隔之绝之,使胸腋肘臂相亢悖而不相知。非无可治也,而非不治,然且不治,又奚贵乎君者哉?君天下者,仁天下也。(《宋论》卷六)

他不仅要强固自己的民族,同时还同化接近中国边境的民族,而使之列入中国版图。至于对距离中国较远之民族,既不主张立时同化,也不主张一律"歼之""殄之",而主张"彼无我侵,我无彼虞",颇含有民族自决的意义。总之:夫之之民族自卫论,颇有卓见。不过,他究竟不肯放弃地主立场,故一方面严树夷夏之大防,一方面又树立君子小人之大防,使中国整个民族内部,又分裂成两个对立的壁垒,而分散民族一致对外的联合战线。同时,满洲民族也利用中国内部的"君子"与"小人"的矛盾,出兵占据北京,赶走所谓小人——农民集体领袖李自成,在"为明复仇"和"替天行道"两个口号欺骗下整个地统治中国。明末清初始终不能完成有伟大力量的反清战线,又未始不是夫之所提出"君子小人之大防"而成为"夷夏之大防"的障碍。即是说:地主阶级始终不肯放弃他们的特殊地位,以致中国民族沦于异族统治下两百余年,惜哉!

3. 农民思想的流派

A. 颜元之反对读书说

颜元,字浑然,直隶博野人,世称习斋先生。生于明崇祯八年,卒于清康熙四十三年(一六三五——一七〇四)。他自己直接参加过生产劳动,"耕田灌园,劳苦淬砺"(《习斋先生年谱》),因而说:"吾力用农事,不遑食寝。"(同上)他的父亲做过蠡县朱家的养子,所以在幼年冒姓朱氏。三岁时,满兵入关大掠,其父被掳,其母改嫁。到了二十多岁,才知道这些情节,改还本姓。在十六岁时应县试,策问"弭盗安民"之道,他对于盗字附以新解释:"淫邪惰肆,身之盗也;五官百骸,身之民也。弭之者在心君。心主静正,则淫邪惰肆不复侵,而四体自康和矣。乱臣贼子,国之盗也;士农工商,国之民也。弭之者在皇极。皇建其极,则乱贼靖息,而两间熙皞矣。"(同上)他只认为"淫邪惰肆"和"乱臣贼子"为盗,而没有肯定一般人所公认的"流寇"为盗,这也显现着农民的身分。他在五十一岁的时候,出关寻父,在关外过着困苦的旅行生活一年有余,卒负骨归葬。他的全生命旅程,除出关之役和五十六七岁两度出游直隶、河南外,全在家乡消逝了。六十二岁时,曾应肥乡漳南书院之聘,往设教,要想把他的教育理想在那里试验,分设四斋:曰文事,曰武备,曰经史,曰艺能。正在开学,碰着漳水决口书院淹没的惨剧,此后便归家不复出。他既是农民出身,故反对著述,仅有《存性》《存人》《存学》《存治》

《言行录》《朱子语类评》《四书正误》等作,收集在《颜氏遗书》中。

他的认识论,是一种实用主义或实践主义。他认为只有关于现实生活上的事物,才是研究学问的对象。他说:

> 必有事焉,学之要也。心有事则存,身有事则修,家之齐,国之治,皆有事也。无事则治与道俱废。故正德利用厚生诸事;不见诸事,非德非用非生也。德行艺诸物,不征诸物,非德非行非艺也。
>
> (《习斋先生年谱》)

离却关于现实生活上的事实——"正德利用厚生诸事,德行艺诸物",即无学问;离却关于现实生活上的事物,便非学问。这确立了学问的目的,就是在获得人类生活的智识经验和充实人类生活的智识经验,而与一般封建贵族以学问为求统治的道义或装饰品,大异其趣。同时,他又认为要达到对于现实的了解,一定要做到理论和实践一致——不仅要从实践上去印证理论,而且要从实践上去获得认识。他说:

> 以读经史群书为穷理处事以求道之功,则相隔千里;以读经史群书为即穷理处事而曰道在是焉,则相隔万里矣。……譬之学琴然;书犹琴谱也:烂熟琴谱,讲解分明,可谓学琴乎? 故曰:以讲读为求道之功,相隔千里也。更有一妄人指琴谱曰,是即琴也。辨音律,协声韵,理性情,通神明,此物此事也。谱果琴乎? 故曰:以书为道,相隔万里也。千里万里,何言之远也。亦譬之学琴然。歌得其调,抚娴其指,弦求中音,微乎中节,是之谓学琴矣。未为习琴也。手随心,音随手,清浊疾徐有常功,鼓有常规,奏有常乐,是之谓习琴矣。未为听琴也。弦器可手制也,音律可耳审也,诗歌惟其所欲也。心与弦忘,于是乎命之曰听琴。今手不弹,心不会,但以讲读琴谱为学琴,是渡河而望江也,故曰千里也。今目不睹,耳不闻,但以谱为琴,是指蓟北而谈滇南也,故曰万里也。(《存学篇》卷二)

他反对从"读经史群书"去求事物的了解与认识，而主张从实际行动以求事物的了解与认识，这是由于其生产阶级的从事生产劳动上之实践生活的赤裸裸的反映出来的。他确定了这一个认识原理，因而积极地反对读书。他说：

> 汉宋诸儒，但见孔子叙《书》传《礼》删《诗》正《乐》系《易》作《春秋》，误认纂修文字是圣人，则我传述注解便是贤人，读之熟，讲之明，而会作书文者皆圣人之徒也。遂使二千年成一虚花无用之局。（《四书正误》）
>
> 率古今之文字，食天下神智。（同上）
>
> 试观今天下秀才晓事否？读书人便愚；多读更愚。但书生必自智，其愚却益深。（同上）
>
> 读书愈多愈惑，审事机愈无识，办经济愈无力。（《朱子语类评》）
>
> 文家把许多精神费在文墨上诚可惜矣，先生辈舍生尽死，在思读讲著四字上做工夫，全忘却尧舜三事六府，周孔六德六行六艺，不肯去习，又算什么？千余年来，率天下入故纸堆中，耗尽身心气力，作弱人病人无用人者，皆晦庵为之也。（同上）
>
> 仆亦吞砒人也，耗竭心思气力，深受其害，以至六十余岁，终不能入尧舜周孔之道。但于途次闻乡塾群读书声便叹曰："可惜许多人才！"故二十年前，但见聪明有志人，便劝之多读，近来但见才器，便戒勿多读书。……噫！试观千圣百王，是读书人否？虽三代后整顿乾坤者，是读书人否？吾人急醒！（同上）

他直认读书有伤"神智"，"弱人"，"病人"，读书人"更愚"，"愈惑"，有如"吞砒"，"二千年成一虚花无用之局"者，读书者之过。本来读书对于从事生产农民之现实生活确实无用，无论在耕种的技术上或耕种工具的改良上，都没有读书之必要。站在农民的立场上，自然要反对。此外，他对于宋明以来的所谓理性之说，也认为无益于现实生活，而倡言反对：

> 仆妄谓性命之理，不可讲也；虽讲，人亦不能听也；虽听，人亦不能醒也；虽醒，人亦不能行也。所可得而共讲之，共听之，共醒共行之者，性命之作用，如《诗》《书》六艺而已。即《诗》《书》六艺，亦非徒列坐听讲，要惟一讲即教习，习至难处，来问，方再与讲，讲之功有限，习之功无已。（《存学篇》）

> 静闲而久爱空谈之学，必至废事，厌事必至废事，故坏人才败天下者，宋学也。（《习斋先生年谱》）

他直斥"性命之学为不可讲"，斥"宋学"为"厌事""废事"而"败天下"。他所要学的，都是裨益于现实生活的，因而发出"正其谊以谋其利，明其道而计其功"之警语，而推翻行之千年"正其谊不谋其利，明其道不计其功"（董仲舒语）之陈案。同时，他认为求学的捷径不是在"讲"，而是在"习"。这就是说：一切的事功，都要从实际行动中求效率，故说："讲之功有限，习之功无穷。"名其所居曰"习斋"，其意即在此。

从这里转入人性论，自然与宋明学者大异其趣，呈现着实际主义者的色彩。因而力辟"本然之性"与"义理之性"之说的谬误。他说：

> 孟子时，虽无气质之说，必有言才不善情不善者，故孟子曰："若夫为不善，非才之罪也"；"非天之降才尔殊也"；"人见其禽兽也，以为未尝有才焉者，是岂人之情也哉"？凡孟子言才情之善，即所以言气质之善也。归恶于才情气质，是孟子所深恶，是孟子所亟辩也。宋儒所自恃以备于孟子，密于孟子，发前圣所未发者，不知其蹈告子、二或人之故智，为孟子所辞而辟之者也。……明言气质浊恶，污吾性，坏吾性，不知耳目口鼻手足五脏六腑筋骨血肉毛发俱秀且备者，人之质也，虽蠢犹异于物也；呼吸充周荣润运用乎五

官百骸粹且灵者,人之气也,虽蠢犹异于物也。故曰"人为万物之灵",故曰"人皆可以为尧舜"。其灵而能为者,即气质也。非气质无以为性,非气质无以见性也。今乃以本来之气质而恶之,其势不并本来之性而恶之不已也。以作圣之气质而视为污性坏性害性之物,明是禅家六贼之说,其势不混儒释而一之不已,能不为此惧乎?(《存性篇》)

这就是说:孟子所谓性,是就才情气质上讲的;说性善,就是说才美、情善、气质善的总称;决没有把才情气质和性的关联割断。直认程朱之才情气质有不善之说为谬误。更认程朱之"本然之性"与"义理之性"是超才情气质的东西之说为谬误,而竭力阐发气质与性的联系性:

譬之目矣:眶,疱,睛,气质也;其中光明能见物者,性也。将谓光明之理专视正色,眶疱睛乃视邪色乎?余谓光明之理固是天命,眶疱睛皆是天命。更不必分何者是天命之性,何者是气质之性,只宜言天命人以目之性,光明能视,即目之性善。其视之也,则情之善;其视之详略远近,则才之强弱,皆不可以恶言。盖详且远者固善,即略且近亦第善不精耳,恶于何加。惟因有邪色引动,障蔽其明,然后有淫视,而恶始名焉。然其为之引动者,性之咎乎?气质之咎乎?若归咎于气质,是必无此目,而后可全目之性矣。非释氏六贼之说而何?(同上)

这种说法何等平实,冲破了宋明儒者把性讲得空灵化的堤防。他是澈底主张性善的,才情气质全没有什么恶。那么恶是从那里来的呢?他都归到"引蔽习染"上去:

澄澈渊湛者,水之气质;其浊之者,乃杂入水性本无之土;正犹吾言性之有引蔽习染也。其浊之有远近多少,正犹引蔽习染之有轻重浅深也。若谓浊是水之气质,则浊水有气质,清水无气质矣,如之乎其可也。

耳听邪声,目视邪色,非耳目之罪也,亦非视听之罪也,皆误也。皆误用其情也。误始恶,不误不恶。引蔽始误,不引蔽不误也。习染始终误,不习染不终误也。去其引蔽习染者,则犹是爱之情也,犹是爱之才也。犹是用爱之人之气质也。而恻隐其所当恻隐,仁之性复矣。义礼智犹是也。故曰"率性之谓道"也,故曰"道不远人"也,程朱惟见性不真,反以性质为有恶而求变化之。是戕贼人以为仁义,远人以为道矣。(同上)

他肯定恶的来源,是由于"引蔽习染",绝不是"耳目之罪",也不是"视听之罪",这显然引导心性论达到一个新阶段。当时统治者所行的教育上的欺骗,教人民从内心上去克制性之"邪念",他不客气加以驳斥说:"吾力用农事,不遑食寝,邪妄之念,亦自不起。"(《习斋先生年谱》)这就是说:只有那般不劳而食的坐食者才有"邪念",生产阶级则终日劳作不已,根本便没有什么邪念存在他们的脑中,因而他们所追求的,只是现实的生活。这样人性论何等平易,而且始终是站在农民的立场上出发的。

再转入到政治论。他确认生产的农民之所以终年勤劳而犹不得一饱者,乃是由于社会上有一部分不劳而食的分子存在,那般不劳而食的分子占有了农业上最主要的生产手段的土地,根本上是不合理的。所以从农民阶级的立场,提出打破土地私有制度,将地主占有的土地平均分配给从事生产的农民。他说:

天地间田,宜天地间人共享之,若顺彼富民之心,即尽万人之产而给一人,所不厌也。王道之顺人情,固如是乎? 况一人而数十百顷,或数十百人而不一顷,为父母者,使一子富而诸子贫可乎? ……况今荒废至十之二三,垦而井之,移流离无告之民,给牛种而耕焉，田自更余耳。故吾每取一县，约其田丁，知相称也。
（《存治篇》）

土地的本身，本系天惠之物，一部分人用强力去"占有"，使大部分人失掉享受土地利益的机会，他认为系不平等。这确实是当时农民一致的呼声，不过是借颜元的文字表达出来罢了。

其次，他看到当时的统治者，为了满足其无厌的物质欲望而加紧对农民的剥削，他认为这是"预养饥骥而责千里"的办法，因而主张"菲供膳，薄税敛，汰冗费，以足民食"（《存治篇·治赋》）。同时，他对于政府不时的徭役，主张也要受相当的限制，而达到："体民心，亲老无靠不卒，老弱不卒，出戍给耕不税，伤还给耕不税"（同上）的境地，这当然也是从农民的利益观点上出发的。

再次，他主张寓兵于农的军事制度，以提高兵士的本质，进而提高其战斗的技术与力量，因而痛言中国历代兵农分开的弊端：

> 慨自兵农分，而中国弱。虽唐有府兵，明有卫制，固欲一之。迫于其衰，顶名应变，皆乞丐滑棍，或一人而买数粮支点食银，人人皆兵；临阵遇敌，万人皆散。呜呼，可谓无兵矣。岂止分之云乎？即其盛时，明君贤将，理之有法，亦用之一时，非久道也；况兵将不相习，威令所摄，其为忠勇几何哉？……一学校也，教文即以教武，一井田也，治农即以治兵。（同上）

这样，既可以增高农民之战争智识，又可减轻农民之军费担负，诚为"一举两得"。

不过，在历史上的农民，其意识不一定全是正确；有时，也免不了有落伍的地方，如颜元之主张恢复宫刑，这确实是开倒车的办法。

B. 李塨之均田论

颜元的高足——李塨，其思想立场，与乃师是一致的。塨，字刚主，号恕谷，直隶蠡县人。生于清顺治十六年，卒于雍正十一年（一六五九——一七三三）。少年时代，"以力田不足以养亲兼识医卖药"（《恕谷先生年谱》），是他也曾直接参加过生产劳动，他的思想言论，即是从其生产劳动上的实践生活赤裸裸的反映。他在著作的量的方面，比颜氏要多好几倍。其著者，有：《拟太平策》一卷，《田赋考辩》一卷，《平书订》十四卷，《恕谷后集》十三卷，及其门人冯辰、刘调赞共纂《恕谷先生年谱》四卷。

他在认识论方面，认为要从事物的本体上去认识事物之理，因而确立了宇宙间没有超越事物之理的存在的原则。他说：

> 夫事有条理曰理，理即存事中。今曰理在事上，是理别为一物矣。天事曰天理，人事曰人理，物事曰物理。《诗》曰"有物有则"，离事物何所为理乎？（《论语传注问》）

事物既包涵着理，两者之关联即不能割断与分离，因而他更进一步主张从现实的事物中以求理，并指责宋明理学家离开事物以求理的错误。他说：

> 请问穷理是阁置六艺专为穷理之功乎？抑功即在学习六艺，年长则愈熟而理自明也。譬如成衣匠学针黹，由粗及精，遂通晓成衣要诀。未闻立一法曰：学针黹之后，又阁置针黹而专思其理若何也。（《圣经学规纂》）

这已在指示由行动、实践以求理论的途径；若离开行动、实践而求理论，那就等于"阁置针黹而专思其理"。这确实是生产阶级从其生产的实践性上所获得认识事物的门径。他讲求功利，也不是偶然的，他说：

> 董仲舒曰：正其道不谋其利，修其理不急其功。语具《春秋繁

露》，本可自通，班史误易"急"为"计"，宋儒遂酷遵此语为学术，以为事求可，功求成，则取必于智谋之末，而非天理之正。后学迂弱无能，皆以此语误之也。请问行天理以孝亲而不思得亲之欢，事上而不欲求上之获，有是理乎？事不求可，将任其不可乎？功不求成，将任其不成乎？（《论语传注问》）

他认为一切的"道""理""事""功"，都应当要讲求效率，以"谋其利"，"急其功"，"事求可"，"功求成"，为一切行为的准则，决不能"任其不可"，"任其不成"，"不谋其利"，"不急其功"。他这种认识论与乃师同样地是一种实用主义。从他这种实用主义的认识论出发，自然会同乃师一样地反对读书。本来，终日辛勤不已而犹不得一饱的农民，时时刻刻与饥饿之神奋斗、肉搏，那里有闲暇的功夫和剩余的精力去孜孜地诵读。所以诵读在封建社会里，多半是地主阶级的专业，农民没有享受的机会，自然要发出讽刺读书者的呼声：

耽志《诗》《书》，则不嫖不赌耳，非圣贤专以读《诗》《书》成也。读阅久则喜静恶烦而心板滞迂腐矣。程子曰玩物丧志，谓书如佳山艳蕊，爱玩不释，日日登临，而为圣为贤之志反丧矣。……自秦火焚书，汉人珍之。日趋诵读，唐韩退之、宋朱晦庵，皆以圣道自任者也。而韩有《符读书城南诗》，朱有《读书乐诗》，则其终身之肆力在诵读矣。况下而为诗人文士与应科举以博富贵者乎？乃千余年成一文墨诵读之世，而人才日下，世教日衰，鱼烂瓦解，莫可收拾，则可知学文之文，不专书册，而读解书册，不足言学矣。故起诮者之口，曰白面书生，曰书生无用，曰林间咳嗽病狝猴，而谓诵读以养身心哉？李白曰："借问如何太瘦生，只为向来作诗苦。"则肌体日消，心体自肥，何养之有？颜先生所谓读书人率习如妇人女子，以识则户隙窥人，以力则不能胜一匹维也。（《恕谷后集·与枢天论读书》）

他说努力读书的好处,不过是可以减少嫖赌的非正当的嗜好,而其害处适足以"板滞迂腐"人类的心灵,肯定读书为"为圣为贤"的大障碍。因而他大骂读书人"无用","其率习如妇人女子",这形容读书人之无识无力,真是刻薄极了。此外,在下列的引文里,又显示读书人的态度卑鄙:

> 汉后二氏学兴,宋儒又少闻其说,于是所谓存心养性者,杂以静坐内视,浸淫释老,将孔门不轻与人言一贯性天之教,一概乖反,处处谈性,人人论天。……至于扶危定倾,大经大猷,则拱手推之粗悍豪侠,其自负直接孔孟者,仅此善人书生之学而已。……明之末也,廊庙无一可倚之臣,天下无复办事之官,坐大司马堂批点《左传》,敌兵临城,赋诗进讲,其习尚至于将相方面,觉建功奏绩,俱属琐屑,日夜喘息著书曰:此传世业也。以致天下鱼烂河决,生民涂毒。呜呼!谁实为此,无怪颜先生之垂涕泣而道也。(《恕谷后集·与方灵皋书》)

在这里,显示了读书人把全副精神与时光,都消磨在纸墨上,而忽略了人民生活和国家前途;似此遗误社会,实非浅鲜。因而大声疾呼道:"纸上之阅历多,则世事之阅历少;笔墨之精神多,则经济之精神少。宋明之亡以此。"(《恕谷先生年谱》)推其意,即在主张腾出读书的时间与精神,来致力生产事业和寻觅现实生活的经验。

他不仅反对读书,尤其反对超生活的"性理之学"。他在他的著作中,反理学的言论很多,现在抄录几段如次,足征其反理学的情绪紧张:

> 道学家不能辩事,且恶人辩事。
>
> 宋儒内外精粗,皆与圣道相反。养心必养为无用之心,致虚守寂。修身必修无用之身,徐言缓步。为学必为无用之学,闭门诵读。不尽去其病,世道不可问矣。

> 圣学践形以尽性，今儒坠形以明性。耳目但用于听读，耳目之用去其六七；手但用于写，手之用去其七八；足恶动作，足之用去九；静坐观心，而身不喜事，心身之用亦去九。形既不践，性何由全？（《恕谷先生年谱》）

所谓"致虚守寂"，"徐言缓步"，"闭门诵读"，这是有闲阶级的娱乐与欺骗的勾当。从事生产的农民自然没有享受的机会。（其实也不愿意享受）为着明白不关紧要的人性，而失去耳目手足心身的本来作用，这又是从事生产的农民所不屑为的事。同时，隶属于统治阶层的道学家因为与生产劳动隔离而依于剥削他人劳动以为生的实践生活，自然会"不能辩事"和"恶人辩事"。

从这里转入政治论。在消极方面，反对超过某种限度的商贾。因为商贾刺激地主阶级的奢侈欲而加重他们对农民的剥削，以致影响农民的生活。他说：

> 末不可轻，昆绳为财货起见也。然商实不可重。何者？天下之趋利骛矣。苟有利焉，虽轻之而亦趋也，岂忧商贾之少而无乎？夫商有利亦有害，懋迁有无，以流通天下，此利也。为商之人，心多巧枉；聚商之处，俗必淫靡，此害也。抱璞守朴，不相往来，固不可行于今日。然即乡里交易，比省通融，尽可豫乐，何事远贩。如今天下出产最少者，无如北直，然有米，有面，有鱼，有肉，有酒，有蔬，有果，有布，有绢，亦有绸，有材木柜箱棹椅诸器，何不可以供居食，毕婚丧者。乃必吴越闽广之纱缎、珠翠、绫锦、象箸、漆器、燕窝、橘、荔，东洋西戎之货，万里远鬻，倾囊充陈，导靡长奢，皆商为之也。然则贵布粟，贱淫技，重农民，抑商贾，以隆教养，先王之良法远虑，不可不考行也。（《平书订·财用》）

农民普遍的欲求，就在避免饥寒的袭击，那里有购买"吴越闽广之纱缎、珠翠、绫绵、象箸、漆器、燕窝、橘、荔,东洋西戎之货"的企图? 这些都是榨取阶级的地主的享乐品,从农民利益立场出发的李塨,自然要提出反对。

其次,他反对金银流通及以粮折银。因为金银流通,不仅是促成商人的财货集中和官吏的贪污便利,并且加重农民的担负。他说:

> 金刀之制,先王原为救荒而设,以后遂踵行之,以其赍轻致远,为移易天下之具也。如不为赍轻而致远,衣食之计,焉所用之? 乃后世征粮尽折银钱,则弊有不一而足者。民所力者,粟布,而官所积者,金刀,势必贱鬻其物,以充官入。故谚有曰:丰年病民。夫凶年不免疾痛,所乐者丰年耳。乃丰而反病,则农尚有乐时乎? 于是富商操其奇赢,以至沾泥涂足者,无升斗之储,逐末者,千箱万仓,坐牟厚利。一遇凶急,乃出之以制农民之命,此病民也。官吏之俸,皆以银,夫银可卷怀而藏,健笥而积也,而贪官污吏比比矣。(同上)

在这封建农村衰退的过程中,农村自供自给尚且不够,还要以廉价的农产品去换金银以供政府的税收:宜乎李塨要迁怒到金银本身有罪恶而力主废除。

再次,他反对隶属于地主阶级的游民的存在。他认为游民的充斥,是社会上的乱源之一。他说:

> 自萧曹以清净为治,以狱市客奸,而民始多闲旷;自佛者以清闲为教,而民始以闲为贵,而天下靡乱矣。天下有一无事之民则一民废;无一无事之民,则天下治。今士人静坐,讲无极性天空谈,或玩愒咏觞,或博弈嬉戏,里井之民,闲处旷游,群饮聚谈,非勤学,非力农,非工商力作,皆游惰也。(《拟太平策,地官》)

在这里,大有不劳动者不得食之概。他严厉地制裁游民,故接着又说:"司徒督各藩,令各县户衙督乡官,凡保甲中有游惰者,保甲教之,不变,禀于里师责之;不变,禀邑宰责之;不变,禀乡正责之;不变,县责之;又不变,土宜如明太祖筑逍遥楼令其玩而断其食,哀毁求改,诚者释之;不变,闭而毙之。农工商背竖竖木等身,贯木垣一环,腰一环,膝下一环,束紧铁铸之。……执更守三年,悔改诚者,乃除之,归业者终其身。"(同上)这样惩罚游民,直接可以减少游民的数量,间接可以减轻农民的担负。

历代的农民,最感苦痛者,就是没有生产的要素——土地。因为那天惠的土地,都被地主兼并了。历代农民所发动的暴动,没有一次不是由于土地兼并的原因所引发出来的。因而他主张"制民恒产",以消灭这个矛盾。他说:

> 孟子以制民恒产为王政之本;然则民产不制,纵有善治,皆无本之政也。譬诸室基固者,即壁桶有损不倾,基不固虽极雕绘之观,一遭风雨,立覆矣。三代以下,百姓未尝无治安之时,乃多不过数十年,少则数年,即不得其所者,本不立也。然自秦开阡陌,尽天下皆私田,人君何由制民之产,以立王政之本哉?(《平书订·制田》)

他认为制民之产,是治安的基础。因而他就用均田的办法,以为制民之产的唯一的手段。他说:

> 非均田,则贫富不均,不能人人有恒产。均田,第一仁政也。但今世夺富与贫,殊为艰难。颜先生有佃户分种之说,今思之甚妙。如一富家有田十顷,为之留一顷,而令九家佃种九顷。耕牛子种,佃户自备;无者领于官,秋收还。秋熟以四十亩粮交地主,而以十亩代地主纳官。纳官者,即古什一之证也。地主用五十亩,则今日停分佃户也。而佃户自收五十亩,过三十年为一世。地主之享地利,终其身亦可已矣。则地全归佃户,若三十年以前,地主佃户,

情愿买卖者,听之。若地主子弟众,情愿力农者,三顷两顷,可以听其自种;但不得多雇佣以占地利。再一佃户,必一家有三四人,可以自力耕锄,方算一家。无者,或两家三家共作一家地。不足者,一家五十亩亦可,无地可分者,移之荒地。(《拟太平策·地官》)

这是他用渐进的手段将地主多余的土地,在某种条件之下分给农民耕种,三十年之后,然后转移其使用权,而达到均田最后目标。此外,他又采用"权田"的手段,将官府所收集的土地,分给农民耕种:

吾有收田之策六:……一曰清官地,如卫田、学田之原在官者,清之使无隐。一曰辟旷土,凡田地之在官而污莱者开之,不弃之无用。一曰收闲田,兵燹之余,流亡而田无主者收之,有归者分田与之,不必没其全业。一曰没贼产,凡贼臣豪有连田阡陌者没之。四策行,田可得什二三矣。其二策:一曰献田,一曰买田,明告天下,以利民恒产之意。谓民之不得其养者,以无立锥之地;所以无立锥之地者,以豪强之兼并。今立之法,有田者必自耕,勿募人代耕;自耕者为农,无得更为士为商为工……惟农为有田耳。
(《平书订·制田》)

这不是"耕者有其田"的办法吗?这确实是失掉耕地的农人在清初土地集中的过程中一致的要求。在下列的引文里,规定土地的使用权更严格:

天下之不为农所有田者,愿献于官,则报以爵禄;愿卖于官,酬以资;愿卖农者听;但农之外无得买。农之自业,一夫不得过百亩,则田之不归于官者,不仅十之一哉?(同上)

他真是苦心孤诣,为农民觅寻生产要素,其言论,其意识,莫不从其本阶级的利益——农民的利益出发。有人说颜李学派的学说,是中国本位文化，这未免抹杀颜李学说的时间性和阶级性。

4. 市民思想的流派

A. 王锡阐之历算学

王锡阐，字寅旭，号晓庵，又号天同一生，江苏吴江人。生卒年无考；惟知在明亡后二十余年犹存。（见梁启超《近三百年学术史》）他绝意宦途，惟努力研究自然科学在清代科学界有绝大的贡献。关于历数方面的著述很多，均收集在《晓庵文集》中。

他的治学方法，确实含有科学精神。他企图了解事件的必然性和偶然性；同时并企图了解事件的因果关系。他说：

> 当顺天以求合，不当为合以验天。法所以差，固必有致差之故；法所吻合，犹恐有偶合之缘，测愈久则数愈密，思愈积则理愈出。（《晓庵遗书·历测》）

> 其合其违，虽可预信；而分秒远近之细，必屡经实测而后可知。合则审其偶合与确合；违则求其理违与数违，不敢苟焉以自欺而已。（《晓庵遗书·推步交朔叙》）

他研究历学，力求"致差之故"和"偶合之缘"，并力求"偶合与确合"或"理违与数违"的究竟，这真是科学家的态度。在下列引语里，更可想见治学态度的谨严：

> 非其人不能知也，无其器不能测也。人明于理而不习于测，犹未之明也。器精于制而不善于用，犹未之精也。人习矣，器精矣，一器而使两人测之，所见必殊，则其心目不能一也；一人用两器测之，所见必殊，则其工巧不能齐也。心目一矣，工巧齐矣，而所见犹

必殊,则其所测之时瞬息必有迟早也,数者之难,诚莫能免其一也。(《晓庵遗书·测日小记序》)

测日必要有测日之器,测日之人,而且要能"习于测","善于用","心目齐一","工巧齐一","测时齐一"诸条件,才能得到一般的结论。

他处在中外历学争议时代,而不为左右袒,不问其为中历或西历,只问其科学不科学,调剂当时中历与西历两派的对立。他说:

> 吾谓西历善矣。然以为测候精详可也,以为深知法意未可也。循其理而求通可也,安其误而不辨未可也。(《晓庵遗书自序》)

> 欲知新法之诚非,须核其非之实;欲使旧法之无误,宜厘其误之由,然后天官家言在今可以尽革其弊,将来可以益明其故矣。(《晓庵遗书·历策》)

他为着要做到测候精详,循理求通,为着要追求新法致非之实,于是"每夜辄登屋卧鸱尾间,仰观星象,竟夕不寐。复发律算书玩索精思,于推步之理宏亮而不滞。久之则中西两家异说皆能条其原委,考镜其得失"。(见《文献征存录》)他既不满意旧法,又不满意新法,只采取二者之长,以求历学之进步。他说:

> 近代西洋新法,大抵与土盘历同原。而书器尤备,测候加精。……徐文定以为:欲求超胜,必须会通。会通之前,先须翻译。翻译有绪,然后令深知法意者参详考定。其意原欲因西法求进,非尽更成宪也。文定既逝,继其事者仅能终翻译之绪,未遑及会通之法。至矜其师说,龃龉异己,廷议纷纷。……今西法且盛行,向之异议者亦诎而不复争矣。然以西法有验于今可也;如谓不易之法无事求进不可也。(《晓庵遗书·历说》)

他在历学有很大的贡献,原来系是他以科学态度获求得来的。他不仅在历学上有贡献，即对地理、天文学也有建树。他确立地心说，并举了许多例证加以说明。他论天大地小，谓为要"精于三角八线割圆之术，因七政之行度比次其高下而各重之，天去地之数可得，即恒星以上无法可算者，亦可想而知"。(《数学》卷一)次论日月地三体系，承认"西人言日大于地，月又小于地。日之大于地与月者，其相去悬绝"为真理，亦主张以"三角八线割圆之术测其本"。(同上)再论"日月星皆有质，谓实有其质，其质非金，非玉，非石，盖自有其质，非人世所有者也"。(同上)总之：他在资本主义社会的萌芽时代，对于自然科学确有贡献。不过，在此时的市民，除对于科学发达有要求外，于政治意识尚未觉醒，所以锡阐的学术思想，只限于自然科学一部分，这并不是偶然的。

B. 梅文鼎之理数说

梅文鼎，字勿庵，号定九，安徽宣城人。生于明崇祯六年，卒于清康熙六十年(一六三三——一七二一)。"他二十七岁时，从遗献倪观湖问历法，著《历学骈枝》三卷，倪为首肯。自此便毕世委身此学。中年丧偶，不再娶，闭户覃思。值书之难读者，必欲求得其说，往往至废寝食。格于他端中辍，耿耿不忘。或读他书无意中恚然有触而积题冰释，乘夜秉烛亟起书之。或一夕枕上所得累数日书不尽。每漏四五下，犹篝灯夜读，昧爽则已兴矣。数十年如一日。"(见梁启超《近三百年学术史》)关于历数方面的著作，非常宏富，其著者，有：《笔算》五卷，《筹算》二卷，《度算释例》二卷，《少广拾遗》一卷，《方程》六卷，《勾股举隅》一卷，《几何通解》一卷，《平面三角举要》五卷，《万圆幂积》一卷，《弧三角举要》五卷，《环中黍尺》五卷，《堑堵测量》二卷，《历学骈枝》五卷，《历学疑问》三卷，《疑问补》二卷，《交食》四卷，《七政》二卷，《五星管见》一卷，《纪要》一卷，《揆日纪要》一卷，《恒星纪要》《历学问答》一卷，《杂著》一卷，俱收集在《梅氏丛书辑要》中。

他生在前资本主义社会，对于数理有深邃的研究，颇有数理哲学家的风度。他认为理要建设在数的基础上，离开数来谈理，简直是沙滩上的楼阁。他说：

> 历也者，数也。数外无理，理外无数。数也者，理之分限节次也。数不可以臆说，理或可以影谈，于是有牵合傅会，以惑民听而乱天常，皆以不得理数之真，蒮由征实耳。（《梅氏丛书辑要·杂著》）

他应用数学原理来解释一切自然现象，因为"数"是"理之分限节次"。他又认为数理是有一般性的。他说：

> 同在九州方域之内，而嗜好风尚不齐，况逾越海洋数万里外哉？要其理数之同，未尝不一。今欧逻测量之器，步算之式，多出新意，与古法殊。然所测者，同此深圆之天，所算者，同此一至九之数。彼固蒮能自异，当其测算精密，虽隶首商高复起，宜无以易。
> （《度算释例自序》）

在这里，并透露了崇拜西洋测量器械之精的意识。关于数理的联系性，他在《历学骈枝自序》里说得更具体：

> 历，犹易也，易传象以数，犹律也，律制器以数。数者法所从出，而理在其中矣。世乃有未尽其数，至嘐嘐然自谓能知历理，虽有高言雄辨广引博稽，其不足以折畴人之喙明矣。而株守成法者，复不能因数求理，以明其立法之根。

他一方面非难株守成法者不能因数求理，一方面又非难因数求理者而不能尽其数的谬误，极端地崇拜数理科学，很能表示前资本主义社会的市民精神，虽然市民意识并不见得强烈。

本节基本参考书

黄宗羲　《明夷待访录》
　　　　《明儒学案》

顾炎武　《日知录》
　　　　《亭林文集》
王夫之　《读通鉴论》
　　　　《宋论》
　　　　《黄书》
颜　元　《颜氏遗书》
李　塨　《恕谷文集》
　　　　《恕谷后集》
　　　　《拟太平策》
王锡阐　《晓庵文集》
梅文鼎　《梅氏丛书辑要》

三 清中叶思想的流派

1. 清中叶社会诸矛盾

清代社会发展到乾嘉时代,因为人口急速的增加和商业资本城市手工业急速的发展,直使中国封建社会踏入衰老的状态。经济发展的指标,从人口的增加和田赋额的增加上,可以得着一个确切的指示。人口的增加,雍正八年为二千五百四十八万余;乾隆六年,增至一万四千三百四十一万余;二十七年,更增至二万零四十七万余;道光二十一年,增至四万一千三百四十五万。(萧一山《清代通史》中)田赋额:顺治十八年共五百四十九万三千五百七十六顷有奇;康熙二十四年增至六百零七万八千四百三十顷有奇;雍正二年增至六百八十三万七千九百一十四顷二十七亩有奇。手工业生产的发展,从英国产业革命前之中英贸易情形可以间接的推证出来。根据陈恭禄英国对华商业记载:从康熙二十年起至乾隆二十七年间,中国对英贸易呈现着出超状态,随着生产的发展和人口的增加,便引起地主和商人对土地的兼并。乾隆十三年,《皇朝经世文编》卷三十九载杨锡绂奏云:"近日田之归于富户者,大约十之五六。"乾隆五十一年上谕云:"据毕沅奏:豫省连岁不登,凡有恒产之家,往往变卖糊口。近更有于青黄不接之时,将转瞬成熟麦地,贱价准卖。山西等处富户闻风赴豫举放利债,借此准折地亩。乃山西等处豪强富户,越境放债,贱准地亩。是富者日益其富,贫者日见其贫。及遇丰年,展转增价售卖,而中州元气,竟为隔省豪强兼并侵剥,将来豫省贫民日渐流徙,田产皆为晋民所有,成何事体。"(《东华录》)钱维诚论云:"今之富者田连阡陌,农人受其田而耕之,役使如奴隶;豪商大贾,挟其金钱,买贱卖贵,子母相权,岁或入数万金。今富者以数百万计。今以一家而有数千百万家之产,则以一家而致失业数千百家也。"(《皇朝经世文编》卷十一)而且连旗人所占之地,亦被兼并。因了农民土地之被兼并,而显现为农村人口之过剩与耕地之不足。乾隆五年,范咸疏云:"满洲八旗生计久已上厪宸衷,而恒产至今未定,盖由内地已乏闲田……经划固有甚难者。"(同上卷三十五)明年梁诗正疏云:"臣比年以来,再四为旗人思久远之计,窃谓内地已无闲旷之田。"(同上)同时跟着来的一个现象,便是食粮的不够。满清政府为解除这一社会矛盾,乃不断地施行垦田政策,然而结果是失败了。其次则为赈济,还是无结果。这时期的兼并,主要的是商人资本。他们一面行使高利贷,一面又从食粮上去居奇操纵,使农民疾急的走入破产之途。这表现商业资本充分在逞其破坏封建性农村之淫威。另一面,自英国产业革命后,不仅中英贸易的内容已完全颠倒过来。由于英国生产成本的减低,而生产量则增大数倍。生产品的价格,也随着而低廉了十倍至二十倍。(鲁平《经济思想史》)中国的手工业和农村副业,便不能不因廉价的商品输入而随着解体。

　　在上述的经济形态下所反映出的政治:一方面政治拟古,以企图社会静化而维持既存的社会关系;一方面政权集中,促成中国专制政体发展到极高度的阶段。残酷的文字狱不断的发生,富有麻醉性的《大义觉迷录》的颁布,用这样威胁与利诱两种政治形式而达到政治拟古和政权集中之终极目的。

　　在这种政治形态之下,一部分士大夫就在故纸堆里讨生活,致力于经籍上的训诂工作,促成汉学的复兴,正面的给统治民族尽了统治的作用,虽然训诂工作是整理中国古籍所不可避免的一种工作。另一部分士大夫对于宋元以来的理学加以深刻的检讨与抨击,表示其反抗性,给被统治者以温情的麻醉。前者则以惠栋为代表,后者则以戴震为代表。

2. 戴震之"不出于欲为理"说

戴震字东原,徽州休宁人。生于清雍正元年,卒于乾隆四十二年(一七二四——一七七七)。著书甚富,其著者,有《孟子字义疏证》和《原善》。梁启超先生所称戴氏的"时代精神"为:"无论何人之言,决不肯漫然置信,必求其所以然之故,常从众人所不注意处觅得间隙,既得间,则层层逼拶直到尽头处;苟终无足以起其信者,虽圣哲父师之言不信也。"(《清代学术概论》)戴氏即是此种时代精神之典型者,他在童年时就发生怀疑《大学·右经》一章"为孔子之言而曾子述之"的佳话。他出身于小地主家庭,对于超越过弹性的理性,予以严正的指责;对于被统治的民众,予以温情的同情。他虽在考据学上有很大的贡献;但他之努力于考据学,正如胡适所说:"认清了考据名物训诂,不是最后的目的,只是一种明道的方法。"(《戴东原的哲学》)所以他自己也说:

> 乌呼!经之至者,道也。所以明道者,其词也。所以成词者,未有能外小学文字者也。由文字以通乎语言,由语言以通乎古圣贤之心志,譬之适堂坛之必循其阶而不可躐等。是故凿空之弊有二:其一,缘词生训也,其一,守讹传谬也。缘词生训者,所释之义,非其本义;守讹传谬者,所据之经,并非其本经。……二三好古之儒,知此学之不僝在故训,则以志乎闻道也,或庶几焉。(《古经解钩沉序》)

他比那般为考据学而治考据学的士大夫们，确实要高明一点。因为他拿起考据学当做一种"明道"的工具，对于过去维持封建社会的道，赋以新意义，使之更适合于当时社会的需求。

他的认识论，是一种气一元论。认为宇宙间的本质，都是气体的流行——气是宇宙间最根源的东西，一切的社会现象和人类意识，都是由它派生出来的。他说：

> 气化之于品物，则形而上下之分也。形乃品物之谓，非气化之谓。……《易》："形而上者谓之道，形而下者谓之器"，本非为道器言之，以道器区别其"形而上""形而下"耳。形谓已成形质，形而上犹曰形以前，形而下犹曰形以后。阴阳之未成形质，是谓形而上者也，非形而下明矣。器言乎一成而不变，道言乎体物而不可遗。不徒阴阳非形而下，如五行水火木金土，有质可见，固形而下也，器也。其五行之气，人物咸禀受于此，则形而上者也。（《孟子字义疏证》）

他把"形而上"和"形而下"两术语，赋以新义，而从一元的唯物论出发。把中国哲学史上所议论未决的"道""器"问题，推进到一新的阶段。在其求学的方法上，比较要科学一点。他说：

> 凡仆所以寻求于遗经，惧圣人之绪言暗汶于后世也。然寻求而有获，有十分之见，有未至十分之见。所谓十分之见，必征诸古而靡不条贯，合诸道而不留余议，巨细毕究，本末兼察。若夫依于传闻，以拟其是；择于众说，以裁其优；出于空言，以定其论；据于孤证，以信其通；虽溯流可以知源，不目睹渊泉所导；循根可以达杪，不手披枝肄所歧，皆未至十分之见也。以此治经，失不知为不知之意，而徒增一惑以滋识者之辨之也。……既深思自得而近之矣；然后知孰为十分之见，孰为未至十分之见，如绳绳木，昔以为直者，其

曲于是可见也；如水准地，昔以为平者，其坳于是可见也。夫然后传其信不传其疑；疑则阙，庶几治经不害。（《戴东原文集·与姚姬传书》）

他要宣扬"圣人之绪言"，但是他认为经籍上有可信的部分，也有可疑的部分，一定要从新估量其价值，要达到"十分之见"，做到"传其信不传其疑"的地步。所以他有"知十而皆非真，不若知一之为真知也"（段玉裁《经韵楼集·娱亲雅言》序引）的名言，这确实是比较进步的治学方法。

不过，在戴氏的方法论中仍旧夹杂着观念论的成分。他认为"以我絜之人，则理明。……以我之情，絜人之情，而无不得其平"。（《孟子字义疏证》）他又认为"心之所同然，始谓之理，谓之义……凡一人以为然，天下万世，皆曰是不可易也，此之谓同然。……分之各有其不易之则，名曰理；如斯而宜，名曰义"。（同上）"以我絜人"的办法而去求"理""义"之真实性、永久性，这是戴氏求理义的公平尺度。但是，在有阶级的社会里，由于生活的差异，而引出"情""理""义"的差异，那是无从"得其平"的，更无从得到"心之所同然"。同时在社会经济生活不断的变易过程中，要求理义"不易之则"，也是不可能的事。这种错误，是由于戴氏不了解思想产生之社会根源而使然，这当然是他的方法论上的缺陷。

从这里转入人性论。在消极方面，指责宋儒"以释混儒""舍欲言理"的敝害，谓"宋以前，孔孟自孔孟，老释自老释，谈老释者，高妙其言，不依附孔孟"。（《戴东原集·答彭进士允初书》）因而非常痛恨"宋以来，孔孟之书，尽失其解，儒者杂袭老释之言以解之"（同上）的文化现象。更进而非难宋儒"其说为不出于理，则出于欲，不出于欲，则出于理"，把理欲对立的谬说。

在积极方面，他建设性的一元论，不仅把性说得非常平凡，而且认为性不能离开物质而独自存在。他说：

> 凡血气之属，皆知怀生畏死，因而趋利避害，虽明暗不同，而出乎怀生畏死者同也，人之异于禽兽者不在是。……人则能扩充其知，至于神明，仁义礼智无不全也。仁义礼智非他，心之明之所止也，知之极其量也。孟子言，今人乍见孺子将入于井，皆有怵惕恻隐之心。然则所谓恻隐，所谓仁者，非心知之外，别如有物焉，藏于心也。已知怀生而畏死，故怵惕恻隐于孺子之危，恻隐于孺子之死。使无怀生畏死之心，又焉有怵惕恻隐之心？推之羞恶、辞让、是非亦然。使饮食男女与夫感于物而动者，脱然无之，以归于静，归于一，又焉有羞恶，有辞让，有是非？此可以明仁义礼智非他，不过怀生畏死，饮食男女，与夫感于物而动者之皆不可脱然无之，以归于静，归于一，而恃人之知异于禽兽，能不惑乎所行，即为懿德耳。古圣贤所谓仁义礼智，不求于所谓欲之外，不离乎血气心知。
> （《孟子字义疏证》）

他直接承认血气心知之性即是性，承认"仁义礼智不求于所谓欲之外"，更进而说："喜怒哀乐，爱隐感念，愠憏怨愤，恐悸虑叹，饮食男女，郁悠戚咨，惨舒好恶之情，胥成性则然，是故谓之道。"（《原善》）把性建筑在人类日常生活上，这是他对于性的问题上之新贡献。

他的伦理观，是一种温情主义，含有减少敌对阶级（农民）矛盾成分的政治意义。从这一观点出发，他反对"以理杀人"，解放被统治民众之精神上的压迫。他说：

> 今之治人者，视古圣贤体民之情，遂民之欲，多出于鄙细隐曲，不措诸意，不足为怪；而及其责以理也，不难举旷世之高节，著于义而罪之。尊者以理责卑，长者以理责幼，贵者以理责贱，虽失谓之顺，卑者、幼者、贱者以理争之，虽得谓之逆。于是下之人不能以天

下之同情天下所同欲达之于上,上以理责其下,而在下之罪人,不胜指数。人死于法,犹有怜之者;人死于理,其谁怜之。(《孟子字义疏证》)

在这里,他对于"卑者""幼者""贱者"之被压迫表示同情,而对于"长者""贵者""尊者"之压迫表示愤懑。肯定"以理杀人"比"以法杀人"还要来得残酷。所以他又长吁短叹地说道:"乌呼! 今之人其亦弗思矣! 圣人之道,使天下无不达之情,求遂其欲,而天下治。后儒不知情之至于纤微无憾是谓理;而其所谓理者,同于酷吏之所谓法。酷吏以法杀人,后儒以理杀人,浸浸乎舍法而论理,死矣! 更无可救矣。"(《戴东原集·与某书》)其实,在有阶级的社会里,伦理早已被"尊者""贵者""长者"所把持,借以作为他们有力的精神的统治工具。真是像胡汉民所说:"社会不能打破不平等的阶级,那里有甚么人道正义? 死于法,死于理,同一死于压制的阶级。"(《唯物史观与伦理之研究》)所以戴氏这种温情,除了减少敌对阶级的矛盾成分外,对于被统治者得不到什么实惠的。

他既然反对"以理杀人",自然又要积极地反对宋儒"以不出于物欲为理"之说:

既截然分理欲为二:治己以不出于物欲为理,治人亦必以不出于欲为理。举凡民之饥寒愁怨饮食男女常情隐曲之感,咸视为人欲之甚轻者矣。轻其所轻,乃重吾天理也,公义也。言虽甚善而用之治人,则祸其人。至于下以欺伪应乎上,则曰人之不善。此理欲之辨,适以穷天下之人尽转移为欺伪之人,为祸可胜言哉。(《孟子字义疏证》)

程朱以理为如有物焉,得于天而具于心,启天下后世人人凭在己之意见而执之曰理,以祸斯民。更淆以"无欲"之说,于得理益

远,于执其意见益坚,而祸斯民益烈,岂理祸斯民哉? 不自知为意见也。(《戴东原集·答彭进士书》)

他直斥宋儒之"天理""祸人","理欲之辨",适足以奖励人们相率趋于欺伪;"无欲之说",不仅离理益远,而且祸斯民益烈。从他反对"以不出于欲为理"这一信念出发,而积极地主张"君子之治天下也,使人各得其情,各遂其欲"。(《孟子字义疏证》)"圣人治天下,体民之情,遂民之欲。"(同上)但是,以"勿悖于道义",或"使一于道义"(同上)为条件。这里所谓道义,自然不能冲破封建地主所赖以维持的道义的提防。

他的政治论,与他的伦理观是分不开的。认为统治者要"通民情","体民情",由了解民众的需要而体贴民众的隐情。他再三强调的提出这个意见来:

> 君子之治天下也,使人各得其情,各遂其欲,勿悖于道义。
(《孟子字义疏证》)
> 圣人以通天下之情,遂天下之欲,权之而分理不爽:是谓理。
(同上)
> 圣人治天下,体人之情,遂人之欲,而王道修。(同上)
> 古人之学,在行事,在通民之情,体民之欲,故学成而民赖以生。后儒负心求理,其绳以理,严于商韩之法,故学成而不知。
(《戴东原集·与某书》)

在这些引语里,充分地显示了温情主义的政治动向,使民在温情的政治下,好好地当顺民。他要做到"圣人治天下之民,民莫不育于仁,莫不条贯于礼与义"。(《原善》)民在"育于仁",和"条贯"于"礼"与"义"的状态下,自然可以消灭对立的成分。其次,他又认为统治者应负政治实责,不论"或一家,或一国,或天下,其事必由身出之,心主之,意先之,知启之"。(《原善》)在消极方面,统治者应根绝"是非善恶,疑似莫辨","长恶遂非,从善不力",“见夺而沮丧,漫散无检押",和“偏倚而生惑"的“四弊",则“天下国家,可得而理矣"。(同上)这确实是开明的封建地主的政见。

3. 惠栋之汉学

惠栋,字定宇,东吴长洲人,生死年月尚未考定。在这古学复兴的空气中,他就是主持这个运动的中兴人物。他的一生精力和时间,完全消失在考证古籍的生活中。其关于考据方面的书籍,甚丰富,其著者:有《九经古义》《易汉学》《周易述》《明堂大道录》《古文尚书考》《后汉书补注》诸书。他处在政治拟古,文化复古的急流中,抱着愈古愈佳的信念。他说:

> 《易》有五家,有汉《易》,有魏《易》,有晋《易》,有唐《易》,有宋《易》,惟汉《易》有师法独得其传。(《周易述》)

> 汉人通经有家法,故有五经师,皆师所口授,其后乃著竹帛,所以汉经师之说,立于学官,与经并行。……古字古言,非经师不能辨。……是故古训不可改也,经师不可废也。……余家四世传经,咸通古义。……因述家学,作《九经古义》一书。(《九经古义》)

梁启超先生说他“以尊古守家法为究竟",“凡古必真,凡汉必好"。(《清代学术概论》)这是非常确切的批评。他既沉醉在故纸堆里,对于现实的政治问题和人生问题,却是很少有得谈到。而当时文字狱的余威所留给他的惨痛教训,又未始不是他避免谈现实问题之动力之一。

皮锡瑞在《经学历史》中称清代为“经学复盛时代",并称“国朝经师有功于后学者有三事：一曰辑佚书，一曰精校勘，一曰通小学"。这就是说乾嘉以后的士大夫完全致力于经籍的辑佚与校勘工作，不敢在经籍的辑佚与校勘之外有所思想，其实这种无思想自由的学术工作，即是清中叶的时代精神。惠氏的子弟沈彤、江声、余萧客，戴氏的子弟段玉裁、王念孙、王引之，无不比乃师"百尺竿头更进一步"地致力考古，在古董里讨生活。清代中叶思想的沉寂，不亚于欧洲中世纪，这就是统治民族扫荡思想的政绩，而惠栋等又成为统治民族尽了统治作用的功臣。

本节基本参考书

吕振羽 《中国经济史讲义》

戴　震 《戴东原集》

　　　　《孟子字义疏证》

惠　栋 《九经古义》

江　藩 《汉学师承记》

方东树 《汉学商兑》

四　清末思想的流派

1. 清末社会诸矛盾

中国社会发展到清代末年，旧社会的生产组织已在崩溃的过程中，而新的生产力却未曾长成，这不仅反映社会生产的中落，而且构成社会内部矛盾的深化。加以世界资本主义不断地向中国袭击，愈陷中国于穷困的深渊和矛盾的境地。中国手工业和家庭副业立见解体，引起大量的农民和手工业者之失业，便呈现着中国封建性农村之悲惨的画图。

世界资本主义的袭击，以英国为先锋队；而英国对华商品的输入，又以鸦片烟为大宗。由于大量鸦片的输入，必然换得大量货币的输出，加深了中国社会经济的危机。满清政府为着挽救这个危机而不得不下鸦片输入的禁令。在这禁令中连英国资本家的商品输入也在禁止之列，这招引了英国资本家之深深的不满，他们遂以武装炮舰的轰击来破毁中国的闭关主义。

另一方面，中国的农民和手工业者，在受着资本主义经济的袭来而促其加速生产之解体的过程中，还不断的从旧的生产的基础支持其顽强的抵抗。农民之抵抗的情绪，从太平天国之"反鬼子"这一点上充分表现出来。手工业者的反抗情绪，从道光时代居在广州的伯特·阿鲍的口中充分的流露出来。① 在这种背景下，便构成中国农民和手工业者之热烈的反英运动，尤其是广东。自然会产生第一次丧失满清政府威信的鸦片战争，鸦片战争的结果，落后的封建主义的中国，便不能不屈服于英国资本主义之前，而缔结出卖民族利益的《南京条约》。

自经过此次事变后，中国的地主阶级便完全在资本主义面前屈服，开始排演中国之半殖民地的日程。而原来的中国市民阶级商业资本，从而便走上了买办资本的前途，而作为先进国资本的附庸，充任其宰割中国的先锋工具。可是"闭关主义"，在英国资本主义这一响巨炮粉碎之后，其他资本主义国家便都因缘而至，于是又有所谓《中美条约》《中法条约》的缔结。此后，由于农民群众所发动的"排外主义"而至的"八国联军之役"的结果，又结缔所谓《天津条约》。他如《北京条约》《瑷珲条约》都在这个影响下面先后订立。

在上述的卖国条约当中，中国所损害的权利有如次的几点：

一、在特定地点，允许外人驻军，中国的军事设备，反受条约的限制而自动撤消，使外国军队入境，如入无人之境。

二、每次战败，赔偿战胜国的军费至巨，使中国财源外溢，而外国资本却因此抢得巨量财富。

三、中国丧失了安南、朝鲜等属国，又丧失了香港、九龙、台湾、澎湖、黑龙江以北，乌苏里江以东的广大领土，而中国领土更日见其削弱。

四、法租广州湾、英租威海卫、德租胶州湾、俄租旅顺大连，其他上海、天津、汉口、九江等处，均设有租界，使外国资本主义，在中国沿海和内地取得军事侵略和经济侵略的根据地。

---

① 沙发诺夫《中国社会发展史》引文云：道光十四年居住在广州的伯特·阿鲍说："广东的职工举行了真正的威胁，要求停止棉纱的输入。他们……说棉纱输入的增加，把他们妻子们的绩棉纺纱所得的利益剥夺了。他们为给予其所提出的要求以力量，便声明如在其织机上遇到英国的棉纱，立即把它焚毁。"

五、开辟许多商埠,给外国商品在中国推销的方便,同时并给外人在中国攫取低廉价格的原料的方便,中国财富悉在无形的侵略下面被掠夺。

六、丧失了关税自主的权利,外国资本主义可以顺利的在中国实行不等价的交换,中国的民族工业遂受很牢固的束缚而不能得到畅然的发展。

七、承认领事裁判权,在华的外人可不受中国的法律制裁而为所欲为;允许传教与游历的自由,来华的外人可以借传教与游历的美名而到处侦察;允许外国军舰商船在中国内河自由航行,而外国的武力可以在中国内地自由行动,随时可以控制中国。

八、特权条约的订立,外国资本主义可以在华取得各种特权,以便进一步伸展其侵略血手。

这样,世界资本主义把中国半殖民地化的工作,已十分完成。原来还时思反抗的中国封建统治者,不但妥妥贴贴的屈服,且反而成为他们的代理人了;已准备排演其历史日程的中国市民,却转化为买办资本的资格而出现。

在这内外矛盾交错的形势下,却影响着官僚地主以其政治强制剥削的所得而投入商品市场,转化为官僚资本而出现。所以,在清末,国家所经营的军事工业——兵工厂、造船厂,以及附属的制铁采矿事业等——在官僚资本的概念下,尤获得一个重要的意义。由于其各种因素的成长与存在,便不能不要求其解脱封建势力和先进资本主义的束缚;加以日本"明治维新"运动成功的刺激,更促进中国布尔乔亚改革的勇气,"戊戌变法"在这样的历史条件下而有声有色的排演着。不过,中国与日本由于各自的内在的和外在的条件的差异,而日本的明治维新,完成了日本布尔乔亚的革命事业,而作为中国布尔乔亚革命运动的戊戌变法却是流产了。同时,孙中山所领导的兴中会,黄兴所领导的兴华会,章炳麟所领导的光复会,俱莫不以排满为目标,企图在排满的目标下面树立布尔乔亚的政权。其后由于三团体的目标统一,而合组革命同盟会,在"驱逐鞑虏,还我中华,建设民国,平均地权"的口号下很英勇地进行国民革命。

　　在这样的经济形态和政治形态下,反映到意识形态上,一方面从新兴布尔乔亚改革(维新)的立场上,把中国数千年来的封建社会所尊奉的文化及其社会的秩序,大部分予以否定,而确立其社会进化和变革的必然性。一方面从新兴布尔乔亚革命的立场上,把欧洲布尔乔亚的意识形态及其政治制度,树立中国的新兴布尔乔亚革命的中心理论,而指示其斗争的方式与前途。因而在此时代的意识形态,与前此完全两样,虽仍夹杂着残余的封建意识。代表者,当推康有为、谭嗣同、梁启超、章炳麟和严复了。在相反的一方面,中国的封建地主也鉴于自己政权的危急,正在策划挽救其垂危命运的方略。积极地企图恢复中国的封建文化,以作为延续或巩固其封建政权的护命符。同时又企图吸收西洋物质文化的一部,注入到中国精神文化的血液中,以健康中国的封建文化,更进而作为健康中国封建政治的补品。代表者当推曾国藩和张之洞。

　　在这一时代,还有一个代表中国全民利益的思想家,就是中华民国的创造者——孙中山先生。关于他的思想,已另有拙著之《科学的三民主义》叙述过,本节恕不再述。

2. 开明的地主思想流派

A. 曾国藩之"学夷技以制夷"说

曾国藩,字涤生,号伯涵,谥称文正,湖南湘乡人。生于清嘉庆十六年,卒于同治十一年(一八一一——一八七二)。累官礼部侍郎,丁忧返里,会太平天国运动兴起,曾氏乃在籍督办团练,编制乡勇进剿,卒告成功,以大学士任两江总督。他的古文素养甚深,为"桐城派"古文中兴健将,遗有《曾文正公全集》。

他在思想方面,本来没有成立完备的体系;惟以官高位尊,在清末发生相当影响。他的方法论,是唯心的。"尝谓性不虚悬,丽乎吾身而有宰;命非外铄,原乎太极以成名。"(《顺性命之理论》)这已充分地表示性是先天的,而且有主宰一切的作用。"絪缊化醇,必无以解乎造物之吹嘘,真与精相凝,而性即寓于肢体之中,舍生负气,必有以得乎乾道之变化,理与气相丽,而命实宰乎,赋畀之始。以身之所具言,则有视听言动,即有肃乂哲谋。其必以肃乂哲谋为范者,性也。其所以主宰乎五事者,命也。以身之所接言,则有君臣父子,即有仁敬孝慈。其必以仁敬孝慈为则者,性也,其所以纲维乎五伦者,命也。"(同上)这把社会规范之"肃乂哲谋","仁敬孝慈"认为人类先天的性,更透露了观念论的意味。

他非常重视个人在社会上的作用。政治之好坏,风俗的善恶,他全认为是人的作用。如果有好的政治家和社会改革者在社会上负起领导的责任,那么,政治就可以走上光明的道路,风俗就可以走上淳厚的境地。他说:

> 风俗之厚薄奚自乎?自乎一二人之心之所向而已。民之生,庸弱者戢戢皆是也,有一二贤且智者,则众人君之而受命焉,尤智者所君尤众焉;此一二人者之心向义,则众人与之赴义;一二人者之心向利,则众人与之赴利;众人所趋,势之所归,虽有大力,莫之敢逆。故曰:挠万物者莫疾乎风。风俗之于人之心,始乎微,而终乎不可御者也。先王之治天下,使贤者皆当路在势;其风民也皆以

义,故道一而俗同。(《原才》)

一种风习发展的趋势,"始乎微,终乎不可御",他说得非常的真切,个人即在发展过程中起着推动作用,这是不可否认的;但是,曾氏只看到风习发展的一面,而没有看到另一面,一种风习的发展,还要受社会环境决定呢!法国的"德模克拉西"的风习,卢骚、孟德思鸠这般人,固然尽了推动作用;而法国资本主义的发达、成熟,更有绝对的决定作用。曾氏不明了这一点,虽"一生……在立志自拔于流俗,而困而知而勉而行,历千百艰阻而不挫屈"(引梁启超语),以企图清代封建政权之复兴与巩固,然而清代政权终不能阻止历史发展的动力而趋于灭亡。

他又认为政治家或社会改革者领导社会,主要的要具有领导的人格,有那不屈不挠的精神,有那为天下倡的忠诚,才能负得起领导的责任。他说:

> 君子之道,莫大乎以忠诚为天下倡。世之乱也,上下纵于亡等之欲,奸伪相吞,变诈相角,自图其安而予人以至危,畏难避害,曾不肯捐丝粟之力以拯天下;得忠诚者起而矫之,克己而爱人,去伪而崇拙;躬履诸艰,而不责人以同患;浩然捐生,如远游之还乡而无所顾悸。由是众人效其所为,亦皆以苟活为羞,以避事为耻。(《湘乡昭忠祠记》)

他看到他所生的时代,"百废莫举,千疮并溃,无可收拾"。(《与江岷樵左季高书》)外有帝国主义的侵略,内有"粤匪"不断的骚扰,封建政权,岌岌可危,因而他感伤时局,希望"独赖此精忠耿耿之寸衷,与斯民相对于骨岳血渊之中,冀其塞绝横流之人欲,以挽回厌乱之天心,庶几万一有补"。(同上)

他最痛恨的,就是当时名教人伦的隳废,社会典章法度的破坏,真

使他不敢"袖手旁观",起来与其阶级敌人(洪秀全等)奋斗,他在《讨粤匪檄》中说:

> 自唐虞三代以来,历世圣人扶持名教,敦叙人伦,君臣父子,上下尊卑,秩然如冠履之不可倒置。"粤匪"窃外夷之绪,崇天主之教,自其伪君伪相,下逮兵卒贱役,皆以兄弟称之,谓惟天可称父,此外凡民之父,皆兄弟也;凡民之母,皆姊妹也。农不能自耕以纳赋,而谓田皆天主之田。商不能自贾以取息,而谓货皆天主之货。士不能诵孔子之经,而别有所谓耶稣之说,《新约》之书,举中国数千年礼义人伦,诗书典则,一旦扫地荡尽,此岂独我大清之变,乃开辟以来名教之奇变。我孔子、孟子之所痛哭于九泉,凡读书识字者,又焉能袖手旁观,不思一为之所也!

的确,他看不惯人民平等,产业平等,和以"新约"代"孔子之经"这些现象,他认为这些现象的产生,是"开辟以来,名教之奇变"。所以不惜认贼作父而从事汉族内部的屠杀。他认为这样"不特纾君父宵旰之勤劳,而且慰孔孟人伦之隐痛,不特为百万生灵报枉杀之仇,而且为上下神祇雪被辱之恨"。(同上)从这里,我们可以看出曾氏的阶级观念超过他的民族观念。为着要维持本阶级的名教,不惜拥护异族的统治而戕害自己的同胞;为着要戕害自己的同胞,又不惜借助异族的武力(洋兵)。

曾氏目击中国社会自身的腐烂,拟注射强心针,以挽救中国社会的垂危。他受了魏默深的《海国图志序言》所说:"是书何以作?曰:为以夷攻夷而作,为以夷款夷而作,为师夷之长技以制夷而作"的影响,也提出"学夷技以制夷"的口号来,去吸收西洋的物质文明。他派遣聪颖子弟赴外洋留学,其用意就在吸收西洋之物质精华来健康中国社会的体质,其终极目的,也在维护满洲政权。当时有人以为天津、上海等处已

有造船厂,京师已有同文馆,不必派员赴欧西留学的抗议,曾氏还是坚持他的意见,说:

> 不知设局制造,开馆教习,所以图振兴之基也。远适肄业,集思广益,所以收远大之效也。西人学求实际,无论为士为工为兵,无不入塾读书,共明其理,习见其器,躬亲其事,各致其心思巧力,递相师授,期于月异而岁不同。中国欲取其长,一旦遽图尽购其器,不惟力有不逮,且此中奥窔,苟非遍览久习,则本源无由洞澈,而曲折无以自明。(《拟选聪颖子弟出洋习艺疏》)

中国的聪颖子弟,在曾氏的派遣下而留学西洋者,日多一日,在洋务运动的推行上,曾氏确有相当的功绩。虽然曾氏派遣子弟留学的动机,在造就维护封建政权的卫士。

B. 张之洞之中体西用说

张之洞,字香涛,谥文襄,河北南皮人。同治二年进士,屡督学典试;外任督抚,垂三十年,官至体仁阁大学士。庚子之役,京师被陷,太后西奔,封建政权更危急万分,他再三上疏,请求施行新政,如兴学育才,如采行西法,大致都被采用。他充任两湖总督时,施行新政尤力,如京汉铁路、汉阳铁厂、萍乡煤矿,皆彼所创办。他如创设兵轮,创办新军,俱在强化封建社会机构。在另一方面,刊行古书甚多,并著《书目答问》,以为后学研究中国古代文化的指南。其他著述有《劝学篇》《南皮宫保奏议》等。

张氏生于"变法图强"的空气非常浓厚的时代,他是开明的地主,较之荣禄一般人的眼光要锐利得多。他认为非变法不足以挽救封建地主政权的运命,非接受西洋的物质文化不足以启发封建地文化的生机。因而他大声疾呼曰:

> 征之于经,穷则变,变通尽利,变通趋时,损益之道,与时偕行,

《易》义也。器非求旧唯新,《尚书》义也。学在四夷,《春秋传》义也。五帝不沿乐,三王不袭礼,礼时为大,《礼》义也。温故知新,三人必有我师,择善而从,《论语》义也。时措之宜,《中庸》义也。不耻不若人,何若人有?《孟子》义也。请征之于史,封建变郡县,辟举变科目,府兵变召募,车战变步骑,租庸调变两税,归余变活闰,篆籀变隶楷,竹帛变雕版,笾豆变陶器,粟布变银钱,何一是三代之旧乎?历朝变法最著者四事;赵武灵王变法习骑射,赵边以安。北魏孝文帝变法尚文明,魏国以治,此变而得者也。商鞅变法,废孝弟仁义,秦先强而后促。王安石变法,专务剥民,宋因以致乱,此变而失者也。商王之失在残酷剥民,非不可变也,法非其法也。请征之本朝,关外用骑射,讨三藩用南怀仁大炮;乾隆中叶科场,表判改五策;岁贡以外,增优贡拔贡;嘉庆以后,绿营之外,创募勇;咸丰军兴以后,关税之外抽厘金;同治以后,长江设水师,新疆吉林改郡县,变者多矣!即如轮船电线创设之始,訾议繁兴,此时欲废之,有不攘臂而争者乎?(《劝学篇》)

他这样引经据典,企图在找得变法之理论上历史上的根据。诚以"外患之乘,幻变如此,而犹欲以成法制之,譬如医者疗疾,不问何症,概投之以古方,诚未见有效也"。(《乙亥奏折》)他具有"变法即可以自强"的信念,更具有"要自强非实行新政不可"的决心。不过,他所变之法,与所行之政,是有范围的:"夫不变者,伦纪也,非法制也;圣道也,非器机也;心术也,非工艺也。"(同上)即是说,所变者是法制、器机、工艺,而古先圣所遗留的伦纪、圣道、心术,那是万不可变的。因而张氏的变法,不同于康梁的变法。康梁的变法,在企图实现一个民主国家;而张氏变法,则在充实封建社会的机构。

从他这基本观念出发,因而把中国与西洋的文化思想对立起来,认

为西洋文化是"艺",中国文化是"道";但是在目前,我们要承继中国的道以正人心,同时要接受西洋的艺以开风气。他说:

> 四书五经、中国史事、政书、地图为旧学;西政、西艺、西史为新学。旧学为体,新学为用。(《劝学篇》)

他这样把中西文化思想对立起来,认为中西的学问各有范畴,各有领域,并各有其用途。但是,他认为两者都要学,因而他批判崇旧抑新,或崇新抑旧两者都犯有同样的错误。他说:

> 今恶西法者,见六经古史之无明文,不察其是非损益而概屏之。如诋洋操为非,而不能用古法练必胜之兵;诋铁舰为费,而不能用民船树海防之策,是自塞也。自塞者,令人固蔽傲慢,自陷危亡。略知西法者,又概取经典所言而傅会之,以为皆中国所已有。如但诩借根方为东来法,而不习算学;但矜火器为元太祖征西域所遗,而不讲制造枪炮,是自欺也。自欺者,令人空言争胜,不求实学。溺于西法者,其或取中西之学而糅杂,以为中西无别,如谓春秋则是公法,孔教合于耶稣,是自扰也。自扰者,令人眩惑狂易,丧其所守。综此三蔽,皆由不观其通。不通之害,口说纷呶,务言而不务行,论未定而兵渡河矣。(同上)

他一方面攻击纯粹之国粹论者,斥之为"自塞",为"自陷危亡";一方面又攻击纯粹之欧化论者,斥之为"自扰",为"丧其所守";另一方面又攻击以中学傅会西法者,斥之为"自欺",为"空言争胜"。他非常痛恨当时"图救时者言新学,虑害道者守旧学,莫衷于一"的现象。"旧者因噎而食废,新者岐多而羊亡。旧者不知通,新者不知本。不知通,则无应敌制变之术;不知本,则有非薄名教之心。夫如是,则旧者愈病新,新者愈厌旧,交相为愈,而恢诡倾危乱名改作之流,遂杂出其说以荡众心。

学者摇摇，中无所主，邪说暴行，横流天下，敌既至，无与战；敌未至，无与安。吾恐中国之祸，不在四海之外，而在九州之内矣。"（同上）他这样深刻地指责"病新"与"厌旧"两派的错误。"然则如之何？曰：中学为内学，西学为外学。中学治身心，西学应世事。不必尽索之于经文，而必无悖于经义，如其心圣人之心，行圣人之行，以孝、悌、忠、信为德，以尊主庇民为政，虽朝运汽机，夕驰铁路，无害为圣人之徒也。"（同上）我们从这里即可以看出他当日是完全以孝、悌、忠、信为中国思想文化的中心，而以机械、技术为西方思想文化的基本。如果人人以中国的思想文化为本体，而以西方的思想文化为效用，则虽行为议论，不尽出之于经文，然而无害于为中国之政治道德。所以"今日学者，必先通经，以明吾中国先圣先师立言之旨；考史以识吾中国历史之治乱，九州之风俗；涉猎子集，以通我中国之学术文章。然后择西学之可补吾阙者用之，西政之可起吾疾者取之，斯有其益，而无其害。如养生者，先有谷气而后可饫庶羞；疗病者，先审藏府，而后可施药石。西学必先由中学，亦犹是矣"。（同上）他要做到二者不可偏废；否则"知外不知中谓之失心，知中不知外谓之聋瞽"。（同上）而产生他的得意之作的文化政策"中学为体，西学为用"（同上），这一政策，支配了清末的文化界。他为着实现这一文化政策，在上海组织强学会，用集体力量来执行这一政策。此会应办的事，在其章程上有明白的规定：

　　一、译印西洋图书，首译新闻材料，次译章程、教条、律例、条约、公法、日录、招牌以至地图著作。

　　二、刊行报纸，专载时务，兼译外国新闻，也载学术专著。

　　三、设图书馆，收藏中国图籍，采购西人政教和学术著作。

　　四、开博物院，收集古今中外兵农工商各种新器。

这个会是他接受西学的总机关。而这机关设立之目的，在于"上以广先圣孔子之教，下以成国家有用之才"，还是跳不出"中体西用"的圈套。

其他有"公羊派"今文大师之称的王闿运（壬秋）、廖平（季平）在清末的思想界发生相当的影响，其思想体系，与张之洞、曾国藩是同一立场的。

3. 市民思想的流派

A. 康有为之维新说

康有为，字长素，号更生，广东南海人，世称南海先生。生于清咸丰八年，卒于民国十六年（一八五八——一九二七）。他在少年时代，也曾追逐过科举功名，得光绪乙未科进士。"甲午"败后，他鉴于中国民族的危急，率领十八省有觉悟的士大夫——举人三千公车上书，开空前的群众运动方式，也如同"五四"学生群众运动，一样的代表了爱国思想和争自由争人权的民主主义的革命意识。后来为着继续其革命运动，创强学会，一方面树立革命的理论体系，一方面集中革命的分子和训练革命的斗士，以作变法自强的准备。后来他扮演戊戌变法的主角，也不是偶然的。他向德宗所呈之《法国革命记叙》《波兰分灭记叙》，都表现了民族思想的强烈。其所著之《新学伪经考》《孔子改制考》，推翻中国数千年来儒家传统的封建文化；其所著之《大同书》《孟子微》，更充满了新兴布尔乔亚求解放求自由的意识。至于《戊戌奏稿》，则系有系统的政治改革方案与计划。

有为在认识论方面，没有有系统的说明，也许他自己还没有意识到。不过，在他的《孟子微》里，也还到处表现着零星的认识概念：

> 夫物之感人无穷，而人之好恶无节，则是物至而人化物也。夫至于化物而与牛哀虎无不得为人矣。人之生世，与接为构，莫非物也。借耳目为接物之官，即以耳目为化物之具。纷华遍印于我脑，嗜欲深移于我情。其始借以为欢娱，其后大生其爱恋，爱极生缠，缠极生习，爱缠展转，熏习浓深。于是不能自主，甘为物役，舍身亡生以从之矣。非惟物诱而已，凡生与之俱。一地有一地之风，一国有一国之俗，既入其中，皆能移人，积习既久，与之俱化，忘其是非。（《孟子微》）

这一段话，虽然是对孟子的心性问题的新注释，其实已透露了人类意识须受物质环境的决定的意味，绝不像孟子那样把心性问题从物质中孤立起来去把握；同时并透露了人类意识由于后天环境不同而发生差异的意味，绝不像一般人所说那样的有先天的差异。这确实是比较进步的方法论。此外，他对于自然科学有相当的素养，因而他常常拿自然科学的原理原则，来说明人生现象和社会现象，这也是比较进步的方法论。

有为站在新兴布尔乔亚的立场，而确立社会进化的历史观。他从公羊学所谓"张三世"，"通三统"的说法，而阐发社会进化和变革的必然性。他解释"通三统"，即是说，夏商周三代不同，当随时因革；其解释"张三世"，即是谓据乱世、升平世、太平世，愈改而愈进步。他认为中国社会发展到清代末年，已到了穷则必变的阶段，其在《请告天祖誓群臣以变法定国是折》里说：

> 一统闭关之治，与列国竞争之治，若冬夏冰炭之相反，水陆舟车之异宜也。今我国处竞争之新世，而行闭关之旧法，安得不危败乎？夫秋扇必捐，堂裘无用，五月之裘难披，岸上之船不住，物之公理也。礼以时为大，而孔子时圣，逆天不祥，违时必败。若当变不

变，必有代变之者矣，与其人为变之，何如自变之为安适？（《戊戌
奏稿》）

在这里，一方面认为社会愈改变而愈进步，一方面又确定变革是时
势的要求，都有其不可避免的必然性。同时，并暗示变法则自强，不变
则有沦为殖民地（代变）的危险。他为着强调他的社会进化的理论根
据，因而又说："孔子道主进化，不主泥古；主维新，不主守旧。时时进
化，故时时维新。《大学》第一义，在新民，皆孔子之要义也。孟子欲滕
进化，于平世去其旧政，举国皆新，故以仁政新之。凡物旧则滞，新则
通，旧则板，新则活，旧则锈，新则光，旧则腐，新则鲜。伊尹曰：用其
新，去其陈，病乃不存。天下不论何事何物，无不贵新者。"（《孟子微》）在
社会不断进化的过程中，自然需要新的文物制度去代替旧的文物制度，
使社会不断的换上新装。

从他这种进化论出发，把数千年来封建社会所宗奉的经典在一个
"伪"字下和孔子托古改制的口号下完全与以否定。他所做的《伪经考》
和《孔子改制考》，就在严厉的清算和批判过去的文化，其给予当时学术
思想界的影响，据梁启超先生所说：

一、教人读古书，不当求诸章句训诂名物制度之末，当求其义
理。所谓义理者，又非言心言性，乃在古人创法立制之精意。于是
汉学宋学，皆所吐弃，为学界别辟一新殖民地。

二、语孔子之所以为大，在于建设新学派，鼓舞人创作精神。

三、《伪经考》既以诸经中之大部分为刘歆所伪造，《改制考》
复以真经之全部分为孔子托古之作，则数千年共认为神圣不可侵
犯之经典，根本发生疑问，引起学者怀疑批评的态度。

四、虽竭力推挹孔子，然既谓孔子之创学派与诸子之创学派，
同一动机，同一目的，同一手段，则已夷孔子于诸子之列。所谓"别

黑白定一尊"之观念,全然解放,导人以比较的研究。(《清代学术概论》)

新兴布尔乔亚既然要建设本阶级所需要的制度文化,便不能不否认束缚本阶级的封建文化,自然会把"儒家"所遗留的经典,认为不是伪造的,便是托古的。这真是在启蒙运动中很尽了消极的作用。

在文化工具方面,他主张废止麻醉士大夫和束缚士大夫思想的八股。他说:

> 故令诸生荒弃群经,惟读四书,谢绝学问,惟事八股。于是二千年之文学,扫地无用,束阁不读矣。渐乃忘为经义,惟以声调为高歌,岂知圣言,几类俳优之曲本。东涂西抹,自童年而咿唔摹仿;妃青俪白,迄白首而按节吟哦。既因陋而就简,咸闭聪而黜明。试官妄取,谬种展转以相传;学子循声,没字空疏而登第。虽有经文五义,皆以短篇虚衍;虽有问策五道,皆依题字空对。但八股清通,楷法圆美,即可为巍科进士,翰苑清才。而竟有不知司马迁范仲淹为何代人,汉祖唐宗为何朝帝者。若问以亚非之舆地,欧美之政学,张口瞪目,不知何语矣。……然凡此所讥,尚属进士举贡生员以上者也。若夫童试,恶习尤苛,断衁经文,割截圣语,其小题有枯困缩脚之异,其搭题有截上截下之奇,其行文有钓伏渡挽之法。(《戊戌奏稿·请废八股试帖楷法试士改用策论折》)

在这里显示八股之无用,确实很刻毒。若驱一般青年孜孜于无用之八股,简直是贻误青年,其残酷比白起之坑赵卒尤有过之。所以他接着说:

> 若童生者,士之初基,吾国凡为县千五百,大县童生数千,小县亦复数百。但每县以七百计之,几近百万人矣。夫各国试皆无额,惟通是求,而吾国学额寡少,率百数十额,乃额一人,故录取者百之

一，而新试者不止百之一。故多有总角应试，耄耋犹未青其衿者。或十年就试，已乃易业。假三十年之通，则为三百万人矣。故有人士终身未及作一大题，以发圣经大义者。夫以总角至壮至老，实为最有用之年华，最可用之精力，假以从事科学，讲求政艺，则三百万之人才，足以当荷兰、瑞典、丹墨、瑞士之民数矣。以为国用，何求不得，何欲不成。乃以三百万可用之精力人才月日，钩心斗角，敝精费神，举而投之枯困搭截文法之中，以言圣经之大义，皆不与之以发明也。徒令其不识不知，无才无用，盲聋老死，是比白起之坑长平赵卒四十万，尚十倍之。其立法之谬异，流弊之奇骇，诚古今所未闻，而外人所尤怪诧者矣。⋯⋯且童生者，全国人之蒙师也，师之愚陋盲瞀既极，则全国人之闭塞愚盲益甚。(同上)

他直截了当地主张废除"敝精费神"之八股，而集中青年智识分子之精力以"从事科学，讲求政艺"。况且处在这个资本主义竞争时代，更不能拿这套东西来做愚民的工具。所以他又说：

昔在一统闭关之世，前朝以之愚民则可矣。若夫今者万国交通，以文学政艺相竞，少不若人，败亡随之。当此绸缪未雨之时，为兴学育才之事，若追亡救火之急，犹恐其不能以立国也。而乃以八股试多士，以小题枯困截搭缚之才，投举国才智于盲瞀，惟恐其稍为有用之学，以为救时之才也。不亦反乎？然则中国之割地败兵也，非他为之，而八股致之也。(同上)

这不仅说八股消极的无用，而且说八股积极的有害，并且把它的害处夸大起来，竟说："中国之割地败兵，八股致之。"总之：他之主张废八股，是在肃清有碍社会进化的文化。我们要知道：人类文化，是要随人类生活进展而延续的；废止旧的，应当要建设新的，作为人类精神上的粮食。因而他更进一步主张兴学校，一以灌输比较进步的布尔乔亚文化，一以训练布尔乔亚的革命战士。他说：

> 我乃鞭一国之民，以从事于八股枯困搭截之题，斫人才而绝之，故以万里之大国，四万万之人民，而才不足立国也。近者日本胜我，亦非其将相兵士能胜我也。其国遍设各学，才艺足用，实能胜我也。吾国任举一政一艺，无人通之，盖先未尝教养以作成之，天下岂有石田而能庆多稼哉？今其害大见矣，不可不亟设学以育成之矣。……今变法百事可急就，而兴学养才，不可以一日致也。故臣请立学亟亟也。若其设师范，分科学，撰课本，定章程，其事至繁，非专立学部，妙选人才，不能致效也。（《戊戌奏稿·请开学校折》）

他认为废八股，犹之治病"以吐下而去其宿病"，兴学校犹之"宜急补养以培其中气"。并且把日胜我，完全归功于"遍设各学，才艺足用"。同时，单靠国内兴学，还不能训练高深人才，一定要派遣子弟到欧美去留学，把欧美的资本主义文化技艺介绍到中国来。他说：

> 若夫派游学乎？则宜多在欧美矣。书者空言也。实行之事，非深久游入其学校，尚虑不能深明之。且欧美近今之盛，实以物质故。汽力之为用，倍人力者三十；而国势之富盛强，亦三十倍。夫物质之学，又非可以译书得也。（《戊戌奏稿·请广译日本书派游学》）

这就是说欧美的物质文明不是在国内兴学的开始所能接收得了的，一定要派遣聪颖子弟赴欧美留学，深入其制造厂、实验室，才能学习过来。至其派遣留学生的办法，则："请大筹学费，或令各县分筹之，大县三人，中县二人，小县一人，皆举其县之秀才，令其县自筹供其费。吾以千五百县通计县二人，骤得三千游学生矣。"（同上）至其所学的科目，因其需要缓急的不同而有先后的规定，故说："律医二者，我宜缓学，自哲学、海陆军、化、电、光、重、农、工、商、矿、工程、机器，皆我所无，亟宜分学。每科有二三百人矣，其后岁岁议增，及理财，既成增派无数，六年之后，立国之才，庶几有恃。"（同上）在当时，有为即已意识到哲学与工理科有同样的重要，因为西洋之工理科所以飞跃猛进者，是有他的思想为之基础，哲学为之羽翼，绝对不是凭空而孤特的就如此了。此外，他又主张多译日本书，其用意在使西洋资本主义文化，很简便的从日本转译到中国来：

> 亟变法亟派游学以学欧美之政治工艺文学知识，大译其书以善其治，则以吾国之大，人民之多，其易致治强，可倍速过于日本也。今以吾国人士至卿大夫，此一国之托命者也。其聪明才智，岂为乏人？其欲讲求外国之政治文学工艺知识亦夥矣。然苦于欲通之而无其道也，以无各国之书故也。昔者大学士曾国藩尝开制造局于上海以译书，于今四十年矣。其天津福建广州亦时有所译。然皆译欧美之书，其途至难，成书至少，既无通学以主持之，皆译农工兵至旧非要之书，不足以发人士之通识也。徒费岁月，糜巨款而已。臣愚颛颛思之，以为日本与我同文也，其变法至今三十年，凡欧美政治文学武备新识之佳书，咸译矣。但工艺少阙，不如欧美耳。译日本之书，为我文字者十之八，其成事至易，其费日无多也。请在京师设译书局，妙选通人主之，听其延辟通学，专选日本政治书之佳者，先分科程并译之。不岁月后，日本佳书，可大略皆译也。（同上）

译书一事，他不仅注重官译，令京师及各省设官译局以总其事，而且奖励民译，以译书字数之多少，报以爵位之高低，而发生如次的规定："士人能译日本书者，皆大赍之。若童生译日本书一种五万字以上者，若试论通，皆给廪生，廪生则给贡生。凡诸生译日本书过十万字以上者，试其学论通者给举人，举人给进士，进士给翰林，庶官皆晋一秩。应译之书,月由京师译书局,分科布告书目以省重复,其译成之书,皆呈于译书局,译局验其文可,乃发于各省学政,试可而给第,举人以上至庶官,则译局每月汇奏,而请旨考试给之。"(同上)他这样重视译书,其意在整个地接受资本主义的文化,这真是在启蒙运动上很尽了积极的作用。

我们在前面即已说过,有为对于自然科学的素养也很深邃,而《诸天谈》一书,即是其对于自然科学研究的结晶,其在序言中也有一段对于研究心得的自白:"康有为生于绕日之地球星,赤道之北,亚洲之东,昆仑山之西南,中华之国土,发现海王星之岁以生。二十八岁时,居吾粤西樵山北银塘之澹如楼,因读《历象考成》,而观天文焉。因得望远镜见火星之火山、冰海,而悟他星之有人物焉。因推诸天之无量,亦即有无量之人物、政教、风俗、礼乐、文章焉,乃作《诸天谈》。"在其中力辟古以占验言天之谬,古以分野言天之谬,并肯定中国古代天文学之所以不精,由于制器未精之故。他更进而确定"地为绕日之游星","地为气体分出","地有热力故能自转,人见与日向背而分昼夜","地为他星所吸故南北斜倚","月转及潮","月随地绕日亦椭圆"等定律,他这样崇拜科学,真是推动启蒙运动之具体的表现。

他受了甲午战败的刺激,发生很浓重的民族意识,所以有如次的慷慨悲歌:

> 临睨太平洋兮,回望神州;兵气不扬兮,戚国是忧。强敌磨牙而争噬兮,瓜分日谋。我同胞被鱼肉兮,遂辱可羞。我恐为奴隶马牛兮,夜沉沉而神愀。
>
> 相彼犹太兮,如丧家之狗无所依,噫! 视彼波兰印度永奴之。噫! 我若无国兮,被逐何归? 噫! 我不急时奋起兮,既落难复飞,噫。(《南海先生诗集·干城学校歌》)

若"不急时奋起"，我们将为犹太之续，而有"瓜分"的危险。又云"我若生高丽兮，一时胁罢兵而亡。噫！我若生阿富汗暹逻之小国寡民兮，虽自藩而无能。噫！我若生印度兮，久为奴而无乡。噫！我若为波斯突厥之人兮，教力压而难扬。噫！我即为荷兰比利时瑞典丹麦之国民兮，蕞尔强而难张"。(《南海先生诗集·爱国歌》)但是，"我有霸国之资"，故而"横览大地无与我颉颃"。(同上)然而在事实上，我们不仅不能够做到"无与我颉颃"，反而不能与任何国家颉颃，真是伤心已极！况且还有一事最显明刺激我们，即是"蕞尔日本兮，我种我曹，地大如吾四川兮，人短不高，能舍身家兮卫国土，能习武事兮学兵韬，能胜强俄兮，万国仰其英豪"。(《千城学校歌》)"况我万里之广土兮，五百兆之人民，五金之咸备兮，万国无伦。我可选千万之民兵兮，为一大军，舞我黄龙旗兮，横绝地球春。"(同上)他这种爱护国家民族之心情，何等紧张，他直截了当地这样说："处竞争之世，有兵则文明，无兵则蛮髦。"这真是一针见血之谈！

从这里转入政治论，他认为封建政治已成为国家民族生存的障碍，必然地要易以"德模克拉西"的政治才能生存于竞争的世界中。他确立"人人皆独立而平等，人人皆同胞而相亲如兄弟"(《孟子微》)的社会观，他所作的《孟子微》，借孟子"民贵君轻"之躯壳，而装入西洋民主政治的精神，其后变法维新的主张，亦莫不从这一观点出发的。他认为"一切礼乐政法，皆以为民也；但民事众多，不能人人自为，公共之事，必公举人任之。所谓君者，代众任此公共保全安乐之事，为众民之所公举，即为众民之所公用。民者，如店肆之东人，君者，乃聘雇之司理人耳。民为主而君为客，民为主而君为仆，故民贵而君贱易明也"。(《孟子微》卷一)他抱着这种信念，所以向当时开明的封建统治者——光绪帝，请求定立宪，开国会，即是想避免流血的手段，而把中国向民主政治的途上推进。他说：

伏乞上师唐虞三代,外采东西强国,立行宪法,大开国会,以庶政与国民共之,行三权鼎立之制,则中国之治强,可计日待也。若臣言可采,乞下廷议施行。若其宪法纲目,议院条例,选举章程,东西各国,成规具存,在采酌行之耳。(《戊戌奏稿·请定立宪开国会折》)

至其立宪政体之组织,则规定:"左右者,行政官及元老顾问官也。诸大夫,上议院也。一切政法以下议院为与民共之,以国者国人公共之物,当与公任之也。"(《孟子微》卷一)他既主张人人独立而平等,所以主张"法律各有权限,不得避贵。……犯罪皆同,美总统有罪,亦可告司法而拘之"。(《孟子微》卷四)这完全表现司法独立的精神。他所做的《大同书》,更憧憬着求解放求平等的远大理想,梁启超把它的全书的内涵,包括为十三条:

一、无国家,全世界置一总政府,分若干区域;

二、总政府及区政府皆由民选;

三、无家族,男女同栖不得逾一年,届期须易人;

四、妇女有身者入胎教院,儿童出胎者入育婴院;

五、儿童按年入蒙养院,及各级学校;

六、成年后由政府指派,分任农工等生产事业;

七、病则入养病院,老则入养老院;

八、胎教、育婴、蒙养、养病、养老诸院,为各区最高之设备,入者得最高之享乐;

九、成年男女,例须以若干年服役于此诸院,若今世之兵役然;

十、设公共宿舍、公共食堂,有等差,各以其劳作所入自由享用;

十一、警惰为最严之刑罚;

十二、学术上有新发明者,及在胎教等五院有特别劳绩者,得殊奖;

十三、死则火葬。火葬场比邻为肥料工厂。(《清代学术概论》)

这其中,含有很浓重的社会主义成分。把封建观念、迷信思想,铲除得很干净。本来,在革命时期中的布尔乔亚的思想多含有社会主义的成分,是历史上常见的事。在革命的过程中,革命的布尔乔亚为增厚其革命的实力,不能不把无产群众罗致在其革命阵线之下而一致行动。自然要发出接近社会主义的言论,以为罗致无产群众的手段。

他又提倡资本主义的生产,以与"德模克拉西"的政治配合起来。他认为在从前闭关自守的时代,"使民无智无欲,质朴愿悫,礼节廉耻,孝弟忠信,相安相乐,亦复何加"!(《戊戌奏稿·请厉工艺奖创新折》)但是到了竞争剧烈的现代,"汽船自绝海而驶来,铁路由异域而通至,电线电话,可万千里而通语文,甚且汽球翔舞于空中,虽有高城峻天,亦复无关可闭"。(同上)世界各国的物质进展如此神速,我们不能不厉工艺,奖新创,而迎头赶上他们,以为富强的基础。他说:

> 臣窃怪诸欧小国,仅如吾一府一县,大如英德法奥意,亦不过吾一二省。其民大国仅得吾十之一,小国得吾百之一。而大国富强,乃十倍于我,小国亦与我等,其理何哉?深考其由,则以诸欧政俗学艺,竞尚日新。若其工艺精奇,则以讲求物质故。自嘉庆元年拿破仑募奖新器新书,而精器日出,至今百年,创新器者凡十九万余。于是诸欧强国,遂以横行大地,搜括五洲,夷殄列国,余波震荡,遂及于我。自是改易数千年之旧世界为新世界矣。近者电学新发,益难思议。但就往者汽机所成,倍人力者三十,故其国富强之力,亦倍三十。(同上)

他认为工艺新创,可以摧毁封建的生产制度,而提高其生产力,以奠定资本主义生产的基石。在这运用资本主义生产的要求之下因而非常痛恨那般轻视工业者。认为他们"诋奇技为淫巧,斥机器为害心,锦绣纂组,则以为害女红,乃至欲驱末业而缘南亩,此诚闭关无知之至论"。（同上）

在奖励工业新创的要求下,商品经济必随之发达,在商品经济发达的情形之下,必须发展交通,以便利商品的运输,因而他主张修筑铁路:

> 夫铁路缩万里为咫尺,循山川如图画,收远边为比邻,以开民智,富民生,辟地利,通商业,起工艺,省兵驿,固边防,莫不由之。凡各国文化富厚兵力之所及,皆视铁路之所通达以为衡。况吾中国地大物博,比于全欧,地大而无铁路通之则荒,物博而无铁路发之则弃。若皆开铁路,使地利皆通辟,物产皆发扬,以吾国之广土众民,大地莫强焉。（《戊戌奏稿·请废漕运改以漕款筑铁路折》）

铁路是交通的命脉,是文化传播的媒介,是商品交易必需的工具,站在新兴布尔乔亚的立场,自然有建筑铁路的要求。至于建筑铁路的经费,则从废漕运所省节的漕款的项下拨充之。而其铁路系统,则规定为:"南自江浙闽粤,而通桂滇川蜀,北自燕晋秦陇,而至蜀,乃入藏焉。北自辽蒙,直抵伊犁,而内达于陇。"（同上）这实在是孙中山先生实业计划中的建筑十万英里铁路的先声。此外他主张废止厘金,系在企图解放民族资本的束缚,以便抵抗外资的压迫。

其在国防方面,主张武器现代化、军队现代化,至少也可以抵抗国际资本主义的炮舰政策,更进一步还可以保护自己的商品向外发展,因而他有停弓刀石试改设兵校的要求:

> 夫武试之制,始于唐之武后,于今千二百年矣。乃在德意志初祖沙立曼未出世之前,此真博物院之古物,足供考古者,岂今犹可抱巨石以投人,舞大刀而相斗,鸣长镝以相警乎?以此弓刀石而与

数十响之后膛枪、开花弹之克虏伯炮相校乎？既必无是理矣。虽今练兵，皆用洋枪，无用弓刀石者，既知不可用，而令数十万之旗兵，百万之武举人、生员、童生方当壮佼武勇之年，而敝精力、破身家、糜禄食于弓刀石至古旧无用之物，果何为乎？……今举国上下，莫不知其无用，然因旧仍不请改，朝廷亦听之，坐弃百余万武士之勇力年华，岁糜百余万人之禄食饷糈，虽或出于国，或出于民，要合计之，其为暴弃百万之兵，岁弃万万之费，乃实事矣。以言兵事，等于古玩儿戏，以言国计，则大为弃民伤财。虽在闭关承平，然犹不可，况当列国竞争之世，东败偿割之后，而仍不肯变计乎？（《戊戌奏稿·请停弓刀石试改设兵校折》）

这指责中国武器和兵训的落后，自然不能与新式武器和新式兵训的资本主义国家相竞争相抗衡，不得不设兵校，以企图武器之改良和兵训的现代化。其后，他再度上疏，更具体的请求仿效德日练兵，来强化中国的国防，更进而抵抗国际资本主义的袭击。

总之：有为之一切意识形态，俱莫不从"觉民"与"救民"两者出发。（见《孟子微》）而提倡科学、宣传民主和巩固国防，又为觉民救民之具体内容，也就是推动启蒙运动之最具体的功绩。

不过，有为终于是一位带有多量的封建性的布尔乔亚之代言者，不肯把封建的袈裟，完全脱掉，他还想保存封建政治制度的外形，因而他直接提出所谓"虚君的共和"政治制度来：

其在今世之共和也，有议长之共和国焉，瑞士创之；有国民公举总统之共和国焉，美洲是也；有上下国会合选代表王之总统共和国焉，法国是也；有上下国会合选之总统不代表王之共和国焉，葡萄牙是也；有虚君之共和国焉，加拿大创之；有君主之共和国焉，英创之。

盖立宪之君主，实非君也，不过仍存虚衔，实力高贵之世爵，于王公上加一级虚爵云尔。

天下古今之义，必出于三：孔子言三统、三世是也。若以君主言之，既有专制之君主，有立宪之君主，自应有共和之虚君。以立宪言之，有立宪之民主，有立宪之君主，自应有立宪之虚君主。以共和言之，有议长之共和，有总统之共和，自应有虚君之共和，其义一也。(《共和政体论》)

他主张设"虚君之共和"的理由，据他自己说："盖虚君之用，以门地不以人才，以迎立不以选举，以贵贵不以尊贤。夫两雄不并立，才与才相遇则必争。故立虚君者，得专行其志，而无掣肘之患。""有虚君则不陷于无政府之祸一也。政府可久暂，如英小彼得之十九年，如德俾斯麦之二十余年，故能善其政而强二也。若不善则期年数月而易之，民心不积恨，而祸患可不发三也。"(同上)这完全是由于他的残余的封建意识在他的脑子里作祟，以致发出这样拥护封建制度外形的妙论。后来，他在《答南北美洲诸华商论中国只可行立宪，不能行革命书》里(见《南海先生最近政见书》)，直接反对革命，更进而成立保皇党以拥护封建制度，这是他的封建思想向前滋长的结果。

B. 谭嗣同之"冲决网罗"说

谭嗣同，字更生，号壮飞，湖南浏阳人。生于清同治四年，卒于光绪二十四年(一八六五——一八九八)。为戊戌政变中之壮烈牺牲者。光绪二十一年为着拜访新思潮先进的康有为，北游京师；虽未得面晤，但得见康氏的门徒梁启超，相谈甚欢，无形中结为未来戊戌变法的难友。越两年，应湖南巡抚陈宝箴之召回湘，举办新政，创设内河小轮、商办矿务、湘粤铁路、时务学堂、武备学堂、保卫局，使湖南近代物质和近代文化，有着显著的进步。倡设"南学会"，研究变法理论，计议变法方策，并结集变法同志,在革命策动上尽过最大的努力。一八九八年由康有为所发动的中国布尔乔亚变法运动,嗣同即是这个运动中心人物之一。他策动袁世凯,在态度上,在言词上,表现得何等忠诚,勇敢,热情!《《百日政变史》》不过,当时残存的封建势力,在社会机构上还占支配的地位,在反攻的阵营里,致演成"六君子"惨死的悲剧。在这个悲剧开幕时,康有为等受日本人的保护而亡命海外。同时,也有人劝嗣同出走,而嗣同严词拒绝,说:"不有行者,无以图将来,不有死者,无以酬圣主","各国变法,无不从流血而成"。《年谱》)这更表示了布尔乔亚革命的英勇姿态。他的著作,有文集三卷,诗集一卷,《仁学》二卷,笔记二卷,俱收在《谭浏阳全集》中。

　　他的认识论,似含有辩证的意味。从其革命的觉悟即所谓"仁"的立场上出发,认为社会一切的关系,都是相对的。他说:

　　　　一多相容也,三世一时也,此下士所大笑不信也。乌知为天地万物自然而固然之真理乎? 真理之不知,乃执妄为真,自扰自乱,自愚自惑,遂为对待所瞒耳。对待生于彼此,彼此生于有我,我为一,对我者为人,则生二。人我之交,则生三,参之伍之,错之综之,朝三而暮四,朝四而暮三。名实未亏,而爱恶因之,由是大小多寡,长短久暂,一切对待之名,一切对待之分别,淆然斗然,其瞒也,其自瞒也,不可以解矣。然而有瞒之不尽者,偶露端倪,所以示学人以路也,一梦而数十年月也,一思而无量世界也。尺寸之镜,无形不纳焉,铢两之脑,无物不志焉,西域之技,吐火而吞刀;真人之行,火不热而水不濡,水为流质,则相浮游泳。若处于空地为圆体,则倒竖横斜,皆可以立。同一空气,忽传声忽传光而不淆也。同一电浪,或传热或传力而不舛也。虚空有无量之星日,星日有无量之虚空,可谓大矣,非彼大也,以我小也。有人不能见之微生物,有微生物不能见之微生物,可谓小矣,非彼小也,以我大也。何以有大?比例于我小而得之;何以有小?比例于我大而得之。然则但有我见,世间果无大小矣,多寡长短久暂,亦复如是。暂者绵之永,短者引之长,涣者统之萃,绝者续之亘,有数者浑之而无数,有迹者沟之而无迹,有间者强之而无间,有等级者通之而无等级。(《仁学》)

从他这一对立之统一的相对论出发,认为"两则有正有负,正负则有异有同,异则相攻,同则相取"(同上),确立事物辩证的发展,这点辩证概念,是从革命的布尔乔亚现实斗争生活中获得的。

他又认为宇宙间的事物,皆存在于仁,故曰:"仁为天地万物之源。"(《仁学》)"遍法界、虚空界、众生界,有至大之精微,无所不胶黏、不贯洽、不管络。"(同上)因而仁有无穷的作用,"法界由是生,空虚由是立,众生由是出;无形焉,而为万物之所应;无心焉,而为万心之所感"。(同上)他以物质解释仁,把仁当做物理学中的"以太",这是打破了过去一切解仁的陈说。并透露了"仁(以太)共宇宙万物而同时存在,而非先于宇宙万物而存在,仁(以太)并不创造宇宙万物,而是为宇宙万物所自有;仁(以太)是宇宙万物内在的原因,而非宇宙万物之外铄的原因"(陈伯达的《谭嗣同论》),很正确的科学意识。

从这里转入到人性论,具有极精辟的见解。他否定宋明理学家的性理说,力辟以"人欲为恶"的谬说,更进而树立人类欲望说:

世俗小儒,以天理为善,以人欲为恶。不知无人欲,尚安得有天理?吾故悲夫世之妄生分别也。天理善也,人欲亦善也。王船山有言曰:天理即在人欲中,无人欲,则天理亦无从发现。(《仁学》)

他以为人类要满足物质欲望,乃是人类生存要素上一种合理的要求,这种要求当然不是恶。恶之所由起,乃是缘于人类习惯的关系,未必就是事件本身上的恶,他拿一般人所认为恶之尤者——"淫""杀"两事件来比喻：

> 男女构精，名之日淫，此淫名也，淫名，亦生民以来沿习既久，名之不改，故皆习谓淫为恶耳。向使生民之初，即相习以淫为朝聘宴飨之巨典，行之于朝庙，行之于都市，行之于稠人广众。如中国之长揖拜跪，西国之抱腰接吻，沿习至今，亦孰知其恶者。乍名为恶，即从而恶之矣。或谓男女之体，生于幽隐，人不恒见。然如世之行礼者光明昭著，为人易闻易睹，故易谓淫为恶耳。是礼与淫，但有幽显之辨，果无善恶之辨矣。向使生民之初，天不生其具于幽隐，而生于面额之上，举目即见，将以淫为相见礼矣，又何由知为恶哉？戕害生命，谓之日杀，此杀名也。然杀为恶，则凡杀皆当为恶。人不当杀，则凡虎狼牛马鸡豚之属，又何当杀者，何以不并名恶也？或曰：人与人同类耳。然则虎狼于人不同类也。虎狼杀人，则名虎狼为恶；人杀虎狼，何以不名人为恶也。天亦尝杀人矣，何以不名天为恶也；是杀名，亦生民以来沿习既久，第名杀人为恶，不名杀物为恶耳。以言其实，人不当杀，物亦不当杀，杀杀之者，能杀恶也，孔曰性相近，习相远，沿于习而后有恶之名。恶既为名，名又生于习，可知既断断乎无有恶矣。……颠倒生分别，分别生名颠倒，故分别亦颠倒，谓不颠倒者颠倒，故名亦颠倒。颠倒习也，非性也。
>
> （同上）

在这里，显示了一切的所谓恶，不是什么"性"派生的，而是由于外在的"习"决定的。这就是说：恶乃是社会环境的影响，并不是内心所产生的。同时，他并把一般人所认为有神秘性的性的关系，说得如此平凡，复把一般人所认为有崇高性的礼，说得与淫在人类生活上有同等意义，确实是很大胆的见解，充分地表示布尔乔亚解放的精神。

他的伦理观，否定封建社会之精神的支配工具——名教，认为一切残害人类的"惨祸烈毒"都是从"名教"中演绎出来的,要避免这种"惨祸烈毒"的再演,就要建立个人本位的个人主义的思想体系。他说:

> 俗学陋行,动言名教。……以名为教,则其教已为实之宾,而决非实也。又况名者,由人创造,上以制其下,而不能不奉之,则数千年来,三纲五伦之惨祸烈毒,由是酷焉矣。君以名桎臣,官以名轭民,父以名压子,夫以名困妻,兄弟朋友,各挟一名以相抗拒,而仁尚有少存焉者得乎?然而仁之乱于名也,亦其势自然也。中国积以威刑,钳制天下,则不得不广立名,为钳制之器。如曰仁,则共名也。君父以责臣子,臣子亦可以反之君父,于钳制之术不便,故不能不有忠孝廉节,一切分别等衰之名,乃得以责臣子曰:尔胡不忠?尔胡不孝?是当放逐也,是当诛戮也。忠孝既为臣子之专名,则终必不能以此反之。虽或他有所据,意欲诘诉,而终不敌忠孝之名,为名教之所尚,反更益其罪。(同上)

自然,富有革命性的布尔乔亚,在革命的启蒙时代,充满了平等的、自由的思想,积极的反对被某一阶级所御用的名教,并不是偶然的。由诋毁名教出发,更进而诋毁宗法社会重男轻女的恶习,认为男女间只有生理上的差异,而不应有地位上的差异。他说:

> 夫男女之异,非有他,在牝牝数寸间耳,犹夫人之类也。今锢之严之,隔绝之,若鬼物,若仇雠,是重视此数寸之牝牝,翘之以示人,使知可贵可爱,以体羡乎淫。然则特偶不相见而已。一旦瞥见,其心必大动不可止。一若方苞之居丧,见妻而心乱,直以淫具待人,其自待亦一淫具矣,复何为不淫哉?故重男轻女者,至暴乱无礼之法也。男则姬妾罗侍,放纵无忌,女一淫即罪至死。驯至积重,流为溺女之习,乃忍为蜂蚁豺虎之所不为,中国虽亡,而罪当有余矣,夫何说乎?……苟明男女同为天地之菁英,同有无量之盛德

大业,平等相均,初非为淫而始生于世。所谓色者,粉黛已耳,服饰
已耳,去其粉黛服饰,血肉聚成,与我何异,又无色之可好焉,则将
导之使相见,纵之使相习,油然相得,澹然相忘,犹朋友之相与往
还,不觉有男女之异,复何有于淫。(同上)

他直斥"重男轻女",为"暴乱无礼之法",直替"女一淫即至罪死"的
法律抱不平,较之明末李贽的男女平等观念更要具体。他对于人与人
的关系,规定三个原则:"一曰平等,二曰自由,三曰节宣惟意,总括其义
曰:不失自主之权而已矣。"(同上)他积极地建设个人本位的自由主义,
更进而摧毁封建社会的"五伦"。他说:

> 民主者,天国之义也,君臣朋友也。父子异室异财,父子朋友
> 也。夫妇择偶判妻,皆由两情相愿,而成婚于教堂,夫妇朋友也。
> 至于兄弟,更无论矣。……同为朋友矣,无所谓国,如一国,无所谓
> 家,如一家,无所谓身,如一身。夫惟朋友之伦独尊,然后彼四伦不
> 废自废,亦惟明四伦之当废,然后朋友之权力始大。今中外皆侈谈
> 变法,而五伦不变,则举凡至理要道,悉无从起点,又况于三纲哉?
> (同上)

本来"三纲五伦",是封建社会中维持等级制度的有力工具,主张平
等的新兴的布尔乔亚,当然主张废止,而达到"君臣朋友""父子朋友"
"夫妇朋友"的平等的境地,换言之,即是扩大朋友一伦,而吞灭其他君
臣、父子、兄弟、夫妇四伦。

从这里转入政论,根本否定君臣特殊地位和君主政治形态,认为君
不过是"共举"之民,自然可以因其民之不需要而"共废",达到政治乃是
为民办事的结论。他说:

> 生民之初,本无所谓君臣,则皆民也。民不能相治,亦不暇治,

于是共举一民为君。夫曰共举之,则非君择民,而民择君也。夫曰共举之,则其分际又非甚于民,而不下侪于民也。夫曰共举之,则因有民而后有君。君,末也;民,本也。天下无有因末而累及本者,亦岂可因君而累及民哉?夫曰共举之,则且必可共废之。君也者,为民办事者也;臣也者,助办民事者也。赋税之取于民,所以为办民事之资也。如此而事犹不办,事不办而易其人,亦天下之通义也。……岂谓举之戴之,乃以竭天下之身命膏血,供其盘乐怠傲,骄奢而淫杀乎?供一身之不足,又滥纵其百官,又欲传之世世万代子孙,一切酷毒不可思议之法,由此其繁兴矣,民之俯首帖耳,恬然坐受其鼎镬刀锯,又不以为怪,固曰大可怪矣。(同上)

在这里不仅显示历代君主把设君的本意失掉——不"为民办事"而且显示君主对于民众淫毒,非常深化。因而他进一步揭示君主钳制臣民之技俩:

君之亡犹愿为之死节。故夫死节之说,未有如是之大悖者矣,君亦一民也,且较之寻常之民而更为末也。民之于民无相为死之理,本之与末,更无相为死理。死君者,宦官宫妾之为爱,匹夫匹妇之为谅也。夫曰共举之,犹得曰吾死吾所共举,非死君也,独何以解于后世之君,皆以兵强马大力征经营而夺取之,本非自然共戴者乎?况又有满汉种族之见,奴役天下者乎?夫彼奴役天下者,固甚乐民之为其死节矣。一姓之兴亡,渺渺乎小哉?民何与焉,乃为死节者,或数万而未已也。本末倒置,宁有加于此者。……且夫彼之为前主死也,固后主之所深恶也,而事甫定,则又祷之祠之,俎豆之,尸祝之,岂不亦欲后之人之为我死。犹古之娶妻者,取其为得晋人也。若夫山林幽贞之士,固犹在室之处女也,而必胁之出仕,不出仕则诛,是挟兵刃搂处女而乱之也。既乱之,又诟其不贞,暴

其失节,至为贰臣传以辱之,是岂惟辱其人哉! 实阴以吓天下后世,使不敢背去。(同上)

他认为"一姓兴亡",是与民众没有什么关系的;君主到了危急存亡之秋希望民众为之"死节",乃是"本末颠倒"的事。把对于君主心理卑鄙,形容得更刻薄。既恶其为前主死节,却为之祠祷崇拜;既强其守贞者为仕,却又诉其不贞,这真是何等卑鄙! 因而他更进一步用很锐利的词锋排斥身受其压迫的满人统治者:

> 天下为君主囊橐中之私产,不始今日,固数千年以来矣。然而有知辽金元之罪,浮于前此之君主者乎? 其土则秽壤也,其人则膻种也,其心则禽兽也,其俗则氄俗也。一旦逞其凶残淫杀之威,以攫取中原之子女玉帛,砺貙獢之巨齿,效盗跖之肝人。马足蹴中原,中原墟矣;锋刃拟华人,华人靡矣。乃犹以为未餍,峻死灰复然之防,为盗憎主人之计,锢其耳目,桎其手足,压制其心思,绝其利源,窘其生计,塞蔽其智术,繁拜跪之仪,以挫其气节。……其视华人之身家,曾弄具之不若。……宛转于刀砧之下,瑟缩于贩卖之手。方命之曰:此食毛践土之分然也。夫果谁食谁之毛,谁践谁之土? 久假不归,乌知非有。人纵不言,己宁不愧于心乎! 吾愿华人,勿复梦梦,谬引以为同类也。(同上)

他在这里形容满人的罪恶很深刻,而否定满人的统治。这一段话,无异是一种炸弹式的排满宣言,在清末的革命运动上,发生很大的影响。为着避免"天下为君主囊橐之私产",因而产生"大同"的世界观。他说:

> 地球之治也,以有天下而无国也。庄子曰:"闻在宥天下,不闻治天下。"治者,有国之义也;在宥者,无国之义也。曰:"在宥",盖

"自由"之转音。旨哉言乎！人人能自由,自必为无国之民。无国则畛域化,战争息,猜忌绝,权谋弃,彼我亡,平等出。且虽有天下,若无天下矣。君主废,则贵贱平。公理明,则贫富均。千里万里,一家一人。视其家,逆旅也；视其人,同胞也。父无所用其慈,子无所用其孝,兄弟忘其恭友,夫妇忘其倡随,若西书中百年一觉者,殆仿佛《礼运》大同之象焉。(同上)

他在社会各成员的关系上要做到"千里万里,一家一人",在家庭成员的关系上,要达到"父无所用其慈,子无所用其孝,兄弟忘其恭友,夫妇忘其倡随",其平等自由之思想何等澈底！为着要达到他的政治目的,极力主张变法：

民倒悬矣,国与教与种,将偕亡矣。唯变法可以救之。而卒持不变,岂不以方将愚民,变法则民智；方将贫民,变法则民富；方将弱民,变法则民强；方将死民,变法则民生。方将私其智其富其强其生于一己,而以愚贫弱死归诸民,变法则与己争智争富争强争生,故坚持不变也。究之智与富与强与生,决非独夫之所任为,彼岂不知之。(《仁学》)

他认为变法的功效,既可以挽救中国的灭亡,又可以使民富、民智、民强,因而他极愿牺牲自己而促进变法运动的成功。不过,他所谓变法,不仅是上层政治制度法律制度的改变,而且连下层的经济基础——生产工具生产方法也要改变,所以他直接主张用机器工业来代替手工业。他说：

有矿焉,建学兴机器以开之,辟山通道浚川凿险咸视此。有田焉,建学兴机器以耕之,凡材木水利畜牧蚕织咸视此。有工焉,建学兴机器以代之,凡攻金攻木造纸造糖咸视此。大富则设大厂,中富附焉，或别为分厂。富而能设机器厂，穷民赖以养，物产赖以盈，钱币赖以流通，己之富亦赖以扩充而愈厚。……第就天地自有之利，假吾力焉以发其覆，遂至充溢溥遍而收博施济众之功，故理财者慎毋言节流也，开源而已。（同上）

在这里，他认为机器生产，既可以使资本家积集资本，生产财富，又可以使贫者有拍卖劳力的机会，真是一举两得。有人以为"机器夺民之利"和"机器饶富而耗贫"两点来质问他，他反驳之曰：

民之贫乏也，贫于物产之饶乎？抑贫于物产之绌乎？求富民者，将丰其物产以富之乎？抑耗其物产以富之乎？……百人耕而养一人，与一人耕而养百人，孰为饶，孰为耗？彼必曰耕一养百者耗，耕百养一者饶，然则机器固不容缓矣。用货之生齿，远繁于昔，而出货之疆土，无辟于今，其差数无异百之于一也。假而有货焉，百人为之不足，用机器则一人为之有余，是货百饶于人也。一人百日为之不足用，机器则一人一日为之有余，是货百饶于日也。日愈益省，货愈益饶，民愈益富，饶十则富十倍，饶百则富百倍，虽不识九九之人，不待布算之劳，可定其比例矣。人特患不能多造货物，以广民利耳。或造矣，而力未逮；或逮矣，而时不给。今用机器，则举无虑焉。（同上）

机器生产，不仅可提高生产力而增加产量，同时并可节省许多的劳动时间，所以接着又说：

财货之生，生于时也，时糜货财歉，时啬货财丰。其事相反，适以相成。机器之制与运也，岂有他哉？惜时而已。惜时与不惜时，其利害相去，或百倍，或千倍，此又机器之不容缓也。（同上）

机器节省人力的程度，至有百倍千倍之多，他这样赞扬机器的机

能,完全从布尔乔亚出发的。如果使用机器增加商品量,又不能不开发交通,以便商品运输的捷便,因而他又主张发展轮船铁路:

> 轮船铁道,可以延年永命。……有万里之程焉,轮船十日可达,铁路则三四日,苟无二者,动需累月经年,犹不可必至。此累月经年之中,仕宦废其政事,工商滞其货殖,学子荒其艺文,佣走躔其生计,劳人伤于行役,思妇叹于室庭。……又况军务之不可迟而迟,账务之不容缓而缓,豪杰散处,而无以萃其群;百产弃置,而无以发其采,固明明有杀人杀物之患害者矣。有轮船,则举无虑此,一日可兼十数日之程,则一年可办十数年之事。(同上)

轮船铁路为工商业社会水陆交通的要具,为布尔乔亚发展产业所不可少的要素,所以嗣同这样热烈的提倡着。

总之:布尔乔亚在启蒙时代,对于本阶级所需要的文化、政治、经济,都有新的建树,而对于封建的文化、政治都力加否认,因而他大声疾呼,以速其冲决网罗,"初当冲决利禄之网罗,次冲决俗学若考据若词章之网罗。次冲决全球群学之网罗,次冲决君主之网罗,次冲决伦常之网罗,次冲决天之网罗"(《仁学自叙》),充满了解放精神。

C. 梁启超之新民说

梁启超,字卓如,号任公,广东新会人,生于清同治十二年,卒于民国十八年(一八七三——一九二九)。他在少年时代,也曾治帖括,好训诂,醉心科第。自与康氏晤谈后,始改变其治学的方针与范畴。一八九五年由中日战争中所产生出卖民族利益的《马关条约》告成后,他代表广东公车百九十人上书痛陈国家的危机及富强之道。其后康氏所发动的公车上书运动,他即是其中的主角。康氏所组织的强学会,他也加入,多所规划。次年,任上海《时报》主笔,"以淹贯流畅,若有电力足以吸住人的文字,婉曲的达出当时人人所欲言而迄未能言,或未能畅言的政论"。给垂死的"桐城派"或"六朝派"的文体以巨大的威胁与打击,这不能不说是有力的文化启蒙工作。越一年,任湖南时务学堂讲席,"所言皆当时一派之民权论;又多言清代故实,胪举失政,盛倡革命。其论学术,则自荀卿以下汉唐宋明清学者掊击无完肤",给湖南士大夫一个伟大的启示,以致招引封建余孽叶德辉著《翼教丛编》严加申责。一八九八年,以康氏为中心而发动的维新运动,他又是其中主角之一。后因封建势力的反动,以致发生六君子惨死的悲剧,他即继康氏出国逃避。在日益努力著读,对于西洋之政治思想,更有深切的了解与认识,遂努力译述以启迪国人。"壬寅"创办《新民丛报》,对于中国过去及现在的政治文化道德有严厉的批判与检讨,对于西洋布尔乔亚的政治文化道德有详尽的介绍与宣扬,以"条理明晰,笔端常带感情"的"新体文",影响中国文化上、思想上甚巨。一九〇九年,满洲政府被推翻后,他返国创《庸言报》,组民主党,次年扩充为进步党,入阁任司法总长。一九一五年袁世凯称帝,他率领其徒蔡锷兴师讨伐。越两年,张勋、康有为复辟,他通电反对,劝段祺瑞举兵消灭这种反动组织。在这一时期中,他似乎放弃了文化斗争,而专力于政治斗争。但是,中国布尔乔亚的政治革命,在国际帝国主义压榨之下而没有前途,因而梁氏斗争的勇气锐减,不得不停滞在故纸堆中讨生活,以度残年。他在东南大学、师范大学、清华大学等校教学,所任课程大都系国故方面,著者曾亲聆所授《中国文化史》及《中学国文教授法》两课。著述甚富,其著者:有《饮冰室文集》《饮冰室自由书》《盾鼻集》《戊戌政变记》《中国历史研究法》《清代学术概论》《先秦政治思想史》《大乘起信论考证》《梁任公学术讲演集》《要籍解题及其读法》等书。

　　他的认识论,是一种二元论。认为人类生活有精神和物质的两方面,吾人应力谋这两方面调协,不偏重物质,也不偏重精神;不忽略物质,也不忽略精神。他说:

吾侪确信人之所以异于禽兽者，在其有精神生活。但吾侪又确信人类精神生活不能离却物质生活而独自存在。吾侪又确信人类之物质生活，应以不妨害精神生活之发展为限度；太丰妨焉，太觳亦妨焉。应使人人皆为不丰不觳的平均享用，以助成精神生活之自由而向上。……吾侪认物质生活不过为维持精神生活之一手段；决不能以之占人生问题之主位。是故近代欧美最流行之"功利主义""唯物史观"等等学说，吾侪认为根柢极浅薄，决不足以应今后时代之新要求。虽然，吾侪须知：现代人类受物质上之压迫，其势力之暴，迥非前代比。科学之发明进步，为吾侪所不能拒且不应拒；而科学勃兴之结果，能使物质益为畸形的发展，而其权威亦益猖獗。吾侪若置现代物质情状于不顾，而高谈古代之精神，则所谓精神者，终久必被物质压迫，全丧其效力；否则亦流为形式以奖虚伪已耳。然则宗唯物派之说，遂足以解决物质问题乎？吾侪又断言其不可能。现代物质生活之发展于畸形，其原因发于物界者固半，发于心界者亦半。近代欧美学说，无论资本主义者流，皆奖励人心以专从物质界讨生活，所谓"以水济水，以火济火，名之曰益多"。是故虽百变其途，而世之不宁且滋甚也。（《先秦政治思想史》）

在这里，一方面承认"精神生活不能离却物质生活而独立"，一方面却又承认"精神生活"为人类所独有的，而忽略了精神生活是物质生活的反映，忽略了精神生活是从物质生活派生出来的。这岂不是二元论的见解？他在《论私德》一文里，一方面承认道德"因于社会性质之不同而各有所受"，在另一方面认为道德之"本原出于良心之自由，无古无今无中无外，无一不同，是无有新旧之可云"（《饮冰室文集》），这也是从二元论出发所产生的矛盾见解。此外，他又在《科学与人生》一文中说："人生观关涉理智方面的事项，绝对要用科学方法来解决；关于感情方面的事项,绝对的超科学。"(《科学与人生观》)他这样把感情与理智孤立起来,也是自己承认采用二元论的方法论的一个声明。严格地说起来:二元论就是观念论的别动队,因为对于问题的观察,很难得有很正确的分析。

梁先生在社会伦理方面,极端地攻击由封建政治体制下所产生出来的奴性,因而他对于当时社会上的奴性现象,有很深刻的描写:

> 嗟乎! 吾国民之秉奴隶性者何其多也! 其拥高官借厚禄盘踞要津者,皆禀奴性独优之人也。苟不有此性,则不能一日立于名场利薮间也。一国中最有权势者,既在此辈,故举国之人,他无所学,而惟以学为奴隶为事。驱所谓聪明俊秀第一等之人,相率而入于奴隶学校,不以为耻,反以为荣,天下可骇可痛之事,孰有过此者。此非吾过激之言也。诸君未尝游京师,未尝入宦场,虽闻吾言,或不信焉。苟躬历其境,见其昏暮乞怜之态,与其趑趄嗫嚅之形,恐非徒怵惕而有不慊于心,更必且报作而不忍挂诸齿。……夫居上流之人既如此矣,寻常百姓,又更甚焉。乡曲小民,视官吏如天帝,望衙署如官阙,奉搢绅如神明。……且天下惟能谄人者,为能骄人;亦惟能骄人者,为能谄人。州县之视百姓,则奴隶矣,及其对道府以上,则自居于奴隶也;监司道府之视州县,则奴隶矣,及其对督抚,则自居于奴隶也。督抚视司道以下皆奴隶矣,及其对君后,则自居于奴隶也,其甚者乃至对枢垣阁臣,或对至秽至贱宦寺宫妾,而亦往往自居奴隶也。若是乎,举国之大,竟无一人不被人视为奴隶者,亦无一人不自居奴隶者,而奴隶视人之人,亦即为自居奴隶之人,岂不痛哉! (《饮冰室文集·中国积弱溯源论》)

他很勇敢的揭示中国社会黑暗之幕,认为"蚁民之事官吏,下僚之事官长","既无自治能力,亦无独立之心,举凡饮食男女,衣服起居,无不待命于主人。倚赖以外无思想,服从之外无性质,谄媚之外无笑语,奔走之外无事业,伺候之外无精神"。(同上)奴性十足的分子充满了全国各个角落和各阶层,实为中国"积弱"的重要因素。其次,他又以为国人智识愚昧和性格好静也是"积弱"因素之一。他看到"今之所谓搢绅先生者,咿哑占毕,欺骄乡愚,曾不知亚细、欧罗,是何处地方?汉祖、唐宗,系那朝皇帝?然而秀才举人出于斯焉,进士翰林出于斯焉,寝假而州县监司出于斯焉"。(同上)他又看到国民受"污吏压制之也而不动,虐政残害之也而不动,外人侵慢之也而不动,万国富强之成效,灿然陈于目前也而不动;列强瓜分之奇辱,咄然迫于眉睫也而不动"。(同上)以如此无知识无感觉之官吏与国民,"处生存竞争弱肉强食之世",自然会使中国走到贫且弱的途径,宜乎梁先生大声疾呼,急急于督促国人和政府之觉醒与注意。

梁先生具有很明显的社会进化观念,认为:"世运者进而愈上,人智者浚而愈莹,虽有大哲,亦不过说法以匡一时之弊,规当世之利,而决不足以范围千百万年以后之人也。"(《饮冰室文集·自由说》)即是说,一时代有一时代的意识形态,吾人决不要拿已失时效之古代意识形态,而当做现代人所应遵守的规范,因而他肯定孔子的教义有束缚人类思想的发展,更进而抨击其教义:

> 我国学界之光明,人物之伟大,莫盛于战国,盖思想自由之明效也。及秦始皇焚百家之语,而思想一室,自汉以来,号称行孔教二千余年于兹矣,而皆持所谓表章某某者为一贯之精神,故正学异端有争,今学古学有争,言考据则争师法,言性理则争道统;各自以为孔教,而排斥他人以为非孔教。……寝假而孔子变为董江都何邵公矣,寝假而孔子变为马季长郑康成矣,寝假而孔子变为韩退之欧阳永叔矣,寝假而孔子变为程伊川朱晦庵矣,寝假而孔子变为陆

象山王阳明矣，寖假而孔子变为顾亭林戴东原矣，皆由思想束缚于一点，不能自开生面，如群猿得一果，跳掷以相攫，如群妪得一钱，诟骂以相夺，情状抑何可怜？（《饮冰室全集·新民说》）

秦汉以后的学者，如董、何、马、郑、韩、欧、程、朱、陆、王、顾、戴等，都受孔子思想的束缚，而不敢在孔子思想范畴以外有所思有所想，以致二千年来的中国思想界中断其发展，自然影响到中国社会的发展。梁先生把握住这一点，因而冒天下之大不韪，而高呼着："四书六经之义理，其非一一可以适于今日之用，则虽临我以刀锯鼎镬，吾犹断言而不惮也。"（《饮冰室全集·自由说》）其反孔子教义的精神何等坚决！他以为"我有耳目，我物我格；我有心思，我理我穷。高高山顶立，深深海底行，其于古人也，吾时而师之，时而反之，时而敌之，无容心焉，以公理为衡而已"。（同上）一切皆以公理为标准，而不问古人不古人，这种科学的精神，足以为现代勇于求真理的青年所矜式。从他求公理这一观念出发，他一方面反对以西学缘附中学，一方面反对以古书片词单语傅会今义：

今之言保教者，取近世新学理以缘附之。曰：某某孔子所已知也，某某孔子所曾言也。……然则非以此新学新理厘然有当于吾心而从之也，不过以其暗合于我孔子而从之耳。是所爱者，仍在孔子，非在真理也；万一遍索诸《四书》《六经》而终无可比附者，则明知为真理而亦不敢从矣；万一吾所比附者，有人从而剔之曰：孔子不如是，斯亦不敢不弃之矣，若是乎真理之终不能饷遗我国民也。故吾所恶乎舞文贱儒，动以西学缘附中学者，以其名为开新，实为保守，煽思想界之奴性而滋益之也。（《饮冰室全集·新民说》）

据古书片词单语以傅会今义，最易发生两种流弊：一、倘有印证之义，其表里适相吻合，善已；若有牵合附会，则最易导国民以不正确之观念，而缘郢书燕说以滋弊。例如畴昔谈立宪谈共和者，偶见经典中某字某句与立宪共和等字略相近,辄撷拾以沾沾自喜,谓此制为我所固有;其实今世共和立宪制度之为物,即泰西亦不过起于近百年,求诸彼古代之希腊罗马且不可得,遑论我国。而比附之言,传播既广;则能使多数人之眼光思想,见拘见缚于所比附之文句,以为所谓立宪共和者不过如是,而不复求其真义之所存。……此等积习,最易为国民研究实学之魔障。二、劝人行此制,告之曰:吾先哲所尝行之也。劝人治此学,告之曰:吾先哲所尝治也。其势较易入,固也。然频以此相诏,则人于先哲未尝行之制,辄疑其不可行;于先哲未尝治之学,辄疑其不当治。无形之中,恒足以增其故见自满之习,而降其择善服从之明。……吾雅不愿采撷隔墙桃李之蘩葩,缀结于吾家杉松之老干,而沾沾自鸣得意。吾诚爱桃李也,惟当思所以移植之,而何必使与杉松淆其名实者。(《饮冰室全集·新民说》)

他惟恐西洋的新学说在附会中国古义之下而将其真义隐蔽起来,而阻碍中国文化进化的航程。他直接不客气主张肃清妨害中国社会进化的封建文化,谓必"取数千年腐败柔媚之学说,廓清而辞辟之;使数百万如蠹鱼如鹦鹉如水母如畜犬之学子,得毋摇笔弄舌舞文嚼字为民贼之后援"。(《饮冰室文集·论进步》)他这样勇敢攻击封建文化,清算封建文化,在启蒙运动的阵线上树立了不少的功绩。

他看到当时国人受了"无多言,多言多患;无多事,多事多败"和"危邦不入,乱邦不居"诸教义的影响,以致养成一种保守的、谨慎的、中庸的民族性;他认为这种民族性,是消灭进取和冒险精神的毒素,也非加以肃清不可的。他是憧憬着远大的理想,并以进取与冒险的精神去追求:

凡人生莫不有两世界,其在空间者,曰实迹界,曰理想界;其在时间者,曰现在界,曰未来界。实迹与现在,属于行为;理想与未来,属于希望。而现在所行之实迹,即为前此所怀理想之发表;而现在之理想,又为将来所行实迹之券符。然则实迹者,理想之子孙,未来,现在之父母也。故人类之所以胜于禽兽,文明人之所以胜于野蛮,惟有希望故,有理想故,有未来故。希望愈大,则其进取冒险之心愈雄。(《饮冰室全集·新民说》)

因而他非常赞赏拿破仑之"难之一字,惟愚人所用字典为有之"之说,非常赞赏讷尔逊之"吾未见所谓可畏者,吾不识畏之为何物"之说。更进而崇拜西洋富于进取心冒险性的先哲,如科仑布,如麦志伦,如克林威尔,如华盛顿,如玛志尼等,说他们在当时"道天下所不敢道,为天下所不敢为。其精神有江河入海不到不止之形,其气魄有破釜沉舟一瞑不视之概,其徇主义也有天上地下惟我独尊之观,其向前途也有鞠躬尽瘁死而后已之志,其成也涸脑精以买历史之光荣,其败也迸鲜血以赎国民之沉孽。呜呼!曷克有此,曰惟进取故,曰惟冒险故"。(同上)这充分地表现布尔乔亚在启蒙时代的革命精神——勇敢直前的精神。

他不愿久在专制政治体制下窒息着,非常渴慕自由。"思想之自由,信教之自由,集会之自由,言论之自由,行动之自由"(《饮冰室文集·论中国积弱之源》),都是他日夕遑遑所祈求者。因而狂呼着:"璀璨哉!自由之花!"狂呼着:"庄严哉!自由之神!"(《饮冰室文集·新民说》)进而解释自由之真义:

不自由,毋宁死。斯语也,实十八九两世纪中欧美国民所以立国之本原也。自由之义,适用于今日之中国乎?曰:自由者,天下之公理,人生之要具,无往而不适用者也。虽然,有真自由,有伪自由,有全自由,有偏自由,有文明之自由,有野蛮之自由,今日自由云自由云之语,已渐成青年辈之口头禅矣。新民子曰:我国民如

欲永享完全文明真自由之福也,不可不先知自由之为物果何如矣。(同上)

他为着追求自由,而欣羡法国资产阶级革命,而崇拜揭举自由之帜的罗兰夫人"罗兰夫人何人也? 彼生于自由,死于自由。罗兰夫人何人也? 自由由彼而生,彼由自由而死。罗兰夫人何人也? 彼拿破仑之母也,彼梅特涅之母也。……质而言之,则十九世纪欧洲大陆之一切文明,不可不母罗兰夫人。何以故? 法国大革命为欧洲十九世纪之母故,罗兰夫人为法国大革命之母故。……嘻嘻出出,法国革命,法国遂不免于大革命"。(同上)他认为一切的物质文明都从自由的源泉里荡漾出来的。

梁先生又阐发自治的真义,认为由自治可以保障个人的自由和不侵犯他人的自由;若是不自治,很容易招引"他力起而代治之"或"治于人"的危险。所以他主张个人自治、团体自治。他说:

> 夫人之性质,万有不齐,驳杂而无纪,若顺是焉,则将横溢乱动,相觥相阋而不可以相群。于是不可不以人为之力,设为法律而制裁之。然此法律者,非由外铄也。非有一人首出,制之以律群生也。盖发于人人心中良知之同然,以为必如是乃适于人道,乃足保我自由,而亦侵人自由。故不待劝勉,不待逼迫,而能自置于规矩绳墨之间,若是者,谓之自治。自治之极者,其身如一机器然,一生所志之事业,若何而预备,若何而创始,若何而实行,皆自定之。一日之行事,某时操业,某时治事,某时接人,某时食,某时息,某时游,皆自定之。禀气之习惯,嗜欲之薰染,苟觉为害吾事业戕吾德性者,克而治之,不少假借。一言一动,一嚬一笑,皆常若有金科玉律以为之范围。一人如是,人人如是,于是乎成为群之自治。群之自治之极者,举其群如一军队然,进则齐进,止则齐止,一群之公律

固不守，一群之公益固不趋，一群之公责固不尽。如是之人，如是之群，而不能自立于世界者，吾未之闻也。(同上)

在这里显示着资本主义黄金时代的人群的生活规律性，一切生活都有一定的准绳，换言之，一切生活，俱应以法为准则。他希望"合身与身为一小群而自治焉，更合群与群为一大群而自治焉，更合大群与大群为一更大群而自治焉"。而达到"一完全高尚之自由国平等国自主国"(同上)之目的。

梁先生又鼓吹民族合群的道德，以集中民族的力量，来对付外敌，统一民族的阵线，来力图自存。他看到："人人知有身不知有群，则其群忽涣落摧坏，而终被灭于他群。中国人不知群之为何物，群之义为何义，故人人心目中但有一身之我，不知有一群之我。"(《饮冰室文集·中国积弱溯源论》)这实在是中国民族最大的危机。他在《论合群》一文里，也在反复说明不合群的危险性：

> 合群之义，今举国中稍有知识者，皆能言之矣。问有能举合群之实者乎？无有也；非惟国民全体之大群不能，即一部分之小群，亦不能也；非惟顽固愚陋者不能，即号称贤达有志者亦不能也。呜呼！苟此不群之恶性，而终不可以变也，则此蠕蠕芸芸之四百兆人，遂不能逃劣败之数，遂必与前此之萎然落澌然灭者同一命运，夫安得而不痛，夫安得而不惧？(《饮冰室文集·新民说》)

是的，中国人不合群，确实是中国民族的危机。要挽救这个民族的危机，就需要中国人努力发展合群的美德，联结抵抗外侮的新万里长城！但要完成合群的企图，更须进一步提倡社会公德来奠定它的基础。

> 公德者，诸德之源也。有益于群者为善，无益于群者为恶，此理放诸四海而准，俟诸百世而不惑者也。至其道德之外形，则随其

群之进步以为比例差。群之文野不同，则其所以为利益者不同，而其所以为道德者亦自不同。德也者，非一成不变者也，非数千年前之古人所能立一定格式以范天下万世者也。然则吾辈生于此群之今日，宜纵观宇宙之大势，静察吾族之所宜，而发明一种新道德，以求所以固吾群善吾群进吾群之道，未可以前王先哲所罕言者，遂以自画而不敢进也。知有公德，而新道德出焉。(同上)

他肯定公德乃社会上的人群积极合群的一种精神维系工具。在这里，并确立了道德的变易性，而有对过去的道德不能范围今日人群心理的暗示。跟着"吾族之所宜，而发明一种新道德"，作为"所以固吾群善吾群进吾群之道"。从这一信念出发，就提出一种权利与义务的新道德，以作为维持吾群之最高公德：

权利思想者，非徒我对于我应尽之义务而已，实亦一私人对于一公群应尽之义务也。譬之两队交绥，同队之人，皆赌生命以当公敌，而一人独贪安逸，避竞争，曳兵而走焉。此人之牺牲其名誉，不待言矣，而试思此人何以能幸保首领，且其祸仍未延及于全群者，毋亦恃同队之人，有代己而抗敌者耳。使全军将卒，皆与此怯夫同流，望风争逃，则此怯夫与其群，非悉为敌所屠而同归于尽不止也。彼一私人自抛弃其权利，与此逃亡之弱卒何择焉。不宁唯是，权利者常受外界之侵略而无已时者也，故亦必常出内力之抵抗而无已时，然后权利始成立。(同上)

他认为权利是现代社会机构下必须有的道德，而"义务"也同与"权利"有同等的机能，所以他在《论义务思想》里说："义务与权利对待者也。人人生而有应得之权利，即人人生而有应尽之义务。二者其量适相均。其在野蛮之世，彼有权利无义务，有义务无权利之人，盖有焉矣，然此其不正者也。不正者，固不可以久，苟世界渐趋于文明，则断无无权利之义务,亦断无无义务之权利。"（同上）他有非常明晰的权利义务观念。他又看到"人人欲伸张己之权利而无所厌,天性然也"。他又看到"权利之为物,必有甲焉先放弃之;然后有乙焉能侵入之"。因而他主张"人人务自强以自保吾权,为固其群善其群之不二法门"。他把权利看得非常神圣,不仅是个人的权利或国家权利,不容许第三者侵夺,他打一个这样的比喻而加以说明:"有两国于此,甲国用无理之手段,以夺乙国硗确不毛之地一方里,此被害国者将默而息乎? 抑奋起而争,争之不得而断之以战乎? 战役一起,则国币可以竭,民财可以尽,数十万之壮丁可以一朝暴骨于原野之中,帝王之琼楼玉宇,窭民之筚门圭窦,可以同成一烬,驯至宗社可以屋,国祀可以灭,其所损与一方里地之比较,何啻什佰千万,就其得之,亦不过一方里石田耳。若以算学上两两相衡,彼战焉者可不谓大愚哉? 而岂知一方里被夺而不敢问者,则十里亦夺,百里亦夺,千里亦夺,其势不至以全国委于他人而不止也。而此避竞争贪安逸之主义,即使其国丧其所以立国之原也。……被夺一方里之地而不发愤者,则亦可以举其父母之邦之全图献卖于他人,而不以动其心者也。"（同上）

他既把权利看得如此其重,因而他希望"为政治家者以勿摧压权利思想为第一义,为教育家者以养成权利思想为第一义,为一私人者,无论士焉农焉工焉商焉男焉女焉各以自坚持权利思想为第一义。国民不能得权利于政府也则争之,政府见国民之争权利也则让之。欲使吾国之国权与他国之国权平等,必先使吾国中人人固有之权皆平等,必先使吾国民在我国所享之权利,与他国民在彼国所享之权利相平等"。（同上）他既提倡进取、冒险、自由、自治、合群、权利、义务等新社会伦理,在启蒙运动上很起了积极的作用。

梁先生的政治思想,在消极方面,检举过去专制政体的罪恶,认那种政治的经营措置,"皆为保护一己私产而设",直骂那种政治主持者之

君主为"民贼"。从而确立专制政体崩溃的必然性:

> 然则为国民者,当视专制政体为大众之公敌。为君主者,当视
> 专制政体为一己之私仇。彼其毒种盘踞于我本群者,虽已数千年,
> 合上下而敌之仇之,则未有不能去者也。虽然,若君主及君主之私
> 人,而不肯仇彼焉,从而爱惜之,增长之,则他日受毒最烈者,不在
> 国民而在君主及其私人也。按诸公理,凡两种反比例之事物不相
> 容,则必有争,争则旧者必败,而新者必胜。专制政体之不能生存
> 于今世界,此理势所必至也。以人力而欲与理势为御,譬犹以卵投
> 石,以螳当车,多见其不知量而已。故吾国民终必有脱离专制苦海
> 之一日。(《饮冰室全集·论专制政体有百害于君主而无一利》)

由他的"专制政体不能生存于今世界"这一信念出发,而产生"必取
数千年横暴混浊之政体,破碎而荼粉之,使数千万如虎如狼如蝗如蟠如
蛓如蛆之官吏,失其社鼠城狐之凭借,然后能涤荡肠胃以上于进步之
途"(《饮冰室全集·论进步》)的决心。更进而建设"德模克拉西"的政
治——立宪政体。他有"地球各国,必一切同归于立宪而后已"的信念,
因而肯定"我国政体之趋于立宪也,时势所不得不然也"。他说:

> 今五洲中,无复能有一国焉,率专制之旧而自立于天地者,故
> 处士号呼之于下,而先帝英断之于上。今者立宪之一语,亦既人口
> 诵而众耳熟,而朝野上下,亦且谓八年以往,吾国之方英美驾德日,
> 可操券而待矣。(《饮冰室全集·立宪政体与政治道德》)

他认为立宪政体既迎合时代潮流,又能够促进中国达到富强的境
地。但是立宪政体究有什么优点呢? 他以为有三个优点:

第一,国权与民权调和;

第二,立法权与行政权调和;

第三，中央权与地方权调和。(《饮冰室全集·宪法之三大精神》)

同时，他对于立法权与行政权之相互关系，分工合作，也有详尽的说明，而显示它们的机能。不过，立宪政体要建设在民权的基础上，有了民权，宪法才能发生积极的作用。他说：

> 各国宪法，既明君与官之权限，而又明民之权限者何也？民权者，所以拥护宪法而不使败坏者也。使天下古今之君主，其仁慈睿智，皆如我今上皇帝，则求助于民可也，不求助于民亦可也。虽然，以禹汤之圣，而不能保子孙无桀纣；以高光之明，而不能保子孙无桓灵。此实千古之通轨，不足为讳者矣。使不幸而有如桀纣者出，滥出大权，恣其暴戾，以蹂躏宪法，将何以待之？使不幸而有如桓灵者出，旁落大权，奸庸窃取，以蹂躏宪法，又将何以待之？故苟无民权，则虽有至良极美之宪法，亦不过一纸空文，毫无补济。(《饮冰室全集·立宪法议》)

集中民众的力量，以为推行宪法之动力，因而他确立民权与宪法之相依性，所以他接着又说：

> 一国之大，非能一人独治之也，必假手于官吏。官吏又非区区少数之人已也，乃至千万焉亿兆焉。天下上圣少而中材多，是故勉善难而从恶易，其所以不敢为非者，有法以限之而已。其所以不敢不守法者，有人以监之而已。乃中国未尝无法以限官吏，亦未尝不设人以监官吏之守法，而卒无效者何也？则所以监之者非其道也。惧州县之不守法也，而设道府以监之，道府不守法，又将若何？惧道府之不守法也，而设督抚以监之，督抚不守法又将若何？所谓法者，既不尽行，而监之之人，又未必贤于其所监者，掣肘则有万能，救弊则无一效，监者愈多，而治体愈乱。有法如无法，法乃

穷。是故监督官吏之事，不得不责成于人民，盖由利害关切于己身，必不肯有所徇庇。耳目皆属于众论，更无所容其舞文也。是故欲君权之有限也，不可不用民权，欲官权之有限也，更不可不用民权。(同上)

民权在立宪政体中既如此重要，我们要树立立宪政体的基石，就要树立民权。要树立民权，又非使民众"非用德模克拉西方式组织成国体"和"非充分了解德模克拉西精神"不可；而教育又为推动最有效的方法。因而他又确立教育的目的，在：

一、如何才能养成青年的政治意识？

二、如何才能养成青年的政治习惯？

三、如何才能养成青年的判断政治能力？(《梁任公先生学术讲演集》)

他又认为"政治不过团体生活所表现各种方式中之一种。所谓学政生活，其实不外学团体生活"。换言之，要想具备政治意识、政治习惯、政治能力，最少要具有下列五个条件：

第一，凡团体员个个都知道团体是自己的——团体的事，即是自己的事，自己对于团体说做那一部分事，诚心热心做去，绝对不避嫌，不躲懒。

第二，凡团体的事绝对公开，令个个团体员都得有与闻且监督的机会。

第三，每一件事有赞成反对两派，少数派经过十分的奋斗之后仍然失败，则绝对的服从多数，断不肯捣乱破坏。

第四，多数派也绝对的尊重少数派地位，令他们有充分自由发表意见的余地，绝不加以压迫，而且绝对的甘受他们监督。

第五,个个团体员对于各件事都要经过充分的考虑之后凭自己良心表示赞成否。绝对的不盲从别人,更不受别人胁迫。

这五个条件,无论做何种团体生活都要应用。应用到最大的团体——即国家时,便是政治生活。拿这五个条件和我前文所讲三种需要比较,第一项属于政治意识,第二、三、四项属于政治习惯,第五项属于判断政治能力。(同上)

他的教育的动向,与他的政治动向是一致的,是在训练现代社会战斗成员和生产熟练成员,与封建社会的教育目的——只在替封建主求统治的道和供封建贵族作装饰品,完全异趣。

他的教育的目的既是如此,不得不把文化传播的工具简单化,以期易于收获国民教育的功效。从这一观点出发,因而主张言文统一,开"五四"时文学革命的先声。他说:

文字为发明道器第一要件,其繁简难易,常与民族文明程度之高下为比例差。列国文字,皆起于衍形。及其进也,则变而衍声。夫人类之语言,递相差异,经千数百年后,而必大远于朔者,势使然也。故衍声之国,言文常可相合;衍形之国,言文必日以相离。社会之变迁日繁,其新现象新名词必日出,或从积累而得,或从交换而来。故数千年前一乡一国之文字,必不能举数千年后万流汇沓群族纷挐时代之名物意境而尽载之尽描之,此无可如何者也。言文合,则言增而文与之俱增,一新名物新意境出,而即有一新文字以应之。新新相引,而日进焉。言文分,则言日增而文不增,或受新者而不能解,或解矣而不能达。故虽有方新之机,亦不得不窒,其为害一也。言文合,则但能通今文者,已可得普通之智识。其古文之学,待诸专门名家者之讨求而已。故能操语者,即能读书;而人生必需之常识,可以普及。言文分,则非多读古书通古义,不足以语于学问,故近数百年来学者,往往瘁毕生精力于《说文》《尔雅》之学,无余裕以从事于实用,夫亦有不得不然者也。其为害二也。且言文合而主衍声者,识其二三十之字母,通其连缀之法,则望文而可得其音,闻音而可解其义。言文分而主衍形者,则《苍颉篇》三千字,斯为字母者三千;《说文》九千字,斯为字母者九千;《康熙字典》四万字,斯为字母者四万。夫学二三十字母,与学三千九千四万字母,其难易相去何如?故泰西日本,妇孺可以操笔札,车夫可以读新闻,而吾中国或有就学十年,而冬烘之头脑如故也。其为害三也。(《饮冰室文集·论进步》)

他感觉在封建时代由于地方割据所产生之语言不统一现状和言文分裂的现状,有妨碍现代社会文化的传播,因而主张废汉字而易以拼音文字,便利国民求智识的工具,这实在在启蒙运动的过程中,有不朽的功绩。

从他养成政治意识的观点出发,因而他所讲的历史学,是人类生活的演进,求得其因果关系,以当作现代人类生活的资鉴。所以他反对皇家年谱式的或皇家教科书式的历史。他说:

凡作一书,必先问吾书将以供何等人之读,然后其书乃如隰之有畔,不致泛滥失归,且能针对读者以发生相当之效果。例如《资治通鉴》,其著书本意,专以供帝王之读,故凡帝王应有之史的智识无不备,非彼所需,则从摈阙。此诚绝好之"皇家教科书",而亦士大夫之怀才竭忠以事其上者所宜必读也。今日之史,其读者为何许人耶?既以民治主义立国,人人皆以国民一分子之资格立于国中,又以人类一分子之资格立于世界;共感于过去的智识之万不可缺,然后史之需求生焉。质言之,今日所需之史,则"国民资治通鉴"或"人类资治通鉴"而已。史家目的,在使国民察知现代之生活与过去未来之生活息息相关,而因以增加生活之兴味;睹遗产之丰厚,则欢喜而自壮,念先民辛勤未竟之业,则矍然思所以继志述事而不敢自暇逸;观其失败之迹与夫恶因果之递嬗,则知耻知惧,察吾遗传性之缺恨而思所以匡矫之也。夫如此,然后能将历史纳入现在生活界使生密切之联锁。夫如此,则史之目的,乃为社会一般人而作,非为某权力阶级或某智识阶级而作,昭昭然也。(《中国历史研究法》)

在这里,他确定历史为"现代一般人活动之资鉴",而显现出"今世之史的观念,有以异于古所云",确实呈露着一种朝气,在中国新文化运动上有特殊地位。不过梁先生究竟还是挟有封建意识成分的学者,他在欧游以后,也喊出"科学破产"(《欧游心影录》)的口号来,而主张拿所谓东方精神文明,来调剂西方的物质文明,这又回复到封建的巢穴里去,这阻碍了启蒙运动的航程。

D. 章炳麟之种族革命论

章炳麟,原名绛,字太炎,浙江余杭人。生于清同治七年,卒于民国二十五年(一八六七——一九三六)。少年时谨守古学,以治《左氏春秋》见知于张之洞,然以"文字谲怪",不得见用。他富于民族思想,在日曾组织光复会,以作为排满之政治集团;并为着种族革命的实践而饱尝过铁窗风味。他对于文字学曾有伟大的贡献,探究文字之始,谓"文字之本,肇于语言";改变中国流行三千年之"小学"名称,易为"文字学",以符其实。并曾把"条理凌乱,文辞破碎"的国故,作有系统的整理与严谨的批判。著述甚富,其著者,有《文始》《检论》《国故论衡》《齐物论释》及《文录》《别录》等作,俱收集在《章氏丛书》中。

他在认识论上,否认有神论,力辟耶和瓦之"无始无终,全知全能,绝对无二,无所不备,故为众生之父"(《无神论》)之谬说。"无始无终者,超绝时间之谓也。既已超绝时间,则创造之七日,以何时为第一日。若果有第一日,则不得云无始矣。若云创造以前固是无始,惟创造则以第一日为始。夫耶和瓦既无始矣,用不离体,则创造亦当无始。……既已超绝时间,则所谓末日审判者,以何时为末日有末日亦不得云无终矣。若云此末日者惟是世界之终,而非耶和瓦之终,则耶和瓦之成此世界,坏此世界,又何其起灭无常也?而何无终之云。"(同上)这已暴露"无始无终"说的矛盾。"全知全能者,犹佛家所谓萨婆者也。今试问彼教曰:耶和瓦者,果欲人之为善乎?抑欲人之为不善乎?则必曰欲人为善矣,人类由耶和瓦创造而成。耶和瓦既全能矣,必能造一纯善无缺之人,而恶性无自起,恶性既起,故不得不归咎于天魔。虽然,是特为耶和瓦诿过地耳,彼天魔者,是耶和瓦所造,抑非耶和瓦所造耶?若云是耶和瓦所造,则造此天魔时,已留一不善之根,以为惑诱世人之用,是则与欲人为善之心相刺谬也。若云非耶和瓦所造,则此天魔本与耶和瓦对立,而耶和瓦亦不得云绝对无二矣。若云此天魔者违背命令,陷于不善,耶和瓦既已全能,何不造一不能违背命令之人,而必造此能违背命令之人?"(同上)这已暴露"全知全能"说之矛盾。"绝对无二者,谓其独立于万有之上也。则问此耶和瓦之创造万有也,为于耶和瓦外无质料乎?为于耶和瓦外有质料乎?若云耶和瓦外,本无质料,此质料者皆具足于耶和瓦中,则一切万有亦具足于耶和瓦中,必如庄子之说自然流出而后可,亦无庸创造矣。"(同上)这已暴露"绝对无二"说的矛盾。"无所不备者,谓其无待于外也。则问此耶和瓦之创造万有也,为有需求乎?为无需求乎?若无需求,则亦无庸创造;若有需求,此需求者,当为何物何事?则必曰善耳善耳。夫所以求善者,本有不善,故欲以善对治之也。今耶和瓦既无所不备,则万善具足矣,而又奚必造此人类以增其善。人类有善,于耶和瓦不增一发;人类不善,于耶和瓦无损秋毫,若其可以增损,则不得云无所不备也。"(同上)这已暴露"无所不备"说的矛盾。"基督教人，以此四因成立耶和瓦为众生之父，夫其四因，本不足以成立，则父性亦不极成。虽然，姑就父性质之，则问此耶和瓦者，为有人格乎？为无人格乎？若无人格，则不异于佛家所谓藏识，藏识虽为万物之本原，而不得以藏识为父，所以者何？父者有人格之名，非无人格之名。人之生也，亦有赖于空气地球，非空气地球，则不能生。然不闻以空气地球为父，此父天母地之说，所以徒为戏论也。若云有人格者，则耶和瓦与生人，各有自性。譬如人间父子，肢体既殊，志行亦异，不得以父并包其子，亦不得以子归纳于父，若是则非无所不备也。"（同上）这又已暴露"众生之父"说的矛盾。他这样以锋锐的文章抨击有神论者，并已暗示宗教在今日人类社会无存在的价值，充分地表现布尔乔亚的进步性。

但在另一方面，他又反对唯物论，他对于唯物论有一个很幼稚的解释：

> 惟物者，自物而外，不得有佗应用。科学者，非即科学自体，而即科学之研究。物质者，亦非真惟物论。是何也？言科学者，不能舍因果律。因果非物，乃原型观念之一端，既许因果，即于物外有佗矣。真持唯物论者……彼实轶出经验以外，以求本根于无方分者，况其所谓原子，非独物有，亦许心有，则仍是心物二元也。……因云果云，此皆联想所成。联想云何？凡同一事而屡见者，即人心之习贯所由生。初见一事，前有此，后有彼；继见一事，前有此，后有彼，如是更十百次皆前有此，后有彼，遂以此为彼因，彼为此果，其实非有素定也。且夫白日舒光，燺火发热，亦其见象。然则以为日必舒光，火必发热则不可。惟根识所触证者，有日与火之见象，必有光与热之见象随之。以吾心之牵联，而谓物自牵联，乃豁然定为因果。若就物言，日自日耳，何与于光；火自火耳，岂关于热？安见有日必有光，火必有热者？（《四惑论》）

在这里，他不仅否认唯物论，而且否认了因果律，强调心物二元论之正确性，实则已陷于观念论的深渊。他以"公理""唯物""进化""自然"为四惑者，并不是偶然的。

他的社会观，确立个人与社会的联系性，认为个人是社会的细胞，社会是个人的总体。他说：

> 今夫人不与社会相扶助者，是势所不能也，虑犹细胞血轮，互相集合，以成人体，然细胞离于全体，则不独活，而以个人离于社会，则非不可以独活，衣皮茹草，随在皆足自存，顾人莫肯为耳。夫莫肯为则资用繁多，不得不与社会相系。故曰人不与社会相扶助者，是势所不能也。（同上）

个人既与社会有不可分性，那么，个人应当为个人的总体——社会而努力奋斗，使社会愈趋于完善之境，俾个人得享受其完善社会之幸福，但是，章氏却认为改革社会为"盗窃"。他说：

> 其为种族革命欤，政治革命欤，社会革命欤，必非以一人赴汤蹈刃而能成就，我倡其始，而随我赴汤蹈刃者尚亿万人，如是则地狱非我所独入，当有与我俱入者在，而独尸是语以为名高，斯亦何异于盗窃乎。余以为众力集成之事，直无一可宝贵者，非独莅官行政为然，虽改造社会亦然。（同上）

一方面认为"人与社会相扶助"，另一方面却不肯为社会奋斗，他的后半生放弃革命事业，想从其不完善的社会观所派生出来的。

他的政治论，概言之，为"建立民国"。为着要达到建立民国之终极目的，惟有革命之一途，因而他十分颂扬革命：

> 公理之未明，即以革命明之；旧俗之俱在，即以革命去之。革命非天雄大黄之猛剂，而实补泻兼备之良药矣。（《驳康有为论革命书》）

在这里,不仅道出革命的消极作用(破坏),而且道出革命的积极作用(建设),这是非常正确的见解。康有为自戊戌政变后,只主张立宪而反对革命,他坚决地批评之:

> 人心之智慧,自竞争而后发生。今日之民智,不必恃佗事以开之,而但恃革命以开之。且勿举华拿二圣,而举明末之李自成。李自成者迫于饥寒,揭竿而起,固无革命观念,尚非今日广西会党之俦也。然自成势稍增,而革命之念起;革命之念起,而劖兵救民赈饥济困之事兴,岂李自成生而有是志哉? 竞争既久,知此事之不可已也。虽然,在李自成之世,则赈饥济困为不可已;在今之世,则合众共和为不可已。是故以赈饥济困结人心者,事成之后,或为枭雄,以合众共和结人心者,事成之后,必为民主。民主之兴,实由时势迫之,而亦由竞争以生,此皆智慧者也。(同上)

革命可以开民智,有了革命的行动,然后可以产生革命的理论,以作为树立民主共和政体之基础。从这里,他更积极地讽刺康氏请求立宪之举,谓"岂有立宪而可上书奏请者,立宪可请,则革命亦可请乎? 以一人之诏旨立宪,宪其所宪,非大地万国所谓宪也"。(同上)这就是说,立宪须要斗争,不须要哀求,要由斗争得来的宪法才是实际的宪法;由诏旨得来的宪法,那是不实际的宪法。是章氏对于革命的要求,何等坚决!

他所憧憬的理想政治,为民主,但是,究竟是怎样的民主政治呢? 他在《代议然否论》里,有如是的一幅画图:

> 国是必素定,陈之版法,使后昆无得革更,其事云何? 总统惟主行政、国防,于外交则为代表,佗无得与,所以明分局也。司法不为元首陪属,其长官与总统敌体。官府之处分,吏民之狱讼皆主之,虽总统有罪,得逮治罢黜,所以防比周也。学校者,使人知识精

明，道行坚厉，不当隶政府，惟小学校与海陆军学校属之，其佗学校皆独立，长官与总统敌体，所以使民智发越，毋枉执事也。凡制法律不自政府定之不自豪右定之，令明习法律者与通达历史周知民间利病之士参伍定之，所以塞附上附下之渐也。法律既定，总统无得改，百官有司毋得违越，有不守者，人人得诉于法吏，法吏逮而治之，所以戒奸纪也。总统任官，以停年格迁举之，有劳则准则例而超除之，佗不得用官，有专门者，毋得更调，不使元首以所好用人也。在官者非有过失罪状为法吏所报当者，总统不得以意降调，不使元首以所恶黜人也。凡事以总统亲裁者，必与国务官共署而行之，有过则共任之，不使过归于下也。总统与百官行政有过及溺职受赇诸罪，人人得诉于法吏，法吏征之逮之而治之，所以正过举塞官邪也。轻谋反之罪，使民不束缚于上也。重谋叛之罪，使民不携贰于国也。有割地卖国诸罪，无公布私行皆殊死，不与寻常过举官邪同也。司法枉桡，甚长得治之，长不治，民得请于学官，集法学者共治之，所以牵独断也。凡经费出入，政府岁下甚数于民，所以止奸欺也。凡因事加税者，先令地方官各询其民，民可则行之，否则止之，不以少数制多数也。数处可否相错者，各视其处而行止之，不以多数制少数也。民无罪者，无得逮捕，有则得诉于法吏而治之，所以遏暴滥也。民平时无得举代议士，有外交宣战诸急务，临时得遣人与政府抗议，率县一人。议既定，政府毋得自擅，所以急祸难也。民有集会言论出版诸事，除劝告外叛宣说淫秽者，一切无得解散禁止，有则得诉于法吏而治之，所以宣民意也。凡是皆所以抑官吏伸齐民也。政府造币，惟得用金银铜，不得用纸，所以绝虚伪也。……限袭产之数，不使富者子孙蹑前功以坐大也。田不自耕植者，不得有；牧不自驱策者，不得有；山林场圃不自树艺者，不得有；盐田池井，不自煮暴者，不得有；旷土不建筑穿治者，不得有；

不使枭雄拥地以自殖也。官设工场，辜较其所成之直四分之一，以为仉禀，使役佣于商人者，穷则有所归也。在官者身及父子，皆不得兼营工商，托名于佗人者，重其罪，藉其产。身及父子方营工商者，不得入官，不与其借政治以自利也。凡是皆所以抑富强振贫弱也。夫如是，则君权可制矣，民困可息矣。

在政治上，主张行政立法司法三权分立，一切以民意为依归，官吏亦不得任意违法，用人以人才为主。在经济上，主张耕者有其田，加重遗产税，财政绝对公开，而反对官吏私营实业。在文化上，主张言论自由、讲学自由、学校独立，这都是非常进步的政见。惟反对用纸币，似乎是一种落后的意见，因为世界各国，都发展到金本位或纸币时代，而我们用银铜铸币，实在不合时代潮流。在上述的引语里，充分地表现章氏是一个民主主义者。

其次，他的种族革命论，有极精辟的见解。他有很强烈的民族意识，痛恨满人刺骨，辛亥武昌起义讨满洲的檄文，就是他的手笔。他罗列满人有十四大罪状：

> 昔拓跋氏窃号于洛，代北群胡犹不敢陵轹汉族。虏以要害之地，建立驻防；编户齐民，岁供甲米，是有主奴之分，其罪一也。既据燕都，征固本京饷，以实故土，屯积辽东，不入经费，又熔金巨亿，贮之先陵；穿地臧资，行同盗贼，故使财币不流，汉民日匮，无小无大，转于沟壑，其罪二也。诡言仁政，永不加赋；乃悉收州县耗羡，以为己有，而令州县恣取平余，其余厘金夫马杂税之属，岁有增加。外窃仁声，内为饕餮，其罪三也。自流寇肆虐，遗黎雕丧；东南一隅，犹自完具。虏下江南，遂悉残破。南畿有扬州之屠，嘉定之屠，江阴之屠。浙江有嘉兴之屠，金华之屠。广东有广州之屠。复有大同故将仗义反正，城陷之后，丁壮悉诛，妇女毁郭，汉民无罪，尽

为鲸鲵,其罪四也。台湾郑氏,舟师入讨,惧海滨居民之为乡导,悉数内迁,特申海禁,其后海外侨民,为荷兰所戮者三万余人。自以开衅中华,上书谢罪,大酋弘历,悉置不问。且云寇盗之徒,任尔殄灭。自是白人始快其意,遂令南洋侨民,死亡无日,其罪五也。昔胡元入寇,赵氏犹有瀛国之封;宗室完具,不失其所。满洲戕虐弘光,朱氏旧宗,剿灭殆尽;延恩赐爵,只以欺世,其罪六也。胡元虽虐,未有文字之狱。自知貉子干纪,罪在不赦;夷夏之念,非可划绝。满洲玄烨以后,诛求日深,反唇腹诽,皆肆市朝,庄廷钺、戴名世、吕留良、查嗣庭、陆生楠、汪景祺、齐周华、王锡侯、胡中藻等,皆以议论自恣,或托讽刺于诗歌字书之间,虏遂处以极刑,诛及种嗣,展转相牵,断头千数,其罪七也。前世史书之毁,多由载笔直臣,书其虐政,若在旧朝,一无所问。虏以人心思汉,宜所遏绝。焚毁旧籍八千余通,自明季诸臣奏议文集而外,上及宋末之书,靡不烧灭。欲令民心忘旧,习为降虏,其罪八也。世奴之制,普天所无,虏既以厮役待其臣下,汉人有罪,亦发八旗为奴仆区之法,有逃必戮,诸有隐匿,断斩无赦;背逆人道,苛暴齐民,其罪九也。法律既成,即当遵守,军容国容,互不相入。虏既多设条例,务为纠葛,督抚在外,一切以便宜从事,近世乃有就地正法之制;寻常私罪,多不覆按。府电朝下,因人夕诛,好恶因于郡县,生杀成于墨吏。刑部不知,按察不问,遂令刑章枉桡,呼天无所,其罪十也。警察之设,本以禁暴诘奸。虏既利其虚名,因以自煽威虐,狙伺所及,后盗贼而先士人;淫威所播,舍奸宄而取良奥。朝市骚烦,道路侧目,其罪十一也。犬羊之性,父子无别。多尔衮以盗嫂为美谈,玄烨以淫妹为法制,其佗烝报,史不绝书。汉士在朝,习其淫慝,人为雄狐,家有麀鹿,使中夏清严之俗,扫地无余,其罪十二也。官常之败,恒由贿赂,前世藏吏,多于朝堂杖杀,子姓流窜,不齿齐民。虏有封豕之德,卖官

鬻爵,箸在令典;简任视事,率由苞苴。在昔大酋弘历常善任贪
墨,因亦籍没其家,以实府臧。盗风既长,互相什保,以官为贾,以
法为市,子姓亲属,因缘为奸;幕僚外嬖,交伍于道;官邪之成,为古
今所未有,其罪十三也。毡笠绛英以为帽,端罩箭衣以为服,索头
垂尾以为鬘,靰鞡璎珞以为饰。往时以蓄发死者,遍于天下,至今
受其维絷,使我衣冠礼乐,夷为牛马,其罪十四也。(《讨满洲檄文》)

这把满人对汉族所加之政治压迫、民族仇视、文化统治、思想钳制,
写得非常生动。因而下了一个"驱逐鞑虏,还我中华"的决心。在清末,
康有为因受了满人的豢养而主张保皇,他直斥之为"以一时之富贵,冒
万亿不胜而不辞,舞词弄札,眩惑天下"。(《驳康有为论革命书》)斥之为
"种种缪戾,由其高官厚禄之性,素已养成,由是引犬羊为同种,奉貛尾
为鸿宝,向之崇拜《公羊》,诵法《繁露》以为一字一句皆神圣不可侵犯
者,今则并其所谓复九世之仇而亦议之"。(同上)斥之为"明知其可报
复,犹复饰为瘖聋,甘与同壤,受其豢养,供其驱使,宁使汉族无自立之
日,而必为满洲谋其帝王万世祈天永命之计,何长素之无人心一至于是
也"。(同上)其在种族革命文化的建立上确具有不朽的功绩。

尤有言者,章氏不是一个狭义的种族革命论者,他的种族革命论,
与孙中山先生的民族主义有同样的意义。即是说,他不赞成帝国主义
的民族主义,而主张世界民族一律平等的民族主义;强国的国民不用民
族主义作为侵略弱小民族的幌子,弱国的国民却应以民族主义作为反
侵略的工具。他说:

处盛强之地而言爱国者,惟有侵略佗人,饰以良誉,为枭为鸱,
则反对之宜也。乃若支那、印度、交趾、朝鲜诸国,特以佗人之巅灭
蹂躏我,而思还其所故有者。过此以外,未尝有所加害于人。其言
爱国,则何反对之有? 爱国之念,强国之民不可有,弱国之民不可

无。亦如自尊之念,处显贵者不可有,居穷约者不可无,要以自保平衡而已。(《国家论》)

他之所谓"自保",就是孙先生的"民族自求解放";他之所谓"平衡",就是孙先生的"世界各民族一律平等"。他要拿起他种族革命论,把中华民族从满人压迫下和各帝国主义压迫下解放出来。他不是狭义的种族主义者,或狭义的爱国主义者,在下列的引语里说得更为露骨:"人于居服,当其可弃则弃之,人于国家,当其可废则废之,其喻正同,势未可脱,则存之,亦宜也。……不许国家事业为神圣,则凡言救国者悉成猥贱;虽然,救国之义,必不因是障碍;以人之自卫,不论荣辱。"(同上)这已透露了"国家"不过是保存民族的工具。到了民族独立的时代,"废之"也没有关系;但是,处在中国民族受压迫的今日,应当要拿这个宝贝以为民族求解放的武器。而且国民参加民族求解放的斗争,也不应有"荣辱"之分,这确实是很精辟的见解。

E. 严复之富强论

严复,字几道,又号幼陵。福建侯官人。生于清咸丰三年,死于民国十年(一八五三——一九二一)。初入沈葆桢所设之船政学校,于一八七八年赴英留学,得受西洋资本主义文化的洗礼。归国后,初任海军学堂教习;甲午召对,上万言书,请求采用西洋资本主义法度,不用。后任海军部协都统、学部名词馆总纂、北京大学校长等职。一八六七年以后,中国已有"译署"及"同文馆"的设立,这是想摄取西洋资本国家的法宝,来应付转变中的中国社会。严氏即是主持翻译界的中心人物。他在翻译方面,关于逻辑学者,有穆勒的《名学》,耶芳斯的《名学浅说》。关于哲学者,有穆勒的《群己权界论》,赫胥黎的《天演论》,斯宾塞尔的《群学肄言》。关于经济学者,有亚丹斯密的《原富》。关于政治哲学者,有孟德斯鸠的《法意》。几乎把西洋资本主义社会典型的作品,都介绍到中国来了。他不仅自己努力迻译，而且鼓吹他人也迻译西学。他认为："二千年来，士徇利禄，守阙残，无独辟之虑。"（《天演论·自序》）为中国学术思想停滞或学术思想倒退的主因，故大声疾呼而抨击之。但是，介绍西洋学术思想——译事有三难……信、达、雅，自然他要努力克服这三难，以至发生"一名之立，旬月踟蹰"（《天演论·例言》）的郑重态度。

他的认识论，是一种经验论。他认为由自身之社会生活经验，为求通达事理之必然的途径。他说：

> 盖天之生人，与以灵性。本无与之俱来之知能。欲有所知，其最初必由内籀。内籀言其浅近，虽三尺童子能之。今日持火而烫，明日持火又烫，不出三次，而火能烫之公例立昊。但内籀必资事实，而事实必由阅历。（《政治讲义》）

根着多次的"阅历"而成立"公例"，以为认识实理的阶梯，这确是很科学的。同时，他对于事物，必求因果关系。他说：

> 读史有术，在求因果，在能即异见同，抽出公例。此不独读史宜尔。即俯观仰察，人欲求智，莫不皆然。（同上）

因为要追求事物之因果，所以他又主张"察其曲而知其全，执其微以会其通。据公理以断众事，设定数以逆未然"。（《天演论·自序》）他对于资本主义社会逻辑学似乎抱着坚决的信任。

从他经验论的认识论出发，因而产生进化论的历史观。认为社会是不断的往前进化，而社会制度也随社会进化而向前发展的。他说：

> 群学之始，《社会通诠》所言已成不过之说。最始是图腾社会，如台湾之生番，西南夷之峒。其次乃宗法社会，此是教化之大进步。此种社会，五洲之中，尚多有之，而文化之进，如俄国，如中国，皆未悉去宗法形式者也。最后乃有军国社会。不佞所讲者，大抵

皆此等社会之政制矣。(《政治讲义》)

他接收了甄格思的社会进化说,确认现在的欧美各国已进化到军国主义时代,而中国还是停留在宗法社会中,紧紧地把握住西洋的和中国的现阶段之社会形态。

从他进化的历史观出发,应用西学最善最新之涂术,以研究中外历代治乱兴亡之所由,他说:

> 吾党之治此学,乃用西学最善最新之涂术,何则?其术乃天演之涂术也。吾将取古今历史所有之邦国,为之类别而区分;吾将察其政府之机关,而各著其功用;吾将观其演进之阶段,而考其治乱盛衰之所由,最后吾乃观其会通,而籀为政治之公例。(同上)

他要分类地去研究世界各国的历史,要个别地去觅寻世界各种政府机关的功用;从这广泛的研究,企图获得一般政治的公例,以作为当时中国政治动向的借镜,他研究的结果,找出中国历代兴亡治乱之由,乃是因为生齿繁重,消费超过了生产,和封建剥削太繁重的关系,这大概是受了马尔塞斯《人口论》所遗留的毒素的影响。所以他说:

> 往往一人之身,糊口无术,娶妻生子,视为固然。……而国家又无移民之法,积数百年,地不足养,循此大乱,积骸如莽,流血成渠。时暂者十余年;久者几百年,直至人数大减,其乱渐定。乃并百人之产,以养一人,衣食既足,自然不为盗贼,而天下相安。生于民满之日而遭乱者,号为暴君污吏,生于民少之日获安者,号为圣君贤相,二十四史之兴亡治乱,以此券矣。(《如有三保》)

他从经济的观点,来分析中国历史的兴亡治乱,而把个人创造历史的观念一概抹杀,这确实是很卓越的见解,他既明了经济与政治的联系性,所以指责单采取西洋之物质文明是没有用处的。他说:

且夫中国知西法之当师，不自"甲午东事"败衄之后始也。海禁大开以还，所兴废者亦不少矣，译署一也，同文馆二也，船政三也，出洋肄业局四也，轮船招商五也，制造六也，海军七也，海署八也，洋操九也，学堂十也。……拉什数之，盖不止一二十事。此中大半，皆西洋以富以强之基，自吾人行之则淮橘为枳，若存若亡，不能实收其效者，则又何也。（《原强》）

资本社会的法宝——轮船、海军、洋操等，搬运到中国来，仍不能避免"甲午"的战败；因而他主张把西洋整个社会制度及社会意识搬到中国来，中国才有富强的可能，所以接着又说：

夫所谓富强者，质而言之，不外利民尔。然政欲利民，必自民各能自利始。民各能自利，又必自皆得自由始。欲听其皆得自由，尤自其各能自治始，反是且乱。顾彼氏之能自治而自由者，皆其力其智其德诚优者也。是以今日要政，统于三端：一曰鼓民力，二曰开民智，三曰新民德。（同上）

他认为中国不能"富强"的症结，乃在不"自利""自由""自治"。（严格地说起来，中国不能"富强"，乃是帝国主义利用不平等条约束缚中国的关系）不过，他所谓"自由"，并不是漫无限制的，必须以不违背治理原则为条件，故他又说："纯乎治理而无自由，其社会无从发达；即纯自由而无治理，其社会且不得安居。"（《政治讲义》）他的治理原则，就是立宪政体。他说：

尝云，有独治之专制，有以众治寡之立宪。以众治寡之制，虽不足当政界极诣之治，而立宪则舍此殆无他术，故为今日最要政体。（同上）

他在这里充满了民权革命的思想，这是当时新兴布尔乔亚一致的

要求。不过,严氏究是一位还保存多量封建意识的人物,因而他仍主张把一国之权力操之一人之手。他说:

> 民权机关,非经久之过渡时代,民智稍高,或因一时事务会合,未由成立。而当其未立,地广民稠,欲免于强豪之暴横,势欲求治,不得不集最大之威权,以付诸一人之手,使镇抚之,此其为危制,而非长治久安之局固也。(同上)

因而他颂扬孔子六艺为"日月经天,江河行地"(《天演论·自序》),而晚年昌言中国不适于民治者,并不是偶然的。

本节基本参考书

陈恭禄　《中国近代史》

曾国藩　《曾文正公全集》

张之洞　《南皮宫保奏议》

　　　　《劝学篇》

康有为　《新学伪经考》

　　　　《孔子改制考》

　　　　《大同书》

　　　　《戊戌奏稿》

谭嗣同　《谭浏阳全集》

梁启超　《饮冰室全集》

章炳麟　《章太炎先生所著书》

严　复　《政治讲义》

　　　　《天演论·自序》

五　结论——清代思想之历史的评价

清代学术思想，在全部中国学术思想史中占着很灿烂的一页。

清初大师如王夫之等，类皆明代遗老，其言论，其思想，其行动，均染上很浓重的"民族的"彩色。王氏之"奸之不为不仁，夺之不为不义，诱之不为不信"的民族主义，虽含有多量的报复成分，然其为民族而不屈不挠的精神，已足以丧今日民族败类之胆。而清末章炳麟之"爱国之念，强国之民不可有，弱国之民不可无"的民族平等主义，几可以与孙中山先生之民族平等主义异曲同工。

其次，清初诸大师如顾炎武等自身感受明代地主政权沦落的惨痛教训，莫不孜孜于地主自救运动的策划与实践。顾氏采取由徐光启、李之藻所介绍过来的西洋科学方法，考证名物训诂，究古今治乱之迹，开清代考证学之先声，在清代学术史上辟一新园地。但是，由于考证学之不正轨的发展，如阎若璩，如惠栋改变顾氏以考证学为治学手段的观念而易以以考证学为治学目的的观念，以至发生"为考证学而治考证学"的信念，确非顾氏创始时所料及。这固然是清代思想发展上的障碍；但在另一方面，对于古籍文字的训诂，材料的辩伪，获得伟大的成果，给今后治中国史者以种种方便。

戴震说"遏欲之害，甚于防川"，道破了宋儒"无欲""絜欲"之说的欺骗性、虚伪性，较之王夫之之所云"天理在人欲中"之说，更要澈底。宋儒性理之学，经王夫之之抨击，而濒于破产；经戴氏之再度抨击，而根本肃清,促进中国的人生哲学回复到"现实"之门,戴氏与有为焉。蒋方震赞翊戴氏之说为"震古铄今",也不是毫无根据的。

曾国藩、张之洞等的洋务运动,虽在企图充实封建社会的机构;但是新兴布尔乔亚的思想、文化,都在洋务运动的进展中而萌芽、生长,推翻满清的革命分子,实有不少是从曾国藩所遣派留洋的聪颖子弟所转变过来的;推翻满清首义地的武汉,正是张之洞为维持满清封建政权而建立新军的根据地。所以,曾、张洋务运动虽在为满清异族图谋,而结果却给中国思想文化的新生树立了相当的物质基础。不过,曾、张只看到西洋的"艺"是中国所没有的,所以喊出"学夷技以制夷"和"中学为体,西学为用"的口号,来吸收西洋的物质文明,并没有意识到西洋有甚么"道"。康有为、梁启超、谭嗣同等,不仅重视西洋的"艺",而且重视西洋的"道",他们企图把西洋的整个文化搬运到中国来,代替中国固有的文化。在政治方面,正式的提出建设民主政权,在历史上有名的"戊戌维新"运动,即基于这一观点而爆发的。他们以英勇的、奋斗的、牺牲的精神,来实现他们政治上的期望。虽然谭嗣同等在封建势力反动之下作了壮烈的牺牲,却已展开了中国革命流血的序幕。

康有为、梁启超的文化革新运动,即是他们的维新运动的一面。康氏把数千年来封建社会所宗奉的经典在一个"伪"字和"孔子托古改制"的口号下,予以否定。梁氏"则自荀卿以下汉唐宋明清学者掊击无完肤",对于中国过去及现在的政治文化道德有严厉的批判与检讨。在另一方面,对于西洋布尔乔亚的政治、文化、道德有详尽的介绍与宣扬,在中国文化的启蒙运动上尽了不少的推动作用。我们可以说,有了"戊戌"的维新运动的蓄积,才有"五四"新文化运动的爆发。"五四"时代陈独秀、胡适、钱玄同诸先生所主持的新文化运动,还是"戊戌"文化运动的发展,陈、胡、钱不过是康、梁的承继者。现在,"五四"文化运动的任务尚未完成,我们自然有继续"五四"文化运动而开展的必要,也可以说，我们还是要继承"戊戌"未完成的文化运动。"五四"文化运动的内容，就是"科学"与"民主"，现在国难日急，我们更需要把"科学"与"民主"两者，普遍到全民族各个阶层里去，以作为武装全民族思想充实全民族智能的武器。"戊戌"的维新运动，"五四"的文化运动，以及现在的救亡文化运动，都是中国的启蒙运动。"戊戌"是启蒙运动的萌芽期，"五四"是启蒙运动的长成期，现在的救亡文化运动，是启蒙运动的完成期。这三个时期的精神是一贯的，而且是发展的，"五四"文化运动是"戊戌"文化运动的发展，现在的救亡文化运动，又是"五四"文化运动的发展。我们从事救亡文化运动的文化工作者不要忘记了"戊戌"文化运动诸位大师，我们要接受他们文化运动的优良的经验，来完成现在的救亡文化事业。

一九三六，一二，二六完稿。

原书编后记

　　本稿系一九三五年在北平民国学院教授"清代学术思想"所编之讲义。次年寒假，找了一些材料略事修改与补充，本拟即交开明书店付印。后来仔细想一想：曾国藩、张之洞、王闿运诸氏，在清末思想界也有相当权威，不能无一字提及，乃决计将三氏的思想编进去。其时学校已开学，教课颇忙，又加以编辑《文化动向》杂志，更无暇阅览三氏遗著，只好等到暑假再说。谁知暑假甫至，而卢沟桥的烽火燃起来了。

　　在卢沟桥烽火点起之后，北平城外炮声隆隆，每个市民的情绪都很紧张、兴奋；各种救亡工作，亦颇活跃；而整理三氏思想的志愿，遂随着抗敌炮火之烟焰而消逝。随后平津沦陷，所存图书，恐遭敌人检查，悉付之一炬。本人则只身南来，抵湘时，"八一三"全面抗战已经爆发。文化要与抗战配合起来，所有出版机关，都选择非常现实的著作付印，凡有专门学术性的著作，无形搁置。我个人研究曾、张、王三氏的思想，更没有这种心情。时光过得真快，不觉又两年多了。

　　目前出版界颇有学术化的倾向。作者即将本稿出版事，飞函桂林征询开明书店编辑宋云彬先生同意，承宋先生代函上海开明总公司询问，得覆信，允为印行，作者即从事于曾、张、王三氏思想的整理，谁知此地找不到参考书。在民众教育馆，借到一部不完全的《曾文正公文集》，而张之洞的《劝学篇》《南皮宫保奏议》和王闿运的《湘绮楼文集》，怎样也借不着。整理张氏的思想，只有从其他著作的引文里找些零碎材料，凑合成篇；而王氏思想的记述，不得不暂付缺如。

作者正在整理曾、张的思想时，得家报惊悉胞兄丕澄公逝世噩耗，本人以交通阻隔，未得回籍奔丧，谨以此书付印，以资纪念。

本书承顾颉刚先生惠赐序言，谨此致谢。

谭丕模补志于溆浦大潭。廿八年八月三十一日。